日本語便利辞典

小学館辞典編集部編

the to-the-point japanese dictionary

小学館
shogakukan

この辞典をお使いになる方へ

日本語便利辞典はどこが「便利」か?

・本書は、小学館国語辞典編集部が長年にわたる各種辞典編集の中で蓄積してきた情報の中から、すぐに役に立つ日本語の知識をよりすぐって集大成したものです。
・全体を「語彙力をみがく」「日本語力を深める」「漢字力を高める」という三部構成とし、さらにそれらを分野ごとに分けてことばの情報を満載しました。日本語の知識を体系的に得たいと思っている人に最適な辞典です。
・それぞれの分野に収めた語彙は、現代人の言語生活に必要不可欠な語を厳選したものです。本書があれば日常生活で遭遇する大半の語の知識・情報を即座に得ることができるでしょう。
・巻末に主要収録語彙の五十音引き索引をもうけ、検索の便をはかりました。

日本語便利辞典はどんなときに「便利」か?

◇語彙力をみがきたいときに

【ことわざ・故事成語―古人の知恵に学ぶ】
現代生活の中でよく使われる、また知識としてぜひ知っておきたいことわざや故事成語を知りたいときに。

【慣用句―文章表現を豊かにする】

相手に自分の考えや気持ちを伝えたいときに。文章表現を豊かなものにしたいときに。

慣用句は文章や会話の中に差しはさむことにより一段とその威力を発揮するものです。


【四字熟語―受験も万全】

新聞等で見慣れない四字熟語と出会ったときに。中学から大学までの入学試験でよく出題される四字熟語を知りたいときに。

朝日・読売・毎日の3大紙や中学から大学までの過去の入試問題に頻出する四字熟語を収録しました。


【反対語一覧―賛成の反対は?】

ある語と反対の意味を表わす語を、知りたいときに。

小学校の国語の授業の予習をするときや中学・高校入試の受験勉強をするときに。

◇日本語力を深めたいときに

【手紙の書き方—相手に心を伝える】

電子メールとは一味違った形で相手に真心を伝えたいときに。

手紙には、相手に失礼にならないための約束事がいくつかありますが、それさえマスターしてしまえば、相手の心を電子メール以上につかむことができるはずです。


【人生の慶事—祝い心を効果的に】

祝い心をさり気なく贈りたいときに。

人間の一生の中で、おめでたい出来事である、「赤ちゃんと子供の祝い」「年齢の異称・長寿の祝い」「結婚記念日」に関することばを集めました。


【葬送儀礼のことば—死者の霊を慰める】

人生の締めくくりである葬送儀礼に関することばを知りたいときに。

仏式・神式の葬送儀礼に関することばを集めました。


【名数—全部思い出せなくても大丈夫】

「四天王」「七福神」などのように、数にちなむことば（「名数」）の内容を確認したいときに。

クイズ感覚で読むのも楽しいかもしれません。


【無駄口—結構毛だらけ】

にぎやかな会話をたのしみたいときに。

相手のことば尻をとって茶化したりまぜかえしたりすることばや、自分の言おうとしていることばをストレートには言わずにおどけてみせることばなどを集めました。


【語源—人に話せる】

ことばの由来や本来の意味、歴史・変遷を知りたいときに。

日常会話の中でこの知識を紹介すれば、さらに会話が弾むでしょう。


【現古辞典—現代語から古語が引ける】

短歌・俳句の愛好者が、自作に古語を交えて、格調のある作品にしたいときに。高校生や大学受験生などが、現代語から重要古語の意味の違いを理解したいときに。

現代語からその語に対応する古語が引けます。

【季語一覧—俳句必携】
興に乗って俳句を作ってみようと思ったときに。「季語」のうち代表的なものを、春、夏、秋、冬、新年の五つの季節に分けて示しました。

【百人一首―昔の人の心を知る】
お正月などで、「百人一首」の歌の全体、語句の意味、歌意などを知りたくなったときに。

【都道府県別方言集―旅先で使える】

旅行や出張でその地方に出かけた際に、また、その地方の出身者との会話の折に、それらの人々とさらにコミュニケーションを深めたいと思ったときに。

全国各地の方言のうち、日常生活で広く使われている方言を都道府県別に一〇語選定し、それぞれ例文をつけて紹介しました。


【旧国名地図】

現在でも日本人の生活と深い関わりを持っている旧国名を知りたいときに。

【図版―伝統的なものの名前を絵で知る】
「日本家屋」「神社建築」「寺院建築」「仏像」「能（のう）」「歌舞伎（かぶき）」「和服（わふく）」の日本の伝統的なものの名称を知りたくなったときに。

◇漢字力を高めたいときに

【同訓異字使い分け早見表―これでもう悩まない】

「収める」「納める」「治める」「修める」の漢字の使い分けや意味の違いを知りたいときに。

使い方に迷うような一字漢字の同訓異字語を集めました。


【同音類語集―パソコン入力の強い味方】

「意志」「意思」の違いを知りたいとき。

同じ読みでありながら意味の違う二字の熟語を集めました。


【漢字・難読語一覧―漢字博士への第一歩】

読み方のわからない漢字や熟語の読みを知りたいときに。

日常生活で使われる漢字を中心に収録し、それぞれの漢字の音訓を現在一般に用いられているものはもとより、古語として用いられたものまで幅広く収めました。

さらに、その漢字を含む難読語を掲げ、その読み方を示しました。


読者の皆さんが、本書で示した日本語の知識・情報を場面場面に応じて、効果的に活用されることを望みます。

二〇〇四年一〇月

小学館辞典編集部

目次

漢字力を高める

【本文執筆】　児島さくよ　鈴木芳明　田辺秀夫　牧野昭仁
村山のぞみ　吉田暁子　吉田雅子
【編集協力】　アーサー・ビナード
【地図作製】　ユニオンプラン
【装丁】　清水　肇（プリグラフィックス）
【本文デザイン・DTP】　名久井直子　河添英貴

〔編集〕　神永　曉
〔制作〕　森川和勇・金田玄彦・池田　靖
〔宣伝〕　下河原哲夫
〔販売〕　栗原　弘

語彙力をみがく

ことわざ・故事成語 ―古人の知恵に学ぶ

現代生活の中でよく使われる、また知識としてぜひ知っておきたいことわざや故事成語、八一〇語を厳選して解説した。それらは短いことばではあるが、その中には長い間に培われてきた人々の知恵が凝縮されている。人生を生きていくうえでの指針や注意となることば、絶望したときの慰めや希望となることばと出会えるはずである。

【あ】

会うは別れの始め 会った後には別れの時が来る、会ったものとは必ずいつか別れるものだの意。人生の無常を説いたことわざ。

青は藍《あい》より出でて藍より青し （「荀子」による。青色の染料は藍から取るが、原料の藍よりも青いの意から）教えを受けた人が教えた人より優れること。弟子が師よりまさっていることにいう。出藍《しゅつらん》の誉《ほまれ》。

秋茄子《あきなすび》嫁に食わすな 嫁を、しゅうとめに対する嫁と解し、「秋なすは味がよいから嫁には食べさせるな」ということ。つまり、しゅうとめの嫁いびりの意に解するのが最も普通。逆に「秋なすはからだを冷やして毒だから（随筆・安斎随筆〔1783頃〕）」、「秋なすは種子が少ないから子種が少なくなるのをきらって（諺草〔1699〕）」などという理由で、嫁に食わすなと解する説もある。あきなすは嫁に食わすな。

秋の日は釣瓶《つるべ》落とし 水を汲む時の釣瓶が落ちるように、秋の日は沈み始めると、たちまち暮れることのたとえ。秋の日の鉈《なた》落とし。

秋の夕焼けは鎌《かま》を研《と》いで待《ま》て 秋に夕焼けが見られるのは翌日の晴天の前兆であるから、野良仕事の準備をしておけの意。

悪事千里を走る （「北夢瑣言」による）悪いおこないや悪い評判はたちまち世間に知れ渡るということ。悪事千里。

悪女の深情《ふかなさけ》け 美人は多くは情が薄く、醜い女はかえって情の深いこと。転じて、ありがた迷惑なことのたとえ。

悪銭《あくせん》身につかず 不正な手段によって得た金銭は、むだなことにつかわれがちなので、すぐになくなってしまうものであること。

朝雨《あさあめ》に傘いらず 朝の雨はすぐに晴れるものだから、傘はいらないという意。

浅き川も深く渡れ 浅い川でも、深い川の場合と同じ気持で注意深く渡れ。少しのことにも油断をしてはいけないということのたとえ。

朝《あした》に紅顔《こうがん》ありて夕べに白骨《はっこつ》となる この世をわがもの顔に誇る若者の血色のよい顔も、たちまちに白骨となって朽ち果てるの意で、生死の測り知れないこと、世の無常なことにいう。

朝《あした》に道を聞かば夕べに死すとも可なり 〔「論語」による〕朝に人間の生きるべき道（真理）を聞いて理解し悟ったなら、その晩死んでも心残りはない、の意で、道（真理）のきわめて重要なことを強調した句。

明日《あした》は明日の風が吹く 今日はどんな事があっても、明日はまた、別のなりゆきになる。くよくよと心配しても始まらない、という楽観的な考え方をいうことわざ。明日のことは明日案じよ。

足下《あしもと》から鳥が立つ ①突然、身近に意外なことの起こるさまにいう。「足下から鳥」とも。②急に思いついたように、あわてて物事を始める。

東男《あずまおとこ》に京女《きょうおんな》 男は、たくましく、きっぷのいい江戸の男がよく、女は、美しく、情のある京都の女がよい。また、この取り合わせは似合いであるという意。

頭隠して尻隠さず 〔キジが、草の中に首を隠して、尾の現れているのを知らないのにたとえていう〕悪事などの、一部分を隠して、全部を隠したつもりでいるのをあざけっていう。

頭でっかち尻つぼみ 頭ばかりむやみに大きなこと。また、初めは大きく終わりが小さいこと。初めは勢いがよくて、終わりはだらしないこと。

頭の上の蠅《はえ》を追え 人のおせっかいをしないで、自分一身の始末をしろ。通常、自分の始末が第一であるという場合に用いる。

新しい酒を新しい革袋《かわぶくろ》に盛る 新しい内容を新しい形式で表現する。新形式の中に新思想を盛り込む。

中《あた》らずと雖《いえど》も遠からず 正しく的中はしていないが、たいしたまちがいがなく当たっている、の意。

当たるも八卦《はっけ》当たらぬも八卦 占いは、当たりもするがはずれもする。必ずしも的中しないのが占いというものだ、の意。

あちら立てればこちらが立たぬ 一方のよいようにすれば他方には悪く、両立しがたいことをいうことわざ。

暑さ寒さも彼岸《ひがん》まで 残暑のきびしさも秋の彼岸ともなればめっきり衰え、

余寒のきびしさも春の彼岸頃にはいちだんと薄らぐものだの意。暑い寒いも彼岸まで。

暑さ忘れて蔭《かげ》忘る（暑さが去ると同時に涼しかった物かげのありがたさを忘れるという意から）恩を忘れることの早いたとえ。雨晴れて笠を忘れる。

羹《あつもの》に懲《こ》りて膾《なます》を吹く（「膾」は、酢などで味付けした冷たい料理。熱かった吸い物にこりて、膾のような冷たい料理も吹いてさます意から）一度の失敗にこりて、必要以上の用心をするたとえ。

後《あと》の祭り（祭の済んだ後の山車《だし》の意から）物事が、その時機をはずして、無益なものになってしまうこと。手おくれ。

痘痕《あばた》もえくぼ（好きになると相手のあばたでもえくぼのように見える意から）ほれていると相手の欠点も欠点とは見えないで、長所のように見えるものだということ。また、ひいき目で見れば醜いものも美しく見える意にいう。

虻蜂《あぶはち》取らず あれもこれもと、両方をねらってどちらもだめになる。あまり欲を深くしてかえって失敗すること。

雨垂《あまだ》れ石を穿《うが》つ（一定の場所に落ちるあまだれは、長い間に下にある石に穴をあける意から）わずかなことでも、たび重なれば大きな事になる。小さな力でも根気よく続ければ成功することのたとえ。雨垂《あまだ》れに石窪《いしくぼ》む。

雨晴れて笠《かさ》を忘れる 困難が去ると、その時に受けた恩をすぐに忘れてしまうことのたとえ。暑さ忘れて蔭忘る。

雨降って地固まる 雨の降ったあとはかえって地面が堅固になるところから、変事の後は、かえって事態が落ち着いて、基礎がかたまることをいう。

嵐の前の静けさ（暴風雨の来る少し前、一時あたりが静まるところから）変事の起こる前のちょっとした間の無気味な静けさ。

蟻《あり》の穴から堤《つつみ》も崩《くず》れる（「韓非子」による）堅固につくった堤防もアリがあけた小さな穴が原因となって崩れ去ることもあるの意から、ほんのわずかな油断や不注意がもとで、とんだ大事を招くことがあるということのたとえ。

蟻《あり》の這《は》い出る隙《ひま》もない ほんのわずかなすき間もない。四方八方を固められている場合に、のがれ出られるすき間もないことをいう。

ある時払いの催促《さいそく》なし 返済をある時払いにして、金がなければそのままで催促はしないこと。最もゆるやかな貸し借り。

合わせ物は離れ物 合わせて作った物は、いつかは離れるものだの意。転じて、会った者、縁で結ばれた者は別れる時が来るものだの意に用い、多く男女、夫婦などの仲についていう。

案ずるより産むが易《やす》し 前もって心配するよりも、実際に事に当たってみれば案外たやすい。取り越し苦労をするなという意。

【い】

言うは易《やす》く行うは難《かた》し 口でよいことを言うのはやさしいが、それを実行することは困難である。言葉と行動は一致しないものである。

家貧しくて孝子《こうし》顕《あら》わる （「宝鑑」による）家が貧乏だと、子供も家のために働かなければならず、その善行が孝行な子としてはっきり人に知られる。逆境におちいった時こそ、誠実な人間が表面にあらわれる。

生き馬《うま》の目を抜く 生きている馬の目を抜き取るほど、事をするのにすばやいさまをいう。また、すばしこくずるくて、油断がならないことのたとえ。生き馬の目を抉《くじ》る。

生き身は死に身 この世に生きているものは必ず死ぬという意。生者《しょうじゃ》必滅。

石が流れて木の葉が沈む （前漢の「陸賈新語」による）物事が道理とは逆になっていることをいうたとえ。

石に漱《くちすす》ぎ流れに枕《まくら》す （中国、晋《しん》の孫楚《そんそ》が、隠遁の意志を人に話した時、「石に枕し流れに漱ぐ」を「石に漱ぎ流れに枕す」と言い誤ったのを、「石に漱ぐ」は歯を磨くため、「流れに枕す」は耳を洗うためだとこじつけ弁解したという「晋書」の故事から）負け惜しみが強く、自分の誤りにへ理屈をつけていいのがれることのたとえ。夏目漱石の号はこれに由来する。岩に漱ぐ。

石に立つ矢 （石をトラと思って矢を放ったところ射通ったという「韓詩外伝」に見える楚の熊渠子《ゆうきょし》、「史記」に見える漢の李広などの故事から）一心をこめて事をおこなえば、不可能なことはないということのたとえ。念力岩をも通す。岩に立つ矢。

石に布団《ふとん》は着せられず （石は墓石のこと）父母が死んでからでは、孝行を尽くそうとしても、おそいことのたとえ。孝行をしたい時分に親はなし。

石の上にも三年 （冷たい石の上でも三年すわり続ければ暖まるの意から）たとえつらくてもしんぼう強くがんばれば、やがて報われるということ。

石橋《いしばし》を叩《たた》いて渡る　堅固に見える石橋でも、叩いてその堅固さを慎重に確かめてから渡るの意。用心の上にも用心することのたとえ。念には念を入れる。

医者の不養生《ふようじょう》（患者に摂生をすすめる医者が、自分では意外に不摂生なことをしている意で）他人にはりっぱなことを教えながら、実行のともなわないことのたとえ。

衣食足りて礼節《れいせつ》を知る（「管子」による）生活にこと欠かなくなって、人は初めて礼儀に心を向ける余裕ができる。

石を抱《いだ》きて淵《ふち》に入る（「韓詩外伝」による）むやみに大きな危険をおかすこと。意味なく命を失ったり悲運をまねいたりすることのたとえ。

いすかの嘴《はし》の食い違い（イスカ［スズメ目アトリ科の鳥］の上下のくちばしが左右にくい違って合わないところから）物事がくい違って思うようにならないこと。

急がば回れ　危険な近道をするよりも、遠回りでも安全確実な道を歩いた方が結局は得策であるというたとえ。

磯《いそ》の鮑《あわび》の片思い（アワビは、二枚貝の片方のように見えるところから、「かた」の序となる）相手はまったく無関心なのに、こちらだけ恋い慕っている状態をいう。片思い。

痛くもない腹を探《さぐ》られる（腹痛でもないのに、痛い所はここかあそこかと探り回される意から）何の悪いことも、やましいこともしないのに他人から疑いをかけられることをいう。

鼬《いたち》の最後《さいご》っ屁《ぺ》　イタチが敵に追われた時、悪臭を放って難をのがれること。転じて、せっぱ詰まった時、非常手段を用いること。また、最後に醜態を演じること。

一押《いちお》し二金《にかね》三男《さんおとこ》　女を得るには、押しが第一で、金があることや男ぶりのよいことは、第二、第三の条件である。

一樹《いちじゅ》の陰《かげ》一河《いちが》の流れも他生《たしょう》の縁　知らぬ者同士が、雨を避けて同じ木陰に身を寄せ合うのも、あるいは同じ川の水をくんで飲み合うのも、前世からの因縁によるものだということ。袖振り合うも他生の縁。

一難《いちなん》去ってまた一難　一つの災難を何とか切りぬけてほっとした途端、また別の災難が襲ってくること。

一日千秋《いちにちせんしゅう》の思い（「千秋」は千年の意）一日がはなはだ長く感じられること。思慕の情がはなはだしく、待ちこがれる気持にいう。一日千秋《いちじつせんしゅう》。一日三秋。一刻千秋。

一年《いちねん》の計《けい》は元旦にあり（一年の計画は、年の始めの元日に立てるべきである意から）物事は最初がたいせつで、まず計画を立ててから事に当たるべきである。一日の計は朝にあり。

一姫《いちひめ》二《に》太郎《たろう》 子を産み育てるには、長子は女、次に男の子が生まれるのが理想的である、ということ。一般に、女児のほうが育てやすいことをいい、また、男児を熱望したのに女児が生まれて失望する者への慰めのことばにも使われる。

一《いち》富士《ふじ》二《に》鷹《たか》三《さん》茄子《なすび》 夢に見ると縁起が良いとされているものを順にならべた文句。初夢についていわれることが多い。

一文《いちもん》惜《お》しみの百損《ひゃくぞん》 さしあたってのわずかな金銭を惜しんで、将来の大きな利益をとりそこなうこと。また、目先のわずかな金銭を惜しむあまり、あとで大損をすることに気づかないこと。

一葉《いちよう》落ちて天下《てんか》の秋を知る（「淮南子」による。落葉一枚で秋の来たのを知る意で）わずかな現象を見て、その大勢を予知することのたとえ。一葉落ちて天下の秋。

一を聞いて十を知る（「論語」による）非常に賢くて理解がはやいことの形容。少しのことを聞いて、他のすべてのことがわかる。一を以《もっ》て万《ばん》を知《し》る。

一将《いっしょう》功成って万骨《ばんこつ》枯る（唐の曹松の「己亥歳詩」による）一人の将軍が輝かしい功名を立てるかげには、しかばねを戦場にさらす多くの兵士のいたましい犠牲がある。功名をいたずらに将軍や指導者だけのものとするのを怒っていうことば。

一炊《いっすい》の夢（唐の盧生が、身を立てるために楚国へ向かう途中、趙の都邯《かん》鄲《たん》で道士呂翁から枕を借りて眠り、夢に栄枯盛衰を体験するが、目覚めてみるとたきかけの粟飯《あわめし》がまだたき上がってもいないほどわずかの時間にすぎなかったという、沈既済の「枕中記」の故事から）人生の栄華のはかないたとえ。黄粱《こうりょう》の夢。盧生の夢。邯鄲の夢枕。

一寸先は闇《やみ》 人生の前途はほんの少し先でさえ予測できないことのたとえ。

一寸の光陰《こういん》軽んずべからず（朱子の詩「偶成」によるとされているが、朱子の詩文集にこの詩は見られず疑問。「光」は昼や日、「陰」は夜や月などの意）時のたつのは早いから、わずかな時間でも、むだにしてはいけないということ。→少年老い易く学成り難し

一寸の虫にも五分《ごぶ》の魂

どんなに小さく弱い者でも、それ相当の思慮や意地を持っているものだ。小さくても、ばかにできないたとえ。

一頭地《いっとうち》を抜く 多くの人よりも一段とすぐれていること。

一敗地《いっぱいち》にまみれる 再び立ち上がれないほどに、徹底的に打ち負かされること。

犬が西むきゃ尾は東 あたりまえであることのたとえ。

犬の尾を食うて回る （犬が自分のしっぽをくわえようとして、ぐるぐる回るが、思うようにできないところから）いくらあせっても思うようにできない。労が多くて、報いることの少ないたとえ。骨折り損のくたびれもうけ。

犬は三日飼えば三年恩を忘れず 犬でさえ三日飼えば、飼主になついて恩を忘れない。まして、人間は恩を忘れないのが当然である。恩知らずをいさめる言葉。

犬も歩けば棒に当たる ①物事をしようとする者は、それだけに災難に遭うことも多いものだの意にいう。②何かやっているうちには、思いがけない幸運に会うこともあるものだ、また、才能のない者でも、数やるうちにはうまいことに行きあたることがあるの意にいう。

命あっての物種《ものだね》 命があって初めて何事もなし得る、命がなくなればおしまいだの意。命は物種。

命長ければ恥《はじ》多し （「荘子」による）長生きすれば何かにつけて恥をかくことが多い。長生きすれば恥多し。

命は鴻毛《こうもう》よりも軽し （「文選」に見える司馬遷の「報任少卿書」による。鴻毛はオオトリの羽毛で、きわめて軽いもののたとえ）命を捨てることは少しも惜しくないことをいう。

井の中の蛙《かわず》大海を知らず （「荘子」による）自分の狭い知識や見解にとらわれ、他に広い世界があることを知らないで、得々とふるまうことのたとえ。非常に見識の狭いこと。

今泣いた烏《からす》がもう笑った 今まで泣いていた者が、すぐあと、きげんを直して笑っていること。おもに、子供の喜怒哀楽の感情の変わりやすいのをたとえていう。

芋の煮えたも御存《ごぞん》じない 世間の事情にうといことをあざけっていう語。芋の煮えたも知らない。

入るを量《はか》りて出《い》づるをなす （「礼記」による）収入の額を計算し、それによって支出の計画を立てる。

色の白いは七難《しちなん》隠す 色白の女性は、少しぐらい醜い点があっても、目立たない。

鰯《いわし》の頭《あたま・かしら》も信心《しんじん》から イワシの頭のようにつまらないものも、それを信仰する人には大事であること。信仰心が不思議な力を持つたとえ。また、頑迷に信じこんだ人をからかっても用いる。

言わぬが花 口に出して言わないほうがおくゆかしく、さしさわりもなくてよい。

言わぬは言うに優《まさ》る 口に出して言わないのは言葉で言うよりももっと切実な心持ちのあらわれだ。また、沈黙を守っているほうが効果的だ、安全だの意にもいう。

夷《い》を以て夷を制《せい》す 他国の力を利用して別の他国の力を抑える。他人の力をかりて、自分の利益を得ること。以《い》夷《い》制《せい》夷《い》。以《い》夷《い》攻《こう》夷《い》。

殷鑑《いんかん》遠からず （「詩経」による。殷の国民の鑑《かがみ》とすべきものは遠くに求めなくても、前代の夏《か》の滅亡がよい戒めであるという意から）戒めとすべき失敗の前例は手近なところにあるの意。

陰徳《いんとく》あれば陽報《ようほう》あり （「淮南子」による）ひそかに善い事をおこなえば、後日必ずよい報いを受ける。

【う】

上には上がある ある状態や事物が最高にすぐれていると思っても、さらにそれより上のものがあるという意。予想外に度を越していることに対する驚きの気持を表したり、また、うぬぼれてはいけない、欲望は適当にとどめるほうがよいなどの戒めの意でいったりする。

魚心《うおごころ》有れば水心《みずごころ》 （魚に水と親しむ心があれば、水もそれに応じる心をもつ意から）相手が自分に対して好意をもてば、自分も相手に好意をもつ用意があることのたとえ。相手の態度によって、こちらの態度もきまるということ。水心あれば魚心。網心あれば魚心。

牛に引かれて善光寺参《ぜんこうじまい》り 思いがけないことが縁で、また、自身の発意ではなくて、偶然よい方に導かれること。

氏《うじ》より育ち 家柄、身分のよさよりも、環境、教育などのほうが、人間をつくりあげるのには大切であるということ。

後ろ髪を引かれる あとに心が残って、先へ進むことができない。未練が残って、きっぱりと思い切ることができないということ。

牛を馬に乗り換える （遅い牛を捨

てて、速い馬に乗り替えるというところから）劣ったほうを捨ててすぐれたほうにつくことのたとえ。好都合なほうに便乗すること。牛売って馬を買う。

うそつきは泥棒の始まり 平気でうそを言う者は、盗みをするのも恥じなくなるということ。

うそも方便《ほうべん》 場合によってはうそも手段として必要である意。

独活《うど》の大木《たいぼく》 ウドは茎が長大に生長するが柔らかくて役に立たないことから、身体ばかり大きくて、ものの役に立たない人のたとえ。

鵜《う》の真似する烏《からす》 （カラスが、姿の似ているウのまねをして水に入り、おぼれるの意から）自分の能力、身の程を顧みないで、人のまねをする者。また、そのようなまねをして失敗する者のたとえ。鵜を学ぶ烏。鵜の真似。

鵜《う》の目鷹《たか》の目 ウが魚をあさり、タカが鳥を求める時の目つきのように、鋭く物を捜し出そうとする目つき。また、そのようなさま。

馬には乗ってみよ人には添《そ》うてみよ 馬のよしあしは実際に乗ってみなくてはわからず、人柄のよしあしもいっしょに暮らしてみなければ本当のところはわからない。何事も自分で直接確かめてみよ、の意。

馬の耳に念仏《ねんぶつ》 （馬に、ありがたい念仏を聞かせても無駄であるところから）いくら言って聞かせても聞き入れようとせず、ききめのないことのたとえ。馬の耳に風。犬に論語。馬に経文。

生みの親より育《そだ》ての親 自分を産んでくれた親に対してよりも、実際に育ててくれた養父母に対しての方が恩愛を深く感じる。また、育ての親の方が影響が大きい。生みの恩《おん》より育《そだ》ての恩《おん》。

梅に鶯《うぐいす》 とりあわせのよいもの。美しく調和するもののたとえ。また、仲のよい間柄のたとえ。

埋《う》もれ木《ぎ》に花が咲く 世間から忘れられた不遇の身に意外な幸運が訪れることのたとえ。

烏有《うゆう》に帰《き》す すっかりなくなる。だめになる。特に、火災で滅びる。

怨《うら》み骨髄《こつずい》に入《い》る 心の底から恨む。たいそうひどく恨む。

売り言葉に買い言葉 相手の暴言を受けて、言葉を返すこと。悪口に悪口で言い返すこと。

瓜《うり》の蔓《つる》に茄子《なすび》はならぬ ある原因からは、それ相当の結果しか生じない。子は親に似るものだ。血筋は争えない。蛙の子は蛙。〔対義語〕鳶《とび》が鷹《たか》を生む。

噂《うわさ》をすれば影が差す 人の噂をすると、当人がそこへ偶然やってくるものだ。

運《うん》は天《てん》にあり 人の運はすべて天命によるもので、人間の力ではどうすることもできない。

【え】

易者《えきしゃ》身《み》の上《うえ》知らず 易者は、他人の身の上はよく判断するけれども、自分の身の上はかえってわからない。陰陽《おんよう》師《じ》身の上知らず。

得手《えて》に帆《ほ》を揚《あ》げる 得意とすることを発揮する好機が到来し、待ってましたとばかり調子にのること。得手に帆。

江戸っ子は五月《さつき》の鯉《こい》の吹《ふ》き流《なが》し （鯉のぼりは腹が空洞で何もないところから）江戸っ子は言葉づかいが荒っぽいが、気持はさっぱりしていて物事にこだわらないということ。また、江戸っ子は口先ばかりで度胸がすわっていないという意にも用いる。

江戸っ子は宵越《よいご》しの銭《ぜに》は持たぬ 江戸っ子は得た金をその日の内に使ってしまって、翌日に持ちこすようなことはしないの意。江戸っ子の金ばなれのよさを誇っていう。

江戸の敵《かたき》を長崎で討《う》つ 意外な場所で、または筋違いな事で、昔の恨みの仕返しをする。

絵に描《か》いた餅《もち》 （絵に描いた餅は見るだけで食べられない意から）実際にはなんの役にも立たないもの、また、実物でなければ値打ちがないことのたとえにいう。画餅《がべい》。

柄《え》のない所に柄をすげる 無理に口実を設けて、理屈をこねることにいう。無理な言いがかりをつける。柄をすげる。柄に柄をすげる。

蝦《えび》で鯛《たい》を釣る わずかの負担を元手にして多くの利益を得る。また、わずかな贈り物をして多大の返礼を受ける意のたとえ。疣《いぼ》で鯛釣る思い。蝦で鯛。

鴛鴦《えんおう》の契《ちぎ》り （オシドリのつがいが仲がよいことから）むつまじい夫婦の関係。

燕雀《えんじゃく》安《いずく》んぞ鴻鵠《こうこく》の志を知らんや （ツバメやスズメのような小さな鳥には、オオトリやコウノトリのような大きな鳥の志はわからないという「史記」の語句から）小人物は大人物の大志をさとることができないということのたとえ。

縁なき衆生《しゅじょう》は度《ど》し難《がた》し すべてのものに慈悲を垂れるという仏でも、仏縁のない者は救いがたい。転じて、忠告を聞こうともしない者は救いようがない。

縁の下の力持ち 人に知られないで、陰で苦労、努力することのたとえ。他人のために骨折るばかりで、世の中に認められないこと。また、その人。

縁は異《い》なもの味《あじ》なもの 男女の縁はどこでどう結びつくのか、常識を越えた、不思議でおもしろいものであるという意味。

【お】

老いては子に従《したが》え 老年になってからは、何事も子にまかせ、それに従う方がよいの意。

負《お》うた子に教えられて浅瀬《あさせ》を渡る 時には自分よりも未熟な者に教えられることもあるものだということ。負うた子に教えられる。

負《お》うた子より抱いた子 （背中に背負った子よりも、前に抱いている子をあやすことが多いという意味）離れている者よりも、まず身近の者を大事にするのが人情であるというたとえ。

陸《おか》へ上がった河童《かっぱ》 （水中では力を発揮できる河童も、陸へあがっては無力であるところから）場所、環境が変わって、力のある者がまったく無力になるたとえ。陸《おか》へ上がった船頭《せんどう》。

驕《おご》れる者《もの》久《ひさ》しからず 栄華をきわめ、思い上がったふるまいをする者は、長くその地位や生活を保つことができないという意味。驕る平家《へいけ》は久《ひさ》しからず。

小田原評定《おだわらひょうじょう》 （天正一八年〈一五九〇〉豊臣秀吉が小田原城の北条氏を攻めた際、城中で和戦の意見が対立し、いたずらに日時を送ったところから）いつになってもきまらない会議、相談。小田原談合。小田原咄。小田原相談。

落ち武者は薄《すすき》の穂《ほ》にも怖《お》ず 落武者は常にびくびくしていてちょっとした事にも驚く。また、転じてこわいと思えば、なんでもないものまで、すべて恐ろしく感じられることのたとえ。落人《おちゅうど》は薄の穂にも恐る。

男は度胸《どきょう》女は愛嬌《あいきょう》 男には度胸、女には愛敬が必要だ、の意。

同じ穴の狢《むじな》 （同じ穴に住んでいる狢の意で）一見別のもののようでも実は同類であることのたとえ。多く悪人にいうことわざ。同じ穴の狸。同じ穴の狐。

鬼が出るか蛇《じゃ》が出るか （機関《からくり》箱を胸にかけた人形師の言葉から出た語）次におこる事態がどのようなものか予想のつかないことをいう。

鬼に金棒《かなぼう》 （強い鬼にさらに金棒などを持たせるというところから）もともと強いものが、いっそう強くなること。また、似合わしいものが加わって一段と引き立つことにいう。鬼に鉄杖《てつじょう》。

鬼の居《い》ぬ間《ま》に洗濯《せんたく》 主人、監督者など、気がねしたり恐れたりする人がいない間に、十分にくつろぐこと。鬼の来ぬ間に洗濯。鬼の留守に洗濯。

鬼の霍乱《かくらん》（「霍乱」は日射病や暑気あたり）ふだん非常に丈夫な人が、めずらしく病気にかかることのたとえ。

鬼の目にも涙 無慈悲な者も、時にはなさけ深い心を起こし、涙を流すことがあるということのたとえ。

鬼も十八《じゅうはち》番茶《ばんちゃ》も出花《でばな》（醜い鬼も年頃になればそれなりに美しく見え、粗末な番茶も湯をついで出したばかりは味わいがよい、という意から）醜い者も、年頃には少しは美しく見えることのたとえ。鬼も十七茨も花。鬼も十七山茶も煮花。

お髭《ひげ》の塵《ちり》を払《はら》う（宋の丁謂《ていい》が宰相の寇準《こうじゅん》の髭が吸い物で汚れたのを拭いて、たしなめられたという「宋史」にみえる故事から）目上の者にこびへつらうこと。

帯《おび》に短《みじか》し襷《たすき》に長《なが》し 物事が中途はんぱで、なんの役にも立たないことのたとえ。

溺れる者は藁《わら》をも掴《つか》む（英語 A drowning man will catch at a straw. の訳）非常に困難な状況におちいったときは、頼りになりそうもないようなものまで頼りにすることをいう。

思い立ったが吉日《きちじつ》 何事かをしようという考えが起きたら迷わず、ただちに着手するがよい。暦を見て吉日を選ぶまでもなく、思い立った日を吉日として、ことをおこなえ。善は急げ。

思い半ばに過《す》ぐ（「易経」による）考えてみて思い当たることが多い。おおよそのことは推測できる。

思うこと言わねば腹《はら》ふくる 心に思っていることを言わないでいるのは、腹の中に物がつかえているようで、気持ちが落ち着かないものだ。おぼしき事言わねば腹ふくる。

思う念力《ねんりき》岩をも通す 強い思いをこめてすれば、何でもできないことはない。念力岩をも通す。一念岩をも通す。

親思う心にまさる親心 子が親を思うよりも、子を思う親の心はいっそう深いということ。

親に似ぬ子は鬼子《おにご・おにっこ》 父母に似ない子は人の子でなく鬼の子である。子は父母に似るのが当然であるという意。

親の心子知らず 親の愛情や苦労は子に通じにくく、子は勝手なふるまいをするものだという意。

親の光は七光《ななひかり》 親の社会的地位や名声が子の出世に大いに役立つこと。

親はなくとも子は育つ 実の親が育てなくても、子はどうにか成長していくものである。世の中の事はそう心配したものではないということのたとえ。

終わりよければすべてよし 物事を完成させる過程において、どのようなことがあっても、結末さえ立派にできていれば、途中の失敗などは問題にしないの意。

女心《おんなごころ》と秋の空 女の心と秋の天候は共に変わりやすい。男心と秋の空。

女三人寄れば姦《かしま》しい （「女」という字を三つ合わせると「姦（さわがしいの意）」という字になるところから）女はおしゃべりだから、三人も集まれば非常にやかましいということ。

女は三界《さんがい》に家なし （「三界」は仏教語で、欲界、色界、無色界、すなわち、全世界の意）女は、幼少のときは親に従い、嫁に行っては夫に従い、老いては子に従わなければならないものであるから、この広い世界で、どこにも安住できるところがない。女に家なし。女に定まる家なし。

恩を仇《あだ》で返す 身に受けた恩に対して報いることをしないで、かえって相手に害を加えて報いる。

【か】

飼い犬に手を噛まれる ふだんから特別大事にしてやっている者から、思いがけず害を加えられる。

会稽《かいけい》の恥 （中国で春秋時代、越王勾《こう》践《せん》が呉王夫差《ふさ》と戦い、会稽山で包囲され、屈辱的な講和を結んだ故事から）敗戦の恥辱。他人から受けるひどい恥辱。会稽。

骸骨《がいこつ》を乞《こ》う （仕官中主君に捧げた身の残骸を乞い受ける意から）官を退くことをこう。辞職を願い出る。致仕《ちし》を乞う。

隗《かい》より始めよ （「戦国策」にみえる故事から。賢者を招きたいならば、まず自分のようなつまらない者をも優遇せよ、そうすればよりすぐれた人材が次々と集まってくるであろうという意）遠大な計画も、まず手近なところから着手せよの意にいう。また、物事はまず言い出した者から、やり始めるべきだとの意でも用いられる。

カエサルの物《もの》はカエサルに （ローマの皇帝カエサルへの納税について問われたイエス・キリストが、貨幣に刻まれたカエサルの肖像を指し、神に対する務めと国家に対する務めとを、ふたつながらおこなうべきことを教えた言葉）物はあるべき所に戻さなければならないの意。カイゼルの物《もの》はカイゼルに。

蛙《かえる》の子は蛙 何事も子は親に似るものだ、子は親の進んだ道をあゆむものだ、また、凡人の子はやはり凡人であるなどの意にいう。瓜の蔓に茄子はならぬ。〔対義語〕鳶が鷹を生む。

蛙《かえる》の面《つら》へ水 カエルの顔に水をかけても、平気なところから、どんなことをされても平気でいるさまにいう。しゃあしゃあとしていること。蛙の面へ小便。

隠すより現《あらわ》る 隠し事は、隠せば隠すほど、かえって人に知られるものである。

学問に王道なし （古代ギリシアの数学者、ユークリッド（エウクレイドス）がプトレマイオス王に答えた言葉という）学問をするのに安易な方法はない。だれが学んでも等しく経なければならない過程があるということ。幾何学に王道なし。

陰《かげ》の形に随うが如し 物に必ず影が付き添うように、常に伴って離れない様子。

籠《かご》で水を汲む （かごで水を汲んでも、水は少しもたまらないところから）骨を折って苦労しても、効果が全然ないことのたとえ。ざるに水。

駕《か》籠《ご》に乗る人担《かつ》ぐ人そのまた草鞋《わらじ》を作る人 （駕籠に乗る身分の人もあれば、その駕籠をかつぐ人もある、というところから）人間の運命や境遇、身分などがさまざまであることをいう。

風が吹けば桶屋《おけや》が儲《もうか》る 思いがけない影響が出る、また、あてにならない期待をするたとえ。風の起こす砂ぼこりで盲人がふえ、その三味線用の皮のために猫がへり、そのためふえたネズミが桶をかじるので桶屋がもうかるというもの。

稼《かせ》ぐに追い付く貧乏なし 一所懸命に働けば貧乏することはない。

風邪は万病《まんびょう》の元《もと》 風邪はあらゆる病気のもとになるから最もおそろしいの意。風邪は百病の長。

刀折れ、矢尽きる 戦に敗れてさんざんな有様になる。転じて、物事に立ち向かう方策がまったくなくなる。弓折れ矢つきる。

火中《かちゅう》の栗を拾う （猿が、猫をおだてて、いろりのなかの栗を拾わせて、猫が大やけどをしたという、ラ－フォンテ－ヌの寓話から）他人の利益のために危険をおかす。非常な危険をおかすことのたとえ。

渇《かっ》しても盗泉《とうせん》の水を飲まず（孔子が盗泉という所を通った時、のどがかわいていたが、その地名の悪さをきらってそこの水を飲まなかったという故事から）いくら苦しく困っていても、少しでも不正、不義に汚れることをきらい、身を慎むこと。悪木盗泉《あくぼくとうせん》。

勝って兜《かぶと》の緒《お》を締めよ 戦いに勝っても油断するな。成功しても心をゆるさないで、用心深く事に当たれの意。

河童《かっぱ》の川流れ（水中で自由自在に泳ぎまわる河童でも、時に水に押し流されることがあるというところから）その道の名人、達人といわれる人でも時には失敗することもあるという意のことわざ。弘法にも筆の誤り。猿も木から落ちる。

勝てば官軍《かんぐん》 勝利を得れば勝ったほうがすべて正しいことになる。力は正義であるの意。後に「負ければ賊軍」と続けることもある。

瓜田《かでん》に履《くつ》を入れず、李下《りか》に冠《かんむり》を正さず（「古楽府―君子行」から出た語。瓜畑で履が脱げても瓜を盗むかと疑われるのでかがんではき直すな、李《すもも》の木の下で冠をきちんと直せば李を取るかと疑われるので冠を正すなの意から）疑われやすい行為はするなというたとえ。

門松《かどまつ》は冥土《めいど》の旅の一里塚《いちりづか》（「めでたくもありめでたくもなし」とつづく一休宗純作という歌から）正月の門松はめでたいものとされているが、門松を飾るたびに一つずつ年をとり、死に近づくので、死への道の一里塚のようなものだの意。

鼎《かなえ》の軽重《けいちょう》を問う（周の定王の時、楚の荘王が周王室の伝国の宝器である九《きゅう》鼎《てい》の大小、軽重を問うたという「春秋左伝」の故事から）統治者を軽んじて、これを滅ぼして天下を取ろうとすること。転じて、その人の実力を疑って、地位をくつがえし奪おうとすること。また、その人の価値、能力を疑うことにいう。

叶《かな》わぬ時の神頼《かみだの》み ふだんは神を拝んだことのない不信心な者でも、思いどおりにならない、困った時には、神の助けを借りようとして祈ること。苦しい時の神頼み。

蟹は甲羅《こうら》に似せて穴を掘る（カニは自分の大きさに合わせて穴を掘るということから）人は自分の力量、身分に応じた言動をするものだ、また、人はそれぞれ相応の願望を持つものだの意。

金《かね》が敵《かたき》 金銭のために他人と敵対関係に入ってしまう。金銭のために人は苦しんだり、災いにあったりするものである。

金《かね》で面《つら》を張る 金銭の力で相手を圧倒する。金の力を借りてむりやりに相手を屈服させる。

金《かね》の切れ目が縁の切れ目 金銭上の利益がそれ以上見込めなくなった時が人間としての付き合いも終わる時だ。金銭がなくなったとたん愛想が悪くなる。

金《かね》の草鞋《わらじ》で探す 鉄製の草鞋をはいて、根気強くさがしまわることをいう。

金《かね》は天下《てんか》の回《まわ》りもの 金銭は一つ所にばかりとどまっているわけではなく、今多くの金銭を持っている者もそれを失い、今金銭のない者にもやがては回ってくる。世界の宝は回りもち。

金持ち喧嘩《けんか》せず けんかしても得をすることはないので、金持ちは他人と争わない。金持ちはとかく利にさとく、計算に合わないことは決してしないことをたとえていう。

金持ちと灰吹《はいふ》きは溜《た》まるほどきたない 煙草の灰が灰吹きに溜まれば溜まるほど汚くなるように、金持ちは財産がふえればふえるほど、心が卑しくなったり、けちになったりするということ。

禍福《かふく》は糾《あざな》える縄《なわ》の如《ごと》し （「史記」による）わざわいが福になり、福がわざわいのもとになったりして、この世の幸不幸は縄のように表裏をなすものであるの意。

画餅《がべい》に帰《き》す （絵にかいた餅は食べられないところから）考えや計画などが失敗に終わって、すっかりだめになる。むだぼねおりになる。

壁に耳あり障子に目あり どこでだれに聞かれているかわからないということで、密談などのもれやすいたとえ。

果報《かほう》は寝て待て 幸運は自然とやって来るのを気長に待つべきだ、あせらないで待てばいつかは必ずやって来る、ということ。

髪結い髪結《かみゆ》わず 他人のためにばかり働き、自分のことまで手が回らないことのたとえ。髪結の乱髪《みだれがみ》。

亀の甲より年の劫 （「劫」はきわめて長い時間。「甲《こう》」を同音の「劫」にかけて）カメは万劫を経て仏になるというが、人間にとっても何より大切なことは年劫を経ることだの意。長年の経験が大切であることのたとえ。

鴨が葱《ねぎ》を背《し》負《よ》ってくる 鴨の肉に葱まで添えてあり、すぐに鴨なべが食べられるというところから、おひとよしが利益になるものを持ってくることなどにいう。うまい話が二重三重になってやってくること。

鴨の水《みず》掻《か》き カモは水面を気楽そうに泳いでいるが、水面下ではたえず水かきを動かしているところから、何事もないように見えて人知れぬ苦労があることをたとえていう。掛け詞として「賀茂《かも》の瑞垣《みずかき》」にかけることが多い。

烏《からす》の頭《かしら》が白くなる （中国の戦国時代、秦に人質になっていた燕の太子、丹が帰国を望んだところ、秦王が「烏の頭が白くなり、馬に角《つの》が生えたら許可しよう」と答えたという「史記」などにみえる故事から）容易に起こり得ないこと、あり得ないことをたとえていう。烏頭《うとう》白くして馬角《うまつの》を生《しょう》ず。

借りる時の地蔵《じぞう》顔《がお》返す時の閻魔《えんま》顔《がお》 他人から金銭などを借りるときはにこにこしていた人が、それを返済するときは渋い顔をすることのたとえ。

枯れ木に花咲く ①衰えはてたものが再び栄える時を迎えることのたとえ。枯木《こぼく》に花咲く。枯れたる木にも花咲く。②望んでも不可能なことのたとえ。転じて、本来、不可能と思われることが不思議の力によって実現することのたとえにいう。枯れたる木にも花咲く。

枯れ木も山の賑《にぎ》わい （枯れた木でも山に趣を添える意から）つまらないものでも無いよりはましであることのたとえ。

彼《かれ》も人なり我も人なり （彼も我も同じ人間である意から）人のできることが自分にもできないはずがない。努力すべきことを教える言葉。また、自己の権利を主張する場合などに用いる。

彼を知り己《おのれ》を知れば百戦《ひゃくせん》殆《あや》うからず （「孫子」による）敵と味方の情勢をよく知って戦えば、何度戦っても敗れることはない。相手方と自分の方との優劣長短をよく知ることの大切さをいう。

かわいい子には旅をさせよ 子どもがかわいければ、甘やかさないで世の中の辛さを経験させることだということ。

かわいさ余《あま》って憎さが百倍 かわいいと思う心が強かっただけに、いったん憎いとなったら、その憎しみの情も特別に強いことにいう。

川口《かわぐち》で船を破《わ》る ①（長い航海を終えて川口の港付近まで来て船をそこなうの意から）成功の一歩手前までできて失敗することのたとえ。②（長い航海に出るにあたって、川口の付近で早くも船をそこなうの意から）物事のしはじめの第一歩から失敗をすることのたとえ。

川立《かわだ》ちは川で果てる 川に育ち川に慣れた者は、とかく油断のために川で死ぬことが多いの意で、得意なわざを持つ者も油断すれば失敗し、そのためにかえって身をほろぼすことがあるというたとえ。

川向《かわむ》こうの火事 （大きな川をへだてた向こう側で喧嘩や火事が起こっても、こちら側までおよんでくる恐れがないところから）利害関係がなく、自分の心身に少しも痛みを感じないことのたとえ。対岸の火災。川向かいの喧嘩。

皮を切らせて骨を切る （相手に自分の皮を切らせて、相手の骨を切る、の意）自ら浅手を受けることを覚悟して踏み込み相手を切り倒す剣術の奥義。転じて、自分も傷つく覚悟をして、より大きな損害を敵に与えよという意。肉を切らせて骨を切る。身を捨ててこそ浮かぶ瀬もあれ。

勘定《かんじょう》合って銭《ぜに》足らず 勘定に間違いはないが、現金が不足しているの意で、理論と実際がうまく一致しないことのたとえにいう。

肝胆相照《かんたんあいて》らす 互いに心の底まで打ち明けて親しく交わる。互いに心の中まで理解し合って親密に交際する。

邯鄲《かんたん》の枕《まくら》 貧乏で立身出世を望んでいた盧生という青年が、趙の都、邯鄲で呂翁という仙人から、栄華が意のままになるという枕を借り、うたたねをしたところ、富貴をきわめた五十余年の夢を見たが、覚めてみると炊きかけていた粟《あわ》がまだ煮えないほどの短い間であったという、沈既済「枕中記」の故事。また、枕をして眠ること。人の世の栄枯盛衰のはかないことのたとえにもいう。邯鄲の夢。一炊《いっすい》の夢。

艱難汝《かんなんなんじ》を玉《たま》にす 人は多くの苦しみや困難を経てはじめてりっぱな人間となる意のことわざ。西洋のことわざ「逆境は人をかしこくする」を意訳したもの。

間《かん》に髪《はつ》を容《い》れず （「間、髪を容れず」「間髪《かんぱつ》を容れず」と発音されることも多い）①間に髪の毛一本さえも入れる余地がない。物事に少しのすきまもないさま。②ある一つの事態がおきたとき、すかさず、それに応じた行動に出るさまにいう。

汗馬《かんば》の労 ①（馬に汗をかかせてかけまわった働きの意）戦場で活躍した功労。戦功。軍功。②物事をまとめる時などに、かけずりまわる苦労をたとえていう。

看板《かんばん》に偽《いつわ》りあり 看板に書いてあることと実物に違いがある。羊頭狗肉《ようとうくにく》。

管鮑《かんぽう》の交わり （中国春秋時代、斉の管仲と鮑叔牙が非常に仲がよく、共同で商売をした時にも、管仲は分け前を余分に取ったが、鮑叔牙は管仲の貧しいことをよく知っているので一言も責めなかった。そして、二人はますます親密になったという「史記」などにみえる故事から）友人としての親密な交わり。仲むつまじい交際をいう。水魚の交わり。

棺《かん》を蓋《おお》うて事定《さだ》まる（「晋書」による）生前の真価は死後になって定まる。生きている間は公平な判断ができない。

【き】

聞いて極楽見て地獄 人から聞いたのと、自分の目で実際に見たのとでは大きな相違があることのたとえ。聞いては千金より重く見ては一毛よりも軽し。聞いて千金見て一毛。聞くと見るとは大きな違い。

既往《きおう》は咎《とが》めず（「論語」による）過ぎ去った出来事についてとやかく咎め立てするよりは、将来を慎むことが大切であるということ。

奇貨《きか》居《お》くべし（秦の相となった呂不《りょふ》韋《い》が若くて商人だった頃、秦の太子安国君の子、子楚が趙に人質となって不自由な生活をしているのを見て、これをうまく利用しようと思って言ったという「史記」の中の言葉から出た語。珍しい品物だから、今買っておけば後で利益を得る材料となるだろうの意で）得難い機会だから、のがさずこれを利用しなければならない、好機を逸してはならない、の意にいう。

木から落ちた猿 頼みにするものを失ってどうしてよいかわからないことのたとえ。木を離れたる猿。

聞くは一時の恥聞かぬは一生の恥 知らない事を聞くのは、その場は恥ずかしい気がするが、聞かずに知らないままに過ごせば、生涯恥ずかしい思いで過ごさなければならないということ。

聞けば気の毒見れば目の毒 聞いたり見たりすれば欲望が起こって心身の害になるということ。

騎虎《きこ》の勢い（「隋書」による）トラに乗った者が、途中でおりることができないように、物事の勢いがさかんになって、行きがかり上、中止したり、あとへ引けなくなったりすることのたとえにいう。

雉《きじ》も鳴かずば撃《う》たれまい 無用の発言をしなければ、わざわいを招かずにすむことのたとえ。鳴かずば雉も打たれまい。鳥も鳴かずば打たれまい。

帰心《きしん》矢の如し 自宅や故郷に帰りたいと願う気持が、ひじょうに強い。まっすぐ早く帰りたいと思う心をいう。

木に縁《よ》って魚《うお》を求む　方法を誤ると何かを得ようとしても得られないこと、また、見当違いの困難な望みをもつことのたとえ。天をさして魚を射る。氷をたたき火を求む。

昨日は人の身、今日は我が身　他の人に起こった不幸な出来事が、いつ自分にもふりかかってくるかもわからないこと。運命、人事の変遷や災難は予測できないもので、他人の不幸を自分の戒めとせよの意。今日は人の身の上明日は我が身。

驥尾《きび》に付《ふ》す　（青蠅《あおばえ》が、自分自身の力では遠くへ飛べないにもかかわらず、名馬の尾について行けば、一日に千里も行くことができる、というところから）愚者でも、賢人について行けば、何かはやりとげることができる、というたとえ。すぐれた人につき従って行動をする。また、すぐれた人のおこなった仕事などを見習ってする。謙遜《けんそん》して言う言葉。

九牛《きゅうぎゅう》の一毛《いちもう》　（多くの牛の中の一本の毛の意）多数の中のきわめて少ない一部分。比較できないほど僅かなこと。

九仞《きゅうじん》の功を一簣《いっき》に虧《か》く　（非常に高い築山を築くときに、最後にたった簣《もっこ》一杯の土が足りないだけでも完成しない意から）長い間の努力も最後のほんのちょっとの手違いから失敗に終わってしまうことのたとえ。

窮《きゅう》すれば通《つう》ず　行き詰まってどうにもならないところまで来てみると、案外打開の道があって、何とかなるものである。

窮鼠《きゅうそ》猫を噛む　（追いつめられたネズミが猫にかみつく意）弱い者でも絶体絶命の立場に追いつめられると往々にして強者に反撃する。必死の覚悟をきめれば、弱者も強者を苦しめる意のたとえ。

兄弟は他人の始まり　兄弟も、成長してそれぞれ家庭をもてば、妻や子への愛にひかれて縁がうすくなり、互いに他人のようになっていくの意。

京の着倒《きだお》れ大阪の食《く》い倒《だお》れ　京都の人は、とかくぜいたくな衣服を着ることに心を傾けるあまり、身代を倒してしまう風《ふう》がある。大阪の人は食物にぜいたくをして財産をなくしてしまうということ。

漁夫《ぎょふ》の利《り》　（シギとハマグリが争っているのを見て、漁夫がその争いを利用し、両方ともつかまえたという「戦国策」の故事から）双方が争っているすきにつけいり、他の者がなんの苦労もなく利益をおさめることのたとえ。当事者どうしが争っている間に、第三者が利益を横取りすること。漁利。

義理《ぎり》と褌《ふんどし》欠かされぬ 男子が常にしていなければならない褌と、処世上寸時も欠いてはならない義理とを並列して、義理の必要性を強調したもの。義理と褌。また、時には逆に「義理と褌は欠かねばならぬ」などともいう。

軌《き》を一《いつ》にする ①各地の車の両輪の幅を同一にする。また、幅が同一である。世の中または国家が統一され、ととのっているさまをいう。②車の通った跡を同じくする。転じて、同じ行き方、立場をとる。

義を見てせざるは勇《ゆう》なきなり 正義は人のおこなうべきものであるが、これを知りながら実行しないのは勇気がないからである。

木を見て森を見ない 物事の渦中にいる人は物事全体を理解することができない。山に入《い》る者《もの》は山《やま》を見ず。

槿花《きんか》一日《いちじつ》の栄《えい・さかえ》（「槿花」はムクゲの花）栄華のはかないことのたとえ。つかの間の盛り。槿花一日。

琴瑟《きんしつ》相和《あいわ》す（琴と瑟とを合奏してその音がよく合うところから）夫婦の仲がむつまじいことのたとえ。琴瑟相《あい》調《ととの》う。

金石《きんせき》の交わり（「漢書」による）友情の堅いこと。破れることのない交際。

金時《きんとき》の火事《かじ》見舞《みまい》（「金時」は、金太郎のこと。顔の赤い金時が火事見舞に行ったら、ますます赤くなるというところから）顔の非常に赤いことのたとえ。

【く】

臭い物に蓋《ふた》をする 悪臭があるものを納めてある器のふたをしめ、臭気が外にもれ出るのを防ぐところから、悪事や醜聞が外部にもれないよう安易な一時しのぎの手段をとることのたとえ。

腐っても鯛《たい》 すぐれた価値のあるものは、いたんで駄目になったようでも、なお、その値打ちを保つということのたとえ。

草を打って蛇を驚かす ある人を懲らしめて、それと関係のある他の人を戒めることのたとえ。

愚者も千慮《せんりょ》に一得《いっとく》有《あ》り（「史記」による）愚かな者でも、時には役に立つ名案を出すことがある。愚者にも一得。愚者の一得。愚者も千慮。

薬《くすり》人《ひと》を殺さず薬師《くすし》人を殺す 薬によって人が死んだとしても、罪はその薬にあるのでなく、運用する人にある。ものは使いようが大切で、使う人によって毒にも薬にもなるということのたとえ。

薬より養生《ようじょう》 健康には、薬を飲むよりも平生の養生が大切であるということ。

口では大阪の城も建つ 口先だけならどんな大きな事でも言うことができる。

口は口心は心 口に出して言うことと、心の中で思っていることとが一致しないこと。うらはらであること。

口は禍《わざわい》のもと うっかり言った言葉で後の災難を招くことが往々にしてあるものだの意。言葉はつつしむべきであるという戒め。口は禍の門《かど》。

唇亡《ほろ》びて歯寒し 互いに助け合う関係にある者の一方が滅びると、他の一方の存在も危うくなることのたとえ。唇つきて歯寒し。

口も八丁《はっちょう》手も八丁 しゃべることもすることも非常に達者であること。口八丁手八丁。

国乱れて忠臣《ちゅうしん》現《あらわ》る （「史記」による）国家が混乱して危機に瀕すると、真に忠義の臣が現れる。

国破れて山河《さんが》在り （杜甫の「春望詩」による）戦乱のために、国は滅びてしまっても、山や川だけは昔のままの姿をのこしている。

苦は楽《らく》の種《たね》 いま苦労するのは、後日の安楽のために種をまいておくようなものだ、という意。現在の苦労は、将来の幸福のもとになる。「楽は苦の種、苦は楽の種」と続けて用いられる。苦は楽しみのもと。

雲にかけ橋《はし》 とてもかなえられないような高い望みにたとえていう語。特に恋についていうことが多い。

蜘蛛《くも》の子を散らす （クモの子のはいっている袋をやぶると四方八方に散るところから）大勢のものが、散り散りに逃げることをいうたとえ。

暗《くら》がりから牛を引き出す 暗いところに、黒い牛がいるのはやたらに黒いばかりで、何が何やらはっきりしないというところから、ものの区別がはっきりつかないたとえ。また、動作がにぶく、はきはきしない。くらやみから牛を引き出す。くらがりの牛。

苦しい時の神頼《かみだの》み ふだんは神仏を信じない人が、苦境に陥った時だけ神仏に祈って助けを請うこと。転じて、日頃うとんじている人などに苦しい時だけ助けを請うことのたとえ。叶わぬ時の神頼み。

車《くるま》は海へ舟《ふね》は山 物事がさかさまであることのたとえ。

君子《くんし》危《あや》うきに近寄《ちかよ》らず 君子は身をつつしむ者であるから、危険な所にははじめから近づくことをしない。君子は危きに居らず。君子は危きを見ず。聖人は危きに近寄らず。

君子《くんし》の交《まじ》わりは淡《あわ》きこと水の如《ごと》し（「荘子」による）君子は人とまじわる場合、じつに淡泊であり、しかもその友情は永久にかわることはない。

君子《くんし》は独《ひと》りを慎《つつし》む（「大学」による）君子は人が見ていないところでもそのおこないをつつしんで、けっして人間として恥ずかしいようなことはしない。

君子《くんし》豹変《ひょうへん》す（「易経」による）君子はあやまちを改めて善に移るのがきわめてはっきりしている。君子はすぐにあやまちを改める。今日では、節操なく変わり身の早いことについてもいう。君子豹変。

葷酒山門《くんしゅさんもん》に入《い》るを許さず 臭気の強い野菜は他人を苦しめるとともに自分の修行を妨げ、酒は心を乱すので、これを口にしたものは清浄な寺内にはいることを許さないということ。多く禅宗の寺院の門前には、修行僧への戒めとして「不許葷酒入山門」と刻んだ石柱が立てられている。

【け】

形影相弔《けいえいあいとむら》う（自分の形と影とが、互いにあわれみ慰め合うの意から）孤独で、訪れてくれる人もいないさまをいう語。

鶏口《けいこう》となるも牛後《ぎゅうご》となる勿《なか》れ（「史記」による）大きな団体の一員になるよりは、小さな団体でも、そのかしらとなることのほうがよい。

蛍雪《けいせつ》の功《こう》（晋の車胤《しゃいん》が蛍を集めてその光で書物を読み、孫康《そんこう》が雪の明かりで書物を読んだという「晋書」の故事から）苦学して、知識や経験を豊かにする。また、その成果を得る。

兄《けい》たり難《がた》く弟《てい》たり難《がた》し 二人のうちどちらを上とも下とも決めがたい。

芸は道《みち》によって賢《かしこ》し 専門の事柄はその道その道で精通している。商売がらその分野のことはよく知っている。餅は餅屋。商売は道によって賢し。

芸は身を助ける 一つの技芸にすぐれていると、困窮した時など、それが生計のもとでになる。

桂馬《けいま》の高上《たかあ》がり（後に「歩のえじき」と続けることが多い）将棋をさすときに言う口遊び。桂馬はあまり進みすぎると、かえって歩《ふ》のえじきになってしまう。考えなしに飛び出すと、せっかくの有力な武器も弱いはずのものに取られてしまう。

怪我《けが》の功名《こうみょう》（「功名」は、古くは「高名」）過失や災難と思われたことが、思いがけなく好結果をもたらすこと。また、なにげなくしたことが、偶然にも好結果を得ること。

下戸《げこ》の建《た》てたる倉《くら》もなし 酒を飲まない者は金を残しそうなものだが、必ずしも金を残し、倉を建てたという話もきかない。適当に飲んで楽しむほうがよいという意。

外面似菩薩内心如夜叉《げめんじぼさつないしんにょやしゃ》（「夜叉」は、猛悪な鬼神のこと）容貌は菩薩のように美しく柔和であるが、その心は夜叉のように残忍邪悪であるの意。仏教で、女性を出家の修行のさまたげになるものとしていましめたことば。

毛を吹いて疵《きず》を求む（毛を吹きわけて、隠れている傷を探し出す意）好んで人の欠点を指摘する。また、わざと他人の弱点をあばいて、かえって、自分の欠点をさらけ出す。

毛を見て馬を相《そう》す（毛並みだけを見て、馬のよしあしを判断する意から）表面だけで、物事の価値を判断することのたとえ。

犬猿《けんえん》の仲 犬と猿のようないがみあう間柄。仲の悪いたとえ。犬猿の間柄。

喧嘩《けんか》過ぎての棒《ぼう》ちぎり 喧嘩の終わった後に棒切れを持ち出しても役に立たないの意で、時機を逸して効果のないことのたとえにいう。喧嘩果ててての乳切木《ちぎりぎ》。

懸河《けんが》の弁 黄河を傾けて水を勢いよく流すように、気力の旺盛な弁舌。

喧嘩両成敗《りょうせいばい》 喧嘩や争いを、どちらの主張をも認めない形で落着させること。

犬馬《けんば》の労（犬や馬程度の働きの意）主君または他人のために力を尽くすことをへりくだっていう語。また、身を低くして、他人のために仕事をすること。

【こ】

鯉《こい》の滝登《たきのぼ》り（「後漢書」およびその注による。黄河の急流にある龍門という滝を登ろうと、多くの魚が試みたが、わずかなものだけが登り、龍に化すことができたという故事から。その魚を鯉と想定して）①鯉が滝を登ること。②立また、勢いのよいことのたとえ。身出世のたとえ。

恋は思案《しあん》の外《ほか》 恋は常識では律しきれない、恋のなりゆきは常識でおしはかることができないの意。

光陰《こういん》矢の如《ごと》し 月日の過ぎるのは、飛ぶ矢のように早い。月日のたつのが早いことのたとえ。

後悔《こうかい》先に立たず すでにしてしまったことをあとで悔いても、もう取り返しがつかない。事をする前に熟慮することが大切であるの意。

巧言令色《こうげんれいしょく》少なし仁《じん》（「論語」による。「令色」の「令」は「善」の意、「色」は顔の色の意で、顔色をよくすること）ことば巧みで表情をとりつくろっている人は、かえって仁の心が欠けているものだ、の意。

恒産《こうさん》無ければ恒心《こうしん》無し（「孟子」による）定まった財産や決まった職業のない人は、定まった正しい心がない。物質生活は人の心に大きな影響を持つもので、それが安定しないものには確固とした道徳心もない。恒《つね》の産なきは恒の心なし。

好《こう》事《じ》魔《ま》多し よいことにはとかく邪《じゃ》魔《ま》がはいりやすい。

好事《こうじ》門を出《い》でず よいおこないは、なかなか世間に伝わりにくい。

巧遅《こうち》は拙速《せっそく》に如《し》かず 仕事のできがよくても遅いのは、できがまずくても速いのに及ばない。

狡兎《こうと》死して走狗《そうく》烹《に》らる（「韓非子」、「呉越春秋」などに見えるたとえ）狡兎（ずる賢いウサギ。すばしこいウサギ）が死ねば、猟犬は不用となり、煮て食われる。敵国が滅びれば、それまでてがらのあった謀臣は邪魔にされて殺されるということのたとえ。狡兎尽きて良犬烹らる。

郷《ごう》に入《い》っては郷に従え その住むところの風俗や習慣に従うのが処世の法である。郷に居ては郷に従う。

弘法《こうぼう》にも筆の誤り（弘法大師のような書道の名人でも書き損じをすることがあるの意）その道に長じた人でも、時には失敗をすることがあるというたとえ。猿も木から落ちる。

弘法《こうぼう》筆を択《えら》ばず（弘法大師のような書道の名人は、筆の良い悪いを問題にしないの意）真にその道にひいでた人は、どんな道具を使っても優れた成果を上げるものである。道具の良い悪いにこだわるのは真に腕前のある人ではないの意。

蝙蝠《こうもり》も鳥《とり》のうち 微力な者でも仲間の一部であることのたとえ。また、つまらない者が賢者の仲間にまじっていることのたとえ。

故郷《こきょう》へ錦《にしき》を飾る 故郷を離れていた者が出世して、晴れがましく帰郷すること。錦を着て故郷へ還る。

故郷忘《こきょうぼう》じ難《がた》し 故郷の懐かしさはいつまでたっても忘れがたいの意。

虎穴《こけつ》に入《い》らずんば虎子《こじ》を得《え》ず（「後漢書」による）トラの住む穴に入らなければ、トラの子どもを奪いとることはできない。転じて、大変な危険を冒さなければ功名や成功を得ることはできないの意。

虎口《ここう》を逃《のが》れて竜穴《りゅうけつ》に入る トラの前から逃げたのはよいが、今度は竜の穴に入りこむ。災難が次々に来ることをたとえていう。一難去ってまた一難。

心ここに在《あ》らざれば視《み》れども見えず（「礼記」による）心が他のことにとらわれていれば、たとえ視線が物に向かっていても、その物が目にはいらない。正しい事に心を集中しなければ、身を修めることはできない。

志《こころざし》ある者は事竟《ことつい》に成《な》る（「後漢書」による）志がしっかりしていれば、どのような事でも、結局は成しとげることができる。意志が強ければ、最後には何事も成しとげることができる。

五十歩百歩《ごじっぽひゃっぽ》（「五十歩をもって百歩を笑う」の略。五十歩逃げた者が百歩逃げた者を臆病だと笑う意。「孟子」に見えることば）自分と大差がないのに人の言動を笑う。本質的に違いはないことのたとえ。また、ともに大したことはないことをいうたとえ。

五十《ごじゅう》にして天命《てんめい》を知る（「論語」による）五十歳にしてはじめて自らの人生についての天命、宿命を知るの意。

胡蝶《こちょう》の夢（中国の荘周が胡蝶となった夢を見、さめて後、自分が夢で胡蝶となったのか、胡蝶が今夢の中で自分になっているのか疑ったという「荘子」の故事から）夢と現実とがさだかでないことのたとえ。その区別を超越するたとえ。また、人生のはかないたとえ。

骨肉《こつにく》相《あい》食《は》む 親子、兄弟など血縁関係にある者同士が争いをする。

子供の喧嘩《けんか》に親が出る 子供同士の喧嘩に親が干渉するのをそしっていう。つまらないことを騒ぎたてて、外から口出しすることのたとえ。また、おとなげないことのたとえ。

子供は風《かぜ》の子 子供は元気で、寒風の中でも平気で遊びまわるものだということ。

子は鎹《かすがい》（「鎹」は材木の接ぎ手）夫婦の間を鎹の役になってつなぎとめるものは二人の間にもうけた子供であるということ。

子は三界《さんがい》の首枷《くびかせ》 親は子を思う心に引かされて、一生自由を束縛される。子はうき世のほだし。

ごまめの歯軋《はぎし》り 力量の足りない者がいたずらにいきりたつことのたとえ。

石亀の地団駄《じだんだ》。

転ばぬ先《さき》の杖《つえ》（つまずいて転ぶ前にあらかじめ杖をつく意から）事前に注意していれば失敗することがないということ。

転んでもただでは起きない たとえ失敗したとしても、その失敗を利用して少しでも利益をはかろうとする。欲が深くて、どんな場合でも何か利益を得ようとする。転ぶ所には起きざまに土なりともつかむ。

コロンブスの卵 一見誰でも思いつきそうなことでも、それを最初に考えたりおこなったりすることの至難さをいう。また、人の気づかない点をいう。盲点。

子を知ること父に如《し》かず 子の性行や能力などについて最もよく観察し、その長所や短所を知っているのは親である。子を知る者は親。

子を持って知る親《おや》の恩《おん》 自身が親となってはじめて自分を育ててくれた親のありがたさがわかるの意。子を持たねば親の恩を知らず。

紺屋《こんや》の明後日《あさって》 紺屋は天候に支配されがちであるため、明後日になればできると言っては期日を延ばすことが多く、あてにならないこと。転じて、一般に約束のあてにならないことのたとえ。紺屋《こうや》の明後日。

紺屋《こんや》の白袴《しろばかま》 他人のためにばかり忙しく、自分のことに手がまわらないことのたとえ。また、いつでもできるにもかかわらず、放置しておくことをもいう。医者の不養生。紺屋《こうや》の白袴。

【さ】

塞翁《さいおう》が馬《うま》（中国の北辺の老人（塞翁）の飼っていた馬が逃げたが、後に立派な馬をつれて帰ってきた。老人の子がその馬から落ちて脚を折ったが、そのために戦争に行かずにすんだという「淮南子」の故事による）人生の吉凶は簡単には定めがたいことをいう。人間万事塞翁が馬。

歳月《さいげつ》人を待たず 年月は人の都合にかかわりなく刻々に過ぎ去り、瞬時もとどまらない。

才子《さいし》才《さい》に倒《たお》れる 才子は自分の才知や学問を過信するあまりかえって失敗しがちである。

賽《さい》は投げられた（ラテン語「Alea jacta est」の訳。スエトニウス著「帝王伝」による）カエサル（シーザー）が、ルビコン川を渡るときに言ったといわれることば。いったん乗り出してしまった以上、もはや最後までやるよりほかに道はない、という決断を表すことば。

竿《さお》の先《さき》の鈴《すず》 口やかましく騒々しいこと。いたずらに多弁なこと、口先だけのことのたとえ。

先《さき》立《だ》つ物《もの》は金《かね》 何をするにも、まず必要なものは金銭である。

鷺《さぎ》を烏《からす》 （明らかに白いものを、むりやりに黒いと言い張るように）正しいことを正しくないと、あるいは正しくないことを正しいと理をまげて主張すること。ものの道理をわざと反対に言いまげること。不合理なことを強引に主張すること。

先《さき》んずれば人《ひと》を制《せい》す 他人よりも先に事をおこなえば、有利な立場に立つことができる。先手を取ることができれば、相手を制圧することができる。

策士《さくし》策に溺《おぼ》れる 策士（策略に富んだ人）はあまりはかりごとを用いすぎてかえって失敗する。策士策に倒る。

酒に別腸《べっちょう》あり 酒量の多少は、身体の大小には関係しないことをいう。

酒は百薬《ひゃくやく》の長《ちょう》 酒は適量に飲めば、多くの薬以上に健康のためによい。

雑魚《ざこ》の魚交《ととまじ》り （雑魚が大きな魚に交じっているの意から）弱小な者が強大な者の中に交じっていること。身分や、能力が不相応な中に交じっていること。ごまめのととまじり。蝦《えび》の鯛まじり。

囁《ささや》き千里《せんり》 内証話がすぐに遠くへ伝わること。秘密のもれやすく、また広がるのが速いことのたとえ。

砂上《さじょう》の楼閣《ろうかく》 （砂上に建てた楼閣の意）一見立派だが基礎がもろくて長く維持できないこと、また、実現不可能なことをたとえていう語。

猿に烏帽子《えぼし》 （猿に烏帽子をかぶせるの意から）人柄にふさわしくないことのたとえ。内容と外観とが一致していないこと。沐猴《もっこう》にして冠《かん》す。

猿《さる》も木から落ちる その道にすぐれている人でも、時には失敗をすることがあるというたとえ。弘法《こうぼう》にも筆のあやまり。上手《じょうず》の手から水が漏れる。

去る者は追わず 自分から離れて行こうとする人はその人の自由な意志にまかせ、無理に束縛したりなどしない。「来たる者は拒《こば》まず」と続けて用いることが多い。

去る者は日日《ひび》に疎《うと》し （「文選」による）親しかった者でも、離れるに従ってしだいに交情が薄くなっていく。死んだ人は月日が経つにつれてだんだんと忘れられていく。

触《さわ》らぬ神《かみ》に祟《たた》りなし 物事にかかわりあわなければ、わざわいを招くことはないことのたとえ。

三顧《さんこ》（中国の蜀の劉備《りゅうび》が諸葛孔明《しょかつこうめい》の庵《いおり》を三度も訪れ、遂に軍師として迎えた故事による）目上の人が仕事を頼みたい人に礼をつくして交渉すること。また、目上の人が、ある人を特別に信任、優遇すること。三顧の礼。

三尺《さんじゃく》さがって師《し》の影《かげ》を踏まず（弟子が師に随行するとき、あまり近づくことは礼を失するので、三尺うしろに離れて従うというところから）弟子は師を尊敬して礼儀を失わないようにしなければならないことのいましめ。七尺去って師の影を踏まず。

三舎《さんしゃ》を避《さ》ける（「春秋左伝」による。「三舎」は、古代中国で軍隊の三日間の行程。三舎（約三六キロメートルほどの距離）の外に退くことをいう）①相手を恐れはばかって遠く避ける。相手を恐れて、しりごみをする。へりくだった態度をとる。三舎を譲る。②遠くおよばない。とうてい比較にもならない。まったく問題にならない。三舎を譲る。

三十《さんじゅう》にして立つ（「論語」による）三十歳になり、自己の確固とした立場をもってゆるがず、自立する。

三十六計《さんじゅうろっけい》逃げるに如《し》かず（中国、古代の兵法で用いられた語）たくさんあるはかりごとのうち、困ったときは、あれこれ考え迷うよりは、機を見て逃げ出し、身を安全に保つことが最上の方法である。臆病やひきょうなために逃げるのではなく、身の安全をはかって、後日の再挙をはかれ、ということを教えたもの。転じて、めんどうなことがおこったときは、逃げるのが得策であるの意。逃げるが勝ち。三十六策走るを上計となす。三十六計。

山椒《さんしょう》は小粒《こつぶ》でもぴりりと辛い（「さんしょう」は「さんしょ」とも。山椒の実は小さいが非常に辛いところから）からだは小さくても、気性や才能がひじょうに鋭くてすぐれていることのたとえ。

三度目《さんどめ》の正直《しょうじき》 勝負・占いなどで最初や二度目はあてにならないが、三度目は確実であるということ。三度目は定の目。

三人寄《さんにんよ》れば文殊《もんじゅ》の知恵（「文殊」は知恵をつかさどる菩薩）凡人でも三人集まって相談すれば、なんとかいい知恵が浮かぶものだ、ということ。

三遍《さんべん》回って煙草《たばこ》にしょ（夜まわりが三度見回ってからタバコを吸って休もうとする意）念には念を入れた後に休憩しよう。休むことを急がないで手落ちがないように十分気をつけよの意。

【し】

自家薬籠中《じかやくろうちゅう》の物《もの》（「薬籠」は薬箱）自分の薬箱の中の薬のように、自分の思うままに利用できるもの。また、自

語彙力

分のものとして取り入れたもの。自家薬籠の物。

鹿《しか》を追う者は山を見ず（「淮南子」による）一事に熱中すると、他の事をかえりみる余裕がないことのたとえ。

地獄《じごく》で仏《ほとけ》にあったよう　非常な危難にあったり、大変困ったりしている時などに思いがけない助けに会った喜びをたとえていう。地獄で仏。地獄の仏。地獄の地蔵。

地獄《じごく》の沙汰《さた》も金次第《かねしだい》　地獄で受ける裁判も金を出せば有利になるというくらいだから、ましてこの世では、金さえあれば何事も思うがままだというたとえ。地獄の沙汰も金。地獄極楽の道も銭。

獅子身中《しししんちゅう》の虫《むし》（「獅子身中の虫獅子を食う」から。獅子の体内にいる虫が、その獅子の肉を食って、ついには倒してしまう意）仏の教えの恩恵を受けながら、仏教に害を与える者。転じて、味方でありながら、内部からわざわいをもたらす者や恩を仇《あだ》で返す者のたとえ。

事実《じじつ》は小説《しょうせつ》よりも奇《き》なり（イギリスの詩人、バイロン［George Gordon Byron］のことば）世の中に実際に起こる出来事は、虚構の小説よりかえって奇妙で不可思議である。

獅子《しし》の子落《こお》とし（獅子は、子を生むとその子を深い谷へ投げ落とし、生き残ったものだけを育てるという俗説から）自分の子に苦しい試練を与えてその才能をためし、りっぱな人間に育てることのたとえ。

四十《しじゅう》にして惑《まど》わず（「論語」による）人は四十歳になっては、道理を明らかにし、物事に惑うことがない。

地震《じしん》雷《かみなり》火《か》事《じ》親父《おやじ》　世の中で恐ろしいものを順に並べた表現。

沈む瀬《せ》あれば浮かぶ瀬あり　人には不遇な時もあれば、繁栄する時もある。人生の浮き沈みのさだめないことのたとえ。沈めば浮かぶ。

親しき中にも礼儀《れいぎ》あり　親しい間柄でも、礼儀を守るようにしなくてはならない。親しさがすぎて、なれなれしくなると、時に不和になるということをいましめたもの。

舌《した》の剣《つるぎ》は命を絶つ　①ことばを慎まないと、そのために自分の生命を失うことがある。②人をそしったり責めたりすることばは、人を滅ぼすほどの力をもつ。讒言《ざんげん》は人の生命を失わせる。

七十《しちじゅう》にして矩《のり》をこえず（「論語」による）七十歳ともなれば、心の欲するままに行動しても道理をはずれることはない。

死中《しちゅう》に活《かつ》を求める 絶望的な状態のなかでも、なお生きるべき道を探し求める。難局を打開するために、進んで危機をむかえる。

失敗は成功の元《もと》 失敗してもそれを反省し、欠点やこれまでの方法の悪い点を改めてゆけば、かえって成功に近づくというたとえ。失敗は成功の母。

死に花《ばな》を咲かせる 立派に死んで、死後に名を残す。死にぎわをかざる。

死人《しにん》に口《くち》無《な》し 死人を証人に立てようとしても不可能なこと、また、死者に無実の罪を着せることなどにいう。

死ぬ者《もの》は損《そん》 死んだ者がいちばんの損である。生きていれば、また幸福な良い目を見ることもあるが、死んでしまってはつまらないの意。死ぬ者貧乏。

自慢高慢馬鹿の内 自慢する者は馬鹿の仲間だということ。自慢する者を嘲っていう。自慢は知恵の行き止まり。

霜《しも》を履《ふ》んで堅氷《けんぴょう》至《いた》る 霜をふんで歩く季節を経て、氷が堅く張る厳冬の季節に達する。何事も徴候が現れてから、その後に実際のできごとが起こるというたとえ。

釈迦《しゃか》に説法《せっぽう》 釈迦に対して仏法を説くように、あることを知り尽くしている人に、それを教えることのおろかさ、不必要さをたとえていう。釈迦に経。

杓子《しゃくし》は耳《みみ》掻《か》きにならず 大きい物が、必ずしも小さい物の代用になるとは限らないことのたとえ。

蛇《じゃ》の道《みち》は蛇《へび》 同類の者は互いにその社会、またその方面のことに通じているということのたとえ。

蛇《じゃ》は一寸《いっすん》にしてその気《き》を得《う》る 蛇はわずか一寸ほどのものでも、人を呑むほどの気迫がある。転じて、幼くして早くも衆にぬきんでたひらめきのあることのたとえ。蛇は一寸にしてきざし現る。蛇は一寸にして人を呑む。栴《せん》檀《だん》は双葉より芳《かんば》し。

衆寡《しゅうか》敵《てき》せず 少数のものは多数のものに敵対しても勝ち目がない。寡は衆に敵せず。多勢に無勢。

習慣《しゅうかん》は自然《しぜん》の如《ごと》し 習慣は知らないうちに深く身について、生まれつきもっている天性のようになる。習い性となる。習慣は第二の天性なり。

重箱《じゅうばこ》の隅《すみ》を楊枝《ようじ》でつつく 些細な点まで干渉したり、どうでもよいようなつまらない事柄にまで口出しをしたりすることのたとえ。

柔《じゅう》よく剛《ごう》を制す （中国の兵書「三略」

による）しなやかなものが、かたいものの鋒先《ほこさき》をそらして、結局勝つことになる。柔弱なものが、かえって剛強なものに勝つ。

雌雄《しゆう》を決《けっ》する 戦って、勝敗を決める。決戦をする。

出藍《しゅつらん》の誉《ほまれ》（「出藍」は、藍《あい》から取った青色の染料が原料の藍よりも青いことから、もとになったものよりも優れているというたとえ）弟子が師よりもすぐれているという評判、名声。青は藍より出でて藍より青し。

朱《しゅ》に交《まじ》われば赤くなる 人はその環境によって善にも悪にもなる。交際する仲間によって人は感化されるものであるということ。水は方円の器にしたがう。

春秋《しゅんじゅう》に富《と》む 年齢が若く、将来が長いということ。将来性があるということ。

春秋《しゅんじゅう》の筆法《ひっぽう》（「春秋」の文章には、孔子の歴史批判が示されているとされるところから）五経の一つ、「春秋」のような批判的態度。とくに、間接の原因を直接の原因として表現する論理形式。

春宵一刻値千金《しゅんしょういっこくあたいせんきん》（蘇軾の「春夜詩」による）花は盛りで月はおぼろ、しかも気候の快い春の夜は、そのひとときが千金にあたいするように思われるということ。

春眠暁《しゅんみんあかつき》を覚《おぼ》えず（孟浩然の「春暁詩」による）春の夜は短い上に、気候がよく寝心地がよいので、夜の明けたのも知らずに眠りこんで、なかなか目がさめないという意。

小異《しょうい》を捨てて大同《だいどう》につく 意見の少しぐらいの違いはあっても、大勢の支持する意見に従う。部分的な違いは無視して、根本的に重要な点での一致をとる。

正直《しょうじき》の頭《こうべ》に神宿《かみやど》る 正直な人には必ず神様の助けがある。神は正直の頭に宿る。

小事《しょうじ》は大事《だいじ》 大事もはじめは小事から起こるので、ささいなこともゆるがせにしてはならない。

小人閑居《しょうじんかんきょ》して不善《ふぜん》をなす（「礼記―大学」による）徳のない、品性の卑しい人は暇であるとかく良くないことをする。

上手《じょうず》の手《て》から水《みず》が漏《も》れる どんな上手な人でも失敗することがあるたとえ。ものの上手といわれた人がたまたま失敗したときにいう語。猿も木から落ちる。弘法にも筆のあやまり。

掌中《しょうちゅう》の珠《たま》 手の内にある珠玉。掌珠。転じて、大切なもの。大事なもの。また、最愛の子どもや妻にたとえていう語。

少年《しょうねん》老《お》い易《やす》く学《がく》成《な》り難《がた》し （朱子の偶成詩からとされているが、朱子の詩文集にこの詩は見られず疑問。近世初期に五山詩を集成した「翰林五鳳集」には、「進学軒」の題で、室町前期の五山僧惟肖得巌の作としてこの詩が収録されている）若いと思っているうちにすぐに年老いてしまい、志す学問は遅々として進まない。年月は移りやすいので寸刻をおしんで勉強せよということ。

小《しょう》の虫《むし》を殺《ころ》して大《だい》の虫を助《たす》ける 小を犠牲にして、大をまもる。重要な物事を保護し完成するために、小さな物事を犠牲にする。大の虫を生かして小の虫を殺す。

焦眉《しょうび》の急《きゅう》 （眉が焦げるほどに火の危険が迫っている意から）危険が迫っていること。事態が切迫していること。

勝負《しょうぶ》は時《とき》の運《うん》 戦いの勝ち負けはその時の運命によるもので、必ずしも強い者が勝つとは限らない。

将《しょう》を射《い》んと欲《ほっ》すればまず馬《うま》を射《い》よ 大きなもの、主となるものを攻撃したり、また手に入れようとしたりするとき、直接そのものをねらうより、その周囲にあるものをまずねらうのがよいというたとえ。人を射んとせばまず馬を射よ。

初心忘《しょしんわす》るべからず 世阿彌の「花鏡」にある語。能楽で、若年のころに学んだ芸や、その当時の未熟だったこと、また、時期時期での初めての経験を忘れてはいけないという教え。転じて一般に、習い始めたころの、謙虚なはりつめた気持を常に失ってはならない、また、最初に思いたった一念を忘れてはいけないの意。

知らざるを知らずとせよ （「論語」による）知らないことは、知ったふりをせず知らないとはっきりさせよ。知っていることと知らないことをはっきりさせることが真に知ることである。

知らぬ顔《がお》の半兵衛《はんべえ》 そしらぬふりをして少しも取り合わないこと。また、その人。しらんかおの半兵衛。

知らぬが仏《ほとけ》 知れば腹も立ち、苦悩や面倒も起こるが、知らないから腹も立たず、心のひろい仏のようにしていられる。見ぬが仏。転じて、当人だけが知らないで平気でいるさまをあざけっていう語。

白羽《しらは》の矢《や》が立つ （人《ひと》身《み》御供《ごくう》を求める神が、その望む少女の住家の屋根に人知れず白羽の矢を立てるという俗説から）①多くのなかから犠牲者として選び出される。白羽が立つ。②多くのなかから特に指定して選び出される。また、ねらいをつけられる。白羽が立つ。

知る者は言わず言う者は知らず 深く事に通じた人はみだりに口に出して言わないが、やたらと発言する人はかえってよく知らない。

人間《じんかん》至る所青山《せいざん》あり 世の中のどこで死んでも、骨を埋める場所ぐらいはある。故郷だけが墳墓の地ではないのだから、大望を達するために郷里を出て大いに活動すべきである。人間《にんげん》至る所青山あり。

沈香《じんこう》も焚《た》かず屁《へ》もひらず （「沈香」は、ジンチョウゲ科の常緑高木。材は香木として珍重される）役にも立たないが害にもならないこと、よい事もしないが悪い事もしないこと、可もなく不可もなく平々凡々であることなどのたとえ。じんこも焚かず屁もひらず。

人事《じんじ》を尽くして天命《てんめい》を待つ 人間の力としてできる限りのことをして、その結果はただ運命にまかせる。

人生意気《じんせいいき》に感ず 人間は相手の気性のいさぎよさに感動して力を尽くすのであって、金銭や名誉など私欲のためにするのではない。

進退《しんたい》ここに谷《きわ》まる （「詩経」による）進むことも退くこともできないで途方にくれる。どうすることもできない窮地に追いつめられる。進退事尽きる。

死んだ子《こ》の年《とし》を数える 言っても取り返すことのできない過ぎ去った事のぐちを言うたとえ。死児の齢《よわい》を数う。死んだ子の年。

死んで花実《はなみ》は咲《さ》かぬ 生きていればこそ良いこともあるだろうが、死んでしまっては何の幸福も得られない。

心頭滅却《しんとうめっきゃく》すれば火もまた涼《すず》し 無念無想の境地にいたれば、火さえも涼しく感じられるの意で、どのような困難、苦難も、それを超越した境地にはいれば、何でもないことにいう。

【す】

水火《すいか》も辞《じ》せず 水に溺れ、火に焼かれるほどのひどい苦痛や危険を物ともせず、力を尽くして物事をする。

水魚《すいぎょ》の交《まじ》わり （「蜀志」による）非常に親密な友情、交際などをたとえていう語。水魚のちなみ。水魚の思い。

酸《す》いも甘《あま》いも嚙《か》み分《わ》ける 経験をつんで世間の微妙な事情や人情の機微に通じ、分別がある。

好きこそ物《もの》の上手《じょうず》なれ　何事でも、好きだとそれを熱心にやるから上達するものだ。

過ぎたるは猶及《なおおよ》ばざるが如《ごと》し（「論語」による）物事には程度というものがあり、それを越えることはそれに至らないのと同じである。度が過ぎれば、足りないのと同様によくない。

雀《すずめ》の千声鶴《せんこえつる》の一声《ひとこえ》　スズメのようなつまらない者の千言よりも、ツルのようなすぐれた者の一言の方がまさっているということ。

雀百《すずめひゃく》まで踊《おど》り忘れず　スズメは死ぬまで飛びはねる癖が抜けないように、若い時に身についた習慣（特に道楽の類）は、年をとってもなおらないということ。

捨てる神《かみ》あれば拾う神あり　世間は広いから、一方で見捨てられ相手にされなくなっても、また、他方では助けてくれる人も出てくるものだ。世の中はさまざまだから、非難・排斥されてもくよくよすることはない。

住めば都《みやこ》　どんなさびしい田舎や不便な所でも、住み慣れれば住みよくなって、離れにくいものだということ。転じて、物質的わびしさも慣れれば、精神的楽しさになるということ。

相撲《すもう》に勝って勝負《しょうぶ》に負ける　相撲の取り口は十分に相手を圧倒していながら、勝ち負けの面では負ける。いい相撲を取りながら負けてしまう。転じて、良い経過をたどりながら結果で失敗する。

寸鉄人《すんてつひと》を刺す（南宋の羅大経の随筆集「鶴林玉露」による）「寸鉄」は、きわめて小さい刃物。短いけれども奇抜で適切なことばによって、相手の急所をつくたとえ。警句で、人の急所をつく。

【せ】

青雲《せいうん》の志《こころざし》　①高位、高官の地位にのぼろうとする志。立身出世しようとする希望。青雲の心。②俗世間からのがれようとする志。

精神一到何事《せいしんいっとうなにごと》か成《な》らざらん（「朱子語類」による）精神を集中して物事に当たれば、どんなむずかしい事柄でも、できないことはない。

清濁併《せいだくあわ》せ呑《の》む　心が広く、善悪ともあるがままに受け入れる。度量が大きいこと。

急《せ》いては事《こと》をし損《そん》じる　あまり急ぐとかえって失敗に終わって、急いだことが無駄になる。

青天《せいてん》の霹靂《へきれき》（青く晴れた空に突然におこる雷《かみなり》の意から）思いがけずおこる

突発的事変。晴天の霹靂。

盛年《せいねん》重《かさ》ねて来たらず（陶潜の「雑詩」による）若い盛りは一生のうちに二度とは来ない。若いうちに怠らず勉強し、その時代を空しく過ごしてはならないといましめることば。

積善《せきぜん》の家《いえ》には必ず余慶《よけい》あり（「易経」による）善行をつみ重ねた家には、必ず思いがけないよい事が起こり、幸福になる。積善《しゃくぜん》の家には余慶あり。

赤貧《せきひん》洗《あら》うが如《ごと》し たいへん貧しくて、洗い流したように何一つ所有物のないさま。

世間《せけん》の口に戸は立てられぬ 世人のうわさを防ぎとめることはできない。人の口に戸は立てられぬ。

背《せ》に腹《はら》はかえられぬ 同じ身体の一部でも背と腹をとりかえることはできない。大切なことのためには、他を顧みる余裕がないことのたとえ。大きな苦痛を避けるためには、小さな苦痛はやむをえない。背中に腹はかえられぬ。背より腹。

先見《せんけん》の明《めい》 物事がおこる以前に見抜く見識。将来のことを見通すかしこさ。

前車《ぜんしゃ》のくつがえるは後車《こうしゃ》の戒《いまし》め（「漢書」による）前に進むものの失敗はあとから来るものにとって戒めとなること。前人の失敗は後人の戒めとなるということ。先車の戒め。

前車《ぜんしゃ》の轍《てつ》を踏む 転倒した前の車のわだちの跡をたどって、自分もまた同じように転倒するという意。転じて、前の人の失敗を知っていながら、同じ失敗をくりかえすこと。

栴檀《せんだん》は双葉《ふたば》より芳《かんば・こうば》し（「栴檀」は、白檀《びゃくだん》の異名。古くから香木として珍重され、仏像や美術品の彫刻材などに用いられた）栴檀は発芽のころから早くも香気を放つように、英雄・俊才など大成する人は幼時から人並みはずれてすぐれたところがあることのたとえ。

船頭《せんどう》多くして船山《ふなやま》に上《のぼ》る 指図する人が多すぎて統一がとれず、かえってとんでもない方に物事が進んでいくことをいう。

善《ぜん》は急《いそ》げ よいことをするのに躊躇《ちゅうちょ》するな、善事はただちに実行せよの意。善事は急ぐ。

前門《ぜんもん》に虎《とら》を防《ふせ》ぎ後門《こうもん》に狼《おおかみ》を進《すす》む 一つのわざわいをのがれても、さらにまた他のわざわいにあうことのたとえ。前門の虎、後門の狼。一難去ってまた一難。

千里《せんり》の道《みち》も一歩から（「老子」による）遠い旅路も足元の第一歩から始ま

る。転じて、遠大な計画の仕事も初めは手近な所から始まる。

千慮《せんりょ》の一失《いっしつ》 賢者でも、多くのうちには考え違いや失敗があるということ。十分に配慮しておいても思いがけない失敗を犯すこと。

【そ】

滄海《そうかい》変じて桑田《そうでん》となる （「儲光羲―献八舅東帰詩」による）青海原がちょっと気づかずにいる間に桑畑に変わる。世の中の変遷が激しく予測することができないことをたとえていう。桑田変じて滄海となる。

喪家《そうか》の狗《いぬ》 喪中の家の飼犬。不幸があった家では悲しみのあまり犬の世話も忘れるので、やせおとろえている。一説に、宿なしの犬。また転じて、見る影もなくやつれて元気のない人のたとえ。喪狗《そうく》。

創業は易く守成《しゅせい》は難《かた》し （唐の太宗が房玄齢や魏徴などの功臣に、創業と守成とどちらが難しいかと問い、それに対して魏徴が答えたことば。「貞観政要」、「唐書」などに見える）新しく事業をおこすことに比べると、その事業を衰微させないように維持することはいっそうむずかしい、の意。

象牙《ぞうげ》の塔 （フランス語 la tour d'ivoire の訳語）俗世間を離れて、もっぱら静寂・高逸な芸術を楽しむ芸術至上主義の境地。また、学者が、現実を逃避して観念的な態度で送る学究生活やその研究室。

糟糠《そうこう》の妻《つま》 （「後漢書」による）貧しい時からつれそって苦労をともにしてきた妻。糟粕の妻。

宋襄《そうじょう》の仁《じん》 （中国、春秋時代、宋と楚が戦った時、宋の襄公は先制攻撃の進言をしりぞけ、敵の布陣を待って戦って敗れたという「春秋左伝」に見える故事から）無益のなさけ。役に立たないあわれみ。

総領《そうりょう》の甚六《じんろく》 長子は次子以下にくらべて俊敏でないの意。長男または長女は、大事に育てられるので、弟や妹にくらべるとえてしてお人好しで愚鈍だということ。

俎上《そじょう》の魚《うお》 （まないたの上の魚、の意から）相手のなすがままになるよりほかにない運命、死を待つよりほかに方法のないもの、運命の尽きたもののたとえ。まないたの鯉。

袖振《そでふ》り合《あ》うも他生《たしょう》の縁《えん》 道を行く時、見知らぬ人と袖が触れ合う程度のことも前世からの因縁によるとの意。どんな小さな事、ちょっとした人との交渉も偶然に起こるのではなく、すべて深い宿縁によって起こるのだということ。一樹の陰一河の流れも他生の縁。袖すり合うも多生の縁。

備《そな》えあれば憂《うれ》いなし 平生からいざというときの準備を怠らないでいる者は、万一の事態が起こっても、少しも心配の必要がない。

損《そん》して得《とく》とる 一時的には損をしても、それをもとにして将来の大きな利益を考える。

【た】

大海《たいかい》は塵《ちり》を選ばず 大人物は度量が大きくて、よく人をうけいれることをいう。河海は細流を択ばず。

大海《たいかい》を手《て》で塞《せ》く とうてい不可能なことをしようとすること。仕事の困難なのにくらべてあまりにも無力なことのたとえ。

対岸《たいがん》の火事 （川向かいの火事はこちら岸に飛び火する心配がないところから）自分には関係なく少しも痛痒《つうよう》を感じない物事のたとえ。

大姦《たいかん》は忠《ちゅう》に似たり （「宋史」による。「大姦」は、人道にはずれた、非常に悪いこと。また、そのようなことをする人）悪人でも大物になると、自分の本性をまったく隠して、主君にへつらって気に入られるように努めるから、一見忠臣のように見える。

大義《たいぎ》親《しん》を滅《めっ》す 国家、君主の大事のためには、人として最も深いつながりの親・兄弟などの肉親さえもかえりみない。大義には自分の肉親をも捨てる。大義滅親。

大吉《だいきち》は凶《きょう》に還《かえ》る 吉の過ぎたのは、かえって凶に近い。

大巧《たいこう》は拙《せつ》なるが如《ごと》し すぐれてたくみな人は、細工をろうしないからかえってへたにみえる。また、すぐれてたくみな人は、すこしもその芸を自慢しないから、一見つたないもののように見える。

太鼓《たいこ》も撥《ばち》の当《あ》たりよう （太鼓の音の大小はたたき方次第であるところから）やり方次第で相手の反応もちがってくることのたとえ。

大山鳴動《たいざんめいどう》して鼠一匹《ねずみいっぴき》 （ホラティウスの「詩論」に見られることば。ラテン語の「Parturient montes, nascetur ridiculus mus.（山々が産気づいて、滑稽なハツカネズミが一匹生まれる）」から出た西洋のことわざ）前ぶれの騒ぎばかりが大きくて、実際の結果はきわめて小さいことのたとえ。

大事《だいじ》の前の小事《しょうじ》 大事をおこなう前は、どんな小事にも油断をしてはいけないということ。

大の虫を生かして小の虫を殺す

どうしてもやむをえない時には、大きなものを救うために、小さなものを犠牲にするということのたとえ。小の虫を殺して大の虫を助ける。大を生《い》けて小を殺せ。

大は小を兼ねる 大きいものは、小さいものの代用品としても利用できる。大は小を叶える。

大木《たいぼく》は風《かぜ》に折られる 大木が風害をうけやすいように、人の上位にいれば他人の嫉妬《しっと》やうらみを招きやすい。高木は風に折られる。喬木《きょうぼく》風に折らる。

大欲《たいよく》は無欲《むよく》に似たり ①大きな望みを持つ者は、小さな利益に目もくれないから、欲がないように見える。②欲の深い者は、欲のためにかえって損をしがちで、欲のない者と同じ結果になる。また、大欲を抱き目的を達成したとしても、その結果を有効に用いなければ、結果として小欲と同じである。

斃《たお》れて後《のち》已《や》む 死ぬまで、けんめいに努力して途中でくじけない。死してのちやむ。

高嶺《たかね》の花 遠くからただながめるだけで、手に取って自分のものにすることができないもののたとえ。

鷹《たか》は死《し》すとも穂《ほ》はつまず 節義を守る士はどんなに困っても不正の財はむさぼらないこと。どんなに窮しても節をまげないことのたとえ。タカは穀物を食べないところからいう。鷹は飢えても穂はつまず。

宝《たから》の持《も》ち腐《ぐさ》れ 役に立つ物を持ちながら利用しないこと、また、才能・手腕がありながら活用しないことのたとえ。

薪《たきぎ》を抱《いだ》きて火を救《すく》う 害を除こうとする行為が反対に害を助長する結果になるたとえ。非常に危険な逆効果を生むたとえ。

多芸《たげい》は無芸《むげい》 多芸であることは、ひとつの芸に深く通じることができにくく、結局無芸に等しいということ。

他山《たざん》の石 自分の石をみがくのに役にたつ、ほかの山の石の意。転じて、自分の修養の助けとなる他人の言行。自分にとって戒めとなる他人の誤った言行。

多勢《たぜい》に無勢《ぶぜい》 多人数に対して、少人数で向かったのではとても敵対しがたいこと。少数の力では、おおぜいの力にはどうしてもかなわないこと。

多《た》多《た》益々《ますます》弁《べん》ず （漢の高祖が、韓信と、将軍たちの統率できる兵力について話し合ったとき、高祖の問いに韓信が、陛下は十万人の兵を率いられる程度でしょうと答えた。高祖が、お前はどうだと尋ねると、韓信は、「兵の数が多ければ多いほどうまくやれます」と答えたという故事による）仕事が多ければ多いほど、立派にやってのける。手腕や才能にゆとりがあるさまにいう。また、多ければ多いほど都合が良いということ。

叩《たた》けばほこりが出る どんなものでも、細部までせんさくすれば、欠点・弱点が見つかる。

畳《たたみ》の上の水練《すいれん》 理論や方法だけはいくら立派でも、実地の練習を経ていないので、実際の役には立たないこと。机上の空論。畳の上の陣立て。

ただより高いものはない だれかから無償で物をもらうと、その返礼に金がかかったり、無理な頼み事も聞かねばならなかったりして、かえってその代償が高いものにつくことをいう。買うはもらうに勝る。

立っている者は親でも使え 急な用事のある時には、座っている者よりは誰でもいいからそばに立っている者を使った方が手っ取り早い。座っている者が手近な人に用事を頼むときいうことば。

脱兎《だっと》の勢い 逃げるウサギのように、きわめて迅速なさまにいう語。

立つ鳥跡《あと》を濁さず 立ち去る者は自分のいた跡を見苦しくないようによく始末しなければならないということ。また、退き際のいさぎよくきれいであることのたとえ。

立て板に水《みず》 ①水の流れの速いこと。②弁舌の流暢《りゅうちょう》なさまや滔々《とうとう》とたて続けにものを言うことのたとえ。

蓼《たで》食う虫も好《す》き好《ず》き 辛いタデを好んで食う虫があるように、人の好みはさまざまで、いちがいにはいえないというたとえ。蓼食う虫は辛きを知らず。蓼食う虫。

伊達《だて》の薄着《うすぎ》 着ぶくれてかっこうが悪くなるのをきらって、寒いときにもわざと薄着をすること。

盾《たて》の半面《はんめん》 物事の一面。また、それだけを見て他の面を見ないこと。視野が狭く物事の一部分しか見ないで判断を下すような態度にいう。

棚《たな》から牡丹餅《ぼたもち》 思いもかけない幸運。労せずに幸運を得ることのたとえ。僥倖《ぎょうこう》。たなぼた。

他人の疝気《せんき》を頭痛《ずつう》に病《や》む 自分になんの関係もないことに、よけいな心配をすることのたとえ。

旅の恥《はじ》はかき捨て 旅先では知った人もいないし、長くいるわけでもないから、恥かしいおこないをしてもその場限りのものである。旅先では、解放感も加わってふだんならしないような恥さらしなことを平気でやる場合のことをいう。

旅は道連れ世は情け　旅行をするには道連れのあるのが何よりも心強く、また、世間を渡るにはお互いに思いやりの心をもって助け合って行くことが大切である。旅は道連れ。

玉《たま》に瑕《きず》　ほとんど完全である中に、たまたま一つだけあるわずかな欠点。立派なもの、善美なものにある一つの惜しい欠点。

玉磨かざれば器《き》をなさず（「礼記」による）どんな玉でもみがかなければ美しい光は出ない。人間もいくら素質があっても錬磨しなければ立派な人間とはならないことをたとえていう。玉磨かざれば光なし。

誰《たれ》か烏《からす》の雌《し》雄《ゆう》を知らん（「詩経」による）カラスの雄雌《おすめす》の区別を誰がつけられようか。人の心や、物事の是非、善悪などなかなか判定しにくいものであるの意。

断機《だんき》の戒《いまし》め（中国の孟子が、学業の半ばで師のもとから帰宅した時、機《はた》を織っていた母が、刀で機の糸を断ち切り、学業を中途でやめることは織りかけた織物をたち切るようなものだと戒めて、孟子を返したという「列女伝」の故事から）中途で業を捨ててはいけないという教え。

短気は損気《そんき》（「損気」は、「短気」に語呂を合わせて作られた語）短気を起こすと結局は自分の損になる。短気をいましめたもの。

断金《だんきん》の交わり　非常に親密な友情・交際。断琴の交わり。断金。

端倪《たんげい》すべからず（「端倪」は、推測すること。測り知ること）容易に測り知るわけにはいかないという意。

断じて行えば鬼神《きじん》も之《これ》を避く（「史記」による）決心して断行すれば、何物もそれを妨げえない。

【ち】

竹馬《ちくば》の友《とも》　幼年時代に、ともにたけうまに乗って遊んだ友人。おさない時からの親しい友だち。おさなともだち。

治《ち》に居《い》て乱を忘れず（「易経」による）平和な世の中であっても、つねに戦乱の時を忘れないで、武を練ることをおこたらない。

血は水よりも濃し　血筋は争われず、他人よりも身内のつながりは強い。

茶腹《ちゃばら》も一時《いっとき》　茶を飲んだだけでもしばらくは空腹をまぎらすことができる。

また、わずかばかりのものでも、一時のたすけになることをたとえていう。湯腹も一時。

中原《ちゅうげん》に鹿《しか》を逐《お》う（「中原」は、天下の中央の地。中国では、特に黄河流域の平原地帯をさす。「鹿」は「史記」にもとづき、天子の位のこと）帝王の位を得ようとして戦う。転じて、ある地位や目的物などを得るために互いに競争する。

忠言《ちゅうげん》耳に逆らう（「孔子家語」による）いさめることばや忠告は、すなおに聞き入れられにくい。諫言《かんげん》耳に逆らう。

長者《ちょうじゃ》の万灯《まんとう》より貧者《ひんじゃ》の一灯《いっとう》（「阿闍世王授決経」「賢愚経」による）たとえわずかでも、貧しい人の真心のこもった寄進は、金持の寄進よりもまさっていることをいう。物の多少より誠意が大切だということのたとえ。長者の千灯より貧女の一灯。長者の万貫貧者の一文。

長所は短所 長所をたのみにしすぎて失敗したりするところから、その人の長所がかえって短所にもなるということ。

提灯《ちょうちん》に釣り鐘（形は似ていても重さに格段の開きがあるところから）物事のつり合わないことのたとえ。また、一方が重い、すなわち「片重い」で、片思いのしゃれとしても用いる。

頂門《ちょうもん》の一針《いっしん》（頭上に一本の針をさす意から）相手の急所をおさえて戒めること。また、その戒め。適切な忠告。痛い所をつく教訓。

塵《ちり》も積もれば山となる（「大智度論」による）ごくわずかなものでも数多く積み重なれば高大なものになるということのたとえ。塵積もりて山となる。

地《ち》を掃《はら》う なにも残らないで、すべてなくなってしまう。すっかりすたれてしまう。

沈黙は金《きん》、雄弁《ゆうべん》は銀《ぎん》（英語 Speech is silver, silence is golden. から）沈黙の方が、すぐれた弁舌よりも価値があるということ。時に、沈黙は雄弁よりも説得力をもつことがあることのたとえ。雄弁は銀、沈黙は金。

【つ】

杖《つえ》にすがるとも人にすがるな みだりに他人の助力に依存してはいけないという戒め。

月と鼈《すっぽん》（月もスッポンも丸いという点では似ているが実は非常な違いがあるとの意から）二つのものがはなはだしくかけへだたっていることのたとえ。

語彙力

月に叢雲《むらくも》花に風 月が出ると幾重にも群がった雲が覆い隠し、花が咲くと風が散らすように、好事にとかく故障が起こりやすいことのたとえ。月に叢《むら》雲《くも》。

月満つれば虧《か》く（「史記」による）物事は盛りに達すると必ず衰え始める。物事には必ず栄枯盛衰のあることのたとえ。

月夜《つきよ》に釜《かま》を抜かれる（明るい月夜に釜を盗まれる意から）はなはだしい油断のたとえ。月夜に釜。

月夜《つきよ》に提灯《ちょうちん》（明るい月夜に提灯をともす意から）無益・不必要なことのたとえ。また、無用の奢《おご》り。

土一升《つちいっしょう》に金一升《かねいっしょう》 地価がきわめて高いことのたとえ。

角《つの》を矯《た》めて牛《うし》を殺す 少しの欠点を直そうとして全体をだめにする。枝葉の事に関わって本体を損なう。角は直って牛が死んだ。

罪《つみ》を悪《にく》んで人を悪まず 犯した罪は罪としてにくむべきであるが、その罪を犯した人までもにくんではならない。罪を犯したからといって、それだけでその人の一生を評価してはいけない。君子はその罪を悪んでその人を悪まず。

爪《つめ》で拾《ひろ》って箕《み》でこぼす わずかずつ苦労してたくわえたものを一度に無造作に使いはたすたとえ。桝《ます》で量《はか》って箕でこぼす。また、収入はわずかなのに支出は莫大であるたとえ。耳掻きで集めて熊手で掻き出す。

爪の垢《あか》を煎じて飲む すぐれた人の爪の垢をもらって、煎じて飲むの意で、すぐれた人にあやかりたいと願うこと。

鶴《つる》の一声《ひとこえ》 多くの者の発言を一声で制することのできるようなすぐれた声。有力者、権威者の一言。

鶴は千年《せんねん》、亀は万年《まんねん》（ツルとカメは、千年、万年の寿命を保つという、「淮南子」などに見える中国の伝説による）長寿でめでたいことをいう。

【て】

亭主《ていしゅ》の好きな赤烏帽子《あかえぼし》 主人が好むなら、どんな異様なものでも、家族はその趣味に従うものであるということのたとえ。

敵に塩を送る（戦国時代、上杉謙信が、宿敵武田信玄に塩を送り、その領国甲斐を塩不足から救ったという故事による）自分と対立して争う者になさけをかけ、その相手の利益になるようなことをあえてする。

敵は本能寺《ほんのうじ》にあり（天正一〇年

一五八二〕、明智光秀が備中国《びっちゅうのくに》の毛利勢を攻めると称して出陣し、途中にわかに進路を変え、「わが敵は本能寺にあり」といって、京都本能寺に宿泊中の織田信長を襲ったところから）本当の目的は、表面にかかげたものではなくて、実は別のところにあるという意。人々の目をあざむいて、他の目的をねらうこと。

鉄は熱いうちに打て（英語 Strike while the iron is hot. の訳語。鉄は熱していろいろの形に作りあげるところから）成長した後では、十分な教育効果があがらないから、純粋な気持を失わない若いうちに鍛練しておけ。

手の舞《ま》い足の踏む所を知らず（「礼記」や「詩経」による。本来は強い感情にうながされ、歌うだけでは足りなくて知らず知らずのうちに踊り出すことをいう）①うれしさにたえられないさま。非常に喜んで有頂天になっているさま。小おどりするさま。欣喜雀躍。②気持が動転して我を忘れたさま。あわてふためくさま。また、性根を失ったさまをいう。

出物腫物所《でものはれものところ》嫌わず 屁《へ》や腫物は出る場所・場合に関係なく、出たい時に出る。産気づくことにもいう。

出る杭《くい》は打たれる ①才能や手腕があって頭角をあらわす者はとかく他から憎まれ、妨げられる。②出過ぎたふるまいをする者は人から責められ制裁を受ける。出る足人に引かれる。

伝家《でんか》の宝刀《ほうとう》（その家に代々伝わっている名刀）転じて、いざという大事な時以外めったに用いないもの、事柄、手段などをいう。奥の手。切り札。

天機《てんき》をもらす 造化の機密をもらす。転じて、重大な秘密をもらす。

天災《てんさい》は忘れた頃にやってくる 台風・洪水・地震など自然の災害は、その被害の恐ろしさを忘れたころにふたたび起こる。何事もふだんから油断せずに用心して備えておかなければいけない、といういましめ。中谷宇吉郎が「一日一訓」に寺田寅彦のことばとして取り上げたのが初めという。

天井《てんじょう》から目薬《めぐすり》 まわり遠くて効果のないことのたとえ。二階から目薬。

天知る、地知る、我知る、人知る（後漢の楊震が王密から金十斤をおくられ、「誰も知っている者はいませんから」と言われたのに対して答えたことば。「後漢書」に見える故事による）誰も知るまいと思っても天地の神は照覧し、自分も知り、それをしかけるあなたも知っていることだ。悪事はいつか必ず露顕するものだということ。

天高く馬肥《こ》ゆる秋 秋は空が澄みわ

たって高く晴れ、気候がよいので食欲も増進し馬もよく肥える。秋高く馬肥ゆ。

天は二物《にぶつ》を与えず 天は一人の人間にそういくつもの長所や美点を与えはしない。とかく人は、あっちがよければこっちが悪いで、よいところばかりそろった人はないものだ。

天は自《みずか》ら助くる者を助く （英語 Heaven helps those who help themselves. の訳語）天は他人の助けを借りないで自身で努力する者を助けて成功させる。

天網《てんもう》恢々《かいかい》疎《そ》にして漏らさず （「老子」による）天の網はひろく、その目はあらいようだが、悪人を漏らすことなく捕える。すなわち、天道は厳正で、悪事をなしたものは早晩必ず天罰を受ける。

天を仰いで唾《つばき》する 他人を害しようとしてかえって自身が災いを招くことのたとえ。天に唾す。天に向かって唾を吐く。

【と】

灯火《とうか》親しむべし 秋の涼しさと夜長は、灯火の下で読書するのに適している。「灯火親しむ」は秋の季語として用いる。

灯台下《とうだいもと》暗し （灯台のすぐ下はかえって暗いところから）身近な事情にうといこと、身近な事は案外わかりにくいものであるというたとえ。

問うに落ちず語るに落ちる 問われるときは用心して、なかなか真実を語らないものであるが、なにげなく語るときには、ふと真実をもらしてしまうものである。

同病《どうびょう》相《あい》憐れむ 同じ病気、また同じ境遇に苦しむ者は、互いに苦痛を察しあい、同情する念が厚い。

豆腐《とうふ》に鎹《かすがい》 全く手ごたえがなく、ききめがないことのたとえ。糠《ぬか》に釘。のれんに腕押し。

蟷螂《とうろう》斧《おの》をもって隆車《りゅうしゃ》に向《む》かう （カマキリが、前足をふりあげて、隆車（高く大きい車）に立ち向かうの意。「荘子」などによる）弱者が、自分の力をかえりみないで、強者に立ち向かう。無謀で、身のほどをわきまえないことのたとえ。蟷螂手をあげて隆車に向かう。蟷螂の斧。

遠くて近きは男女の仲 （「能因本枕草子―一七一・遠くて近きもの」による）男女の仲が一見かけ離れているように見えて、意外に結ばれやすいことにいう。

遠くの親類《しんるい》より近くの他人 遠方

にいる親類よりも近隣に住む他人の方がなにかとたよりになる。また、疎遠な親類よりも親密な他人の方がかえって助けになる。遠き親子より近き隣《となり》。遠き親類より近き隣。遠い一家より近い他人。

十《とお》で神童《しんどう》十五《じゅうご》で才子《さいし》二十《はたち》過ぎればただの人　幼いころはこの上なく非凡で、秀才だと思われていた子どもが、成長して大人になると平凡な人間となってしまう例が多いことをいう。

時《とき》の氏神《うじがみ》　ちょうどよい時に現れて、仲裁などをする人。その時に臨んで、非常にありがたい人。

時《とき》は金《かね》なり　（英語 Time is money. の訳）時間は貴重であり有効なものであるから、むだに費やしてはいけない。時間の尊さを教えた格言。

読書百遍《どくしょひゃっぺん》義《ぎ》おのずから見《あらわ》る　（「魏志―王粛伝」の注に引く「魏略」による）難しい書物も、百遍も繰り返して熟読すればそこに書かれた意味も自然と明らかになってくるという意。読書百遍意自ずから通ず。

毒を食らわば皿《さら》まで　すでに罪を犯したからにはためらわずに最後まで悪に徹しよう。また軽く、どうせここまでやったのなら、最後までやり通そう、の意でも用いる。

得を取るより名《な》を取れ　利得よりは名誉を取れ。金銭よりも名誉の方がまさるということ。

毒を以て毒を制す　悪を除くのに悪を利用することをたとえていう。毒をもって毒を攻む。

所《ところ》変われば品《しな》変わる　土地が違えば、それにしたがって風俗・習慣・言語などが違う。

年寄りの冷や水　（老人が冷水を浴びることの意）老人に似合わない元気のよいふるまいや、高齢に不相応な危ないことをするのを、ひやかしたり警告をしたりするときにいう。年寄の夜道。

塗《と》炭《たん》の苦しみ　泥や火の中にいるようなはなはだしい苦しみ。

鳶《とび》が鷹《たか》を生む　平凡な親がすぐれた子を生むたとえ。鳶が鷹。〔対義語〕瓜の蔓に茄子はならぬ。蛙の子は蛙。

鳶《とび》に油揚げをさらわれる　思いがけず横あいからたいせつなものを奪われる。当然自分のものになると思っていた物を、不意に横取りされて呆然とするさまにいう。鳶に掛けらる。

取らぬ狸《たぬき》の皮算用《かわざんよう》　（まだ捕えないうちから、タヌキの皮を売ることを考えるの意から）不確実な事柄に期待をかけて、それをもとに計画をたてることのたとえ。

虎の威《い》を借る狐 （トラがキツネをとらえて食おうとしたところ、キツネが「自分は天帝の使いだから食うと天帝にそむくことになる。その証拠に自分のあとについて来てごらんなさい」という。いっしょに行くと百獣が皆恐れて逃げた。トラは自分を恐れて逃げるのを知らず愚かにもキツネのことば通りだと思ったという、「戦国策」にある寓話による）他の権勢に頼って威張る小人物のたとえ。狐《きつね》虎の威を藉《か》る。

虎の尾《お》を踏む （強暴なトラの尾を踏むというところから）きわめて危険なことのたとえ。虎の口へ手を入れる。

虎は死して皮を残し人は死して名を残す 獣の王者である猛虎は、死後も皮となって珍重されるが、人はその死後に残した名誉や功績で評価される。人は死して名を留む。

虎を千里《せんり》の野《の》に放《はな》つ （猛虎を野に放って自由にする意から）猛威を振るうものなどを、その力を存分に発揮できる状態におくこと、また、後にわざわいを残すような危険なものを野放しにしておくことのたとえにいう。虎を野に放つ。虎を赦《ゆる》して竹林に放す。

鳥なき里の蝙蝠《こうもり》 すぐれた者のいない所ではつまらない者が幅をきかすたとえ。

泥棒を捕らえて縄を綯《な》う ことが起きてしまってから、あわてて対処の方法を考えることのたとえ。盗人を見て縄をなう。泥縄。

団栗《どんぐり》の背比《せいくら》べ どんぐりの大きさはどれもほとんど同じで、背くらべをしても甲乙の判定ができない。どれもこれも平凡で変わりばえのしないこと。特にぬきんでたものがないことのたとえ。一寸法師の背くらべ。団栗の背並べ。

呑舟《どんしゅう》の魚《うお》枝流《しりゅう》に游《およ》がず （「列子」による）舟をまるのみにするほどの大きな魚は、小さな川には住まない。大人物は小人物の社会とは交流しないということ。また、高遠な志をいだく人は小事にこだわらないということ。

飛んで火に入る夏の虫 みずからを滅ぼすようなわざわいの中に進んで身を投ずることのたとえにいう。

【な】

内助《ないじょ》の功《こう》 家にあって、夫の活動を援助する妻のはたらき。また、その功績。陰の力。

泣いて馬謖《ばしょく》を斬《き》る （諸葛孔明の臣下の馬謖が、命に背いて大敗を招いたとき、孔明はその責任を追及して斬ったという「蜀志」から）私情において忍びないが、規律を保つために、たとえ愛する者でもやむを得ず処罰することのたとえ。

長い物には巻かれろ　権力や勢力のあるものには反抗しないで、がまんして従っていた方が得だ。

泣きっ面《つら》に蜂《はち》（泣いている顔をハチが刺す意から）不幸の上に不幸が重なること、また、困っている上にさらに困ったことが加わることのたとえ。泣き面《つら》に蜂。泣きっ面を蜂が刺す。

泣く子と地頭《じとう》には勝てぬ（泣く子が聞きわけのないことと、地頭［平安、鎌倉時代、荘園の管理をして、農民から税金を取り立てたり、賦役を課したりした役人］が横暴であったところから）どんなに道理で争ってみても勝ちめのないことをたとえていう。泣く子には千人の武者も叶わず。

泣く子は育つ　大声で泣く幼児は元気で健康である。泣く子は頭堅《かしらかた》し。

なくて七癖《ななくせ》あって四十八癖《しじゅうはっくせ》（「七」「四十八」ともに多数の意）多かれ少なかれ、人には癖がある。

鳴く猫《ねこ》鼠《ねずみ》捕《と》らず　口数の多い者は実行が伴わないということのたとえ。

情けは人の為《ため》ならず　なさけを人にかけておけば、それがめぐりめぐってまた自分にもよい報いが来る。人に親切にしておけば必ずよい報いがある。

七転《ななころ》び八起《やお》き（七たびころんで八たび起きる意）何度失敗しても屈することなく立ちあがること。一度や二度の失敗ぐらいで気落ちせず、がんばるべきであるということ。転じて、人の世の浮き沈みの激しいことのたとえにも用いる。

七度尋《ななたびたず》ねて人《ひと》を疑《うたが》え　物が見当たらないときは、何度も捜し求めた上で人を疑えの意で、人を疑うときには、本当にそうであるかどうか何度も確かめてみなくてはいけないということ。むやみに人を疑うなという教え。

難波《なにわ》の葦《あし》は伊勢《いせ》の浜荻《はまおぎ》（難波でアシと呼ぶ草を伊勢ではハマオギという意から）物の呼び名や風俗・習慣は所によって違うことのたとえ。難波の鯔《ぼら》は伊勢の名吉《みょうぎち》。

名は体《たい》を表す　名はそのままそのものの実体を示す。名と実は、相応じる。名詮自性《みょうせんじしょう》。

怠け者の節供働《せっくばたら》き　ふだんなまけている者にかぎって、他人が休む節供の日になるとわざと忙しそうに働いてみせる。

生兵法《なまびょうほう》は大怪我《おおけが》のもと　なまじっ

か少しばかり武術を知っていると、それを頼んで軽々しく事を起こすので、大怪我をする原因となる。なまはんかな知識を持つものが、それを自負して大失敗をすることのたとえ。

生酔《なまよ》い本性《ほんしょう》違《たが》わず　相当に酔っても、その本来の性質は変わらない。

なめくじに塩《しお》　なめくじに塩をかけると縮んでしまうように、苦手《にがて》のものの前に出るとすっかり萎縮してしまうことのたとえ。

習《なら》い性《せい》となる　（「書経」による）習慣はついには天性となる。習い癖となる。

習《なら》うより慣れろ　あらたまって習うより、自然になれる方が効果がある。学んで覚えられないこともなれれば自然に知ることができる。

ならぬ堪忍《かんにん》するが堪忍　忍ぶことができない堪忍をじっとこらえることこそ本当の堪忍というものである。

【に】

二階から目薬　（二階にいる人が階下の人に目薬をさそうとするようなもの、の意から）思うようにならずもどかしいこと。また、回り遠くて効果がおぼつかないことをたとえていう。二階から尻あぶる。天井から目薬。

逃《に》がした魚《さかな》は大きい　いったん手に入れかけながら逃がしたものは、それがどんなものでも、大きな損をしたように思えて、惜しまれるものだ。逃げた魚は大きい。逃がしたものに小さいものなし。

苦虫《にがむし》を噛み潰《つぶ》したよう　にがりきった顔。不愉快きわまりない顔つき。

憎《にく》まれっ子世に憚《はばか》る　人から憎まれるような人にかぎって世間に出てはばをきかし、威勢をふるう。憎まれ子国にはびこる。憎まれ者世にはばかる。

肉を切らせて骨を切る　自分の肉が切られるような危険を冒して、捨て身で敵に勝つこと。皮を切らせて骨を切る。

逃げるが勝ち　逃げて相手に勝ちを譲った方が、大局的には、かえって勝利や利得を得ることになる。負けるが勝ち。

錦《にしき》を着て故郷《こきょう》へ還る　成功したり、立身出世したりしてはれがましくふるさとに帰る。故郷へ錦を飾る。

二足《にそく》の草鞋《わらじ》を履く　（二足の草鞋は同時にははけないところから）同一人が両立しにくいような二種の職業や役務を兼ねること。

二度あることは三度ある 同じようなことが二度続けてあった時は、必ずもう一度繰り返される。物事は繰り返されるものである。

二兎《にと》を追う者は一兎《いっと》をも得ず 同時に二つの物事をしようとすると、二つのうちのいずれもが成功しない。

女房と畳は新しいほうがよい 女房と畳とは新しいほど、住むのに気持がよい。

鶏《にわとり》を割《さ》くになんぞ牛刀《ぎゅうとう》を用いん（「論語」による。鶏を料理するのに、牛を切るような大きな包丁を使う必要はないの意から）小事を処理するのに、大人物や大げさな方法を用いる必要はない。適用のしかたがまちがっていることのたとえ。牛刀をもって鶏を割く。

任《にん》重くして道《みち》遠し（「論語」による）任務は重く、その実行は容易でないから前途は遠い。

人間《にんげん》至る所青山《せいざん》あり→人間《じんかん》至る処青山）あり。

【ぬ】

糠《ぬか》に釘《くぎ》 手ごたえがなく、ききめがないことのたとえにいう。暖簾に腕押し。豆腐にかすがい。

盗人《ぬすびと》に追い銭《せん》 盗人に物を盗まれたうえに、さらに銭《ぜに》をくれてやること。損をしたうえに損を重ねることのたとえ。泥棒に追銭。盗人に追いを打つ。ぬすっとに追銭。

盗人《ぬすびと》にも三分《さんぶ》の理《り》 盗人にもそれなりの理屈はあるの意で、どんな事にも、理屈をつけようと思えばつけられるということ。泥棒にも三分の道理。

盗人《ぬすびと》の昼寝《ひるね》も当《あ》てがある 盗人が昼寝をするのは、夜の稼ぎに備えてのことであるの意で、なにか思惑があってすることのたとえにいう。盗人の昼寝。

盗人《ぬすびと》を捕らえて見れば我が子なり（「新撰犬筑波集」の付句による）盗人がわが子だったという意で、事の意外さに、処置に窮するたとえ。また、身近な者といえども油断できないことにいう。

【ね】

猫に鰹節《かつおぶし》 好物をそばに置いて、油断ができないこと。あやまちが起こりやすい状況であることのたとえ。また、危険であることのたとえ。猫に乾鮭《からざけ》。

猫に小判《こばん》 高価なものを与えても、何の反応も効果もないことのたとえ。また、どんな貴重なものでも、その価値がわからない者に与えては、何の役にも立たないことのたとえ。豚に真珠。猫に石仏。

語彙力

猫の首に鈴《すず》を付ける （猫の来るのがすぐわかるように、ネズミが猫の首に鈴をつけようと相談したが、実行するのはネズミにとって難しいということから）あれこれと議論をしても、実行する段になると、だれがやるにしても至難のわざであるというたとえ。また、考えはよくてもだれも実行できず議論倒れになるというたとえ。

念《ねん》には念を入れる 注意したうえにも注意する。重ねて確認する。

年年歳歳人同じからず （「劉廷芝―代悲白頭翁」による）毎年花は同じように咲くが、人の世は生まれる者があれば死ぬ者があり、年とともに変わる。人の世のはかなさをいう。

念力岩《ねんりきいわ》をも通す 全く不可能と思われることも、心を集中して精一杯事に当たれば成し遂げられないことはない。一念岩をも通す。思う念力岩をも通す。

語彙力

【の】

能ある鷹《たか》は爪《つめ》を隠す 本当に力のあるものは、みだりにそれをひけらかすようなことはしないというたとえ。能ある猫は爪を隠す。

嚢中《のうちゅう》の錐《きり》 （「史記」による）才能のある人は、袋の中に入れた錐のように、たちまちその先が外に現れる。すぐれた人は、衆人の中にいてもすぐに才能を現して目立つというたとえ。錐《きり》嚢中に処《お》るがごとし。

軒《のき》を貸して母屋《おもや》を取られる 自分の持物の一部分を貸したために、いつのまにか主要なところ、またはその全部をとられてしまう。また、恩を仇で返される。庇《ひさし》を貸して母屋を取られる。

残り物には福がある 人が先に取って残したもの、または最後に残った物に思わぬ利得があること。余り物に福あり。

喉元《のどもと》過ぎれば熱さを忘れる 熱いものも飲み込んでしまえば、熱さを忘れてしまうことから、苦しいことも、それが過ぎると簡単に忘れてしまうことのたとえ。また、苦しい時には人を頼み、苦しさが去って楽になればその時受けた恩を忘れてしまい、ありがたく思わないことのたとえにもいう。

鑿《のみ》といえば槌《つち》 鑿をくれといえば、それを使うのに必要な槌も同時に用意するというところから、万事に気のきくこと。

暖簾《のれん》に腕押し 力を入れても少しも手ごたえのないこと。張り合いのないことのたとえ。糠《ぬか》に釘。豆腐にかすがい。

【は】

敗軍《はいぐん》の将《しょう》は兵《へい》を語らず 戦いに敗れた将軍は武勇について語ることはできない。転じて、失敗した者はその事について意見を述べる資格がない。敗軍の将は謀らず。

背水《はいすい》の陣《じん》（漢の名将韓信《かんしん》が趙《ちょう》の軍隊と戦った時、大軍をわざと有利な山の砦から降ろし、川を瀬に不利な陣立てで戦わせ、死中に活を見出す兵法の極意により敵を破ったという「史記」に見える故事による）背後に、河川・湖海などを背にした決死の陣立て。転じて、一歩も退くことのできない絶体絶命の立場で事にあたること。

這《は》えば立て立てば歩めの親心 子どもの成長を待ちかねる親心をいう。

馬鹿と鋏《はさみ》は使いよう はさみは使い方によって切れたり切れなかったりするし、ばかな者でも、使い方さえよければ役に立つ。

馬鹿の一つ覚え 愚かな人は、聞き覚えた一つのことを、どんな時にも得意げに持ち出す。何度も同じことをいう人をあざけっていう。

掃《は》き溜《だ》めに鶴《つる》 つまらない所に、きわだってすぐれたものがあらわれたたとえ。また、そのもの。

莫逆《ばくげき》の友《とも》 きわめて親密な友。親友。ばくぎゃくの友。

箸《はし》にも棒《ぼう》にも掛からない ひどすぎて何とも取り扱いようがない。手がつけられない。

初めは処女《しょじょ》の如《ごと》く終わりは脱兎《だっと》の如し（「孫子」による）はじめは弱々しく見せかけて欺き、のちには見ちがえるような強い力を示す。

始めよければ終わりよし 最初が順調ならば、最後までうまく行くことは約束されたも同じだ。また、最初をしっかりと注意してかかれば、最後まで全体がうまく行く。〔対義語〕始めよいのは後悪《あとわる》し。

八十八夜《はちじゅうはちや》の別《わか》れ霜《じも》 八十八夜ごろに降りる霜。また、その頃から天候が定まり霜が降りなくなること。忘れ霜。

話し上手《じょうず》の聞《き》き下手《べた》 自分ばかり話したてて、他人の話は聞こうともしないこと。また、その人。〔対義語〕話し上手は聞き上手。

花に嵐 とかく物事にはじゃまが起こりやすいことのたとえ。月に叢雲《むらくも》花に風。

花より団子《だんご》 風流よりは実利をとる、外観よりは実質を重んじる。虚栄よりも実益のある方を喜ぶことのたとえ。

早い者勝ち 早い方がよい。やり方はどうであれ、また、他にどんな理由があるにしろ、早い方が優先される。

早いが勝ち。

早起きは三文《さんもん》の徳 早起きは健康によく、また、早起きすると何かとよいことが起こるものであるというたとえ。

腹《はら》が減っては戦《いくさ》が出来ず 空腹では、何ごとも身を入れてやれない。

腹八分目《はちぶんめ》に医者いらず 食い気にまかせて大食いせず、いつも満腹時の八分目ぐらいの感じで控えめに食べていれば、健康で病気にかかることはない。

張り子の虎《とら》（張子でトラの形を作って首が動くようにした玩具は、ちょっと首をつつくとゆっくり首を振る仕掛けになっているところから）主体性がなく、何事にもただうなずくだけの人。また、中空の紙の張りぼての玩具であるところから、実力もないくせに虚勢を張って威張る人をあざけっていう。

針の穴から天を覗《のぞ》く 自分の狭い見識を基準にして、広大なことについて勝手な推測を下すたとえ。管《くだ》を以て天を窺《うかが》う。葦《よし》の髄《ずい》から天井《てんじょう》を見る。

【ひ】

贔屓《ひいき》の引き倒《だお》し ひいきし過ぎて、かえってその人の迷惑、不利となること。ひいきだおし。

引かれ者《もの》の小唄《こうた》 引かれ者（江戸時代、罪を犯して牢から刑場まで、裸馬に乗せられ引かれて行く者）が、しいて虚勢をはり、鼻歌などを歌うこと。転じて、敗者が平気を装い強がること。一般に、負け惜しみの強いことのたとえ。

低き所に水たまる 水が低地に流れて溜るように、条件の備わるところには結果も集中する。転じて、利益のあるところには人が集まる。

日《ひ》暮《く》れて途《みち》遠し（「史記」による）日は暮れたのに、前途の道のりはまだまだ長いの意から）年をとったのに目的はまだなかなか達せられないこと、また、期限は迫っているのに物事がまだまだできあがっていないことのたとえ。

卑《ひ》下《げ》も自《じ》慢《まん》のうち 謙遜しながら、それを美徳として誇ること。また、自慢を自慢として口に出さず、表面は謙遜してみせることにいう。

膝《ひざ》とも談合《だんごう》（思案にあまったときは、抱いた自分の膝でも相談相手になるというところから）どんな相手でも、相談すればそれだけの成果はあるものだということ。

顰《ひそ》みに倣《なら》う（中国、春秋時代の越の美女西施が病んで咳きこみながら顔をしかめたさまを美しいものとして、みんながその顔をまねたという「荘子」

に見える故事から）事のよしあしを考えず、いたずらに人まねをする。また、人にならって事をするのを謙遜していう。顰《ひん》に倣う。ひそみを学ぶ。

一つ穴の狢《むじな》 共謀して悪事をたくらむ者。また、一見無関係のようで、その実、悪者の仲間である者をいう。また、単に、同類のこと。一つ穴の狐。同じ穴の狢。

人には添うてみよ馬には乗ってみよ 親しく交わってみなければ、その人の本質はよくわからない。何事も実際に働きかけて試してみなければ本当のことがわからない。人と馬には乗ってみよ添ってみよ。

人の一生《いっしょう》は重荷《おもに》を負《お》うて遠《とお》き道《みち》を行《い》くが如《ごと》し （徳川家康の遺訓の一つ）人生の路ははるかで長いから、絶えず努力と忍耐をしながら進まなければ歩み通すことができない。

人の噂《うわさ》も七十五日《しちじゅうごにち》 世間がいろいろとうわさをするのも一時のことで、やがて世間は忘れてしまう。人の上は百日。

人の口《くち》に戸《と》は立てられぬ 世間がうわさをするのはとめることができない。人が取りざたするのは防ぎようがない。世間の口に戸は立てられぬ。

人のふり見て我がふり直せ 他人の行為の善悪を見て、自分の行為を反省し改めよ。人の上見て我が身を思え。他山の石。

人の褌《ふんどし》で相撲《すもう》を取《と》る 他人の物を利用して、自分の事に役立てる。人の太刀で功名する。人の提灯で明りを取る。

人は一代《いちだい》名《な》は末代《まつだい》 肉体は一代で滅びるが、よいにつけ悪いにつけ名は死後も長く残るということ。

人は落ち目が大事 人は零落して落目になったときこそ、その人の運命のわかれ道が決まる大事な時だから、そういう時に特に援助してやらなければいけない。また、自分でも慎重に行動しなくてはならない。

人は見かけによらぬもの 人間の性質・能力はうわべだけでは判断できないということ。

一人口《ひとりぐち》は食《く》えぬが二人口《ふたりぐち》は食える 生計は夫婦で営むほうが、独身よりも経済的に得策であるということ。

人を怨《うら》むより身《み》を怨め 相手のしうちをうらむ前に、自分の至らないことを反省せよ。

人を呪《のろ》わば穴二《あなふた》つ 他人を呪って殺そうと墓穴を掘る者は、その報いで自分のための墓穴も掘らなければならなくなる。人に害を与えれば結局自分も

語彙力

同じように害をうけることのたとえ。人を祈らば穴二つ。人を呪えば身を呪う。

人を見たら泥棒《どろぼう》と思え 他人を軽々しく信用してはいけないということ。

人を見て法を説け （「法華経」などによる）相手によって、それにふさわしい助言をするべきである。相手によって臨機応変の処置をとることが必要である。人《にん》を見て法説け。

髀肉《ひにく》の嘆《たん》 （中国三国時代、蜀の劉備が馬に乗って戦場を駆けめぐることが長い間ないため、股《もも》の肉が肥え太ったことを嘆いたという「蜀志―先主伝」の注に引く「九州春秋」の故事から）功名を立てたり、技量・手腕を発揮したりする機会がなくて、むなしく時を過ごすのを嘆くこと。

火のない所に煙《けむり》は立たぬ 全く事実がない所にはうわさは立たない。うわさが立つからには、必ず何らかの根拠があるはずだということ。

百年河清《ひゃくねんかせい》を俟《ま》つ 黄土で常に濁っている黄河の水の澄むのを百年もかかって待つの意。いつまで待っていても実現のあてのないことをいう。河清を俟つ。

百聞《ひゃくぶん》は一見《いっけん》に如かず 百回聞くより一回見るほうがよくわかる。何度繰り返し聞いても、一度実際に見ることに及ばない。

百里《ひゃくり》を行《い》く者《もの》は九十《きゅうじゅう》をなかばとす （「戦国策」による）百里の道を行く者は、九十里を半分と心得なければならない。何事も終わりの少しの所が最も困難であるから、九分どおりの所を半分と心得て、最後まで緊張して努力することが肝要である。

氷炭相《ひょうたんあい》容《い》れず 性質が反対で合わないたとえ。氷炭相並ばず。

瓢箪《ひょうたん》から駒《こま》が出る 意外な所から意外の物が出ることのたとえ。冗談半分のこと、また、思いもよらぬことが事実となってしまう場合などにいう。瓢箪から駒。

瓢箪《ひょうたん》で鯰《なまず》を押さえる （つかまえることができない意から）とらえどころのないこと、要領を得ないことのたとえ。

貧乏暇《びんぼうひま》なし 貧乏なために生活に追われっぱなしで少しの時間の余裕もないこと。

【ふ】

風樹《ふうじゅ》の嘆《たん》 （「韓詩外伝」による）木が静かになろうと思っても、風がやまないうちはどうしようもない。やっと親に孝養ができると思ったときには、

語彙力

すでに親が死んでいて孝養をつくすことができないというなげき。

夫婦《ふうふ》喧嘩《げんか》は犬《いぬ》も食わない 夫婦げんかは犬さえ気にとめない。夫婦のいさかいは一時的ですぐに和解するものが多いから、他人が仲裁などするものではない、または、仲裁するのはばからしい。

夫婦《ふうふ》は二世《にせ》 夫婦の縁はこの世ばかりでなく来世までもつながるということ。

笛吹けども踊らず（「新約聖書」マタイ伝による）人に何かをさせるつもりでさまざまに手立てを調えて誘っても、人がこれに応じて動かないことをいう。

俯《ふ》仰《ぎょう》天《てん》地《ち》に愧《は》じず（「孟子」による）かえりみて、自分の心や行動に少しもはじるところがない。公明正大で心にやましいところがない。

河豚《ふぐ》食《く》う無《む》分別《ふんべつ》河豚食わぬ無分別 河豚に毒があるのにむやみに食うのは無分別であるが、やたらにその毒を恐れて食わず、その美味を味わわないのも無分別である。河豚汁を食わぬたわけに食うたわけ。

覆《ふく》水《すい》盆《ぼん》に返らず（周の呂尚［太公望］が読書にふけってばかりいるので、妻は離縁をして去った。後に呂尚が斉に封じられると再縁を求めてきたが、呂尚は盆から水をこぼし、その水をもとにもどしたら求めに応じようといったという故事から）一度離別した夫婦の仲は元にはもどらないということ。転じて、一度してしまったことは取り返しがつかないことをたとえていう。

河豚《ふぐ》は食《く》いたし命《いのち》は惜《お》しし 美味な河豚は食いたいが、毒にあたるのが恐ろしい。転じて、快楽を得たいのは山々だが、後のたたりを思うと手が出ない意。

武士《ぶし》に二言《にごん》なし 武士は信義を重んじるので、いったん言ったことは必ず守るという意。

武士《ぶし》は相身互《あいみたが》い 武士同士は同じ立場であるから、互いに思いやりをして助け合わねばならないということ。また、そのような間柄。

武士《ぶし》は食《く》わねど高楊枝《たかようじ》 武士は、たとえ貧しく物が食えなくても、食べたようなふりをして楊枝を使うの意で、武士は貧しても不義をおこなわない、また、矜持の高いことをたとえていう。

豚《ぶた》に真珠《しんじゅ》（「新約聖書」マタイ伝による）価値のわからない者には、貴重な物も何の役にもたたないことのたとえ。猫に小判。

舟《ふね》に刻《きざ》みて剣《つるぎ》を求む （舟から川の中に剣を落とした者が、舟の流れ動くことを考えず、舟のへりに落ちた位置の印をつけて剣を捜そうとしたという「呂氏春秋」の故事による）時勢の移ることを知らず、いたずらに古いしきたりを守ることのたとえ。船端に刻を付けて刀を尋ねる。剣を落として船を刻む。刻舟《こくしゅう》。

古川《ふるかわ》に水《みず》絶えず 基礎のしっかりしているものは、衰えたように見えても容易にほろびない。重代の富豪の家は、おちぶれても何か昔をしのばせるような立派なものを残しているたとえ。

故《ふる》きを温《たず》ねて新しきを知る （「論語」による）過去の事実、歴史などをよく研究して、新しい事柄、現実の問題を認識する。温故知新《おんこちしん》。

刎頸《ふんけい》の交わり （「史記」による）たとえ首を斬られても悔いないほどの深い友情で結ばれた交際。生死をともにする親しい交わり。刎頸。

文《ぶん》は人《ひと》なり 文章はその人柄を示す。文章を見れば、書き手の人となりが分かる。

【へ】

平地《へいち》に波瀾《はらん》を起こす 穏やかで何事もおさまっているところへ、わざわざ、もめごとをおこす。

下手《へた》な鉄砲《てっぽう》も数《かず》打ちゃ当たる 下手でも数多く打てば、まぐれあたりすることがある。

下手《へた》の考え休むに似たり 下手な人が考えるのは、時間を浪費するばかりでなんの効果もない。

下手《へた》の道具《どうぐ》立《だ》て 下手な人に限って、準備をおおげさにする。下手な人に限って、いろいろと道具を選んだり、うるさくいったりする。下手の道具調べ。

下手《へた》の長談義《ながだんぎ》 話の下手な人が、長々と話をすること。口下手な人に限って、長話をする傾向があること。下手の長口上。

屁《へ》をひって尻《しり》すぼめる あやまちをした後、あわてて取りつくろおうとすること。屁を放って尻をすぼめる。

弁慶《べんけい》の立ち往生《おうじょう》 （衣川の合戦で、弁慶が大なぎなたを杖にして、立ったまま死んだというところから）進退きわまることのたとえ。立ち往生。

弁慶《べんけい》の泣き所 （弁慶ほどの豪傑でも、痛がって泣く急所の意で）向こうずね。転じて、最も弱いところ。弱点。アキレス腱。

ペンは剣《けん》よりも強し 言論は、人々に対して暴力よりも効果がある。一九世紀イギリスの政治家・小説家リットンの戯曲「リシュリュー」の一節。

辺幅《へんぷく》を飾る （「辺幅」は、うわべ、外見、みえ）うわべをかざる。みえをはる。辺幅を修める。

【ほ】

坊主《ぼうず》憎《にく》けりゃ袈裟《けさ》まで憎い ある人や物を憎むと、それに関係あるものも皆憎く思われるというたとえ。

忙中閑《ぼうちゅうかん》あり 忙しい中にもわずかなひまはあるものだ。忙中おのずから閑あり。

忘年《ぼうねん》の友《とも》 年齢の隔たりを忘れて親しく交わる友。忘年の交わり。

棒《ぼう》ほど願って針《はり》ほど叶《かな》う 願望のなかなかかなえられないことをたとえていう。

亡羊《ぼうよう》の嘆《たん》 （逃げた羊を追い求めたが、枝道が多くて見失い、途方にくれたという「列子」の故事から）学問の道が、あまりにもいろいろに分かれているため容易に真理を得られないこと。どこから手をつけてよいか途方にくれること。多岐《たき》亡羊。

仏《ほとけ》作って魂《たましい》入れず 物事をほとんどなし遂げながら最も肝要な一事が抜け落ちていることのたとえ。仏作って眼《まなこ》を入れず。画竜点睛《がりょうてんせい》を欠く。

骨折り損《ぞん》のくたびれ儲《もう》け 苦労したことが何の効果ももたらさず、ただ疲労という結果だけが残ること。

洞《ほら》ヶ《が》峠《とうげ》を決め込む （天正一〇年〈一五八二〉山崎の戦いの際、筒井順慶が、洞ヶ峠に軍をとどめ天下の形勢を観望して有利な方に味方しようとしたところから）日和見の態度、確たる信念がなく、形勢を見て分のいいほうに従うことをいう。

盆《ぼん》と正月《しょうがつ》が一緒に来たよう きわめて多忙なこと。また、嬉しいことの重なること。盆も正月も一時に来た。

【ま】

蒔《ま》かぬ種《たね》は生《は》えぬ 原因のない所に結果はない。何もしないのによい報いを期待してもそれは得られない。

負けるが勝ち 一時的に負けることが全体を通じて負けとはならない、大局的に見れば、かえって勝ちを得ている場合が多い。逃げるが勝ち。

馬子《まご》にも衣装《いしょう》 馬子のような身分の低い者でも衣装によっては立派に見えるということ。つまらない者でも外面を飾れば立派に見えることのたとえ。

待てば海路《かいろ》の日和《ひより》あり 「待てば甘《かん》露《ろ》の日和あり」を変えて言ったもの。

（「甘露」は中国の伝説で王者の仁政に感じて天が降らせる甘味の液のこと）じっくりと落ち着いて待っていると、甘露の降るような日和があるの意。待っていれば良い時機が到来する。

俎板《まないた》の鯉《こい》（俎板の上の、料理されようとしている鯉（魚）の意から）相手のなすがままになるよりほかにどうしようもない状態。死を待つよりほかに方法のない運命のたとえ。俎上《そじょう》の魚。

丸い卵も切りようで四角 物事も、言いかた、しかたによって、円満にもなり角も立つというたとえ。

【み】

ミイラ取りがミイラになる（ミイラを取りに行った人が、目的を果たせずに、うっかりすると自分までもミイラになってしまうというところから）人を連れもどすために出掛けた者が、自分も先方にとどまって役目を果たさない。また、意見しようとした者がかえって先方と同じ考えになってしまうこと。

身から出た錆《さび》 自分の行為の報いとして禍災を被ること。自分の悪行の結果として自分が苦しむこと。自業自得。

見《み》猿《ざる》聞か猿《ざる》言わ猿 それぞれ両目・両耳・口を両手でふさいだ三匹の猿。他人の欠点・あやまち、あるいは自分に都合の悪いものなどは、見ない、聞かない、言わないということを表す。

水清《みずきよ》ければ魚《うお》住《す》まず あまりに清廉すぎたりすると、かえって人に親しまれないことのたとえ。水いたって清ければ則ち魚なし。

水心《みずごころ》あれば魚心《うおごころ》（「魚心あれば水心」を逆にいったもの）相手が自分に好意を持てば、自分も相手に好意を持つ用意があることのたとえ。相手の態度によってこちらの態度も決まる。

水は方円《ほうえん》の器《うつわ》に随《したが》う（「方円」は、方（四角）形と円形。水は容器の形によって四角にも丸くにも、どんな形にでもなるところから）人は、交友や環境しだいで善にも悪にも感化されるというたとえ。水は入物に従う。

三日《みっか》見ぬ間《ま》の桜《さくら》（桜の花の散りやすいところから）世の中の移り変わりのはげしいことのたとえ。

三《み》つ子《ご》の魂《たましい》百《ひゃく》まで 幼少時代の性格は、年をとっても変わらないということ。

実る稲田《いなだ》は頭垂《あたまた》る 学問・徳行が深まると、その人柄や行為がますます謙虚になることのたとえ。

耳を掩《おお》いて鐘《かね》を盗む（「呂氏春秋」による）良心に反する行為をしながら、

しいてそのことを考えないように努めること。また、自分では悪事をうまく隠しおおせたと思っても、世間の人は皆知っていることのたとえ。

見ると聞くとは大違《おおちが》い 話に聞いていたことと実際に見たこととでは大きな相違があるということ。また、聞くことと見ることとでは大変な違いがあること。

身を捨ててこそ浮《う》かぶ瀬《せ》もあれ 一身を犠牲にするだけの覚悟があって、初めて活路を見出し、物事に成功することができる。皮を切らせて骨を切る。肉を切らせて骨を切る。

【む】

六日《むいか》の菖蒲《あやめ・しょうぶ》 （五月五日の端午の節供の翌日の菖蒲の意）転じて、時機に遅れて役に立たないことのたとえ。十日の菊。六日の菖蒲十日の菊。

昔取った杵柄《きねづか》 過去に鍛えた腕前。昔、修練して腕におぼえのある技量。

昔の剣《つるぎ》今《いま》の菜刀《ながたな》 ①昔、剣として用いられたものも、今はせいぜい菜刀の役にしか立たないの意で、すぐれた人も老いた今は物の役に立たなくなっているということ。また、すぐれたものも、古くなると時世に合わなくなるということ。昔千里も今一里。②昔のよいものよりも今の役に立つもの。いくらよくても役に立たない古いものよりは、くだらなくても今の役に立つものの方がよいということ。

無理が通《とお》れば道理《どうり》が引っ込む 道理に反することが世の中におこなわれるようなことになれば、道理にかなった事がおこなわれなくなるということ。

【め】

名物《めいぶつ》にうまいものなし とかく名物といわれるたべもので、うまいものはない。名は必ずしも実を伴わないことのたとえ。名所に見所《みどころ》なし。

目糞鼻糞《めくそはなくそ》を笑う 目糞が鼻糞をきたないといってあざ笑うの意で、自分の欠点に気づかないで他人の欠点をさしてあざ笑うことのたとえ。

目高《めだか》も魚《とと・さかな》の内《うち》 どんなつまらないものでも、その種類のうちのひとつには違いないこと。

目には目を歯には歯を 自分が受けた害に対して、同様な仕返しをすることのたとえとして用いられる。（バビロニアのハンムラビ法典にあることばであり、旧約聖書にも出てくるが、イエス＝キリストが「山上の垂訓」のなかで用いたことにより、有名になった）

目の寄るところへ玉《たま》も寄る 同じ

ようなもの同士が集まる意。同類相集まる。

目は口《くち》ほどに物《もの》を言う 情のこもった目つきは、口で話すのと同じ程度に気持を相手に伝える。

【も】

孟母三遷《もうぼさんせん》（「列女伝」による）孟子の母が、子どもの教育に適した環境を選んで居所を三度移し変えたという故事。孟母の三遷。

餅《もち》は餅屋《もちや》（餅は餅屋の搗《つ》いたものが一番うまいの意で）その道のことは、やはり専門の者が一番であるということ。餅屋は餅屋。

沐猴《もっこう》にして冠《かん・かむり》す（項羽が、都とするのに適した関中の地を去って故郷に帰りたがったのを、ある者が所詮猿が衣冠をつけたようなもので、天下をとれる人物ではないと嘲ったという「史記」の故事から）外見は立派でも内実がそれに伴わない人物のたとえ。小人物がふさわしくない任にあるたとえ。

本木《もとき》に勝《まさ》る末木《うらき》なし 幾度取り替えてみても、やはり最初に関係のあったものよりすぐれたものはない。多く男女関係についていう。

元《もと》の木阿彌《もくあみ》 一旦よくなったものが、ふたたびもとのつまらない状態にもどること。せっかくの苦労や努力が無駄になること。もとのもくあん。

物《もの》も言いようで角《かど》が立つ 何でもない事でも話のしかたによっては相手の感情を傷つけることがあるものである。

門前市《もんぜんいち》を成《な》す 門前に人や車馬が群がり集まる。権力や名声を慕って、その家に出入りする人が多いことのたとえ。門前市の如し。

門前雀羅《もんぜんじゃくら》を張《は》る（「史記」による）訪う人がなくて門前にはスズメが群れ遊び、網を張って捕えられるほどであるということ。門前のひっそりとしてさびしいさまの形容。

門前《もんぜん》の小僧《こぞう》習《なら》わぬ経《きょう》を読む 常に見たり聞いたりしていれば、知らず知らずのうちにそれを学び知るようになる。環境がその人に与える影響の大きいことのたとえ。勧学院《かんがくいん》の雀は蒙求《もうぎゅう》を囀《さえず》る。門前の小僧。

【や】

焼け石に水 火に焼けて熱い石に水を少しばかりかけても冷めないように、援助や努力の力がわずかで効果があがらない状態であることのたとえ。

焼野《やけの》の雉子《きぎす》夜の鶴《つる》 雉《きじ》は巣を営んでいる野を焼かれると、わが身を忘れて子を救おうと巣にもどり、巣ごもるツルは霜などの降る寒い夜、自分の翼で子をおおうというところから、親が子を思う情の切なることのたとえにいう。焼野の雉。夜の鶴。

焼け木杭《ぼっくい》に火が付く（燃えさしの木片は火がつきやすいところから）一度とだえてもすぐ元にもどること、また、もどりやすいことのたとえ。多く、男女関係にいう。焼杭《やけくい》には火がつきやすい。

安《やす》かろう悪《わる》かろう 値段が安いだけあって品質もまた劣ることだろう。安いものによいものはない。

安物《やすもの》買《か》いの銭失《ぜにうしな》い 値の安い物は品質もそれに従って悪いので、買ってもかえって損失となる。安き物は銭失い。安物の銭失い。安物は銭失い。

柳《やなぎ》に風《かぜ》 柳が風に従ってなびくように、少しも逆らわないこと。また、巧みに受けながすこと。

柳《やなぎ》に雪折《ゆきお》れなし 柳の枝はよくしなうので雪が積もっても折れることがないという意で、柔軟なものは堅強なものよりかえってよく事に耐えることのたとえ。

柳《やなぎ》の下《した》にいつも泥鰌《どじょう》はいない 柳の木の下で一度泥鰌を捕えたことがあったとしても、いつもそこに泥鰌がいるとは限らない意で、一度まぐれあたりの幸運を得たからといって、再度同じ方法で幸運が得られると思うのはまちがいであること。

柳《やなぎ》は緑《みどり》花《はな》は紅《くれない》（「金剛経川老註」による）柳は緑色をなし、花は紅に咲くように、自然そのままであること。また、ものにはそれぞれの自然の理が備わっていること。

やはり野《の》におけ蓮華草《れんげそう》（播磨《はりま》の俳人瓢水《ひょうすい》の句「手に取るなやはり野におけ蓮華草」から）野原で咲いているからこそレンゲソウは美しいのであって、摘んで観賞するものではない。そのものにふさわしい環境に置くのがよいというたとえ。

病《やまい》膏肓《こうこう》に入《い》る（「膏」は胸の下の方、「肓」は胸部と腹部との間の薄い膜。ともに治療しにくいところとされる。中国春秋時代、晋の景公が病気になり、秦から名医を呼んだところ、病気が二童子となって、名医が来るから肓の上と膏の下にかくれようと話している夢を見、医者が到着して診察すると、病根が肓の上と膏の下にはいってしまっているから治療できないと言ったという「春秋左伝」に見える故事による）①不治の病気にかかる。また、病気が重くなって治る見込みがなくなる。②ある物事に極端に熱中して、手のつけられないほどになる。

病《やまい》は気《き》から 病気は気の持ちようで、重くもなるし軽くもなるということ。

病は気一つ。

病《やまい》は口《くち》より入《い》り禍《わざわい》は口《くち》より出《い》ず 病気は口からはいる飲食物によって生じ、禍は口から出ることばを慎まないところから起こる。

山高《やまたか》きがゆえに貴《たっと》からず （「実語教」による）どんなに見かけがよくても、内容が伴わなければ立派なものではない。外観よりも実質が大切であることのたとえ。

闇夜《やみよ》の鉄砲《てっぽう》 目標の定まらないこと。また、やっても効果のないこと、意味のないことをたとえていう。

八幡《やわた》の藪《やぶ》知らず （千葉県市川市八幡に、迷いこんだら出られないといわれた「八幡の藪知らず」と呼ばれる藪があったところからいう）入ると出口のわからない藪。入り込むと出口のわからないこと、迷うことをたとえていう。

【ゆ】

勇将《ゆうしょう》の下《もと》に弱卒《じゃくそつ》なし 強くて勇ましい大将のもとには、それに感化されて弱い兵卒はいない。強将《きょうしょう》の下に弱卒なし。

夕立《ゆうだち》は馬《うま》の背《せ》を分《わ》ける 夕立は、馬の背の片側はぬらしても、片側は乾いていることがあるの意で、夕立の雨の降る区域のごく狭いことのたとえ。

幽明境《ゆうめいさかい》を異《こと》にする 死別して冥土と現世とにわかれる。死に別れる。

湯の辞宜《じぎ》は水《みず》になる 入浴を遠慮して互いに譲り合えば、その間にせっかく沸かした湯が水になる。遠慮も時と場合によるべきであるとのたとえ。

弓折れ矢尽きる 戦いにさんざんに負けるたとえ。また、力尽きてどうにもしようがなくなるたとえ。刀折れ矢尽きる。

【よ】

羊頭《ようとう》を掲《かか》げて狗肉《くにく》を売る （「無門関」による）看板には羊の頭を掲げ、実際には犬の肉を売る。表面と内容が一致しないこと、宣伝は立派でも内実がそれに伴わないことのたとえ。羊頭狗肉。

葦《よし》の髄《ずい》から天井《てんじょう》を見る 自分の狭い考えで広大なことについて勝手な判断をすることのたとえ。管《くだ》を以て天を窺う。針の穴から天を覗く。

夜目遠目《よめとおめ》笠《かさ》の内《うち》 夜見る時や、遠くから見る時、また、笠をかぶった顔の一部分を見る時は、姿かたちがはっきりしないので、より美しく見えるということ。多く、女性にいう。

寄らば大樹《たいじゅ》の陰《かげ》 同じ頼るなら、力のあるしっかりした人にたよるべきだということ。

弱き者《もの》よ汝《なんじ》の名《な》は女《おんな》なり（英語 Frailty, thy name is woman. の訳。シェークスピア作「ハムレット」で、ハムレットが、父王の死後間もなく叔父クローディアスと結婚した母を嘆いて言ったことばから）女とは心の変わりやすいものである。また、女性は男性に対して結局は弱い立場におかれるということ。

弱り目に祟《たた》り目 弱った時に重ねて不運にあうこと。不運の上に不運が重なること。泣き面に蜂。弱い所に風当たる。

【ら】

来年のことを言うと鬼が笑う 来年のことは予知できない。将来のことは予測しがたいことをたとえていう。

楽あれば苦あり 楽しいことがあれば、その後で苦しいことがある。苦楽は相伴うことをいう。苦あれば楽あり。

楽は苦の種苦は楽の種 楽をすると、あとで苦を味わわなくてはならないし、苦を忍べばあとで楽ができる。今の苦労は、将来の楽につながるのだから耐え忍ばなければいけないということ。

洛陽《らくよう》の紙価《しか》を高める（晋の左思が「三都賦」を著わした際、人々がこぞってそれを転写したために紙の需要が増し、洛陽では紙の値段が上がったという「晋書」にみえる故事から）著書がもてはやされ、よく売れることのたとえにいう。

【り】

律儀《りちぎ》者の子《こ》沢山《だくさん》 律義者は品行が正しく、家庭が円満なので、子どもが多い。

立錐《りっすい》の余地《よち》もない 錐を突き立てるほどの狭い土地もない。人や物が密集しているたとえ。

燎原《りょうげん》の火《ひ》 勢いが盛んで防ぎとめることのできないこと、また、はなはだしい勢いで広がってゆくさまのたとえ。

良賈《りょうこ》は深《ふか》く蔵《ぞう》して虚《むな》しきが如《ごと》し すぐれた商人は、品物を奥深くしまっておき店頭には飾っておかないので、見かけは手持ちがないように見えること。賢者が学徳・才能をかくしてみだりにあらわさないことのたとえにいう。

良薬は口に苦し 良い薬は苦くて飲みにくいが、病気のためにはすぐれたききめがある。忠言、諫言は聞きにくいが、その身のためになることにたとえてもいう。忠言耳に逆らう。

両雄《りょうゆう》並び立たず 力の匹敵する二人

の英雄が同時に出現すれば、必ず争いになり、どちらかが倒れるものである。

綸言《りんげん》汗の如し（「漢書」による）綸言（天子の仰せごと。「綸」は組み糸で、天子の口から出る時は糸のように細いことばが、下に達する時は組み糸のように太くなる意からいう）は、一度出た汗が再び体内にもどらないように、一度口から出れば取り消すことができないということ。

【る】

類は友を呼ぶ 気の合った者は自然により集まる。同気相求める。類は友。類を以て友とす。

累卵《るいらん》の危うき 卵を積みあげたようにきわめて不安定で危険な状態。

類を以て集まる（「易経」による）気の合う者、似た者同士が自然に集まる。

瑠璃も玻璃《はり》も照らせば光る 物は違っても、すぐれた素質を持つものは、光をあてればともに光り輝く。

【ろ】

労多くして功少なし 苦労ばかりが多くて効果が少ない。苦労の多いわりには得るものが少ない。

蝋燭《ろうそく》は身を減らして人を照らす 人のために身を犠牲にすることをたとえていう。

ローマは一日《いちにち》にして成《な》らず（英語 Rome was not built in a day. を訳したもの）なにごとも努力なしに成しとげることはできないというたとえ。

老馬《ろうば》の智（「韓非子」による）経験を積んだものの知恵を尊重すべきことをいう。老馬道を知る。

隴《ろう》を得て蜀《しょく》を望む（「隴」は、中国、甘粛省東南部の地。「蜀」は四川省の別称。魏の司馬懿《しばい》が隴の地方を平定し、勝ちに乗じて、蜀を攻め取ろうとしたとき、曹操が答えたことば。「晋書」などに見える故事）一つの望みを遂げて、さらにその上を望むことのたとえ。欲望には限りがないことのたとえ。望《ぼう》蜀《しょく》。

魯魚烏焉《ろぎょうえん》の誤り（魯と魚、烏と焉とはいずれも字形が似通っていて誤りやすいところから）文字の誤り。魯魚の誤り。魯魚亥豕《がいし》の誤り。

六十にして耳順う（「論語」による）年を重ねて六十歳にもなると、品性の修養が進み、聞くことが直ちに理解でき、なんらさしさわりも起こらない境地の意。

論語読みの論語知らず 書物に書いてあることを理解するだけで、実行の伴わない者をあざけっていう。

論より証拠 議論するより証拠によって物事は明らかになるという意。

【わ】

若いときの辛労《しんろう》は買《こ》うてもせよ 若い時にする苦労は将来のよい薬となるから求めてもするのがよい。若い時の苦労は買うてもせよ。

我が心石に匪《あら》ず、転ずべからず （「詩経」による）自分の心は石ころではないから、転がすことができない。心の確固不動のさまをいう。

我が田へ水を引く （自分の田に水を引き入れるの意から）自分の利益になるように考えたり、したりすること。我田引水《がでんいんすい》。

わが寺《てら》の仏尊《ほとけとうと》し 自分の寺の仏が一番尊いと思っている意で、自分の方のものはすべてがよいと思っていることのたとえ。わが家の仏尊し。わが仏尊し。

我が身を抓《つね》って人の痛さを知れ 自分の苦痛にひきくらべて、人の苦痛を思いやれ。自分の身のこととして、他の人のことを考えよ。

我が物《もの》と思えば軽《かろ》し笠の雪 （「古今俳諧明題集」にある其角の句から）これも自分のものだと思えば笠に積もる雪も軽く思われるの意で、一般に苦痛と思われることも、自分のためとなれば比較的苦にならないことのたとえ。

災《わざわ》いは口《くち》から わざわいは口から出ることばによって起こる。

禍《わざわい》を転じて福となす わざわいを、うまく変えて、しあわせになるように取り計らう。

和して同《どう》ぜず （「論語」による）人と争わずむつまじくするけれども、無定見に同調することはしない。主体性をもって人と仲よくする。

渡りに船《ふね》 （「法華経」による）必要なものや望ましい状態が、ちょうど都合よくそろう。渡しに船。渡りに船を得る。

渡る世間《せけん》に鬼《おに》はない この世の中には無情の人ばかりではなく、慈悲深く人情に厚い人がどこにも必ずいるということ。

笑う門《かど》には福来たる いつも笑い声が満ち、和気あいあいとした家には、自然と幸福が訪れる。

破《わ》れ鍋《なべ》に綴《と》じ蓋《ぶた》 われた鍋にはそれにふさわしいとじ蓋があるの意で、どんな人にもそれに相応した配偶者があるというたとえ。また、粗末な者は粗末な者と結び合わせたほうがうまくいくということ。

慣用句 ― 文章表現を豊かにする

私たちは、相手に自分の考えや気持ちを伝えるとき、さまざまなくふうをしている。そんなとき、特に威力を発揮するのが慣用句と呼ばれる言いまわしであろう。慣用句は複数の語が結びついて、新しい意味をもつようになった表現で、古くから使われてきた。慣用句を文章や会話の中に差しはさむことにより、表現したい内容を、きりっと引き締まった豊かなものにすることができる。ここでは、実際に使ってみたい慣用句を集め、その意味を示し、さらに使用例を適宜添えた。

【あ】

愛《あい》嬌《きょう》を振りまく
だれにでも、愛想をよくする。

愛《あい》想《そ》が尽きる
好意や愛情がすっかりなくなってしまう。「友人の身勝手さに愛想が尽きる」

開いた口が塞《ふさ》がらない
あきれてものも言えないさま。

相《あい》槌《づち》を打つ
他人の話に調子を合わせる。

合いの手を入れる
（歌や踊りの間に手拍子やかけ声を入れる意から）会話や物事の進行の間にちょっとした調子づけのことばをさしはさむ。

阿《あ》吽《うん》の呼吸
（「阿吽」は、吐く息と吸う息の意）二人以上が一緒にある物事をするときの、相互の微妙な調子、気持。また、それがぴったり一致すること。

青《あお》筋《すじ》を立てる
顔に静脈を浮き出させる。はげしく怒ったり、興奮したりしているさまをいう。「額に青筋を立てて怒る」

青《あお》菜《な》に塩
（青菜に塩をふりかけると、しおれてしまうところから）元気を失って、しおれていることのたとえ。

足《あ》掻《が》きが取れない
動作が自由にならない。取るべき手段、方法がない。「借金でどうにも足掻きが取れない」

赤《あか》子《ご》の手を捻《ねじ》る
抵抗力のないものに暴力をふるう。また、力を用いないでやすやすとできることのたとえ。赤子の手をひねる。「赤子の手をねじるよりやさしい」

赤の他人《たにん》
全く縁のない他人。何のかかわりもない他人。

秋《あき》風《かぜ》が立つ
（「秋」を「飽き」にかけて）男女間の愛情が薄らぐ。いやけがさす。「二人の間に秋風が立つ」

灰《あ》汁《く》が強い
（反感を買うような）強い個性がある。ひどく個性的である。「灰汁が強い人」

悪《あく》態《たい》を吐《つ》く
悪口を言う。憎まれ口をたたく。

胡坐《あぐら》をかく

（足を組んで楽な姿勢ですわる意から）その立場や状態にあっていい気になっている。「名声の上にあぐらをかく」

揚《あ》げ足を取る
（人の揚げた足をとって倒すように）相手の言いそこないやことばじりをとらえてなじったり皮肉ったりする。

上《あ》げ潮に乗る
（舟が満ちてくる潮に乗って進むように）時機を得て、物事が上り調子に進む。「事業もようやく上げ潮に乗ってきた」

明けても暮れても
いつでも。毎日毎日。明け暮れ。「明けても暮れても仕事の話ばかりの人」

顎《あご》が落ちる
非常に味がよいことのたとえにいう。ほおが落ちる。「ねたもしゃりも最高で、顎が落ちそうだった」

顎《あご》が外れる
大いに笑うことをたとえていう。顎を外す。

顎《あご》が干《ひ》上《あ》がる
生計の道を失って食えなくなる。生活に困る。

顎《あご》で使う
高慢な態度で人を使う。人を見下げてこき使う。「何人もの弟子を顎で使う」

顎《あご》を出す
（長い間歩いて疲れると、腰がひけて顎が出る恰好になるところから）弱り果てる。疲れ切る。転じて、自分の手に負えないで困る。

顎《あご》を撫《な》でる
得意な様子を表わす動作にいう。

麻の如《ごと》く
（麻糸が乱れもつれるようにの意で）世の中の状態などが乱れることの形容に用いる。「天下麻の如く乱る」

朝《あさ》飯《めし》前《まえ》
朝飯前の空腹のときにでも、あるいはそれぐらいの短い時間でもできるような容易なこと。

足が竦《すく》む
足が縮むように感じて動けなくなる。

足が地に着かない
①興奮して気持ちがそわそわと落ち着かない。②考え方がしっかりしていなくて、危なっかしい。「こんな足が地に着かない計画では、いずれ失敗に終わるだろう」

足が付く
お尋ね者や逃亡者の足どりがわかる。犯罪事実が証明されるきっかけが現れる。

足が出る
予算、または収入を超えた支出になる。赤字になる。

足が遠のく
しばらく訪れない。訪れることが間遠になる。「何かと忙しくて、映画館から足が遠のく」

足が棒になる
歩き過ぎや立ち続けで、足がこわ

ばるほど疲れる。「足が棒になるほど歩き回った」

足《あし》並《な》みが揃う
歩調がそろう。考えや行動の進み方がほぼ同じである。「ようやく与党各党の足並みがそろって法案可決の運びとなる」

足に根が生える
足が止まって動かなくなる。

足に任せる
①乗物に乗らないで、歩いて行く。②また、足の力の続くかぎり歩く。はっきりした行先もなく、また、特に目的も定めないで歩く。

足の踏み場がない
物が一面に散らかっていて足を踏み入れる隙間もない。

足踏みをする
事がうまく運ばないで、停滞する。「計画が足踏みする」

味も素っ気もない
少しの味わいもない。つまらない。「味も素っ気もない文章」

足下《あしもと》から鳥が立つ
①突然、身近に意外なことの起こるさまにいう。②急に思いついたように、あわてて物事を始める。

足下《あしもと》に火が付く
危険が身辺に近づくことをいう。

足下《あしもと》にも及ばない
相手があまりにもすぐれていて、自分と比較にならないほどである。「語学力では彼の足下にも及ばない」

足下《あしもと》を見る
相手の弱みを見抜いて、それにつけこむ。足下へつけこむ。「客の足下を見て、高値で売る」

足を洗う
（汚れた足を洗うように）好ましくない行為をやめる。職業や仕事をやめる場合にも用いる。

足を入れる
はいり込む。ある場所に入ってゆく。足を踏み入れる。「芸能界に足を入れたのは十三歳の時だった」

足を奪われる
交通機関が止まって、通勤・通学・旅行などができなくなる。「台風の直撃によって、数万人が帰宅の足を奪われる」

味を占める
一度味わったそのよい味が忘れられないで、次にもそれを期待する。一度うまくいったことを忘れないでいる。

足を掬《すく》う
（相手の足を払うようにして支えを失わせる意から）相手のすきに付け入って、思いがけない手段で相手を失敗、敗北に導く。

足を取られる
酒に酔いすぎて歩けなくなる。また、道が悪かったり障害物などにじゃまをされたりして、うまく足が動かせなくなる。「ぬかるみに足を取られる」

足をのばす
①（伸ばす）緊張した気分を落ち着かせる。くつろいだ姿勢になる。

「遠慮なく、足を伸ばしてください」②（延ばす）さらに遠くまで行く。「いっそ九州まで足を延ばすか」

足を運ぶ

歩いて行く。歩みを運ぶ。わざわざ訪ねて行く。「現場に足を運ぶ」

足を引っ張る

①他人の前進や成功をさまたげる。「成功者の足を引っ張る」②集団で物事をするとき、何人かがマイナスになるような行動をする。「みんなの足を引っ張るようならやめます」

足を向けて寝られない

（その人のいる方へ足を向けて寝るような失礼なことはできないの意）恩を受けた人への感謝の気持を表わす。「命の恩人には足を向けて寝られない」

足を向ける

その方へ行く。

当たって砕《くだ》けろ

成功するしないにかかわらず、進んで決行すべきであるということ。

頭が上がらない

相手の権威や力にひけ目を感じ、対等にふるまえない。

頭が痛い

心を悩ませる。悩みの種である。

頭が堅《かた》い

一定の考え方にとらわれていて、その場に応じた柔軟な発想ができない。

頭が切れる

頭の回転が速く、機敏に物事を処理できる。

頭が下がる

敬服させられる。尊敬の気持が起こる。

頭から水を浴びたよう

突然に起こった事のために、驚き恐れてぞっとするさま。

頭から湯気《ゆげ》を立てる

非常に怒るさまをいう。

頭に入れる

しっかりと記憶する。

頭に来る

怒りや悲しみや驚きなどのために、頭に血がのぼる。かっとなる。

頭の黒い鼠《ねずみ》

（人間を鼠になぞらえ、ただし実際は人間であることを頭髪の黒さで示した語）家の中の物がなくなった時などに、それを盗んだのは、鼠でなくて人間であろうと、犯人をほのめかしていう。

頭の天辺《てっぺん》から足の爪先《つまさき》まで

全身全部。上から下まで。また、一から十まで、全部。

頭を痛める

心配事、苦労で頭を痛くする。あれやこれやと心配する。

頭を抱《かか》える

どうしたらよいかわからないで頭を両手でかかえる。

頭を下げる

相手に頼み事をしたり、あやまったりする。

頭を絞《しぼ》る

一所懸命に考える。考えられる限りの工夫をする。

頭を悩ます
思い悩む。困って考えこむ。苦悩する。

頭を撥《は》ねる
（「頭」は上米《うわまい》を言いかえたもの。「はねる」は、けずりとるの意）うわまえをかすめ取る。ピンハネする。他人の利益の一部をかすめ取る。

頭を捻《ひね》る
頭を傾けて考える。いろいろ工夫をめぐらしたり、疑問を持ったりすることにいう。首をひねる。

頭を冷やす
興奮を静め、冷静になる。

頭をほぐす
こり固まっている考えを柔軟にする。また、考えごとをしていた頭を休め、つかれをとる。

頭を丸める
頭髪を剃り落として仏門に入る。また、反省や出直しをするために坊主頭になる。

頭を擡《もた》げる
①押えていた、また、隠れていたある考え、疑い、気持などが浮かび上がってくる。「不信の念が頭をもたげる」②しだいに勢力を得て人に知られるようになる。台頭する。「ファシズムが頭をもたげる」

当たりを付ける
見当をつける。手がかりを見つける。

辺りを払う
（他を近くに寄せつけない意から）美麗、威厳などで周囲を威圧するさまをいう。「威厳あたりを払う」

呆気《あっけ》に取られる
思いもかけないことに出合って驚きあきれる。

あっと言わせる
びっくりさせる。思わずあっと声を出すほど感心させる。「世間をあっといわせる傑作」

当てが外れる
見込みがはずれる。予期に反する。

当てにする
見込みをたてて頼みとする。信用して頼りとする。

後《あと》足《あし》で砂を掛ける
世話になった人の恩義を裏切るばかりか、去りぎわにさらに迷惑をかけてかえりみないたとえ。

後《あと》味《あじ》が悪い
（飲食後、口の中に残る味がよくない意から）物事の済んだあとに残っている気分や感じがよくない。後悔や反省の気持ちを込めて言うことが多い。

後は野となれ山となれ
当面のことさえ済めば、その先のことや、その結果はどうなってもかまわない。

アドバルーンを揚げる
物事を行う前に、情報、意見、行動などを小出しにして、反響や手ごたえを調べる。

跡《あと》を絶たない
あとからあとからと起こって、切れ目がない。「駐車違反をする不心得者が跡を絶たない」

後を引く
①きまりがつかずいつまでも続く。「先日の件がまだ後を引いている」②次々に欲しくなる。主に飲食物などについていう。「ピーナッツは後を引く」

穴が開《あ》く
①損失、不足などが生ずる。欠損した状態になる。「帳簿に穴があく」②手順どおり事がうまく運ばないで、空虚な時間や、間の抜けた場面ができる。「出演者が急病のため、舞台に穴があく」③定員の一部が欠けたり担当者がいなくなったりする。「役員のポストに穴があく」

穴があったら入りたい
穴に隠れてしまいたいほど恥ずかしい。恥ずかしくて身の置きどころがない。

彼方《あなた》任せ
他人に頼って、その通りにすること。なりゆきに任せること。

穴の開《あ》くほど
じっと見つめる。特に他人の顔を凝視する形容に用いる。

穴を開《あ》ける
①欠損、損失を生ぜしめる。特に、金を使い込む。「会社の経理に穴をあける」②事が手順どおり運ばないで、空虚な時間や間の抜けた場面を作ってしまう。「番組に穴をあける」③必要な人員でありながら参加しないで欠員を生じさせる。「人員に穴を開ける」

穴を埋《う》める
①損失、欠損を補う。穴埋めをする。「借金の穴を埋める」②事がうまく運ばないでできた空虚な時間や間の抜けた場面をうまく補う。「とっさの機転で穴を埋めた」③必要な人員が欠けている時にその代理をする。穴場を埋める。「彼が抜けた穴を埋める」

あの手この手
いろいろな方法、手段。「あの手この手で当選をはかる」

危ない橋を渡る
危険な行き方をする、危険な手段を用いる、危険すれすれのことを行なう場合などにいう。

脂が乗る
（魚などが脂肪に富んで、最も食べ頃になる意から）調子が出て物事がおもしろいようにはかどる。また、技術などが上達していい仕事をするようになる。

油に水
しっくりとなじまないたとえ。水と油。

油を売る
（江戸時代、髪油を売り歩く者が婦女を相手に話し込みながら商ったところから）仕事を怠けてむだ話をする。また、仕事の途中で時間をつぶして怠ける。

油を絞《しぼ》る
（油を取る時、しめ木にかけて押しつぶすところから）人の失敗や欠点を厳しく叱ってこらしめる。

甘い汁を吸う
苦労しないで利益だけを得る。

甘く見る
物事を軽く見て、気を許したり軽蔑したりする。

余す所なく
残らず。ことごとく。すっかり。

網《あみ》の目のように
網の目のようにはりめぐらされたもののたとえ。「交通機関が網の目のようにはりめぐらされている」

網《あみ》の目を潜《くぐ》る
捜査網や、他人からの監視などをたくみに避ける。また、法律や規制にひっかからないように、たくみに事を行う。

網《あみ》を張る
（鳥や魚などを捕えるために網を張りめぐらすように）犯人などねらう人物を捕えるために、手はずをととのえて待ち受ける。

飴《あめ》と鞭《むち》
しつけなどをする時に、甘い面と厳しい面と両方そなえていることのたとえ。転じて、おだてとおどしの両方で人を支配すること。

飴《あめ》をしゃぶらせる
勝負事などでわざと負けて相手を喜ばせる。また、相手をうまい話でつる。飴を舐《ねぶ》らせる。

嵐の前の静けさ
（暴風雨の来る少し前、一時あたりが静まるところから）変事の起こる前のちょっとした間の無気味な静けさ。

合わせる顔がない
他人に対する面目がない。申しわけがない。

哀れを催《もよお》す
同情の気持や悲しみの気持が起きる。しみじみとした感動を起こす。「そぞろ哀れを催す」

泡を食う
思わぬ事態に驚きあわてる。ひどくうろたえる。「泡を食って逃げ出す」

暗礁《あんしょう》に乗り上げる
（航海中、船が暗礁に乗り上げると動きがとれなくなるところから）思いがけない困難によって、事の進行が妨げられること。「計画が暗礁に乗り上げる」

案の定《じょう》
思った通り。はたして。案のごとく。「案の定失敗した」

【い】

いい顔をしない
きげんよくしない。賛成しない。承知しない。「夜遅く帰ると親がいい顔をしない」

言い掛かりを付ける
根も葉もないことや取るに足らない欠点を言って、相手を責め困らせる。

いい気になる
自分ひとりで勝手に自分のすることに満足し得意に思っていること。また、そのさま。ひとりよがりで他に気をつかわないこと、うぬぼれているさまにいう。

いい子になる
自分だけが人によく思われるような行動をとる。

いい面《つら》の皮
（他人の不幸やしくじりを冷たく批評し、また自分が他から受けた損失について自嘲していう）とんだ恥さらし。いい迷惑。かさねがさねわりの悪い目にあって、ばかばかしいくらいだ。「だしにされたこっちこそいい面の皮だ」

いい目が出る
（博打《ばくち》で、望みどおりに出たさいころの目の意から）物事が思いどおりに、うまくいく。よい運が向いてくる。

言うに事欠いて
別な言い方やことばもあるだろうに。

言うまでもない
ことさら言う必要がない。言うに及ばない。もちろんだ。「頭のよさは言うまでもなく、性格もすばらしい」

如《い》何《か》物《もの》食い
普通の人と違った趣味または嗜好をもつこと。特に、普通の人の食べないようなものを好んで、または、わざと食べる人。げてもの食い。あくじき。

遺《い》憾《かん》に堪《た》えない
とても残念である。

行《い》き当たりばったり
前もって計画しておかないで、その場のなりゆきにまかせること。また、そのさま。ゆきあたりばったり。「行き当たりばったりの計画」

息が合う
相互の調子がよく合う。たがいの気持がぴったり一致する。「息が合ったコンビ」

息が掛かる
有力者の保護または影響、支配などを受ける。「社長の息がかかった人物」

息が通う
いきいきしている。「細部の描写にまで作者の息が通った密度の濃い文章だ」

息が切れる
気力が尽きたりして、物事をそれ以上つづけることができなくなる。

行《い》きがけの駄賃《だちん》
（馬子が問屋などへ荷物を受け取りに行くついでを利用して、よその荷物を運び、手間賃を得たところから）事のついでに他の事をして利益を得ること。また、ある事をするついでに他の事をすること。ゆきがけの駄賃。

息が絶える
息が止まる。死ぬ。

息が詰《つ》まる
①緊張して呼吸が苦しくなる。②自由に行動ができないため、窮屈で耐えられない気持ちになる。「規則ずくめで、息が詰まりそうだ」

息が長い
ある仕事や活動が、一定の水準を

保って長い期間続いている。「寡作だが息の長い作家」

息《いき》急《せ》き切る
大そう急いで、はあはあと息をつく。あえぎあえぎ急いで行動する。「息急き切って駆けつける」

生きとし生けるもの
この世に生きているすべてのもの。あらゆる生物。

息の根を止める
〔「息の根」は、いのち。また、呼吸の意〕殺す。また、徹底的にやっつける。

息も絶え絶えに
息が今にもとぎれそうになりながらやっと続いているさま。

息を入れる
しばらく休息する。一息入れる。息を継ぐ。

息を切らす
激しく動いたりして、せわしい呼吸をする。あえぐ。「息を切らして駆けてくる」

息を凝《こ》らす
緊張して、息をとめる。ようすや成り行きをうかがって、じっと呼吸をおさえる。息を殺す。「息を凝らしてことの成り行きをうかがった」

息を殺す
呼吸をおさえて静かにしている。息をつめてじっとしている。息を凝《こ》らす。「息を殺して見張る」

息を吐《つ》く
ためていた息をはく。転じて、ひと休みする。また、緊張や苦しみから解放されて、ひと安心する。

息を継ぐ
ちょっと休息する。息を入れる。一息入れる。「息を継ぐ間もあたえず攻めかかる」

息を詰《つ》める
息をしないようにしてじっとしている。息を殺す。息を凝らす。「息を詰めて試合を見守る」

息を抜く
物事の途中で一休みする。気分転換のため休息する。「練習中は息を抜くな」

息を呑《の》む
緊張や驚きで、息を止める。「悲惨な光景に思わず息を呑んだ」

息を弾《はず》ませる
はげしい息づかいをする。せわしく呼吸する。「優勝した喜びを息を弾ませて語る」

息を引き取る
息が絶える。死ぬ。

息を吹き返す
①生き返る。蘇《そ》生《せい》する。②だめだと思っていたものが、また勢いづく。「その町は観光地として息を吹き返した」

幾《いく》ばくもない
数、量、程度などが、それほどはなはだしくないことを表す。少ししかない。いくらもない。「余命幾ばくもない」

委《い》細《さい》構わず
他のことすべてに構うことなく。事

情のいかんにかかわらず。

異彩《いさい》を放つ
（普通とは異なった色どりや光を出す意から）才能、技量などがきわだって見える。すぐれて見える。「文壇中で異彩を放つ才気」

意地が悪い
性質、気だてが悪い。

意地になる
反対や障害などにあい、かえって頑固に自分の主張や行動をおし通そうとする。

意地を通す
自分の主張や考えをどこまでも押し進めていく。

意地を張る
自分の考えをあくまでも押し通そうとする。強情を張る。

痛い所を衝《つ》く
弱点を指摘してせめる。痛い所を突く。

痛い目に遭う
つらい思いをする。苦しい体験をさせられる。痛い目を見る。

語彙力

痛くも痒《かゆ》くもない
なんの影響も受けない。まったく平気である。痛痒《つうよう》を感じない。

痛し痒《かゆ》し
（かけば痛く、かかなければかゆい意から）二つのことが互いにさしさわりがあって、一方を立てれば他方に支障があるという状態で、どちらとも決められないことをいう。

板に付く
（「いた」は舞台の意）役者が経験を積んで、芸が舞台にしっくりと調和する。また一般に、その仕事に物慣れているさま。また、服装、態度などがよく似合うさまにいう。「板についた司会ぶり」

板挟《ばさ》み
対立する二者の間にはさまって自分の態度を決しかね、迷い悩むこと。「母親と妻との板挟み」

至れり尽くせり
非常によく行き届いている。また、そういうさま。「旅館の待遇は至れり尽せりだった」

一《いち》か八《ばち》か
（カルタ賭博から出た語）結果がどうなるか予想のつかないことを、運を天にまかせて思いきってやってみること。「一か八か勝負に出る」

一《いち》から十《じゅう》まで
（十を数の限度として）何から何まで、の意を表わすことば。すべて。全部。「一から十まで親まかせの生活」

一芸に秀《ひい》でる
ある一つの技術、芸能において、ぬきんでてすぐれている。

一言《いちごん》もない
相手の言うことに、ひとことの弁解もできない。非を認めるほかない。

一《いち》事《じ》が万《ばん》事《じ》
一つの事を見るだけで、他のすべての事がおしはかられる、一つの小さな事でも、ひいては万事その調子になるということ。

一日《いちじつ》の長《ちょう》
（「論語」による）他人より少し年上であること。転じて、経験や知識、技能などが他の人より少しすぐれていること。いちにちの長。「優勝チームは投手力に一日の長があった」

一陣《いちじん》の風
ひとしきりさっと吹く風。

一堂に会する
（「一堂」は、同じ建物、部屋の意）多くの人が一つの場所に集まる。

一枚噛《か》む
一つの役、立場をもってある事柄に加わっている。よいことにもいうが、多くは悪いこと、批判的なことにいう。一枚加わる。

一脈《いちみゃく》通ずる
いくつかの物事の間において、その性質や考え方などがある程度類似していたり共通していたりする。

一目《いちもく》置く
（囲碁で、弱い方が先に一目を置いて対局を始めることから）自分よりすぐれている者に対して、敬意を表して一歩譲る。一目を置く。

一《いち》も二《に》もない
あれこれと、文句や反対を言う事がない。とやかく言わない。いやおうなしに。すぐさま。「一も二もなく承知した」

一翼《いちよく》を担《にな》う
一つの役割を分担する。「躍進の一翼を担う」

一家《いっか》を成す
学問や芸術などで権威となる。また、新しい流派を立てる。「小説家として一家を成す」

一巻《いっかん》の終わり
（一巻から成る物語が終わる意から）物事の結末がすべてついてしまうことのたとえ。また、先の望みがまるでないことのたとえ。

一計《いっけい》を案じる
ある目的を達成するための一つの策略や計画を考える。「今の状況を打開する一計を案じる」

一糸《いっし》纏《まと》わず
何も身につけない。すっぱだか。一糸も纏わず。

一糸《いっし》乱れず
秩序正しく整然としているさまをいう。「一糸乱れぬ行進」

一笑《いっしょう》に付《ふ》す
笑って問題にしないで済ます。ばかにして相手にならないでいる。

一矢《いっし》を報《むく》いる
敵に対して、矢を一本効果的に射返す。反撃する。転じて、相手の攻撃・論難に対して、少しでも反撃・反論する。

一世《いっせい》を風靡《ふうび》する
その時代の人びとに広くもてはやされ、感銘や影響を与える。

一席《いっせき》ぶつ
おおぜいの聞き手に向かって一くだりの話をする。特に演説や威勢のいい話のときに用いる。

一席《いっせき》設ける
ちょっとした集まりや宴会を開い

て人を招く。また、その用意をする。

一石《いっせき》を投《とう》じる
（石を水に投げ込むと波紋ができて次第に外へ広がっていくことから）反響を呼ぶような問題を投げかける。

一線《いっせん》を画《かく》す
境界をはっきりさせる。はっきりとくぎりをつける。区別する。

一杯《いっぱい》食《く》わす
うまくだます。

一服《いっぷく》盛《も》る
（「一服」は粉薬一回分。特に、毒薬の一包みの意）人を殺すために、毒薬を調合する。毒薬を飲ませる。

居ても立っても居られない
心配、同情、喜びなどの気持が強くなって、じっと落ち着いていられない。

糸を引く
（あやつり人形を動かすところから）陰で人をあやつる。裏で指図をして人を思うように動かす。「裏で糸を引く」

意に介《かい》さない
気にとめない。気にかけない。「周囲の説得も意に介さない」

意に適《かな》う
心にかなう。気に入る。また、思うつぼにはまる。

犬の遠吠《とおぼ》え
（弱い犬は遠くから人に吠えかかるところから）臆病者がかげでから威張りしたり、他人の陰口をたたいたりすることのたとえ。

犬も食わない
（なんでも食べるはずの犬でさえ食べないというところから）非常にいやがられること、人から全く相手にされないことのたとえ。「夫婦げんかは犬も食わない」

命の親
命を助けてくれた恩人。また、命をささえてくれるもの。

命の洗濯
平生の苦労から解放されて、命がのびるほど思うぞんぶんに楽しむこと。「高原でゆっくり命の洗濯をした」

命の綱《つな》
人がこの世に生き長らえるのを、舟が綱でつながれているのにたとえた表現。生きてゆくのにもっとも頼みとなるもの。「命の綱と頼む人物」

命を懸ける
物事に全生命を打ち込む。命がけで物事をする。また、生死を任せる。命を張る。

茨《いばら》の道
（茨の生えている道の意から）直面する困難な状況や苦難に満ちた人生のたとえ。

意表《いひょう》に出る
相手が考えていないこと、予想外のことをする。

意表を衝《つ》く
予想外のこと、考えてもいなかったことをしかけて驚かせる。

燻《いぶ》し銀
（硫黄でいぶした、くすんで渋みの

ある銀の意から）一見地味であるが、実際は力があったり、魅力があったりするもの。「いぶし銀の演技」

今や遅し
今か今かと待ちかねる気持や状態をいう。「今や遅しと待ちわびる」

今わの際《きわ》
臨終の時。死にぎわ。最期の時。

芋蔓式《いもづるしき》
ひとつのことから、それに関連する多くのことが次々に現われること。また、次から次へと手づるを求めること。「芋蔓式に検挙される」

芋を洗うよう
（芋をたくさん桶に入れて交差した棒でかきまぜて洗うさまから）人出が多く混みあっているさまのたとえ。

いやがうえにも
あるがうえにますます。すでにそうであるうえにいよいよ。なおそのうえに。「いやがうえにも興奮が高まった」

否《いや》が応《おう》でも
好むと好まないとにかかわらず。承知でも不承知でも。なんとしてでも。否でも応でも。

嫌《いや》気《け》が差す
いやだと思う気持が起こる。いやになる。「人間関係に嫌気がさす」

いやというほど
いやになるほどひどく。はなはだしく。「自慢話をいやというほど聞かされる」

入れ代わり立ち代わり
次から次へと、ひっきりなしに人が現われるさま。多くのものが次々に来るさま。

色《いろ》眼鏡《めがね》で見る
先入観や偏見をもって物事を見る。

色めき立つ
緊張・興奮した様子がみなぎる。「思わぬ発言に一同色めき立つ」

色目を使う
①異性の気を引くような目つきをする。②ある物事に関心があるという態度をとる。「政界に色目を使う」

色を失う
驚き恐れて顔色が青くなる。意外な事態にどうしてよいかわからなくなる。

色を付ける
物事の扱いで相手に温情を示す。祝儀を出す、値を引く、景品を付けるなどにいう。「報酬に多少色を付ける」

色を作《な》す
顔色を変えて怒る。「色をなして詰め寄る」

意を決する
思い切って決心する。心を決める。「意を決して忠告する」

意を強くする
心強く思う。自信を持つ。「お話をうかがって意を強くいたしました」

異を唱える
別の意見を出す。異議を唱える。「改革案に異を唱える人は、一人もいなかった」

因果を含める
（原因結果の道理を言い聞かせる意から）やむを得ない事情を説明してあきらめさせる。「因果を含めて身をひかせる」

引導《いんどう》を渡す
（葬式に際し、導師の僧が棺の前で、死者がさとりを開くよう説ききかせる意から）相手に最終的な宣告をしてあきらめさせる。

陰《いん》に籠《こも》る
①表に現われず心のうちにこもっている。②陰気な様子をいう。「陰にこもった声」

【う】

上を下へ
（「上を下へ返す」の略。上にあるべきものを下にする意から）混乱してごった返すさま。上を下。「上を下への大騒ぎ」

浮かぬ顔
心配事などで気分が晴れないような顔つき。

浮き足立つ
（不安や不満を感じて）逃げ出しそうになる。逃げ腰になる。また、そわそわして落ち着かなくなる。

浮き名を流す
当人にとっていやなつらい評判を世間に広める。また、艶聞を世間に広める。

憂き身を窶《やつ》す
労苦もいやがることなく、身のやせるほど熱中する。一所懸命にうちこむ。「芸事に憂き身をやつす」

受けがいい
人から好意をもたれている。評判がいい。

受けて立つ
攻撃や非難を受けて、それに応じた反撃や反論をする。また、相手の挑戦などに応じる。

有卦《うけ》に入《い》る
（「有卦」は陰陽道で吉にあたる年まわりのこと）よい運命にめぐり合わせる。幸運をつかむ。調子にのる。

烏《う》合《ごう》の衆
カラスの群れのように、規律も統一もなく寄り集まっている群集。

動きが取れない
制約があって、思うようにふるまうことができない。悪い状態から抜け出ることができない。

雨後の筍《たけのこ》
（雨が降ったあとには、筍が続々と生えるというところから）物事が次々に現われたり起こったりすることのたとえ。

胡散《うさん》くさい
なんとなく疑わしい。どことなく怪しくて気が許せない。「胡散くさい話」

牛の歩み
進みぐあいの遅いことのたとえ。牛《ぎゅう》歩《ほ》。

後ろ髪を引かれる
あとに心が残って、先へ進むこと

がでない。未練が残って、きっぱりと思い切ることができない。

後ろ指をさされる
陰で悪口を言われる。人から非難がましい目で見られる。

後ろを見せる
敵に背を見せて逃げる。負けて逃げる。また、相手に弱みを見せる。

薄紙《うすがみ》を剥《は》ぐよう
物事が少しずつはっきりしていくさま。特に、病状が少しずつ日ごとによくなるさまにいう。「手術も無事に終わり、その後は薄紙をはぐように回復していった」

嘘《うそ》八百《はっぴゃく》を並べる
（「八百」は、数の多いこと、程度のはなはだしいことにいう）まったくのでたらめばかりをいう。

梲《うだつ》が上がらない
いつも上から押えつけられて、出世ができない。運が悪くてよい境遇に恵まれない。

現《うつつ》を抜かす
ある物事に心を奪われて、夢中になる。気をとられてうっとりとなる。

腕が上がる
技術が進歩する。上達する。手が上がる。腕を上げる。

腕が立つ
武芸や技能を人一倍発揮できる能力を持つ。

腕が鳴る
自分の腕力、技能を十分に発揮したくてむずむずする。

腕に覚えがある
自分がかつて身につけた技量に自信がある。

腕に縒《よ》りをかける
十分に腕前を発揮しようとして意気ごむ。

打てば響く
働きかけるとすぐ反応を示す。ただちに反響があらわれる。

腕を買われる
腕力・技量などの優秀さが他人に認められ、重く用いられるようになる。

腕を拱《こまね》く
（腕組みをする意から）他人が、自分の助けを必要としているのに、何もせず、はたでようすを見ている。傍観する。手をこまねく。

腕を振るう
能力や技量を十分に発揮する。

腕を磨く
努力して武芸や技能などの上達をはかる。

鰻《うなぎ》の寝床《ねどこ》
間口が狭くて奥行の長い建物、場所などをたとえていう語。

鵜《う》呑《の》みにする
（鵜が魚を丸呑みにするところから）物事を十分に理解、判断しないで、そのまま取り入れてしまうこと。「噂話をそのまま鵜呑みにする」

旨《うま》い汁を吸う
自分は骨を折らないで、利益だけにありつく。

馬が合う
（馬とその乗り手の呼吸がぴったり

合うの意からの語か）気が合う。しっくりとゆく。意気投合する。

海の物とも山の物ともつかない
どちらとも決定しかねることや、どういう物であるか、また、どうなっていくのかわからないことなどのたとえ。

有《う》無《む》を言わせず
承知、不承知の答えもさせない。いやおうなしに。むりやりに。

恨みを買う
ある事を言ったりしたりして人に恨まれる。

裏目に出る
よいようにと思ってやったことが予期に反して不都合な結果になる。「計画は裏目に出た」

裏をかく
予想外の行動に出て相手の計略をだしぬく。裏を食わす。「警備の裏をかく犯行」

裏を取る
証拠を捜して、供述などの真偽を明らかにする。裏付けを取る。

瓜《うり》二つ
二つに割った瓜のように、顔かたちがよく似ているさま。

上《うわ》手《て》を行く
才知、技量、性格などの程度が、ある人以上である。よい面についても悪い面についてもいう。

上《うわ》の空
心がうきうきして落ち着かないさま。よそに心が奪われて、あることに注意が向かないこと。

上《うわ》前《まえ》を撥《は》ねる
取り次いで支払う代金の一部をかすめ取る。ぴんはねをする。「給料の上前をはねる」

運が開《ひら》ける
状況が好転する。事態が望ましい方向になる。

蘊《うん》蓄《ちく》を傾ける
自分の学識、技能のありったけを発揮する。「ワインについての蘊蓄を傾ける」

雲《うん》泥《でい》の差
天と地ほどの隔たり。非常に大きな違い。

うんともすんとも
（「うん」は返事のことば。「すん」は「うん」に語呂《ごろ》を合わせたもの。下に打消の表現を伴って用いる）なんの一言も。いいともだめだとも。「うんともすんとも返事がない」

運の尽き
人の命運が尽きて最後の時が来たこと。また、そのことを事実として示しているような事柄。「見つかったら運の尽きだ」

【え】

英気を養う
次の活動に備えて気力や体力の充実を図る。

得《え》体《たい》が知れない
本当の姿がわからない。あやしげで正体不明である。「えたいが知れない人物」

悦《えつ》に入《い》る
物事がうまくいって、心うれしい状態になる。「ひとりで悦に入っている」

得《え》も言われぬ
なんとも言い表しようのないほど素晴らしい。「えも言われぬ趣がある」

選ぶ所がない
同じである。区別できない。「両者は能力の点において選ぶ所がない」

襟《えり》を正す
姿勢や服装をきちんと直す。また、気持を引き締めて物事に当たるという態度を示す。

縁《えん》起《ぎ》でもない
（よい前兆でもない意から）不吉なものを感じてさい先が悪い。

縁《えん》起《ぎ》を担《かつ》ぐ
（「御幣《ごへい》を担ぐ」という表現の類推からか）ある物事に対して、それがいい前兆であるか不吉な前兆であるかを気にする。

煙《えん》幕《まく》を張る
（煙をまき散らして味方の行動を隠すことから）真意や行動をかくすための言動をする。

縁もゆかりもない
（類似の意味をもった「縁」「ゆかり」を重ねて強調した表現）なんのつながりも関係もない。「縁もゆかりもない人」

【お】

追い討ちを掛ける
弱っている相手をやりこめて、さらに厳しい状態に追いやる。「長引く不況に追い討ちをかける銀行の破綻」

往《おう》生《じょう》際《ぎわ》が悪い
悪いことをして追いつめられた時、その非を素直に認めようとしない。

応接に暇《いとま》がない
（応接に追われ通しで休む暇もないということから）物事が次から次へ立て続けに起こって非常に忙しいさま。

王手を掛ける
成功、成就が目の前に迫っている状態になる。「優勝に王手をかける」

大きなお世話
大変おせっかいだ。よけいなおせっかい。大きにお世話。他人の口出しをわずらわしく思って断わるときにいう。

大きな顔をする
無遠慮でいばった態度をとる。また、悪いことをしながら平気な態度をとる。

大きな口をきく
身のほどをわきまえずに偉そうなことを言う。

大《おお》台《だい》に乗る
（「大台」は株式市場で一〇〇円を単位とする値段の区切りを示した呼称）金額や数量が大きな境目を越える。「貯金が一千万の大台に乗る」

大《おお》手《で》を振る
遠慮したりせず、おおっぴらに堂々とふるまう。

大鉈《おおなた》を振るう
思い切って除くべきものを除いて処理する。「予算削減に大なたを振るう」

大船《おおぶね》に乗る
信頼できるものに任せたり、危険な状況がなくなったりして安心できる状態になることのたとえにいう。

大風呂敷《おおぶろしき》を広げる
現実の状況に釣り合わないような誇大なことをいったり計画したりする。

大目玉《おおめだま》を食《く》う
ひどく叱られる。

大目《おおめ》に見る
（大ざっぱに見積もりをする、こまかなところは見ないという意から）寛大に物事を処理する。きびしくとがめないで、ゆるやかに扱う。

公《おおやけ》にする
世間一般に知らせる。公表したり、書物などを著述したりして世に出す。

お株を奪う
ある人が得意とするわざを他の者がとってかわってする。

奥の手を出す
とっておきの手段、方法を用いる。「難問解決のために奥の手を出す」

奥歯に物が挟まったよう
自分の思うことをはっきりと言い出さない感じであるさま。「奥歯に物が挟まったような説明」

噯にも出さない
（「おくび」はげっぷの意）心に深く隠していて、口に出しては言わず、それらしい様子も見せないことのたとえ。

臆病風《おくびょうかぜ》に吹かれる
臆病な心が起こる。こわくなる。おじけづく。「臆病風に吹かれたのか約束の場所に現れなかった」

臆面《おくめん》もなく
恥ずかしがったり、遠慮したりする様子がない。ずうずうしい。「臆面もなく嘘をつく」

後れを取る
他より劣る。負ける。先を越される。「エレクトロニクスの分野で後れをとる」

おけらになる
（虫の螻蛄《おけら》が前脚を広げた恰好をお手上げの状態に見たてたものとも、植物のおけらは根の皮をはいで薬用にすることから、身の皮をはがれる意にかけていったものともいう）賭け事に負けたり、あれこれ金を使ったりして、所持金がすっかりなくなる。無一文になる。

お先棒《さきぼう》を担ぐ
（「お先棒」は二人で物を担ぐとき、棒の前方を担ぐ者。転じて、人の手先になること）軽々しく人の手先となって、行動する。

お先真っ暗
先の見通しがまったくつかないさま。

お里が知れる
ことばづかいや動作などから、その人の育ちや経歴がわかる。

押しが強い
どこまでも自分の意見や希望を通

そうとする根気がある。転じて、ずうずうしい。

押しも押されもせぬ
実力があって、他人に左右されたり圧倒されたりしない。堂々として立派だ。押しも押されもしない。

お釈迦《しゃか》になる
だめになる。使い物にならなくなる。また、失敗して元も子もなくなる。

おじゃんになる
（「おじゃん」は火事が鎮火したことを知らせる半鐘の音からという）物事が不成功に終わる。駄目《だめ》になる。「計画がおじゃんになる」

押すな押すな
人が大勢押しかけて混雑しているさまにいう。「押すな押すなの大盛況」

お高くとまる
人を見くだした態度をとる。仲間に加わらないでとりすましている。

お為《ため》ごかし
表面は相手のためにするように見せかけて、その実は自分の利益をはかること。「おためごかしの親切はやめろ」

お茶を濁《にご》す
（お茶の作法を知らない人が、その場を適当にごまかすことからか）いい加減な処置をして、その場をごまかしつくろう。

お茶を挽《ひ》く
（客のつかなかった遊女が茶臼で茶葉を挽かされたことから）芸妓や娼妓などがお客がなくて暇なことにいう。

乙《おつ》に澄ます
妙に気取る。

音に聞く
人づてに聞く。うわさに聞く。また、世評が高い。有名である。「音に聞く大悪党」

同じ釜の飯《めし》を食《く》う
仲間といっしょに生活し、苦楽を共にする。「彼とは同じ釜の飯を食った仲だ」

鬼の首を取ったよう
強い鬼を討ち取ることから、大きいてがらを立てたように得意になるようす。

尾羽《おは》打ち枯らす
（鷹の尾羽の傷ついたみすぼらしいさまから）おちぶれてみすぼらしい姿になる。零落する。

お鉢《はち》が回る
（人が多い食事の席で、飯櫃《めしびつ》が自分のところへまわってくる意からという）順番がまわってくる。

お払い箱になる
（「お払い箱」は、本来「お祓い箱」で、昔、伊勢神宮から毎年配られたお祓いの札などを入れる箱のこと。毎年新しいお札が来て古いお札は不用となるところから「祓い」を「払い」にかけていったもの）使用人などが解雇されること。また、不用品として捨てられること。

お百度《ひゃくど》を踏む
（祈願のためにお百度参りをする意から）頼みを聞いてもらうために、

同じ人や場所を何度も訪問する。

尾鰭《おひれ》が付く
（「尾ひれ」は、本体となるものに付帯している部分の意）事実以上に種々のことが付け加わる。「話に尾ひれが付く」

おべっかを使う
ごきげんをとるために、心にもないおせじを言う。おべんちゃらをいう。

お目玉を食う
叱られる。「先生からお目玉を食う」

お目に掛《か》ける
お見せする。御覧に入れる。

思いも寄らない
思いのほかだ。意外である。思いもかけない。「思いも寄らない出来事」

思いを込める
自分の気持ちを入れる。思いを入れる。「万感の思いを込める」

思いを馳せる
遠く離れているものに自分の気持を向ける。おもいやる。「将来に思いを馳せる」

思いを晴らす
実現しようと心に思っていたことをやり遂げる。思うようにならなかったことが、やっと遂げられて気持ちがさっぱりする。「積年の思いを晴らす」

思う壺《つぼ》
（「壺」は、博打でさいころを入れて振るもの）予期した状態。目的としたところ。また、期待したとおりになること。「敵の思う壺にはまる」

重きを置く
重大なことと考える。貴重なものと思う。重く見る。重視する。「学歴よりも人柄に重きを置く」

重きをなす
価値のあるもの、立派なものと認められる。重んじられる。「文壇で重きをなしている人」

重荷を下ろす
重大な責任、義務を果たして負担をまぬがれる。心配事がなくなってほっとする。肩の荷を下ろす。

お安くない
男女が特別の関係にあるさま。また、その仲のよいのをひやかしていう語。

親の臑《すね》をかじる
子が独立して生活できず、親に養ってもらう。

親の欲目《よくめ》
親はわが子がかわいいため、実際以上にひいき目に見ること。「親の欲目でみても上手とはいえない」

及《およ》び腰になる
何かに取り組む姿勢に自信がなくておどおどする。また、あいまいな態度をとる。「結婚に及び腰になる」

及《およ》びもつかない
とてもかなわない。とうてい及ばない。「彼の力には及びもつかない」

折り紙付き
（鑑定結果を証明する折紙が付いている意から）事物の価値や人物の力量、資格などが、保証するに足りるという定評のあること。また、

語彙力

武芸や技芸などで、一定の資格を得た人。悪い意味にもいうことがある。「折り紙付きの才媛」「折り紙付きの悪《わる》」

尾を引く
物事が過ぎ去ってもその名残りがあとまで続く。後に影響を及ぼす。「前日の酒が尾を引く」

音頭《おんど》を取る
（大勢で唱和するときに、調子を整えるために最初に声を出して調子を示す意から）他の人の先に立って物事をする。首唱者となる。「誘致の音頭を取る」

恩に着せる
他人に恩を施したことを理由にほこったり、相手にありがたがらせるような態度をとったりする。

恩に着る
他人から恩をうけてありがたく思う。恩に受ける。

恩を売る
後々の自分の利益を考えて、他に恩を施しておく。

【か】

凱《がい》歌《か》をあげる
（勝利を祝う歌をうたう意から）勝利の喜びの歓声をあげる。勝ちいくさを祝う。転じて、勝利を得る。

灰燼《かいじん》に帰《き》す
（「灰燼」は、焼け尽きた灰と燃えさしの意）焼けて原形をとどめないほどになる。あとかたもなく燃え尽きる。灰燼と化す。

会《かい》心《しん》の作
自分で満足がいく内容に仕上がった作品。

快《かい》刀《とう》乱《らん》麻《ま》を断つ
（もつれた麻をよく切れる刀で断ち切る意から）もつれた物事、紛糾した物事を、みごとに処理することのたとえ。快刀乱麻。

顔が売れる
世間に広く知られるようになる。有名になる。顔ききになる。

顔が利《き》く
権力などをもっていて、その人が出ることによって無理な事でも通る。また、そのような存在である。「あの店には顔が利く」

顔が揃う
会合や催しなどに、予定された人たちが集まる。顔ぶれがそろう。

顔が立つ
世間に対する名誉が保たれる。面目がたつ。「引き受けてくれれば私の顔も立つ」

顔が潰《つぶ》れる
世間に対する名誉を失う。面目を失う。

顔が広い
世間に知り合いが多い。

顔から火が出る
恥ずかしくて顔がまっかになるさまにいう。

顔に泥を塗る
名誉を傷つける。面目を失わせる。恥をかかせる。顔をよごす。「親の顔に泥を塗る」

顔向けができない
面目なくて顔を向けることができない。合わせる顔がない。

顔を合わせる
①顔を向き合わせる。会う。「彼とは久しく顔を合わせていない」②演劇、映画などで共演するようになる。「大物俳優が顔を合わせる話題のドラマ」③対抗試合などで競技を争う組合せとなる。「強豪同士が顔を合わせる」

顔を売る
世間に広く知られるようになる。

顔を曇《くも》らせる
心配ごとなどで表情が暗くなる。

顔を出す
①姿を見せる。挨拶などのために人の家を訪ねる。会合などに出席する。顔を見せる。「パーティーに顔を出す」②かくれていたある物が、その表面や一部分をあらわす。顔を見せる。「久しぶりに太陽が顔を出す」

顔を立てる
その人の名誉を保たせる。その人の面目が保たれるようにする。「先輩の顔を立てる」

顔を潰《つぶ》す
その人の名誉を傷つける。面目を失わせる。

顔を綻《ほころ》ばせる
うれしくて思わず顔をにこやかにする。

顔を見せる
その場に姿を現す。また、訪問する。

顔を汚す
人に面目を失わせたり恥をかかせたりする。顔に泥を塗る。

我《が》が強い
他のことをあまり考えないで、自分の思いを通そうとする気持が強い。意地っぱりである。

影が薄い
①何となく元気がなく、衰えた様子である。「しょんぼりしてて、影が薄い」②目立たない存在になっている。「子どものころは影が薄い存在だった」

掛け替えのない
代わりになるもののない。二つとないただ一つの。二人といないただ一人の。大事な。「かけがえのない人を亡くした」

陰《かげ》になり日向《ひなた》になり
人に知られない面においても、表立った面においても。絶えずかばい守るような場合に用いることが多い。陰《いん》に陽《よう》に。

影《かげ》も形《かたち》もない
何一つ形跡をとどめない。あとかたもない。

影《かげ》を落とす
よくない影響を及ぼす。先行きを暗くさせる。

影を潜《ひそ》める
表立った所から姿を隠す。また、比喩的に、物事が表面から消える。

風上《かざかみ》にも置けない
（風上に置くと臭気がひどくて困るというところから）卑劣な人間を憎しみののしっていう語。面よごしである。

嵩《かさ》に懸《か》かる
（「嵩」は、威厳。勢いの意）①優勢なのに乗じて攻めかかる。勢いにのって物事をする。「かさに懸かって攻めたてる」②相手を威圧するような態度をとる。高圧的に出る。「かさに懸かった言い方をする」

笠《かさ》に着る
権勢のある者をたのんで威張る。また、自分の側の権威を利用して他人に圧力を加える。「親の威勢を笠に着る」

風向きが悪い
①事のなりゆきが不利、不都合である。形勢が悪い。「賛成派の風向きが悪くなる」②人の機嫌が悪い。「今日は朝から部長の風向きが悪いようだ」

華燭《かしょく》の典《てん》
（「華燭」は、はなやかな灯火の意）結婚式の美称。「華燭の典を挙げる」

河《か》岸《し》を変える
事を行う場所を変える。飲食したり遊んだりする場所を変えるのにいう。

舵《かじ》を取る
一定の方向に、物事をうまく運んでいく。多くの人を導いて、方向を誤らせないようにする。「経営の舵を取る」

風の便り
どこから伝わって来たとも分からない噂。風聞。「結婚したことを風の便りに聞く」

風の吹き回し
その時の模様次第で、一定しないことにいう。物事のはずみ、加減、具合。拍子。「どういう風の吹き回しかひょっこり顔を見せた」

片が付く
物事の処理が終わる。落着する。きまりがつく。

固唾《かたず》を呑む
（「固唾」は、成り行きを心配して、緊張する時などに口中にたまるつばの意）事の成り行きを見守って緊張している様子にいう。「固唾をのんで試合を見守る」

肩で息をする
肩を上下に動かして苦しそうに呼吸する。

肩で風を切る
肩をそばだてて大威張りで歩く。威風を示したり、権勢を誇ったりするさまにいう。

肩に掛かる
果たすべき責任としてその身にかぶさる。責任を負う。

型に嵌《は》まる
一定の枠にはまって個性がなし。決まりきっていて新しさがない。「型にはまった挨拶」

肩の荷が下りる
責任や負担がなくなる。「仕事が一段落して肩の荷が下りた」

肩肘《かたひじ》張る
堅苦しい態度をとったり、威張ったり、気負ったりする。肩肘を怒らす。

片棒《かたぼう》を担《かつ》ぐ
（駕籠《かご》の、先棒か後棒かのどちらか一方をかつぐということから）ある企てや仕事に加わってその一部を受け持って協力する。「悪事の片棒を担ぐ」

肩身《かたみ》が狭い
他の人や世間に対して面目が立たない。世間体をはばかる気持である。

語るに落ちる
（「問うに落ちず語るに落ちる」の略）問いつめられると用心してなかなか白状しないことも、自分勝手にしゃべらせると、人は案外白状してしまうものである。話やその他の表現の内に、隠している本心がつい出てしまう。

肩を怒らす
肩を高く立てて、威勢を示す。高ぶった態度をとるさまにいう。

肩を入れる
（担ぐために、その物の下に肩を当てる意から）熱心に応援する。ひいきして助ける。肩入れする。

肩を落とす
力が抜け肩が垂れ下がったようになる。気力を失ったり落胆したりするさまなどにいう。

肩を貸す
（物を担ぐ手助けをする意から）援助や手助けをする。

肩を竦《すく》める
肩をちぢませる。おそれ入ったり、肩身せまく思ったり、とぼけたりするさまにいう。

肩を窄《すぼ》める
肩をちぢめる。寒さを感じたり、おそれ入ったり、肩身せまく思ったりするさまにいう。肩をつぼめる。

肩を並べる
①並んで立つ。並んで歩く。「商社や銀行が肩を並べるオフィス街」②対等の位置に立つ。同じような勢いや力をもつ。「肩を並べる者のない天才」

肩を持つ
味方をする。ひいきする。肩を入れる。「弱い方の肩を持つ」

勝ちに乗《じょう》じる
勝った勢《い》いに乗る。勝ちに乗る。

活《かつ》を入れる
（柔道などの術で、気絶した人の急所をついたりもんだりして息を吹き返させる意から）活発でないもの、衰弱したものなどに、刺激を与えて元気づける。「打順を組みかえてチームに活を入れる」

合点《がてん》がいかない
物事の事情がよく理解できない。納得できない。

角《かど》が立つ
理屈っぽい言い方やふるまいをして、事態がおだやかでなくなる。物事が荒立つ。「角が立つ言い方」

角《かど》が取れる
世慣れて人柄が円満になる。まる

くなる。

金《かね》が物を言う
金銭がことばや道理以上に威力を発揮することにいう。「金が物を言う世の中だ」

金《かね》に飽《あ》かす
たくさんある金銭を惜しまず使って事をする。金に糸目を付けない。

金に糸目を付けない
（「糸目」は、凧《たこ》が全面に平均した風を受けるよう引きしめる糸で、それを付けない凧は無制御の状態となるところから）金銭を惜しみなく使うさまを言う。金に飽かす。

金に目が眩《くら》む
金銭への欲のため、ものの道理や善悪などを考えて行動する余裕がなくなる。

蚊《か》の鳴くような声
聞きとれないようなかすかな声。小さくて弱々しい声。

株が上がる
その人、物の評価が高くなる。

兜《かぶと》を脱ぐ
（かぶっていた兜を取るのは、敵に降伏することの意思表示とされることから）相手に降参する。参る。

鎌《かま》を掛ける
（鎌で刈るとき、その刃を草などに引っかけるようにするところから）自分が知りたいと思っていることを、相手が不用意にしゃべるように、たくみにさそいをかける。

仮面を被《かぶ》る
本心、本性をかくしていつわりの姿や態度をつくろう。

可《か》も無く不可《ふか》も無い
特によくもなく、また、悪くもない。欠点もない代わりに、取り立てていうほどの長所もない。平凡である。

蚊帳《かや》の外《そと》
仲間はずれにされていること。また、事情を知らされない部外者の立場。

痒《かゆ》い所に手が届く
細かい所まで気がついて十分に配慮が行き届く。他人に対する世話、注意などが、その望む所へ隅々までよく行き届く。

烏《からす》の行水《ぎょうずい》
風呂に入って、ゆっくり洗うこともしないで、すぐに出てしまうことのたとえ。

体《からだ》を張る
一身をなげうって行動する。命がけで行動する。

借りてきた猫
ふだんとは違って、たいへんおとなしくしている様子をいう。

我を通す
自分の思うことを押し通す。我を張る。

我を張る
強く主張して、人の言う事をきかない。固執する。我を通す。

感《かん》極まる
この上もなく感動する。非常に感激する。

雁首《がんくび》を揃える

（「雁首」は、人の首、頭を言う俗語）何人かの者がいっしょにそろって行動する。

間隙《かんげき》を縫《ぬ》う
物事のすきまや合間を利用して何かを行う。

眼光紙背《がんこうしはい》に徹《てっ》す
（書かれている紙の裏まで見とおすの意から）書物を読んで、字句の解釈だけでなく、その深意までもつかみとる。読解力がするどいことにいう。眼光紙背に徹《とお》る。

閑古鳥《かんこどり》が鳴く
商売がはやらなくて暇なさま。

顔色《がんしょく》を失う
恐れ、驚き、羞恥などのために平常の顔色が失われる。顔の色が青くなる。

眼中に無い
心にとめない。意識しない。問題にしない。眼中に置かない。眼中に入れない。

噛《か》んで含める
食物が消化しやすいように噛んで口の中へ入れてやるのと同じように、よく理解できるよう丁寧に言い聞かせる。

癇《かん》に障《さわ》る
腹だたしく思う。気に入らない。癪《しゃく》に障る。

堪忍袋《かんにんぶくろ》の緒《お》が切れる
もうこれ以上がまんしていることができなくなるの意。こらえにこらえた怒りが爆発して、行動にあらわす。

看板《かんばん》倒れ
表面だけで実質が伴わないこと。また、そのもの。みかけだおし。

【き】

気合いを入れる
①物事に対処するに当たって、精神を集中し、力を込める。「気合いを入れて練習する」②人を元気づける。励まし、奮い立たせる。「新入部員に気合いを入れる」

黄色い声
女の人や子供の、かん高い声。

気炎《きえん》を上げる
勢いのよいことを言う。また、意気盛んに議論をする。気炎を吐く。

気がある
①ある物事に関心を持っている。やってみようとする気がある。「仕事をする気があるなら連絡をください」②恋心をいだいている。「どうも彼女に気があるらしい」

気が多い
心が定まらないで、移り気であるさま。いろいろな物事に興味をもつさまである。うわきであるさま。

気が置けない
遠慮したりしないで気楽につきあえる。気兼ねがない。気の置けない。〔補注〕「気が許せない」「油断できない」の意味で用いるのは誤り。

気が重い
物事をするのにあまり気が進まない。「考えただけでも気が重い」

気が利《き》く
①物事をするのに、細かなところまでよく気がつく、心が行きとどく、気転がきく。「若いのに気が利くわね」②しゃれている。いきである。「気が利いた贈り物」

気が気でない
ひどく気がかりである。気にかかって心が落ち着かない。「手術の結果が心配で気が気でない」

機が熟する
物事をはじめるのにこの上なくよい時期になる。「天下統一への機が熟する」

気が進まない
何かの刺激を受けても、気分がひかれない。気乗りがしない。

気が済む
気持ちがおさまる。気分が落ち着く。満足する。気がかりが取り除かれる。

気が急《せ》く
物事を早く実行したくて心が落ち着かない。気があせる。

気が立つ
心がいらだつ。興奮する。

気が散る
気持が一つに集中しないで、いろいろなことに心がひかれる。注意が散漫になる。

気が付く
①考えつく。心づく。気づく。かんづく。「間違いに気が付く」②細かなところに注意が行きわたる。よく気がまわる。配慮が行きとどく。「細かいところにまで気が付く」③息を吹きかえす。正気《しょうき》にかえる。「気が付くとベッドに寝かされていた」

気が強い
強気《つよき》である。強情《ごうじょう》である。

気が遠くなる
意識を失う。正気《しょうき》を失う。「気が遠くなるような広大な計画」

気が咎《とが》める
心の中にやましさを感じる。何となく気おくれがする。「人の日記を読んでしまい気が咎める」

気が長い
気持がのんびりしていて、せかせかしない。気長である。

気が抜ける
①ぼんやりする。また、拍子ぬけがする。「話の腰を折られて気が抜けた」②本来の香り、匂い、味などがなくなる。多く、ビール、ウイスキーなどの酒類やサイダーなどについて用いられる。「気が抜けたビール」

気が乗らない
興味や意欲がわかず、やる気にならない。気が進まない。「悪事に荷担するようで気が乗らない」

気が張る
心が緊張する。気持にゆとりがない。

気が引ける
身にやましい感じがして気おくれがする。遠慮される。臆《おく》する。

気がふさぐ
気分が重くはれない。憂鬱《ゆううつ》になる。

気が紛《まぎ》れる
ふさいだ気分などが他のことをすることにより忘れられる。

気が回る
①細かなところに気がつく。注意がゆきとどく。「彼はよく気が回る人だ」②いろいろと推測する。ひがんで悪く考える。邪推する。「余計なことまで気が回るたち」

気が短い
先を急いで落ち着きがない。短気である。

気が滅入《めい》る
考えこんで憂鬱《ゆううつ》な気分になる。意気消沈する。

気が揉《も》める
心配で気持が落ち着かない。もどかしくいらいらする。やきもきする。

聞き耳を立てる
注意を集中して聞こうとする。聞こうとして、耳を澄ます。

気位《きぐらい》が高い
他人とくらべて自分の方がすぐれていると考え、その品位を保とうとする気持ちが強い。

機嫌《きげん》を取る
人の気分をなぐさめやわらげるようにする。現代では、人が喜ぶような働きかけをすることをいう。

机上《きじょう》の空論
机の上の考えだけで、実際には合わない意見。実際には役に立たない考え。

機先《きせん》を制する
相手が事を行なう直前に行動を起こし、相手の計画、気勢を抑える。

切っても切れない
いくら切ろうとしても切ることができない。強いつながり、深い関係があることにいう。切っても切れぬ。

狐《きつね》につままれる
狐にばかされたときのように、前後の事情がさっぱりわからず、ぼんやりする。

木で鼻を括《くく》る
(「くくる」は、こするの意の「こくる」の誤用が慣用化した語)無愛想にふるまう。冷淡にあしらう。「木で鼻をくくったような挨拶」

軌道《きどう》に乗る
物事が、あらかじめ計画したり予想していたりした通りに、順調にすすんでいくようになる。

気に入る
心にかなう。満足する。好きになる。

気に掛ける
心配する。懸念する。こだわって忘れられない。

気に食《く》わない
心に合わない。いやに思う。きらいだ。

気に障《さわ》る
心中おもしろくなく感じる。癪《しゃく》に障る。

気にする
心配する。懸念する。気にかける。

木に竹を接《つ》ぐ
(木に竹をつぐように性質の違ったものをつぎ合わせるの意から)前

後のつじつまが合わないこと、筋が通らないこと、つり合いのとれないことのたとえ。

気に留《と》める
心にとどめておく。留意する。また、こだわって忘れないでいる。

気になる
心配に思う。心にひっかかる。気にかかる。

気に病む
心にかけていろいろ心配する。くよくよする。

着の身着の儘《まま》
今着ている着物のほかに何物ももたないこと。

気は心
量は少なくとも誠意の一端を示すこと。贈物などをする時に用いる。

牙《きば》を研《と》ぐ
相手を害しようと用意することのたとえ。

踵《きびす》を返す
（かかとの向きを逆にするの意で）あともどりをする。ひき返す。くびすを返す。きびすを廻らす。

気《き》骨《ぼね》が折れる
気苦労が多い。気疲れがする。

気《き》前《まえ》がいい
（「気前」は、気質。気立て。特に金銭などを惜しまないで使う心意気の意）金銭や物に執着しないで、さっぱりしている。金離れが良い。

決まりが悪い
他に対して面目が立たない。また、恥ずかしい。

木《き》目《め》が細かい
①人の皮膚や物の表面が繊細でなめらかである。「きめが細かい肌」②ことをなすのに、配慮が細かい所まで行き届いている。「きめが細かいサービス」

鬼《き》面《めん》人を驚かす
見せかけの威勢を示して人を驚かすことのたとえ。こけ威《おど》しをする。

肝《きも》が据《す》わる
落ち着いていて、ものごとに驚かない。大胆だ。

肝《きも》が太い
大胆だ。また、ずぶとい。

気もそぞろ
心が落ち着かないこと。そわそわするさま。

肝《きも》に銘《めい》ずる
心にきざみこむようにして忘れない。しっかり覚えておく。肝に銘じる。

肝《きも》を潰《つぶ》す
非常に驚く。肝を消す。肝が潰れる。

肝《きも》を冷やす
驚き恐れて、ひやりとする。

脚光を浴びる
（「脚光」は、舞台前面のフットライトのこと）舞台に立ってライトを浴びる意から、広く世間から注目される。社会の注目の的となる。

旧交《きゅうこう》を温める
途絶えていた昔の交際を再び始める。

九《きゅう》死《し》に一生を得る
（「九死」は、一〇のうち九が死、「一生」は、一〇のうち一が助かるの意）

ほとんど死ぬかと思われた危険な状態を脱して、かろうじて命が助かることをいう。

窮余《きゅうよ》の一策《いっさく》
苦しまぎれに思いついた一つの手段。

急を知らせる
切迫した事態、事柄を知らせる。

灸《きゅう》を据《す》える
きびしく戒める。叱る。

行間《ぎょうかん》を読む
文字面に表われない筆者の本当の気持をおしはかる。

胸襟《きょうきん》を開《ひら》く
隠し立てせず、心に思っていることを打ち明ける。「胸襟を開いて話し合う」

興《きょう》に乗る
おもしろさにまかせて物事を行なう。おもしろさの勢いにまかせて調子づく。

清水《きよみず》の舞台から飛びおりる
（切り立ったがけの上に設けられた京都清水寺の観音堂の舞台から、思いきって飛びおりる意から）死んだつもりで思いきったことをする。非常に重大な決意を固める。

虚《きょ》をつく
備えのないのにつけこむ。相手のすきを突いて攻める。虚に乗ず。「意外なことばに虚をつかれた」

岐路《きろ》に立つ
どちらを選ぶか、その判断に迷う重大な立場に置かれる。「人生の岐路に立つ」

気を落とす
元気をなくす。失望する。気落ちする。

気を配る
注意を向ける。気をつける。気を遣う。「あたりに気を配る」

気を遣う
相手の身になって心を働かせる。気を配る。心を配る。

気を付ける
注意力をはたらかせる。「気を付けてお帰り下さい」

奇《き》を衒《てら》う
わざと変わった事をして、他人の注意をひきつけようとする。「奇をてらった恰好」

気を取られる
注意を奪われる。「女の子に気を取られて階段を踏みはずす」

気を取り直す
失意の状態からぬけでる。思い直して元気になる。

気を抜く
疲れた神経をほぐす。緊張をゆるめる。いきぬきする。

気を呑まれる
相手の勢いやその場の雰囲気に圧倒される。

気を吐《は》く
威勢のいいことばを発する。または、意気を示す。「一人気を吐いてホームランを打つ」

気を張る
心を緊張させる。気持をひきしめる。

気を引く

それとなく相手の気持を探る。さそいをかけて相手の心を引く。人の気持や関心を向けさせる。

気を回す
①細かなところに気をつける。注意をゆきとどかせる。「万事うまくいくよう気を回す」②いろいろとよけいなところまで、心をはたらかせる。邪推や、あて推量をする。「あれこれ気を回して悩む」

気を持たせる
思わせぶりなことばや態度で、相手にやる気や期待する気持ちを起こさせる。「気を持たせるばかりで、実行しない」

気を揉《も》む
あれこれ心配する。やきもきする。

気を許す
警戒心や緊張をなくしたり、ゆるめたりする。

気を良くする
気持を快適にする。気分をすっきりさせる。また情況が思いどおりになって調子づく。

琴線《きんせん》に触れる
（「琴線」は、物事に感動する心情を琴の糸にたとえた言い方）感動する。心を打つ。「彼のことばが琴線に触れた」

【く】

食い足りない
（食べ物が不十分で満腹しない意から）物事が不十分で満足しない。「今一つ食い足りない論文」

食い物にする
自分の利益を得るために人やものを利用する。

食うか食われるか
相手を食うかこちらが食われるかといった状態をさして、力の拮抗《きっこう》した命がけの闘争などにいう。

ぐうの音《ね》も出ない
（「ぐうの音」は、苦しいときに発するうめき声）他から詰問されたり、非を指摘されたりした時などに、一言も反論が出ないこと。

食うや食わず
毎日の食事もとったりとらなかったりするの意。やっと生活する貧乏暮らしのたとえ。

釘《くぎ》付《づ》けになる
釘を打ち付けたように動きがとれないようなる。

釘《くぎ》を刺す
（釘を打ちつける意から）相手が約束を破ったり、逃げ口上を言ったりできないように、かたく約束しておく。また、相手の行動を予測してきつく注意する。「遅刻しないよう釘を刺す」

草葉《くさば》の陰《かげ》
（草の葉の下の意から）墓の下。あの世。「草葉の陰から見守る」

楔《くさび》を打ち込む
楔を打ちこんで物を割ったり広げたりするように、敵陣に攻め込み、これを二分する。また、相手方に自らの立場や勢力を強引に押し入れる。

腐《くさ》るほど
物がありあまるくらいある、十分ある意にいう。

口裏《くちうら》を合わせる
あらかじめ相談して、二人の話を一致させる。口を合わせる。「嘘がばれないように口裏を合わせる」

口がうまい
話し方や物の言い方が巧みである。

口が重い
ことば数が少ない。寡黙である。

口が掛かる
芸人、芸妓などが客から招かれる。また、一般に、仕事などの依頼がくる。仲間などから呼び出しがかかる。

口が堅い
言ってはならないことを他言しない。また、そのような性質である。

口が軽い
何でもよくしゃべりたがって、言ってはいけないことまでも言いがちである。また、そのような性質である。また、多弁である。

口が腐っても
（口を動かさないために口が腐ることがあったとしてもの意）言わない決意の強いことの形容。「口が腐っても言えません」

口が過ぎる
人なみはずれて口やかましい。また、言うことをひかえるべき事柄、遠慮すべき事柄を言う。言いすぎる。「先輩にむかって口が過ぎるぞ」

口が酸《す》っぱくなる
同じ事を何度も繰り返して言うさま。いやになるほどたびたび同じ事を言うさま。「口が酸っぱくなるほど注意したのに」

口が滑《すべ》る
言ってはならないことや、言う必要のないことなどを思わず言ってしまう。

口が減《へ》らない
（「へる」は負ける意）道理に負けても、なお理屈をならべたてるなどする。負けおしみをいう。また、勝手なことを遠慮なく言う。減らず口を叩く。

口から先に生まれる
口数の多いおしゃべりや口の達者な者をあざけっていう。

口が悪い
ことば遣いや言う内容が、乱暴でたちが悪い。

口車《くちぐるま》に乗る
（「口車」は、口先だけで巧みに言いまわすこと）巧みに言いくるめられて、だまされる。

口添えをする
かたわらからことばを添えてとりなす。仲介し世話する。助言する。「交渉がスムーズに運ぶよう口添えをする」

口に合う
飲食物が好みの味と一致する。

口にする
①口に出して言う。話す。「口にするのもはばかられることば」②口に

入れる。口にくわえる。食べる。飲む。「口にしたことのない食べ物」

口に出る

ことばとなって口から出る。言う。しゃべる。「日ごろの不満が口に出る」

嘴《くちばし》が黄色い

（鳥類のひなはくちばしが黄色いことから）年が若くて経験が浅い。年若い人や未熟な人などをあざけっていう語。

嘴《くちばし》を容《い》れる

他人のすることに対して、あれこれ言って口出しをする。容喙《ようかい》する。嘴を挟む。「横から余計な嘴を容れるな」

唇《くちびる》を噛《か》む

くやしがるさま、また、いきどおりなどをこらえるさまを表わすことば。

口火《くちび》を切る

（「口火」は、爆薬などの点火に用いる火。転じて物事の起こるきっかけ。原因の意）物事をしはじめる。きっかけをつくる。また、話を始める。

口ほどにもない

実際の行動、能力が口で言うほどのことはない。たいしたことはない。

口を利《き》く

①ものを言う。話をする。「生意気な口を利く」②二つのものの間がうまくいくよう、とりもつ。調停する。なかだちをする。「就職の口を利く」

口を切る

①まだ開いていない樽《たる》やビン、箱などのふたやせんをあける。「ワインの口を切る」②話をしはじめる。多くの人たちの中で最初に発言する。「まず彼が口を切って話しはじめた」

愚痴《ぐち》をこぼす

言ってもかえらないこと、益のないことを言う。

口を揃《そろ》える

二人以上の人が同時に同じことを言う。異口同音に言う。声を揃える。「口を揃えて賛成する」

口を出す

割り込んでいって自分の意見などを言う。差し出口をする。容喙《ようかい》する。「子供のけんかに親が口を出す」

口を衝《つ》いて出る

次から次へと自然にことばが出てくる。「日頃の不満が口をついて出る」

口を噤《つぐ》む

口を閉じてものを言わない。黙る。口を閉じる。口を閉ざす。「関係者はみな口を噤んでいる」

口を尖《とが》らす

（怒ったり、言い争ったりするときなどの唇を前に突きだしてとがらせる口つきから）不平不満を表わす顔つきをする。口を尖らせる。

口を閉《と》ざす

沈黙する。黙る。

口を濁《にご》す

ことばをあいまいにしてごまかす。話をぼやかして、わからないようにする。ことばを濁す。

口を拭《ぬぐ》う

（盗み食いをした後で、口をふいてそしらぬ顔をする意から）何か悪いことやまずいことをしていながら、していないふりをする。また、知っていながら知らないふりをする。

口を挟《はさ》む

人が話している途中に横からその話に割り込む。「人の話の途中に口を挟むな」

口を開《ひら》く

話しはじめる。しゃべりだす。「重い口を開く」

口を封《ふう》じる

人にものを言わせないようにする。悪事、秘密などをしゃべらせないようにする。金品を与えたり、殺害したりしてしゃべるのを封じる。口を塞ぐ。

口を割《わ》る

白状する。自白する。「証拠の品を見せられて、やっと口を割る」

食ってかかる

食いつくような調子で相手にいどみかかる。激しい口調や態度で立ち向かう。「上司に食ってかかる」

轡《くつわ》を並べる

（くつわをはめた馬が首を並べて、いっしょに進む意から）二つ以上のものがいっしょに、または互角に物事を行なう。

苦《く》にする

ひじょうに気にかけて心配する。たいへん思いなやむ。

愚《ぐ》にもつかない

ばかばかしくて、話にならない。問題にならない。愚にもつかぬ。「愚にもつかないことを言う」

苦杯《くはい》を嘗《な》める

（「苦杯」は、苦い酒を入れた杯の意）にがい経験をする。苦杯を喫《きっ》す。

首がつながる

職を解かれたり解雇されたりせずにすむ。

首が飛ぶ

免職になる。解雇される。首になる。

首が回らない

借金などのためどうにもやりくりがつかない。

首にする

職をやめさせる。解雇する。首を切る。

首を傾《かし》げる

ふしぎに思ったり、疑わしく思ったりするときの動作をいう。

首を切る

免職にする。解雇する。首にする。

首を挿《す》げ替える

重要な役職に就いている人を替える。

首を縦に振る

首を上下に振る。承諾、同意などの気持を表わす動作。頭を縦に振る。「両親の説得にようやく首を縦に振る」

首を突っ込む

関心、興味をもち、その事に関係する。仲間に加わる。また、その事に深入りする。「他人のごたごたに首を突っ込む」

首を長くする

望み、期待が早く実現してほしいと思いながら待つ。待ち焦がれる。首をのばす。「首を長くして返事を待つ」

首を捻《ひね》る
首を横に曲げる。疑問、不満、不賛成などの気持で考え込むときの動作。

首を横に振る
（首を左右に振ることから）否定する、また、承諾しない気持を表わす動作。頭を横に振る。

苦もない
苦労することもない。たやすい。ぞうさない。

雲を霞《かすみ》
いっさんに走って姿を隠すさまにいう。「雲を霞と逃げ去る」

雲を掴《つか》む
物事が漠然としてとらえどころのないさまをいう。「雲を掴むような話」

雲を衝《つ》く
ひじょうに背丈の高いさまをたとえていう語。「雲を衝くような大男」

車の両輪《りょうりん》
車の両側の車輪。二つのうち、どちらも除くことのできない密接な関係にあることのたとえ。

軍配《ぐんばい》が上がる
（相撲の行司の軍配団扇《うちわ》が勝った力士のがわに上がることから）スポーツ、商売などの競争や論争で、勝ったり優勢になったりする。

軍門《ぐんもん》に降《くだ》る
戦争に負けて相手の陣に身をまかす。降服する。また、競争に負けて相手に屈伏する。負ける。

群《ぐん》を抜く
他の多くのものより数段すぐれること。特にぬきん出ること。抜群。「オリンピックで群を抜く強さを見せた」

【け】

謦《けい》咳《がい》に接する
（「謦咳」は、せきばらいの意）尊敬する人に、直接話を聞く。直接、お目にかかる。面会すること、会うことの敬称。

けじめを付《つ》ける
守るべき規範や道徳などに従って、行動や態度を明確にする。

桁《けた》が違う
位が違う。格段の差がある。

下《げ》駄《た》を預ける
物事の処理の方法や責任などを相手に一任する。

けちを付ける
①縁起の悪くなるようないやなことを言ったりしたりする。「粗相をして式典にけちを付ける」②欠点を見つけてけなす。難癖をつける。「やることなすことにけちを付ける」

血《けっ》気《き》に逸《はや》る
元気にまかせてむこうみずに勇み立つ。

血《けっ》相《そう》を変える
（「血相」は、顔の様子。顔色の意）顔色を変える。「血相を変えて飛び出す」

煙《けむ》に巻《ま》く
大げさに言いたてて、相手をまどわせる。相手があまりよく知らないようなことを一方的に言い立てたりして、茫然《ぼうぜん》とさせる。けむりに巻く。

けりが付く
（和歌、俳句などが助動詞「けり」で終わるものが多いところから）物事の結末がつく。終了する。片がつく。「争いのけりが付く」

験《げん》がいい
（「験」は、吉凶のきざし。縁起の意）縁起がよい。さいさきがよい。

剣《けん》が峰《みね》
①火山の噴火口の周辺。主として富士山頂のものについていう。②相撲で、土俵の円周をかたち作る俵の最も高い部分。土俵の周縁を富士山の火口壁に見立てたもの。「相手力士の寄りを剣が峰でこらえる」③（②に足がかかってあとがない状態から）少しの余裕もない、絶体絶命の状態。「剣が峰に立たされる」

喧嘩《けんか》を売る
他人にけんかをしかける。

言質《げんち》を取る
あとで証拠となる約束のことばを言わせる。

けんもほろろ
（「けん」も「ほろろ」もきじの鳴き声。「けん」は「剣突《けんつく》」「慳貪《けんどん》」などの「けん」とかけたもの）無愛想に人の頼みや相談事を拒絶して、取りつくしまもないさま。つっけんどんなさま。「けんもほろろに断られる」

言《げん》を左右にする
あれこれかこつけて、はっきりしたことを言わない。

【こ】

口角《こうかく》泡を飛ばす
（「口角」は、唇の左右の端の部分）口からつばきを飛ばさんばかりに、勢いはげしく議論したりするさまにいう。

後顧《こうこ》の憂《うれ》い
後に残る気づかい。後の心配。

後塵《こうじん》を拝する
（「後塵」は、車馬などが走り過ぎたあとに上がるほこりの意）他人に先んじられる。人の下風に立つ。また、権力のある人に追従する。

公然《こうぜん》の秘密
秘密とはされているが、実際には世間に知れわたっていること。

甲羅《こうら》を経る
年功を積む。年数を経て老練になる。経験を重ねる。また、世間ずれしてあつかましくなる。

功《こう》を奏《そう》す
（功績を天子に申し上げる意から）事が成就する。成功する。効を奏す。「緊急の輸血が功を奏した」

業《ごう》を煮《に》やす
（いかりが腹の中で煮える意から）

なかなからちがあかずいらだつ。

声を上げる
考えや気持ちをことばにして表す。おおやけに意見や主張を示す。「ダム建設反対の声を上げる」

声を掛ける
①呼びかける。話しかける。「町で知人を見かけ声をかける」②かけ声をかける。声援を送る。「『がんばれ』と選手に声をかける」③誘う。「釣りに行かないかと声をかける」

声を揃《そろ》える
皆がいっしょに同じことを言う。ある事柄について、皆が同じことを言う。口を揃える。声を合わせる。

声を呑む
強い驚き、悲しみ、緊張など、感動のあまり声が出ない状態になる。「雄大な光景に声を呑む」

声を潜《ひそ》める
他人に聞こえないように小さい声で話す。ささやくように言う。

黒白《こくびゃく》を争う
どちらがよいか、正しいかをはっきりとさせる。

黒白《こくびゃく》を弁ぜず
ものごとの正邪善悪の区別がつかない。道理を弁《わきま》えない。黒白を弁《わきま》えず。

小首を傾《かし》げる
首をちょっとかしげて考えをめぐらす。また、不審がったり不思議に思ったりする。小首をかたむける。

虚仮《こけ》にする
（「虚仮」は、愚かなこと。愚かな人の意）ばかにする。踏みつけにする。「人をこけにする」

沽券《こけん》にかかわる
（「沽券」は、土地などの売り渡し証文。転じて、売り値や値打ちの意）品位や体面にさしつかえる。品位や体面が保てないとか傷つけられる場合にいう。

糊口《ここう》を凌《しの》ぐ
（「糊口」は、粥を口にする意）貧しく暮らす。やっと暮らしを立てて行く。

虎口《ここう》を脱する
（「虎口」は、トラの口。非常に危険な場所や状態をたとえていう）危険な場所、状態からのがれる。虎口を逃《のが》る。

呱呱《ここ》の声を上げる
（「呱呱」は、乳児の泣き声を表す語）赤ん坊が産声をあげる。子供が生まれる。転じて、物事が新しく誕生する。「近代オリンピックは、アテネで呱呱の声を上げた」

心が動く
気持が動揺する。思い乱れる。感動する。また、心がその方に引きつけられる。その気になる。

心が通う
思いの心が通い合う。気持が通じ合う。互いに思い合う。「心が通う友人」

心がこもる
真心が込められている。気持ちがみちあふれている。「心がこもった手紙」

心が騒ぐ
心配で気持が落ち着かない。また、いやな予感がして胸さわぎがする。

心が弾《はず》む
楽しさや明るい希望などのために心が浮き浮きする。意気が揚がる。「新しい生活に心が弾む」

心に浮かぶ
思い出す。思い起こす。思いつく。

心に描く
心の中で想像する。思い描く。

心に掛ける
あれこれ思いやる。心配する。気にかける。

心に刻む
深く心に留めておく。肝に銘ずる。「師の教えを心に刻む」

心に留《と》める
気にかける。忘れないでおく。「先輩の忠告を心に留める」

心にもない
本心ではない。思ってもいない。「心にもないお世辞を言う」

心を合わせる
協力する。心を同じくする。「心を合わせてことに当たる」

心を痛める
どうなるか、どうしたらよいかとさまざまに心をなやます。

心を打つ
心に強くはたらきかける。感銘を与える。心うつ。

心を奪われる
われを忘れさせられる。心が引きつけられる。魅了される。

心を躍らせる
胸をときめかせる。気持を高ぶらせる。

心を鬼にする
気の毒に思いながら、わざとつれなくする。情にほだされながら、あえて非情にふるまう。

心を砕《くだ》く
気をもむ。心配する。また、気を配る。苦心する。真心を尽くす。

心を配る
気をつける。配慮する。気を配る。

心を込める
心の丈《たけ》を託す。真心を込める。「心を込めた贈り物」

心を引かれる
魅力を感じて、気持ちがその方に向う。そのものに興味や好ましさを感じる。

心を乱す
理性を失う。わけがわからなくなる。思い悩んで自制心を失う。

心を許す
心の緊張をゆるめて人にうちとける。信頼する。気を許す。油断する。「心を許した仲」

心を寄せる
好意をいだく。関心をもつ。また、傾倒する。「前々から心を寄せていた人」

腰が重い
無精で、まめに動かない。気軽に出かけたり、行動したりしない。尻が重い。

腰が砕《くだ》ける
（腰の力が抜けて構えた姿勢が崩れる意から）途中で気力や勢いを失って物事が続けられなくなる。腰砕けになる。

腰が据《す》わる
腰を落ちつけて、物事をする。どっしりと落ち着いている。

腰が強い
①気が強く人に屈しない。押し通す力が強い。押しが強い。②粘り気が強い。また、しなやかで折れにくい。弾力性に富む。

腰が抜ける
驚きや恐れのあまり足腰が立たなくなる。びっくりして体の自由を失う。

腰が低い
他人に対してへりくだりの気持がある。謙虚である。

腰を上《あ》げる
①立ち上がる。席を立つ。座を外す。「ようやく腰を上げて帰っていった」②事に取りかかる。行動に移る。御輿を上げる。「捜査当局もついに重い腰を上げた」

腰を入れる
本気になる。本気になって物事に取りかかる。本腰を入れる。「腰を入れて取り組む」

腰を折る
中途で邪魔をする。中途で妨げる。「話の腰を折る」

腰を据《す》える
他に気を移さないで落ち着いて一つの物事をする。また、ある場所にすっかり落ち着く。「腰を据えて飲みなおす」

腰を抜かす
驚きのあまり足腰が立たなくなる。非常にびっくりして体の自由を失う。

御託《ごたく》を並べる
（「御託」は、「御託宣《ごたくせん》」の略。「御託宣」は本来は神などのお告げのことであるが、それを告げる際の巫子等の口振りから受ける印象が実にもったいぶった偉そうな感じのものであるところから）自分勝手なことをえらそうに言う。または、つまらないことをくどくどと言いたてる。

御多分《ごたぶん》に洩《も》れず
（「御多分」は、多数の人の意見。行動などの意）他の大部分の人と同様に。例外ではなく。

後手《ごて》に回る
相手に先を越される。受身の立場に立たされる。

事無きを得る
無事にすむ。大きな過失や事故にいたらずにすむ。

言葉に甘える
他人の親切なことばにすなおに従う。

言葉を返す
①答える。返答する。②人のことばに従わないで言いかえす。口答えする。「おことばを返すようですが、それは違います」

言葉を尽くす
相手によりよく伝えようとして、知っている限りのことばを用いる。

あるだけのことばを使っていろいろに言う。「ことばを尽くして説得する」

言葉を濁《にご》す
都合が悪いことなどを、あいまいに言う。はっきり言わない。◇「肝心の所へくるとことばを濁す」

事を起こす
事件を引き起こす。重大なことを行なう。反乱などを起こす。

事を構える
好んで事件を起こそうとする。事を荒立てたがる。

小鼻《こばな》をうごめかす
(得意なとき、小鼻をひくひくと動かすことから)得意そうにするさまをいう語。

小股《こまた》が切れ上がる
女性の、すらりとして粋なさま。きりりとして小粋な婦人の容姿の形容。小股の切れ上がる。〔補注〕語源については、井原西鶴の『本朝二十不孝』に、背丈の高い形容として「すまた切れあがりて…」という表現があり、これに合わせて、足が長く、背丈のすらりとしている形容とする説など、諸説ある。

独楽鼠《こまねずみ》のよう
(独楽鼠が、たえずあたりをくるくるまわっているさまから)休みなく動きまわっているさまのたとえ。

小回《こまわ》りが利く
情勢に応じてすばやく動ける。

胡麻《ごま》を擂《す》る
他人にへつらって自分の利益をはかる。

小耳《こみみ》に挟《はさ》む
情報、噂などをちらりと聞く。ふと耳にする。

これ見よがし
態度や動作がこれを見よといわんばかりに得意そうであるさま。人目をはばからずあてつけがましいさま。意識的に見せつけている感じがするさま。

怖いもの見たさ
こわいものは、好奇心をそそわれて、かえって見たいものだということ。

根《こん》を詰める
物事をするために精力を集中する。物事に没頭する。

【さ】

最期を遂げる
死ぬ。往生を遂げる。「壮烈な最期を遂げる」

細大漏《さいだいも》らさず
細かい事も大きい事もすべて。すべてにわたるさま。「細大漏らさず書きとめる」

采配《さいはい》を振る
自ら先頭に立って、指揮、運営にあたる。指揮をする。指図をする。采配を振るう。

財布《さいふ》の紐《ひも》を締める
(昔の財布は口を紐でしばっていたので、紐を締めるとお金が使えないことから)むだな金を使わないように気をつける。支出をきりつめる。節約する。財布の口を締める。

座が白《しら》ける
その場の人々の感興がそがれる。それまでの楽しい雰囲気などがこわれて、よそよそしい感じになる。

逆捩《さかねじ》を食わす
（「逆捩」は、逆の方向にねじること）相手からの非難に対して逆にやり返す。

先を争う
われさきにと互いに競いあう。一番になろうと争う。「いい席に座ろうと先を争う」

先《さき》を越す
相手の考えなどを察して相手より先にする。先手を打つ。「ライバルに先を越される」

探りを入れる
相手の様子、また、隠していることなどをさぐってみる。「関係者に探りを入れる」

匙《さじ》を投げる
（調剤用の匙を投げ出す意から）医者がこれ以上治療の方法がないと診断する。転じて、見込みがないとあきらめて、手を引く。

様《さま》になる
何かをする様子や、できあがったさまなどが、それにふさわしいかっこうになる。

三拍子揃う
（囃子などで、小鼓・大鼓・笛など三つの楽器で拍子をとることから）必要な三つの条件がすべてととのう。また、すべての条件が備わる。何もかも完全に備わる。「攻走守、三拍子揃った外野手」

算《さん》を乱す
（「算」は、算木のことで、和算で計算に用いた木製の小さな棒のこと）算木を乱したように、列を乱す。ちりぢりばらばらになる。「奇襲にうろたえた敵軍は算を乱して逃げ出した」

【し】

思《し》案《あん》に余る
いくら考えてもよい考えが浮かばない。分別ができない。思案に尽きる。

思《し》案《あん》に暮れる
どうしようかと考えあぐむ。まよって考えがまとまらない。

地《じ》が出る
かくれていた本性があらわれる。

歯《し》牙《が》にも掛けない
（歯や牙でかみつこうともしないの意から）取り上げる価値のないものとして、まったく問題にしない。相手にしない。

敷《しき》居《い》が高い
相手に不義理をしたり、また、面目のないことがあったりするために、その人の家に行きにくくなる。また、その人に会いにくくなる状態をいう語。

舌が肥《こ》える
味の良否を見分ける能力が高い。

舌が回る
よどみなくしゃべる。巧みにもの

語彙力

を言う。

舌足らず
①舌がよく回らず、物言いが不明瞭なこと。また、そのさま。②ことば、文章などの表現が不十分なこと。言い足りないこと。また、そのさま。「舌足らずの文章」

舌鼓《したつづみ》を打つ
うまいものを飲み食いしたときに舌を鳴らす。したづつみを打つ。

自他《じた》共に許す
自分も他人もともに認める。だれでもがそうだと認めている。自他ともに認める。

下にも置かない
非常に丁重に取り扱って下座にもおかない。たいそう丁寧にもてなす。下へも置かない。下にも置かぬ。「下にも置かない歓迎ぶり」

舌の根の乾かぬ内
ことばが終わるか終わらないうちに。言い終わって間もないうち。多く、前言に反したことをすぐ言ったり、行なったりするさまに用いられる。

舌を出す
①陰でそしったり、嘲ったりするさまを表わす動作。②自分の失敗を恥じたりてれたりするさまを表わす動作。

舌を巻く
相手に言いこめられて沈黙するさまをいう。また、驚き、恐れ、また、感嘆してことばも出ないさまをいう。

地団駄《じだんだ》を踏む
（「地団駄」は、足で踏んで空気を送るふいご「地蹈鞴《じだたら》」の転。これを踏む姿がくやしがる姿に似ているところから）怒りや悔しさに身もだえしながら、はげしく地を踏みならす。

十指《じっし》に余る
（「一〇本の指で数え切れない」の意）きわだったものを数えあげていくと一〇以上になる。一〇より多い。

竹篦《しっぺ》返《がえ》し
（「しっぺ」は、「しっぺい」の転。竹篦で打たれたのを打ちかえす意から）すぐにしかえしをすること。また、ある仕打をうけて、同じ程度、方法でしかえしをすること。しっぺいがえし。「しっぺ返しを食う」

尻尾《しっぽ》を出す
（ばけた狐や狸がしっぽを出して正体を見やぶられる話から）ある人が隠していたことがばれる。本性が露見する。化けの皮がはがれる。

尻尾《しっぽ》を掴《つか》む
（ばけた狐や狸の正体がしっぽによってわかるというところから）他人の隠し事やごまかし、悪事などの証拠をにぎる。

尻尾《しっぽ》を振る
（犬がえさをくれた人に対して尾を振るところから）こびへつらって相手に取り入る。追従《ついしょう》を言う。

尻尾《しっぽ》を巻く
（けんかに負けた犬がしっぽを股の間に巻き込むところから）降参す

語彙力

る。負ける。

科《しな》を作る
なまめかしい様子、動作などをする。あだっぽくふるまう。「しなを作って相手の気を引く」

自腹《じばら》を切る
自分の金を出して支払う。多くは、あえて自分が費用を出さなくてもよい場合に出すことにいう。

痺《しび》れを切らす
（長い間座っていて、足がしびれた状態になることから）待ち遠しくて、がまんができなくなる。待ちくたびれる。

私腹《しふく》を肥《こ》やす
地位や職権を利用して、私利をむさぼる。

始末《しまつ》に負えない
処理できない。手がつけられない。手に負えない。

締まりがない
態度や心構えがしっかりしていない。顔や体つきがひきしまっていない。

示しがつかない
他人に対して模範として示すことができない。訓戒のききめがない。「部下に示しがつかない」

耳目《じもく》を集める
（「耳目」は、聞くことと見ることの意）人々の注意を集める。注目される。

癪《しゃく》に障《さわ》る
物事が気に入らなくて、腹が立つ。気に障る。癇《かん》に障る。

車軸《しゃじく》を流す
（「車軸」は、車の心棒。車軸のように太い雨あしで降る意）雨あしの太い雨が降りしきる。激しく雨が降る。「車軸を流すような夕立」

シャッポを脱ぐ
（「シャッポ」は、フランス語 シャポー chapeau で帽子の意）帽子を脱いで、おじぎをする意から、相手にかなわないことを知って降参する。兜《かぶと》を脱ぐ。「君の執念にはシャッポを脱ぐよ」

衆《しゅう》を頼む
人数の多さだけをたよりにする。「衆を頼んで高圧的になる」

朱《しゅ》を入れる
朱墨で、訂正や添削をする。朱筆で書きこみをする。「原稿に朱を入れる」

情《じょう》が移る
相手に愛情、情愛を寄せるようになる。親しみをもつようになる。

常軌《じょうき》を逸《いっ》する
（「常軌」は、普通に行うべき道の意）普通では考えられないような言動をする。「常軌を逸した振る舞い」

性懲《しょうこ》りもない
（「性懲り」は、心の底から懲りることの意）前のことに懲りない。懲りもしない。「性懲りもなくまた悪さをする」

食《しょく》が細い
あまり食べない。少食である。

食指《しょくし》が動く
（中国、春秋時代、鄭の子公がひとさしゆびの動いたのを見て、ごちそうになる前ぶれだと言ったという「春秋左伝」の故事から）食欲がきざす。また、広く物事を求める心がおこる。

触手《しょくしゅ》を伸ばす
（「触手」は、多くの無脊椎動物の口の周囲などにあるひも状の突起。それを伸ばして捕食するようすから）野心をもって対象物に徐々に働きかける。「他の業種にまで触手を伸ばす」

白《しら》を切る
わざと知らないふりをする。しらばくれる。

尻馬《しりうま》に乗る
（他の人が乗っている馬の尻に便乗する意から）人の言説に付和雷同する。無批判に人のすることに便乗する。

尻《しり》が青い
（幼児の尻には蒙古斑《もうこはん》という青いあざがあることから）年が若くて未熟である。一人前でない。

尻《しり》が重い
動作がにぶくなかなか腰をあげない。また、物事をはじめるのに、容易にはじめようとしない。腰が重い。

尻《しり》が軽い
①動作が機敏である。また、物事を気軽にはじめる。②かるがるしく振る舞う。軽率な振る舞いをする。③女性の浮気なさまをいう。

尻《しり》に敷く
相手を軽くみて、自分の思うままにふるまう。多く、妻が夫を軽んじて、勝手気ままにふるまうことをいう。尻の下に敷く。

尻《しり》に火が付く
物事がさしせまって、じっとしていられないさま、あわてふためくさまをいう。「締め切りが近づいて尻に火が付く」

尻目《しりめ》に掛ける
（「尻目」は、目だけ動かして後ろの方を見る目つき）人を見下したり、無視したりする態度などにいう。

尻《しり》を叩く
行動を起こすように促す。やる気を起こすように励ます。

尻《しり》をまくる
（ならず者などが着物の裾《すそ》をまくって座り込み、おどしたことから）本性《ほんしょう》を現わしてけんか腰になる。

白い歯を見せる
心を許し笑顔を見せる。

白い目で見る
悪意のある目付きで見る。憎しみやさげすみの目を向ける。白眼視する。

心血《しんけつ》を注《そそ》ぐ
全精神、全肉体をこめて物事を行なう。心身のありったけを尽くして物事にあたる。「研究に心血を注ぐ」

人口《じんこう》に膾炙《かいしゃ》する
（膾《なます》と炙《あぶりもの》はだれの口にもうまく感ぜられ、もてはやされるというところから）広く人々の口にのぼってもてはやされる。広く世間の人々の話題となる。「人口に膾炙したことば」

人後《じんご》に落ちない
他人に劣らない。ひけをとらない。「仕事への情熱では人後に落ちない」

寝食《しんしょく》を忘れる
物事に熱中して、寝ることも食べることも忘れる。物事を熱心にするさまにいう語。「寝食を忘れて仕事に没頭する」

心臓が強い
はずかしがらないで平然としている。また、恥知らずで遠慮がない。あつかましい。ずうずうしい。

真に迫る
（「真」は、本物のこと）演技や文章などで表現されたものが現実のさまとそっくりに見える。「真に迫った演技」

信を問われる
信用できるかどうかを追求される。「国が、国民から厳しく信を問われる事態となる」

【す】

水泡《すいほう》に帰《き》する
努力したことがむだになる。水のあわとなる。

頭《ず》が高い
（頭の下げ方が足りない意から）失礼である。おうへいである。

筋《すじ》がいい
（「筋」は、血筋を受け継いだ素質の意）その技能に適した素質がある。筋がよい。

筋《すじ》が通らない
ことの首尾が一貫していない。道理にかなわない。

雀《すずめ》の涙
ごくわずかなもののたとえにいう語。「すずめの涙ほどの給料」

砂を噛《か》むよう
物のあじわいがない。無味乾燥で興味がわかない。

図《ず》に乗る
自分の思うように事がはこぶ。勢いよく事がはこぶ。また、そういう状態なので、いい気になってつけあがる。頭《ず》に乗る。

脛《すね》に疵《きず》持つ
隠している悪事がある。自分の身に後ろ暗いことがある。やましいことがある。

脛《すね》を齧《かじ》る
自分で独立して生活することができないで、親または他人に養ってもらう。親の脛をかじる。

隅《すみ》に置けない
思いのほかに知識・才能・技量があって、油断できない。案外に世間を知っていてばかにできない。

寸暇《すんか》を惜しむ
わずかな時間でも大切に活用する。「寸暇を惜しんで働く」

【せ】

精《せい》が出る
元気があってよく励む。元気に活動する。「暑いのに精が出るね」

精《せい》も根《こん》も尽き果てる
ありったけの力を出し尽くす。すっ

かり疲れ果てる。精根尽きる。

精《せい》を出す
元気を出して行動する。一所懸命に励む。熱心に働く。「畑仕事に精を出す」

贅《ぜい》を尽くす
物事を極度に贅沢《ぜいたく》にする。贅沢をきわめる。

是《ぜ》が非《ひ》でも
（是非善悪を問わずに、なんでもかんでもの意から）どうしても。ぜひとも。ぜひ。「是が非でもやりぬく」

席の暖まる暇《いとま》もない
（すわる場所が暖まる暇もない意から）落ち着いてひとところにいることが出来ないほど忙しい。

堰《せき》を切る
（川の水が堰を破って流れ出る意から）物事が急に激しい状態となる。ある激しい動作が急にどっと起こる。「涙が堰を切ってあふれた」

世間を狭《せま》くする
世間に対する信用を失い、交際の範囲を狭くする。肩身を狭くする。「不義理をして世間を狭くする」

背《せ》筋《すじ》が寒くなる
はげしい恐怖感などで、背の中心がぞっとする。

切《せっ》羽《ぱ》詰まる
（「切羽」は、刀の鍔《つば》の両面が柄《つか》と鞘《さや》とに当たる部分に添える薄い金物のこと。切羽が詰まると刀が抜き差しならなくなるところから）物事がさし迫って、どうにもならなくなる。最後のどたん場になる。抜き差しならなくなる。

節《せつ》を曲げる
自分の信念や基本的な考え方を曲げて人に従う。節を折る。節を屈する。

是《ぜ》非《ひ》もない
（いいも悪いもないの意から）しかたがない。やむを得ない。是非ない。

世《せ》話《わ》が焼ける
その人や事柄に対して他からの手助けが必要で、手数がかかる。「世話が焼ける子」

世《せ》話《わ》を焼く
すすんで人のめんどうをみる。人のために尽力する。「まだ幼い弟の世話を焼く」

背を向ける
（うしろ向きになる意から）無関心な態度をとる。また、同意しない。そむく。「世の大勢に背を向ける」

線が太い
（「線」は、人の姿や性格、言動から受ける感じの意）性格が強い。また、言動をはっきりさせる。

先手を打つ
（囲碁や将棋で、相手より先にうちはじめることから）相手の機先を制して優位に立つ。先手を取る。

先《せん》頭《とう》を切る
先頭に位置する。先頭に立つ。

先《せん》鞭《べん》を付ける
（「晋書」による語。他人より先に馬にむち打って、さきがけの功名をする意）ある物事に、だれよりも先に着手すること。真っ先にとりくむこと。「新技術導入の先鞭を付ける」

線を引く
境界をはっきりさせ範囲を限定する。くぎりをつける。「仕事とプライベートにきっちり線を引く」

【そ】

双肩《そうけん》に担《にな》う
（両方の肩でかつぐ意から）任務、負担、責任などを引きうける。「会社再建を双肩に担う」

相好《そうごう》を崩す
（「相好」は、顔つき。表情の意）喜びや笑いが自然に内からこぼれ、表情に現れるようすを言う。「相好を崩して喜ぶ」

造作も無《な》い
（「造作」は、手数のかかること。面倒の意）たやすい。容易である。また、簡単で、手軽である。造作ない。「造作もなく出来る仕事」

総好《そうす》かんを食う
（「総」は、全部、「好かん」は、好きでないの意）みんなから嫌われ、相手にされなくなる。「女子社員から総すかんを食う」

総嘗《そうな》めにする
①全体におよぶ。②相手全部を打ち負かす。「強豪を総なめにする」

底《そこ》が浅い
内容に深みがない。力量などがそれほどでもない。「あの人は知識は広いけれど底が浅い」

底《そこ》が知れない
容量の際限がはかれない。うかがうことのできないほど程度がはなはだしい。底知れない。「彼の実力は底が知れない」

底《そこ》を突く
①貯蔵しておいたものがなくなる。「食料が底を突く」②相場が最低値に達する。「価格が底を突く」

底《そこ》を割る
①腹の底を見せる。心中などを明らかにする。「底を割って話す」②相場が底値よりもなお下がる。「株価が底を割る」

そつがない
言動にておちがない。むだがない。ぬけめがない。「何をやらせても万事そつがない」

ぞっとしない
特に驚いたり感心したりするほどではない。あまり感心しない。いい気持がしない。

袖《そで》にする
（着物の袖は身ごろに対して付属物であることから）軽んじておろそかにする。また、人を冷淡にあしらい、邪魔者あつかいにする。「恋人を袖にする」

袖《そで》の下
（袖の陰で人目につかないように金品の受け渡しをするところから）特別の便宜をはかってもらうために、こっそり相手に贈る金品。賄賂《わいろ》。

袖《そで》を絞《しぼ》る

（涙でぬれた袖を絞る意から）ひどく悲しんで泣くさまにいう。

外堀《そとぼり》を埋《う》める

（城を攻めるには、まずその外堀を埋めるということから）ある目的を達するために遠まわしに相手の要所をおさえる。

側杖《そばづえ》を食う

（けんかのそばにいて、打ち合っている杖で打たれる意から）自分とは関係のないことにまきこまれて災難をこうむる。とばっちりを受ける。まきぞえを受ける。傍杖を食う。

反《そ》りが合わない

（刀のそりが鞘《さや》に合わない意から）気心が合わない。「義父とはどうも反りが合わない」

算盤《そろばん》を弾く

（そろばんを用いて計算する意から）損得を計算する。「どう転んでも損はないと算盤を弾く」

【た】

太鼓判を捺《お》す

（証明のために大きな判をおす意から）絶対まちがいのないことを保証する。「けがは完治しましたと医者に太鼓判を捺される」

大事を取る

軽々しく行動せず、用心して事にあたる。「風邪ぎみなので大事を取って欠席する」

体《たい》を成す

まとまった形になる。形がととのう。「文章の体を成していない」

高《たか》が知れる

程度や限度がわかる。せいぜい頑張ったところでいきつくところは知れている。極限といってもたいしたことではない。「儲けは高が知れている」

箍《たが》が弛《ゆる》む

（「箍」は、桶《おけ》や樽《たる》などの外側を堅く締める、竹や金属などで作った輪。箍がゆるむと桶や樽の用をなさないことから）年をとって鈍《にぶ》くなる。また、緊張がゆるんでしまりがなくなる。

高飛車《たかびしゃ》に出る

（「高飛車」は、将棋で飛車を自陣の前に出し、高圧的に攻める戦法）相手に対して高圧的な態度をとる。「高飛車に出て文句を言う」

高みの見物《けんぶつ》

事のなりゆきを、直接関係しない安全な立場で、興味本位に傍観すること。「高みの見物を決めこむ」

高《たか》を括《くく》る

その程度だろうと予測する。いきつくところを安易に予想する。高が知れていると見くびる。「二、三日寝ていれば治るだろうと高をくくる」

竹を割ったよう

（竹を縦に割ると、まっすぐに割れるところから）人の性質がさっぱりして、わだかまりがないこと、気性に陰険さや曲がったところがないことにいう。

出しに使う

（「出し」は、方便や口実の意）自分のために他のものを利用する。手段に利用する。口実に使う。出しにする。「友達をだしに使う」

駄駄《だだ》を捏《こ》ねる

幼児などが、甘えていうことを聞かないで、わがままを言う。「おもちゃを買ってと駄駄をこねる」

太刀《たち》打《う》ちできない

（「太刀打ち」は、太刀で打ち合うこと）相手が強くて、とてもかなわない。勝負にならない。

立つ瀬がない

自分の立場がなくなる。「それでは僕の立つ瀬がない」

手綱《たづな》を引き締める

（手綱を引きしぼって馬を御す意から）勝手な行動をしたり気をゆるめたりしないように、厳しい態度で臨む。

盾《たて》に取る

防御物とする。比喩的にある物事を理由にして、相手の質問・追及をかわしたり、また、自分を有利に導く手段・方法としたりする。楯につく。

盾《たて》を突く

反抗する。敵対する。はむかう。楯突く。楯を突く。「親に盾を突く」

多《た》とする

（「多」は、ほめること。感謝することの意）高く評価する。「その労を多とする」

棚《たな》上《あ》げにする

（物を棚に上げたままにしておくの意から）問題の解決や処理を一時保留して手をつけない。留保する。「ゴミ処理問題を棚上げにする」

掌《たなごころ》を返す

手のひらを裏返すこと。「…が如《ごと》し」「…よりも易《やす》し」などの形で、事態が容易に、あるいは安易に変化するさま、態度が急変するさまなどをいう。手の平を返す。

棚《たな》に上げる

（物を棚に上げてしまうように）手をつけないでそっとしておく。特に、自分の不利や欠点など、不都合なことにはわざとふれないでおくことにいう。棚へ上げる。「自分のことは棚に上げて、人の悪口を言う」

他人の空似《そらに》

血縁がつながっていないのに、顔つきなどが偶然よく似ていること。

他人の飯《めし》を食う

肉親のもとを離れて、他人の家に寄食する。また、他の家に奉公などして、他人の間でもまれて、実社会の経験を積む。

種を蒔《ま》く

物事の原因をつくる。

束《たば》になって掛かる

大ぜいがいっしょになって一つのものに向かう。

他聞《たぶん》を憚《はばか》る

他人に聞かれると困る。

玉の汗

はげしく流れ出て玉のようなさまをした汗。大粒の汗。

玉を転がす
音や声の高く澄んだひびきをたとえていう。「玉を転がすような声」

惰眠《だみん》を貪《むさぼ》る
（「惰眠」は、なまけて眠ってばかりいること）活気なく無為な生活にひたりきる。

矯《た》めつ眇《すが》めつ
（「矯める」も「眇める」も、片目をつぶって、ねらいをつけて見る意）いろいろな角度からよくよく見ること。とみこうみ。「ためつすがめつして品定めをする」

駄目《だめ》を押す
（「駄目」は、囲碁で石の周囲または境界にあって、白黒のどちらの地にも属さない空点。念のため、最後に駄目を詰めて勝敗を確かめる意から）わかりきった物事の万一の場合を考えてさらに確かめる。くどく念をおす。「本当にこの条件でいいのか何度も駄目を押す」

駄目《だめ》を出す
①演劇で、演技上の注意を与える。また、脚本や演出について注文を出す。駄目出しをする。②欠点、過失などを指摘して、中止させたり、やり直させたりする。「設計図通りになっていないと駄目を出す」

袂《たもと》を分かつ
（「袂」は、着物の袖口の下の袋のようになった部分）今までいっしょだった人と関係を絶つ。「長年の友と袂を分かち別の道を歩む」

盥《たらい》回し
（足でたらいを回す曲芸から）一つの物事を順送りに移し回すこと。「患者をたらい回しにする」

啖呵《たんか》を切る
（「啖呵」は、もと「痰火《たんか》」で、せきを伴って激しく出る痰のこと。痰火を治療するのを「痰火を切る」といい、これがなおると胸がすっきりするところから）胸のすくような、鋭く歯切れのよい口調で話す。また、激しくののしりたてる。

断腸《だんちょう》の思い
はらわたがちぎれるほどの悲しくいたましい思い。「愛犬の死を断腸の思いで見守る」

端《たん》を発する
（その物事から、また、その物事が原因で）はじまる。「国境紛争に端を発した戦争」

【ち】

知恵《ちえ》を絞《しぼ》る
あれこれと一所懸命考える。あれこれ考えをめぐらせて最善の方法を見いだそうと努力する。

知恵《ちえ》を付ける
そばにいる者がいろいろと教えてそそのかす。わきの者が入れ知恵をする。

血が通う
①血が流れている。生きている。②事務的、公式的でなく、こまかい配慮を伴って物事を行なうさまにいう。「血が通った政策」

血が騒ぐ
興奮して、じっとしていられなくなる。腕をふるいたくなる。

力瘤《ちからこぶ》を入れる
熱心に尽力する。おおいに力を入れる。

力になる
助けとなる。人のためにほねをおる。尽力する。

力を落とす
力を失う。能力・権力・勢力などを失う。気力を失う。落胆する。がっかりする。

血で血を洗う
①（血で血を洗えば、ますますよごれるところから）悪事に悪事をもって対処する。暴力にむくいるのに暴力をもってする。②血族どうしが相争う。血を血で洗う。

地に落ちる
権威・名声など、さかんであったものが、おとろえすたれる。「犯人を取り逃がし警察の権威が地に落ちる」

血の雨を降らす
刃傷沙汰《にんじょうざた》などで多くの死傷者を出す。

血の気が多い
ものごとに興奮しやすい。血気盛ん。むこうみずで元気がいい。

血の滲《にじ》むよう
非常な辛苦、努力をするさま。血の出るよう。「血のにじむような苦労」

血の巡り
物事を理解する能力。察知する力。頭脳のはたらき。「血の巡りが悪い」

地の利を得る
地形や土地の位置がある事をするために、都合がよく、有利である。

地歩《ちほ》を占める
（「地歩」は、自分の立場。地位の意）自分の立場をしっかりしたものにする。「作家として確固たる地歩を占める」

血祭りに上げる
（古代中国で、出陣のときいけにえを殺し、血を軍神にささげて勝利を願ったことから）戦いの手はじめに、敵方の者を殺す。また、手はじめに威勢よく、最初の相手をかたづける。

血道《ちみち》を上げる
色恋や道楽に夢中になってのぼせあがる。また、物事に熱中して分別を失う。

血も涙もない
人間的な心情がまったくない。少しもおもいやりの心がない。

宙に浮く
（地につかず空中に浮く意から）中ぶらりんの不安定な状態になる。中途半端なままになる。「庁舎移転計画は宙に浮いたままだ」

昼夜《ちゅうや》を舎《お》かず
（「論語」から）昼夜の区別をしない。絶えず行なう。「工事は昼夜をおかずハイピッチで行なわれる」

帳尻《ちょうじり》を合わせる
帳簿の最終的計算を過不足なく行なう。転じて、物事のつじつまを合わせる。「話の帳尻を合わせる」

提灯《ちょうちん》を持つ
(夜道や葬列で提灯を持って先頭に立つところから)他人の手先となり、頼まれもしないのにその人のために努力し、また、その人をほめてまわる。

蝶《ちょう》よ花よ
子をひととおりでなくいつくしみ愛するさまをいう。「蝶よ花よと育てられた箱入り娘」

緒《ちょ》に就《つ》く
(「緒」は、いとぐち、手がかりの意)見通しがつく。いとぐちが開ける。しょにつく。

血湧《わ》き肉躍《おど》る
戦い・試合などを前にして、心がたかぶり、勇気があふれ、全身に緊張感がみなぎる。

血を分ける
血縁の関係にある。肉親の関係にある。親子・兄弟の間柄である。「血を分けた弟」

【つ】

終《つい》の住《すみ》処《か》
最後に住むところ。また、死後に落ち着くところ。終生住むべきところ。

つうと言えばかあ
互いに気心が知れていて、一言口にすれば、すぐにその意を了解すること。つうかあ。

杖《つえ》とも柱とも
(杖は体を支えてくれ、柱は家を支えてくれることから)非常にたよりにすることのたとえ。杖にも柱にも。「杖とも柱とも頼んだ人に死なれる」

掴《つか》み所がない
物事を理解したり評価したりするための手がかりがない。とらえどころがない。

付けが回ってくる
(あとから請求書が回ってきて支払いをさせられる意から)よくないことを行なったり、無理を通したりり、するべきことをしなかった場合、その当座は何ごともなくとも、あとになってその始末を付けなければならなくなる。

付け焼き刃
(切れない刀に鋼の焼き刃を付け足すことから)一時の間に合わせに、にわか仕込みで身につけたもの。「付け焼き刃の知識」

辻《つじ》褄《つま》が合う
(「辻」は、裁縫で縫い目が十文字に合う所、「褄」は、着物の裾の左右が合う所であることから)合うべきところがきちんと合う。すじみちがよく通る。前後が矛盾しないで合う。「話のつじつまを合わせる」

土が付く
力士が相撲で負ける。また一般に、勝負に負ける。

鍔《つば》迫《ぜ》り合い
互いに打ち込んだ刀を、鍔で受けとめ合い押し合うこと。転じて、どちらが勝つかわからないきわどい争い。「つばぜりあいを演ずる」

唾《つば》を付ける
自分のものであることを、他人に先んじてはっきりさせる。

潰《つぶ》しが利《き》く
（金属製の器物は、溶かして地金にしても、また役に立つ意から）別の仕事に代わってもそれをやりこなす力がある。また、あるものが別の場面でも役に立つ。

壺《つぼ》にはまる
①急所をはずさない。勘所を押さえる。「つぼにはまった回答」②こちらの見込んだ通りになる。図星にあたる。「作戦がつぼにはまる」

旋毛《つむじ》を曲げる
気分をそこねてわざとさからい、意地悪くする。わざと反対して従わない。

爪《つめ》に火をともす
（ろうそくや油の代わりに爪に火をともす意から）ひどくけちであること、倹約し、つましい生活を送ること。

爪《つめ》の垢《あか》ほど
きわめて少量のもの、または取るに足りないもののたとえ。

詰め腹を切らせる
（「詰め腹」は、他から強いられて切腹すること）強制的に辞職させる。「部下の不祥事で詰め腹を切らされる」

面《つら》の皮が厚い
あつかましい。恥知らずで、ずうずうしい。厚顔である。

鶴《つる》の一声《ひとこえ》
みんなが直ちに従うような有力者、権威者の一言。「社長の鶴の一声で決まる」

【て】

手垢《てあか》が付く
使い古されて新鮮みがなくなる。「手垢が付いた表現」

手足となる
その人のために労を惜しまず働く。指示や命令どおりに動く。「手足となって働く」

手が上がる
①技量が上達する。腕前があがる。腕が上がる。「料理の手が上がる」②字が上手になる。「書の手が上がる」

手が空《あ》く
仕事のきれめで、また、仕事が一段落してひまになる。手がすく。

手が掛かる
手数がいる。世話がやける。

手が込む
細工、技巧などが緻密である。また、物事が、こみいっている。複雑である。「手が込んだいたずら」

手が付けられない
処置のしようがない。施すべき方法がない。「乱暴で手が付けられない」

手が出ない
相手があまりにすぐれていたり、情況があまりにひどかったりして、施す手段がない。「値段が高くて手が出ない」

手が届く
①十分にゆきわたる。細かい所まで配慮されている。手が回る。ゆきとどく。「忙しくて庭の手入れまでは手が届かない」②能力・権力・勢力・財力などの範囲内にある。また、その範囲内に到達する。「もう少しで金メダルに手が届く」③ある年齢、時期などにもう少しで達する。「まもなく五十に手が届く」

手が無い
①働き手がない。人手が足りない。「手がないので家族の者が店を手伝う」②施すべき手段がない。方法がない。どうしようもない。「裁判に持ち込むしか手がない」

手が入《はい》る
①取締まりや検査のために、官憲が立ち入る。また、取り調べる。「警察の手が入る」②仕事や作品などを完成するまでの過程で、他人の訂正、補足がある。「作文に先生の手が入る」

手が離せない
やりかけていることがあって、他のことができない。

手が離れる
①物事が一段落したりして、その仕事をしなくてもよくなる。「仕事の手が離れたら食事にでも行こう」②子どもが成長して、世話に手数がかからないようになる。「育児の手が離れたので勤めに出る」

手が早い
①物事の処理がてきぱきとして敏速である。手早い。「作業の手が早い」②すぐに異性に手を出す。特に、女性とすぐに性的関係を結ぶ。③すぐ殴るなどの暴力をふるう。「口より手が早い」

手が塞《ふさ》がる
仕事の最中で、他の事に手を出す余裕がない。何かをことわるときの決まり文句としても用いる。

手が回る
①手配りが十分にゆきとどく。手が届く。「下の子の世話で、上の子までなかなか手が回らない」②犯人逮捕の手配がされる。「犯人の立ち寄りそうな所に警察の手が回る」

敵もさる者
敵も強くて、なかなかやるということ。

手《て》薬練《ぐすね》引く
（「薬練《くすね》」は、松脂《まつやに》を油で煮て練り混ぜ、弓の弦に塗り、弦を強くするのに用いたもの。手に薬練を取り弓手《ゆんで》に塗る意から）十分に準備して機会を待つ。あらかじめ用意して待ち構える。

手《て》癖《くせ》が悪い
①盗みをする性癖がある。手が長い。「手癖が悪いので、金目の物をすぐに盗む」②異性関係について、だらしがない。「彼は手癖が悪く女の子と見ると手を出す」

梃《て》子《こ》入れする
（取引市場で、相場のおもわくに

よって株価を人為的に操作する。多く、下落する相場を買い支える場合にいうことから）不安定なところや弱い状態にあるものなどに、助力や援助を与えて順調に運ぶようにする。

梃《て》子《こ》でも動かない
どのようなことをしても、その場から動かない。どのようなことがあっても、決意・信念などを変えない。絶対に動かない。

手《て》塩《しお》に掛ける
手ずから世話をする。手にかけて養育する。「手塩にかけて育てた娘」

手《て》玉《だま》に取る
手玉のように投げ上げてもてあそぶ。転じて、思いどおりにあやつる。

轍《てつ》を踏む
（「轍」は、わだち。転じて、比喩的に前人の行ったあとの意）先人のしたことをくり返す。また、前の人がおちいった失敗をくり返す。二の舞いを演ずる。前車の轍を踏む。

手《て》鍋《なべ》提《さ》げても
人を使わず自分で煮炊きをするような、つつましい暮らしをしても。貧しい生活をしても。「手鍋提げても彼といっしょになりたい」

手に汗を握る
あぶない物事をそばで見ていたりなどして、ひどく気がもめる。また、見ていて緊張したり興奮したりする。手に汗握る。「手に汗を握る大接戦」

手に余る
自分の力では及ばない。「手に余る難題を抱え込む」

手に入れる
自分のものにする。「土地を手に入れる」

手に負えない
自分の力ではどうにもならない。処置に困る。「気難しくて手に負えない」

手に落ちる
その所有となる。また、その支配下にはいる。「城が敵の手に落ちる」

手に掛かる
①取り扱われる。「難問も彼の手にかかると簡単にかたづく」②殺される。処刑される。「通り魔の手にかかって落命する」

手にする
①自分の手で持つ。じかに手に取る。「ペンを手にする」②受け取る。落手する。「情報を手にする」

手に付かない
他に心が奪われて、その事に身がはいらない。落ち着いて物事の処置ができない。手がつかない。「仕事が手に付かない」

手に手を取る
互いに手を取り合う。手と手を握りあう。多く、相愛の男女が行動をともにする場合にいう。「手に手を取ってかけ落ちする」

手に取るよう
きわめて近く、または明瞭に見えたり聞こえたりするさま。まるで目の前に置いたようによく分かるさま。「彼の気持ちは手に取るように分かる」

手に乗る
あざむかれて術中に陥る。あざむかれる。「その手には乗らない」

手に渡る
他の人の所有となる。「先祖代々の田畑もついに人の手に渡る」

手の内を明かす
心の中で計画していることを人にもらす。計略を人に話す。

手の切れるよう
紙、特に紙幣の真新しいものを形容する語。手のきれそう。「手の切れるような新札」

手の平を返す
露骨に態度を変えるさまを表わす。掌《たなごころ》を返す。手を返す。

出端《でばな》を挫《くじ》く
はじめようとする話や仕事を妨げる。はじめようと意気ごんでいるのを妨げる。機先を制して相手の意気込みをむだにさせる。出鼻を挫く。

手も足も出ない
施すべき処置・手段もなく困りきる。追いこまれて進退きわまる。また、無力でどうすることもできない。手も足も出せない。

手もなく
手数もかからず。たやすく。「手もなくまるめこまれる」

出る幕がない
（演劇で、その役者の出演する場面がないの意から）出ていって力を発揮する機会がない。

手を上げる
①下げていた手、または平伏して突いていた手を元の位置にもどす。「どうぞお手を上げてください」②降参する。また、閉口して投げ出す。「そろそろ手を上げる潮時だ」③殴ろうとして拳《こぶし》を振り上げる。ぶつなどの乱暴をする。「思わずかっとして手を上げる」④技量を上達させる。「碁の手を上げる」

手を合わせる
①両方のてのひらを合わせておがむ。また、心から頼む。合掌して感謝の意を表わす。②相手とする。相手として勝負をする。

手を打つ
①てのひらをうち合わせて鳴らす。「手を打って喜ぶ」②仲直りをする。契約が成立する。「そのへんで手を打とう」③必要な手段を講じる。一策を用いる。「あらかじめ手を打っておく」

手を替え品を替え
さまざまの方法を試みる。いろいろな手段・方法を尽くす。「手を替え品を替え子供をなだめる」

手を貸す
手助けをする。手伝う。助力する。「石段を登るおばあさんに手を貸す」

手を借りる
手伝ってもらう。助力してもらう。「友人の手を借りて引っ越しをする」

手を切る
関係をたつ。交際をたつ。縁を切る。

多く、男女の関係を清算することにいう。「たちのよくない男と手を切る」

手を下す
直接自分で行なう。みずから事に当たる。

手を加える
①加工する。「原料に手を加えて輸出する」②修正や補正をする。「草稿に手を加える」

手を拱《こまぬ》く
（うで組みをする意から）手だしをせずにいる。何もしないで見ている。手をこまねく。

手を差し伸べる
援助する。力をかす。「救いの手を差し伸べる」

手を染める
手をつける。しはじめる。事業などに関係する。「悪事に手を染める」

手を出《だ》す
①うったりなぐったりする。暴力を振るう。また、攻撃する。「先に手を出したほうが悪い」②そのことに関係する。かかわりあう。また、ものごとをやってみる。「株に手を出す」③女性と関係する。「同僚の女性に手を出す」④人の物をとる。奪う。盗む。「店の品物に手を出すな」

手を束《つか》ねる
腕組みをしたまま、何もしないで見ている。手出しをしない。また、何もできないでいる。手をこまねく。

手を尽くす
あらゆる手段・方法をしつくす。できるかぎりのわざをつくす。

手を付ける
①ある事をしはじめる。着手する。「新しい仕事に手をつける」②目下の異性と関係を結ぶ。③使い始める。また、使い込む。「会社のお金に手をつける」「ボーナスに手をつける」④料理などを食べ始める。「料理に手をつける」

手を握《にぎ》る
仲直りする。和解する。また、力を合わせて事に当たる。

手を抜く
すべきことをしないで手数を省く。いいかげんな仕事ですませる。

手を延ばす
今までしなかった事をやってみる。勢力をひろげる。「出版業にまで手を延ばす」

手を離れる
手もとからはなれる。世話、看護、監督が不要になる。「親の手を離れる」

手を引く
①手を取って引く。手を取って導く。「孫の手を引く」②関係を断ってしりぞく。かかわりあいをなくす。「仕事から手を引く」

手を広げる
関係する範囲を広くする。仕事の規模を大きくする。「商売の手を広げる」

手を回す
手段をめぐらす。うまくいくよう

に、ひそかに働きかける。「裏から手を回して圧力をかける」

手を結《むす》ぶ
相通じる。同盟を結ぶ。結託する。「野鳥保護のため全国の愛鳥家が手を結ぶ」

手を焼く
処置に窮する。てこずる。もてあます。「末の子の強情なのには手を焼く」

手を緩《ゆる》める
今まで、きびしかったことを、少しゆるやかにするさまをいう。「追及の手を緩める」

手を汚す
軽蔑したりしていて、今までしなかったようなことを自らする。特に、悪事を行なうことにいう。

手を煩《わずら》わす
人に世話をかける。やっかいをかける。人に手数をかける。「お手を煩わしてすみません」

天狗《てんぐ》になる
（自慢することを「鼻が高い」というのを、鼻が高い天狗にかけた語）得意になる。鼻高々になる。いい気になって自慢する。

天井《てんじょう》知らず
相場・物価などが高騰して、どこまで上がるかわからないこと。

天にも昇る心地《ここち》
非常にうれしくて、うきうきする気持をたとえていう。

天秤《てんびん》に掛ける
①二つのうちどちらかを選ばなければならないとき、両方の優劣・軽重・損得などを比較する。「出世と恋とを天秤にかける」②対立しているどちらにも関係をつけておいて、どちらが優勢になっても自分の都合のよいようにはかる。また、そのような態度をとる。「二人の男性を天秤にかける」

天を衝《つ》く
非常に高いこと。また、すばらしい勢いであることのたとえ。「意気天を衝く」

【と】

頭角《とうかく》を現す
（「頭角」は、頭の先の意）すぐれた才能・技芸などをもち、人に抜きんでる。才覚が群を抜いてめだつ。

薹《とう》が立つ
（野菜などの花茎が伸びて、食べごろでなくなってしまう意から）人が、その目的に最適の年齢を過ぎてしまう。盛りが過ぎる。男女の婚期についていうことが多い。

峠《とうげ》を越す
勢いのもっとも盛んな時期を過ぎて、衰えはじめる。また、もっとも重要な時期を過ぎて、先の見通しがきくようになる。「病状も峠を越した」

堂に入《い》る
（「論語」による、学芸の奥義を究める意の「堂に昇り室に入る」から）学問・技芸、その他修練を必要とする事柄について、よく身についてその深奥に達している。転じて、すっかりなれて身につく。「堂に入った司会ぶり」

度が過ぎる
程度がふつうの状態をはなはだしく越える。過度である。「ふざけるのも度が過ぎている」

度肝《どぎも》を抜く
（「度肝」は、「肝《きも》」を強めた言い方）ひどく驚かす。きもをつぶす。「彼の球の速さには度肝を抜かれた」

時を移さず
（時が移り変わる前にの意から）すぐさま。即刻。ただちに。

時を得る
時流に乗って栄える。好機をつかんで、権勢をふるう。時めく。

時を稼《かせ》ぐ
時間のゆとりをつくる。ある物事をする準備や用意のために、他の事柄で時間を長びかせ、それに必要な時間をつくり出す。時間を稼ぐ。

毒にも薬にもならない
害もないが効能もない。損にも得にもならない。可もなく不可もない。

とぐろを巻く
（蛇などが渦巻状に巻いてわだかまっているようすから）①何人かの人が、特に用もないのに、ある場所に集まって長時間いる。「夜になると駅前に若者たちがとぐろを巻く」②腰を落ちつけて動かなくなる。また、外からの刺激に反応しなくなる。「居酒屋でとぐろを巻いている客」

どこ吹く風
人の言うことやすることなどを、まったく無視しているような様子。知らん顔。「どこ吹く風と聞き流す」

ところを得《え》る
その人にふさわしい地位、仕事につく。また、満足のいく境遇を得て、力を存分に発揮する。

どさくさに紛れる
混雑や混乱に乗じる。「どさくさに紛れて逃げる」

年が行《い》く
①年齢が重なって行く。成長しておとなになる。また、老年となる。②一年が過ぎ去って行く。年が暮れようとする。

年《とし》甲斐《がい》もない
大人がその年齢にふさわしくない愚かな事をする。いい年をして浅はかな行ないをする。「年甲斐もなく大声でどなってしまった」

年には勝てない
元気があっても、年をとっては健康や体力が自由にならない。年は争えない。

年端《としは》も行《い》かぬ
年齢が一人前に到達していない。まだ年若い。幼い。年端もゆかぬ。「年端も行かぬ少年」

どじを踏む
間抜けなことをする。へまをやらかす。失敗する。

毒《どっ》気《け》を抜かれる

語彙力

ひどく驚かされる。呆然とさせられる。特に、積極的に気負いたった気持をはぐらかされるさまにいう。

取って付けたよう
（あとから無理に付け加えたようなの意から）言動・態度・かっこうなどが不自然でわざとらしいさま、不調和でおさまりがつかないさまのたとえ。「取って付けたようなお世辞を言う」

突拍子《とっぴょうし》もない
なみはずれている。とんでもなく調子はずれである。「突拍子もないことを言い出す」

途轍《とてつ》もない
（「途轍」は、筋道。道理の意）すじみちに合わない。全く道理に合わない。とんでもない。また、きわめて図抜けている。途方もない。

とどのつまり
（出世魚のボラは成長してゆくに従って名称が変わり、最後に「とど」といわれるところから）いろいろやって、または、せんじつめていった最後のところ。結局。畢竟《ひっきょう》。副詞的にも用いる。多く、思わしくない結果である場合に用いる。「とどのつまり破談となる」

止《とど》めを刺す
①決定的な打撃を与える。再起できなくなるほどに徹底的にうちのめす。「九回表に三点追加してとどめを刺した」②それにまさるものがない。それに限る。「山は富士山にとどめを刺す」

飛ぶ鳥を落とす勢い
飛鳥も地上に落ちてくるほどに、権勢のさかんなことのたとえ。「連戦連勝で飛ぶ鳥を落とす勢いだ」

途方《とほう》に暮れる
手段が尽きてぼんやりする。どうしてよいか手段に迷う。「道に迷って途方に暮れる」

途方《とほう》もない
さっぱり道理に合わない。また、ある物事の程度などが、ふつうとはひどくかけはなれている。とてつもない。「途方もない金額」

取り付く島がない
たよりにしてとりすがる所がなく、どうしようもない。

取り留めがない
（「取り留め」はまとまり。しまりの意）まとまりがない。要領を得ない。

鳥肌《とりはだ》が立つ
（寒さや恐怖などで、皮膚が、毛をむしり取った後のニワトリの皮の表面のようにぶつぶつになることから）寒さや恐怖などでぞっとする。「あまりの恐さに鳥肌が立つ」〔補注〕最近では、感動したときに使われることもある。

取るに足りない
問題にもならない。「取るに足りない意見」

取る物も取り敢えず
（手に取る物も取ることができないでの意から）大あわてで出発するさまをいう。「取る物も取り敢えず病院へかけつける」

泥《どろ》を被《かぶ》る
他人の失敗の責任をとって損な役回りをひきうける。

泥《どろ》を塗《ぬ》る
恥をかかせる、面目を失わせることをいう。「店の信用に泥を塗る」

泥《どろ》を吐《は》く
調べられ問いつめられて、隠していた悪事・犯行などを白状することをいう。

度を失う
狼狽して言動に平常の状態を失う。

度を越す
適切な度合を越す。ふつう以上に物事を行なう。度を過ごす。「運動も度を越すと健康を害する」

【な】

無い袖《そで》は振れぬ
実際ないものはどうにもしようがない。してやりたいと思っても力がなくてどうにもならない。

無い物ねだり
ない物をねだって欲しがること。できないことを無理にせがむこと。

長い目で見る
ある事柄を現状だけで判断しないで、気を長く持って将来を見守る。

鳴かず飛ばず
長い間鳴きも飛びもしないでじっとしている意から、将来の活躍を期して長い間機会を待っているさまをいう。現在では長い間何の活躍もしないでいることを自嘲的に、または軽蔑していうことが多い。「彼もこのところ鳴かず飛ばずだ」

流れに棹《さお》さす
流れに棹をつきさして船を進め下るように、好都合なことが重なり、物事が思うままに進むたとえ。〔補注〕時流、大勢にさからう意で用いるのは誤用。

流れを汲《く》む
創始者の流儀に従いそれを身につける。その流派を学ぶ。また、家系などの末流に列する。

泣きの涙
涙を流して泣くこと。ひどく悲しい思いをすること。

泣きを入れる
泣きついてわびをいい、許しを求める。嘆願する。

泣きを見る
泣くようなめにあう。ふしあわせなめにあう。

泣くに泣けない
あまりにつらくて、泣くこともできない。無念であきらめきれない。

梨《なし》の礫《つぶて》
〔投げた礫《つぶて》は返らないところから、「梨」を「無し」にかけていう語〕音沙汰のないこと。音信のないこと。

謎《なぞ》を掛ける
①なぞなぞを言いかける。なぞなぞの題を出して答えを求める。②遠まわしにそれとなくさとらせるように、いいかける。

何がなんでも

どんなことがあっても、絶対に。一つの意志を必ず貫こうとする決意を表わす。

何かにつけ
あれこれの機会に。いろいろの事に関して。

何くれとなく
あれやこれやと。いろいろと。「何くれとなく相談にのる」

何食わぬ顔
自分のしたことや思っていることが人に知られては困るとき、注意をそらすために平然と振舞うようす。

何はさておき
他のことは別にして。さしあたって。とりあえず。「何はさておき挨拶だけはすませた」

何はともあれ
他のことはどうであろうと。それはそうと。「何はともあれ無事でよかった」

何はなくとも
当面の一つのものがありさえすれば、他のいっさいのものが存在しなくてもよい、という気持を表わす。他に格別のものはなくても。

何を置いても
他のことは後回しにしても。真っ先に。

何をか言わんや
（何を言おうか、言うことはないの意から）もう何も言うことはない。あきれてことばもない。「こんな基礎知識すら知らないとは何をか言わんやだ」

名乗りを上げる
（武士が戦場で敵と戦う前の作法として、自分の名を声高らかにいうことから）競争などに加わることを表明する。選挙などに立候補する。「開催の立候補地として名乗りを上げる」

生木《なまき》を裂く
（割りにくい生木を無理に引き裂く意から）相愛の男女をむりに別れさせる。強引に男女の間を裂く。「生木を裂くようにして二人を別れさせる」

波風《なみかぜ》が立つ
もめごとが起きる。「家庭に波風が立つ」

涙にくれる
涙でものがみえなくなる。また、泣いて暮らす。

涙に咽《むせ》ぶ
涙で、声がとだえがちである。また、泣きに泣く。

涙を呑む
（涙が出そうなのをこらえる意から）口惜しさ、無念さをじっと我慢して引きさがる。「涙を呑んであきらめる」

波に乗る
①時の流れにうまくあう。時代の風潮・時勢にあって栄える。「好景気の波に乗って売上げが伸びる」②調子に乗る。勢いに乗る。「彼は今、波に乗っている」

並ぶものがない

匹敵するものがない。「成績で彼に並ぶ者がない」

鳴りを潜《ひそ》める
物音をおさえてひっそりとさせる。また、活動が途絶える。

名を売る
自分の名を広く世間に知れわたるようにする。名を広める。

名を惜しむ
名や名声を大切にする。名声の傷つくことを惜しむ。うき名のたつことを嫌う。

名を汚《けが》す
名誉を傷つける。面目をつぶす。評判を悪くする。

名を捨てて実《じつ》を取る
見かけだけの名誉や表面上の体裁よりも実際の利益を選ぶ。

名を成す
世間からよい評判をたてられる。ひとかどの人物として有名になる。「建築家として名を成す」

名を馳《は》せる
世間の評判になり、名前が知れ渡る。名声を博す。「冒険家として世界的に名を馳せる」

難癖《なんくせ》を付ける
何か欠点を見つけて非難する。あらを見つけ出してとがめる。

難色《なんしょく》を示す
不承知らしい様子をする。顔つき、態度、婉曲な言い回しなどで不賛成であることを告げる。「提示された条件に難色を示す」

【に】

煮《に》え湯を飲まされる
信用している人に裏切られてひどい目にあう。「腹心の部下に煮え湯を飲まされる」

荷が重い
負担が重い。責任が重大だ。また、責任や負担が大きく負いきれない。「その役は私には荷が重い」

荷が下りる
責任がとり除かれる。任務を完了して気持ちが楽になる。責任や義務がなくなってほっとする。

荷が勝つ
（「荷」は、任務、責任の意）責任や負担が過重である。「新人には荷が勝ちすぎた役目だ」

逃げを打つ
責任などの追及をのがれようと手段を講じる。「担当ではないからと逃げを打つ」

錦《にしき》を飾る
（美しい着物を着飾って帰郷する意から）立身出世して故郷へ帰る。故郷へ錦を飾る。「金メダルを胸に故国へ錦を飾る」

西も東も分からない
①その土地の事情を全然しらない。「初めて来た土地で西も東もわからない」②まったく物事をわきまえる能力がない。東西をわきまえず。「新入社員なので仕事のことは西も東も分らない」

似たり寄ったり

互いに優劣・高下のないこと。たいした違いのないさま。大同小異。「どれもこれも似たり寄ったりの出来だ」

二進《にっち》も三進《さっち》も
(算盤《そろばん》の割り算から出た語で、計算のやりくりの意)行き詰まって身動きができないようす。どうにもこうにも。「借金がかさみにっちもさっちも行かない」

似て非なる
外見は似ていながら、その内容は違っている。「自由と放任は似て非なるものである」

似ても似つかぬ
少しも似ていない。全く似ていない。

煮《に》ても焼いても食えない
ほどこす手段がなく持てあます。手におえない。扱いようがない。

二の足を踏む
(一歩目は進みながら、二歩目はためらって足踏みする意から)思いきって物事を進めることができないさまをいう。どうしようかと迷う。「事業の拡張に二の足を踏む」

二の句が継げない
(「二の句」は、雅楽で朗詠の詩句を三段に分けて歌うときの第二段の詩句。転じて、次に言うことばの意)言うべき次のことばが出てこない。「あきれて二の句が継げなかった」

二の舞を演じる
(「二の舞」は、舞楽の曲名。安摩の舞の次にそれにまねて演じる滑稽な舞のこと)人のまねをする。特に、前の人の失敗を繰り返す。

二枚舌《にまいじた》を使う
(舌が二枚あるかのように、一つのことを二通りに食い違って言うことから)矛盾したことを言う。うそを言う。

【ぬ】

抜き差しならぬ
処置のしようがない。どうにもならない。抜き差しならない。

抜け駆けの功名《こうみょう》
抜け駆けをして得た手柄。他を出し抜いてたてた功名。

抜け目がない
手ぬかりがない。また、自己の利益になる機会を逃さない。「万事に抜け目がない」

盗《ぬす》人《っと》猛《たけ》猛《だけ》しい
盗みや悪事を働きながら何くわぬ顔でいたり、とがめられて逆に居直ったりするのをののしっていう語。

濡《ぬ》れ衣《ぎぬ》を着せられる
無実の罪を負わされる。

濡《ぬ》れ手で粟《あわ》
(濡れた手で粟をつかめば、粟粒がそのままついてくるところから)骨を折らないで利益を得ること。労少なくて得るところの多いこと。

【ね】

寝《ね》返《がえ》りを打つ
味方を裏切って敵と手を結ぶ。ね

がえる。

願ったり叶《かな》ったり
願いや希望のとおりになること。すべて思いどおりであること。

願ってもない
自分で願っても簡単にかないそうもないことが運よくかなうさま。「奨学金で留学ができるなんて願ってもないチャンスだ」

寝首《ねくび》を掻《か》く
〔眠っている人を襲って、その首を切り取る意から〕卑怯な計略を用いて、相手をおとしいれる。

猫の手も借りたい
非常に忙しく手不足な様子をたとえていう。「大晦日を迎えて蕎麦屋は猫の手も借りたい忙しさだ」

猫の額《ひたい》
〔猫の額が狭いところから〕面積の狭いことのたとえ。「猫の額ほどの小さい庭」

猫の目のよう
〔猫のひとみは明るさによって形を変えるところから〕移り変わりの激しいさま。「野菜の値段が猫の目のように変わる」

猫も杓子《しゃくし》も
なにもかも。だれもかれも。「猫も杓子も海外旅行に行く」

猫を被《かぶ》る
本性をかくしておとなしそうに見せる。また、知っていながら知らないふりをする。「先生の前では猫を被っている」

寝覚《ねざ》めが悪い
眠りからさめた時の気分がよくない。転じて、ある事が気になったり重荷になったりして気が安まらない。また、自分の行為、特に過去の行為が反省されて良心がいたむ。

螺子《ねじ》を巻く
〔動かすためにぜんまいなどの螺子を巻くことから〕気持や態度がゆるんだ時、強く注意したり励ましたりする。改めさせる。

ねたが割れる
〔「ねた」は、種《たね》を逆に読んだ隠語〕隠していた材料や仕かけがばれてしまう。

寝た子を起こす
〔眠った子供を起こすと、ぐずって手がかかることから〕せっかくおさまっている事柄に無用の手出しをして、またまた問題をひき起こすたとえ。

熱が冷《さ》める
一時の興奮からさめる。のぼせがさがる。

熱が入《はい》る
熱意がこもる。力がはいる。熱心である。「話に熱が入る」

熱に浮かされる
〔高熱のために意識がはっきりしなくなる意から〕一つのことに熱中し、前後を忘れる。他を忘れて夢中になる。「熱に浮かされたように研究に打ち込む」

熱を上げる
そのことに夢中になる。その魅力

にとりつかれてのぼせあがる。「好きな選手に熱を上げる」

寝ても覚めても
寝ているときでも起きているときでも。いつも。絶えず。

根に持つ
いつまでも恨みに思う。恨んで忘れない。「つまらないことをいつまでも根に持つ」

根掘り葉掘り
何から何まで全部。しつこく尋ねるさま、うるさく詮索するさまなどにいう。「根掘り葉掘り聞く」

寝《ね》耳《みみ》に水
（元来は眠っているときの耳に水音が聞こえてくることを言ったが、のち、水が実際に耳にはいると解されるようになった）寝ている耳に水を注がれるような、まったく思いがけない、突然の出来事に驚くさまのたとえ。「彼が死んだなんて寝耳に水だ」

根も葉もない
（根にあたる原因も葉にあたる結果もない意から）何の根拠もない。全くよりどころとなるものがない。何らの理由もない。根もない。「根も葉もない噂」

音《ね》を上げる
（「音」は、泣き声の意）困難・苦難に耐えられず、声をたてる。弱音をはく。降参する。「猛練習に音を上げる」

根を下ろす
（草の根や木の根が根づく意から）確かな位置を占める。ゆるぎないものとなる。不動の地位を占める。

根を張る
（草の根や木の根がのびて広がる意から）ある考え方や習慣などが深く広がって、動かしがたくなる。「政治への不信感が深く根を張る」

年季が入《はい》る
（「年季」は、奉公する約束の年限の意）長い間修練を積んで熟練している。「年季が入った腕前」

年貢の納《おさ》め時《どき》
（年貢の滞納を清算する時の意から）悪事をし続けた者が、ついに捕えられて、罪に服さなければならない時。また、ある物事に見切りをつけて観念すべきころ合い。「独身生活もここらが年貢の納め時だ」

念には念を入れる
注意したうえにも注意する。重ねて確認する。「念には念をいれ、戸締りを確認する」

念を押す
相手に十分に確かめる。重ねて注意する。

【の】

熨斗《のし》を付ける
喜んで他人に物を与える意志を表わす。皮肉の意をこめて用いることもある。のしを添える。「のしを付けて呉れてやる」

のっぴきならない
（「のっぴき」は、「退き引き」の変

化した語。避けてしりぞくこと）避けることもしりぞくこともできない。のがれることができない。「のっぴきならない用事が出来て、出席できない」

喉《のど》から手が出る
ほしくてたまらないたとえにいう。「喉から手が出るほどその指輪が欲しい」

のべつ幕《まく》なし
（芝居で、幕を引くことなしに場面を進行させる意から）絶え間なく続くこと。また、そのさま。「のべつ幕なしに小言を言う」

蚤《のみ》の夫婦《ふうふ》
（蚤の雌が雄より大きいところから）夫より妻の方が体の大きい夫婦のたとえ。

乗り掛かった船
（いったん岸を離れてしまった船からは、中途で下船できないところから）物事を始めてしまった以上、行くところまで行こうとすること。いったんかかわりを持った以上、途中で身をひくことのできないことのたとえ。「乗りかかった船だ、最後まで協力しよう」

伸《の》るか反《そ》るか
（伸びるか反り返るか、結果がどうなるかわからない意から）成功するか失敗するか、成否を天に任せて、思いきってやること。「伸るか反るかの大勝負」

暖簾《のれん》を下ろす
商家が営業をやめる。「三代続いた店の暖簾を下ろす」

暖簾《のれん》を分ける
商家で長年よく勤めた奉公人に、新たに店を出させて同じ屋号を名のることを許す。

狼煙《のろし》を上げる
（合図として煙を上げる意から）一つの大きな事を起こすきっかけとなるような目立った行動をする。「批判ののろしをあげる」

呑んで掛かる
相手を軽く見て、圧倒するような態度をとる。「勝負事には相手を呑んでかかる気迫が必要だ」

【は】

歯《は》が浮く
軽はずみで気障《きざ》な言行を見たり聞いたりして、不快な気持になる。「歯が浮くようなお世辞」

量《はか》が行《い》く
（「量」は、仕事の進み具合の意）仕事などが順調に進む。効果があがる。はかどる。「大勢なので仕事の量が行く」

場《ば》数《かず》を踏む
実地に経験する度数を重ねる。多くの経験を積んでなれる。「場数を踏んで度胸がつく」

歯《は》が立たない
（噛《か》むことができない意から）自分の力が及ばない。理解できない。また、相手に対抗して張りあうことができない。「難問で歯が立たない」

秤《はかり》に掛ける
物事を比べて、利害・得失などを判断する。「損得を秤にかけてみる」

馬《ば》鹿《か》を見る
自分が不利益をこうむったり、損な立場になったりする。ばかばかしい思いをする。「正直者が馬鹿をみる」

馬《ば》脚《きゃく》を露《あら》わす
（芝居の馬のあしの役者が姿を見せてしまう意から）つつみ隠していた事があらわれる。化けの皮が剥がれる。

歯切れがいい
物言いや態度、行動などが明確である。「歯切れのいい返事」

箔《はく》が付く
（金箔や銀箔を張り付けると立派になることから）値うちに重みがつく。貫禄がつく。

白《はく》眼《がん》視《し》する
冷たい目つきでみる。悪意を持って人を扱う。白い目で見る。

白日《はくじつ》の下《もと》に晒《さら》す
（曇りなく照り輝く太陽の下に引き出す意から）隠されていた物事を公にする。「事件の真相が白日の下にさらされる」

白《はく》紙《し》に戻す
何もなかった、もとの状態にもどす。白紙に返す。「計画を白紙に戻す」

拍《はく》車《しゃ》を掛ける
（馬腹に拍車を当てて馬を進ませるところから）事の成り行きを一段と速める。物事の進行に一段と力をそえる。「インフレ傾向に拍車をかける」

薄氷《はくひょう》を踏《ふ》む
ひじょうに危険な状況にのぞむことのたとえ。「薄氷を踏む思いでの勝利」

化《ば》けの皮《かわ》が剥《は》がれる
正体が現われる。包み隠した素性が現われる。偽りが露顕する。馬脚を露わす。「にせ医者の化けの皮が剥がれる」

恥《はじ》の上塗《うわぬ》り
恥をかいたうえに、さらに恥をかく。重ねて恥をかく。

馬《ば》車《しゃ》馬《うま》のよう
（馬車をひく馬はわき見をしないように目の両側に覆いをされることから）わき目もふらずに一途に物事をするさま。「馬車馬のように働く」

恥《はじ》を知る
恥ずべきことを知る。恥を恥として知る。

恥《はじ》を雪《すす》ぐ
（「雪ぐ」は、恥、不名誉を除き払う意）名誉をとりもどす。不名誉を償《つぐな》う。恥をそそぐ。

バスに乗り遅れる
（英語の miss the bus の訳から）時流にとり残される。他におくれをとる。好機を逃す。「合理化のバスに乗り遅れる」

弾《はず》みを食《く》う
他の余勢を受ける。弾みを食らう。

「前のランナーが転倒した弾みを食って、あやうくつんのめりそうになる」

旗色《はたいろ》が悪い
形勢がよくない。負けそうである。「反対派の旗色が悪い」

肌《はだ》が合わない
(「肌」は、気質、気性の意) 自分の性質と合わない。気が合わない。

裸一貫《はだかいっかん》
資本や財力などがまったくなくて、自分の身一つであること。「裸一貫から財を築く」

畑違い《はたけ》
自分の専門分野に属しないこと。自分のたずさわっている領域と異なった領域にあること。また、そのもの。「畑違いの仕事」

肌《はだ》を許す
女性が身を任せる。体を許す。

破竹《はちく》の勢い
(竹は、一節割れ目を入れると、次々に割れて行くところから) 猛烈な勢いで進むこと。また、勢いが盛んで押さえがたいこと。「破竹の勢いで勝ち進む」

蜂《はち》の巣をつついたよう
騒ぎが大きくなって、手もつけられないようになるさま。上を下への大騒ぎをするさま。「事件が明るみに出て、蜂の巣をつついたような騒ぎになる」

ばつが悪い
(「ばつ」は、その場の具合の意の「場都合」の略とも、終わり・結びの意の「跋」からともいう) その場の調子が悪い。ぐあいが悪い。きまりが悪い。「ばつが悪そうに頭を掻く」

発破《はっぱ》を掛ける
(「発破」は、鉱山や土木工事で爆薬を仕かけて岩などを爆破すること。また、その爆薬の意) 荒々しいことばで督励する。あらっぽく注意して励ます。気合いをかける。

八方塞《はっぽうふさ》がり
(陰陽道の占いで、どの方角も不吉で事を行なえないことから) 他人の援助や信用などをすっかり失ってしまっていること。どの方面にも障害があって手の打ちようがないこと。「八方塞がりで打つ手がない」

鳩《はと》が豆鉄砲《まめでっぽう》を食ったよう
突然のことに驚いて目をみはるさま、あっけにとられきょとんとしているさまのたとえ。

歯止《はど》めを掛ける
それ以上事態が進みすぎないようにおさえとどめる。「物価の高騰に歯止めをかける」

鼻息《はないき》が荒い
思いこみが強く、人の説を受けつけない。意気ごみがはげしい。「今度こそ優勝してみせると鼻息が荒い」

鼻息《はないき》を窺《うかが》う
恐る恐る人の意向をさぐる。人の機嫌をうかがう。「社長の鼻息を窺う」

鼻が利く
(嗅覚が鋭い意から) ちょっとした

ことから秘密や役に立つ事柄などを見つけ出す能力が有る。「儲け話にはいたって鼻が利く男だ」

鼻が高い

得意なさまである。誇らしい。

鼻が曲がる

悪臭があまりにひどく、耐えられないさまをいう。「鼻が曲がるような臭気」

鼻毛《はなげ》を読む

女が、自分におぼれている男を見ぬいて、思うようにもてあそぶ。

話が弾《はず》む

互いに気が合ったり、興味の持てる話題だったりして、話に活気が出る。

話にならない

問題にならない。あきれてものがいえない。お話にならない。

話に花が咲く

それからそれへと、いろいろ興味ある話が出る。

話に実《み》が入《はい》る

興に乗って話す。話に熱中する。

話の腰を折る

調子に乗った談話を、中途で挫折させる。話を中途からさえぎる。

鼻《はな》っ柱《ばしら》が強い

（「鼻っ柱」は、鼻柱（鼻筋）のことで、ここでは負けん気の意）自分の考えを強く主張して譲らない。人に張り合う気持が強い。はなっぱしが強い。

鼻であしらう

相手のことばにろくに返事もしないで冷淡にあしらう。すげない態度をする。「相手の頼みを鼻であしらう」

鼻で笑う

鼻先でふんと笑う。軽蔑した笑い方にいう。

鼻に掛ける

自慢する。得意がる。自慢顔をする。「学歴を鼻にかける」

鼻に付く

①いやな臭いが鼻を刺激する。②飽きていや気が起こる。また、いやみに感じる。「彼の成金趣味が鼻につく」

鼻の下を長くする

女の色香に迷う。女に対してでれでれする。「女性にやさしくされて鼻の下を長くする」

花道《はなみち》を飾る

（「花道」は、歌舞伎劇場で、舞台左側（下手）から観客席を縦に貫いて設けた、俳優の出入りする道のこと）最後にはなばなしく活躍して去る。引き際を美しくして去る。「引退の花道を飾る」

鼻持《はなも》ちがならない

（臭気がひどくてがまんができない意から）言動ががまんならない。嫌味である。鼻持ちならない。

洟《はな》も引っ掛けない

（「洟」は、鼻汁、鼻水の意）相手にしない。無視する。鼻も引っかけない。「少し売れてくると昔の仲間になんか洟も引っかけない」

花も実もある

（木または枝に花、実ともに有する

意から）外観も美しく、内容も充実している。名実ともに備わる。

鼻を明かす
だしぬいたり思いがけないことをしたりして、優位に立っていた相手を驚かせる。「ライバルの鼻を明かしてやる」

花を咲かせる
①はなやかにする。にぎやかにする。盛んにする。「思い出話に花を咲かせる」②栄えるようにする。成功する。名をあげる。

花を添える
美しさを加える。はなやかさを増す。「錦上花を添える」

鼻を高くする
面目を施す。自慢する。得意になる。「少しばかりの成功に鼻を高くする」

鼻を突く
嗅覚を刺激する。鼻を打つ。「悪臭がぷんと鼻をつく」

鼻を鳴らす
鼻から出るような音をさせる。犬がくんくんと鳴く声などにいう。また、鼻にかかった声を出して、甘えたりすねたりする動作にもいう。

花を持たせる
勝利や功名を相手にゆずる。相手を立てる。「先輩の顔を立てて花を持たせる」

歯《は》に衣《きぬ》着せぬ
つつみ隠すことなく、思ったままを率直に言う。はっきりと、飾らないで言う。「歯に衣着せぬ論調」

羽が生えたよう
商品がよく売れる様子のたとえ。また、金や物などがどんどん減っていくようすのたとえ。「出した本が評判を呼び羽が生えたように売れる」

羽を伸ばす
押さえられた状態から自由になって思うようにふるまう。「たまには温泉へでも行って羽を伸ばそう」

歯《は》の抜けたよう
まばらでふぞろいなさま。また、あるはずのものが欠けて、さびしい様子。「廃業が相次ぎ歯の抜けたような商店街」

歯《は》の根が合わない
寒さや恐怖のために、ふるえおののくさまにいう。「あまりの寒さに歯の根が合わない」

幅《はば》を利かせる
自分の存在を大きく認めさせるようにする。威勢をふるう。「演劇界ではかなり幅を利かせている」

羽《は》目《め》を外す
（「はめ」は「馬銜《はみ》」の転で、轡《くつわ》の馬の口にくわえさせる所。それを外すと手綱で御すことができず、馬が勝手に走り回ることから）興に乗って度を過ごす。調子づいて節度を失う。

波《は》紋《もん》を投じる
何事もない静かな所を波立たせる。特に、事を起こしたり、問題を提起したりして、その影響を広げるのにいう。

早い話が

手短にいえば。要するに。つまり。早い話。

腹が黒い
心の中がきたない。根性《こんじょう》が悪い。はらぐろい。

腹が据《す》わる
物事に動じなくなる。落ち着く。覚悟する。度胸が据わる。

腹が立つ
怒る。癪《しゃく》にさわる。立腹する。

腹が太い
度量が広い。胆力が大きい。

腹鼓《はらつづみ》を打つ
腹いっぱい食べて腹をつづみのように打ち鳴らす。腹いっぱい食べて、満足する。

腹に据《す》えかねる
怒りをおさえることができない。がまんができない。「今度という今度は腹に据えかねる」

腹の皮が捩《よじ》れる
おかしくて、腹の皮がよれるほど大笑いする。腹の皮を捩る。「あまりにおかしくて、腹の皮が捩れる」

腹の虫が治まらない
癪《しゃく》にさわって我慢ができない。腹立つ心を抑えがたい。

腸《はらわた》が煮《に》えくり返る
どうにもこらえることができないほど、ひどく腹が立つ。

腹を抱《かか》える
おかしさに耐えられないで大笑いをする。「腹を抱えて笑う」

腹を固める
覚悟する。決心する。腹を決める。「力士になろうと腹を固める」

腹を決める
覚悟をきめる。決心をする。腹を固める。「いよいよ独立の腹を決める」

腹を括《くく》る
どんな結果になってもたじろがないように意を決する。覚悟をきめる。腹を据える。

腹を探《さぐ》る
それとなく人の意中をうかがう。「政敵の腹を探る」

腹を据《す》える
気を落ちつけ、対処のしかたを決める。覚悟をきめる。「もうやるしかないと腹を据えた」

腹を立てる
怒る。立腹する。「約束を守らないので腹を立てる」

腹を割る
本心をうちあける。包み隠さずすべてをさらけ出す。「腹を割って話し合う」

腫《は》れ物に触《さわ》るよう
（痛い腫れ物にふれるような感じであることから）恐る恐るたいせつに扱う。きげんをそこなわないように気をつかうさまのたとえ。

歯《は》を食いしばる
くやしさや怒り、または苦痛などを必死にこらえる。

万事《ばんじ》休す
（「休す」はやむの意）もう施すべき手段がなく、すべて終わりである。何事も全く見込みがない。「この作

語彙力

戦が失敗したら、もう万事休すだ」

半畳《はんじょう》を入れる
（芝居小屋などで、役者に不満や反感を持ったりする時に、敷いている半畳を舞台に投げるところから）他人の言動に非難、冷評、野次、茶化しなどの声をかける。半畳を打つ。「説明の途中で半畳を入れる」

判《はん》で押したよう
まったく同じことの繰り返しで、少しの変化もないこと。また、きまりきっていることをいう。「判で押したように毎日始業十分前に出社する」

万難《ばんなん》を排《はい》する
あらゆる困難を乗り越える。種々の障害を押しのける。「万難を排して行う」

範《はん》を垂れる
（「範」は、模範。「垂れる」は、示す意）手本を示す。模範となる。

【ひ】

火が消えたよう
活気を失ってさびしくなるさま。

火が付く
あることがきっかけで事件、騒動が起こる。「紛争に火がつく」

引きも切らない
絶え間がない。ひっきりなしである。次々と続く。「弔問客が引きも切らない」

びくともしない
少しも動かない。また、驚かない。「少々の地震ではびくともしない」

引くに引けない
引き下がりたくても引き下がれない状況にある。いやでもやるしかない立場である。

引けを取らない
他に劣らない。勝負や競争をして負けない。「練習量では引けを取らない」

膝《ひざ》が笑う
山道を下りる時などに、疲れて膝のあたりの力が抜け、がくがくすることをいう。

膝《ひざ》を打つ
はっと思い当たったり、感心したり、また、おもしろいと思ったりした時などに手で膝を軽くたたく動作をいう。膝をたたく。「はたと膝を打つ」

膝《ひざ》を崩《くず》す
きちんとした姿勢をくずして、楽にすわる。「どうぞ膝を崩して楽にしてください」

膝《ひざ》を屈《くっ》する
（膝を折って、からだをかがめる意から）相手に屈従する。膝を屈《かが》める。

膝《ひざ》を進める
①前へにじり出る。相手に近づく。「テレビを間近で見ようと膝を進める」②乗り気になる。興味を持つ。「好きな釣りの話に思わず膝を進める」

膝《ひざ》を乗り出す
前へにじり出る。また、興味を感じて乗り気になる。膝を進める。「膝を乗り出して話に聞き入る」

膝《ひざ》を交える
同席して親しく話し合う。うちとけて語り合う。「旧友と膝を交えて歓談する」

肘鉄砲《ひじでっぽう》を食《く》わせる
（肘の先で突きのける意から）誘いなどを拒絶する。肘鉄を食わせる。

額《ひたい》を集める
（互いに顔をくっつけ合うように近寄って相談することから）顔を寄せ合って相談する。集まって相談する。「額を集めて対応策を考える」

左団扇《ひだりうちわ》で暮らす
（団扇を利き腕でない左手でゆったりあおぐさまから）安楽な生活をおくる。

左前《ひだりまえ》になる
（「左前」は、着物の右の衽《おくみ》を普通と逆に左の衽の上に重ねて着ること。死者に経帷子《きょうかたびら》を着せる際にそうする習慣があるので忌む）物事が順調にいかなくなる。運や金まわり、商売などがうまくいかなくなる。「会社が左前になる」

引っ込みが付かない
途中で引き返したり、途中で関係を断ったりすることができない。行きがかり上、身を引いたり、意見などを取り下げたりすることがしにくい。「言い出した手前、今更引っ込みがつかない」

筆舌《ひつぜつ》に尽くし難《がた》い
文章やことばではとても表現できない。なんとも表現のしようがない。「筆舌に尽くし難い辛酸を嘗《な》める」

一足違《ひとあしちが》い
ちょっとの時間の行き違い。「一足違いで会えなかった」

一泡《ひとあわ》吹かせる
相手の不意をついて驚きあわてさせる。

一息《ひといき》入れる
少し休憩をとる。

人聞きが悪い
人に聞かれると、恥ずかしくて困る。外聞が悪い。「人聞きの悪いことを言う」

一筋縄《ひとすじなわ》では行《い》かない
（「一筋縄」は、一本の縄。転じて、通常の手段の意）普通の方法では思うままにできない。「彼の説得は一筋縄では行かない」

一溜《ひとた》まりもない
少しの間も持ちこたえられない。やすやすとうちくずされる。「今、敵に襲われたら一たまりもない」

人手《ひとで》に掛かる
①他人の手で殺される。「自殺のはずはない、人手にかかったにちがいない」②他人の助けを受ける。他人に養育される。

一旗《ひとはた》揚げる
新しく事業などを起こす。意欲をもって新しい運命をきりひらく。「一旗揚げようと東京に出る」

一肌《ひとはだ》脱ぐ
（着物の袖から腕を抜き、上半身をあらわにして働くことから）本気になって助力する。「友人のため一肌脱ぐ」

一花《ひとはな》咲かせる
一時成功して栄える。また、成功して得意な時代を送る。一花咲かす。

瞳《ひとみ》を凝《こ》らす
まばたきもしないで見つめる。凝視する。じっと一点を見つめる。

人目に立つ
人の目につく。人目をひく。

人目に付く
他人に目立って見える。人目をひく。「人目につくように掲示板にポスターをはる」

人目を忍ぶ
人に見られないように気づかいをする。人に知られないようにかくれてする。「人目を忍んで会う」

人目を憚《はばか》る
人に見られないように心をくばる。「人目を憚って裏口から出る」

人目を引く
様子・態度などが、他人の注意を引く。「人目を引く奇抜なデザイン」

一役《ひとやく》買う
一つの仕事を進んで引き受ける。力をかす。手助けする。「新会社の設立に一役買う」

一山《ひとやま》当てる
（「山」は鉱山のこと。山師が鉱脈を掘り当てる意から）万に一つをねらっておおもうけする。投機によってひともうけする。「株で一山当てる」

一人《ひとり》相撲《ずもう》を取る
相手がなかったり、あっても全く問題にされていなかったりするのに、ひとりで夢中になってその事に取り組む。また、その結果何も得ることなく終わる。

人を食う
人を人とも思わないような言動をする。「人を食った応対ぶりに腹を立てる」

火に油《あぶら》を注ぐ
（火に油を注ぐと、さらに火の勢いが増すことから）勢いのあるものにさらに勢いを与えるようなことをする。状況をさらに悪化させる。

非の打ち所がない
非難すべきところがない。完全である。「非の打ち所がない答え」

火の車《くるま》
（仏教で、生前悪事を犯した者を乗せて地獄に運ぶという、火の燃えている車のこと。その車に乗っているように苦しいことから）家計が非常に苦しいこと。生計のやりくりに苦しむこと。「一家の台所は火の車だ」

火の付いたよう
①激しいさま。性急なさま。「事件現場は火の付いたような騒ぎだ」②赤ん坊などが、大声ではげしく泣き叫ぶさま。「赤ん坊が火の付いたように泣き出す」

日の出の勢い
朝日がさしのぼるような盛んな勢い。全盛であること。「日の出の勢いの大スター」

日の目を見る
（「日の目」は、日差しの意）埋もれていたものが、世に知られるようになる。世に出る。「彼の研究もやっと日の目を見た」

火花を散らす
（刀を交えて激しく切り合うとき、刀がぶつかり合って火花が散ることから）互いに激しく争う。「火花を散らす論戦」

火《ひ》蓋《ぶた》を切る
（火縄銃の火蓋を開いて点火の用意をする意から）物事に着手する。戦い、競技などを始める。「熱戦の火蓋が切られる」

暇《ひま》に飽かす
（「飽かす」は、あるにまかせて十分に使うの意）ひまにまかせて物事に多くの時間を費やす。「暇に飽かして読書をする」

悲《ひ》鳴《めい》を上げる
（苦痛、驚きなどのために思わず叫び声を出す意から）物事があまりに大変で他に助けを求めたり、弱音を吐いたりする。「きびしい練習に悲鳴を上げる」

百も承知
十分に承知していること。「そんなことは百も承知だ」

冷《ひ》や飯《めし》を食う
（残り物のつめたい飯を食わされることから）冷遇される。「上司にさからって冷や飯を食わされる」

氷山の一《いっ》角《かく》
（氷山の海面上に見える部分は全体の七分の一から八分の一であるところから）物事のごく一部分が外に現われていることのたとえ。根深く広がっている、好ましくない物事についていう。「この事件は氷山の一角にすぎない」

日を追って
日がたつにつれて。日一日と。だんだん。「日を追って病気が快方に向う」

火を見るより明らか
道理が明白であって、疑いを入れる余地がない。この上もなく明白であることにいう。

ピンからキリまで
（「ピン」はポルトガル語 pinta（点の意）から、「キリ」も、ポルトガル語 cruz（十字架の意）から、十の意）始めから終わりまで。最上のものから最低のものまで。上等なものから下等なものまで。

顰《ひん》蹙《しゅく》を買う
見る人に、眉をひそめさせるような行為をして、きらわれる。「電車の中で大騒ぎして、ひんしゅくを買う」

貧《ひん》すれば鈍《どん》する
貧乏になるとその性質や頭の働きまでも愚鈍になる。また、貧乏するとどんな人でもさもしい心をもつようになることにもいう。

貧乏くじを引く

（「貧乏くじ」は、いちばん不利なくじの意）損な役まわりに当たる。つまらぬめぐりあわせに会う。

【ふ】

ふいになる
何もかもなくなる。駄目になる。努力が空しい結果に終わる。「せっかくの休みがふいになる」

不意《ふい》を討《う》つ
相手の油断をみて、いきなり何かをする。奇襲する。また、おどろかす。不意を衝く。

不意《ふい》を衝《つ》く
相手が予期していないとき、ところをねらって事をしかける。

風雲《ふううん》急を告げる
（「風雲」は、事の起こりそうな天下の情勢の意）大事件の起きそうな情勢がさしせまってくる。ただごとでない情勢になる。

風雪《ふうせつ》に耐える
きびしい自然の力に負けずにこらえる。また、人生のきびしい試練や苦難に屈しないで進む。

風前《ふうぜん》の灯《ともしび》
（風の吹きあたるところに置かれた灯火はたちまち吹き消されることから）物事のはかなくもろいこと、危険に直面し、生命の今にも絶えようとすることのたとえにいう。

不覚《ふかく》を取る
油断して失敗する。思わぬ恥をかく。「ノーシードの対戦相手に不覚を取ってしまった」

分《ぶ》が悪い
わりが悪い。損である。不利である。

不興《ふきょう》を買う
目上の人から好ましくなく思われる。機嫌を損ねる。「社長の不興を買う」

伏線《ふくせん》を張る
小説、戯曲などで、のちに述べる事柄の準備のために、それに関連した事柄を前の方でほのめかす。転じて、あとのことがうまくいくように、前もってそれとなく手を打っておく。

含《ふく》む所がある
心のうちにひそかに恨みや怒りをいだいている。恨みに思っている。「彼は私に含む所があるようだ」

袋《ふくろ》の鼠《ねずみ》
袋の中に追いこまれた鼠。逃げ出ることのできないたとえ。袋の中の鼠。「犯人はすっかりとり囲まれて袋の鼠だ」

不幸中の幸《さいわ》い
不幸な出来事の中にあって、わずかに救いとなること。「事故にあって軽傷ですんだのは不幸中の幸いだ」

二つ返事
（「はい、はい」と二つ重ねて返事をする意）ためらうことなく、すぐに気持よく承知の返事をすること。「二つ返事で承知する」

二股《ふたまた》を掛ける
同時に二つのことをしようとする。また、結果がどちらになっても損のいかないようにあれとこれの両方に働きかける。両天秤に掛ける。

二目《ふため》と見られない

あまりにも醜かったり、悲惨だったりして見るに堪えない。

蓋《ふた》を開ける

①事を始める。また、事の実情や結果などを見る。「選挙結果は蓋を開けてみないとわからない」②劇場などで、興行を始める。初日をあける。「今度の芝居は蓋を開ける前から評判が高い」

物議《ぶつぎ》を醸《かも》す

世間の論議を引き起こす。「首相の発言が物議を醸す」

降って湧《わ》いたよう

（天から降ったか地から湧いたかしたようの意）物事が思いがけなく起こるさま。「降って湧いたような幸運」

筆が立つ

文章を書くのがじょうずである。

筆を入れる

添削する。詩文をなおす。「文章に筆を入れる」

筆を擱《お》く

文章を書き終える。また、書くのをやめる。

筆を加える

書き加える。書き足して文章をなおす。

筆を断つ

文筆活動をやめる。筆を折る。

筆を揮《ふる》う

書や絵画を書く。

懐《ふところ》が寒い

所持金が少ない。財産がわずかしかない。懐が寂しい。「今日は何かと物入りで懐が寒くなってしまった」

懐《ふところ》が深い

①相撲で四つに組むときに、両腕と胸とで作る空間が広く、相手になかなかまわしを与えないことをいう。②度量が広い。また、理解力や能力に幅がある。「彼は反対意見にも耳を傾ける懐が深い人だ」

腑《ふ》に落ちない

（「腑」は、はらわた。転じて、心。考えの意）納得できない。合点がいかない。「何故あんなことをしたのか腑に落ちない」

舟を漕《こ》ぐ

（船をこぐ姿に似ているところから）居眠りをする。「電車で座ったとたん舟をこぎだした」

不問《ふもん》に付す

問いたださないで、そのままにしておく。「本人も反省しているので今回は不問に付す」

振り出しに戻す

（すごろくで振り出し〔出発点〕にこまを戻すことから）物事の初めの状態にもどる。出発点にもどる。「勝負を振り出しに戻す」

篩《ふるい》に掛ける

（篩を使って粉などを選り分ける意から）ある基準によって、多くの人・物を選び分けて、その基準に適さないものを排除する。「応募者全員を飾にかける」

踏《ふ》ん切りが付く
きっぱりと決心する。決断する。

踏《ふ》んだり蹴《け》ったり
（踏まれたり蹴られたりの意から）一度にさまざまな被害にあうこと。さんざんな目にあうこと。泣きっ面に蜂。弱り目に祟り目。

褌《ふんどし》を締《し》める
十分に決心してとりかかる。気持を引き締めて事に当たる。

分秒《ふんびょう》を争う
ごく短い時間を問題とする。事態がひどくさし迫っているたとえ。

【へ】

平行線を辿《たど》る
（意見が平行線を進んでいくように交わらないということから）互いに自分の意見に固執して、いつまでたっても、意見や話が一致しない。「交渉は平行線をたどる」

臍《へそ》が茶を沸《わ》かす
おかしくてたまらない、また、ばかばかしくてしかたがないたとえ。多くあざけりの意をこめて用いる。臍で茶を沸かす。「ばかばかしくってへそが茶を沸かすよ」

臍《へそ》を曲げる
機嫌をそこねて意固地になる。すねる。「彼に話を通さなかったので、へそを曲げられた」

下手《へた》の横好き
下手なくせに好きで熱心であること。「下手の横好きで絵を書く」

屁《へ》とも思わない
意味あるものと思わない。なんとも思わない。物の数とも思わない。「これぐらいの雨、へとも思わないよ」

蛇《へび》に見込まれた蛙《かえる》
身がすくんで動くこともできないさまのたとえ。とても勝ち目のない相手に会った時などに用いる。蛇に睨まれた蛙。

蛇《へび》の生殺《なまごろ》し
（半死半生にして、殺しもせず生かしもしない意から）物事に決着をつけず、不徹底のままにして苦しめることをたとえていう。

減らず口を叩《たた》く
負け惜しみや屁《へ》理《り》屈《くつ》をいう。減らず口を利く。

弁が立つ
弁舌がうまい。演説や話し方がうまい。雄弁である。

ぺんぺん草が生える
（「ぺんぺん草」は、ナズナの異名。荒れ果てるとナズナがしげることから）家、屋敷などの荒れ果てたさまのたとえ。住む人のいなくなった家屋や、建物が取り払われ、空地となった所の荒れ果てる様子をいう。

片鱗《へんりん》を示す
（「片鱗」は、魚の一片の鱗。転じて、全体のごくわずかな部分の意）学識・才能などの一部分をちらりと見せる。「才能の片鱗を示す」

【ほ】

棒《ぼう》に振る
それまでの努力や苦心の結果をすっかり無駄にする。駄目にする。「せっかくの地位を棒に振る」

這《ほ》う這《ほ》うの体《てい》
今にもはい出さんばかりの様子。ひどく恐縮し、またさんざんな目にあい、あわてて逃げ出すさまをいう。「ほうほうの体で逃げ出す」

吠《ほ》え面《づら》をかく
泣き顔をする。「後で吠え面をかくな」

頬被《ほおかぶ》りをする
（頭から頬・あごへかけて衣服や手拭いなどを被って顔を隠すことから）知っていながら知らないふりをする。

墓穴《ぼけつ》を掘る
（自分で自分の墓を掘る意から）自分の行為が原因となって破滅する。みずから滅亡の方向に進んで行くことのたとえ。

矛先《ほこさき》を向ける
攻撃の目標とする。攻撃する。「怒りの矛先を向ける」

反故《ほご》にする
（「反故」は、書画などを書き損じて不用となった紙のこと）役に立たないものにする。約束や契約などをないものとする。「約束を反故にする」

矛《ほこ》を収める
（武器である矛をしまう意から）戦いをやめる。争いをやめる。

ほしいままにする
①自分勝手にする。つつしみなく、我がものとする。「権力をほしいままにする」②心ゆくばかりにする。わがものにして十分に満足する。「雄大な景観をほしいままにする展望台」

臍《ほぞ》を固《かた》める
（「ほぞ」は、へその意）かたく決意する。覚悟する。

臍《ほぞ》を噛《か》む
後悔する。悔やむ。

ボタンの掛け違い
（衣服のボタンのかけ違いにたとえた語）手続きや手順が狂うこと。「ボタンのかけ違いから大きなもめごとになる」

ほとぼりが冷《さ》める
熱した感情がさめる。興奮がおさまる。また、事件などに関する世間の注目や関心がなくなる。「事件のほとぼりが冷めるまで身を隠す」

骨がある
しっかりしている。意志を貫く強い気持ちがある。気骨がある。「骨がある人物」

骨が折れる
困難で苦労する。面倒である。「骨が折れる仕事」

骨抜きにする
①性根などをなくさせてしまう。②考えや計画などの重要な部分を抜き去って、内容のないものにする。「法案を骨抜きにする」

骨までしゃぶる
（生き物の肉などを、骨をしゃぶる

まで食いつくす意から）欲をみたすために、徹底的に他人を利用し苦しめる。

骨身《ほねみ》にこたえる
全身に強く感じる。心身に強く深く感じる。「彼のことばが骨身にこたえる」

骨身《ほねみ》を惜しまず
労力や面倒をいとわない。一心に働くさまにいう。「骨身を惜しまず働く」

骨身《ほねみ》を削る
からだがやせ細るほど苦心や努力をする。「骨身を削る思いでためた金」

骨を埋《うず》める
（死んでそこに埋葬される意から）その場所で生涯を過ごす。また、ある事柄に一生取り組む。「異郷の地に骨を埋める」

骨を折る
労苦をいとわず、精を出して仕事に励む。面倒がらないで努力する。また、苦心して人の世話をする。「後輩のために骨を折る」

法螺《ほら》を吹く
大言を吐く。虚言をいう。

惚れた欲目《よくめ》
惚れた相手を、実際以上に良く思ってしまう心情。

襤褸《ぼろ》が出る
かくしていた短所や欠点が現われる。失敗の跡が現われる。

本腰《ほんごし》を入れる
真剣になって物事に取り組む。本気になる。腰を入れる。「本腰を入れて練習に打ち込む」

【ま】

枚挙《まいきょ》に遑《いとま》がない
（「枚挙」は、一つ一つ数えあげること）あまりに沢山あるのでいちいちならべたてることができない。「この類の犯罪例は枚挙にいとまがない」

魔《ま》が差す
心の中に悪魔がはいったように、ふと悪念を起こす。思いもよらない出来心を起こす。「魔が差して他人の物に手を出す」

間が抜ける
することにぬかりがある。ぼんやりする。「間が抜けた返事をよこす」

間が持てない
①時間をもてあます。あいた時間に、どうしてよいかわからない。「待ち時間が長すぎて間が持てない」②話しにくい相手であったり、話題につまったりしてどうしてよいかわからない。また、対談の際に話題が続かないで苦慮する。「会話がとぎれ間が持てなくて困る」

曲がりなりにも
不十分ではあるが、どうにかこうにか。不完全ながら。「生活必需品はまがりなりにも揃っている」

間が悪い
①きまりが悪い。ばつが悪い。「うわさ話をしていたら本人が来て間

が悪かった」②運が悪い。まわりあわせが悪い。「間が悪いことに電車は出た直後だった」

幕が上がる
幕があいて、芝居などが始まる。転じて、物事が始まる。

幕が下りる
芝居などが終わって幕がしまる。転じて、物事が終わりになる。「人生の幕が下りる」

枕《まくら》を高くする
安心して寝る。安眠する。転じて、安心する。「枕を高くして寝る」

幕を開ける
幕をあけて、芝居などの演技を始める。転じて、物事を始める。「プロ野球のペナントレースが幕を開ける」

幕を切って落とす
幕が開いて芝居が始まる。転じて、物事をはなばなしく始める。「大会の幕を切って落とす」

幕を閉じる
芝居などが終わって幕をしめる。転じて、物事を終わりにする。「オリンピックは、先週、幕を閉じた」

負けず劣らず
互いに優劣なく競い合うさま。互いに優劣のつけがたいさま。「両チーム負けず劣らずの強力打線」

勝るとも劣らぬ
価値や数量・程度などが、比較するものと同等かそれ以上である。「師に勝るとも劣らぬ腕前」

間《ま》尺《しゃく》に合わない
（「間尺」は、家屋や建具などの寸法。転じて、物事の計算。割合の意）割に合わない。損益がつりあわない。損になる。「間尺に合わない仕事」

股《また》に掛ける
ひろく各地を歩きまわる。各地をとび歩いて活動する。「世界を股にかける」

末席《まっせき》を汚《けが》す
（分に過ぎているが、下座にでも座らせていただくという意で）会合に出席したり仲間に加わったりすることを謙遜していう語。「この度、委員会の末席を汚すことになりました」

待てど暮らせど
待って日を暮らすけれども。いくら長く待っても。「待てど暮らせど帰ってこない」

的《まと》を射《い》る
（矢を放って的に命中させる意から）的確に要点、本質をとらえる。「的を射た意見」

的《まと》を絞《しぼ》る
目的、目標とする対象の範囲を限定する。「若者に的を絞った商品」

俎板《まないた》に載《の》せる
批評などの対象とする。俎上《そじょう》に載せる。「いじめ問題を俎板に載せて論じ合う」

まなじりを決する
（「決する」は裂く意）大きく目を見ひらく。怒りや決意の表情にいう。まなじりを裂く。「まなじりを決して事に当たる」

真《ま》に受ける
ことば通りに受け取る。ほんとうだと思う。「冗談を真に受ける」

目《ま》の当たりにする
目の前でみる。実際に自分の目で見る。「事故を目の当たりにする」

眉《まゆ》に唾《つば》を付ける
（狐、狸などにだまされないように眉に唾をつけるというところから）欺かれないように用心する。

眉《まゆ》を曇《くも》らせる
心配したり不快を感じたりして、暗い表情になる。

眉《まゆ》を顰《ひそ》める
心の中に心配事や憂いごとがあったり、他人のいまわしい言動に不快を感じたりして、顔をしかめる。眉根を寄せる。眉をしかめる。眉を寄せる。「あまりの傍若無人に眉をひそめる」

真《ま》綿《わた》で首を締《し》めるよう
（真綿の繊維は細く柔らかいが切れにくいところから）遠まわしにじわじわと責めたり痛めつけたりすることのたとえ。

真《ま》綿《わた》に針を包む
表面はやさしいが、内心に害意があって底意地が悪いさまのたとえ。害意や底意地の悪さを隠すことのたとえ。

満更《まんざら》でもない
まったくだめだというわけではない。必ずしも悪くはない。「おだてられてまんざらでもないような顔だ」

まんじりともしない
（「まんじり」は、ちょっと眠るさま）少しも眠らないさま。「心配のあまりまんじりともしないで夜を明かした」

満を持《じ》す
（弓を十分引きしぼって、そのまま構えている意から）準備を十分にして時機の来るのを待つ。「満を持して発表した大作」

【み】

見得《みえ》を切る
（「見得」は歌舞伎で、雰囲気、感情が最高潮に達した場面で、役者が目立った表情、動作をし、一瞬動きを止める演技のこと）自分を誇示するような言動をする。「俺に任せとけと見得を切る」

見栄《みえ》を張る
ことさらに外観を飾る。うわべをとりつくろう。「借金してでもいい服を着て見栄を張る」

磨《みが》きを掛ける
練習や経験を積み重ねて、技や芸をよりすぐれたものにする。洗練させる。また、程度を甚だしくする。「技に磨きをかける」

身が入《はい》る
物事に熱心になる。真剣に取り組める。「仕事に身が入る」

右から左
自分の所に留まったり、身についたりすることなく、すぐ他へ出ていくこと。「給料が右から左へなくなる」

右といえば左
人の言うことに対し、ことさらに反対すること。「右といえば左と何でも反対する」

右に出《で》る
すぐれている。凌駕《りょうが》する。上位に位置する。「英会話では社内で彼女の右に出る者がない」

右へ倣《なら》え
（右端を基準にして整列するときの号令のことばから）最初に行なった人の真似をすること。「社長がゴルフを始めたら皆右へ倣えだ」

見切りを付ける
見込がないと判断する。見限る。「才能に見切りをつける」

御輿《みこし》を上げる
（「輿を上げる」に「腰を上げる」をかけた語）すわりこんでいた腰をあげる。また、事にとりかかる。

水が合わない
その土地の気風が気性に合わない。そこの社会になじめない。「彼に東京の水は合わない」

水が入《はい》る
相撲で、勝負が長びいて両力士とも疲労がはなはだしいときに、勝負を一時中止し力士に休養を与え、力水をつけさせる。また、一般に争いや勝負事を一時中止する。

水と油
（水と油は、溶け合わないことから）しっくりと調和しないこと、たがいに性分《しょうぶん》のあわないことのたとえ。「あの二人は水と油だ」

水に流す
過去にあったことを、すべてなかったこととする。過ぎ去ったことをとがめないことにする。「これまでのことは水に流して仲良くやる」

水の泡《あわ》
努力したことがふいになること。「長い苦労も水の泡になった」

水も滴《したた》る
きわだって美しいさまの形容。水の滴るよう。「水も滴るいい男」

水も漏《も》らさぬ
①すきまなく敵をとり囲むさま。また、警戒・防御・用意などがきわめて厳重なさま。「水も漏らさぬ警備」②きわめて親しい仲の形容。「水も漏らさぬ夫婦仲」

水をあける
（水泳やボートレースなどで、一身長または一艇身以上の差をつける意から）競争相手を目立ってひきはなす。「対立候補に水をあけられる」

水を打ったよう
多くの人々が話を聞こうとして静まりかえるさま。「水をうったように静まりかえる」

水を差す
物事に打ち込んでいるとき、また物事がうまく進行しているときに、はたから邪魔だてをする。「二人の仲に水を差す」

水を向ける
（巫女《みこ》が霊魂を呼ぶ口寄せをする時、水をさし向けるところから）相手がある事を話しはじめるようにうまく仕向ける。また、関心をそちらに向けるようにもちかける。「うまく水を向けて話を引き出す」

店を畳《たた》む
店じまいをする。商売をやめる。「赤字続きで店をたたむ」

味噌《みそ》を付ける
失敗する。しくじる。また、面目を失う。

道草《みちくさ》を食《く》う
（馬が道ばたの草を食って進行が遅くなることから）目的地に行く途中で、他のことに時間を費やす。

道を付ける
（道路をこしらえる意から）後進の者に手引きをする。また、進むべき方向の糸口をつくる。「平和解決の道をつける」

三日《みっか》にあげず
（三日とあいだをあけないでの意から）間をおかないさま、たび重なるさまにいう。「三日にあげずたずねてくる」

身に余る
分不相応である。過分である。身に過ぎる。また、負担が大き過ぎて、自分の身には耐えられない。「身に余る光栄」

身に覚えがない
わが身に思い当たる記憶がない。「身に覚えのない事で訴えられる」

身に染みる
①しみじみと身に味わう。痛切に感じる。「人の情けが身にしみる」②寒気、冷気などが強く身に感じられる。「冬の寒さが身にしみる」

身に付く
知識、技能、習慣が自分のものとなる。また、環境や立場などに慣れる。

身につまされる
他人の不幸などが、ひとごとでなく思われる。「がんの闘病記録をよみ、身につまされる思いだった」

身になる
①からだの血や肉になる。「病人に身になるものを食べさせる」②役に立つ。ためになる。「身になる知識」③その人の身の上になりきる。「相手の身になって考える」

身の置き所がない
気持ちを安らかにする場所もない。引け目、恥かしさなどで、その場にいられない。「非難の目を向けられて身の置き所がない」

身の毛がよだつ
寒さや恐ろしさのために、体の毛が逆立つ。ぞっとする。戦慄《せんりつ》する。「身の毛がよだつような光景」

身のほど知らず
自分の身分や能力などの程度・限界をわきまえないこと。また、その人やそのさま。「身のほど知らずの計画を立て、失敗に終わる」

耳が痛い
他人のいうことが自分の弱点をついていて、聞くのがつらい。「彼女の指摘は耳が痛い」

耳が早い

噂などを聞きつけるのが早い。すばやく物事を聞き知る。耳ざとい。「そのニュースを知っているとは耳が早い」

耳に入れる
はなしを聞かせる。告げ知らせる。また、聞く。聞いて知る。「是非お耳に入れておきたいことがあります」

耳に障《さわ》る
聞いて不愉快に思う。

耳にする
聞く。「彼のうわさを耳にする」

耳に胼胝《たこ》ができる
同じことを何度も聞かされることをいう語。「説教は耳にたこができるほど聞かされた」

耳に付く
①物音や声などが耳にとまって、気になる。「波の音が耳について眠れない」②同じことを何度も聞かされて、聞き飽きている。「社長の訓辞も耳についた」

耳に残る
声や音が忘れられなくなる。「彼女の歌声が耳に残る」

耳に入《はい》る
聞こえる。他人のいうことや、音、情報などがおのずと聞こえる。また、聞いて知る。「この事が彼の耳に入ったら大変だ」

耳に挟《はさ》む
ちらっと聞く。ふと耳にはいる。「近くに学校ができるという話を耳に挟む」

耳寄りな話
聞く値打ちのある話。聞いて得する話。「近所の人から耳寄りな話を聞く」

耳を疑う
聞いたことが信じられないことにいう。「その話を聞いて、我と我が耳を疑った」

耳を貸す
人のいうことを聞く。また、相手の相談にのる。「人の意見に耳を貸す」

耳を傾《かたむ》ける
注意して聞く。熱心にじっと聞く。傾聴する。「すばらしい演奏に耳を傾ける」

耳を澄ます
聞こうとして注意を集中する。注意して聞く。「小鳥のさえずりに耳を澄ます」

耳を欹《そばだ》てる
声や物音のする方に注意を向けて、よく聞こうとする。「ひそひそ話に耳をそばだてる」

耳を揃《そろ》える
（大判、小判の縁《へり》を揃える意から）金額を不足なく整える。「耳を揃えて返す」

耳を劈《つんざ》く
耳を突き破る。非常に大きな音のとどろくさまにいう。「爆音が耳をつんざく」

見向きもしない
まるで興味がない。目もくれない。「甘い物など見向きもしない」

身も蓋《ふた》もない

（「身」は、入れ物の意）露骨すぎて、情味も含蓄もない。直接すぎて、話の続けようがない。「そう言ってしまっては、身も蓋もない」

身も世もない

自分の身のことも世間の手前も考えていられない。「身も世もなく泣きくずれる」

脈がある

（脈拍が絶えないでいる意から）見込みがある。まだ望みが残されている。「あの話にはまだ脈がある」

冥利《みょうり》に尽《つ》きる

（「冥利」は、人が知らず知らずの間に、神仏などから与えられる恩恵の意）自分の身分や商売などによって受ける恩恵が、あまりにも多くてありがたい。「役者冥利に尽きる大役」

見る影もない

見るにたえないほどみすぼらしい様子である。「町は見る影もなく破壊された」

見るに見かねる

見ていて堪えられない。安んじて見ていられない。「見るに見かねて荷物を持ってあげた」

身を入れる

物事を、心をこめてする。一生懸命にする。「勉強に身を入れる」

身を固める

①身なりを整える。しっかりと身じたくをする。「鎧甲《よろいかぶと》に身を固める」②結婚して家庭を持つ。「そろそろ身を固めてもいい年ごろだ」

身を切られる

つらさや寒さなどが非常にきびしく、からだが切られるように感じる。「身を切られるような辛さ」

身を削《けず》る

非常に苦労する。苦労や心配で身をやせさせる。骨身を削る。「身を削るようにして絵を完成させる」

身を焦《こ》がす

思慕の情に堪え切れずもだえ苦しむ。恋い焦がれる。身を焼く。「かなわぬ恋に身を焦がす」

身を粉《こ》にする

労苦をいとわずに、一心に努める。身を砕く。粉骨砕身する。「身を粉にして働く」

身を立てる

①立身出世する。身を起こす。「身を立て、名をあげる」②生活の手段とする。生活を立てる。「針仕事で身を立てる」

身を挺《てい》する

あることのために危険をかえりみず自分の体を投げ出す。また、率先して事に当たる。「身を挺して消火に当たる」

身を投じる

身を置く。また、物事に打ち込む。熱中する。「政界に身を投じる」

身を退《ひ》く

これまでかかわってきたことや地位などから離れる。「第一線から身を退く」

実を結ぶ

（植物の実がなる意から）努力しただけの十分な結果が生まれる。成果が現れる。成功する。「長年の努力が実を結ぶ」

身を持ち崩《くず》す

身持ちを悪くする。不品行でだらしのない生活をする。身を崩す。「酒で身を持ち崩す」

身を以《もっ》て

直接、自分のからだで。一身を投げうって。「身を以て手本を示す」

身を窶《やつ》す

目立たない姿に身を変える。みすぼらしい姿に身を変える。

身を寄せる

たよりとする。また、ある人の家に住みこんで世話になる。「友人の家に身を寄せる」

【む】

向こうに回す

相手とする。敵とする。「強敵を向こうに回して、互角に戦う」

向こうを張る

相手となる。対抗する。はりあう。「専門家の向こうを張る」

虫がいい

自分勝手である。自分の都合だけを考えて、他人のことなどはまったく考えない。あつかましい。ずうずうしい。「虫がいい考え」

虫が知らせる

なんとなく心に感じる。どうもそのような感じがする。予感がする。

虫が好かない

どことなくいやな感じがして気にいらない。どうも好感がもてない。「虫が好かない奴」

虫唾《むしず》が走る

（「虫唾」は、胸がむかむかしたとき、胃から口中に逆流してくるすっぱい液）口中に虫唾が出て、吐き気を催す。多く、ひどく忌み嫌うたとえにいう。「顔を見ただけで虫唾が走る」

虫の息

弱りはてて今にも死にそうなかすかな息づかい。「病院に運ばれたときはすでに虫の息だった」

虫の居所《いどころ》が悪い

機嫌が悪く、ちょっとしたことでもすぐ腹を立てる。不機嫌なさまにいう。「父はいま虫の居所が悪いので、例の話はまたにしよう」

虫の知らせ

なんとなく良くないことが起こりそうな気がすること。予感がすること。

虫も殺さない

虫さえも殺さないほどおとなしいさまの形容。「虫も殺さない顔をして」

無《む》駄《だ》飯《めし》を食《く》う

何の役にも立たないでむだに日を送る。仕事もしないでぶらぶらと暮らす。

胸が痛む

心に苦痛を感じる。心痛する。悩む。「いじめに苦しむ子供のことを耳にするたびに胸が痛む」

胸が一杯《いっぱい》になる
悲哀・歓喜・感動などで心が満たされる。感極まる。「胸が一杯になり何も言えません」

胸が躍《おど》る
期待・興奮などで浮き浮きして落ち着かなくなる。胸がどきどきする。胸がわくわくする。胸が弾む。「期待に胸が躍る」

胸が騒ぐ
不安、期待などで心が動揺する。むなさわぎがする。

胸がすく
気分がさわやかになる。胸のつかえがとれる。溜飲が下がる。「胸がすくような啖呵《たんか》を切る」

胸がつかえる
悲しみや心配事などのために、胸がしめつけられるように苦しくなる。「悲しみのため胸がつかえて、ことばも出ない」

胸が潰《つぶ》れる
悲しみや心配事で心が強くしめつけられるように感じる。たいそう驚く。「悲報に接して胸が潰れる思いだ」

胸が詰《つ》まる
悲しみ、悩み、感動などがこみあげてきて、胸がふさがるように感じる。胸が一杯になる。胸が塞がる。

胸が張り裂ける
悲しみ、苦しみ、憎しみ、くやしさなどが大きくて、胸が裂けるような苦痛を感じる。胸が裂ける。

胸が膨《ふく》らむ
希望や喜びで心の中がいっぱいになる。「期待に胸が膨らむ」

胸が塞《ふさ》がる
心配や悲しみなどで胸がいっぱいになる。胸が詰まる。

胸に描《えが》く
心の中に思い描く。思い浮かべる。「自分の未来を胸に描く」

胸に納める
口に出して言わないで、心の中にしまいこんでおく。「これはあなた一人の胸に納めておいて下さい」

胸に刻《きざ》む
しっかりと胸にとどめて忘れない。「恩師のことばを胸に刻む」

胸に迫る
いろいろの思いが胸に満ちていっぱいになる。「万感胸に迫る」

胸に秘める
ある考えや思いを人に言わないで、心の中に大切にしまっておく。「胸に秘める思い」

胸を痛める
ひどく心配する。「両親の不和に小さな胸を痛める」

胸を打つ
強く感動させる。心を打つ。「彼の犠牲的精神は多くの人の胸を打った」

胸を躍《おど》らせる
喜びや期待、また、不安などで胸をわくわくさせる。「胸を躍らせて吉報を待つ」

胸を貸す
（相撲で、上位の者が下位の者の稽古の相手をしてやることから）実力の上の者が、下の者の練習の相手をしてやる。

胸を借りる
（相撲で、下位の者が上位の者に稽古の相手をしてもらうことから）実力の下の者が、上の者に練習の相手になってもらう。

胸を焦《こ》がす
ひどく思いわずらう。思い焦がれる。「胸を焦がす恋」

胸を反《そ》らす
得意になって、自信のある態度を示す。「勝って得意げに胸を反らす」

胸を衝《つ》く
①急の事態に驚いてどきっとする。はっとする。「子供の無邪気な一言にはっと胸をつかれた」②いろいろの思いが胸をいっぱいにする。心配の思いが急につのる。「悲しみが胸をつく」③坂や山道などの勾配が急である。「胸をつく急な坂道」

胸を撫《な》で下ろす
心配事が解消して、ほっと安堵《あんど》する。安心する。「全員無事と聞いて胸をなでおろす」

胸を張る
自信に満ちた態度をとる。また、威勢を示す。「胸を張って生きる」

胸を膨《ふく》らます
期待や喜びなどが心の中をいっぱいにする。「希望に胸を膨らます」

無用の長物《ちょうぶつ》
（「長物」は、長すぎて役に立たないものの意）あっても益のないもの。あっても役に立たないどころか、かえってじゃまになるもの。

【め】

明暗を分ける
幸・不幸、勝ち負けなどが、はっきりと分かれて決まる。「投手力の差が両チームの明暗を分けることとなった」

名状《めいじょう》し難《がた》い
ことばではなんとも言い表すことができない。「名状しがたい光景」

目が利く
鑑識力がすぐれている。鑑定がじょうずである。「あの人は古美術に目が利く」

目が眩《くら》む
あるものに心を奪われて、正常な判断ができなくなる。「金に目がくらむ」

目が肥《こ》える
同じ種類のものをたくさん見て、その価値を見分ける力がつく。いいものを見なれて鑑識力が増す。

目が覚める
①眠気の去るような思いがする。あざやかさ、目新しさに驚く。「目が覚めるような赤色」②心の迷いが去って本来の姿に立ちかえる。自覚して、罪や非を悔い改める。「さんざんだまされてようやく目が覚めた」

目頭《めがしら》が熱くなる
深く感じて、目に涙が浮かんでくる。涙が出そうになる。「命がけでひなを護る親鳥の姿に目頭が熱くなる」

目が据《す》わる
じっと一点を見つめて目の玉が動かなくなる。酒に酔ったり怒ったりしたさまにいう。「酔って目が据わる」

目が高い
鑑識力がすぐれている。目がきく。

目が出る
（振った賽《さい》によい目が出る意で）幸運がめぐってくる。

芽が出る
（木や草の芽が出ることにたとえて）幸運が回ってくる。また、才能などが開花する。「五十過ぎても芽が出ない小説家」

目が届く
注意がいきとどく。監視がいきわたる。「目が届く場所で小さな子を遊ばせる」

目がない
①心を奪われて、思慮・分別をなくすほどである。われを忘れるほどそれが好きである。「甘い物には目がない」②正しく判断したり、見きわめたりする知恵がない。物事を的確に判断できない。「人を見る目がない」

眼鏡《めがね》に適《かな》う
目上の人に気に入る。認められる。お眼鏡に適う。「親の眼鏡に適う人と結婚をする」

目が離せない
いつも、注意、監督をしていなくてはならない。常に見守っていなければならない。「いま最も目が離せない作家」

目が光る
監視がきびしくなる。「親の目が光っている」

目が回る
目がくらむ。めまいがする。また、非常に忙しいさまを形容するのにもいう。「準備で目が回るような忙しさだ」

目から鼻へ抜ける
りこうで物事の判断などの素早いさま。頭の回転が早くて抜け目のないさま。非常に賢いようすを形容していう。

目から火が出る
顔や頭などを強くうちつけたとき目の前が真っ暗になり、一瞬光の交錯することをいう。

目くじらを立てる
（「目くじら」は、目尻の意。目尻をつり上げる意から）他人の欠点を探し出してとがめ立てをする。わずかの事を取り立ててそしりのしる。「何かと目くじらを立てて文句を言う」

目《め》配《くば》せをする
目で合図をする。目で知らせる。「目配せをして、それとなく知らせる」

目《め》先《さき》が利く
先の見通しがきく。当座の処置がうまくできる。機転がきく。めはしがきく。「目先が利いて売れる本を次々と出す」

目《め》先《さき》を変える

趣向を変えて目新しくする。

目じゃない
たいしたことはない。問題ではない。論外である。「ライバルとはいえ、あいつなんかめじゃない」

メスを入れる
災いの根を除くために思い切った手段をとる。事態を徹底的に分析し批判する。「業界の腐敗体質にメスを入れる」

目《め》処《ど》が付く
将来うまくやって行ける見通しがはっきりする。めどが立つ。「解決のめどがつく」

目と鼻の先
二つの間の距離のきわめて近いことのたとえ。目と鼻の間。「駅はここから目と鼻の先にある」

目に余る
程度がひどすぎて、黙ってみていられないほどである。「傍若無人な態度が目に余る」

目に浮かぶ
そのときの姿やさまが目の内にありありと再現される。「なつかしい友人の笑顔が目に浮かぶ」

目に角《かど》を立てる
怒った目付きで鋭く見る。目角《めかど》を立てる。「目に角を立ててどなり散らす」

目にする
実際に、自分の目で見る。目撃する。「現場を目にする」

目に付く
目にとまる。目立って見える。「悪質な犯罪の記事が目につく」

目に留《と》まる
心がひかれる。注意が引きつけられて印象に残る。気に入る。「一輪の美しい花が目に留まった」

目に入《はい》る
自然に目に見える。視野にはいる。「ひときわ高い建物が目に入る」

目に触れる
見える。目にはいる。目につく。「目に触れるものすべてが新しい」

目に見えて
目立って。見てはっきりわかるように。「彼女は目に見えて元気になってきた」

目にも留《と》まらぬ
あまりに速くてはっきりと見定めることができない。「目にも留まらぬ速さ」

目に物言わす
目づかいで相手にこちらの意を知らせる。

目に物見せる
相手をぎゃふんといわせる。ひどい目にあわせる。思い知らせる。「今度会ったら、目に物見せてくれる」

目に焼き付く
見て強い印象を受ける。「悲惨な光景が目に焼きつく」

目の色を変える
目つきをかえる。また、血走った目つきになる。怒りや驚き、また何かに熱中するさまの表現に用いる。「目の色を変えてかかる」

目の上の瘤《こぶ》
自分よりも力が上で、何かと目ざわり・邪魔になるもののたとえ。また、単に邪魔なものをいう場合もある。目の上のたん瘤。

目の敵《かたき》にする
なにかにつけて憎んで敵視する。

目の黒いうち
生きているうち。存命中。目の玉の黒いうち。「おやじの目の黒いうちは、この家を壊すことはできまい」

目の覚めるよう
ひときわ目立って。見てはっと驚くような。「目の覚めるようなクリーンヒットを打つ」

目の毒《どく》
見ると害になるもの。見て苦痛となるもの。また、見ると欲しくなるもの。

目の中へ入れても痛くない
かわいくてかわいくてたまらないさま、盲愛するさまをたとえていう。目に入れても痛くない。

目の保養《ほよう》
美しい物、珍しい物を見て楽しむこと。また、そのもの。

目の前が真っ暗になる
ひどく失望したり、落胆したりしたときの気持にいう語。目の前が暗くなる。

目鼻《めはな》が付く
物事が、ほぼできあがる。大体の事が決まったり、結果の予想が立ったりする。「完成の目鼻がつく」

目星《めぼし》を付ける
(「目星」は、見当。見込みの意)だいたいこうだろうと見込みを立てる。また、目標にする。「犯人の目星をつける」

目も当てられない
あまりにもひどくて正視することができない。悲惨で見るに堪えない。

目もくれない
少しの興味・関心も示さない。見向きもしない。無視する。「彼女は男などには目もくれない」

減《め》り張《は》りをつける
ものごとに強弱、緩急などの調子をつけること。「文章にめりはりをつける」

目を疑う
見た自分の目が信じられないほど不思議である。びっくりするほど意外なことにいう。「わが目を疑う」

目を奪う
あまりの美しさ、立派さなどで、すっかり見とれさせる。驚嘆させ夢中にさせる。「華麗な衣装が人の目を奪う」

目を覆《おお》う
見るにたえないほどひどい状態に、目隠しをして見ないようにする。事実を直視しないようにする。「あまりの惨状に目を覆う」

目を落とす
目を下に向ける。視線を下に落とす。下を向く。

目を掛ける
注意して面倒を見る。世話をする。

ひいきにする。「先生に目をかけてもらう」

目を掠《かす》める
人に見られないように、ひそかにする。目を盗む。「親の目を掠めて、遊びに出かける」

目を配る
注意して方々を見る。目くばりをする。「ぬかりなく四方に目を配る」

目を晦《くら》ます
人に見つけられないようにする。また、ごまかして正しく見えないようにする。人の目をごまかす。

目を凝らす
じっと見つめる。凝視する。「暗闇に目を凝らす」

目を皿のようにする
目を大きく見開く。物を探し求めたり、凝視して細かく見分けたり、驚いたりした時などのしぐさにいう。「目を皿のようにして探す」

目を三角にする
目に角《かど》を立ててこわい目つきをする。目を怒らす。「目を三角にして怒る」

目を白黒《しろくろ》させる
①もだえ苦しんで、目の玉を動かす。「餅がのどにひっかかって目を白黒させる」②びっくり仰天してあわてる。ひどく驚き、まごつくさまの形容。「突然の申し出に目を白黒させる」

目を据《す》える
目の玉を動かさないで、一点を見つめるようにする。激怒したり、酒に酔ったりした時などの形容。

目を注《そそ》ぐ
目をそちらに向ける。また、注意して見る。注目する。

目を背《そむ》ける
見るに耐えられなくて、視線をそらす。また転じて、かかわり合いを避けたり、逃避したりすることをいう。「現実から目を背ける」

目を逸《そら》す
見つめていた目を他の方へ移す。視線をはずして他の方へ向ける。視線をはずす。

目を付ける
①じっと様子を見る。目星をつける。注視する。「いい所に目をつけた論文」②特別な注意を向ける。関心を寄せる。「将来いい選手になると目をつける」

目を瞑《つぶ》る
知っていて知らないふりをする。見て見ぬふりをして、欠点などをとがめないでいる。また、がまんする。あきらめる。「今回の失敗には目をつぶる」

芽を摘《つ》む
新しく成長するものを早いうちになくす。発展のもとになるものを潰す。「悪の芽を摘む」

目を吊《つ》り上げる
目尻の上がった、こわい目つきをする。「目を吊り上げて大声でどなる」

目を通す
ざっと見る。ひととおり見る。通覧する。「書類に目を通す」

目を留《と》める
注意して見る。心をとめて見る。注目する。「新聞の見出しに思わず目を留める」

目を盗む
人に見つからないように、こっそりと事を行なう。人目を忍ぶ。

目を離す
注意して見ていたものから目をそらす。わき見をする。「ちょっと目を離したすきにいなくなってしまった」

目を光らせる
眼光鋭く見る。また、あやしいとにらんで監視する。「汚職に対して目を光らせる」

目を引く
人の注意を向けさせる。他人の目にとまるようにする。「派手な衣装で通行人の目を引く」

目を伏せる
相手から視線をそらしてうつむく。「はずかしそうに目を伏せる」

目を細める
うれしさや目にするものの愛らしさなどに誘われてほほえみを浮かべる。目を細くする。「孫の成長に目を細める」

目を丸くする
目を大きく見開く。特に、驚いて目を見張るさまにいう。「人通りの多さに目を丸くする」

目を回す
①気絶する。「びっくりして目を回す」②忙しくてあわて惑う。忙しいおもいをする。「あまりの忙しさに目を回す」

目を見張る
目を大きく見開く。怒ったり驚いたりした時などの様子にいう。「美しさに目を見張る」

目を剥《む》く
怒ったり、驚いたりなどして目を大きく見開く。目玉をむく。「目を剥いて怒る」

目を養う
たくさんのものを見て、そのよしあしを見分ける力をつける。「人を見る目を養う」

面《めん》が割れる
顔写真による識別や面通しの結果、確かにその人物（特に、犯人）であると確認される。「目撃者の証言から容疑者の面が割れる」

面《めん》子《つ》を立てる
（中国語から）体面や名誉が保たれるようにする。「彼の面子を立てて、いうとおりにする」

面《めん》目《ぼく》次《し》第《だい》もない
はずかしくて人に合わせる顔がない。「こんな不始末をして面目次第もない」

面《めん》目《ぼく》を一新《いっしん》する
世間の評判をすっかり改める。「最下位チームが優勝をとげ、面目を一新する」

面《めん》目《ぼく》を失う
名誉を傷つけられる。自分の不手際によって世評を悪くする。体面をそこなう。「三振ばかりで、四番打者の面目を失う」

面目《めんぼく》を施《ほどこ》す
名誉を高める。ほまれを得る。また、体面をそこなわずにすむ。「優勝を果たし、横綱としての面目を施す」

【も】

申し分がない
文句をつけるところがない。欠点がない。「申し分がない出来映え」

藻屑《もくず》となる
（「藻屑」は、海藻のくずの意）海などで死ぬことのたとえ。「海の藻屑となる」

持ち出しになる
予定を越えた費用は自分で負担する。「会の費用は持ち出しになった」

持ちつ持たれつ
互いに助けたり助けられたりするさま。「持ちつ持たれつの間柄」

勿体《もったい》を付ける
威厳をつける。いかにもものものしげな様子をする。もったいぶる。「勿体をつけずに率直に話してくれ」

元の鞘《さや》に収まる
（抜いた刀を元の鞘に入れることから）仲たがいまたは離婚したものが、再びもとの関係にもどる。

元も子もない
（元金も利息もなくなるという意から）すべてのものを失って、これまでの努力も無にしてしまう。「健康のためのジョギングも、やり過ぎて体を痛めては元も子もない」

もぬけの殻《から》
（セミやヘビのぬけがらの意から）人の抜け出したあとの寝床や住居などのたとえ。「ベッドはもぬけの殻だった」

物言《ものい》いが付く
異議や抗議、言いがかりなどがされる。また特に相撲で、行司の判定に土俵下の審判委員などから異議が申し入れられる。

物がわかる
物の道理がよくわかる。

物心が付く
世の中の物事がわかる年頃になる。幼年期を過ぎる。「物心がついてから東京を出たことがない」

物ともせず
問題にもしない。何とも思わない。物ともしない。「嵐を物ともせずに出発する」

物にする
①目がけて手に入れる。所有する。「勝利をものにする」②技術などを習って身につける。習得する。「英語をものにする」

物になる
①ひとかどの人になる。立派な人になる。「彼は将来ものになるよ」②思い通りになる。意図したように事が運び、成就する。「店を始めて三年で何とかものになった」③習い覚えたものが役に立つようになる。「ピアノもギターも手をつけたが、

ものにならなかった」

物の数《かず》
取り上げて数え立てるほどのもの。問題にすべきもの。意に介すべきほどのもの。多く打消の語を伴って用いる。「北国ならこんな雪物の数に入らない」

物の弾《はず》み
物事のはずみ。ちょっとした動機や成り行き。「けんかになったのは物のはずみだ」

物は言いよう
同じ事について言っても、言い方ひとつで違って聞こえる。

物は相談
①物事はなんでも、他人とよく相談をしてみるものである。②相手に相談をもちかける時や相手の助けや知恵を借りたい時にいうことば。「ものは相談だが手伝ってはもらえないか」

物は試し
物事はなんでも、実地に試してみなければその成否やよしあしはわからない。ともかく一度やってみるがよいということ。

物を言う
効力を発揮する。役に立つ。「長年の経験がものをいう」

物を言わせる
そのものの力を十分に出させる。威力を発揮させる。「金にものをいわせる」

紅葉《もみじ》を散らす
恥ずかしさや怒りなどで顔を赤くする。「顔に紅葉を散らす」

諸肌《もろはだ》を脱《ぬ》ぐ
(左右両方の肩を着物から脱いで、上半身をはだかにして働くことから)全力を尽くし、事にあたる。

門前払《もんぜんばら》いを食う
訪問したのに、会ってもらえず追い返される。また、願いや訴えが、始めから相手にされずにしりぞけられる。「高層マンション建設反対の請願書を提出しに行ったが門前払いを食った」

もんどりを打つ
(「もんどり」は、宙返りのこと)空中で一回転する。宙返りをする。頭からころがる。「もんどりを打って倒れる」

門を叩《たた》く
師について教えを受ける。弟子となる。入門する。「力士を志し、相撲部屋の門を叩く」

【や】

矢面《やおもて》に立つ
(敵の矢の飛んで来る正面に立ちはだかる意から)質問・非難・攻撃などの集中する立場に身をおく。「非難の矢面に立たされる」

焼きが回る
(刃物などを焼くのに、火加減が行きわたりすぎて、かえって切れ味がにぶることから)頭のはたらきや腕前などが衰える。ぼける。

焼き餅を焼く

（「焼き餅」は、嫉妬することを「焼く」というところから、餅を添えていった語）嫉妬《しっと》する。ねたむ。

焼きを入れる
（刀などを焼いて鍛える意から）ゆるんだ気持をひき締めさせる。ぼんやりしているものに活を入れる。また、制裁を加える。拷問にかける。「生意気な部員に焼きを入れる」

役者が一枚上
（芝居の看板は、上位の役者から名前を掲げることから）知略やかけひき、また、貫禄などにおいてぬきんでていることをいう語。役者が上。

安かろう悪かろう
値段が安いだけあって品質もまた劣ることだろう。安いものによいものはない。

易《やす》きに付く
やさしい方法に従う。また、安易な方、手軽な方を選ぶ。

痩《や》せても枯《か》れても
どんなに落ちぶれても。

野《や》に下《くだ》る
（「野」は、官途につかないこと）官職に就いていたものが退いて民間生活にはいる。下野する。

矢の催促《さいそく》
つぎつぎに放たれる矢のような、続けざまの催促。厳しくしきりに催促すること。「金を返せと矢の催促だ」

藪《やぶ》から棒《ぼう》
（「藪から棒を突き出す」の略）他人からの働きかけが、その手前の動作や発言と関連が全くなく、唐突であるさまのたとえ。だしぬけであるさま。突然であるさま。

破れかぶれ
もうどうにでもなれという気持。また、そのさま。自暴自棄。やけ。「破れかぶれの大博打《おおばくち》」

山場《やまば》を迎える
物事の最も盛り上がった重要な場面にさしかかる。「大会の山場を迎える」

山を掛ける
万に一つのしあわせをねらって事をする。また、おおまかな推定をもとに、ねらいを絞る。山を張る。

山を越す
物事が最も重大な段階を過ぎて決着や結末に近づく。「病気も山を越して快方へ向う」

止《や》むに止《や》まれぬ
止めようとしても止められない。そうしないではいられない。「止むに止まれぬ事情で会社を辞める」

止《や》むを得ない
しかたがない。どうしようもない。やむを得ず。「やむを得ないので途中で引き返す」

矢《や》も盾《たて》もたまらず
（矢でも盾でも防ぎ止めることができないの意）勢いを制することができないさま、思いつめてこらえることができないさまのたとえ。「矢も盾もたまらず彼女に会いに行く」

遣《や》らずの雨
帰ろうとする人を、まるでひきと

めるかのように降ってくる雨。また、出かけようとする時、折わるく降ってくる雨。

遣《や》らずぶったくり
人に与えるというようなことはしないで、ただ取り上げるばかりであること。

槍玉《やりだま》に上げる
（槍の穂先で突きあげる。槍で突き刺す意から）多くの中から選び出して犠牲にする。特に、非難、攻撃の目標などにして責める。「大臣の失言を槍玉に上げる」

【ゆ】

有終《ゆうしゅう》の美を飾る
（「有終」は、終わりをまっとうすること）最後までやり通して、立派な成果をあげること。終わりを立派にすること。「引退試合でホームランを打って有終の美を飾る」

融通《ゆうずう》が利く
①臨機応変にうまく処理できる。「頑固で融通が利かない」②金銭などに余裕がある。金に不自由しないですむ。「少しの額なら融通が利く」

油断《ゆだん》も隙《すき》もない
すこしも油断することができない。油断も隙もならない。

指一本も差させない
人から非難、干渉、嘲笑などを受けるようなことはすこしでもさせない。

指折り数える
指を折り曲げて一つ一つ数えあげる。特に、年月を数える時に用いる語。「帰国の日を指折り数えて待つ」

指をくわえる
うらやましがりながら、手出しができないでいる。空しく傍観する。また、なすことなく引き退く。

湯水《ゆみず》のように使う
金銭などを、あるにまかせてむだづかいすることのたとえ。「大金を湯水のように使う」

弓を引く
（弓に矢をつがえて射る意から）手向かう。反抗する。敵対する。「主人に弓を引く」

夢を描く
将来への希望、設計を心に思い描く。「獣医になって動物を救う夢を描く」

【よ】

用が足りる
用件が処理できる。また、役に立つ。間に合う。「デパートだけで用が足りた」

要領《ようりょう》を得ない
要点がはっきりしない。筋道が通っていない。「要領を得ない説明」

用を足す
①用事をすませる。用を弁ずる。用を達する。「母に頼まれた用を足す」
②大便・小便をする。大便・小便をすませる。

用をなさない
役に立たない。その働きをしない。「さびて鋏《はさみ》の用をなさない」

欲の皮が張る
（「欲の皮」は、欲の強いことを皮にたとえていう語）ひどく欲が深い。金銭などを必要以上に欲しがる。

横《よこ》紙《がみ》破り
（和紙は、すき目にそって縦に裂くと裂けやすいが、横に裂くと裂けにくい。それを、あえて横に破るということから）物事を無理に押し通すこと。我を通すこと。また、そのような人。

横車《よこぐるま》を押す
横に車を押して動かすように理に合わないことを無理に押し通す。理不尽なことを強引にする。「横車を押して中止させる」

横の物を縦にもしない
めんどうくさがって何もしない。きわめて無精なたとえ。縦のものを横にもしない。

横《よこ》槍《やり》を入れる
（両軍が入り乱れて戦っている時、別の一隊が側面から槍で突きかかる意から）人の談話、仕事などに横あいから、第三者が口出しをして邪魔をする。「結婚話に横槍を入れる」

余《よ》勢《せい》を駆《か》って
何かをなしとげた余りの勢いを駆り立てて、さらに何かをしようとするさまを表わす。勢いに乗って。「地区大会優勝の余勢を駆って全国制覇を成し遂げる」

与《よ》太《た》を飛ばす
（「与太」は「与太郎」の略で、愚か者。転じて、いいかげんなこと）でたらめやでまかせをいう。ふざけたことをいう。

予《よ》断《だん》を許さない
前もってそれと判断することができない。「予断を許さない病状」

世《よ》に出る
世に知られる。出世する。「新進気鋭の詩人として世に出る」

余《よ》念《ねん》がない
あることを熱心に行ない、ほかのことを考えない。あることに熱中している。「読書に余念がない」

夜《よ》の目も寝ずに
一晩中眠らないで、あることに取り組むようす。「夜の目も寝ずに看病する」

呼び声が高い
①人気があって、評判がよい。「最高傑作との呼び声が高い作品」②その地位、役職につくであろうという評判が高い。「次期総裁の呼び声が高い人物」

呼び水になる
（「呼び水」は、ポンプの水が出ないとき、外から入れて水を引き出す水のこと）ある物事を引き起こすきっかけとなる。「エラーが大量点の呼び水になる」

夜《よ》も日《ひ》も明けない
その物がなければ片時も過ごすことができない。それがないと、少しの間もがまんできない。一つの物にひじょうに執着しているさまにいう。

縒《よ》りを戻す

（縒り合わせたものを解きほぐす意から）もとどおりにする。多く、男女の仲をもとどおりにすることにいう。

寄ると触《さわ》ると

いっしょに寄り集まるごとに。折さえあれば。何かというと。「寄ると触るとその噂ばかりだ」

弱《よわ》音《ね》を吐《は》く

弱いことばをもらす。いくじのないことをいう。

世《よ》を去る

この世を去る。死ぬ。

夜《よ》を日《ひ》に継《つ》ぐ

（昼の時間に、夜の時間まで付け足すの意）昼も夜も休まないで物事を行なう。昼夜の別なく物事をする。「捜索は夜を日に継いで行われた」

【ら】行

烙《らく》印《いん》を押される

ぬぐい去ることのできない汚名を受ける。周囲からそうであると決められてしまう。「卑怯者の烙印を押される」

埒《らち》が明かない

物事がはかどらない。てきぱきと事がはこばない。決着がつかない。「愚痴を言いあっていても埒が明かない」

埒《らち》も無い

とりとめがなく、つまらない。たわいもない。「埒もないことを言う」

喇《らっ》叭《ぱ》を吹く

大げさな事を言う。ほらをふく。大言壮語する。

理に適《かな》う

理屈に合う。道理にかなう。「理に適った話」

溜《りゅう》飲《いん》が下がる

（「溜飲」は、胃の消化作用が不調となり、すっぱい液がのどもとにあがってくること。それがとれて胸がすっきりすることから）胸がすっきりする。不平・不満が解消して気が晴れる。「試合に勝って溜飲が下がる」

柳《りゅう》眉《び》を逆《さか》立《だ》てる

（「柳眉」は柳の葉のように細く美しい眉。美人の眉をたとえていう語）美人が眉をつりあげて怒るさまをいう語。

両手に花

二つの美しいものやよいものを同時に手に入れることのたとえ。また、一人の男性が二人の女性を連れていることのたとえにいう。

類《るい》がない

他に比べるものがなく、きわだっている。「犯罪史上類がない凶悪事件」

累《るい》を及《およ》ぼす

（「累」は他の人との関係で、身に及んできたわざわいの意）自分をめぐる悪い事態の影響を他人に及ぼす。まきぞえにする。迷惑をかける。「一族に累を及ぼした」

レッテルを貼《は》られる

人や物の値打ちを一方的・断定的に評価される。「怠け者のレッテルを貼られる」

路《ろ》頭《とう》に迷う
生活の手段がなくなったり、急に住む家がなくなったりしてひどく困り、途方にくれる。

露《ろ》命《めい》を繋《つな》ぐ
(「露命」は、露のようなはかない命の意)ほそぼそとはかない命を保つ。かろうじて生活を続ける。

呂《ろ》律《れつ》が回らない
(「呂律」は、ものを言う時の調子、ことばの調子の意)ことばがはっきりしない。小児や酔っぱらいなどが、舌がうまくまわらず、ことばが不明瞭になる。

論を俟《ま》たない
論ずるまでもない。当然のこととして明らかである。

【わ】

若《わか》気《げ》の至り
若さにまかせて無分別な行ないをしてしまうこと。血気にはやりすぎたこと。

脇《わき》目《め》も振らず
その物事以外に目や心を向けないで、専心するさま。一心不乱であるさま。「脇目も振らずに勉強する」

訳《わけ》はない
容易である。簡単である。わけがない。わけもない。「この問題を解くのはわけはないだろう」

綿《わた》のように
身体から力が抜けてぐったりとし、張りも気力もなくなってしまったさま。多く、ひどく疲れたさまの形容に用いる。

渡りを付ける
話し合いのきっかけをつくる。関係をつける。また、了解を得るよう交渉する。交渉して了解を得る。「取材先にあらかじめ渡りを付けてから取材にでかける」

我《われ》に返る
はっと気がつく。意識をとりもどす。また、他の事に気を取られていたのが本心にかえる。正気にかえる。「我に返って反省する」

我《われ》を忘れる
あることに夢中になって自分の存在を忘れる。また、他のことへの配慮をしなくなる。興奮して理性を失う。茫然自失する。「我を忘れて外に飛び出す」

輪《わ》を掛ける
(ひとまわり大きくする意で)倍加する。一層はなはだしくする。さらに誇張する。「親父に輪をかけた酒飲みだ」

四字熟語 ― 受験も万全

四字熟語とは文字通り四つの漢字を連ねてできた熟語である。四字熟語を使うと、文章が格調高くなる。ここでは、新聞等でよく使われたり、中学から大学までの入学試験問題によく出題されたりする四字熟語、五二〇語を五十音順に配列して示した。

【あ行】

愛別離苦《あいべつりく》 親子・兄弟姉妹・夫婦など愛する人と別れる苦しみ。仏教でいう八苦の一つ。

曖昧模糊《あいまいもこ》 物事の実質や実体がはっきりせず、とらえどころのない様子。

青息吐息《あおいきといき》 苦しみ困った時に吐くため息。また、それが出るような様子。

悪戦苦闘《あくせんくとう》 強敵相手に苦しい戦いをすること。転じて、困難な状況の中で、苦しみながら努力すること。

悪口雑言《あっこうぞうごん》 あれこれ悪口を言うこと。散々にののしること。また、そのことば。

暗中模索《あんちゅうもさく》 暗がりの中で、手さぐりで探し求めること。転じて、手がかりのないまま、いろいろと探し求めたり、考えたりすること。

意気軒昂《いきけんこう》 意気込みが盛んであるさま。元気のあるさま。

意気消沈《いきしょうちん》 意気込みが衰え、元気をなくすこと。「意気銷沈」とも書く。

意気衝天《いきしょうてん》 「意気軒昂《いきけんこう》」に同じ。

意気阻喪《いきそそう》 「意気消沈《いきしょうちん》」に同じ。「意気沮喪」とも書く。

意気投合《いきとうごう》 互いの気持ちや考えなどが、ぴったりと一致すること。

意気揚揚《いきようよう》 気持ちが高揚し、得意そうなさま。いかにも誇らしげなさま。

異口同音《いくどうおん》 複数の人が口をそろえて同じことを言うこと。多くの人の意見が一致すること。

異国情緒《いこくじょうちょ》 いかにも外国らしい風物がつくり出す雰囲気や気分。エキゾチシズム。「異国情調《いこくじょうちょう》」とも。

意志薄弱《いしはくじゃく》 意志の力が弱く、忍耐、決行ができないこと。がまん強さに欠けること。また、そのさま。

以心伝心《いしんでんしん》 （本来は仏教、特に禅宗で、ことばでは表せない仏法の真髄を、ことばを用いずに師の心から弟子の心へ伝えること）ことばで説明しなくても、互いの思っていることが自然に相手に通じること。

一意専心《いちいせんしん》 ひたすら一つの事に心を集中すること。

一衣帯水《いちいたいすい》 （「衣帯」は帯のこと）ひと筋の帯のように狭い水の流れや海峡。また、そのような水によって隔てられていること。そのような水を隔てて近くにあること。

一言居士《いちげんこじ》 何事にも、ひと言意見を言わないと気のすまない人。「いちごんこじ」とも読む。

一期一会《いちごいちえ》 （主人は一生に一度の茶事と思って誠心誠意客をもてなすべきであるという茶道の心構えをしめす語

から。茶人、山上宗二の著「山上宗二記—茶湯者覚悟十体」の「一期に一度の会」による）一生に一度会うこと。また、一生に一度限りであること。人との出会いなどの機会を大切にすることのたとえ。

一言一句《いちごんいっく》「一言半句《いちごんはんく》」に同じ。

一言半句《いちごんはんく》 ほんのわずかなことば。ちょっとしたことば。多く否定文で用いられる。

一日千秋《いちじつせんしゅう》（「千秋」は千年の意）一日がはなはだ長く感じられること。待ち遠しく思うこと。「いちにちせんしゅう」とも読む。

一汁一菜《いちじゅういっさい》 ご飯の他には汁一品、おかず一品だけの食事。質素な食事をいう。

一念発起《いちねんほっき》（仏教語の「一念発起菩提心」の略）いままでの行いや考えを改めて、ある事を成し遂げようと決心すること。

一病息災《いちびょうそくさい》（「無病息災」からできた語）持病の一つぐらいある人の方が、健康な人よりかえって体を大切にして長生きをするということ。

一部始終《いちぶしじゅう》（「一部」は一冊の書物のこと。本の始めから終わりまでの意から）事の始めから終わりまで。物事の詳しい事情。事のなりゆき。

一望千里《いちぼうせんり》 ひと目で千里の遠くまで見渡されること。広々として見晴らしがよいこと。

一枚看板《いちまいかんばん》（江戸時代、上方の歌舞伎劇場で、入り口の前に掲げた大きな飾り看板から）多人数の仲間のうちで、他に誇りうる中心人物。また、ほかに取り柄はないが、たった一つ他に誇りうる事柄。

一網打尽《いちもうだじん》 一度網を打ちおろしてすべての魚を取り尽くすこと。転じて、一挙に一味の者を残らず捕えること。

一目瞭然《いちもくりょうぜん》 物事の有様が、ひと目見ただけではっきりとわかるさま。

一問一答《いちもんいっとう》 一つの問いに対して一つの答えをすること。質問と答えをくりかえすこと。

一利一害《いちりいちがい》 利益もある反面、害もあること。

一蓮托生《いちれんたくしょう》（仏教で、死後、極楽浄土で同じ蓮華《れんげ》の上に生まれること）物事の善悪や結果のよしあしに関係なく、行動や運命を共にすること。

一攫千金《いっかくせんきん》（「一攫」は一つかみの意。一つかみで千金を得ることから）一度に巨額の利益を得ること。

一喜一憂《いっきいちゆう》 状況が変化するたびに喜んだり心配したりすること。

一気呵成《いっきかせい》（「呵」は息を吐く意）ひと息に文章などを書き上げること。また物事を一気に仕上げること。

一騎当千《いっきとうせん》 一人で千人の敵に対抗できるほど強いこと。転じて、人並み以上の技術や経験のあること。古くは「いっきとうぜん」とも読む。「一人当千」とも。

一球入魂《いっきゅうにゅうこん》 野球で、一球一球に魂を込めて投球すること。

一挙一動《いっきょいちどう》 一つ一つの動作。ちょっとした動作や振る舞い。あらゆる動作。「一挙手一投足」も同じ。

一《いっ》挙《きょ》両《りょう》得《とく》 一つの行動によって、二つの利益を得ること。

一《いっ》件《けん》落《らく》着《ちゃく》 一つの事柄が決着すること。

一《いっ》刻《こく》千《せん》金《きん》 （「蘇軾―春夜詩」による）わずかな時が千金にも値すること。たいせつな時や楽しい時の過ぎやすいのを惜しんでいう。

一《いっ》切《さい》合《がっ》切《さい》 （同じ意味の「一切」と「合切」を重ねて、その意を強めた語）全部。残らずすべて。「一切合財」とも。

一《いっ》視《し》同《どう》仁《じん》 （「韓愈―原人」による）だれかれの差別なく、すべての人を平等に見て一様に愛すること。

一《いっ》生《しょう》懸《けん》命《めい》 （中世の武士が、命を懸けて守るべき土地や生活の基盤となる所領を「一所懸命の地」と言ったことから。近世、「所《しょ》」が「しょう」に転じ「生」の字が当てられた）命がけで事にあたること。とても熱心な様子をいう。

一《いっ》触《しょく》即《そく》発《はつ》 （ちょっとさわると、すぐ爆発するような状態の意から）小さなきっかけで、すぐある事態が起こりそうな危険な状態。非常に切迫しているさま。

一《いっ》進《しん》一《いっ》退《たい》 進んだり退いたりすること。また、病状や情勢などがよくなったり悪くなったりすること。

一《いっ》心《しん》同《どう》体《たい》 複数の人間が心を一つにして、一人の人間のように強く結びつくこと。

一《いっ》心《しん》不《ふ》乱《らん》 ただ一つのことに心を集中して、他のことに注意を奪われないでいるさま。

一《いっ》世《せ》一《いち》代《だい》 （「一世」も「一代」も人の一生をいう語）一生のうちで、ただ一度であること。それがとても大変なことである、ということを形容する場合に用いる。

一《いっ》石《せき》二《に》鳥《ちょう》 （一つの石で二羽の鳥をうち落とす意から）一つの事をして、同時に二つの目的を果たすこと。

一《いっ》致《ち》団《だん》結《けつ》 多く人がある目的のために心を合わせて事にあたること。

一《いっ》知《ち》半《はん》解《かい》 ちょっと知っているだけで十分にはわかっていないこと。知識が生かじりであること。

一《いっ》朝《ちょう》一《いっ》夕《せき》 （「ひと朝やひと晩」の意から）短い期間。わずかの時間。多く打消を伴う表現となる。

一《いっ》長《ちょう》一《いっ》短《たん》 長所もあるが短所もあること。完全ではないこと。

一《いっ》刀《とう》両《りょう》断《だん》 （ひと太刀で物をまっ二つに切ることから）思いきって事を処置すること。ためらうことなく速やかに決断して事を処理すること。

一《いっ》筆《ぴつ》啓《けい》上《じょう》 （筆をとって書いて申し上げるという意）男性が書状の初めに書く慣用語。多く「一筆啓上仕候《つかまつりそうろう》」などの形で用いられる。

威《い》風《ふう》堂《どう》堂《どう》 威厳のある様子が立派に見えるさま。気勢が大いに盛んなさま。

意《い》味《み》深《しん》長《ちょう》 言動や表現などについて、内容や趣が深く含蓄があること。また、そのさま。表面の意味のうらに別な深い意味や暗示が隠されていること。また、そのさま。「意味深」と略しても用いる。

因《いん》果《が》応《おう》報《ほう》 （仏教語。「因果」は原因と

結果）よいことをすればよい結果があり、悪いことをすれば悪い結果があること。現在では悪い意味に用いることが多い。

慇懃無礼《いんぎんぶれい》 丁寧すぎて、かえって無礼になること。また、相手に対することばや態度などが、表面はきわめて丁寧であるが実ははなはだ尊大であること。

有為転変《ういてんぺん》 （「有為」は仏教語で、因縁の和合によって作られている恒常でないものや現象のこと。すなわち、この世のすべての物事）この世のすべての物事は、すこしもとどまることなく常に移り変わっていくということ。この世のはかなさを表す。古くは「ういてんべん」とも読んだ。「有為無常」とも。

有為無常《ういむじょう》 「有為転変《ういてんぺん》」に同じ。

右往左往《うおうさおう》 多くの人が右へ行ったり左へ行ったりして混乱するさま。混乱して秩序のないさま。

有象無象《うぞうむぞう》 （仏教語の「有相無相《うぞうむぞう》＝この世にある有形無形すべてのものの意）」からか）種々雑多なくだらない人間や物。

内股膏薬《うちまたごうやく》 （「膏薬」は薬品を動物のあぶらにまぜて練った外用薬。膏薬を内股に張ると膏薬が左右どちらの股にも張り付くことから）都合しだいで、あちらにつきこちらにつきして態度が一定しないこと。また、そのような人。定見や節操のない人を軽蔑して言うことば。「二股膏薬」とも。

海千山千《うみせんやません》 （海に千年、山に千年住みついたヘビは竜になるという言い伝えから）世の中の経験を十分に積み、物事の裏面にまで通じてずるがしこいこと。また、そのような人。

紆余曲折《うよきょくせつ》 （「紆余」は川や丘などが曲がりくねっているさまの意）道などが曲りくねっていること。転じて、事情がこみいっていて、いろいろと変化すること。

雲散霧消《うんさんむしょう》 雲や霧が風や日の光にあたって、あとかたもなく散ったり消えたりするように、物事が消えてなくなること。

栄枯盛衰《えいこせいすい》 （「栄枯」は草木が茂ることと枯れること）栄えたり衰えたりすること。隆盛と衰退が交互に訪れるさまを表す。

傍目八目《おかめはちもく》 （局外から他人の囲碁を見ると、打っている人よりも形勢がよくわかる意から）側で見ている者のほうが、当事者よりかえって物事の真相や利害得失がよくわかるということ。「岡目八目」とも書く。

汚名返上《おめいへんじょう》 不名誉な評判を取り去り元に戻すこと。名誉を回復すること。

温厚篤実《おんこうとくじつ》 性質が穏やかで誠実であるさま。情に篤く誠実みにあふれているさま。

温故知新《おんこちしん》 （「論語」の「故《ふる》きを温《たず》ね、新しきを知る」から）昔のことを研究して、そこから新しい知識や道理を見つけ出すこと。

音信不通《おんしんふつう》 便りや連絡が全くないこと。連絡がなく相手の様子が全くわからないこと。「いんしんふつう」とも読む。

【か行】

開口一番《かいこういちばん》 口を開くとまず初めに。話を始めるや否や。

外交辞令《がいこうじれい》 他人との応対をうまくするための、愛想のよいことば。表面をつくろった口先だけのことばやお世辞。「社交辞令」とも。

外柔内剛《がいじゅうないごう》 表面は穏やかそうに見えるが、実際は意志が強いこと。また、そのさま。表面はやさしそうだが、内面は強いこと。また、そのさま。「内柔外剛」はその反対。

下意上達《かいじょうたつ》 下の人の心情、考えが上の人の耳に達すること。「上意下達」はその反対。

偕老同穴《かいろうどうけつ》（「詩経」による。「偕老」はともに老いること、「同穴」は同じ穴に葬られること）夫婦が仲睦まじいこと。夫婦の契りのかたいこと。

臥薪嘗胆《がしんしょうたん》（中国の春秋時代、越との戦争で敗死した呉王闔盧《こうりょ》の子の夫差《ふさ》は、薪の上に臥して身を苦しめることによって父を討った越王勾践《こうせん》に対する復讐の心を忘れないようにし、ついに勾践を討ち破った。敗れた勾践は、苦い胆を室にかけてそれをなめては敗戦の恨みを思い返し、ついには夫差を滅ぼしたという、「史記」「十八史略」「呉越春秋」などにみえる故事から）仇を討つために大変な苦労、努力をすること。目的を成し遂げるために、努力を続けること。

佳人薄命《かじんはくめい》（「蘇軾—薄命佳人詩」から）容姿が美しく生まれついた人は数奇な運命にもてあそばれて不幸であったり、生まれつき病弱で早死にしたりするということ。「美人薄命」とも。

花鳥風月《かちょうふうげつ》 自然の美しい風物。また、それらを鑑賞したり、材料にして詩歌や絵画などを創作したりする風雅な遊び。

合従連衡《がっしょうれんこう》（中国の戦国時代、強国の秦に対抗するためにとられた政策から。「合従」は、南北に広がる趙・魏・楚・斉・燕・韓の六国に同盟を結ばせるという蘇秦《そしん》が唱えた政策、「連衡」は、六国がそれぞれ西の秦と同盟を結ぶという張儀《ちょうぎ》が唱えた政策）時々の利害によって他の勢力と結び付いたり離れたりする政策。はかりごとを巧みにめぐらした外交政策をもいう。「合縦連衡」とも書く。

我田引水《がでんいんすい》（自分の田に水を引き入れる意から）自分の利益になるように考えたり、取り計らったりすること。手前勝手なこと。「わが田に水を引く」ともいう。

画竜点睛《がりょうてんせい》（中国、梁の画家が寺の壁に竜の絵をえがき、最後に睛《ひとみ》を書き入れたら、たちまち竜が天に飛び去ったという「歴代名画記」の故事から）物事の眼目、中心となる大切なところ。最後に大切な事を付け加えて、物事を完全に仕上げること。「がりゅうてんせい」とも読む。

感慨無量《かんがいむりょう》 はかりしれないほど身にしみること。何ともいえないほど、深く感じ入ること。また、そのさま。

略して「感無量」とも。

侃《かん》侃《かん》諤《がく》諤《がく》（「諤」はありのままを遠慮なく言う意）正しいと思うことを遠慮することなくはっきりと言うこと。大いに議論すること。また、そのさま。

緩《かん》急《きゅう》自《じ》在《ざい》 早くしたり遅くしたり、ゆるやかにしたり厳しくしたり、思いのままにすること。また、そのさま。

頑《がん》固《こ》一《いっ》徹《てつ》 自分の考えや態度などを少しもまげずに押し通すさま。非常に頑ななさま。また、そのような人。

換《かん》骨《こつ》奪《だっ》胎《たい》（骨を取りかえ、胎〔子の宿る所〕を自分のものとする意。中国の「冷斎夜話」による語から）先人の詩文などの発想や表現法を借りながら、創意工夫を加えて独自の作品を作りあげる技法。誤用されて、他人の作品の焼き直しの意にも用いることがある。

冠《かん》婚《こん》葬《そう》祭《さい》 元服と結婚と葬儀と祖先の祭礼のこと。日本古来の四大礼式。慶弔儀式一般にもいう。

感《かん》情《じょう》移《い》入《にゅう》 一九世紀末、リップスが用いた美学の根本原理をいう語の訳語で、芸術作品または自然の物象に自己の感情や精神を投射して、その対象に共感し融合する意識作用。また一般に、他人の身になって、その感情に共感すること。

勧《かん》善《ぜん》懲《ちょう》悪《あく》 善い行いを褒め勧め、悪い行いを戒め懲らすこと。

完《かん》全《ぜん》無《む》欠《けつ》 不足や欠点が全く無いこと。また、そのさま。

艱《かん》難《なん》辛《しん》苦《く》 辛い目や困難な目にあって苦しみ悩むこと。たいへんな苦労。

閑《かん》話《わ》休《きゅう》題《だい》 本筋からそれていた話や無駄話をやめること。話を本筋に戻すときに用いる語。さて。それはさておき。

機《き》会《かい》均《きん》等《とう》 外交政策上、諸外国に対し、国内での経済活動などに関して、平等の待遇を与えること。また一般に、誰にでも平等に待遇や権利などを与えること。

危《き》機《き》一《いっ》髪《ぱつ》 髪の毛一本ほどのわずかな違いで危険な状態になりそうなこと。一つ間違えば危険に陥りそうな瀬戸際。

奇《き》奇《き》怪《かい》怪《かい》（「奇怪」の「奇」と「怪」をそれぞれ重ねて意味を強めた語）非常に怪しく不思議なこと。また、そのさま。

起《き》死《し》回《かい》生《せい》 死にかかっているものや滅びかかっているものを再び生きかえらせること。転じて、今にもだめになりそうな物事が勢いを盛り返すこと。

起《き》承《しょう》転《てん》結《けつ》 漢詩の構成法の一つ。絶句では第一句が起、第二句が承、第三句が転、第四句が結。律詩では、第一・第二両句が起、第三・第四両句が承、第五・第六両句が転、第七・第八両句が結。起は詩意を起こし、承は起句を受け、転は一転して別の境地を開き、結は一編全体の意を結合する。詩以外の文章にも応用され、物事の構成や順序についてもいう。古くは「起承転合」という。

喜《き》色《しょく》満《まん》面《めん》 うれしそうな表情が顔全体にあらわれていること。また、そのさま。

疑《ぎ》心《しん》暗《あん》鬼《き》（「疑心暗鬼を生ず」の略。「列子」による。心に疑いをもっていると、暗やみの中にありもしない鬼の形を見るという意から）疑いの心があると、何でもないことまで恐ろしく感じたり疑わしく思えたりすること。

奇《き》想《そう》天《てん》外《がい》（「奇想天外より落つ」の略）考えなどが思いもよらないような奇抜なこと。また、そのさま。

気《き》息《そく》奄《えん》奄《えん》（「李密―陳情表」による）息も絶え絶えなさま。今にも死にそうなさま。転じて、国家や組織などが今にも滅びそうなさま。

喜《き》怒《ど》哀《あい》楽《らく》 喜び、怒り、哀しみ、楽しみ。また、人間のさまざまな感情。

牛《ぎゅう》飲《いん》馬《ば》食《しょく》（牛のように水を飲み、馬のように物を食べるということから）多量に飲んだり食べたりすること。

旧《きゅう》態《たい》依《い》然《ぜん》 古い状態のままで、進歩や発展のないさま。

急《きゅう》転《てん》直《ちょっ》下《か》 事態や、情勢などが大きく急激に変化すること。また、急に事態が変わって、結末、解決に向かうこと。

共《きょう》存《そん》共《きょう》栄《えい》 複数のものがともに生存し、ともに繁栄すること。「きょうぞんきょうえい」とも読む。

驚《きょう》天《てん》動《どう》地《ち》（「白居易―李白墓詩」による）世間をひどく驚かすこと。

強《きょう》迫《はく》観《かん》念《ねん》 いくら打ち消そうとしても消すことのできない考えや、追い払おうとしても心中につきまとう不安。

器《き》用《よう》貧《びん》乏《ぼう》 どのようなことでも一応は上手にできるため、かえって一つの事に集中できずに大成しないこと。

興《きょう》味《み》津《しん》津《しん》（「津津」は絶えず湧き出るさまをいう）非常に興味が感じられるさま。興味がつきないさま。「興味索然」はその反対。

興《きょう》味《み》本《ほん》位《い》 おもしろいかどうかだけを判断の基準にする傾向。

虚《きょ》虚《きょ》実《じつ》実《じつ》（「虚」は防備のすき、「実」は堅い防備のこと）互いに、計略や秘術を尽くして渡り合うこと。

玉《ぎょく》石《せき》混《こん》淆《こう》 良いものと悪いもの、また、すぐれたものとつまらないものとが混ざり合っていること。「玉石混交」とも書く。

挙《きょ》国《こく》一《いっ》致《ち》 国民全体が心を一つにして同じ態度をとること。

虚《きょ》心《しん》坦《たん》懐《かい》 心になんのわだかまりもなく、気持がさっぱりしていること。また、そのさま。

毀《き》誉《よ》褒《ほう》貶《へん》（「毀」はそしる、「誉・褒」はほめる、「貶」はけなすの意）ほめることとけなすこと。世間の評判にもいう。

議《ぎ》論《ろん》百《ひゃく》出《しゅつ》 さまざまな議論が戦わされること。多くの意見が出ること。

金《きん》科《か》玉《ぎょく》条《じょう》（「揚雄―劇秦美新」による）きわめて大切な法律や重要な規則。守るべききまり。現代では、自分の主張や立場を守るための、絶対のよりどころの意に用いる。

謹《きん》厳《げん》実《じっ》直《ちょく》 慎み深くてまじめであること。また、そのさま。

空《くう》前《ぜん》絶《ぜつ》後《ご》 過去にも例がなく、これから後にも起こりそうもないこと。非常に珍しいこと。

苦《く》心《しん》惨《さん》憺《たん》 非常に苦心して工夫をこらすこと。

群《ぐん》雄《ゆう》割《かっ》拠《きょ》 数多くの英雄がそれぞれの拠点で勢力を張り、それぞれ対立して争うこと。

軽《けい》挙《きょ》妄《もう》動《どう》 軽はずみな行動をすること。軽率なふるまいや行動。

軽《けい》佻《ちょう》浮《ふ》薄《はく》 言動が軽はずみであさはかなこと。また、そのさま。

月《げっ》下《か》氷《ひょう》人《じん》 （唐の韋《い》固《ご》が月夜に会った老人から将来の妻の予言をされたという「続幽怪録」による「月下老人」の故事と、晋の令《れい》狐《こ》策《さく》が氷の上で氷の下にいる人と話をした夢を占者に占ってもらったところ、結婚の仲人をする前兆だといわれ実際その通りになったという「晋書」による「氷人」の故事から）男女の縁をとりもつ人。媒酌人、仲人のこと。

喧《けん》喧《けん》囂《ごう》囂《ごう》 やかましく騒がしいさま。多くの人が口やかましく騒ぎたてるさま。

言《げん》行《こう》一《いっ》致《ち》 言っていることと実際の行動とが同じであること。

乾《けん》坤《こん》一《いっ》擲《てき》 （「韓愈―過鴻溝」による。さいころを投げて、天が出るか地が出るかを賭けることから）運命をかけていちかばちかの大勝負をすること。「一擲乾坤」ともいう。

捲《けん》土《ど》重《ちょう》来《らい》 （「杜牧―題烏江亭詩」による。「捲土」は土煙をまき上げること）一度負けた者が勢力を盛り返して再び攻め寄せること。転じて、一度失敗した者が再起すること。「けんどじゅうらい」とも読む。

堅《けん》忍《にん》不《ふ》抜《ばつ》 どんな困難にもじっとこらえて心のぐらつかないこと。

権《けん》謀《ぼう》術《じゅっ》数《すう》 相手をたくみにあざむくはかりごと。種々の計略をめぐらすこと。「権謀術策」ともいう。

絢《けん》爛《らん》豪《ごう》華《か》 「豪《ごう》華《か》絢《けん》爛《らん》」に同じ。

行《こう》雲《うん》流《りゅう》水《すい》 （「宋史」による）空を行く雲と流れる水のように、自然のまま滞りなく動くこと。自然のまま、なりゆきにまかせて行動すること。

豪《ごう》華《か》絢《けん》爛《らん》 ぜいたくで、きらびやかであること。きらきら輝いて華やかなこと。また、そのさま。「絢爛豪華」とも。

効《こう》果《か》覿《てき》面《めん》 目の前に効果がはっきりと現れること。ある事柄の効果が即座に現れること。

厚《こう》顔《がん》無《む》恥《ち》 あつかましく、恥を恥とも思わないこと。また、そのさま。

綱《こう》紀《き》粛《しゅく》正《せい》 国家の規律を引き締め、施政の不正を戒め正すこと。

巧《こう》言《げん》令《れい》色《しょく》 （「論語」による）ことばを飾り顔色をとりつくろうこと。転じて、口先だけのことを言って他の歓心を買うさま、こびへつらうさまにいう。

公《こう》私《し》混《こん》同《どう》 公の物事と私的な物事とを区別しないこと。

公《こう》序《じょ》良《りょう》俗《ぞく》 公共の秩序と善良な風俗や習わし。社会一般に認められる道徳観。

黄《こう》塵《じん》万《ばん》丈《じょう》 （「黄塵」は黄砂による黄色い土埃）黄色い土けむりがもうもうと空高く立ちのぼること。

広《こう》大《だい》無《む》辺《へん》 広さ、大きさなどが限りないこと。広くてはてしないこと。また、そのさま。

口《こう》頭《とう》試《し》問《もん》 試験官の質問に対して、受験者が口頭で答える試験の形式。「口述試験」とも。

荒唐無稽《こうとうむけい》 言説に根拠がなくて、とりとめもないこと。でたらめであること。また、そのさま。

公平無私《こうへいむし》 行動や判断が公平で個人的な感情や利益をからませないこと。また、そのさま。

豪放磊落《ごうほうらいらく》 気持ちが大きく快活で小事にこだわらないさま。

公明正大《こうめいせいだい》 公平で隠し事がなく、正しく堂々としていること。また、そのさま。

呉越同舟《ごえつどうしゅう》 （中国の春秋時代に敵同士であった呉の国と越の国の人でも、同じ舟に乗り合わせ嵐にあえば互いに助け合って危機を乗り越えようとするという、「孫子―九地」にみえる故事から）仲の悪い者同士や敵味方が、同じ場所に居合わせること。また、反目し合いながらも共通の困難や利害に対して協力し合うことのたとえ。

極悪非道《ごくあくひどう》 この上なく悪く、道理や人の道にはずれること。また、そのさま。

国士無双《こくしむそう》 （「史記」による）国中で並ぶ者のないほどすぐれた人物。

極楽浄土《ごくらくじょうど》 仏教で、阿彌陀仏のいるという世界。苦しみがなく楽しみのみがあり、阿彌陀仏が常に説法をしているとされる。一般に、とても安楽な境遇や場所、この上もなく楽しい状態や場所などのたとえにも用いられる。

孤軍奮闘《こぐんふんとう》 孤立した少数の軍勢で必死に戦うこと。また、援助するものもない中で、一人で懸命に努力すること。

五穀豊穣《ごこくほうじょう》 （「五穀」は米・麦・アワ・豆・キビの五種類の穀物）穀物が豊かに実ること。豊作であること。

古今東西《ここんとうざい》 昔から今までと、東西四方のすべての場所。いつでも、どこでも。

古今無双《ここんむそう》 昔から今までに並ぶものがないこと。また、そのさま。

虎視眈眈《こしたんたん》 （「易経」による）虎が獲物を鋭い目でねらっているさま。転じて、機会を狙って情勢を静かにうかがっているさまをいう。

後生大事《ごしょうだいじ》 （仏教語で「後生」は来世のこと）来世の安楽を最も大切にし、信心を忘れないこと。転じて、いつも心をこめてつとめ励むこと。また、非常に大切にすること。

古色蒼然《こしょくそうぜん》 いかにも年月を経たように見えるさま。ふるびた趣の表れているさま。

故事来歴《こじらいれき》 昔から伝わってきた事物についてのいわれや歴史。また、物事がそういう結果になった先例や理由。

五臓六腑《ごぞうろっぷ》 漢方で、肺・心臓・脾臓・肝臓・腎臓の五臓と、大腸・小腸・胃・胆・膀胱・三焦の六腑をいう。内臓の総称。転じて、体内や腹の中、心中のすべて。

誇大妄想《こだいもうそう》 自分の現在の状態を、実際よりもはるかに過大に評価して、事実であるように信じ込むこと。大げさな考えの意にも用いる。

小春日和《こはるびより》 冬の初め頃の、暖かく穏やかな気候。陰暦一〇月頃の春のような天気。

五風十雨《ごふうじゅうう》 （五日ごとに一度風が吹き、

十日ごとに一度雨が降る意）気候が順当なこと。転じて、世の中が太平なこと。

五分五分《ごぶごぶ》 二つの物事の程度などが優劣つけがたい状態であること。可能性などの割合が同じくらいであること。

孤立無援《こりつむえん》 一人ぼっちで、援助をしてくれる者もいない状態であること。

五里霧中《ごりむちゅう》（中国、後漢の張楷《ちょうかい》が五里霧という術で五里四方に霧をわかせたという「後漢書」による故事から）深い霧の中で方角もわからない状態。転じて、物事の事情がまったくわからず、どうしてよいかわからなくなってしまうこと。手さぐりで進むことのたとえ。

言語道断《ごんごどうだん》（仏教語で、仏教の深遠な真理はことばではとても言い表せないということ）転じて、あまりひどくてことばも出ないほどであること。きわめて悪くて、何ともいいようがないこと。

【さ行】

才気煥発 頭の働きがよく、活発で目立つこと。そのすぐれた能力が外に現れること。また、そのさま。

再三再四《さいさんさいし》（「再三」を強めていう語）ある動作がくりかえし何度も行われるさま。たびたび。何度も何度も。

才色兼備《さいしょくけんび》 すぐれた才能と美しい容貌とをもっていること。普通、女性に対して用いられる。

在留邦人《ざいりゅうほうじん》 外国に居住している日本人。

左顧右眄《さこうべん》（「顧」は振り返って見ること、「眄」はながし目で見ること。左を見たり右を見たりする意から）周囲を気にしてばかりいて、はっきりした態度がとれないこと。他人の意見や様子を気にしてばかりいて、自分の判断ができず迷うこと。「右顧左眄」とも。

産学協同《さんがくきょうどう》 産業界と大学など学術研究機関とが協力しあって、技術の開発や技術者の教育などを行うこと。

三寒四温《さんかんしおん》 冬の気象をいう語。寒い日が三日続くとその後四日ほど温暖な日が続き、これが繰り返されること。徐々に暖かくなっていくことにもいう。

三三五五《さんさんごご》（「李白―采蓮曲」による）あちらに三人、こちらに五人というように人が小さくかたまっているさま。また、あちらこちらに家などが散在しているさま。

山紫水明《さんしすいめい》 日に映じて、山は紫に、水は澄んで清らかにはっきりと見えること。自然の景色の美しいこと。

残念無念《ざんねんむねん》 非常に心残りであること、非常に悔しく思うこと。また、そのさま。

三拝九拝《さんぱいきゅうはい》 三拝の礼と九拝の礼。何度も繰り返し礼拝して、敬意をあらわすこと。転じて、何度も頭をさげて人に物事を頼むこと。手紙文で、末尾にして深い敬意を表す挨拶の語。

三位一体《さんみいったい》 キリスト教で、父である神と、神の子キリストと、聖霊とは、唯一の神の三つの位格（ペルソナ）として現れたものであり、本質は一つであるとする考え方。転じて、三つの物事や要素は、一つの物事の各側面であり、本質は一つであること。三者が心を合わせてしっかりと結び付くこと。

三《さん》面《めん》六《ろっ》臂《ぴ》（一つの体に三つの顔と六つのひじを持つ仏像から）一人で数人分の働きをすること。多方面にめざましい活躍をすることのたとえ。「八面六臂」とも。

四《し》角《かく》四《し》面《めん》 真四角をいう。転じて、きちんとしすぎて堅苦しいこと。厳格なこと。また、その人やそのさま。

自《じ》画《が》自《じ》賛《さん》 自分の描いた絵に自分で賛を書くこと。転じて、自分の行為や自分自身をほめること。

時《じ》期《き》尚《しょう》早《そう》 ある事を行う時期としては、まだ早すぎること。また、そのさま。

色《しき》即《そく》是《ぜ》空《くう》（仏教語。「般若心経」から。「色」はこの世にあるすべてのものの意）この世のすべて形あるものは、その本質においてはみな実体がないもの（＝空）であるということ。何事にも執着するべきではないということ。「空即是色」とも。

自《じ》給《きゅう》自《じ》足《そく》 必要なものを自分で生産してまかなうこと。

四《し》苦《く》八《はっ》苦《く》（仏教語。「四苦」は生・老・病・死、「八苦」はそれに、怨憎会苦・愛別離苦・求不得苦・五陰盛苦を合わせたもの）人間のあらゆる苦しみの称。転じて、非常に苦しむこと。

試《し》行《こう》錯《さく》誤《ご》（英語 trial and error の訳語。心理学の用語から）課題が困難で、解決の見通しが容易に立たない場合、試みと失敗を重ねながら次第に解決していくこと。

自《じ》業《ごう》自《じ》得《とく》 仏教語で、自分の行為による報いを自分の身に受けること。また一般に、自分の行為の結果を自分の身が受けること。

自《じ》己《こ》嫌《けん》悪《お》 自分で自分自身がいやになること。

自《じ》己《こ》矛《む》盾《じゅん》 自分自身の中で、言動や論理のつじつまが合わないこと。

自《じ》作《さく》自《じ》演《えん》 自分で脚本や曲などを書き自分で演じたり演奏したりすること。また一般に、自分一人で計画をたて実行すること。

時《じ》時《じ》刻《こく》刻《こく》 その時その時。時間が過ぎていくさま。また、副詞として、しだいに、の意にも用いられる。

子《し》子《し》孫《そん》孫《そん》 子孫の末の末。子孫の続く限り。古くは「ししそんぞん」とも読む。

事《じ》実《じつ》無《む》根《こん》 事実であるという根拠がないこと。少しも事実に基づいていないこと。

獅《し》子《し》奮《ふん》迅《じん》（獅子が激しく奮い立つという意から）物事に対処するのに、その勢いのはなはだ激しいこと。また、勇猛に行動すること。

四《し》捨《しゃ》五《ご》入《にゅう》 近似値を求めるときの端数を処理する方法の一つ。端数の最初の位が四以下のときは切り捨て、五以上のときは切り上げる。比喩的に、物事の細かい点を考えずに、大まかなこととして把握すること。

自《じ》縄《じょう》自《じ》縛《ばく》（自分の縄で自分を縛る意）

自分の考えや言動によって、自分自身が動きがとれなくなり苦しむこと。

自《し》然《ぜん》淘《とう》汰《た》（英語 natural selection の訳語）生物は、自然環境や条件に適したものが生存して子孫を残し、適さないものは滅びること。ダーウィンが進化論に用いた語。「自然選択」とも。一般に、優れたものが生き残り、劣ったものは滅びるという意味にも用いる。

時《じ》代《だい》錯《さく》誤《ご》 異なる時代の現象・事件・人物・思考などを、歴史の流れを考慮しないで結びつけて理解する誤り。一般には、時代の流れに逆行した古くさい考えや行動についていう。

事《じ》大《だい》主《しゅ》義《ぎ》 はっきりした自分の主義、定見がなく、ただ勢力の強いものにつき従っていくという考え方。

舌《した》先《さき》三《さん》寸《ずん》 心がこもらず、口先だけであること。また、そのことば。

七《しち》転《てん》八《ばっ》倒《とう》（「朱子語類」による）苦痛のあまりころげまわること。また、ころげまわるような苦しみや混乱のはなはだしいことのたとえにいう。「しってんばっとう」とも読む。

四《し》通《つう》八《はっ》達《たつ》 道路がどの方面へも通じていること。転じて、繁華な土地。人の往来の賑やかなところ。

質《しつ》実《じつ》剛《ごう》健《けん》 飾り気がなく、まじめで、強く、しっかりしていること。また、そのさま。

叱《しっ》咤《た》激《げき》励《れい》 大きな声で励まして気を奮い立たせること。

十《じっ》中《ちゅう》八《はっ》九《く》 十のうち八か九。八割か九割の確率。転じて、おおかた。たいてい。ほとんど。

四《し》分《ぶん》五《ご》裂《れつ》（「戦国策」による）いくつにも裂けわかれてばらばらになること。秩序をなくして乱れること。「しぶごれつ」とも読む。

自《じ》暴《ぼう》自《じ》棄《き》（「孟子」による）物事が思いどおりにならないために、自分で自分の身を粗末に扱い、先の事を考えないなげやりな行動をすること。やけくそになること。また、そのさま。

四《し》方《ほう》八《はっ》方《ぽう》（「四方」は東・西・南・北の四つの方角、「八方」はそれに北東・北西・南東・南西を加えた八つの方角）あらゆる方面。あちらこちら。

四《し》面《めん》楚《そ》歌《か》（楚の項羽《こうう》が漢の劉邦《りゅうほう》に包囲されたとき、四面の漢軍の中から楚国の歌がおこるのを聞いて、楚の民がもはや多く漢軍に降服したかと思って驚き嘆いたという「史記」の故事から）敵の中に孤立して、助けのないこと。周囲が敵、反対者ばかりで味方のないことのたとえ。

自《じ》問《もん》自《じ》答《とう》 自分で自分に問いかけ、自分で答えること。

杓《しゃく》子《し》定《じょう》規《ぎ》（柄が曲がっている杓子を定規の代用にする意で、誤った基準でものをはかろうとすることの意から）一定の基準で他を律しようとすること。きまりきった考えや形式にとらわれて、応用や融通のきかないこと。

弱《じゃく》肉《にく》強《きょう》食《しょく》（「韓愈―送浮屠文暢師序」による）力の弱いものが強いものの餌食になること。強者が弱者を征服して栄えること。「優勝劣敗」とも。

社交辞令《しゃこうじれい》 他人とのつき合いを円滑にするための挨拶や褒めことば。口先だけのことばやお世辞。「外交辞令」とも。

遮二無二《しゃにむに》 後先を考えず、がむしゃらに物事に向かうさま。むやみに。

縦横無尽《じゅうおうむじん》 自由自在であること。思う存分であること。また、そのさま。

自由闊達《じゆうかったつ》 心が広く、物事にこだわらず思いのままにのびのびとしていること。また、そのさま。

衆議一決《しゅうぎいっけつ》 多くの人々の評議、議論によって、意見が一致し決定すること。

終始一貫《しゅうしいっかん》 始めから終わりまで同じ態度であること。周囲の状態が変わっても、考えや態度を変えないこと。

自由自在《じゆうじざい》 自分の思いのままにすること。また、そのさま。

周章狼狽《しゅうしょうろうばい》 大いにあわてふためくこと。うろたえ騒ぐこと。

衆人環視《しゅうじんかんし》 大勢の人が取り巻いて見ていること。皆がみつめていること。

秋霜烈日《しゅうそうれつじつ》 （秋の霜と夏の強い日光。ともに激しく厳しいものであるところから）権威、刑罰などが非常に厳しいことのたとえ。

十人十色《じゅうにんといろ》 好みや考えなどは、人によってそれぞれみな異なるということ。

十年一日《じゅうねんいちじつ》 長い期間ずっと同じ状態にあること。「じゅうねんいちにち」とも読む。

十年一昔《じゅうねんひとむかし》 十年たてば、一応、昔のこととなるということ。だいたい十年を一区切りとして、社会を見たとき、その間に著しい変化があるということ。

自由放任《じゆうほうにん》 各自の自由にまかせて、干渉しないこと。

自由奔放《じゆうほんぽう》 世間のきまりやしきたりなどにとらわれないで、自分の心のままに行動すること。また、そのさま。

主客転倒《しゅかくてんとう》 主人と客の立場が逆になること。転じて、物事の順序、軽重などが逆になること。「しゅきゃくてんとう」とも読む。

熟読玩味《じゅくどくがんみ》 （「小学」による）文章をよく読んで、その意味を十分に味わうこと。

取捨選択《しゅしゃせんたく》 ある基準により、選び取ったり捨てたりすること。多くのものの中からよいものや必要なものを選び取ること。

酒池肉林《しゅちにくりん》 （「史記」にみえる故事から。「酒池」は酒をたたえた池、「肉林」は肉をかけた林の意）贅沢をきわめた酒宴をいう。

出処進退《しゅっしょしんたい》 官に仕えることと退くこと。また、その職にとどまることと辞職すること。身の振り方。

首尾一貫《しゅびいっかん》 主義や態度などが始めから終わりまで変らずに同じであること。「終始一貫」とも。

純真無垢《じゅんしんむく》 心にけがれや邪念がなく清らかなこと。また、そのさま。

春風駘蕩《しゅんぷうたいとう》 春の風がのどかに吹くさま。転じて、何事もなく穏やかなさま。また、人の態度や性格などが温和なさま。

順風満帆《じゅんぷうまんぱん》 （船が帆に追い風をいっぱいに受けて快く進むことから）物事が

非常に順調であること。また、そのさま。

上意下達《じょういかたつ》 上の者の考えや命令を下の者に伝えること。「下意上達」はその反対。

盛者必衰《じょうしゃひっすい》 仏教語。勢いの盛んな者も必ず衰える時がくるということ。この世の無常であることをいう。「しょうじゃひっすい」「せいしゃひっすい」「しょうしゃひっすい」とも読む。

常住坐臥《じょうじゅうざが》 （仏教語、「行住坐臥《ぎょうじゅうざが》」の「行住」を「常住」と混同して用いられるようになった語。「行住」は歩くことと止まること、「坐臥」は座る事と横になること。日常の動作の意から）日常普通の時。ふだん常々。いつも。

情状酌量《じょうじょうしゃくりょう》 刑事裁判で、犯罪人の事情のあわれむべき点をくみとって、刑罰を軽減すること。

正真正銘《しょうしんしょうめい》 まったく偽りのないこと。まちがいなく本物であること。古くは「しょうじんしょうめい」とも読んだ。

小心翼翼《しょうしんよくよく》 （「詩経」による）慎み深く、小さなことにまで気を配るさま。転じて、気が小さくてびくびくしているさま。

常套手段《じょうとうしゅだん》 いつも決まってとられる手段。ありふれたやり方。

枝葉末節《しようまっせつ》 物事の本質からはずれた細かな部分。主要ではない物事。

生老病死《しょうろうびょうし》 仏教で、人間として避けられない四つの苦しみ。生まれること、老いること、病気になること、死ぬことの総称。四苦。

諸行無常《しょぎょうむじょう》 仏教で、世の中に現れるすべての現象は常に変化し生滅して、永久に変わらないものはないということ。仏教の根本的主張である三法印の一つ。

初志貫徹《しょしかんてつ》 最初に思い立った志を最後まで貫き通すこと。

職権濫用《しょっけんらんよう》 公務員が、その職務についての権限を越えたり、悪用したりして他人の権利を犯すこと。転じて、一般に職務や立場上与えられた権限や情況を不当に用いることにもいう。

白川夜舟《しらかわよふね》 （京都に行ったことのない人が地名の白川（または舟の通わない谷川の名とも）のことを問われ、夜、眠っている間に船で通ったから知らないと答えたという話による）いかにも知っているような顔をすること。知ったかぶりをすること。また、ぐっすり寝込んでいて何が起こったか全く知らないこと。「白川夜船」「白河夜舟」「白河夜船」とも書く。

私利私欲《しりしよく》 自分の利益と自分の個人的な欲望。多く他人のことを考えない個人的な利益や欲望についていう。

支離滅裂《しりめつれつ》 ばらばらでまとまりがつかないこと。言動などの筋道が立たないで、めちゃくちゃなこと。また、そのさま。

思慮分別《しりょふんべつ》 注意深く心を働かせ、物事の道理や善悪などを判断すること。「理路整然」はその反対。

四六時中《しろくじちゅう》 （四に六を掛けると二十四になることから。一日が十二刻であった時代の「二六時中」を現在の二十四時間に直した言い方）二十四時間中。一日中。いつも。

人海戦術《じんかいせんじゅつ》 多くの兵力をくり出し、数の力で敵軍をうち破ろうとする戦法。転じて、多人数をくり出して物事に対処すること。

心機一転《しんきいってん》 ある事をきっかけに、気持がすっかり変わること、また、変えること。

真剣勝負《しんけんしょうぶ》 本物の剣を用いて勝負を決すること。転じて、本気で争ったり、事に対したりすること。

人事不省《じんじふせい》 昏睡状態に陥ること。意識不明になること。

神出鬼没《しんしゅつきぼつ》（鬼神のように自由自在に出没することから）非常にすばやく現れたり隠れたりすること。不意に現れたり姿を隠したりして、容易に居所がわからないこと。また、そのさま。

信賞必罰《しんしょうひつばつ》 功労のある者には必ず賞を与え、罪を犯した者は必ず罰すること。

針小棒大《しんしょうぼうだい》（針ほどの小さいものを棒ほどに大きく言うことから）物事をおおげさに言うこと。また、そのさま。

人心一新《じんしんいっしん》 人の気持ちや考えをすっかり新しいものに変えること。

新進気鋭《しんしんきえい》 その分野に新しく現れて勢いが盛んで鋭いこと。また、そのさま。そのような人。

心神喪失《しんしんそうしつ》 精神機能の障害により、事の善悪を識別できず、または識別してもそれによって行動することができない状態。刑法上、不法行為も処罰されない。

人跡未踏《じんせきみとう》 いまだかつて人が通ったことがないこと。人がまだ足を踏み入れてないこと。

新陳代謝《しんちんたいしゃ》（「陳」は古いもの、「謝」は去る意）古いものが次第になくなって、新しいものがそれと入れ代わること。生体内で、必要な生活物質が摂取され、不用物は排泄される作用。

深謀遠慮《しんぼうえんりょ》（「賈誼―過秦論」による）はるか先のことまで深く考えて計画を立てること。「遠慮深謀」「遠謀深慮」とも。

人面獣心《じんめんじゅうしん》（「漢書」による。顔は人間であるが、心は獣に等しいという意から）恩義を知らない人、冷酷非情な人や義理人情をわきまえない人。「にんめんじゅうしん」とも読む。

森羅万象《しんらばんしょう》 宇宙間に数限りなく存在するいっさいの物事。

頭寒足熱《ずかんそくねつ》 頭部は冷えていて足部は暖かいこと。また、そういう状態にすること。古来、健康によい状態といわれる。

晴耕雨読《せいこううどく》 晴れた日には外に出て田畑を耕し、雨の日には家にこもって読書をすること。悠々自適の境遇をいう。

誠心誠意《せいしんせいい》 まごころをこめて事にあたること。

正正堂堂《せいせいどうどう》（「孫子」による）軍隊の陣容が整っていて勢いが盛んなさま。転じて、態度が正しく立派なさま。卑怯な手段をとらず立派であるさま。

生存競争《せいぞんきょうそう》（英語 Struggle for existence の訳語）ダーウィンの進化論の中心概念。生物のすべての種は多産性を原則とするので、限られた自然環境内で生存し子孫を残すためには、同種または異種の個体間でさまざまな生息条件を奪いあう形になる。これを競争に見立てていう。ダーウィンはこれに基づいて自然選択説を立てた。また、人間社会で生活のために生ずる競争の意にもいう。

青天白日《せいてんはくじつ》 青く晴れわたった日和。快晴の天気。転じて、心に包み隠すことがないこと。やましいことがないこと。また、無罪が明らかになること。

正当防衛《せいとうぼうえい》 不正な侵害に対し、これを防ぐためやむをえず行う加害行為。刑法上、違法性を欠くものとして犯罪とならず、民法上は不法行為としての損害賠償責任を生じない。

清廉潔白《せいれんけっぱく》 心や行いが清くて正しく、私欲を図ったり不正をしたりすることのないこと。また、そのさま。

責任転嫁《せきにんてんか》 自分の過ちや責任を他人に押し付けること。

是是非非《ぜぜひひ》（「荀子」による）よい事はよいとし、悪い事は悪いとすること。公平な立場で判断すること。

切磋琢磨《せっさたくま》（骨や角、石や玉などを切り磨く意から）学問や道徳、技芸、人間性などをみがき上げること。仲間同士互いに競いあい、励ましあって向上すること。

切歯扼腕《せっしやくわん》（「史記」による。歯ぎしりをして腕をにぎりしめることの意から）激しく怒ったりくやしがったりする様子にいう。

絶体絶命《ぜったいぜつめい》（「絶体」「絶命」はともに九星占いでいう凶星の名）どうしてものがれようのないせっぱ詰まった立場や状態にあること。進退きわまること。また、そのさま。

千客万来《せんきゃくばんらい》 多数の客が入れかわり立ちかわり来て絶えまがないこと。

千軍万馬《せんぐんばんば》 多くの兵士と多くの軍馬。多くの戦場をめぐって、戦闘の経験が豊富であること。転じて、社会経験などが豊かであること。

千言万語《せんげんばんご》 多くのことば。あれこれと多くのことばを口にすること。

前後不覚 前後の区別がつかなくなるほど正体を失うこと。また、そのさま。正常な判断ができなくなること。

千載一遇《せんざいいちぐう》 千年に一度しかめぐりあえないこと。そのようなまたとないすばらしい機会。

千差万別《せんさばんべつ》 さまざまのちがいがあること。多くの差異があること。また、そのさま。「せんさまんべつ」とも読む。

全身全霊《ぜんしんぜんれい》 体と精神のすべて。その人のもっている体力と精神力のすべて。

前人未到《ぜんじんみとう》 これまで誰も到達した人がいないこと。今まで誰も成し遂げていないこと。「前人未踏」とも書き、その場合は、今まで誰も足をふみ入れたことがないということ。

先制攻撃《せんせいこうげき》 相手よりも先に行動を起こして攻めること。

前代未聞《ぜんだいみもん》 今までに一度も聞いたことがないこと。これまでに一度も耳にしたことがないような珍しいこと。

全知全能《ぜんちぜんのう》 完全で、欠けるところのない知能と能力。すべてのことを理解

語彙力

し、あらゆることを行うことのできる能力。

先手必勝《せんてひっしょう》 ゲームの理論で、後手のどのような手に対しても先手が手をうまく選ぶことにより勝てるような状況のこと。一般に、先に行動を起こす方が必ず勝つという意でも用いる。

前途多難《ぜんとたなん》 これから先や将来に困難が多くあること。また、そのさま。

前途有望《ぜんとゆうぼう》 将来に望みや見込みがあること。また、そのさま。

前途洋洋《ぜんとようよう》 将来が大きく開けていて希望が持てること。また、そのさま。

善男善女《ぜんなんぜんにょ》 仏教語で、仏法に帰依した男女。また、一般に信心深い人々。

千篇一律《せんぺんいちりつ》 多くの詩がどれも同じ調子で変化のないこと。転じて、多くの物事がみな同じ調子で変化がないこと。変化がなく、おもしろみがないこと。また、そのさま。

千変万化《せんぺんばんか》 物事や状況などが次々とさまざまに変化すること。「せんぺんばんか」とも読む。

千両役者《せんりょうやくしゃ》 （千両の給金を取る役者の意）格式の高く芸のすぐれた役者。転じて、顔立ちがよかったり、芸がうまかったりして、特に人気のある役者。また、催し物や試合などで、目立った働きをして人気を博する人。

全力投球《ぜんりょくとうきゅう》 野球などで、ありったけの力でボールを投げること。転じて、出せる限りすべての能力を使って事にあたること。

善隣友好《ぜんりんゆうこう》 隣国と仲よくすること。

粗衣粗食《そいそしょく》 粗末な衣服と粗末な食べ物。簡素な生活のたとえ。

創意工夫《そういくふう》 いろいろ思案して、新しい物事やよい方法を考え出すこと。また、その物事や方法。

相互扶助《そうごふじょ》 生存競争を生物および人間社会の進化の要因とするダーウィン主義に反対して、生存競争よりもむしろ自発的な相互の助け合い、協同関係を進化の要因としたクロポトキンによる社会学説の基本的な概念。また、一般に、互いに助け合うこと。

相思相愛《そうしそうあい》 互いに愛し合っていること。

速戦即決《そくせんそっけつ》 開戦とともに、素早く戦勝を決定づけようとすること。持久戦に対していう。転じて、闘争や論争などで、短時間で決着をつけることにもいう。

粗製濫造《そせいらんぞう》 粗雑な作り方をした品物をやたらに多く作ること。「粗製乱造」とも書く。

即決即断《そっけつそくだん》 その場で判断してすぐに決定すること。「即断即決」とも。

【た行】

大願成就《たいがんじょうじゅ》 大きな願いがかなうこと。

大器晩成《たいきばんせい》 （「老子」による。大きなうつわは完成するのに時間がかかることから）大人物はその器量を現すのに時間がかかるということ。

大義名分《たいぎめいぶん》 人として、または、臣民として守らなければならない根本的な道理と分限。転じて、行いの基準となる根拠、理由づけ。

大言壮語《たいげんそうご》 実力もないのに、実行できそうもないことや大きなことを言うこと。また、そのことば。「壮言大語」とも。

大所高所《たいしょこうしょ》 小さいことにこだわらずに大局的に物事を見る立場。私情や偏見を入れない広い視野。「高所大所」とも。

泰然自若《たいぜんじじゃく》 落ち着いて物事に動じないさま。

大胆不敵《だいたんふてき》 度胸がすわっていて物に動じないこと。大胆で敵するものがないこと。また、そのさま。

大同小異《だいどうしょうい》（「荘子」による）大体は同じで、少しだけ違っていること。こまかな部分は異なっているが、全体としては似たりよったりであること。大差ないこと。また、そのさま。

大同団結《だいどうだんけつ》 多くの団体や党派が、考え方などの細部に違いはあっても、一つの目的のもとに一致し団結すること。

台風一過《たいふういっか》 台風が通り過ぎること。また、台風が過ぎ去ったあとに広がる晴れ渡った空の形容にもいう。転じて、事件や騒動が一気におさまり平穏になること。

多士済済《たしせいせい》（「詩経」による）すぐれた人が多くいること、また、そのさま。「たしさいさい」とも読む。

多事多難《たじたなん》 事件や災難、困難なことが多いこと。また、そのさま。

脱亜入欧《だつあにゅうおう》 アジアを離れ、ヨーロッパの仲間入りをすること。アジアの軽視と、ヨーロッパの重視という姿勢をみせた明治以降の日本の風潮を評していう。

他人行儀《たにんぎょうぎ》 他人に対するように、改まった、よそよそしいふるまい。

他力本願《たりきほんがん》 仏教で、自己の修行の功徳によって極楽往生を得るのでなく、もっぱら阿弥陀仏の本願によって救済されることをいう。転じて、物事をなすのにすべて他人の力をあてにすることをいう。他人まかせにすること。

暖衣飽食《だんいほうしょく》 暖かな衣服を着て、腹いっぱいに食べること。物質的に何の不足もなく生活すること。「飽食暖衣」とも。

断崖絶壁 切り立った崖。非常に険しい崖。

単純明快《たんじゅんめいかい》 簡単でこみいっておらず、筋道がはっきりしていてわかりやすいこと。また、そのさま。

男尊女卑《だんそんじょひ》 男性を尊重し女性を軽視すること。また、そのような社会慣習。

単刀直入《たんとうちょくにゅう》（ただ一人で刀を執り、敵陣に斬《き》り入ることの意から）前置きや遠まわしな表現を抜きにして、ただちに要点に入ること。また、そのさま。

中途半端《ちゅうとはんぱ》 物事が完成にまで達しないこと。どっちつかずで徹底しないさま。

中肉中背《ちゅうにくちゅうぜい》 太ってもなくやせてもなく、背丈が高くも低くもない体型。

昼夜兼行《ちゅうやけんこう》 昼も夜も休まず道を急ぐこと。また、昼夜の区別なく仕事をすること。

朝三暮四《ちょうさんぼし》（中国の狙公《そこう》が飼っている猿に、トチの実を与えるのに朝に三つ暮れに四つとしたところ、少ないと猿が怒ったので、朝に四つ暮れに三つとしたら喜んだという「荘子」などの故事による）眼前の違いや利益にとらわれて、結局は同じであることに気づかないこと。また、詐術をもって人を欺き愚弄すること。

彫《ちょう》心《しん》鏤《る》骨《こつ》（心に彫りつけ骨にちりばめる意）非常に苦心すること。また、詩文などを苦心して磨き上げること。「ちょうしんろうこつ」とも読む。

朝《ちょう》令《れい》暮《ぼ》改《かい》 朝に命令を下し、その日の夕方にそれを改めること。命令が頻繁に変わって一定しないこと。

直《ちょく》情《じょう》径《けい》行《こう》（「礼記」による）感情をいつわらないで思うとおりに行動すること。また、そのさま。

直《ちょく》立《りつ》不《ふ》動《どう》 かかとをそろえてまっすぐに立ち、身動きをしないこと。

猪《ちょ》突《とつ》猛《もう》進《しん》 一つのことに向かって向こう見ずにものすごい勢いで突き進むこと。

沈《ちん》思《し》黙《もっ》考《こう》 沈黙して、深く考えること。

津《つ》津《つ》浦《うら》浦《うら》 いたるところの港や海岸。また、国中、全国いたるところ。「つづうらうら」とも読む。

亭《てい》主《しゅ》関《かん》白《ぱく》（「関白」は天皇を補佐し政務を執行する役職。転じて、権力が非常に強い者の意）亭主が一家で絶対的権威を握っていること。夫が非常にいばっていること。

適《てき》材《ざい》適《てき》所《しょ》 ある仕事や業務に適した才能を持っている者をそれに適した地位、任務につけること。

徹《てっ》頭《とう》徹《てつ》尾《び》 始めから終わりまで同じ方針や考えを貫くさま。最初から最後まで。どこまでも。また、何から何まで残らず。

手《て》前《まえ》味《み》噌《そ》（自家製の味噌を自慢する意から）自分で自分のことを誇ること。自慢。

手《て》練《れん》手《て》管《くだ》（「手練」も「手管」も人をだます手段の意）人をだます手段。人をあやつりだます技巧。

天《てん》衣《い》無《む》縫《ほう》（「霊怪録」による。天人の着物には縫い目のような人工の跡がないことから）文章、詩歌などに技巧の跡が見えず、ごく自然に出来上がっていてしかも完全で美しいこと。また、そのさま。また、人柄などが、無邪気で飾り気がないこと。また、そのさま。

天《てん》涯《がい》孤《こ》独《どく》 この世に身寄りが一人もいないこと。また、遠く離れた異郷に、ただ一人暮らすこと。

天《てん》下《か》一《いっ》品《ぴん》（世界にただ一つしかない品の意から）他に比べるものがないほどすぐれていること。また、そのような物やそのさま。

天《てん》下《か》泰《たい》平《へい》（「礼記」による）世の中がよく治まり平和なこと。また、何事もなく平穏無事でのんびりしていること。また、そのさま。「天下太平」とも書く。

電《でん》光《こう》石《せっ》火《か》（「電光」はいなびかり、「石火」は火打ち石を打って出る火）きわめて短くはかない時間。また、動作や振舞いがきわめてすばやいことをたとえて言う。

天《てん》井《じょう》桟《さ》敷《じき》 劇場で、後方最上階の最下等の席。

天《てん》真《しん》爛《らん》漫《まん》 うわべを飾ったところが少

しもなく、ありのままであること。また、その無邪気で屈託のないこと。また、そのさま。

天地神明《てんちしんめい》 天地の神々。

天罰覿面《てんばつてきめん》 悪行の報いがすぐ現れること。悪事を働くと即座に天が罰を下すこと。

天変地異《てんぺんちい》 （「天変」は天空に起こる変動で、風・雨・雷・日食・月食・彗星など、「地異」は地上に起こる異変で、地震・洪水などをいう）天地の間に起こる自然の異変。

当意即妙《とういそくみょう》 （仏教語の「当位即妙」から）すばやく、その場に適応した機転をきかすこと。また、そのさま。

同行二人《どうぎょうににん》 二人づれであること。多く西国巡礼者がいつも弘法大師といっしょにあるという意で笠などに書きつける語。

同工異曲《どうこういきょく》 （「韓愈―進学解」による）音楽の演奏や詩文などの技巧は同じだが、趣や表されたものが異なること。転じて、見かけは違うようでも内容は同じであること。「異曲同工」とも。

同床異夢《どうしょういむ》 （「陳亮―与朱元晦秘書」による。同じ床に寝ながらそれぞれ違う夢を見ることの意から）行動をともにしていながら、まったく別々の事を考えていること。同じ立場や同じ仕事をしている者でも、考え方や目標などが異なっていること。

東奔西走《とうほんせいそう》 東に西に奔走すること。あちらこちらとせわしなく駆け回ること。

党利党略《とうりとうりゃく》 政党や党派などの利益と策略。

得意満面《とくいまんめん》 得意な気持が顔いっぱいにあふれること。

独断専行《どくだんせんこう》 自分だけの判断で、勝手に行動すること。

独立独歩《どくりつどっぽ》 他人に頼ることなく、自力で自分の信ずるところを行うこと。また、そのさま。「独立独行」とも。

徒手空拳《としゅくうけん》 手に何も持たないこと。また、自分の身一つだけで頼むべきもののないこと。

突然変異《とつぜんへんい》 （英語 mutation の訳語）遺伝的変異の一つ。生物の遺伝形質が親の形質と異なって現れること。生物の進化の一大要因であると考えられる。転じて、物事が急激に思いもよらない大きな変化をとげることをいう。

【な行】

内柔外剛《ないじゅうがいごう》 内心は柔弱なのに外見は剛強に見えること。また、そのさま。「外柔内剛」はその反対。

内政干渉《ないせいかんしょう》 他国の政治、外交に口出しして、その主権を束縛、侵害すること。

内憂外患《ないゆうがいかん》 国内の心配事や外国との間に生じるわずらわしい事態。内外の心配事。

難行苦行《なんぎょうくぎょう》 仏教で、さまざまな苦難に耐えて行う修行。転じて、ひどく苦労すること。

難攻不落《なんこうふらく》 攻撃するのが困難で、容易に陥落しないこと。

南船北馬《なんせんほくば》 （中国でその交通に、南部は川や運河が多いので船を、北部は山や平原が多いので馬を多く用いるところから）絶えず旅を続けること。各地にせわしく旅行すること。

二者択一《にしゃたくいつ》 二つの事物のうち、一方を選ぶこと。「二者選一」とも。

二束三文《にそくさんもん》（金剛草履が二足で三文の値であったところからという）数が多いのに値段がきわめて安いこと。捨て売りにする値段。「二足三文」とも書く。

日常茶飯《にちじょうさはん》（毎日の食事の意から）日々のありふれたこと。

日進月歩《にっしんげっぽ》 日に月に絶えまなく進歩すること。絶えず進歩すること。

二人三脚《ににんさんきゃく》 二人が横に並び、内側の足首を互いにひもで結び合わせて走ること。また、その競技。転じて、二人で協力して事をなしとげていくこと。

女人禁制《にょにんきんせい》 女性の立ち入りを禁止すること。寺院や霊場などで、信仰上女性が入るのを禁止すること。また、その地域。また、特定の場所や行事に女性の出入りや参加を認めないこと。「にょにんきんぜい」とも読む。

二律背反《にりつはいはん》（独語 Antinomie の訳語）哲学で、相互に矛盾する二つの命題が同等の妥当性をもって主張されること。

拈華微笑《ねんげみしょう》 仏教語。摩訶迦葉《かしょう》が釈迦から奥義を授けられたという「五灯会元」にみえる故事を示すことば。釈迦が霊鷲山で弟子に説法した時、一言も言わず、蓮の花をひねったところ弟子たちはその意を解せなかったが、迦葉だけは、その意を理解してにっこりと笑った。それを見て釈迦は、仏法のすべてを迦葉に授けたと語ったという。ことばを用いずに心から心へ伝えることをいう。

年功序列《ねんこうじょれつ》 年齢や勤続年数による順序。勤続年数、年齢が増すにしたがい地位や給料が上がっていくこと。また は、その体系。

【は行】

破顔一笑《はがんいっしょう》 顔をほころばせてにっこりと笑うこと。

博学多識《はくがくたしき》 ひろく諸学に通じて、知識が豊富であること。また、そのさま。

薄志弱行《はくしじゃっこう》 意志が弱く、物事を断行する気力に乏しいこと。

白砂青松《はくしゃせいしょう》 白い砂と青い松。海岸などの美しい景色をいう語。「はくさせいしょう」とも読む。

拍手喝采《はくしゅかっさい》 手をたたいてほめそやすこと。

博覧強記《はくらんきょうき》 書物をひろく読み、それらをよく記憶して豊かな知識をもっていること。また、そのさま。

薄利多売《はくりたばい》 利益を少なくして安い値段で品物を多く売り、全体としての利益をあげること。

馬耳東風《ばじとうふう》（「李白—答王十二寒夜独酌有懐」による。「東風」は春風。馬は東風が吹いてもうれしいとも何とも感じないという意から）人の意見や批評などを心にとめないで、聞き流すこと。他人のことばに耳をかさないこと。

八面六臂《はちめんろっぴ》（二つの体に八つの顔と六つのひじを持つ仏像から）一人で数人分の働きをすること。多方面にめざましい手腕を発揮することのたとえ。「三面六臂」とも。

八方美人《はっぽうびじん》（どこから見ても難点のない美人の意から）誰からも悪く思われないように、如才なくふるまうこと。また、その人。

波瀾万丈《はらんばんじょう》 変化が非常に激しいこと。

万古不易《ばんこふえき》 永遠に変わらないこと。また、そのさま。

万死一生《ばんしいっしょう》（「万死に一生を得」「万死に一生を顧みず」から）ほとんど助かるとは思えないほどの危険な状態。また、そのような状態からかろうじて命が助かること。また、必死の覚悟を決めること。「ばんしいっせい」とも読む。

半死半生《はんしはんしょう》 今にも死にそうなこと。死にかかっていること。「はんしはんじょう」「はんじはんじょう」「はんしはんせい」とも読む。

半信半疑《はんしんはんぎ》 なかば信じ、なかば疑うこと。真偽の判断に迷うこと。

反面教師《はんめんきょうし》（中国の政治家、毛沢東のことばから）悪い見本として学ぶべき人。その人自身の言動によって、こうなってはならないと悟らせてくれる人。

被害妄想《ひがいもうそう》 他人から危害を加えられている、または加えられるのではないかと思い込むこと。

悲喜交交《ひきこもごも》 悲しみと喜びとをかわるがわる味わうこと。または、悲しみと喜びとが入り交じること。

美辞麗句《びじれいく》 美しいことばやひびきのよい文句。特に、うわべだけを飾り立てた文句をいうことが多い。

美人薄命《びじんはくめい》「佳人薄命《かじんはくめい》」に同じ。

眉目秀麗《びもくしゅうれい》 容貌のすぐれて美しいこと。また、そのさま。特に、男性の容貌についていう。

百戦錬磨《ひゃくせんれんま》 多くの戦いに参加して鍛えられること。転じて、多くの経験をつんでいること。

百花斉放《ひゃっかせいほう》（一九五六年、「百家争鳴」とともに中国で唱えられたスローガン。多くの花がいっせいに咲くことの意から）さまざまな学問や芸術が盛んにならび行われること。また、それに関する議論が自由、かつ活発に行われること。

百家争鳴《ひゃっかそうめい》（一九五六年、「百花斉放」とともに中国で唱えられたスローガン）多くの学者、文化人が、自説を自由に発表し論争すること。

百花繚乱《ひゃっかりょうらん》 種々の花が咲きみだれること。転じて、すぐれた事柄や人物が、一時期にたくさん現れること。また、そのさま。「百花撩乱」とも書く。

百鬼夜行《ひゃっきやこう》 種々の妖怪が夜に列をなして歩き回ること。転じて、多くの悪人や怪しい人々が、勝手気ままに振舞うこと。「ひゃっきやぎょう」とも読む。

百発百中《ひゃっぱつひゃくちゅう》 すべて命中すること。転じて、計画や予想などが、すべてその通りになること。

表裏一体《ひょうりいったい》 相反する二つの物が一つになること。二つの物の関係が密接で切りはなせないこと。

疲労困憊《ひろうこんぱい》 疲れ果ててくたくたになること。ひどく疲れて苦しむこと。

品行方正《ひんこうほうせい》 行いがきちんとして正しいこと。また、そのさま。

風光明媚《ふうこうめいび》 自然のながめがよいこと。山や川の景色が清らかで美しいこと。また、そのさま。

風林火山《ふうりんかざん》 武田信玄が軍旗に用いた「孫子」の句「疾如風、徐如林、侵掠如火、不動如山」を略称したもの。

武運長久《ぶうんちょうきゅう》 戦場での幸運、軍人としての運が長く続くこと。

不易流行《ふえきりゅうこう》 蕉風俳諧の理念の一つ。新しみを求めてたえず変化する流行性にこそ、永遠に変わることのない不易の本質があり、不易と流行とは根元において一つであるとし、それは風雅の誠に根ざすものだとする説。

不可抗力《ふかこうりょく》 天災、地変、不慮の事故など人の力では抵抗したり防止したりすることのできない力や事態。

不可思議《ふかしぎ》 仏教語で、ことばで言うことも心で思いはかることもできないこと。仏菩薩の智慧や神通力など、言語、思慮の及ばない境地を指していう。一般には、考えも及ばない不思議なこと。怪しく異様なこと。また、そのさま。

不協和音《ふきょうわおん》 同時に響くと協和しない音程をふくむ和音。転じて、他人との関係が不調和な状態にもいう。

複雑怪奇《ふくざつかいき》 非常に複雑で不思議なこと。また、そのさま。

不倶戴天《ふぐたいてん》 （「礼記」の「倶《とも》に天を戴《いただ》かず」から）相手をこの世に生かしておかないこと。殺すか殺されるか、いっしょには生存できないほど恨んでいること。怨みや憎しみが深く報復せずにはいられないこと。また、そのような間柄。

富国強兵《ふこくきょうへい》 国の財力を富ませ、兵力を強めること。

不惜身命《ふしゃくしんみょう》 （仏教語。「法華経」による）仏道を修めるためには、みずからの身や命をも顧みないこと。また、その心構えや態度。また一般に、仏道以外の物事についてもいう。

夫唱婦随《ふしょうふずい》 （「関尹子―三極」による）夫が言い出して、妻がこれに従うこと。夫妻がよく和合していること。

不即不離《ふそくふり》 互いの関係がつきもせず、離れもしないこと。また、そのさま。つかずはなれず。

二股膏薬《ふたまたごうやく》 「内股膏薬《うちまたごうやく》」に同じ。

不撓不屈《ふとうふくつ》 どんな困難に出あっても心がくじけないこと。また、そのさま。

不得要領《ふとくようりょう》 要領を得ないこと。あいまいでわけのわからないこと。また、そのさま。

不偏不党《ふへんふとう》 どの党、どの主義にも加わらないこと。どちらにもかたよらないで、公正、中立の立場に立つこと。また、そのさま。

不眠不休《ふみんふきゅう》 眠りも休みもしないこと。睡眠も休憩もせず熱心に事にあたることをいう。

不《ふ》要《よう》不《ふ》急《きゅう》 必要ではなく、急を要しないこと。

不《ふ》立《りゅう》文《もん》字《じ》 仏教語。禅宗の基本的立場を示す語。悟りは経論の文字やことばなどによらず、心から心へ伝えるものであるということ。経論の説く真髄を捉え、経論を超えることを示したことば。「ふりゅうもじ」とも読む。

不《ふ》老《ろう》長《ちょう》寿《じゅ》 いつまでも年をとらず、長生きすること。

不《ふ》老《ろう》不《ふ》死《し》 いつまでも年をとらず、また死なないこと。

付《ふ》和《わ》雷《らい》同《どう》 自分の主義や主張をもたないで、他人の説にわけもなく同調すること。

粉《ふん》骨《こつ》砕《さい》身《しん》 骨身を惜しまず働くこと。力の限り努力すること。

文《ぶん》武《ぶ》両《りょう》道《どう》 文事と武事との二面。また、その両方にすぐれていること。学問とスポーツの両方にすぐれていること。

文《ぶん》明《めい》開《かい》化《か》 人知が発達し、世の中が開けて生活が便利になること。特に日本では、明治初年、西洋文化を積極的に輸入し、急速に近代化、欧化した現象をいう。

平《へい》穏《おん》無《ぶ》事《じ》 これといって変ったこともなく穏やかなこと。また、そのさま。

平《へい》身《しん》低《てい》頭《とう》 身をかがめ、頭を低くさげて恐縮すること。ひたすらあやまること。

平《へい》平《へい》凡《ぼん》凡《ぼん》 極めてありふれていること。また、そのさま。

変《へん》幻《げん》自《じ》在《ざい》 姿を現したり消えたり、また、変えたりすることが思うままであること。また、そのさま。

片《へん》言《げん》隻《せき》語《ご》 「片《へん》言《げん》隻《せっ》句《く》」に同じ。

片《へん》言《げん》隻《せっ》句《く》 わずかなことば。ちょっとしたことば。「片言隻語」「一言一句」とも。

偏《へん》旁《ぼう》冠《かん》脚《きゃく》 漢字の構成部分、偏・旁《つくり》・冠《かんむり》・脚《あし》のこと。右の四種のほか、構《かまえ》・繞《にょう》などがあり、これらを含めての総称としても用いる。

暴《ぼう》飲《いん》暴《ぼう》食《しょく》 度を過ごして飲食すること。

傍《ぼう》若《じゃく》無《ぶ》人《じん》 （「史記」の「傍《かたわら》に人無きが若《ごと》し」から）人前をはばからず勝手気ままな言動をすること。他人を無視して思うままの言動をすること。また、そのさま。

茫《ぼう》然《ぜん》自《じ》失《しつ》 あっけにとられて、我を忘れてしまうこと。

抱《ほう》腹《ふく》絶《ぜっ》倒《とう》 （「抱腹」は本来「捧腹」と書く）腹をかかえて、倒れそうになるほど大笑いすること。また、そのさま。

本《ほん》家《け》本《ほん》元《もと》 いちばん大もとの家や人。また、物事の大もと、中心となるところ。

本《ほん》末《まつ》転《てん》倒《とう》 根本の大切な事と、枝葉のつまらない事とを取り違えること。

【ま行】

真《ま》一《いち》文《もん》字《じ》 「一」の文字のようにまっすぐなこと。また、そのさま。

満《まん》場《じょう》一《いっ》致《ち》 その場にいる者全部の意見が一致すること。

満《まん》身《しん》創《そう》痍《い》 体中傷だらけであること。転じて、精神的にひどく痛めつけられること。

三日天下《みっかてんか》（明智光秀が織田信長を倒してのちわずか十数日で豊臣秀吉に倒されたところから光秀のとった天下の短かったことをたとえていった語）きわめて短い間しか権力や地位を保てないこと。「みっかでんか」とも読む。

三日坊主《みっかぼうず》 何をしても長続きしないこと。また、そのような人。

未来永劫《みらいえいごう》 未来にわたり永久であること。永遠。

民族自決《みんぞくじけつ》 各民族はその政治的運命をみずから決定する権利をもち、他民族による干渉を認めないこと。植民地などの民族独立運動の指導的理念。第一次世界大戦末期、アメリカの大統領ウィルソンが主張し、ベルサイユ会議で国際秩序の原則となった。

無我夢中《むがむちゅう》 ある物事に熱中して、自分を忘れること。一つの事に心を奪われて我を忘れること。

無芸大食《むげいたいしょく》 特にすぐれた才芸もなく、ただ大食すること。また、そのような人。

武者修行《むしゃしゅぎょう》 武士が諸国を回って、武術の修行、鍛錬をすること。室町末期から江戸初期にかけて盛んに行われた。転じて、自分の力の及ばない場所や環境に行って技を磨くこと。

無知蒙昧《むちもうまい》 知識がなく物事の道理を知らないこと。また、そのさま。

無念無想《むねんむそう》 仏教で、無我の境地に入り、一切の想念を離れること。また、そのさま。転じて、何も考えないこと。また、そのさま。

無病息災《むびょうそくさい》 病気もせず、健康であること。また、そのさま。

無味乾燥《むみかんそう》 物事におもしろみや味わいがないこと。また、そのさま。

無理算段《むりさんだん》 無理をして物事や金銭の融通をつけること。

無理難題《むりなんだい》 道理に外れた言いがかり。解決の不可能なことがわかりきっている問題。

無理無体《むりむたい》 相手の意向にかまわず、強いて物事を行うこと。また、そのさま。

明鏡止水《めいきょうしすい》（「淮南子」による。曇りのない鏡と静かな水の意から）邪念がなく澄みきった心境。

名所旧跡《めいしょきゅうせき》 景色のよさや歴史的事件や建築物などで、昔から広く知られている土地。「名所旧蹟」とも書く。

明窓浄机《めいそうじょうき》 明るい窓と清潔な机。明るく清潔な書斎をいう。「明窓浄几」とも書く。

明眸皓歯《めいぼうこうし》 美しく澄んだ眸《ひとみ》と白く整った歯。また、そのような人。美人のたとえに用いる。

明明白白《めいめいはくはく》 非常にはっきりしていて、少しも疑わしい点がないさま。事柄がきわめて明確であるさま。

滅私奉公《めっしほうこう》 私心を捨て去って公のために尽くすこと。また、主人に忠誠を尽くすこと。

免許皆伝《めんきょかいでん》 武術や芸道などで、師匠が弟子に、その道の奥義を残らず伝えること。

面従腹背《めんじゅうふくはい》 表面では服従するようにみせかけて、内心では反抗すること。

面目躍如《めんもくやくじょ》 世間の評価や地位にふさわしい活躍をして、生き生きとしているさま。世間に対して顔がたつこと。「めんぼくやくじょ」とも読む。

物見遊山《ものみゆさん》 気晴らしのため、名所などの見物や遊びに出かけること。

門外不出《もんがいふしゅつ》 大切な品物をその家の門の外へ持ち出さないこと。転じて、貴重な物を他人に見せたり貸したりしないこと。秘蔵すること。

門戸開放《もんこかいほう》 制限を設けず出入りを自由にすること。また、海港や市場を開放し、外国との貿易や経済活動を自由にすること。

問答無用《もんどうむよう》 議論をしても役に立たないこと。「問答無益」とも。

【や行】

夜郎自大《やろうじだい》（「史記」による。中国西南の民族夜郎が、漢の強大さを知らずに自分の勢力をほこったという故事から）自分の力量を知らないでいばること。

唯一無二《ゆいいつむに》 ただ一つで、二つとないこと。また、そのさま。

唯我独尊《ゆいがどくそん》（仏教語。釈迦が生まれた時に七歩あるいて天地を指さし「天上天下唯我独尊」と唱えたという故事による）この世界にわれよりも尊いものはないということ。転じて、自分だけが偉いとうぬぼれること。

有形無形《ゆうけいむけい》 形のあるものと、形のないもの。目に見えるものと、目に見えないもの。

有言実行《ゆうげんじっこう》（「不言実行」をもじって作られた語）言ったことは必ず実行すること。また、格別に言いたてて事を行うことをもいう。

優柔不断《ゆうじゅうふだん》 ぐずぐずして物事の決断の鈍いこと。また、そのさま。

優勝劣敗《ゆうしょうれっぱい》 力のまさっているものが勝ち、劣っているものが負けること。特に、生存競争で強者や適者が栄え、そうでないものが滅びること。

融通無碍《ゆうずうむげ》（滞りなく通じてさまたげのない意から）考え方や行動が何物にもとらわれず自由であること。また、そのさま。

有職故実《ゆうそくこじつ》 古来の朝廷や武家の行事・儀礼・官職・制度・服飾・法令・軍陣などの先例や典故をいう。また、それらを研究する学問。

有名無実《ゆうめいむじつ》 名だけがあって、その実質のないこと。名前が意味するほど実際には価値がないこと。また、そのようなさま。

悠悠自適《ゆうゆうじてき》 俗世間にわずらわされず、心のおもむくままにゆったりと日を過ごすこと。

油断大敵《ゆだんたいてき》 油断は失敗の原因であることが多く重大な敵であるということ。油断することを戒めた語。

用意周到《よういしゅうとう》 細かいところまで心配りが行き届いていること。少しも手ぬかりがないこと。また、そのさま。

容姿端麗《ようしたんれい》 姿かたちが整っていて美しいこと。また、そのさま。

羊頭狗肉《ようとうくにく》（「羊頭をかかげて狗肉を売る」の略。羊の頭を店頭に掲げておきながら、犬の肉を売ることから）表面と内容とが一致していないこと。外見や宣伝は立派だが中身が伴わないこと。

余裕綽綽《よゆうしゃくしゃく》 ゆったりとしていてあせらないさま。落ち着き払っているさま。

【ら・わ行】

落花狼藉《らっかろうぜき》 （「和漢朗詠集」による）花が散り乱れること。また、花を散らし乱すこと。転じて、物の散り乱れるさまや散り乱すさまのたとえ。女性を花にたとえて、女性や子供に乱暴を働くさまにもいう。

乱暴狼藉《らんぼうろうぜき》 無法な振る舞いをして他を侵すこと。荒々しい行いをしてあばれること。

利害得失《りがいとくしつ》 利益と損失。得ることと失うこと。

離合集散《りごうしゅうさん》 離れたり集まったりすること。また、それを繰り返すこと。「離合聚散」とも書く。

立身出世《りっしんしゅっせ》 成功して世間に名をあげること。

流言飛語《りゅうげんひご》 世間に広まっている根も葉もないうわさやデマ。「流言蜚語」とも書く。

竜頭蛇尾《りゅうとうだび》 （頭が竜で、尾が蛇であること）初めは盛んで、終わりの振わないこと。

粒粒辛苦《りゅうりゅうしんく》 （「李紳―憫農詩」による。穀物の実のひと粒ひと粒が辛苦の結晶であるということ。米を作る農民の苦労をいった語から）こつこつと苦労や努力を積むこと。物事を成就するために地道な努力を続けること。

理路整然《りろせいぜん》 話や考えの筋道などが整っているさま。「支離滅裂」はその反対。

臨機応変《りんきおうへん》 その時やその場面に応じて、適切な手段を施すこと。また、そのさま。

冷汗三斗《れいかんさんと》 （冷や汗が三斗も出る意。「三斗」は尺貫法で約五四リットル。多量であることのたとえ）恐ろしさや恥かしさでひどく汗をかくこと。ひどく恐ろしい思いや恥かしい思いをすること。

冷酷無情《れいこくむじょう》 思いやりがなく無慈悲であること。また、そのさま。

老若男女《ろうにゃくなんにょ》 老人、若者、男性、女性。年齢性別にかかわらず、すべての人。

六根清浄《ろっこんしょうじょう》 （仏教で、「六根」は人間に迷いを生じさせる六つの器官。目・耳・鼻・舌・身・意のこと）六根から生じる執着を断ち切って、心身ともに清浄になること。また、その境地。また、六根の不浄を祓い清めるために、山参りの修行者や登山者などが唱えることば。

論功行賞《ろんこうこうしょう》 功績の有無や大小を良く調べ定めて、それにふさわしい賞を各人に与えること。

和魂洋才《わこんようさい》 （「和魂漢才」の類推から作られた語）日本人固有の精神をもって西洋伝来の学問や知識を取捨し、活用すること。明治以後、日本の洋学摂取の際に用いられた。

和洋折衷《わようせっちゅう》 日本の様式と西洋の様式をとり合わせること。

反対語一覧 ― 賛成の反対は？

ある語と反対の意味を表わす語を、「反対語」「対義語」「アントニム」などという。ここでは、そういう関係にある語の組み合わせを集めてみた。この組み合わせは一対一の関係に限られているわけではなく、一つの語に複数の反対語が存在する場合もある。

【あ行】

愛護《あいご》 ⇕ 虐待《ぎゃくたい》
愛情《あいじょう》 ⇕ 憎悪《ぞうお》
愛《あい》する ⇕ 憎《にく》む
会《あ》う ⇕ 別《わか》れる
赤字《あかじ》 ⇕ 黒字《くろじ》
上《あ》がる ⇕ 下《さ》がる
明《あか》るい ⇕ 暗《くら》い
悪意《あくい》 ⇕ 善意《ぜんい》
悪運《あくうん》 ⇕ 幸運《こううん》
悪事《あくじ》 ⇕ 善事《ぜんじ》
悪政《あくせい》 ⇕ 善政《ぜんせい》
悪評《あくひょう》 ⇕ 好評《こうひょう》
悪用《あくよう》 ⇕ 善用《ぜんよう》
開《あ》ける ⇕ 閉《し》める
明《あ》ける ⇕ 暮《く》れる
上《あ》げる ⇕ 下《さ》げる
揚《あ》げる ⇕ 降《お》ろす
暖《あたた》かい ⇕ 寒《さむ》い
温《あたた》かい ⇕ 冷《つめ》たい
新《あたら》しい ⇕ 古《ふる》い
厚《あつ》い ⇕ 薄《うす》い
暑《あつ》い ⇕ 寒《さむ》い
熱《あつ》い ⇕ 冷《つめ》たい
圧勝《あっしょう》 ⇕ 惨敗《ざんぱい》
甘《あま》い ⇕ 苦《にが》い
甘《あま》い ⇕ 辛《から》い
余《あま》す ⇕ 減《へ》らす
余《あま》る ⇕ 足《た》りない
粗《あら》い ⇕ 細《こま》かい
洗《あら》う ⇕ 汚《よご》す
現《あらわ》れる ⇕ 隠《かく》れる
有《あ》る ⇕ 無《な》い
暗愚《あんぐ》 ⇕ 賢明《けんめい》
暗黒《あんこく》 ⇕ 光明《こうみょう》
安心《あんしん》 ⇕ 心配《しんぱい》
安心《あんしん》 ⇕ 不安《ふあん》
安全《あんぜん》 ⇕ 危険《きけん》
安定《あんてい》 ⇕ 変動《へんどう》
安楽《あんらく》 ⇕ 苦労《くろう》
いい ⇕ 悪《わる》い
以下《いか》 ⇕ 以上《いじょう》
生《い》かす ⇕ 殺《ころ》す
生《い》きる ⇕ 死《し》ぬ
行《い》く ⇕ 帰《かえ》る・来《く》る
委細《いさい》 ⇕ 概略《がいりゃく》
遺失《いしつ》 ⇕ 拾得《しゅうとく》
萎縮《いしゅく》 ⇕ 伸長《しんちょう》
異常《いじょう》 ⇕ 正常《せいじょう》
異状《いじょう》 ⇕ 平常《へいじょう》
偉人《いじん》 ⇕ 凡人《ぼんじん》
異性《いせい》 ⇕ 同性《どうせい》
以前《いぜん》 ⇕ 以後《いご》
一括《いっかつ》 ⇕ 分割《ぶんかつ》
一致《いっち》 ⇕ 矛盾《むじゅん》
一定《いってい》 ⇕ 不定《ふてい》
移動《いどう》 ⇕ 固定《こてい》
以内《いない》 ⇕ 以外《いがい》
違反《いはん》 ⇕ 遵守《じゅんしゅ》
違法《いほう》 ⇕ 合法《ごうほう》
入《い》れる ⇕ 出《だ》す
陰鬱《いんうつ》 ⇕ 明朗《めいろう》
陰気《いんき》 ⇕ 陽気《ようき》
陰極《いんきょく》 ⇕ 陽極《ようきょく》
韻文《いんぶん》 ⇕ 散文《さんぶん》
隠喩《いんゆ》 ⇕ 直喩《ちょくゆ》
引力《いんりょく》 ⇕ 斥力《せきりょく》
雨季《うき》 ⇕ 乾季《かんき》
浮《う》く ⇕ 沈《しず》む
受《う》ける ⇕ 送《おく》る
動《うご》く ⇕ 止《と》まる
美《うつく》しい ⇕ 醜《みにく》い
奪《うば》う ⇕ 与《あた》える
うまい ⇕ まずい
うまい ⇕ へた
生《う》まれる ⇕ 死《し》ぬ
敬《うやま》う ⇕ 侮《あなど》る
右翼《うよく》 ⇕ 左翼《さよく》
売《う》る ⇕ 買《か》う
うれしい ⇕ 悲《かな》しい
運動《うんどう》 ⇕ 静止《せいし》
永遠《えいえん》 ⇕ 一瞬《いっしゅん》
栄華《えいが》 ⇕ 没落《ぼつらく》
栄華《えいが》 ⇕ 零落《れいらく》
鋭角《えいかく》 ⇕ 鈍角《どんかく》
永劫《えいごう》 ⇕ 瞬間《しゅんかん》
永住《えいじゅう》 ⇕ 仮寓《かぐう》
栄転《えいてん》 ⇕ 左遷《させん》
鋭敏《えいびん》 ⇕ 鈍感《どんかん》
英明《えいめい》 ⇕ 愚昧《ぐまい》
栄誉《えいよ》 ⇕ 恥辱《ちじょく》
演繹《えんえき》 ⇕ 帰納《きのう》

遠隔《えんかく》 ⇔ 近隣《きんりん》
円形《えんけい》 ⇔ 方形《ほうけい》
炎暑《えんしょ》 ⇔ 厳寒《げんかん》
遠心《えんしん》 ⇔ 求心《きゅうしん》
円陣《えんじん》 ⇔ 方陣《ほうじん》
遠大《えんだい》 ⇔ 狭小《きょうしょう》
延長《えんちょう》 ⇔ 短縮《たんしゅく》
円満《えんまん》 ⇔ 不和《ふわ》
遠洋《えんよう》 ⇔ 近海《きんかい》
おいしい ⇔ まずい
王者《おうじゃ》 ⇔ 覇者《はしゃ》
往信《おうしん》 ⇔ 返信《へんしん》
横断《おうだん》 ⇔ 縦断《じゅうだん》
往復《おうふく》 ⇔ 片道《かたみち》
応用《おうよう》 ⇔ 理論《りろん》
往路《おうろ》 ⇔ 復路《ふくろ》
多《おお》い ⇔ 少《すく》ない
大《おお》きい ⇔ 小《ちい》さい
起《お》きる ⇔ 寝《ね》る
臆病《おくびょう》 ⇔ 豪胆《ごうたん》
奥行《おくゆき》 ⇔ 間口《まぐち》
起《お》こす ⇔ 倒《たお》す

押《お》す ⇔ 引《ひ》く
汚染《おせん》 ⇔ 清浄《せいじょう》
汚点《おてん》 ⇔ 美点《びてん》
落《お》とす ⇔ 拾《ひろ》う
劣《おと》る ⇔ 優《まさ》る
覚《おぼ》える ⇔ 忘《わす》れる
重《おも》い ⇔ 軽《かる》い
下《お》りる ⇔ 上《あ》がる
降《お》りる ⇔ 乗《の》る
愚《おろ》か ⇔ 賢《かしこ》い
終《お》わる ⇔ 始《はじ》まる
穏健《おんけん》 ⇔ 過激《かげき》
温厚《おんこう》 ⇔ 酷薄《こくはく》
音読《おんどく》 ⇔ 訓読《くんどく》
音読《おんどく》 ⇔ 黙読《もくどく》

【か行】

外延《がいえん》 ⇔ 内包《ないほう》
開会《かいかい》 ⇔ 閉会《へいかい》
外角《がいかく》 ⇔ 内角《ないかく》
外観《がいかん》 ⇔ 内容《ないよう》
外形《がいけい》 ⇔ 実質《じっしつ》
解雇《かいこ》 ⇔ 雇用《こよう》

外交《がいこう》 ⇔ 内政《ないせい》
概算《がいさん》 ⇔ 精算《せいさん》
開始《かいし》 ⇔ 終了《しゅうりょう》
概説《がいせつ》 ⇔ 詳説《しょうせつ》
快諾《かいだく》 ⇔ 固辞《こじ》
外地《がいち》 ⇔ 内地《ないち》
害虫《がいちゅう》 ⇔ 益虫《えきちゅう》
快調《かいちょう》 ⇔ 不調《ふちょう》
買手《かいて》 ⇔ 売手《うりて》
解任《かいにん》 ⇔ 就任《しゅうにん》
解放《かいほう》 ⇔ 拘束《こうそく》
快楽《かいらく》 ⇔ 苦痛《くつう》
加害《かがい》 ⇔ 被害《ひがい》
拡大《かくだい》 ⇔ 縮小《しゅくしょう》
獲得《かくとく》 ⇔ 喪失《そうしつ》
各論《かくろん》 ⇔ 総論《そうろん》
欠《か》ける ⇔ 満《み》ちる
寡作《かさく》 ⇔ 多作《たさく》
加算《かさん》 ⇔ 減算《げんさん》
仮性《かせい》 ⇔ 真性《しんせい》
仮設《かせつ》 ⇔ 常設《じょうせつ》
過疎《かそ》 ⇔ 過密《かみつ》

勝《か》つ ⇔ 負《ま》ける
活況《かっきょう》 ⇔ 不況《ふきょう》
過度《かど》 ⇔ 適度《てきど》
可燃《かねん》 ⇔ 不燃《ふねん》
華美《かび》 ⇔ 質素《しっそ》
かみて ⇔ しもて
借《か》りる ⇔ 貸《か》す
かわいい ⇔ 憎《にく》い
かわいがる ⇔ いじめる
乾《かわ》かす ⇔ 濡《ぬ》らす
官学《かんがく》 ⇔ 私学《しがく》
寒気《かんき》 ⇔ 暑気《しょき》
歓喜《かんき》 ⇔ 悲哀《ひあい》
官軍《かんぐん》 ⇔ 賊軍《ぞくぐん》
完結《かんけつ》 ⇔ 未完《みかん》
簡潔《かんけつ》 ⇔ 冗長《じょうちょう》
観察《かんさつ》 ⇔ 実験《じっけん》
干渉《かんしょう》 ⇔ 放任《ほうにん》
閑職《かんしょく》 ⇔ 激職《げきしょく》
官製《かんせい》 ⇔ 私製《しせい》
閑静《かんせい》 ⇔ 喧噪《けんそう》
幹線《かんせん》 ⇔ 支線《しせん》

完全《かんぜん》 ⇔ 欠如《けつじょ》
寛大《かんだい》 ⇔ 狭量《きょうりょう》
簡単《かんたん》 ⇔ 複雑《ふくざつ》
寒中《かんちゅう》 ⇔ 暑中《しょちゅう》
閑中《かんちゅう》 ⇔ 忙中《ぼうちゅう》
干潮《かんちょう》 ⇔ 満潮《まんちょう》
貫徹《かんてつ》 ⇔ 挫折《ざせつ》
観念論《かんねんろん》 ⇔ 実在論《じつざいろん》
寒波《かんぱ》 ⇔ 熱波《ねっぱ》
完敗《かんぱい》 ⇔ 圧勝《あっしょう》
完備《かんび》 ⇔ 不備《ふび》
灌木《かんぼく》 ⇔ 喬木《きょうぼく》
寛容《かんよう》 ⇔ 狭量《きょうりょう》
寛容《かんよう》 ⇔ 厳格《げんかく》
簡略《かんりゃく》 ⇔ 詳細《しょうさい》
寒流《かんりゅう》 ⇔ 暖流《だんりゅう》
寒冷《かんれい》 ⇔ 温暖《おんだん》
記憶《きおく》 ⇔ 忘却《ぼうきゃく》
喜劇《きげき》 ⇔ 悲劇《ひげき》
既決《きけつ》 ⇔ 未決《みけつ》
起工《きこう》 ⇔ 竣工《しゅんこう》
起工《きこう》 ⇔ 完工《かんこう》

起床《きしょう》 ⇕ 就寝《しゅうしん》
喜色《きしょく》 ⇕ 憂色《ゆうしょく》
奇数《きすう》 ⇕ 偶数《ぐうすう》
吉兆《きっちょう》 ⇕ 凶兆《きょうちょう》
吉報《きっぽう》 ⇕ 凶報《きょうほう》
起点《きてん》 ⇕ 終点《しゅうてん》
機敏《きびん》 ⇕ 遅鈍《ちどん》
起伏《きふく》 ⇕ 平坦《へいたん》
義務《ぎむ》 ⇕ 権利《けんり》
偽名《ぎめい》 ⇕ 実名《じつめい》
逆転《ぎゃくてん》 ⇕ 好転《こうてん》
逆境《ぎゃっきょう》 ⇕ 順境《じゅんきょう》
求職《きゅうしょく》 ⇕ 求人《きゅうじん》
急進《きゅうしん》 ⇕ 漸進《ぜんしん》
急性《きゅうせい》 ⇕ 慢性《まんせい》
急落《きゅうらく》 ⇕ 急騰《きゅうとう》
供給《きょうきゅう》 ⇕ 需要《じゅよう》
供血《きょうけつ》 ⇕ 輸血《ゆけつ》
強健《きょうけん》 ⇕ 病弱《びょうじゃく》
強固《きょうこ》 ⇕ 軟弱《なんじゃく》
強靱《きょうじん》 ⇕ 脆弱《ぜいじゃく》
協調《きょうちょう》 ⇕ 排他《はいた》

共同《きょうどう》 ⇕ 単独《たんどく》
共有《きょうゆう》 ⇕ 専有《せんゆう》
許可《きょか》 ⇕ 禁止《きんし》
虚像《きょぞう》 ⇕ 実像《じつぞう》
巨大《きょだい》 ⇕ 微小《びしょう》
清《きよ》める ⇕ 汚《けが》す
着《き》る ⇕ 脱《ぬ》ぐ
奇麗《きれい》 ⇕ 汚《きたな》い
近代《きんだい》 ⇕ 古代《こだい》
緊張《きんちょう》 ⇕ 弛緩《しかん》
勤勉《きんべん》 ⇕ 怠惰《たいだ》
空間《くうかん》 ⇕ 時間《じかん》
空虚《くうきょ》 ⇕ 充実《じゅうじつ》
空前《くうぜん》 ⇕ 絶後《ぜつご》
空疎《くうそ》 ⇕ 充実《じゅうじつ》
空想《くうそう》 ⇕ 現実《げんじつ》
空腹《くうふく》 ⇕ 満腹《まんぷく》
具象《ぐしょう》 ⇕ 抽象《ちゅうしょう》
具体《ぐたい》 ⇕ 抽象《ちゅうしょう》
玄人《くろうと》 ⇕ 素人《しろうと》
軽快《けいかい》 ⇕ 鈍重《どんじゅう》
軽減《けいげん》 ⇕ 加重《かじゅう》

軽視《けいし》 ⇕ 重視《じゅうし》
継子《けいし》 ⇕ 実子《じっし》
慶事《けいじ》 ⇕ 弔事《ちょうじ》
形式《けいしき》 ⇕ 内容《ないよう》
軽少《けいしょう》 ⇕ 莫大《ばくだい》
経線《けいせん》 ⇕ 緯線《いせん》
継続《けいぞく》 ⇕ 断絶《だんぜつ》
軽率《けいそつ》 ⇕ 慎重《しんちょう》
経度《けいど》 ⇕ 緯度《いど》
軽薄《けいはく》 ⇕ 重厚《じゅうこう》
軽微《けいび》 ⇕ 甚大《じんだい》
軽蔑《けいべつ》 ⇕ 尊敬《そんけい》
下界《げかい》 ⇕ 天上《てんじょう》
下戸《げこ》 ⇕ 上戸《じょうご》
夏至《げし》 ⇕ 冬至《とうじ》
下旬《げじゅん》 ⇕ 上旬《じょうじゅん》
結婚《けっこん》 ⇕ 離婚《りこん》
欠点《けってん》 ⇕ 美点《びてん》
下落《げらく》 ⇕ 騰貴《とうき》
原因《げんいん》 ⇕ 結果《けっか》
嫌悪《けんお》 ⇕ 愛好《あいこう》
原価《げんか》 ⇕ 時価《じか》

健康《けんこう》 ⇕ 病気《びょうき》
健康《けんこう》 ⇕ 病弱《びょうじゃく》
原告《げんこく》 ⇕ 被告《ひこく》
顕在《けんざい》 ⇕ 潜在《せんざい》
現在《げんざい》 ⇕ 過去《かこ》
現在《げんざい》 ⇕ 未来《みらい》
現実《げんじつ》 ⇕ 理想《りそう》
原書《げんしょ》 ⇕ 訳書《やくしょ》
現象《げんしょう》 ⇕ 本体《ほんたい》
減少《げんしょう》 ⇕ 増加《ぞうか》
賢人《けんじん》 ⇕ 愚人《ぐじん》
現世《げんせ》 ⇕ 来世《らいせ》
原則《げんそく》 ⇕ 例外《れいがい》
倹約《けんやく》 ⇕ 贅沢《ぜいたく》
倹約《けんやく》 ⇕ 奢侈《しゃし》
倹約《けんやく》 ⇕ 浪費《ろうひ》
原理《げんり》 ⇕ 応用《おうよう》
故意《こい》 ⇕ 過失《かしつ》
濃《こ》い ⇕ 薄《うす》い
好意《こうい》 ⇕ 悪意《あくい》
好意《こうい》 ⇕ 敵意《てきい》
高遠《こうえん》 ⇕ 卑近《ひきん》

高価《こうか》 ⇕ 廉価《れんか》
硬化《こうか》 ⇕ 軟化《なんか》
高雅《こうが》 ⇕ 低俗《ていぞく》
公海《こうかい》 ⇕ 領海《りょうかい》
好漢《こうかん》 ⇕ 悪漢《あっかん》
高貴《こうき》 ⇕ 下賤《げせん》
広義《こうぎ》 ⇕ 狭義《きょうぎ》
好況《こうきょう》 ⇕ 不況《ふきょう》
好景気《こうけいき》 ⇕ 不景気《ふけいき》
攻撃《こうげき》 ⇕ 防御《ぼうぎょ》
攻撃《こうげき》 ⇕ 守備《しゅび》
高潔《こうけつ》 ⇕ 卑劣《ひれつ》
合憲《ごうけん》 ⇕ 違憲《いけん》
公傷《こうしょう》 ⇕ 私傷《ししょう》
高尚《こうしょう》 ⇕ 低俗《ていぞく》
向上《こうじょう》 ⇕ 堕落《だらく》
後進《こうしん》 ⇕ 先進《せんしん》
攻勢《こうせい》 ⇕ 守勢《しゅせい》
更正《こうせい》 ⇕ 堕落《だらく》
広大《こうだい》 ⇕ 狭小《きょうしょう》
巧遅《こうち》 ⇕ 拙速《せっそく》
高地《こうち》 ⇕ 低地《ていち》

好調《こうちょう》⇔不調《ふちょう》
公的《こうてき》⇔私的《してき》
公転《こうてん》⇔自転《じてん》
好転《こうてん》⇔悪化《あっか》
購入《こうにゅう》⇔売却《ばいきゃく》
硬派《こうは》⇔軟派《なんぱ》
後輩《こうはい》⇔先輩《せんぱい》
購買《こうばい》⇔販売《はんばい》
硬筆《こうひつ》⇔毛筆《もうひつ》
好評《こうひょう》⇔不評《ふひょう》
幸福《こうふく》⇔不幸《ふこう》
公平《こうへい》⇔差別《さべつ》
公法《こうほう》⇔私法《しほう》
高慢《こうまん》⇔謙虚《けんきょ》
巧妙《こうみょう》⇔稚拙《ちせつ》
公用《こうよう》⇔私用《しよう》
公立《こうりつ》⇔私立《しりつ》
攻略《こうりゃく》⇔陥落《かんらく》
交流《こうりゅう》⇔直流《ちょくりゅう》
語幹《ごかん》⇔語尾《ごび》
故郷《こきょう》⇔異郷《いきょう》
極楽《ごくらく》⇔地獄《じごく》

古参《こさん》⇔新参《しんざん》
個人《こじん》⇔社会《しゃかい》
個人《こじん》⇔団体《だんたい》
好《この》む⇔嫌《きら》う
個別《こべつ》⇔全体《ぜんたい》
個別《こべつ》⇔総合《そうごう》
込《こ》む・混《こ》む⇔すく
根幹《こんかん》⇔枝葉《しよう》
困窮《こんきゅう》⇔裕福《ゆうふく》
困難《こんなん》⇔容易《ようい》
根本《こんぽん》⇔枝葉《しよう》
混乱《こんらん》⇔整頓《せいとん》
混乱《こんらん》⇔秩序《ちつじょ》
混乱《こんらん》⇔統一《とういつ》

【さ行】

債権《さいけん》⇔債務《さいむ》
最高《さいこう》⇔最低《さいてい》
細説《さいせつ》⇔概説《がいせつ》
削減《さくげん》⇔増加《ぞうか》
削減《さくげん》⇔追加《ついか》
削除《さくじょ》⇔増補《ぞうほ》
削除《さくじょ》⇔添加《てんか》

削除《さくじょ》⇔付加《ふか》
鎖国《さこく》⇔開国《かいこく》
差別《さべつ》⇔平等《びょうどう》
酸化《さんか》⇔還元《かんげん》
斬新《ざんしん》⇔陳腐《ちんぷ》
賛成《さんせい》⇔反対《はんたい》
子音《しいん》⇔母音《ぼいん》
刺激《しげき》⇔反応《はんのう》
資産《しさん》⇔負債《ふさい》
史実《しじつ》⇔伝説《でんせつ》
事実《じじつ》⇔虚構《きょこう》
師匠《ししょう》⇔弟子《でし》
自然《しぜん》⇔人工《じんこう》
自薦《じせん》⇔他薦《たせん》
事前《じぜん》⇔事後《じご》
子孫《しそん》⇔先祖《せんぞ》
子孫《しそん》⇔祖先《そせん》
従《したが》う⇔背《そむ》く
失意《しつい》⇔得意《とくい》
質疑《しつぎ》⇔応答《おうとう》
失業《しつぎょう》⇔就業《しゅうぎょう》
失効《しっこう》⇔発効《はっこう》

実在《じつざい》⇔架空《かくう》
実質《じっしつ》⇔形式《けいしき》
湿潤《しつじゅん》⇔乾燥《かんそう》
失職《しっしょく》⇔就職《しゅうしょく》
失神《しっしん》⇔蘇生《そせい》
実戦《じっせん》⇔理論《りろん》
質素《しっそ》⇔贅沢《ぜいたく》
失敗《しっぱい》⇔成功《せいこう》
質問《しつもん》⇔解答《かいとう》
質問《しつもん》⇔回答《かいとう》
質問《しつもん》⇔答弁《とうべん》
詩的《してき》⇔散文的《さんぶんてき》
自動《じどう》⇔他動《たどう》
支配《しはい》⇔従属《じゅうぞく》
地味《じみ》⇔派手《はで》
邪悪《じゃあく》⇔善良《ぜんりょう》
謝恩《しゃおん》⇔忘恩《ぼうおん》
釈放《しゃくほう》⇔拘禁《こうきん》
邪道《じゃどう》⇔正道《せいどう》
自由《じゆう》⇔専制《せんせい》
自由《じゆう》⇔束縛《そくばく》
自由《じゆう》⇔統制《とうせい》

醜悪《しゅうあく》⇔美麗《びれい》
収益《しゅうえき》⇔損失《そんしつ》
終業《しゅうぎょう》⇔始業《しぎょう》
集結《しゅうけつ》⇔離散《りさん》
充血《じゅうけつ》⇔貧血《ひんけつ》
集合《しゅうごう》⇔解散《かいさん》
自由詩《じゆうし》⇔定型詩《ていけいし》
収縮《しゅうしゅく》⇔拡大《かくだい》
収縮《しゅうしゅく》⇔膨張《ぼうちょう》
終着《しゅうちゃく》⇔始発《しはつ》
集中《しゅうちゅう》⇔散漫《さんまん》
集中《しゅうちゅう》⇔分散《ぶんさん》
柔軟《じゅうなん》⇔強硬《きょうこう》
収入《しゅうにゅう》⇔支出《ししゅつ》
収賄《しゅうわい》⇔贈賄《ぞうわい》
主観《しゅかん》⇔客観《きゃっかん》
珠玉《しゅぎょく》⇔瓦礫《がれき》
祝賀《しゅくが》⇔哀悼《あいとう》
祝辞《しゅくじ》⇔弔辞《ちょうじ》
宿題《しゅくだい》⇔席題《せきだい》
熟練《じゅくれん》⇔未熟《みじゅく》
主語《しゅご》⇔述語《じゅつご》

主食《しゅしょく》⇕副食《ふくしょく》
主人《しゅじん》⇕客人《きゃくじん》
主体《しゅたい》⇕客体《きゃくたい》
受諾《じゅだく》⇕拒絶《きょぜつ》
出御《しゅつぎょ》⇕入御《にゅうぎょ》
出勤《しゅっきん》⇕欠勤《けっきん》
出家《しゅっけ》⇕還俗《げんぞく》
出席《しゅっせき》⇕欠席《けっせき》
出発《しゅっぱつ》⇕到着《とうちゃく》
出版《しゅっぱん》⇕絶版《ぜっぱん》
主役《しゅやく》⇕脇役《わきやく》
受領《じゅりょう》⇕提出《ていしゅつ》
順風《じゅんぷう》⇕逆風《ぎゃくふう》
詳細《しょうさい》⇕概略《がいりゃく》
勝者《しょうしゃ》⇕敗者《はいしゃ》
乗車《じょうしゃ》⇕下車《げしゃ》
上昇《じょうしょう》⇕下降《かこう》
上昇《じょうしょう》⇕低下《ていか》
じょうず⇕へた
上席《じょうせき》⇕末席《まっせき》
饒舌《じょうぜつ》⇕緘黙《かんもく》
承諾《しょうだく》⇕拒絶《きょぜつ》

消灯《しょうとう》⇕点灯《てんとう》
上等《じょうとう》⇕下等《かとう》
承認《しょうにん》⇕拒否《きょひ》
上品《じょうひん》⇕下品《げひん》
譲歩《じょうほ》⇕固執《こしつ》
勝利《しょうり》⇕敗北《はいぼく》
上流《じょうりゅう》⇕下流《かりゅう》
叙事《じょじ》⇕抒情《じょじょう》
序論《じょろん》⇕本論《ほんろん》
自力《じりき》⇕他力《たりき》
自立《じりつ》⇕依存《いぞん》
自律《じりつ》⇕他律《たりつ》
自立語《じりつご》⇕付属語《ふぞくご》
新鋭《しんえい》⇕古豪《ここう》
進化《しんか》⇕退化《たいか》
進行《しんこう》⇕停止《ていし》
進行《しんこう》⇕後退《こうたい》
人災《じんさい》⇕天災《てんさい》
紳士《しんし》⇕淑女《しゅくじょ》
真実《しんじつ》⇕虚偽《きょぎ》
進取《しんしゅ》⇕退嬰《たいえい》
辛勝《しんしょう》⇕楽勝《らくしょう》

尋常《じんじょう》⇕非常《ひじょう》
新制《しんせい》⇕旧制《きゅうせい》
進歩《しんぽ》⇕退歩《たいほ》
進歩的《しんぽてき》⇕保守的《ほしゅてき》
親密《しんみつ》⇕疎遠《そえん》
信用《しんよう》⇕不信《ふしん》
衰運《すいうん》⇕盛運《せいうん》
水平《すいへい》⇕垂直《すいちょく》
衰亡《すいぼう》⇕興隆《こうりゅう》
吸《す》う⇕吐《は》く
好《す》き⇕嫌《きら》い
優《すぐ》れる⇕劣《おと》る
杜撰《ずさん》⇕緻密《ちみつ》
進《すす》む⇕遅《おく》れる
進《すす》む⇕退《ひ》く
素直《すなお》⇕偏屈《へんくつ》
澄《す》む⇕濁《にご》る
鋭《するど》い⇕鈍《にぶ》い
成案《せいあん》⇕草案《そうあん》
清音《せいおん》⇕濁音《だくおん》
清潔《せいけつ》⇕不潔《ふけつ》
正攻《せいこう》⇕奇襲《きしゅう》

精巧《せいこう》⇕粗雑《そざつ》
生産《せいさん》⇕消費《しょうひ》
正式《せいしき》⇕略式《りゃくしき》
誠実《せいじつ》⇕不実《ふじつ》
静寂《せいじゃく》⇕喧噪《けんそう》
成熟《せいじゅく》⇕未熟《みじゅく》
清浄《せいじょう》⇕汚濁《おだく》
精神《せいしん》⇕肉体《にくたい》
聖人《せいじん》⇕凡夫《ぼんぷ》
精神的《せいしんてき》⇕物質的《ぶっしつてき》
精製《せいせい》⇕粗製《そせい》
整然《せいぜん》⇕雑然《ざつぜん》
正装《せいそう》⇕略装《りゃくそう》
生息《せいそく》⇕死滅《しめつ》
正統《せいとう》⇕異端《いたん》
精読《せいどく》⇕乱読《らんどく》
整頓《せいとん》⇕乱雑《らんざつ》
成文律《せいぶんりつ》⇕不文律《ふぶんりつ》
正門《せいもん》⇕裏門《うらもん》
正門《せいもん》⇕通用門《つうようもん》
西洋《せいよう》⇕東洋《とうよう》
正論《せいろん》⇕曲論《きょくろん》

寂然《せきぜん》⇕騒然《そうぜん》
接眼《せつがん》⇕対物《たいぶつ》
積極《せっきょく》⇕消極《しょうきょく》
接近《せっきん》⇕離脱《りだつ》
接近《せっきん》⇕離反《りはん》
絶賛《ぜっさん》⇕酷評《こくひょう》
摂取《せっしゅ》⇕排泄《はいせつ》
絶対《ぜったい》⇕相対《そうたい》
接頭語《せっとうご》⇕接尾語《せつびご》
刹那《せつな》⇕永劫《えいごう》
絶望《ぜつぼう》⇕希望《きぼう》
攻《せ》める⇕守《まも》る
前進《ぜんしん》⇕後退《こうたい》
前世《ぜんせ》⇕来世《らいせ》
専制的《せんせいてき》⇕民主的《みんしゅてき》
戦前《せんぜん》⇕戦後《せんご》
全体《ぜんたい》⇕部分《ぶぶん》
先天《せんてん》⇕後天《こうてん》
全日制《ぜんにちせい》⇕定時制《ていじせい》
専任《せんにん》⇕兼任《けんにん》
先任者《せんにんしゃ》⇕後任者《こうにんしゃ》
全貌《ぜんぼう》⇕一斑《いっぱん》

善良《ぜんりょう》⇔不良《ふりょう》
創刊《そうかん》⇔廃刊《はいかん》
争議《そうぎ》⇔和解《わかい》
創業《そうぎょう》⇔守成《しゅせい》
創業《そうぎょう》⇔廃業《はいぎょう》
総計《そうけい》⇔小計《しょうけい》
早春《そうしゅん》⇔晩春《ばんしゅん》
創造《そうぞう》⇔模倣《もほう》
俗語《ぞくご》⇔雅語《がご》
促進《そくしん》⇔抑制《よくせい》
俗説《ぞくせつ》⇔真説《しんせつ》
粗雑《そざつ》⇔精密《せいみつ》
粗雑《そざつ》⇔綿密《めんみつ》
続行《ぞっこう》⇔中止《ちゅうし》
粗暴《そぼう》⇔温和《おんわ》
粗野《そや》⇔優雅《ゆうが》
尊敬《そんけい》⇔侮辱《ぶじょく》
尊属《そんぞく》⇔卑属《ひぞく》
尊大《そんだい》⇔卑下《ひげ》
尊重《そんちょう》⇔無視《むし》

【た行】

体言《たいげん》⇔用言《ようげん》
大事《だいじ》⇔小事《しょうじ》
大乗《だいじょう》⇔小乗《しょうじょう》
退職《たいしょく》⇔就職《しゅうしょく》
大胆《だいたん》⇔臆病《おくびょう》
大胆《だいたん》⇔小心《しょうしん》
体内《たいない》⇔体外《たいがい》
大漁《たいりょう》⇔不漁《ふりょう》
対話《たいわ》⇔独白《どくはく》
高《たか》い⇔低《ひく》い
鷹派《たかは》⇔鳩派《はとは》
蛇行《だこう》⇔直進《ちょくしん》
他国《たこく》⇔自国《じこく》
多神教《たしんきょう》⇔一神教《いっしんきょう》
立《た》つ⇔すわる
達筆《たっぴつ》⇔悪筆《あくひつ》
他人《たにん》⇔自分《じぶん》
他人《たにん》⇔身内《みうち》
楽《たの》しい⇔苦《くる》しい
多弁《たべん》⇔寡黙《かもく》
多忙《たぼう》⇔閑暇《かんか》
多量《たりょう》⇔少量《しょうりょう》
単一《たんいつ》⇔複合《ふくごう》
単式《たんしき》⇔複式《ふくしき》
単純《たんじゅん》⇔複雑《ふくざつ》
短所《たんしょ》⇔長所《ちょうしょ》
短小《たんしょう》⇔長大《ちょうだい》
誕生《たんじょう》⇔死亡《しぼう》
単数《たんすう》⇔複数《ふくすう》
単調《たんちょう》⇔変化《へんか》
短命《たんめい》⇔長寿《ちょうじゅ》
短慮《たんりょ》⇔深慮《しんりょ》
近付《ちかづ》く⇔遠《とお》ざかる
蓄財《ちくざい》⇔散財《さんざい》
恥辱《ちじょく》⇔名誉《めいよ》
緻密《ちみつ》⇔散漫《さんまん》
着席《ちゃくせき》⇔起立《きりつ》
着陸《ちゃくりく》⇔離陸《りりく》
中央《ちゅうおう》⇔地方《ちほう》
中古《ちゅうこ》⇔新品《しんぴん》
中枢《ちゅうすう》⇔末梢《まっしょう》
長子《ちょうし》⇔末子《まっし》
直接《ちょくせつ》⇔間接《かんせつ》
直線《ちょくせん》⇔曲線《きょくせん》
直観《ちょっかん》⇔推論《すいろん》
沈下《ちんか》⇔隆起《りゅうき》
追加《ついか》⇔削除《さくじょ》
つかむ⇔離《はな》す
付《つ》く⇔離《はな》れる
つける⇔消《け》す
強《つよ》い⇔弱《よわ》い
抵抗《ていこう》⇔屈服《くっぷく》
定時《ていじ》⇔随時《ずいじ》
敵《てき》⇔味方《みかた》
適格《てきかく》⇔欠格《けっかく》
手厳《てきび》しい⇔手緩《てぬる》い
照《て》る⇔曇《くも》る
天国《てんごく》⇔地獄《じごく》
伝統《でんとう》⇔革新《かくしん》
天然《てんねん》⇔人工《じんこう》
天然《てんねん》⇔人造《じんぞう》
問《と》う⇔答《こた》える
登校《とうこう》⇔下校《げこう》
同質《どうしつ》⇔異質《いしつ》
登場《とうじょう》⇔退場《たいじょう》
当選《とうせん》⇔落選《らくせん》
動的《どうてき》⇔静的《せいてき》
読点《とうてん》⇔句点《くてん》
尊《とうと》い⇔卑《いや》しい
遠《とお》い⇔近《ちか》い
都会《とかい》⇔田舎《いなか》
特殊《とくしゅ》⇔一般《いっぱん》
特殊《とくしゅ》⇔普遍《ふへん》
独唱《どくしょう》⇔合唱《がっしょう》
独創《どくそう》⇔模倣《もほう》
得点《とくてん》⇔失点《しってん》
特別《とくべつ》⇔普通《ふつう》
独立《どくりつ》⇔依存《いぞん》
独立《どくりつ》⇔従属《じゅうぞく》
独立《どくりつ》⇔隷属《れいぞく》
登山《とざん》⇔下山《げざん》
取《と》る⇔捨《す》てる
鈍感《どんかん》⇔敏感《びんかん》
鈍足《どんそく》⇔駿足《しゅんそく》・俊足《しゅんそく》

【な行】

内職《ないしょく》⇔本職《ほんしょく》
内憂《ないゆう》⇔外患《がいかん》
長《なが》い⇔短《みじか》い
難解《なんかい》⇔平易《へいい》

南極《なんきょく》 ⇔ 北極《ほっきょく》
苦手《にがて》 ⇔ 得手《えて》
にぎやか ⇔ 寂《さび》しい
偽物《にせもの》 ⇔ 本物《ほんもの》
入院《にゅういん》 ⇔ 退院《たいいん》
入会《にゅうかい》 ⇔ 脱会《だっかい》
入学《にゅうがく》 ⇔ 卒業《そつぎょう》
入港《にゅうこう》 ⇔ 出港《しゅっこう》
入社《にゅうしゃ》 ⇔ 退社《たいしゃ》
柔弱《にゅうじゃく》 ⇔ 剛健《ごうけん》
入場《にゅうじょう》 ⇔ 退場《たいじょう》
入選《にゅうせん》 ⇔ 落選《らくせん》
入門《にゅうもん》 ⇔ 破門《はもん》
熱帯《ねったい》 ⇔ 寒帯《かんたい》
年長《ねんちょう》 ⇔ 年少《ねんしょう》
濃艶《のうえん》 ⇔ 清楚《せいそ》
濃厚《のうこう》 ⇔ 希薄《きはく》
濃厚《のうこう》 ⇔ 淡白《たんぱく》
能動《のうどう》 ⇔ 受動《じゅどう》
農繁期《のうはんき》 ⇔ 農閑期《のうかんき》
能弁《のうべん》 ⇔ 訥弁《とつべん》
除《のぞ》く ⇔ 加《くわ》える

伸《の》びる ⇔ 縮《ちぢ》む
登《のぼ》る ⇔ 下《くだ》る

【は行】

廃止《はいし》 ⇔ 存置《そんち》
敗走《はいそう》 ⇔ 追撃《ついげき》
背面《はいめん》 ⇔ 正面《しょうめん》
入《はい》る ⇔ 出《で》る
破壊《はかい》 ⇔ 建設《けんせつ》
破戒《はかい》 ⇔ 持戒《じかい》
博愛《はくあい》 ⇔ 偏愛《へんあい》
博学《はくがく》 ⇔ 浅学《せんがく》
漠然《ばくぜん》 ⇔ 瞭然《りょうぜん》
莫大《ばくだい》 ⇔ 僅少《きんしょう》
白票《はくひょう》 ⇔ 青票《せいひょう》
舶来《はくらい》 ⇔ 国産《こくさん》
暴露《ばくろ》 ⇔ 隠蔽《いんぺい》
派遣《はけん》 ⇔ 召還《しょうかん》
働《はたら》く ⇔ 怠《なま》ける
発言《はつげん》 ⇔ 沈黙《ちんもく》
発車《はっしゃ》 ⇔ 停車《ていしゃ》
発信《はっしん》 ⇔ 受信《じゅしん》
話《はな》す ⇔ 聞《き》く

はめる ⇔ 抜《ぬ》く
早《はや》い・速《はや》い ⇔ 遅《おそ》い
流行《はや》る ⇔ 廃《すた》れる
繁栄《はんえい》 ⇔ 衰退《すいたい》
繁栄《はんえい》 ⇔ 衰微《すいび》
反感《はんかん》 ⇔ 好感《こうかん》
繁忙《はんぼう》 ⇔ 閑散《かんさん》
悲運《ひうん》 ⇔ 幸運《こううん》
被害者《ひがいしゃ》 ⇔ 加害者《かがいしゃ》
日陰《ひかげ》 ⇔ 日向《ひなた》
否決《ひけつ》 ⇔ 可決《かけつ》
備蓄《びちく》 ⇔ 放出《ほうしゅつ》
必然《ひつぜん》 ⇔ 偶然《ぐうぜん》
筆答《ひっとう》 ⇔ 口答《こうとう》
必要《ひつよう》 ⇔ 不要《ふよう》
否定《ひてい》 ⇔ 肯定《こうてい》
否認《ひにん》 ⇔ 是認《ぜにん》
暇《ひま》な ⇔ 忙《いそが》しい
標準語《ひょうじゅんご》 ⇔ 方言《ほうげん》
表面《ひょうめん》 ⇔ 裏面《りめん》
肥沃《ひよく》 ⇔ 不毛《ふもう》
開《ひら》く ⇔ 閉《と》じる

非力《ひりき》 ⇔ 強力《きょうりょく》
広《ひろ》い ⇔ 狭《せま》い
拾《ひろ》う ⇔ 捨《す》てる
敏速《びんそく》 ⇔ 緩慢《かんまん》
増《ふ》える ⇔ 減《へ》る
深《ふか》い ⇔ 浅《あさ》い
俯角《ふかく》 ⇔ 仰角《ぎょうかく》
深手《ふかで》 ⇔ 浅手《あさで》
富貴《ふき》 ⇔ 貧困《ひんこん》
副業《ふくぎょう》 ⇔ 本業《ほんぎょう》
服従《ふくじゅう》 ⇔ 反抗《はんこう》
譜代《ふだい》 ⇔ 外様《とざま》
沸点《ふってん》 ⇔ 氷点《ひょうてん》
太《ふと》い ⇔ 細《ほそ》い
不当《ふとう》 ⇔ 正当《せいとう》
太《ふと》る ⇔ やせる
不変《ふへん》 ⇔ 可変《かへん》
富裕《ふゆう》 ⇔ 貧窮《ひんきゅう》
富裕《ふゆう》 ⇔ 貧困《ひんこん》
不利《ふり》 ⇔ 有利《ゆうり》
分解《ぶんかい》 ⇔ 合成《ごうせい》
文官《ぶんかん》 ⇔ 武官《ぶかん》

文語《ぶんご》 ⇔ 口語《こうご》
分散《ぶんさん》 ⇔ 集結《しゅうけつ》
分析《ぶんせき》 ⇔ 総合《そうごう》
文明《ぶんめい》 ⇔ 未開《みかい》
分離《ぶんり》 ⇔ 合併《がっぺい》
分裂《ぶんれつ》 ⇔ 合同《ごうどう》
分裂《ぶんれつ》 ⇔ 統一《とういつ》
平穏《へいおん》 ⇔ 不穏《ふおん》
平常《へいじょう》 ⇔ 非常《ひじょう》
平地《へいち》 ⇔ 山地《さんち》
平凡《へいぼん》 ⇔ 非凡《ひぼん》
平面《へいめん》 ⇔ 曲面《きょくめん》
並列《へいれつ》 ⇔ 直列《ちょくれつ》
平和《へいわ》 ⇔ 戦争《せんそう》
便利《べんり》 ⇔ 不便《ふべん》
邦楽《ほうがく》 ⇔ 洋楽《ようがく》
傍系《ぼうけい》 ⇔ 直系《ちょっけい》
芳香《ほうこう》 ⇔ 悪臭《あくしゅう》
豊作《ほうさく》 ⇔ 凶作《きょうさく》
豊作《ほうさく》 ⇔ 不作《ふさく》
放任《ほうにん》 ⇔ 統制《とうせい》
豊富《ほうふ》 ⇔ 貧弱《ひんじゃく》

暴落《ぼうらく》 ⇔ 暴騰《ぼうとう》
保護《ほご》 ⇔ 迫害《はくがい》
保守《ほしゅ》 ⇔ 革新《かくしん》
誉《ほ》める ⇔ けなす
保留《ほりゅう》 ⇔ 決定《けってい》
本格《ほんかく》 ⇔ 破格《はかく》
本家《ほんけ》 ⇔ 分家《ぶんけ》
凡策《ぼんさく》 ⇔ 奇策《きさく》
本店《ほんてん》 ⇔ 支店《してん》
本流《ほんりゅう》 ⇔ 支流《しりゅう》

【ま行】

増《ま》す ⇔ 減《へ》らす
真帆《まほ》 ⇔ 片帆《かたほ》
満足《まんぞく》 ⇔ 不満《ふまん》
未知《みち》 ⇔ 既知《きち》
密林《みつりん》 ⇔ 疎林《そりん》
未定《みてい》 ⇔ 既定《きてい》
民間《みんかん》 ⇔ 官界《かんかい》
民事《みんじ》 ⇔ 刑事《けいじ》
民主的《みんしゅてき》 ⇔ 封建的《ほうけんてき》
迎《むか》える ⇔ 送《おく》る
無機《むき》 ⇔ 有機《ゆうき》

無罪《むざい》 ⇔ 有罪《ゆうざい》
無常《むじょう》 ⇔ 常住《じょうじゅう》
無人《むじん》 ⇔ 有人《ゆうじん》
結《むす》ぶ ⇔ 解《と》く
無理《むり》 ⇔ 道理《どうり》
無料《むりょう》 ⇔ 有料《ゆうりょう》
明示《めいじ》 ⇔ 暗示《あんじ》
名目《めいもく》 ⇔ 実質《じっしつ》
明瞭《めいりょう》 ⇔ 曖昧《あいまい》
目覚《めざ》める ⇔ 眠《ねむ》る
目測《もくそく》 ⇔ 実測《じっそく》

【や行】

易《やさ》しい ⇔ 難《むずか》しい
野性的《やせいてき》 ⇔ 都会的《とかいてき》
野性派《やせいは》 ⇔ 知性派《ちせいは》
野党《やとう》 ⇔ 与党《よとう》
病《や》む ⇔ 治《なお》る
やる ⇔ もらう
軟《やわ》らかい ⇔ 硬《かた》い
唯物論《ゆいぶつろん》 ⇔ 唯心論《ゆいしんろん》
有意義《ゆういぎ》 ⇔ 無意義《むいぎ》
有益《ゆうえき》 ⇔ 無益《むえき》

優越感《ゆうえつかん》 ⇔ 劣等感《れっとうかん》
有害《ゆうがい》 ⇔ 無害《むがい》
有形《ゆうけい》 ⇔ 無形《むけい》
有限《ゆうげん》 ⇔ 無限《むげん》
有効《ゆうこう》 ⇔ 無効《むこう》
優秀《ゆうしゅう》 ⇔ 劣等《れっとう》
優性《ゆうせい》 ⇔ 劣性《れっせい》
優勢《ゆうせい》 ⇔ 劣勢《れっせい》
優等《ゆうとう》 ⇔ 劣等《れっとう》
有能《ゆうのう》 ⇔ 無能《むのう》
雄飛《ゆうひ》 ⇔ 雌伏《しふく》
裕福《ゆうふく》 ⇔ 貧困《ひんこん》
雄弁《ゆうべん》 ⇔ 訥弁《とつべん》
有望《ゆうぼう》 ⇔ 絶望《ぜつぼう》
有名《ゆうめい》 ⇔ 無名《むめい》
優良《ゆうりょう》 ⇔ 劣悪《れつあく》
愉快《ゆかい》 ⇔ 不快《ふかい》
輸出《ゆしゅつ》 ⇔ 輸入《ゆにゅう》
緩《ゆる》む ⇔ 締《し》まる
良《よ》い ⇔ 悪《わる》い
陽性《ようせい》 ⇔ 陰性《いんせい》
幼虫《ようちゅう》 ⇔ 成虫《せいちゅう》

予算《よさん》 ⇔ 決算《けっさん》
予習《よしゅう》 ⇔ 復習《ふくしゅう》
予選《よせん》 ⇔ 本選《ほんせん》
予想《よそう》 ⇔ 結果《けっか》
喜《よろこ》ぶ ⇔ 悲《かな》しむ

【ら行】

楽勝《らくしょう》 ⇔ 惨敗《ざんぱい》
落第《らくだい》 ⇔ 及第《きゅうだい》
落胆《らくたん》 ⇔ 有頂天《うちょうてん》
楽天《らくてん》 ⇔ 悲観《ひかん》
楽天的《らくてんてき》 ⇔ 厭世的《えんせいてき》
楽観《らっかん》 ⇔ 悲観《ひかん》
利益《りえき》 ⇔ 損失《そんしつ》
理性《りせい》 ⇔ 感情《かんじょう》
利息《りそく》 ⇔ 元金《がんきん》
立像《りつぞう》 ⇔ 座像《ざぞう》
利得《りとく》 ⇔ 損失《そんしつ》
離日《りにち》 ⇔ 来日《らいにち》
利発《りはつ》 ⇔ 愚鈍《ぐどん》
隆起《りゅうき》 ⇔ 陥没《かんぼつ》
良縁《りょうえん》 ⇔ 悪縁《あくえん》
良質《りょうしつ》 ⇔ 悪質《あくしつ》

理論《りろん》 ⇔ 実践《じっせん》
臨時《りんじ》 ⇔ 定時《ていじ》
臨時《りんじ》 ⇔ 定例《ていれい》
流転《るてん》 ⇔ 静止《せいし》
冷遇《れいぐう》 ⇔ 厚遇《こうぐう》
冷静《れいせい》 ⇔ 興奮《こうふん》
冷戦《れいせん》 ⇔ 熱戦《ねっせん》
冷淡《れいたん》 ⇔ 親切《しんせつ》
礼服《れいふく》 ⇔ 平服《へいふく》
連続《れんぞく》 ⇔ 断絶《だんぜつ》
浪費《ろうひ》 ⇔ 節約《せつやく》
浪費《ろうひ》 ⇔ 貯蓄《ちょちく》
朗報《ろうほう》 ⇔ 悲報《ひほう》
老練《ろうれん》 ⇔ 幼稚《ようち》
露骨《ろこつ》 ⇔ 婉曲《えんきょく》

【わ行】

和解《わかい》 ⇔ 決裂《けつれつ》
和語《わご》 ⇔ 漢語《かんご》
和裁《わさい》 ⇔ 洋裁《ようさい》
和式《わしき》 ⇔ 洋式《ようしき》
笑《わら》う ⇔ 泣《な》く

日本語力を深める

手紙の書き方
―相手に心を伝える

世はまさに電子メール全盛の時代であるが、このような時代だからこそ、手紙の有り難みも増すというものではないだろうか。思いがけない相手からの手紙を受け取る喜びは格別である。気軽に出せる電子メールとは違い、改まった時に使用されることの多い手紙には、相手に失礼にならないための約束事がいくつかある。しかし、それさえマスターしてしまえば、電子メールとは一味違った形で相手に真心が伝えられるはずである。

手紙の組み立て

手紙の文章は普通、下の表のような形式で書かれる。今日一般的な文章の方式によって、各段落の書きはじめは一字下げ、また句読点を打つことが多いが、伝統的な手紙の形式では、全体に上をそろえ、句読点は省略する。相手の名や呼びかけ語（あなた、先生など）を行の下方に書かず、行を変えて次行の上へ書くといった慣習がある。

前文	頭語	拝啓
	時候のあいさつ	ようやく桜の便りも聞かれるころとなりました。
	安否のあいさつ〔相手方〕	すっかりごぶさたをいたしておりますが、お変わりもないご様子お喜び申し上げます。
	安否のあいさつ〔自分側〕	おかげさまで、私も新しい職場で元気に働いております。
主文	起辞	さて、
	本文	歌集ご出版のご計画を父より承りました。そして自費出版を扱うところを調べてお知らせするよう指示がありましたので、手元でわかる範囲の会社を別紙に書き上げておきました。このうちのどれかに、依頼なさってはいかがでしょうか。ご趣味とはいえ、長年の蓄積ゆえりっぱなご本となることでしょう。
末文	結びのあいさつ	取り急ぎご報告申し上げます。
	結語	敬具
後付	日付	二〇〇四年十一月十五日
	差出人の署名	西坂　理
	あて名・敬称	山田邦男様
	脇付け	侍史
副文	起辞	追伸
		もし装丁を依頼されるようでしたら、気安く頼める人をご紹介いたします。

〇頭語と結語

通常

《頭語》拝啓・拝呈・啓上・一筆啓上・一筆申し上げます

《結語》敬具・拝具・拝白・可祝・かしこ（女性のみ）

丁寧

《頭語》謹啓・恭啓・粛啓・啓白・敬上・謹んで申し上げます

《結語》敬白・謹具・頓首・恐惶謹言・謹言再拝

前文省略

《頭語》前略・冠省・寸啓・草啓・略啓・前略ごめん下さい

《結語》草々・早々・匆々・不一・不備・不尽・不二・不乙

急用

《頭語》急啓・急呈・急白・急陳・取り急ぎ申し上げます

《結語》草々・早々・匆々・不一・不備・不尽・不二・不乙

再度

《頭語》再呈・再啓・追啓・三啓・重ねて申し上げます

《結語》敬具・拝具・敬白

返信

《頭語》拝復・拝啓・敬復・拝誦・復啓・御状拝誦・お手紙拝見いたしました

《結語》謹答・敬答・拝答・敬白・敬具・草々・不一

△頭語は一字下げにしない。

△死亡通知やお悔やみ状には頭語を省く。

〇時候のあいさつなど

一月……

厳寒の候　酷寒のみぎり　年も改まりましたが、例年にない寒さが続いております　寒気ことのほか厳しい毎日が続いております（他に、厳冬、極寒、小寒、大寒、寒冷などの語もある）

二月……

余寒の候　晩冬のみぎり　余寒さりやらず厳しい日が続いております　立春とは名ばかりの寒気厳しい日が続いております　梅のつぼみもそろそろ膨らみはじめました（他に、節分などの語もある）

三月……

早春の候　軽暖のみぎり　日増しに暖かさを加えております　寒さもだいぶゆるんだように思われます　一雨ごとに春めいてまいりました　花の便りが待たれます（他に、春寒、春雪、春陽、春情、浅春、春雨、桃の節句、春分などの語もある）

四月……

春暖の候　陽春のみぎり　春たけなわの季節となりました　桜もようやく散りすぎました　過ぎゆく春の惜しまれるこのごろでございます　しめやかな雨に心も落ちつく毎日となりました（他に、春色、春和、永日、春眠、花冷え、花吹雪、春宵などの語もある）

五月……

新緑の候　薫風のみぎり　若葉の季節となりました　青葉を渡る風もすがすがしく感じられるようになりました

見事な五月晴れです（他に、微暑、初夏、五月雨、端午の節句、八十八夜などの語もある）

六月……

初夏の候　向暑のみぎり　梅雨空のうっとうしいころとなりました　初夏の風もさわやかな日を迎えております　その季節とは申しながらむし暑い日々でございます　世間もすっかり白い夏姿になりました（他に、入梅、霖雨、短夜などの語もある）

七月……

盛夏の候　炎暑のみぎり　待たれた梅雨明けですがさすがに厳しい暑さです　連日厳しい暑さが続いております　風鈴の音でようやく暑さをしのいでおります　久しぶりのお湿りに一息ついております（他に、猛暑、酷暑、夕立、朝霧、七夕、納涼などの語もある）

八月……

残暑の候　暮夏のみぎり　残暑たえがたいことではございます　立秋とは申せ厳しい暑さが続いております　一雨欲しいものでございます（他に、盛夏、晩夏、残夏などの語もある）

九月……

秋涼の候　新秋のみぎり　朝夕はようやくしのぎやすくなりました　今年は夏が長いようです　台風も事なく美しい秋晴れです（他に、初秋、清涼、秋冷、二百十日、野分、秋分などの語もある）

十月……

秋冷の候　清秋のみぎり　日増しに秋も深まってまいりました　灯火親しむ好季節となりました　よい天気が続きます　街路樹の葉も色づいてまいりました（他に、秋色、秋容、錦秋、仲秋、夜長、天高く馬肥ゆるなどの語もある）

十一月……

晩秋の候　向寒のみぎり　朝夕はだいぶ冷え込むようになりました　街に落ち葉も散り敷くようになりました　連日の小春日和幸いなことです　いつのまにか街路樹もすっかり葉を落としてしまいました（他に、暮秋、夜寒、初霜、霜降などの語もある）

十二月……

初冬の候　寒冷のみぎり　寒さもひとしお身にしみるころとなりました　木枯らしに思わず襟を立てて歩くころとなりました（他に、寒気、霜冬、冬木立、短日などの語もある）

＊一月の松飾りの間、十二月の年末ころ。

正月……

新春の候　希望に満ちた新年を迎え、気分も一新いたしました　厳しい寒さですが、気持ちの良いお正月を迎えました（他に、初春、迎春、新陽、年始などの語もある）

年末……

歳末の候　年の瀬もいよいよ押し詰まってまいりました　今年もいよいよ残りわずかとなりました（他に、歳晩などの語もある）

＊月・季節に関係のないもの

気候不順の折から　寒暖不整のみぎり　雨がちでうっとうしい日が続いており

ます　久しぶりに快晴に恵まれております

△死亡通知、お悔み状などは、時候のあいさつも安否のあいさつも省く。

◇季節のあいさつ状を出す時期

新年のあいさつ（年賀状）……元日から七日ごろまで、年賀郵便の特別取扱いでは、前年の暮のうちに出す。

寒中見舞い……寒の入り（一月五日ごろ）から立春（二月五日ごろ）の前日まで。

余寒見舞い……立春から二月末ごろまで。

梅雨見舞い……六月中旬から七月上旬まで。

暑中見舞い……小暑（七月七日ごろ）から立秋（八月七日ごろ）の前日まで。

残暑見舞い……立秋から八月末ごろまで。

年末のあいさつ……十二月中。年頭欠礼のあいさつも同様。

○安否のあいさつ

〔相手方〕

・その後いかがお過ごしでしょうか、お伺い申し上げます

・先生にはますますお元気でご活躍のことと推察申し上げます

・その後御様子いかがでしょうか、一同心配しております

・皆様お変わりなくお過ごしのことと拝察申し上げます

・御一同様いよいよ御多幸の由、お喜び申し上げます

・貴社ますますの御隆盛、慶賀の至りに存じます

〔自分側〕

・おかげさまで私どもも元気に暮らしております

・私ども一同、おかげさまで無事に過ごしております故、他事ながら御安心ください

・なお、当方相変わらず元気にしております故、御安心ください

・当地の夏の暑さは格別ですが、一同なんとか元気に過ごしております

○起辞

さて・ところで・ついては・このたび・早速ながら・のぶれば（陳者）・しかるところ

○結びのあいさつなど

〔要旨をまとめる言葉〕

・まずは、後ればせながら御報告申し上げます

・右、略儀ながら書中をもってごあいさつ申し上げます

・右、取り急ぎ御連絡まで

〔自愛・繁栄を祈るあいさつ〕

・気候不順の折からますます御自愛くださるようお念じ申し上げます

・時節柄一層御自愛御発展の程お祈りいたします

・年末御多忙の折から、ますます御自愛御活躍くださるようお念じ申し上げます

・寒さの折御自愛の程お祈り申し上げます

・末筆ながら皆様の御清祥をお念じ申し上

げます

・末筆ながら御健康をお祈り申し上げます

・末筆ながら貴家の御多幸をお祈り申し上げます

〔乱筆・悪文のおわび〕

・以上、拙筆の上に急いで書き上げましたこと、幾重にもおわび申し上げます

・以上、取り急ぎの乱筆恐縮に存じますが、よろしく御判読の程お願い申し上げます

・以上、文脈が前後しお分かりになりにくい点が多いかと存じますが、御容赦の程お願い申し上げます

・以上、取り急ぎ乱筆悪文のため、お見苦しい点も多いかと存じますが、お許しの程お願い申し上げます

〔迷惑を掛けたおわび〕

・以上、長々と勝手なことばかり書き連ねましたこと、何とぞあしからず御容赦の程お願い申し上げます

・以上、失礼をも顧みず申し上げました。何とぞお許しくださるようお願い申し上げます

・以上、御無理ばかり申し上げいろいろ御迷惑をお掛けいたしますこと、幾重にもおわび申し上げます

・以上、お心に添えず誠に心苦しく存じますが、何とぞ御寛容の程お願い申し上げます

〔後日の約束と返信の請求など〕

・なお、委細は改めて御連絡いたしたいと存じます

・なお、お手数ながら折り返し御返信を賜りたく、よろしくお願い申し上げます

・なお、二、三日中にお電話を差し上げたいと思いますので、よろしくお取り計らいくださるようお願い申し上げます

・なお、恐縮ながら近日中に御来訪を賜りたく、よろしくお願い申し上げます

〔愛顧を願うあいさつ〕

・なお、引き続き倍旧の御厚情を賜りたく、よろしくお願い申し上げます

・なお、今後ともよろしくお力添えを賜りたく、切にお願い申し上げます

○あて名に付ける敬称

様……最も一般的なもの。目上・同輩・目下の別、男女の別なく用いられる。

殿……公用文、商業文で用いる。

先生…自分が指導を受けている人をはじめ、教師、医師、弁護士、議員その他の社会的に指導者の立場にある人に対し、敬意をこめて用いる。

大兄…先輩として敬意をもつ人に対して用いる。

君……友人や同輩などに対して用いる。同種の語に「兄」がある。

御中…会社、官庁、学校、団体などにあてる場合に、様・殿などを用いず、脇付けとして用いる。

各位…
同文を多数の人にあてる場合に、一々の個人名に代えて「会員各位」などと用いる。「各位」の下には様、殿などはいらない。

○脇付け

侍史…
（「侍史」とは貴人のそばにつき従う書記のこと）相手に敬意を表し、直接本人にあてずに書記にとりついでもらって差し上げるという意味。目上の人に対して用いる。同種の語に、「執事」「侍曹」「御侍者中」などがある。

机下…
相手の机の下に差し出すという意味。一般的に用いる。同種の語に、「机右」「座右」「座下」「案下」「硯北」「梧下」「台下」「尊下」などがある。

御前…
その前に置くという意味。女性が用いる。同種の語に、「御前に」「御許」「みもとに」「みまえに」などがある。

函丈…
師に対して一丈ほども間をおいて席をとるという意味。先生に対して用いる。

御中…
団体や機関などにあてる時に用いる。かつては「人々御中」とも書いた。

△封筒に「親展」などと書く場合には、脇付けを添えない。
△お悔やみ状などにも脇付けは添えない。

○副文の起辞

追伸・添伸・副啓・副伸・再白・二伸・追白・追って・重ねて・P.S.

○人と物の呼び名

父……
《自分側》父・老父・実父・養父・亡父（故人）・先代（故人）
《相手側》父君・御父君・御父上様・御尊父様・お父様

母……
《自分側》母・老母・実母・養母・亡母（故人）・先母（故人）
《相手側》母君・御母君・御母上様・御母堂様・お母様

両親……
《自分側》両親・父母・老父母
《相手側》御両親様・御両人様・御両所様・お二方・親御様

夫の父……
《自分側》父・義父・舅
《相手側》御父上様・御尊父様・お舅様

夫の母……
《自分側》母・義母・姑
《相手側》御母上様・御母堂様・お姑様

妻の父……
《自分側》義父・岳父・外父
《相手側》御岳父様・御外父様

妻の母……
《自分側》義母・岳母・外母
《相手側》御岳母様・御外母様

夫……
《自分側》夫・主人・宅・（夫の姓）

《相手側》御主人様・旦那様・御夫君（様）

妻……

《自分側》妻・家内・荊妻・老妻・愚妻

《相手側》奥様・御奥様・御令室様・令夫人（様）・御内室様

息子……

《自分側》息子・倅《せがれ》・愚息・長男・次男

《相手側》御子様・御令息様・御子息様・御愛息様・御賢息様

娘……

《自分側》娘・愚娘・長女・次女

《相手側》御子様・御令嬢様・御息女様・御嬢様

家庭……

《自分側》拙宅・小宅・私方

《相手側》貴宅・尊宅・貴邸・御高居

上役……

《自分側》上司・社長・部長

《相手側》御上司・御上役様・貴社長様・貴部長様

会社……

《自分側》当社・小社・弊社

《相手側》貴社・御社

学校……

《自分側》当校・当学・本校・本学

《相手側》貴校・御校

手紙……

《自分側》手紙・拙書・愚状・寸書・卑簡・寸楮

《相手側》お手紙・御書面・御芳書・貴書・貴信・御文

物品……

《自分側》寸志・粗品・粗菓・粗酒・粗肴・粗餐

《相手側》佳品・佳肴・美菓・御厚志・結構なお品

気持ち……

《自分側》微志・薄志・卑志

《相手側》御芳情・御芳志・御厚情・御高配

意見……

《自分側》私見・愚見・愚考・拙見・私案

《相手側》御高見・御高説・御説

○手紙の種類と表書き

〔封筒〕

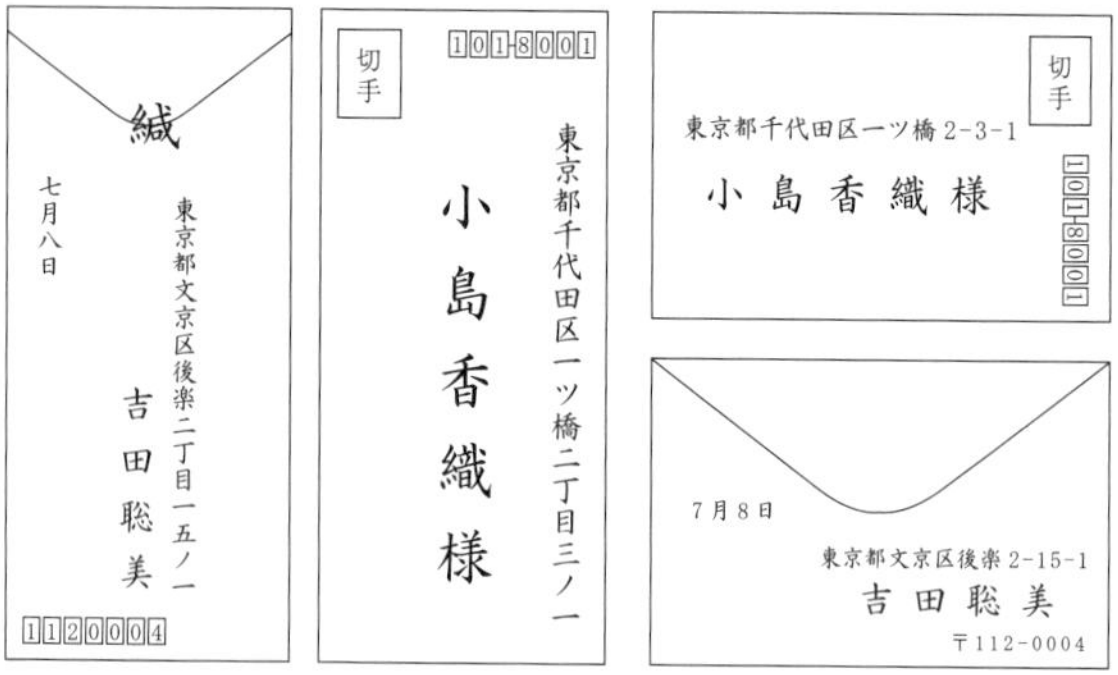

〔はがき〕

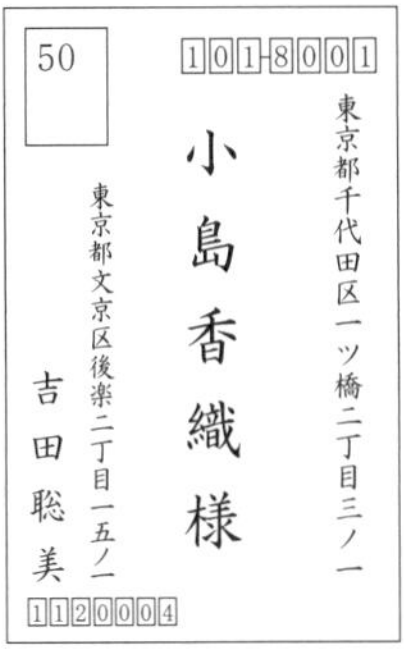

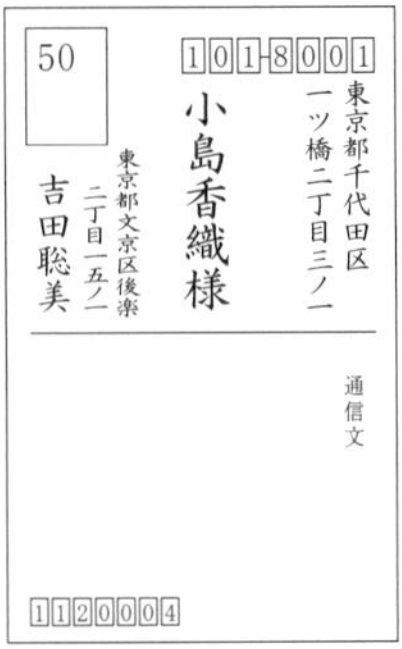

〇封字

〆……シメと読み、「締め」の意を表す。「締」「封」の字を用いることもある。

緘……カンと読み、「口をとじる」意を表す。

寿……コトブキと読み、祝儀の際に用いる。「賀」も同様。

つぼみ…女性の場合に用いる。漢字で「蕾」「莟」と書くこともある。

△封字は、郵送の途中で開封されないためのものであるが、現在はほとんど儀礼的なものとなっている。

〇外国郵便

〔封筒〕

〔はがき〕

△外国郵便はあて先・あて名を右中央に、差出人住所・氏名を左上に記す。但し、はがきの場合は差出人住所・氏名を省略し、サインのみでもよい。

△あて先・あて名、差出人住所・氏名のどちらも、氏名、住所の順に記す。住所は番地、町名、都市名、州（都道府県）名、郵便番号、国名の順となる。国名は大文字で書き、下線を引く。

人生の慶事 ― 祝い心を効果的に

人間の一生の中で、おめでたい出来事である、「赤ちゃんと子供の祝い」「年齢の異称・長寿の祝い」「結婚記念日」に関することばを集めた。祝い心をさりげなく贈ると、必ずや喜ばれるであろう。

【赤ちゃんと子供の祝い】

帯祝《おびいわい》 妊娠五か月目に、安産を祈って、妊婦が岩田帯《いわたおび》をするときの祝い。〈補注〉「岩田帯・結肌帯《ゆわた》」として知られる腹帯は、妊婦の下腹部の保温と胎児の位置を保つためのもの。とくに五か月の戌の日を吉日に選ぶのは犬の安産にあやかったものという。里親が白または紅白の木綿か絹で作った帯と米を添えて贈る風習などがあった。

御七夜《おしちや》 子供が生まれて七日目の祝い。また、その日。第一次の忌明けにあたり、赤子の初外出や名つけの日にするところが多い。

宮参《みやまいり》 子どもが生まれて後、初めて産土神《うぶすながみ》に参詣すること。その時期は、男子は三一日目、女子は三三日目などと、男女によって数日違えることがある。時代や地方によっても日数が多少異なり、また、一一月一五日の七五三の行事にいうこともある。産土参《うぶすなまいり》。初宮参《はつみやまいり》。宮詣《みやもうで》。

お食初《くいぞめ》 生後一二〇日目の小児に、食事を作って食べさせる祝いの儀式。小さな椀《わん》に、三〇センチメートル以上の箸で、実際には食べさせるまねだけをし、神棚や祖先の霊にその旨を報告し礼拝する。初めは一〇〇日目（大阪は今も一〇〇日目）に行なったが、食い延ばすという意味から、一二〇日目にするようになった。

真魚始《まなはじめ》 小児に生後はじめて魚肉などを食べさせる儀式。平安時代には生後約二〇か月目、室町時代には一〇一日目、江戸時代には一二〇日目におこなうのを例とした。真魚祝《まなのいわい》。魚味《ぎょみ》の祝い。

初節供《はつぜっく》 生まれて初めての節供。男子は五月五日、女子は三月三日。

初誕生《はつたんじょう》 満一歳の誕生日。「力餅」「立ち餅」と呼ばれる祝い餅を搗《つ》き、この餅を踏ませたり、背負わせたりする行事がある。また、この餅を「一升餅」と呼んで、「一生保《も》つ」すなわち「食に困らない」の意にとって子に負わせる慣習もある。

七五三《しちごさん》 男子は数え年の三歳と五歳、女子は三歳と七歳の一一月一五日におこなう、子どもの成長を祝う祝儀。着飾って氏神などに参拝する。七五三《しちごさん》の祝《いわい》。

十三参《じゅうさんまいり》 京都で、陰暦三月一三日（今は四月一三日、またはその前後）に、一三歳の少年・少女が盛装して、知恵・福徳などを授かるために、嵯峨の法輪寺の虚空蔵菩薩《こくうぞうぼさつ》に参詣すること。昔は、境内で宝珠、独鈷など一三品（のち七品）をかたどった干菓子を売り、参詣人はこれを求めて虚空蔵に供え、さらに家に持ち帰って食べた。一三日が虚空蔵の縁日であることによる。

成人式《せいじんしき》 主に成人の日（一月の第二月曜

日）に、国または地方自治体、企業などが中心になっておこなう新成人のための祝典。

【年齢の異称・長寿の祝い】

孩提《がいてい》（「孩」は小児の笑い、「提」は抱かれること）あかご。みどりご。おさなご。嬰児《えいじ》や幼児。二、三歳までの児の称。

三尺《さんじゃく》**の童子**《どうじ》 身長が三尺ぐらいの子ども。幼童。転じて、無知な者のたとえ。さんせきの童子。

織素《しょくそ》（古詩の「為焦仲卿妻作」の「十三能織素、十四学裁衣」による語）一三歳の異称。

志学《しがく》（「論語」の「吾十有五而志于学」の文から）一五歳をいう。

三五《さんご》 一五歳のこと。

破瓜《はか》 ①（八の二倍で）女子一六歳の称。また、一六のこと。②（八の八倍で）男子六四歳の称。

弱冠《じゃっかん》（中国周代の制で、男子二〇歳を「弱」といい、元服して冠をかぶる（「礼記」）ところからいう）男子二〇歳の異称。また、成年に達すること。

丁年《ていねん》（強壮の時に丁《あた》る年の意）①丁になる年齢。二一歳。はたち過ぎ。また、血気盛んな丁壮の年頃。②丁を脱する年齢。丁の終限の年齢。六〇歳。

而立《じりつ》（「論語」の「吾十有五而志于学、三十而立」による語）三〇歳の異称。じりゅう。立年《りゅうねん》。

壮年《そうねん》 人の一生のうち、最も元気のさかんな年ごろ。心身ともに成熟して、働きざかりの年ごろ。また、その年ごろの人。壮齢。広くは成年に達してから老年になるまでをいい、狭くは三〇代から四〇代にかけてをいう。

不惑《ふわく》（「論語」の「四十而不惑」から転じて）四〇歳の異称。

強仕《きょうし》（「礼記」に「四十曰強而仕」とあるところから）四〇歳の称。不惑。

初老《しょろう》 四〇歳の異称。また、老人の域にはいりかけた年頃。寿命がのびた現在では、五〇歳から六〇歳前後をさすことが多い。女性では月経閉止期、男性では作業能力が衰えはじめたときから老化現象が顕著になるまでの期間。初老。

桑年《そうねん》（「桑」は「桒」とも書き、分解すると十の字四つと、八の字一つとなるところから）四八歳の異称。

知命《ちめい》（「論語」の「子曰、吾十有五而志于学、三十而立、四十而不惑、五十而知天命」による）五〇歳の異称。知命の年。

艾年《がいねん》（「礼記」に「五十曰艾」とあり、艾《よもぎ》のように髪が白くなる年の意から）五〇歳の称。

艾服《がいふく》（「礼記」の「五十曰艾、服官政」から）五〇歳に達して朝政に参与すること。転じて、五〇歳をいう。

五十算《ごじっさん》 五〇歳。

耳順《じじゅん》（「論語」の「六十而耳順」による。品性の修養が進み、聞くことが直ちに理解でき、なんらさしさわりも起こらない境地の意から）六〇歳の異称。にじゅん。

下寿《かじゅ》 人の長寿を上、中、下の三段に分けた、最も下の年齢で、六〇歳のこと。一説に八〇歳。

杖郷《じょうきょう》（「礼記」の「五十杖於家、六十杖於郷、七十杖於国、八十杖於朝、九十者、天子欲有問焉、則就其室、以珍従」による。六〇歳になると郷内で杖つくことが許されたことから）六〇歳の異称。

還暦《かんれき》 数え年六一歳の異称。また、その祝い。六〇年で再び生まれたときの干支《えと》に還《かえ》るところからいう。華甲。本卦《ほんけ》還り。

華甲《かこう》**・花甲** （「華」の字を分解すると、六つの十と一とになり、「甲」は「甲子」の略で、十干と十二支のそれぞれの最初を指すところから）六一歳の称。還暦。本卦《ほんけ》還り。

本卦還《ほんけがえ》**り** 本卦になること。数え年六一歳になること。還暦。華甲。

古希《こき》**・古稀** （唐代の詩人杜甫の曲江詩中の「人生七十古来稀」による語）七〇歳をいう。また、その祝い。

懸車《けんしゃ》 （中国、後漢の「白虎通」による）致仕の年、七〇歳の異称。

致仕《ちし》**・致事** （「礼記」の「大夫七十而致事」による語。七〇歳になると退官を許したところから）七〇歳の異称。ちじ。

養営《ようえい》 七〇歳の異称。

国《くに》**に杖突**《つえつく》 （「礼記」の「五十杖於家、六十杖於郷、七十杖於国、八十杖於朝」による。古代中国で、七〇歳になれば、国中どこでも杖を突くことを許されたところから）七〇歳になる、また、七〇歳であることをいう。

喜寿《きじゅ》 （「喜」の字の草書体「㐂」が七十七に見えるところから）数え年七七歳になった祝い。喜の字の祝い。喜賀。

朝杖《ちょうじょう》 八〇歳。古く中国で、八〇歳になると、朝廷から杖を下賜され宮中でも杖を使うことが許されたことによる。

傘寿《さんじゅ》 （「傘」の略字「仐」が八十と読めるところから）八〇歳。また、八〇歳の祝い。

中寿《ちゅうじゅ》 長寿の段階を上中下に分けた中位の年齢。八〇歳とも一〇〇歳ともいう。

半寿《はんじゅ》 （「半」の字が「八十一」に分解できるところから）八一歳。また、八一歳の祝い。

米寿《べいじゅ》 （「米」の字を分解すると八十八となるところから）八八歳。また、八八歳になった祝い。米年。

米年《べいねん》 （「米」の字を分解すると八十八になるところから）八八歳の異称。米寿。

静居《じょうきょ》 九〇歳をいう。

卒寿《そつじゅ》 （「卒」の略字「卆」が九十と分解できるところから）数え年九〇歳。また、九〇歳の祝い。

白寿《はくじゅ》 （「白」の字は、百から一をとったものであるところから）九九歳。また、九九歳の祝い。

上寿《じょうじゅ》 人の寿命の長いこと。また、寿命を上・中・下の三段に分けた、最も上の段階で、百歳のこと。一説に百二十歳。

茶寿《ちゃじゅ》 （「茶」の字が「廾」（二〇）と「八十八」でできているところから）一〇八歳。また、その祝い。

皇寿《こうじゅ》 （字形が、一を加えると百になることから「九九」を表わす「白」と、十と二からなる「王」を合わせたところから）一一一歳。また、その祝い。

【結婚記念日の一例】

紙婚式《かみこんしき》
結婚一周年を記念しておこなう祝い。

皮婚式《かわこんしき》 結婚三周年を記念しておこなう祝い。

木婚式《もっこんしき》 結婚五周年を記念しておこなう祝い。

銅婚式《どうこんしき》 結婚七周年（一説に一五周年）を記念しておこなう祝い。

錫婚式《すずこんしき》 結婚一〇周年を記念しておこなう祝い。

水晶婚式《すいしょうこんしき》 結婚十五周年を記念しておこなう祝い。

陶磁器婚式《とうじきこんしき》 結婚二〇周年を記念しておこなう祝い。

銀婚式《ぎんこんしき》 結婚二五周年を記念しておこなう祝い。

真珠婚式《しんじゅこんしき》 結婚三〇周年を記念しておこなう祝い。

ルビー婚式《こんしき》 結婚四〇周年を記念しておこなう祝い。

金婚式《きんこんしき》 結婚五〇周年を記念しておこなう祝い。

ダイヤモンド婚式《こんしき》 結婚七五周年を記念しておこなう祝い。

葬送儀礼のことば ―死者の霊を慰める

仏式・神式の葬送儀礼に関することばを集めて、五十音順に配列した。

位牌《いはい》 中世以後の仏教信仰で、死者をまつるために法号、戒名を記して、依代《よりしろ》とする板。死者の冥福を祈る霊牌《れいはい》や生前にその寿福を願う逆修牌《ぎゃくしゅはい》などがある。形状や戒名の書き方にも宗旨・身分などによって異同がある。

院号《いんごう》 一般に死者の戒名（または法名）に付ける「院」の付く称号。

引導《いんどう》 ①迷っている人々や霊を教えて仏道にはいらせること。また、極楽浄土へ導くこと。②死人を葬る前に、僧が、棺の前で、迷わずにさとりが開けるように、経文や法語をとなえること。また、その経文や法語。

回向《えこう》・廻向 読経や念仏など、善根の功徳を死者に手向けること。死者の冥福《めいふく》を祈って読経をしたり、念仏を唱えたり、供えをしたりすること。供養。たむけ。

戒名《かいみょう》 ①受戒によって与えられる名。法名。②僧が死者につける法名。

仮葬《かそう》 正式の葬儀をしないで、仮に葬ること。

忌明《きあけ》 喪に服する期間が終わること。いみあき。

北枕《きたまくら》 枕を北に向けて寝ること。釈迦が涅槃《ねはん》の時、頭を北にし、顔を西に向けて臥したことから、特に死者を、枕を北にして寝かせること。普通には、これを忌む。

忌中《きちゅう》 家族に死者があって、喪に服する間。現在普通は死後四九日間をいう。喪中。

忌日《きにち》 毎年または毎月、ある人の死んだ当日で、回向《えこう》をする日。命日。きじつ。

清祓《きよはらえ》 祭事の前後などに、不浄を清めるためにおこなう祓え。きよはらい。きよみはらい。

清塩《きよめじお》・清《きよめ》の塩《しお》 不浄を清めるための塩。

とくに、葬式のけがれをはらう塩や、力士が土俵を清めるためにまく塩などをいう。

功徳《くどく》 ①現在、また未来に幸福をもたらすよいおこない。神仏の果報をうけられるような善行。すぐれた果を招く力を徳としてもっている善の行為。断食、祈祷、喜捨、造仏、写経の類。②神仏のめぐみ、ごりやく。善行をつんだ報い。

五十日《ごじゅうにち》 人の死後五〇日の喪。五十日祭《ごじゅうにちさい》。

三途の川《さんずのかわ》 人が死んで冥土に行く途中に越えるという川。川に緩急の異なる三つの瀬があって、生前の罪業によって渡る場所が異なり、川のほとりには鬼形の姥がいて衣を奪い取るという。

四十九日《しじゅうくにち》 ①人の死んだ後の四九日間。死者が次の生を得るまでの間の日数。今生の死と来世の生との間。中陰。②人の死後四九日目にあたる日。中陰の満ちる最後の日。また、その日におこなう仏事。なななぬか。〈補注〉人は無限に生死をくり返すという仏教思想に基づき、人が死んでから再び次の生を得るまでの期間を中有、中陰という。この期間は七日を単位として、極善、極悪は七日後に次の生を得るが、最長七期目の七日、すなわち四九日目にはすべての者が次の生を得るとする。現在、日本ではこの四九日目を忌明けとして法事をおこない、香典の返礼をする習慣がある。また表記も「七七日」とすることが多い。

死化粧《しにげしょう》 死者の顔に施す化粧。

死装束《しにしょうぞく》 死ぬときの装束。

死水《しにみず》 死にぎわに口に注いでやる水。死にぎわの人の唇《くちびる》をしめす水。末期《まつご》の水。

死《し》**に水**《みず》**を取**《と》**る** 死にぎわに口に水を注いでやる。死にぎわの人の唇《くちびる》を水でしめしてやる。転じて、死にぎわの面倒をみる。死ぬまで世話をする。

収骨《しゅうこつ》 ①火葬後、骨を骨壺などに収めること。②戦死者などの遺骨を、埋葬するために拾い集めること。

精進落《しょうじんおとし》 葬式や法要などの後にもうけられる酒宴。

祥月命日《しょうつきめいにち》 人が死んだ月日と同じ月日。正忌《しょうき》。正忌日。忌辰《きしん》。祥月。

初七日《しょなのか》 人の死後、重い忌の期間のあける七日目にあたる日。また、その日におこなう法事。一切の労働を禁じて忌籠《いごも》るとされる。軽い忌のあけるのは四九日目が多い。しょなぬか。しょしちにち。

施餓鬼《せがき》 （「せがきえ（施餓鬼会）」の略）餓鬼道におちて飢餓に苦しむ亡者（餓鬼）に飲食物を施す意で、無縁の亡者のために催す読経や供養。真宗以外で広くおこなわれる。本来、時節を限らない。七月一日より一五日にわたっておこなわれるものは盂蘭盆の施餓鬼。盂蘭盆と施餓鬼の併用が両者の混同を招いたらしい。施餓鬼祭。

施主《せしゅ》 ①（布施の当人の意）僧や寺に物品を施す人。檀那《だんな》。檀越《だんおつ》。②葬式、または法事などを主人役となってとりおこなう者。

卒都婆《そとば》**・卒塔婆・率都婆** 供養のため墓のうしろに立てる細長い板。上部は五輪卒都婆の形をしており、梵字、経文などが記されている。塔婆。そとうば。

逮夜《たいや》 （「逮」はおよぶの意で、翌日の火葬におよぶ前夜の意）死去の次の日で火葬または、葬儀の前夜。または、忌日の前夜。

荼毘《だび》 死体を焼いてその遺骨を納める葬法をいう。

玉串《たまぐし》**・玉籤** 神道の行事作法として用いられる献供物の一種で、榊《さかき》の枝などに、絹、麻、紙などを付けて神前に供えるもの。太玉串《ふとたまぐし》。

霊代《たましろ》 神霊の代わり。霊のよるところとしてまつるもの。御霊代《みたましろ》。

檀家《だんか》 一定の寺に墓地を持ち、布施などによってその寺を援助する家。檀越《だんおつ》。檀那。だんけ。

茶子《ちゃのこ》 彼岸会《ひがんえ》の供物。仏事の供物、または配り物。

中陰《ちゅういん》 ①人の死後四九日間の称。人は死後七日を一期としてまた生を受けるという。極悪・極善の者は死後直ちに次の生を受けるが、それ以外の者は、もし七日の終わりにまだ生縁を得なければさらに七日、第二七日の終わりに生を受ける。このようにして最も長い者は第七期に至り、第七期の終わりには必ずどこかに生ずるという。②人の死後四九日目にあたる日。七七日。

中有《ちゅうう》 衆生が死んでから次の縁を得るまでの間。無限に生死を繰り返す生存の状態を四つに分け、衆生の生を受ける瞬間を生有、死の刹那を死有、生有と死有の中間を本有とし、死後次の生有までを中有とする。

追善供養《ついぜんくよう》死者の冥福を祈ってする供養。追供《ついく》。

通夜《つや》 ①神社・寺院に参籠して、終夜祈願すること。徹夜で勤行・祈願すること。②葬儀の前夜、故人とかかわりの深い者が集まり、終夜遺体を守ること。夜とぎ。とぎ。③葬儀の前夜に行なわれる法要。

十日祭《とおかさい》 神道で、人の死んだ後、一〇日目に当たる日にその霊をまつる行事。

斎《とき》**・時** （食すべき時の食の意）①僧家で、食事の称。正午以前に食すること。午後に食することを、時ならぬ食として非時《ひじ》というのに対していう。②檀家や信者が寺僧に供養する食事。また、法要のときなどに、檀家で、僧・参会者に出す食事。おとき。③法要。仏事。

弔上《とむらいあげ》 これ以後年忌供養をしないという弔いじまい。最終年忌。死後三三年目とか四九年目の例が多く、墓に葉つきの生《なま》塔婆や二股塔婆を立て、死者の霊が神様になるなどという。問い切り。

七七日《なななぬか》 人が死んでから四九日目。また、その日におこなう法事。死後それまでの間は、死者の魂が所を得ないでさまようものとされる。しちしちにち。なななのか。なななめぐり。→四十九日《しじゅうくにち》

涅槃《ねはん》 ①すべての煩悩の火がふきけされて、悟りの智慧を完成した境地。迷いや悩みを離れた安らぎの境地。また、その境地に達すること。解脱。②仏、とくに釈迦の入滅をいう。

年忌《ねんき》 人の死後、毎年巡ってくる祥月《しょうつき》命日《めいにち》。また、その日におこなう法要。その回数を数えるのにも用いる。回忌。年回。

年忌法要《ねんきほうよう》 年忌におこなう法要。

納棺《のうかん》 死体を棺に納めること。入棺《じゅかん》。

野辺送《のべおく》**り** なきがらを、火葬場や埋葬場ま

でつき従って送ること。また、その行列や葬式。葬列には位牌・花籠・四花《しか》・龍頭《たつがしら》など地方によっていろいろの依代《よりしろ》があって、途中で死者の霊が逸脱しないように墓地や火葬場まで送り届ける。とむらい。野送り。野辺の送り。野辺。

布施《ふせ》 ①仏や僧・貧者などに、衣服・食物などの品物や金銭などを施し与えること。また、その財物。財施。②教法を説くこと。僧が説法によって財施に報いること。法施。

分骨《ぶんこつ》 死者の骨を二か所以上に分けて納めること。また、その分けた骨。

菩提寺《ぼだいじ》 一家が代々その寺の宗旨に帰依《きえ》して、そこに墓所を定め、葬式を営み、法事などを依頼する寺。一家が代々菩提を求める寺。菩提院。檀那《だんな》寺。香華院。

本葬《ほんそう》 本式の葬儀。

枕経《まくらぎょう》 死者の枕もとでする読経。

枕団子《まくらだんご》 死者の枕もとに供えるなま団子。玄米を洗わないで粉にしてつくり、味はつけず白いままで土器に盛る。

枕飯《まくらめし》 死者の枕もと、または墓前に供える飯。まくらいい。

満中陰《まんちゅういん》 「なななぬか（七七日）」のこと。人の死後、七日を一期として七回数える四十九日をいう。→中陰《ちゅういん》

密葬《みっそう》 ひそかに遺骸を葬ること。また、その葬式。内々で葬式をおこなうこと。

銘旗《めいき》 葬送の時に用いる、死者の官位・姓名を記した旗。銘旌《めいせい》。

殯《もがり》 貴人の葬儀の準備などが整うまで、遺体を棺におさめてしばらく仮に置いておくこと。また、その所。あらき。そのお。

喪中《もちゅう》 喪に服している期間。

湯灌《ゆかん》 仏葬で、死体を棺に納める前に、湯で洗い浄めること。湯洗い。

六道銭《ろくどうせん》 死人を葬る時に、三途の川の渡船料として棺の中に納める六文の銭。六道能化の地蔵菩薩への賽銭とも、金属の呪力で悪霊を払う意味ともいう。

日本語力

法要	
初七日（しょなぬか）	7日目
二七日（ふたなぬか）	14日目
三七日（みなぬか）	21日目
四七日（よなぬか）	28日目
五七日（いつなぬか）	35日目
六七日（むなぬか）	42日目
七七日（なななぬか）	49日目
百か日	100日目

年忌法要	
一周忌（一回忌）	死亡の翌年
三回忌	2年目
七回忌	6年目
十三回忌	12年目
二十三回忌	22年目
二十七回忌	26年目
三十三回忌	32年目
五十回忌	49年目

名数 ― 全部思い出せなくても大丈夫

同類のものをいくつかまとめ、上にある数をつけて、特定の内容をさす言い方を「名数」という。ここではそのような数にちなむことばのうち、現在でも使われる機会の多いものを中心に集めてみた。一つ、二つは覚えていても、全部思い出すとなると結構大変なものが多いのではないだろうか。クイズに挑戦するような感覚で読むのも楽しいかもしれない。

【一】

一夏《いちげ》
仏教語。安居《あんご》を行なう、四月一六日から七月一五日までの夏の九〇日間。安居《あんご》は、インドで夏の雨期の間（四月一六日から七月一五日まで）僧が一定の場所にこもり、遊行《ゆぎょう》中の罪を懺悔し、修行した年中行事。日本では経典の講説が行われた。安居の開始を結夏・結制、終わりを解夏《げげ》・解制という。「一夏九旬《いちげくじゅん》」の略語。

一期《いちご》
人の生まれてから死ぬまでの間。一生。また、一生が終わること。

一字題《いちじだい》
和歌などの題が、月、雪、花のように漢字一字で成っているもの。一文字題《いちもじだい》。

一汁一菜《いちじゅういっさい》
副食物が汁《しる》一品、おかず一品だけの食事。質素な食事をいうことがある。

一汁三菜《いちじゅうさんさい》
汁《しる》一品、菜三品からなる料理。手前に向かって右方に汁、左方に飯、向こう側の右方に膾《なます》、左方に平皿《ひらざら》を付け、中央に香の物を付ける日本料理の基本的な膳立《ぜんだ》て。

一汁五菜《いちじゅうごさい》
飯と汁《しる》のほかに膾《なます》、坪（香の物）、平皿《ひらざら》、猪口《ちょく》、焼物《やきもの》の五菜を添えてある膳立《ぜんだ》て。

一人《いちじん》
（天下の唯一人者という意から）天皇をいう。上一人。

一姫二太郎《いちひめにたろう》
子を産み育てるには、長子は女、次に男の子が生まれるのが理想的である、ということ。一般に、女児のほうが育てやすいことをいう。

一富士二鷹三茄子《いちふじにたかさんなすび》
夢に見ると縁起が良いとされているものを順にならべた文句。初夢についていわれることが多い。

一楽二萩三唐津《いちらくにはぎさんからつ》
茶碗に対する評価を表わすことば。楽焼を第一とし、萩焼、唐津焼の順に位付けしたもの。

一里塚《いちりづか》
街道の一里ごとに土を盛り、その上に木を植えて、里程のしるしとした塚。道の両側に向かい合わせに築いてあり、木はエノキが原則であった。里程標《りていひょう》。一里山《いちりやま》。

一神教《いっしんきょう》
ただ一つの神だけの存在を認め、それを信仰の対象とする宗教。ユダヤ教、キリスト教、イスラム教など。

【二】

二院《にいん》 法律を制定する国会の上院と下院。日本では、衆議院と参議院。両院。

二王《におう》 ①中国、晋代の書家、王羲之と王献之の父子をいう。能筆家として併称された。②仏法守護のため、寺門または須彌壇前面の左右両脇に安置してある一対の神像。口を開いた阿形《あぎょう》を金剛、口を閉じた吽《うん》形を力士と呼ぶ。いずれも勇猛な忿怒の形相をなす。仁王《におう》。

二気《にき》 陰と陽との二つの気。

二世《にせ》 仏教語。前世・現世・来世の三世のうち現世と来世。今生と後生。この世とあの世。現在と未来。

二聖《にせい》 ①維摩詰《ゆいまきつ》と釈迦。②二人の歌聖。柿本人麻呂と山部赤人のこと。和歌の二聖。③二人の書聖。嵯峨天皇と空海。④中国で、二人の聖人。文王と武王。周公と孔子。また禹《う》と孔子をさす。

二星《にせい》 二つの星。特に、牽牛星《けんぎゅうせい》と織女星。二つ星。めおと星。

二尊《にそん》 ①仏教で、阿彌陀仏と釈迦をいう。②伊弉諾尊《いざなぎのみこと》と伊弉冉尊《いざなみのみこと》の二神。

二天《にてん》 ①仏教語。日天子と月天子。②四天王のうち持国と多聞など、二天王を組み合わせたもの。③梵天と帝釈天。④「二王《におう》②」に同じ。

両朝《りょうちょう》 南北朝時代の南朝と北朝。

両統《りょうとう》 両方の皇統。特に、鎌倉後期から南北朝時代、後嵯峨天皇のあとに交代で皇位についた大覚寺統（亀山天皇とその子孫の皇統）と持明院統（亀山天皇の兄、後深草天皇の一統）をいう。

【三】

三悪道《さんあくどう》 仏教語。悪業の結果、衆生（生きとし生けるものすべて）が堕ちる三つの悪道。地獄道、餓鬼道、畜生道。三悪。

三阿彌《さんあみ》 中世、室町幕府の同朋衆《どうぼうしゅう》のうち、書画の鑑定管理を職務とし、特に唐絵にすぐれていた中尾家の三代、能阿彌真能（一三九七〜一四七一）、芸阿彌真芸（一四三一〜八五）、相阿彌真相（？〜一五二五）。

三猿《さんえん》 青面金剛《しょうめんこんごう》童子の三匹の使い猿。三匹の猿が見ざる・聞かざる・言わざるの三態を表し、両手で両目、両耳、口をおおった姿を絵や像にしたもの。

三戒《さんかい》 『論語』にある、人の一生のうちに守らなければならない三つのいましめ。すなわち、青年の女色、壮年の闘争、老年の利得。

三界《さんがい》
仏教語。いっさいの衆生（生きとし生けるもの）の生死輪廻《しょうじりんね》する三種の迷いの世界。すなわち、欲界・色界《しきかい》・無色界。また、過去・現在・未来の三世。

三戒壇《さんかいだん》
奈良の東大寺、下野（栃木県）の薬師寺、筑前（福岡県）の観世音寺の三寺院に設けてある戒壇（僧侶に戒を授ける儀式を行なうために設けた壇）。

三鏡《さんかがみ》
名に鏡のつく三つの歴史書。「大鏡」「増鏡」「水鏡」をいう。三鏡《さんきょう》。

三箇《さんが》**の津**《つ》
①昔、筑前（福岡県）の博多津、薩摩（鹿児島県）の坊津、伊勢（三重県）の安濃津の航路三大要津の総称。三津《さんしん》。
②江戸時代の京、大坂、江戸の三都。

三韓《さんかん》
①古く朝鮮南部に居住した韓族の三つの部。馬韓《ばかん》・辰韓《しんかん》・弁韓《べんかん》。
②朝鮮古代の三つの国。高麗《こま》（高句麗《こうくり》）、百済《くだら》、新羅《しらぎ》。

三冠王《さんかんおう》
（英語 triple crown の訳語）
①野球の一シーズンにおいて、首位打者・打点王・本塁打王の三つのタイトルを独占した選手。
②スキー競技で、滑降・回転・大回転の三種目のいずれにも首位となった選手。現在では、スーパー大回転が加わり四冠王となる。

三冠馬《さんかんば》
日本の競馬で、三歳クラシックレースのうち、皐月《さつき》賞・日本ダービー・菊花賞のいずれにも優勝した馬。

三奇橋《さんききょう》
その構造に特色のある三つの橋。特に、山口県錦川の錦帯橋《きんたいきょう》、山梨県桂川の猿橋《さるはし》、富山県黒部川の愛本《あいもと》橋をいう。日本三奇橋。

三奇人《さんきじん》
三人の奇行、奇言の持主。特に、江戸時代寛政年間（一七八九〜一八〇一）の三人の人物、高山彦九郎正之・林子平友直・蒲生君平秀実。寛政の三奇人。

三峡《さんきょう》
揚子江上流の四川、湖北両省の間にある三つの大峡谷。瞿塘峡《くとうきょう》、巫峡《ふきょう》、西陵峡。古来、揚子江水運の難所として知られる。

三卿《さんきょう》
江戸時代、徳川将軍家の親族であった三つの家柄。田安・一橋・清水家のこと。尾張・紀伊・水戸の徳川御三家の次席に格づけられた。八代将軍吉宗の子、田安宗武・一橋宗尹と九代家重の子、清水重好の三人を祖とする。将軍家に嗣子のないときは、宗家を継承する資格があった。

三教《さんきょう》
①儒教・仏教・道教をいう。
②神道・儒教・仏教をいう。
③神道・仏教・キリスト教をいう。

三業《さんぎょう》
料理屋・待合・芸者屋の三種の営業。

三曲《さんきょく》

邦楽用語で、三種類の楽器の合奏という意味。実際には、古くは、三味線・琴《こと》・胡弓に、のちには、三味線・琴・尺八に限っていわれた。それらの楽器そのものをもいうことがある。

三軍《さんぐん》

①陸軍・海軍・空軍の総称。

②中国、周代の兵制で、諸侯が出した上軍、中軍、下軍それぞれ一万二千五百人、合計三万七千五百人の軍隊の総称。諸侯の軍。転じて大軍をいう。

三家《さんけ》

江戸時代、家康の子を祖とする尾州家・紀州家・水戸家の総称。将軍家に嗣子がない時は、三卿《さんきょう》と共に尾州・紀州の両家から継嗣を選んだ。水戸家は定府で、俗に副将軍として将軍家の補佐にあたったという。御三家。

三傑《さんけつ》

三人のすぐれた人物をいう。

①中国で、漢の蕭何・張良・韓信、三国時代、蜀の諸葛亮・関羽・張飛、唐の宋璟・張説・源乾曜などをいう。

②明治維新の元勲、西郷隆盛、大久保利通、木戸孝允をいう。維新の三傑。

三権《さんけん》

国の統治権の三種別。立法権、司法権および行政権をいう。

三元《さんげん》

上元（正月一五日）・中元（七月一五日）・下元（一〇月一五日）の総称。

三弦《さんげん》**・三絃**

雅楽に用いる和琴《わごん》・琵琶《びわ》・箏《そう》の三種の弦楽器の総称。

三原色《さんげんしょく》

割合を変えて混合すれば、すべての色を表すことができる、基本となる三つの色。ふつう赤・緑・青の光の三色をいうが、絵の具や印刷インキなどでは青緑（シアン）・赤紫（マゼンタ）・黄をいう。

三原組織《さんげんそしき》

織物の基礎となる組織で、平織、斜文織および繻子《しゅす》織の三種の総称。

三綱《さんこう》

儒教で、人間の重んずべき君臣・父子・夫婦の三つの道をいう。多く「三綱五常」と熟して用いる。

三国《さんごく》

①日本・中国・インドの三か国。また、全世界の意にも用いる。

②中国、後漢末の蜀・魏・呉の三か国。

③朝鮮の新羅・百済・高句麗、また、新羅・後百済・後高句麗の三か国。

バルト三国《さんごく》

バルト海沿岸のエストニア、ラトビア、リトアニア三国の総称。

ベネルクス三国《さんごく》

ベルギー、オランダ、ルクセンブルク三国の総称。ベルギー（België）・ネーデルラント（Nederland）・ルクセンブルク（Luxembourg）の頭文字を組み合わせた名称。

三才《さんさい》

①天と地と人とをいう。三極。三儀。三元。

②人相学で、額とあごと鼻とをいう。顔面を宇宙に擬し、額を天、あごを地、鼻を人にたとえたもの。

三才女《さんさいじょ》
和歌にすぐれた三人の女性をいう。平安中期の女流歌人、紀貫之女（紀内侍）・伊勢大輔・小式部内侍の三人で、いずれも即座に季歌を詠んだ逸話で知られる。また、これにならって、賀茂真淵の門人中、油谷倭文子《しずこ》・鵜殿余野子《よのこ》・進藤筑波子《つくばこ》の三人を県門三才女と呼ぶ。

三山《さんざん》
三つの山。特に、天香久山、畝傍山、耳成山の「大和三山」をさす。また、月山、羽黒山、湯殿山の「出羽三山」、熊野本宮、新宮、熊野那智大社の「熊野三山」をもいう。

三子《さんし》
中国で、最も代表的な老荘思想家、老子、荘子、列子をいう。また、最も代表的な儒家、孟子、荀子、揚子をさしてもいう。

三社《さんしゃ》
国として特に崇拝した三つの神社。多く、伊勢神宮・石清水八幡宮・賀茂神社、または、伊勢神宮・石清水八幡宮・春日大社をさす。さんじゃ。

三種の神器《さんしゅじんぎ・しんぎ》
皇位のしるしとして、代々の天皇が伝承する三つの宝物。八咫鏡《やたのかがみ》、草薙剣《くさなぎのつるぎ》、八坂瓊曲玉《やさかにのまがたま》。天孫降臨に際して、天照大神から授けられたものとする。

三従《さんじゅう》
女性が従うべきとされた三つの道。仏教や儒教道徳でいわれたもの。家にあっては父に従い、嫁《か》しては夫に従い、夫が死んだあとは子に従うという女性としての心がまえを教えたことば。

三途《さんず》
仏教語。熱苦をうける火途、刀・剣・杖などで強迫される刀途、互いに相食む血途の三つで、これを三悪道に配し、順次に地獄、餓鬼、畜生に当てる。

三聖《さんせい》
①世界の三人の聖人。釈迦・孔子・キリスト。あるいは老子・孔子・釈迦。
②古代ギリシアの三人の聖人。ソクラテス・プラトン・アリストテレス。
③和歌の三人。柿本人麻呂・山部赤人・衣通姫《そとおりひめ》。
④書道の三人。空海（弘法大師）・菅原道真・小野道風。

三蹟・三跡《さんせき》
平安時代の三人の能書家。小野道風《おののとうふう》、藤原佐理《ふじわらのすけまさ》、藤原行成《ふじわらゆきなり》。三賢《さんけん》。

三関《さんせき》
①上代、都の防備のために設けられた三つの関所。都が大和国（奈良県）の平城京にあったときには、伊勢国（三重県）の鈴鹿の関、美濃国（岐阜県）の不破の関、越前国（福井県）の愛発《あらち》の関。のちに、都が山城国（京都府）の平安京に移ると、愛発の関が廃されて近江国（滋賀県）の逢坂の関（あるいは勢多の関）が置かれた。
②古代、蝦夷《えみし》に備えて設けられた三つの関所。磐城（福島県）の白河の関、常陸（茨城県）の勿来《なこそ》の関、羽前（山形県）の念珠《ねず》が関。奥羽三関。

三夕《さんせき》の和歌《わか》
『新古今和歌集』秋上に並んでいる、第五句が「秋の夕暮」である三首の和歌。

すなわち寂蓮の「さびしさは其の色としもなかりけりまき立つ山の秋の夕暮」、西行の「心なき身にもあはれはしられけり鴫《しぎ》立つ沢の秋の夕暮」、藤原定家の「み渡せば花ももみぢもなかりけり浦の苫屋の秋の夕ぐれ」をいう。三夕。

三船《さんせん》の才《さい》
漢詩・和歌・管弦の三つの才能を兼ね備えていること。また、その才能。藤原公任、源経信の例が著名。三舟の才。

三蘇《さんそ》
中国の宋代の蘇洵《そじゅん》（老蘇）と、その二子、蘇軾《そしょく》（大蘇）・蘇轍《そてつ》（小蘇）の称。ともに文章にすぐれていた。

三蔵《さんぞう》
仏教語。仏教の聖典を三種に分類した、経蔵・律蔵・論蔵の総称。経蔵は仏の説法を集成し、律蔵は仏徒の戒律を集成し、論蔵は経典の注釈研究を集成したもの。また、それらに深く通じた高僧に対する敬称。

三尊《さんぞん》
①仏教語。仏と、仏の説いた法と、法をひろめる僧。②仏教語。寺院などでまつる中心となる仏で、本尊とその左右にひかえる二脇侍の菩薩の三体のこと。阿彌陀如来と観音・勢至、釈迦如来と文殊・普賢、薬師如来と日光・月光など。三尊仏。③釈迦如来、薬師如来、阿彌陀如来など、三体の尊い仏をいう。

三体《さんたい》
①書道で、真・行・草の三つの書体の称。また、生け花でもいう。②漢詩の三つの形式。七言絶句、七言律詩、五言律詩の三体。また、作詩法などにもいう。

三大栄養素《さんだいえいようそ》
栄養素のうち、動物の体をつくるもととなったりエネルギー源となったりする、タンパク質・糖質・脂質のこと。

三大河《さんたいが》
三つの大きな川。特に日本では、関東の利根川（坂東太郎）・九州の筑後川（筑紫二郎、また筑紫三郎とも）・四国の吉野川（四国三郎、また四国二郎とも）の称。

三大橋《さんだいきょう》
ある地方の三つの大きな橋。特に、中古、山城国（京都府）の山崎橋・宇治橋・近江国（滋賀県）の勢多橋の三つの大橋の称。山崎橋がなくなってからは淀大橋を加えていう。また、江戸の両国橋・千手橋・六郷橋、大坂の天満橋・天神橋・難波橋をいうこともある。

三代集《さんだいしゅう》
「古今集」「後撰集」「拾遺集」の三勅撰集の呼称。「代」は天皇の治世の意で、醍醐・村上・花山の三代をいう。

三大宗教《さんだいしゅうきょう》
キリスト教、仏教、イスラム教。

三大発明《さんだいはつめい》
ヨーロッパのルネサンス期における火薬・羅針盤・活版印刷術の発明・普及。いずれも中国起源のものだが、ヨーロッパで改良・実用化され、一五、六世紀以降のヨーロッパの社会生活に大きい影響を及ぼした。

三大秘法《さんだいひほう》

仏教語。日蓮宗で、法華経の本門寿量品によって宗の極致とした、三つの秘密の法門。本門の本尊、本門の戒壇、本門の題目の三つ。

三大美林《さんだいびりん》　木曾檜（長野県木曾地方の山林から産出するヒノキ）、秋田杉（秋田県米代川流域を主産地とするスギ）、青森檜葉（青森県下北・津軽両半島を主産地とするヒバ）。

三大仏《さいだいぶつ》　①大和国（奈良県）の東大寺、河内国（大阪府）の太平寺、近江国（滋賀県）の関《せき》寺の三所にある大仏の総称。②奈良の東大寺、鎌倉の高徳院、京都の方広寺にある大仏の総称。

三大祭《さんだいまつり》　①日本。京都市の八坂神社の祇園祭（七月一七日から二四日）、大阪市北区天神橋の天満宮の天満祭（七月二四・二五日）、東京都千代田区永田町の日枝神社の山王祭（六月一五日）。ただし、山王祭の代わりに東京都台東区の浅草神社の三社祭（五月一七・一八日）、福岡市の櫛田神社の博多祭（七月一日から一五日）を数えるなど、諸説ある。②京都。上賀茂、下鴨両神社の葵祭（五月一五日）、八坂神社の祇園祭、平安神宮の時代祭（一〇月二二日）。③東京。東京都千代田区にある神田神社の神田祭（五月一五日）、浅草神社の三社祭、日枝神社の山王祭。ただし、東京都江東区の富岡八幡宮の深川祭（八月一五日）を数える説もある。④東北。青森県のねぶた（八月一日から七日）、秋田県の竿灯祭（八月五日から七日）、宮城県の仙台七夕（八月五日から八日）。

三大門《さんだいもん》　八世紀末から営まれた平安京における重要な三つの大きな門。羅生《らしょう》門・朱雀《すざく》門・応天門の称。

三大洋《さんたいよう》　太平洋・大西洋・インド洋の総称。

三鳥《さんちょう》　①古今伝授《こきんでんじゅ》中の三種の鳥。喚子鳥《よぶこどり》・稲負鳥《いなおおせどり》・百千鳥《ももちどり》。一説に喚子鳥・稲負鳥・都鳥のことども。②料理で、鶴・雉子《きじ》・雁をいう。

三如来《さんにょらい》　仏教語。釈迦・薬師・阿彌陀の三つの如来。特に天竺（インド）伝来の、京都嵯峨清凉寺の釈迦如来像、京都因幡堂の薬師如来像、信濃善光寺の阿彌陀如来像をさしていう。

三筆《さんぴつ》　①平安時代、嵯峨天皇・橘逸勢《たちばなのはやなり》・空海（弘法大師）の三人の能書家。②世尊寺流で、能筆の藤原行成・藤原行能・藤原行尹《ゆきただ》の三人。③近世、寛永年間（一六二四～四四）の三人の能書家。近衛流の祖、近衛信尹《このえのぶただ》と、光悦流の祖、本阿彌光悦と、滝本流の祖、松花堂昭乗。④黄檗宗《おうばくしゅう》の三人の能書家、隠元・木庵・即非《そくひ》の三人。黄檗の三筆。⑤幕末の三人の能書家、市河米庵《いちかわべいあん》・貫名海屋《ぬきなかいおく》・巻菱湖《まきりょうこ》の三人。⑥大和絵で、土佐氏の光長・光信・光起の三人の画家。

三奉行《さんぶぎょう》
①江戸幕府の寺社奉行・町奉行・勘定奉行の総称。これらが評定所一座を構成した。
②豊臣時代、五奉行のうち権勢が特に強大であった石田三成・増田長盛・長束正家の三人の称。

三伏《さんぷく》
（「さんぷく」とも。「伏」は火気を恐れて金気が伏蔵する日の意）一般には、夏至後の第三庚《かのえ》を初伏、第四の庚を中伏、立秋後初めての庚を末伏といい、その初中末の伏の称。五行思想で夏は火に、秋は金に当たるところから、夏至から立秋にかけては、秋の金気が盛り上がろうとして夏の火気におさえられ、やむなく伏蔵しているとするが、庚日にはその状態が特に著しいとして三伏日とした。

三不動《さんふどう》
①大津三井寺の黄不動、高野山の赤不動、京都青蓮院の青不動の三つの不動明王。
②江戸近辺にある三つの不動明王。目黒不動・目白不動・目赤不動。

三宝《さんぼう》
仏教語。三種の宝の意で、仏と、仏の教えを説いた経典と、その教えをひろめる僧。仏法僧。

三木《さんぼく》
①鳥居を構成する三本の横木。
②古今伝授《こきんでんじゅ》の中の三種の木。普通、「をがたまの木」「めどにけづり花」「かはな草」をいうが、諸説があって一定しない。

三木一草《さんぼくいっそう》
後醍醐天皇の建武中興に功労のあった、天皇の寵臣の四人を合わせて呼んだ称。三木は結城親光・伯耆守名和長年・楠木正成、一草は千種忠顕をさす。

三位一体《さんみいったい》
キリスト教で、創造主としての父である神と、贖罪者《しょくざいしゃ》として世にあらわれた神の子キリストと、両者の一致と交わりとしての聖霊とが、唯一の神の三つの位格（ペルソナ）として現われたものであるとする説。三位はすべて神の現われで、元来一体のものであるとする考え。

三民主義《さんみんしゅぎ》
孫文によって提唱された政治理念。国内の諸民族の平等と、外国の圧迫、不平等条約に対抗し、半植民地状態からの独立を説く民族主義、政治権力の根本は人民にあるとして主権在民を説く民権主義、経済的不平等の是正を目的として社会主義を説く民生主義の三原則からなる。

三役《さんやく》
三つの重要な役割、役職の意。
①幕府勘定所の勘定奉行・勘定吟味役・勘定組頭。
②名主・組頭・百姓代。村方三役。
③能楽で、ワキ方・はやし方・狂言方。
④茶の湯で、亭主・正客・お詰（末客）。
⑤相撲で、大関・関脇・小結。
⑥会社、政党、組合などでの三つの重要な役職。また、その地位の人。

寛政《かんせい》の三助《さんすけ》

江戸中期、寛政期の代表的な朱子学者、古賀彌助（精里）、尾藤良佐（二洲）、柴野彦輔（栗山）の三人の称。寛政の三博士。

日本三景《にほんさんけい》
日本の代表的な三つの景勝地、松島・厳島（宮島）・天の橋立の総称。

日本三名園《にほんさんめいえん》
日本の代表的とされる三つの名園。金沢の兼六園、水戸の偕楽園、岡山の後楽園の総称。

日本三名山《にほんさんめいざん》
富士山（静岡県と山梨県との境にそびえる円錐状成層火山）、立山（富山県南東部にそびえる立山連峰の主峰）、白山（石川・岐阜両県境にある白山火山帯の主峰）。

【四】

四夷《しい》
（「夷」はえびすの意）古く中国で、四方の異民族をさしていう語。東夷、南蛮、西戎《せいじゅう》、北狄《ほくてき》の総称。

四維《しい》
①天地の四隅。乾《いぬい》（西北）・坤《ひつじさる》（西南）・艮《うしとら》（東北）・巽《たつみ》（東南）の四つの方位のこと。しゆい。
②（「維」は綱の意）国を維持するのに必要な四つの綱。礼・義・廉・恥の四徳。

四恩《しおん》
仏教語。衆生がこの世で受ける四種の恩。経により内容を異にし、心地観経では、父母の恩・衆生の恩・国王の恩・三宝の恩の四つ。

四教《しきょう》
詩・書・礼・楽の四つの教え。

四苦《しく》
仏教語。人生で、四種の大きな苦しみ。生苦・老苦・病苦・死苦をいう。

四苦八苦《しくはっく》
仏教語。人間のあらゆる苦しみの称。四苦は生苦、老苦、病苦、死苦。八苦は四苦に、愛別離苦（愛する人と生き別れる苦）、怨憎会苦《おんぞうえく》（うらみ憎む人と会う苦）、求不得苦《ぐふとくく》（求めるものが得られない苦）、五陰盛苦《ごおんじょうく》（心身のはたらきが盛んである苦）の四つを加えたもの。

四君子《しくんし》
東洋画の画題として好まれる梅・竹・蘭・菊の総称。その高潔な姿が君子と呼ぶにふさわしいところからいう。

四家《しけ》
①藤原氏の南家・北家・式家・京家の総称。
②茶道で表千家・裏千家・武者小路千家・藪内家の総称。

四国《しこく》
南海道六か国のうち、四国島を形成する阿波（徳島）・讃岐（香川）・伊予（愛媛）・土佐（高知）の四か国を合わせていう。

四時《しじ》
春・夏・秋・冬の四つの季節の総称。四運。四季。四時《しいじ》。

四獣《しじゅう》
①四方の星宿、すなわち、東の青龍・西の白虎・南の朱雀・北の玄武をいう。四神。

②虎・豹・熊・羆《ひぐま》の四つのけものの総称。

四宿《ししゅく》
江戸から各街道への出入口にあたる四つの宿場。日光・奥州街道の千住、中山道の板橋、甲州・青梅街道の内藤新宿、東海道の品川。四駅。

四書《ししょ》
大学・中庸・論語・孟子の四部の書。朱熹《しゅき》がこの四部の書に集注を作ったところから、五経とともに、「四書五経」と称し、尊重されるようになった。

四神《しじん》
①天の四方の星宿。また、その方角をつかさどる神。東の青龍《せいりょう》、西の白虎《びゃっこ》、南の朱雀《しゅじゃく》、北の玄武《げんぶ》をいう。四獣。
②中国で、四季をつかさどる神。春の句芒《こうぼう》、夏の祝融《しゅくゆう》、秋の蓐収《じょくしゅう》、冬の玄冥《げんめい》をいう。

四姓《しせい》
①四つの姓。特に、昔の代表的な姓である、源氏、平氏、藤原氏、橘氏をいう。源平藤橘《げんぺいとうきつ》。
②古代インドの四種の社会の階級。バラモン（僧・学者）、クシャトリヤ（王・武士）、バイシャ（農工商などの平民）、シュードラ（奴隷）のこと。カースト。四種姓。四姓《ししょう》。

四声《しせい》
漢字の声調を、平声《ひょうしょう》・上声《じょうしょう》・去声《きょしょう》・入声《にっしょう》の四種に分けた場合の総称。またそれから出て、漢語の声調のことをもいう。ししょう。

四則算《しそくざん》
足算、引算、掛算、割算の総称。加・減・乗・除。四則。

四大《しだい》
①仏教語。地・水・火・風の四元素。すべての物体はこの四つから成り立つとする。四大種。
②（「老子」から）宇宙に存在する四つの最も大きなもの。道・天・地・王をいう。

四大奇書《しだいきしょ》
中国、明《みん》の時代に書かれた四つの長編小説、「水滸伝」「三国志演義」「西遊記」「金瓶梅」の総称。または、「水滸伝」「三国志演義」「西廂記」「琵琶記」をいう。明代四大奇書。

四大師《しだいし》
①伝教大師（最澄）・弘法大師（空海）・慈覚大師（円仁）・智証大師（円珍）の総称。
②特に、天台宗の四人の大師、伝教大師（最澄）・慈覚大師（円仁）・智証大師（円珍）・慈慧大師（良源）の総称。

四大寺《しだいじ》
四つの大きな寺。特に、朝廷の祈願所としての格の高い四つの寺院。ふつう、東大寺・興福寺・延暦寺・園城寺をさす。

四大弟子《しだいでし》
仏教語。釈迦の弟子のうちで最もすぐれた四人の高弟。摩訶迦葉《まかかしょう》・舎利弗《しゃりほつ》・目犍連《もくけんれん》・須菩提《しゅぼだい》をいう。その他、舎利弗にかえて迦旃延《かせんねん》を加えるものもある。

四端《したん》
孟子の教えで、仁・義・礼・智の徳を発する四つのいとぐち。

四天王《してんのう》
①仏教語。須彌山《しゅみせん》の中腹にある四王天

の主で、東方の持国《じこく》天、西方の広目《こうもく》天、南方の増長《ぞうじょう》天、北方の多聞《たもん》天または毘沙門《びしゃもん》天のそれぞれを主宰する王の総称。八部衆を支配して帝釈天に仕え、仏法と仏法に帰依する人々を守護する。四大天王。
②源頼光《よりみつ》の四天王。渡辺綱《わたなべのつな》、坂田金時《きんとき》、碓井貞光《うすいさだみつ》、卜部季武《うらべすえたけ》。
③源義経《よしつね》の四天王。鎌田盛政《もりまさ》・光政《みつまさ》、佐藤継信《つぐのぶ》・忠信《ただのぶ》。
④織田信長の四天王。柴田勝家《しばたかついえ》、滝川一益《かずます》、丹羽《にわ》長秀、明智光秀《あけちみつひで》。
⑤徳川家康の四天王。井伊直政《いいなおまさ》、本多忠勝《ほんだただかつ》、榊原康政《さかきばらやすまさ》、酒井忠次《ただつぐ》。
⑥和歌の四天王。頓阿《とんあ》、兼好、浄弁、慶運。

四徳《しとく》
①仏教語。涅槃《ねはん》の四つの徳、すなわち、常・楽・我・浄。
②儒教で、人間のふみ行うべき四つの徳。孝・弟・忠・信。
③西欧でいう四つの徳。英知・勇気・節制・正義。

四拍子《しびょうし》
能楽・長唄などの囃子《はやし》で、笛・太鼓《たいこ》・大鼓《おおつづみ》・小鼓《こつづみ》の総称。

四民《しみん》
人を身分、職業により四つに分けて総称したもの。封建時代の士・農・工・商の四階級の称。

四門《しもん》
①内裏の東・西・南・北の門。建春・宜秋・建礼・朔平の四つの門の総称。
②仏語。密教で修行の階程として東南西北に配して説くもので、真言曼陀羅の方位に配した四つの門。東を発心門、南を修行門、西を菩提《ぼだい》門、北を涅槃《ねはん》門という。

四座《よざ》
大和猿楽の四つの座、またその流派。観世座、宝生座、金春座、金剛座の四つをいう。しざ。

四大悲劇《よんだいひげき》
シェークスピア作の、「ハムレット」「マクベス」「オセロ」「リア王」の四つ。

四大文明《よんだいぶんめい》
エジプト、メソポタミア、インド、中国に発祥した古代文明の総称。いずれも、ナイル、チグリス・ユーフラテス、インダス、黄河の大河流域でおこった。

四大礼式《よんだいれいしき》
冠婚葬祭。元服と結婚と葬儀と祖先の祭礼。

【五】

五戒《ごかい》
仏教語。在家の人の守るべき五種の戒。不殺生戒、不偸盗戒、不邪淫戒、不妄語戒、不飲酒戒。優婆塞戒《うばそくかい》。五常。

五街道《ごかいどう》
江戸時代、幕府の道中奉行の管轄下にあって、江戸を起点とする主要な五つの街道。東海道、中山道、甲州街道、日光街道、奥州街道。

五岳《ごがく》・五嶽
中国で古来、国の鎮めとして崇拝された五つの霊山。五行思想の影響によるもの。泰山（東岳・山東省）、華山（西岳・陝西省）、衡山（南岳・湖南省）、恒山（北岳・山西省）、嵩山（中岳・河南省）をいう。

五官《ごかん》 視覚、聴覚、嗅覚《きゅうかく》、味覚、触覚の五つを感覚する器官。目、耳、鼻、舌、皮膚の総称。感官。

五感《ごかん》 目、耳、鼻、舌、皮膚の五官を通じて外界の物事を感ずる視、聴、嗅、味、触の五つの感覚。

五畿内《ごきない》 古代からの日本の行政区域の中心地域で、近畿地方中央部がほぼこれにあたる。大和、山城、和泉、河内、摂津の五か国。五畿。畿内。

五経《ごきょう》 言儒学で尊重する五部の経書《けいしょ》。易経・書経・詩経・礼記《らいき》・春秋。

五行《ごぎょう》 古代中国の思想で、万物を生じ、万象を変化させるという木火土金水の五つの元素をいう。

五家《ごけ》 ①中国における禅宗の五つの主要な流派。臨済、曹洞、潙仰《いぎょう》、雲門、法眼《ほうげん》の五派をいう。②真宗の五つの主要な寺。東本願寺、西本願寺、仏光寺、錦織寺、専修寺をいう。③公卿の五摂家。近衛、九条、一条、二条、鷹司をいう。④室町中期から近世にかけての日本画の狩野派の五つの家。狩野安信（中橋）、尚信（木挽町）、守信（鍛冶橋）、洞雲（駿河台）、随川（浜町）。

五刑《ごけい》 罪人に対する五つの刑罰。日本の律令制では、笞《ち》（むちで打つこと）、杖《じょう》（つえで打つこと）、徒《ず》（懲役）、流《る》（遠方へ追放すること）、死（死刑）の五つをいう。

五穀《ごこく》 米、麦、キビ、アワ、豆の五種類の穀物。他に麻、麦、キビ、アワ、豆、また、米、麻、麦、アワ、豆とするなどの諸説がある。

五菜《ごさい》 五味に配した五種類の野菜。山葵《わさび》、豆、薤《らっきょう》、葱《ねぎ》、韮《にら》。

五山《ごさん》 （後世「ござん」とも）ある寺格をもった五つの大きな寺。①インドで、祇園精舎、竹林精舎、大林精舎、鹿園精舎、那爛陀寺をいう。②中国、宋代、径山《きんざん》寺、広利寺、天童景徳寺、霊隠《りんにん》寺、浄慈《じんず》寺をいう。③日本、中世の禅宗官寺制度での寺格の一つ。十刹、諸山の上に位置する最高の寺格。京都五山として、天龍寺、相国寺、建仁寺、東福寺、万寿寺があり、鎌倉五山として、建長寺、円覚寺、寿福寺、浄智寺、浄妙寺があった。五岳。

五色《ごしき》 中国古代の五行説では青、黄、赤、白、黒の五種の色。五彩。

五種競技《ごしゅきょうぎ》 陸上競技の一つ。ひとりの選手が五種目の競技を行なって、その総得点数を競う競技。男子は一日のうちに走り幅跳び、槍投げ、二〇〇メートル競走、円盤投げ、一五〇〇メートル競走を行う。女子は、二日にわけて第一日目に砲丸投げ、走り高跳び、二〇〇メートル競走、第二日目に八〇メートルハードル競走、走り幅跳びの順序で行う。国際陸上競技連盟では一九八一年より、女子は五種競技に代え七種競技を採用。

五常《ごじょう》

儒教で、人が常に行うべき五種の正しい道をいう。通例、仁、義、礼、智（知）、信をさす。また別に、父、母、兄、弟、子の五者の守るべき道として、義、慈、友、恭、孝をいう。

五節会《ごせちえ》

平安時代以降、宮廷で行なわれた五つの節会。元日・白馬《あおうま》（正月七日）・踏歌（正月一四日から一六日）・端午（五月五日）・豊明《とよのあかり》（大嘗祭・新嘗祭の翌日）の五つ。

五節供《ごせっく》**・五節句**

一年五度の節供。人日《じんじつ》（正月七日）・上巳《じょうし》（三月三日）・端午《たんご》（五月五日）・七夕《しちせき》（七月七日）・重陽《ちょうよう》（九月九日）の称。

五摂家《ごせっけ》

鎌倉以後、藤原氏のうちで摂政・関白に任じられる五つの家柄で、近衛・九条・二条・一条・鷹司の五家をいう。五門。

五臓《ごぞう》**・五蔵**

漢方で体内にある五つの内臓をいう。心臓・肝臓・肺臓・腎臓・脾臓の称。五内《ごだい・ごない》。

五体《ごたい》

身体の五つの部分。筋、脈、肉、骨、毛皮の称。一説に、頭、頸、胸、手、足、または頭と両手、両足。転じて、からだ全体。全身。

五大《ごだい》

仏教語。地・水・火・風・空の五大種をいう。万物をつくり出す元素。

五大湖《ごだいこ》

アメリカ合衆国とカナダとの国境にある五つの淡水湖の総称。西からスペリオル、ミシガン、ヒューロン、エリー、オンタリオと並ぶ。

五大州《ごだいしゅう》**・五大洲**

地球上の五つの大陸。アジア、ヨーロッパ、アフリカ、アメリカ、オーストラリアの総称。また、ユーラシア、アフリカ、北アメリカ、南アメリカ、オーストラリアの五大陸をいう。五州。五大陸。

五大明王《ごだいみょうおう》

仏教語。不動明王を中心に降三世、軍荼利、大威徳、金剛夜叉の四明王を東南西北に配するもの。五大尊。五大尊明王。五力明王。

五大老《ごたいろう》

豊臣氏の職名。徳川家康、前田利家、毛利輝元、宇喜多秀家、小早川隆景（死後は上杉景勝）の五人。

五人男《ごにんおとこ》

五人の男。特に、歌舞伎などの題材に扱われる五人一組の著名な男たち。①雲霧五人男《くもきりごにんおとこ》。雲霧仁左衛門を頭目とする因果小僧六之助、素走り熊五郎、木鼠吉五郎、おさらば伝次の五盗賊。

雲切五人男。

②白浪五人男《しらなみごにんおとこ》。歌舞伎脚本。「青砥稿《あおとぞうし》花紅彩画《はなのにしきえ》」の五人の主人公。日本駄右衛門を頭とする弁天小僧、忠信利平、赤星重三、南郷力丸の五人の盗賊。

③難波五人男《なにわごにんおとこ》。元禄（一六八八～一七〇四）の頃、大坂市中を荒らした五人の無頼漢。雁金文七、庵の平兵衛、極印千右衛門、雷庄五郎、最手の市右衛門の五人。雁金五人男。

五人囃子《ごにんばやし》

①桃の節供に飾る雛人形の中の一組。向かって右から謡《うたい》の役と、笛・小鼓《こつづみ》・大鼓《おおかわ》・太鼓の奏者を模した五童子。ふつう雛壇で、内裏雛、三人官女の下に配される。

②江戸の祭ばやしで、笛、鉦、しらべ（締太鼓）二つ、大太鼓の五つの楽器による合奏。

五派《ごは》

①禅宗の五つの流派。すなわち、臨済、雲門、曹洞、潙仰《いぎょう》、黄檗《おうばく》の総称。

②真宗の五つの流派。すなわち、本願寺派、大谷派、仏光寺派、高田派、木辺《きべ》派の総称。または、本願寺派、大谷派を一つにし、越州派（三門徒）を加える。

五覇《ごは》

中国、春秋時代の五人の覇者。諸説あるが、ふつう、斉の桓公、晉の文公、秦の穆《ぼく》公、宋の襄公、楚の荘王をいう。

五番立《ごばんだて》

能の上演形式の一つ。一日の番組を脇能物（神能）、修羅物、鬘《かずら》物（女能）、雑物（物狂能など）、切能物（鬼能）の順に上演すること。また、その能番組。能ではこれを正式のものとして神、男、女、狂、鬼にそれぞれ割り当てられる。

五味《ごみ》

食物の、甘（あまい）・酸（すっぱい）・辛（からい）・苦（にがい）・鹹（しおからい）の五種の味の総称。

五流《ごりゅう》

能楽のシテ方の五つの流派の総称。室町時代に創立された、観世《かんぜ》、宝生《ほうしょう》、金春《こんぱる》、金剛《こんごう》の四座に、江戸初期におこった喜多《きた》流を合わせたもの。能楽五流。四座一流《しざいちりゅう》。

五倫《ごりん》

儒教で基本となる五つの対人関係。父子・君臣・夫婦・長幼・朋友。人倫。また、その間にあってそれぞれ守られるべき道。上から順に親・義・別・序・信。五常。五教。

五輪《ごりん》

オリンピック旗にえがかれた五つの輪。五大陸を表す五つの輪（青・黄・黒・緑・赤）をW形に組み合わせたもの。転じて、近代オリンピックをさしていう。一九三六年ベルリン大会後に評論家の川本信正によってつけられた呼称。

近代五種競技《きんだいごしゅきょうぎ》

国際オリンピック競技の一つ。競技者が連続して馬術、フェンシング、射撃、水泳、陸上の五種目を競い、各種目の得点の総計で順位を決める。

富士五湖《ふじごこ》

山梨県南東部、富士山北側のふもとにある湖沼群。山中湖・河口湖・西《さい》湖・

精進湖《しょうじ》・本栖湖《もとす》の五つの湖の総称。

【六】

六義《りくぎ》
①「詩経」における六種の体。内容上の分類である風・雅・頌と、表現方法上の分類である賦・比・興の総称。②和歌における六種の体。そえ歌・かぞえ歌・なずらえ歌・たとえ歌・ただごと歌・いわい歌の総称。「古今集」で①の「詩経」の六義を和歌に適用していったもの。連歌・俳諧・能楽にもいう。

六経《りっけい》
儒学の根幹となる六種の経書。すなわち、「詩経」、「書経」、「易経」、「春秋」、「礼記」、「楽記」。また、経書全体をいう。この中、楽経は秦の焚書に滅びたとされ伝わらず、残る五種を「五経」と総称する呼び方が早くから用いられた。ろっけい。

六芸《りくげい》
古く中国で、士以上の者の学修すべきものとされた、礼・楽・射・御（馬術）・書・数の六種の技芸。

六書《りくしょ》
漢字の成立と用法についての六種の区別。象形・指事・会意・形声・転注・仮借《かしゃ》。六義。

六国史《りっこくし》
奈良・平安時代に編纂された六種の勅撰国史書の総称。「日本書紀」「続日本紀」「日本後紀」「続日本後紀」「日本文徳天皇実録（文徳実録）」「日本三代実録（三代実録）」から成る。

六体《ろくたい》
①漢字の六種の書体。大篆《だいてん》・小篆・八分《はっぷん》・隷書・行書・草書。また、古文・奇字・篆書・隷書・繆篆《びゅうてん》・虫書。六書《りくしょ》。六体《りくたい》。②和歌の六種類の形式。すなわち、長歌・短歌・旋頭歌・混本歌・折句・沓冠《くつかぶり》をいう。六体《りくたい》。

六大《ろくだい》
仏教語。宇宙の万象を形づくるとされる六種の根本要素。すなわち、地・水・火・風・空・識をいう。六界。

六大州《ろくだいしゅう》
地球上の六つの州、アジア州・ヨーロッパ州・アフリカ州・北アメリカ州・南アメリカ州・オセアニア州の総称。

六道《ろくどう》
仏教語。すべての衆生が生前の業因によって生死を繰り返す六つの迷いの世界。すなわち、地獄・餓鬼・畜生・阿修羅・人間・天上をいう。

六曜《ろくよう》
先勝《せんしょう》・友引《ともびき》・先負《せんぶ》・仏滅《ぶつめつ》・大安《たいあん》・赤口《しゃっく》の六個の星。江戸中期から暦注に記されて流行し始め、現在に至っている。六輝《ろっき》。

六家集《ろっかしゅう》
平安末期から鎌倉初期にかけての代表的な歌人六人の私家集の総称。藤原俊成の「長秋詠藻」、藤原良経の「秋篠月清集」、慈円の「拾玉集」、西行の「山家集」、藤原定家の「拾遺愚草」、藤原家隆の「壬二《みに》集」。

六歌仙《ろっかせん》

古今和歌集の序に掲げられている六人、すなわち平安初期、歌道に秀でて歌仙と称せられた在原業平・僧正遍昭・喜撰法師・大友黒主・文屋康秀・小野小町の称。

六根《ろっこん》

仏教語。心的作用にはたらく六つの器官。眼根《げんこん》・耳根《にこん》・鼻根《びこん》・舌根《ぜっこん》・身根・意根の六つ。六情。六界。

六腑《ろっぷ》・六府

漢方で体内にある六つの内臓をいう。大腸、小腸、胃、胆、膀胱《ぼうこう》、三焦（上・中・下の三つからなり、心臓と膀胱の間にあって消化と排泄をつかさどる器官とされる）の称。

六法《ろっぽう》

六つの基本的な法典。ふつう、憲法・民法・商法・民事訴訟法・刑法・刑事訴訟法をいう。

【七】

七観音《しちかんのん》

①京都の革堂《こうどう》行願寺・河崎清和院（感応寺）・吉田寺・清水寺・六波羅蜜寺・六角堂・蓮華王院の七つの寺院にまつられている観音をいう。

②仏教語。衆生を救済するために、姿を七種に変える観音。すなわち、千手《せんじゅ》観音・馬頭《ばとう》観音・十一面観音・聖《しょう》観音・如意輪《にょいりん》観音・准胝《じゅんでい》観音・不空羂索《ふくうけんじゃく》観音のこと。

七去《しちきょ》

昔、中国で妻を離婚するための七つの条件。舅・姑に仕えないこと、子がないこと、淫乱であること、嫉妬深いこと、悪疾のあること、多言であること、盗癖のあることの七つをいう。七出。

七卿落《しちきょうおち》

文久三年（一八六三）八月一八日、三条実美《さねとみ》・三条西季知《すえとも》・四条隆謌《たかうた》・東久世通禧《みちとみ》・壬生基修《もとなが》・錦小路頼徳《よりとみ》・沢宣嘉《のぶよし》の七人の公卿が、討幕の計画に敗れて朝官を免ぜられ、京都から長州藩に落ちのびたこと。

七賢《しちけん》

①「論語」に逸民としてあげられた中国春秋時代の伯夷・叔斉・虞仲・夷逸・朱張・柳下恵・少連。七賢人。

②竹林の七賢。中国の晋の時代に、俗世間をさけて竹林に集まり、酒を飲み琴をひき、清談をした七人の隠者。晋代の嵆康《けいこう》・阮籍《げんせき》・阮咸《げんかん》・向秀《しょうしゅう》・劉伶《りゅうれい》・山濤《さんとう》・王戎《おうじゅう》。七賢人。

七高山《しちこうざん》

近江国（滋賀県）の比叡山・比良山、美濃国（岐阜県）の伊吹山、山城国（京都府）の愛宕山、摂津国（大阪府）の神峰山《かぶさん》、大和国（奈良県）の金峰山・葛城山の総称。ただし、葛城山のかわりに高野山を加えるなど、異説がある。

七高僧《しちこうそう》

親鸞が浄土の高僧として選んだ七人。インドの龍樹・天親、中国の曇鸞《どんらん》・道綽《どうしゃく》・善導、日本の源信・源空。七祖。

七衆《しちしゅ》

仏教語。仏の教えを奉ずる僧俗男女の七種の人。出家の比丘《びく》・比丘尼・式叉摩那《しきしゃまな》・沙彌《しゃみ》・沙彌尼、在家の優婆塞《うばそく》・優婆夷《うばい》の七類の総称。

七宗《しちしゅう》 仏教の七宗派。華厳・天台・律・三論・成実・法相（唯識）・倶舎の学業を修めるものの総称。また、後には三論・法相・律・華厳・天台・真言・禅の総称となった。

七情《しちじょう》 ①七種の感情。仏教では、喜・怒・哀・楽・愛・悪《お》・欲をいい「礼記」では、喜・怒・哀・懼《く》・愛・悪・欲をいう。②漢方で、薬物の七種の作用をいう。単行するもの、相須《あいま》つもの、相使うもの、相悪《あいにく》むもの（他の作用を奪うもの）、相畏《あいおそ》れるもの、相反するもの、相殺するもの。

七大寺《しちだいじ》 奈良にある七つの大寺。東大寺・興福寺・西大寺・元興寺《がんごうじ》・大安寺・薬師寺・法隆寺の総称。七寺。南都七大寺。

七道《しちどう》 東海・東山・北陸・山陰・山陽・南海・西海道の総称。「五畿内」とあわせて「五畿七道」という。

七堂伽藍《しちどうがらん》 （伽藍は僧伽藍の略。衆園・僧院の意）仏教語。寺として具備すべき七種の堂宇のこと。普通は、塔・金堂・講堂・鐘楼・経蔵・僧房・食堂《じきどう》をいうが、禅宗では、法堂・仏殿・山門・僧堂・庫院・西浄・浴室（ただしこのほかの数え方もある）をいう。七堂。

七難《しちなん》 仏教語。七種類の災難。経典によって、その内容が異なる。「法華経－普門品」では、火難・水難・羅刹難《らせつなん》・刀杖難《とうじょうなん》・鬼難・枷鎖難《かさなん》・怨賊難《おんぞくなん》をいう。

七福神《しちふくじん》 幸福を招くという七人の神。恵比須（蛭子）・大黒天・毘沙門天・弁財天・布袋・福禄寿・寿老人をいうが、寿老人は福禄寿と同体異名としてこれを除き、吉祥天を加えることもある。

七部集《しちぶしゅう》 芭蕉一代の俳諧集の中で特に代表的な七部の書、「冬の日」「春の日」「曠野《あらの》」「ひさご」「猿蓑」「炭俵」「続猿蓑」を集めたもの。芭蕉七部集。俳諧七部集。

七宝《しちほう》 仏教語。七種の宝玉。「無量寿経」では、金・銀・瑠璃《るり》・玻璃《はり》・硨磲《しゃこ》・珊瑚《さんご》・瑪瑙《めのう》をいい、「法華経」では、金・銀・瑠璃・硨磲・瑪瑙・真珠・玫瑰《ばいかい》をいうなど、種々の数え方がある。七珍《しっちん》。しっぽう。

七雄《しちゆう》 ①中国、戦国時代の七強国。すなわち、秦・楚・燕・斉・趙・魏・韓のこと。②日本の戦国時代における七諸侯。織田信長・毛利元就・今川義元・武田信玄・上杉謙信・北条氏康・豊臣秀吉。

七色《なないろ》 ①七種のいろ。赤・橙《だいだい》・黄・緑・青・藍《あい》・菫《すみれ》。しちしょく。②「なないろとうがらし（七色唐辛子）」の略。唐辛子・胡麻・陳皮《ちんぴ》・芥子・菜種・麻の実・山椒などを砕いて混ぜ合わせた香味料。七味唐辛子《しちみとうがらし》。七味《しちみ》。

七草《ななくさ》

①春の七草の称。セリ・ナズナ・ゴギョウ・ハコベ・ホトケノザ・スズナ・スズシロ。後世は七草がゆとしてこれらを食べる。
②秋の七草の称。秋の野に咲く、ハギ・オバナ・クズ・ナデシコ・オミナエシ・フジバカマ・キキョウの七種をいう。

七《なな》つ道具《どうぐ》
①武士が戦場で用いた具足・刀・太刀・弓・矢・母衣《ほろ》・兜の七つの武具。
②弁慶が用いたという、鎌・鋸《のこぎり》・槌・鉞《まさかり》・熊手・長刀・鉄棒の七種の道具。
③大名などの行列に用いられた槍・長刀《なぎなた》・台笠・立傘・大鳥毛・馬印・挟箱の七種の道具。

七《なな》つの海《うみ》
南太平洋・北太平洋・南大西洋・北大西洋・南極海・北極海・インド洋の七つの大海をいう。

伊豆七島《いずしちとう》
伊豆半島の南東方にある大島、利島《としま》、新島、神津島、三宅島、御蔵島、八丈島の七島。

【八】

八大家《はちたいか》
中国の唐・宋時代、八人の著名な文章家。唐の韓愈・柳宗元、宋の欧陽脩・蘇洵・蘇軾・蘇轍・曾鞏《そうきょう》・王安石をいう。

八大地獄《はちだいじごく》
仏教語。熱と焔で苦しめられる八種の地獄。等活・黒縄・衆合・叫喚・大叫喚・焦熱・大焦熱・無間《むけん》。八熱地獄《はちねつじごく》。八大奈落。

八代集《はちだいしゅう》
「古今集」から「新古今集」までの、平安前期より鎌倉初期にいたる八代の勅撰和歌集の呼称。この二集の他に「後撰集」「拾遺集」「後拾遺集」「金葉集」「詞花集」「千載集」をあわせたもの。八代和歌集。八部。

八大菩薩《はちだいぼさつ》
八体の菩薩。「薬師本願経」によると、文殊師利菩薩・観世音菩薩・得大勢至菩薩・無尽意菩薩・宝檀華菩薩・薬王菩薩・薬上菩薩・彌勒菩薩であるが、諸経により、異説がある。

八難《はちなん》
八つの災難。すなわち、飢・渇・寒・暑・水・火・刀・兵の難儀。

八品詞《はちひんし》
英文法などで、名詞・代名詞・動詞・形容詞・副詞・接続詞・前置詞・感動詞の総称。

八卦《はっけ》
易で、陰と陽とを示す三個の算木を組み合わせてできる八種のかたち。はっけい。乾《けん》・兌《だ》・離・震・膨《そん》・坎《かん》・艮《ごん》・坤《こん》。八卦《はっか》。

八景《はっけい》
①瀟湘八景《しょうしょうはっけい》。中国湖南省の瀟水と湘水の合流点付近にある、八つの佳景とされるもの。平沙落雁、遠浦帰帆、山市晴嵐、江天暮雪、洞庭秋月、瀟湘夜雨、煙寺晩鐘、漁村夕照。
②近江八景《おうみはっけい》。近江国（滋賀県）、琵琶湖南部の景勝として「瀟湘《しょうしょう》八景」に擬して選ばれた八つの景色。三井《みい》の晩鐘、

唐崎の夜雨、堅田の落雁、粟津の晴嵐、矢橋《やばせ》の帰帆、比良の暮雪、石山の秋月、瀬田の夕照。③金沢八景《かなざわはっけい》。神奈川県横浜市金沢の景勝地、八か所を選んだもの。洲崎の晴嵐、瀬戸の秋月、小泉の夜雨、乙艫《おつとも》の帰帆、称名寺の晩鐘、平潟の落雁、野島の夕照、内川の暮雪。

八犬伝《はっけんでん》
曲亭馬琴作の読本、「南総里見八犬伝《なんそうさとみはっけんでん》」の略。室町時代の下総国の豪族里見家の興亡を背景に、仁・義・礼・智・忠・信・孝・悌の球を持った義兄弟の八犬士が活躍する長編伝奇小説。

八州《はっしゅう》
①日本国の異称。大八島《おおやしま》。大八島国《おおやしまぐに》。②江戸時代、関東八か国の総称。相模《さがみ》・武蔵《むさし》・安房《あわ》・上総《かずさ》・下総《しもうさ》・常陸《ひたち》・上野《こうずけ》・下野《しもつけ》。関東八州。関八州。

八姓《はっしょう》
天武天皇一三年（六八四）に定められた八種の姓《かばね》。真人《まひと》・朝臣《あそみ》・宿禰《すくね》・忌寸《いみき》・道師《みちのし》・臣《おみ》・連《むらじ》・稲置《いなき》の称。八色《やくさ》の姓《かばね》。

八省
律令制で、太政官に属する八つの中央行政官司。中務省・式部省・治部省・民部省・兵部省・刑部省・大蔵省・宮内省。

八正道《はっしょうどう》・八聖道
仏教語。仏教の基本的な八種の実践法。正見（四諦の道理を正しく見ること）、正思惟（正しく考えること）、正語（正しく語ること）、正業（正しい行ないをすること）、正命（正しい生活をすること）、正精進（正しい努力をすること）、正念（正見を得る目的を念じ忘れないこと）、正定（正しく清浄な禅定に入ること）の称。八正。

八節《はっせつ》
一年中の季節の八つの変わり目。二十四節の中の八つで、立春・春分・立夏・夏至・立秋・秋分・立冬・冬至をいう。

永字八法《えいじはっぽう》
書法伝授法の一つ。「永」の一字で、すべての文字に共通する八種の筆法を示すもの。側《そく》、勒《ろく》、努《ど》、趯《てき》、策《さく》、掠《りゃく》、啄《たく》、磔の八画をいう。永字八画。

【九】

九学派《きゅうがくは》
中国、戦国時代の九つの学派。儒・道・陰陽・法・名・墨・縦横・雑・農の各学派。

九州《きゅうしゅう》
西海道のこと。筑前、筑後、豊前、豊後、肥前、肥後、日向、薩摩、大隅の九か国に分けたことによる。鎮西。

九星《きゅうせい》
運勢判断に用いる九つの星。一白、二黒、三碧、四緑、五黄、六白、七赤、八白、九紫をいい、これに易《えき》の八卦《はっけ》、五行《ごぎょう》、方位、干支《えと》を配して、諸事の吉凶や運勢を判断する。

九族《きゅうぞく》
九つの親族。父方の親族四、母方の親族三、妻方の親族二からなり、その内容には諸説がある。また一説に、異姓を含まないで直系の高祖父から玄孫にいたる九代の親族ともいう。

九曜《くよう》
日・月・火・水・木・金・土の七曜星に、羅睺《らご》星と計都《けいと》星を加えたもの。陰陽《おんよう》家が、人の生年月などに配当して運命を占った。九曜星《くようせい》。九曜の星。九星《きゅうせい》。

【十】

十戒《じっかい》・十誡
キリスト教で、「旧約聖書」に記された一〇か条の啓示。神がシナイ山の頂上でモーゼに与えたという。「我の他何ものをも神とすべからず」、「偶像を造りてこれを拝すべからず」、「安息日を憶えてこれを聖潔《きよく》すべし」のほか、殺人、姦淫、盗み、偽証、貪欲などを戒めている。モーゼの十戒。

十界《じっかい》
仏教語。迷いと悟りの両界を十に分けたもの。迷界での地獄界・餓鬼界・畜生界・修羅界・人間界・天上界と、悟界における声聞界・縁覚界・菩薩界・仏界の称。

十干《じっかん》
甲《こう》、乙《おつ》、丙《へい》、丁《てい》、戊《ぼ》、己《き》、庚《こう》、辛《しん》、壬《じん》、癸《き》の総称。中国漢代にはいって、陰陽五行説と結合した結果、木（甲乙）・火（丙丁）・土（戊己）・金（庚辛）・水（壬癸）のように二つずつ五行に配当され、さらにその二つは、五行各々の陽すなわち兄《え》と、陰すなわち弟《と》を示すとされた。日本では、甲《きのえ》、乙《きのと》、丙《ひのえ》、丁《ひのと》、戊《つちのえ》、己《つちのと》、庚《かのえ》、辛《かのと》、壬《みずのえ》、癸《みずのと》ともよむ。

十種競技《じっしゅきょうぎ》
陸上競技男子種目の一つ。一人の競技者が二日間で十種目の競技を行い、合計得点の多い者を勝ちとする。第一日は一〇〇メートル、走幅とび、砲丸投げ、走高とび、四〇〇メートル。第二日は一一〇メートル障害、円盤投げ、棒高とび、やり投げ、一五〇〇メートルの順序で行う。

十体《じったい》
漢字の書体の一〇種類。古文・大篆《だいてん》・籀文《ちゅうぶん》・小篆・八分《はっぷん》・隷書《れいしょ》・章草・行書・飛白《ひはく》・草書の総称。

十哲《じってつ》
①孔門の十哲。孔子の一〇人の高弟をいう。顔淵・閔子騫《びんしけん》・冉伯牛《ぜんはくぎゅう》・仲弓（以上徳行）、宰我・子貢（以上言語）、冉有《ぜんゆう》・子路（以上政事）、子游・子夏（以上文学）。
②蕉門の十哲。松尾芭蕉の一〇人の高弟をいう。ふつう、榎本其角《きかく》・服部嵐雪《らんせつ》・向井去来・内藤丈草・杉山杉風《さんぷう》・志太野坡《やば》・越智《おち》越人・立花北枝・森川許六《きょりく》・各務《かがみ》支考をいうが異説もある。
③木門《もくもん》の十哲。木下順庵の一〇人の高弟をいう。ふつう、室鳩巣、雨森芳洲、新井白石、榊原篁洲、祇園南海、南部南山、松浦霞沼、三宅観瀾、服部寛斎、向井滄洲をいう。

十悪《じゅうあく》
仏教語。身、口、意の三業《さんごう》が作る一〇種の罪悪。すなわち、殺生《せっしょう》・偸盗《ちゅうとう》・邪淫《じゃいん》の「身三」、妄語《もうご》・両舌《りょうぜつ》・悪口《あっく》・綺語《きご》の「口四」、貪欲《とんよく》・瞋恚《しんい》・邪見《じゃけん》の「意三」の総称。十悪業。

十大寺
桓武天皇の延暦一七年（七九八）に定められた一〇の官寺。大安寺・元興寺・弘福寺・薬師寺・四天王寺・興福寺・法隆寺・崇福寺・東大寺・西大寺の総称。

真田十勇士《さなだじゅうゆうし》
戦国末の武将、真田幸村に仕えたとされる一〇人の勇士。その武勇伝は明治末から大正初期にかけて発行された講談本「立川文庫」によって創作されたもの。忍術の猿飛佐助、霧隠才蔵、怪力の三好清海入道、三好伊三《いさ》入道、鎖鎌の由利鎌之助以下、筧《かけい》十造、海野六郎、望月六郎、穴山小助、根津甚八とそれぞれ得意の武芸で人気を得た。

【十二以上】

十二因縁《じゅうにいんねん》
仏教語。無明、すなわち無知を根底においた生存の見方で、無明・行・識・名色・六処・触・受・愛・取・有・生・老死の一二を人間あるいは生物の生存を構成する要件として立てたもの。十二縁。十二縁起。

十二階《じゅうにかい》
推古天皇の代に制定された、一二の位階。徳・仁・礼・信・義・智の六階に区別し、さらにそれぞれ大小を分けた。冠位十二階。

十二宮《じゅうにきゅう》
黄道帯《こうどうたい》を十二等分し、その一つ一つに近くの星座にちなんだ名をつけたもの。白羊宮、金牛宮、双子《そうし》宮、巨蟹《きょかい》宮、獅子《しし》宮、処女宮、天秤《てんびん》宮、天蝎《てんかつ》宮、人馬宮、磨羯《まかつ》宮、宝瓶《ほうへい》宮、双魚宮とよんだ。これは黄道上の一二星座である、おひつじ、おうし、ふたご、かに、しし、おとめ、てんびん、さそり、いて、やぎ、みずがめ、うおの各座に対応する。

十二支《じゅうにし》
本来は、木（歳）星が一二年で天を一周することから、中国の天文学で毎年度における木星の位置を示すために天を一二分した場合の称呼である、子《し》・丑《ちゅう》・寅《いん》・卯《ぼう》・辰《しん》・巳《し》・午《ご》・未《び》・申《しん》・酉《ゆう》・戌・亥の総称。これらを一二の動物にあてることから、日本では、ね（鼠）・うし（牛）・とら（虎）・う（兎）・たつ（龍）・み（巳）・うま（馬）・ひつじ（羊）・さる（猿）・とり（鶏）・いぬ（犬）・い（猪）とよむ。

十二使徒《じゅうにしと》
イエス・キリストの一二人の弟子。ペテロ（シモン）、ヨハネ、アンデレ、セベダイの子ヤコブ、ピリポ、バルトロマイ、マタイ、トマス、アルパヨの子ヤコブ、ユダ（ヤコブの子、別名タダイ）、熱心党のシモン、イスカリオテのユダの一二人。後にイスカリオテのユダがキリストを裏切り、代わりにマッテヤが選ばれた。十二弟子。使徒。

十二天《じゅうにてん》
仏教語。一切の天龍・鬼神・星宿・冥官を統《す》べて世を護る一二の神。四方・四維の八天に、上下の二天および日・月の二天を加えたもの。東に帝釈天、東南に火天、南に閻魔天、西南に羅刹天、西に水天、西北に風天、北に多聞天（毘沙門天）、東北に大自在天、上に梵天、下に地天、および日天、月天の総称。

皇朝十二銭《こうちょうじゅうにせん》
奈良時代から平安時代にかけて鋳造された日本古代の一二種の銅銭。和銅開珎（七〇八）、万年通宝（七六〇）、神功開宝（七六五）、隆平永宝（七九六）、富寿神宝（八一八）、承和昌宝（八三五）、長年大宝（八四八）、饒益神宝（八五九）、貞観永宝（八七〇）、寛平大宝（八九〇）、延喜通宝（九〇七）、乾元大宝（九五八）の一二種。

名花十二客《めいかじゅうにかく》
宋の張敏叔が一二の名花を一二種の客にたとえたもの。牡丹を貴客、梅花を清客、菊花を寿客、瑞香（沈丁花）を佳客、丁香（丁子）を素客、蘭花を幽客、蓮花を静客、酴醾《どび》を雅客、桂花を仙客、薔薇を野客、茉莉《まつり》を遠客、芍薬を近客とする。南画家が好んで描く。

十三経《じゅうさんきょう》
中国における儒教の一三種の経典の総称。易経・詩経・書経・周礼《しゅらい》・儀礼《ぎらい》・礼記《らいき》・春秋左氏伝・春秋公羊伝《しゅんじゅうくようでん》・春秋穀梁伝《しゅんじゅうこくりょうでん》・論語・孝経・爾雅《じが》・孟子をいう。じゅうさんけい。

十三宗《じゅうさんしゅう》
①中国仏教の一三の宗派。涅槃《ねはん》・地論・摂論《しょうろん》・成実《じょうじつ》・毘曇《びどん》・律・三論・浄土・禅・天台・華厳《けごん》・法相《ほっそう》・真言の総称。②日本仏教の一三の宗派。三論宗・法相宗・律宗・華厳宗・倶舎宗・成実宗の南都六宗に、天台宗・真言宗の平安二宗、浄土宗・禅宗・日蓮宗・融通念仏宗・時宗を加えたものの総称。また、後には三論・倶舎・成実の三宗を除き、禅宗が臨済・曹洞・黄檗《おうばく》の三宗となり、浄土宗から出た真宗を加えていう。

十三代集《じゅうさんだいしゅう》
二十一代集のうち、初めの八代集を除いた一三の勅撰和歌集。新勅撰集・続後撰集・続古今集・続拾遺集・新後撰集・玉葉集・続千載集・続後拾遺集・風雅集・新千載集・新拾遺集・新後拾遺集・新続古今集の称。

十三門派《じゅうさんもんぱ》
日本の禅宗の一三の宗派。臨済宗の建仁寺・永源寺・建長寺・東福寺・円覚寺・南禅寺・大徳寺・妙心寺・天龍寺・相国寺・仏通寺・万福寺の各派と、曹洞宗の永平寺派との総称。

十五代《じゅうごだい》
徳川十五代。家康・秀忠・家光・家綱・綱吉・家宣《いえのぶ》・家継・吉宗・家重・家治・家斉《いえなり》・家慶《いえよし》・家定・家茂《いえもち》・慶喜《よしのぶ》。

十五大寺《じゅうごだいじ》
奈良を中心とする一五の大きな寺。東大寺・興福寺・元興寺・大安寺・薬師寺・西大寺・法隆寺・新薬師寺・本元興寺・唐招提寺・西寺・四天王寺・崇福寺・弘福寺・東寺の総称。その他の数え方もある。

十六社《じゅうろくしゃ》
祈雨・止雨祈請のため、特に朝廷から奉幣された畿内の大社。伊勢・石清水・賀茂・松尾・平野・稲荷・春日・大原野・大神《おおみわ》・石上《いそのかみ》・大和《おおやまと》・広瀬・龍田・住吉・丹生・貴船。

十七史《じゅうしちし》

中国の正史で、五代史までの一七の総称。史記・漢書・後漢書・三国志・晋書・宋書・南斉書・梁書・陳書・後魏書・北斉書・周書・隋書・南史・北史・新唐書・新五代史。

十八大師《じゅうはちたいし》

仏教語。明治時代までに日本で大師の称号を天皇から贈られた一八人の代表的な高僧。天台宗の伝教（最澄）・慈覚（円仁）・智証（円珍）・慈慧（良源）・慈摂（真盛）・慈眼（天海）、真言宗の弘法（空海）・道興（実慧）・法光（真雅）・本覚（益信）・理源（聖宝）・興教（覚鑁）・月輪（俊芿）、浄土真宗の見真（親鸞）・慧灯（蓮如）、曹洞宗の承陽（道元）、浄土宗の円光（源空）、融通念仏宗の聖応（良忍）。

十八檀林《じゅうはちだんりん》・十八談林

仏教語。関東にある浄土宗の一八か所の学問所で、後に僧侶の養成機関となったもの。増上寺・伝通院・幡随院・霊巌寺・霊山寺（以上江戸）、浄国寺（武蔵岩槻）、大善寺（武蔵八王子）、勝願寺（武蔵鴻巣）、蓮馨寺（武蔵川越）、光明寺（鎌倉）、常福寺（常陸瓜連）、大念寺（常陸江戸崎）、弘経寺（下総飯沼）、弘経寺（下総結城）、東漸寺（下総小金）、大巌寺（下総生実）、大光院（上野太田）、善導寺（上野館林）の称。関東十八檀林。

歌《か》舞《ぶ》伎《き》十八番《じゅうはちばん》

江戸歌舞伎の市川家の当たり狂言、すなわち、七世団十郎が天保初年ごろに選定した不破、鳴神、暫、不動、嫐《うわなり》、象引、勧進帳、助六、押戻、外郎《ういろう》売、矢の根、関羽、景清、七つ面、毛抜、解脱、蛇柳《じゃやなぎ》、鎌髭《かまひげ》の十八種をさす。

武芸十八般《ぶげいじゅうはっぱん》

日本や中国で、武人に必要とされた一八種の武芸。日本と中国、または時代によって異なるが、日本では普通、弓術・馬術・槍術・剣術・水泳術・抜刀術・短刀術・十手術・銑鋧《しゅりけん》術・含針術・長刀《なぎなた》術・砲術・捕手《とって》術・柔術・棒術・鎖鎌《くさりがま》術・錑《もじり》術・隠《しのび》術をいう。武芸十八番。

【二十一以上】

二十一代集《にじゅういちだいしゅう》

八代集と十三代集とを合わせた、「古今和歌集」から「新続古今和歌集」までの、二一代の勅撰和歌集の総称。古今・後撰・拾遺・後拾遺・金葉・詞花・千載・新古今・新勅撰・続後撰・続古今・続拾遺・新後撰・玉葉・続千載・続後拾遺・風雅・新千載・新拾遺・新後拾遺・新続古今の諸集をさす。

二十四史《にじゅうしし》

中国歴代の正史を総括した称。史記・漢書・後漢書・三国志・晋書・宋書・南斉書・梁書・陳書・魏書・北斉書・周書・隋書・南史・北史・唐書・五代史・宋史・遼史・金史・元史の二十一史に明史・旧唐書と旧五代史を加えて二十四史としたもの。

二十四節気《にじゅうしせっき》

陰暦で、太陽の黄道上の位置によって定めた季節区分。初期の陰暦では一年を二十四等分した平気《へいき》であったが、後

に黄道を二十四等分した定気《ていき》を採用した。立春・雨水・啓蟄・春分・清明・穀雨・立夏・小満・芒種・夏至・小暑・大暑・立秋・処暑・白露・秋分・寒露・霜降・立冬・小雪・大雪・冬至・小寒・大寒。二十四気節。二十四気。二十四節。二十四時。

三十六歌仙《さんじゅうろっかせん》

三六人のすぐれた歌人の呼称。柿本人麻呂・紀貫之・凡河内躬恒・伊勢・大伴家持・山部赤人・在原業平・僧正遍昭・素性法師・紀友則・猿丸太夫・小野小町・藤原兼輔・藤原朝忠・藤原敦忠・藤原高光・源公忠・壬生忠岑・斎宮女御・大中臣頼基・藤原敏行・源重之・源宗于・源信明・藤原仲文・大中臣能宣・壬生忠見・平兼盛・藤原清正・源順・藤原興風・清原元輔・坂上是則・藤原元真・小大君・中務をいう。平安時代中期の歌学者藤原公任が選んだもの。

四十七士《しじゅうしちし》

元禄一五年（一七〇二）一二月一四日、江戸本所松坂町に吉良義央《よしなか》を襲って、主君浅野長矩《ながのり》の仇を討った旧赤穂藩士四七名のこと。翌年二月、切腹を命じられた。大石内蔵助・吉田忠左衛門・原惣右衛門・片岡源五右衛門・間瀬久太夫・小野寺十内・大石主税・礒貝十郎左衛門・堀部彌兵衛・近松勘六・富森助右衛門・潮田又之丞・堀部安兵衛・赤埴源蔵・奥田孫太夫・矢田五郎右衛門・大石瀬左衛門・早水藤左衛門・間喜兵衛・中村勘助・菅谷半之丞・不破数右衛門・千馬三郎兵衛・岡野金右衛門・木村岡右衛門・吉田沢右衛門・貝賀彌左衛門・大高源五・岡島八十右衛門・武林唯七・倉橋伝助・村松喜兵衛・杉野十平次・勝田新左衛門・前原伊助・間瀬孫九郎・小野寺幸右衛門・間十次郎・奥田貞右衛門・矢頭右衛門七・村松三太夫・神崎与五郎・茅野和助・横川勘平・間新六・三村次郎左衛門・寺坂吉右衛門（討ち入り口上書連署順。なお足軽の寺坂は吉良邸内に入らず姿を消す）である。

東海道五十三次《とうかいどうごじゅうさんつぎ》

江戸時代、東海道に置かれた五三の宿駅。江戸日本橋から京都三条大橋までの間に、品川・川崎・神奈川・程ケ谷・戸塚・藤沢・平塚・大磯・小田原・箱根・三島・沼津・原・吉原・蒲原・由井・興津・江尻・府中・鞠子・岡部・藤枝・嶋田・金谷・日坂・掛川・袋井・見付・浜松・舞坂・新居・白須賀・二川・吉田・御油・赤坂・藤川・岡崎・池鯉鮒《ちりゅう》・鳴海・宮・桑名・四日市・石薬師・庄野・亀山・関・坂之下・土山・水口・石部・草津・大津を置いた。五十三次。

諸子百家《しょしひゃっか》

中国の周末から漢にかけて出現した、諸学者と諸学派の意。陰陽家（鄒衍）、儒家（孔子・孟子・荀子）、墨家（墨子）、法家（管仲・申不害・商鞅・韓非子）、名家（恵施・公孫龍）、道家（老子・荘子・列子）などの総称。史記では以上の六家に分類し、「漢書」ではそれに兵家（孫子・呉子）、縦横家（蘇秦・張儀）などを加えて「凡そ諸子百八十九家」とする。現在では儒家は含めないでいうこともある。

無駄口 — 結構毛だらけ

相手のことば尻をとって茶化したりまぜかえしたりすることばや、自分の言おうとしていることばをストレートには言わずにおどけてみせることばなどを「無駄口」として集めた。映画「男はつらいよ」で渥美清が演じた「フーテンの寅」の気分になって、声に出して読むと面白さがさらに増すであろう。「無駄口」は「付け足しことば」とも呼ばれる。

あいは紺屋《こうや》にございやす 「あい」は「藍《あい》」に通じるところから、戯れに人を呼んで「あい（はい）」と返事をさせてから、そのことばじりをとったことば遊び。

上がったり大明神《だいみょうじん》 商売や事業に失敗したりして、他人から相手にされなくなることをいう語。多くは、職人などが失職したときに用いることば。

あたりき車力《しゃりき》 「あたりまえ」をしゃれていった「あたりき」に「りき」の音を繰り返すように「車力」を添えて、語呂をよくした語。「あたりき、車力、車曳き」とも。

ありが十匹《じっぴき》猿《さる》五匹《ごひき》 「ありがとうござる」というしゃれ。蟻が十《とお》に「ありがとう」、五猿に「ござる」をかけた。

ありが鯛《たい》なら芋虫《いもむし》や鯨《くじら》 「ありがたい」というしゃれ。「あり」に蟻、「たい」に鯛をかけてその大きさの違いをいった語。

ありがたやまの鳶烏《とんびからす》 ありがたいの意の「有難山」に、「鳶烏」を添えた語。「鳶烏」には特に意味はなく、このほか「寒烏《かんがらす》」「時鳥《ほととぎす》」など種々の語を添えた。

嘘《うそ》を築地《つきじ》のご門跡《もんぜき》 「うそをつく」の「つく」を江戸の地名、築地にかけ、さらにその地にある本願寺築地別院（通称築地本願寺）から「ご門跡」と続けた語。

おそかりし由良之助《ゆらのすけ》 歌舞伎の「仮名手本忠臣蔵」で、待ちかねていた判官が、腹に刀を突き立てた直後にやっと到着した大星由良之助に言ったことばから、待ち兼ねたという場合、または、時機を逃して用をなさない場合などにしゃれていう。

恐れ入谷《いりや》の鬼子母神《きしぼじん》 「おそれいる（恐入）」の「入る」を、地名の「入谷（東京都台東区北部の地名）」にかけ、同地にある鬼子母神（真源寺）と続けたしゃれ。

お茶《ちゃ》の子さいさい河童《かっぱ》の屁《へ》 （俗謡のはやしことば「のんこさいさい」をもじっていう）物事が容易にすらすらとできるという意にいう。

おっと合点承知之助《がってんしょうちのすけ》 承知していること、引き受けたということを人名になぞらえていうことば。

驚《おどろ》き桃《もも》の木《き》山椒《さんしょ》の木《き》 これは驚いたという意味を、「おどろき」の「き」に「木」を続けて語呂《ごろ》を合わせたしゃれ。

面白狸《おもしろだぬき》の腹鼓《はらつづみ》 「おもしろい」にしゃれて狸を添えた「面白狸」に、さらに

「狸の腹鼓」を添えていった語。

かたじけ茄子《なすび》「かたじけない」の「ない」を「なすび」に置きかえたしゃれ。ありがたいの意。「かたじけ奈良茶《ならちゃ》」とも。

かんに信濃《しなの》の善光寺《ぜんこうじ》「堪忍しな」の「しな」と「信濃」の「しな」とをかけたしゃれことば。堪忍してくれ、または、ごめんという意。

来たか長《ちょう》さん待ってたほい とうとうお出でなさったかという軽口。「長さん」に意味はない。

北《きた》が無《な》ければ日本三角《にっぽんさんかく》 潔癖な人が何事をも「きたない」というのを「北無い」とかけてあざけっていうことば。

結構《けっこう》毛だらけ灰《はい》だらけ 同音ではじまる語を重ねた語。「結構」を茶化していうことば。「結構毛だらけ猫灰だらけ」とも。

こっちへきなこ餅《もち》「こっちへ来な」に「黄粉餅《きなこもち》」を言いかけたしゃれ。

さよなら三角《さんかく》また来て四角《しかく》 別れるときに戯れて言う子供のことば。

しょうがなければ茗荷《みょうが》がある「しょうがない」の「しょうが」を「生姜《しょうが》」に置き換えた無駄口。

知《し》らぬ顔《がお》の半兵衛《はんべえ》 そしらぬふりをして少しも取り合わないこと。また、その人。「しらんかおの半兵衛」とも。

そうは烏賊《いか》の金玉《きんたま》 そううまくはいかないというしゃれ。

そうは問屋《とんや》が卸《おろ》さない（そんなに安い値段では問屋が卸し売りをしない、元値を割ってまで売るわけにはいかない、の意から）相手の注文どおりに応ずるわけにはいかない。そんなにたやすくできるものではない。また、そう簡単にはさせない。

その手《て》は桑名《くわな》の焼蛤《やきはまぐり》「食わない」の「くわな」と焼蛤で有名な「桑名（三重県北東部、伊勢湾に面する地名）」とを言いかけたもの。その手はくわない。その手にはのらないということをしゃれていう語。

どうした拍子《ひょうし》の瓢箪《ひょうたん》じゃ「瓢箪」は、「拍子」と語呂を合わせて添えたことば。どうしたはずみであろうか。思いがけない事態に直面した時に用いる。どういう風の吹回し。

何《なに》がなんきん唐茄子《とうなす》かぼちゃ「なんきん」「唐茄子」はいずれもカボチャのこと。何がなんだという意味のしゃれ。

何《なに》か用《よう》か九日十日《ここのかとおか》「何か用か」に「七日八日《なのかようか》」とかけ、さらに「九日十日」と続けたしゃれ。

なんだかんだ洟《はな》かんだ「なんだ」に語呂を合わせた「かんだ」を添え、「洟かんだ」と続けたしゃれ。「なんだ」ということばに対する時の軽口。

腹《はら》が北山《きたやま》「北」を「来た」にかけて、腹がすいてきたことをいうしゃれ。

平気《へいき》の平左衛門《へいざえもん》「へい」を重ねて語呂を合わせ、人名のように表現したもの。まったく動じないこと。ものともしないこと。「へいき孫左衛門」とも。

見上げたもんだよ屋根屋《やねや》の褌《ふんどし》 立派だと感心するときにいう戯れ言。「見上げたもんだよ屋根屋の金玉《きんたま》」とも。

語源 ― 人に話せる

ふだん何気なく使っていることばには、意外な由来をもつものが少なくない。ここでは、そのようなことばを集め、その語の由来や本来の意味、歴史・変遷をわかりやすく解説した。一読すれば、日本語がいかに面白いものであるかがわかる。また、日常会話の中でこの知識を紹介すれば、さらに会話が弾むであろう。

【あ】行

挨《あい》拶《さつ》 人と会った時、別れる時などに取り交わす儀礼、応対のことばやしぐさ。「挨」も「拶」も押すことで、複数で「押し合う」意から転じた。もともと禅宗で、「問答によって、門下の僧の悟りの深浅をためすこと」の意で用いられ、ここから、問答や返答、手紙の往復や応答などのことば、さらには交際を維持するための社交的儀礼に使われるようになった。

赤《あか》字《じ》 支出が収入より多いこと。収支決算で、不足額を表す数字を赤色を使って記入するところから生じた。横光利一『家族会議』〔一九三五〕の「新設備で赤字を出して」や久板栄二郎『北東の風』〔一九三七〕の「ここ二三期は会社も赤字つづきで」などの例から、昭和初期には広まっていたと思われる。

商《あき》人《んど》 商売を業とする人。あきゅうど。あきうど。「あきびと」から変化した語。収穫時期である秋に来る人を「あきびと」と言ったことからとする説があるが、「あきない」をする人という意味である「あきないびと」という語もあり、その略とも考えられる。「あきない」は古くは「あきなひ」であり、動詞「あきなふ」の連用形が名詞として用いられたもの。この「あき」については、先と同様に「秋」に関係づける説のほか、物を買う意の「あかふ」「あがなふ」などの「あか」と同じものとする説がある。

阿《あ》漕《こぎ》 どこまでもむさぼること。しつこくずうずうしいこと。押しつけがましいこと。昔、伊勢国阿濃郡（三重県津市）の東方一帯の海岸を阿漕ケ浦といい、伊勢の神宮に供える魚をとるための禁漁地であったが、ある漁夫がたびたび密漁を行って捕えられたという伝説による。この伝説が古くから存在したのは、平安中期の「古今和歌六帖―三」に「逢ふことをあこぎの島に曳く鯛《たひ》のたびかさならば人も知りなん」とあることからもわかる。古くは「たび重なること。また、たび重なって広く知れわたること」の意味で使われたが、江戸初期から「図々しい」「強引だ」というマイナスの意味が派生した。これはこの伝説をもとにした、謡曲「阿漕」や御伽草子「阿漕の草子」など、神宮御領地を犯す悪行として描いた作品によって定着していった解釈に基づくものと思われる。

渾《あだ》名《な》 本名とは別に、他人を親しんで、また、あざける気持から付けた名。『源氏物語』〔一〇〇一～一四頃〕夕顔の「なほこりずまに、またもあだなは立ちぬべき御心のすさびなめり」などにみられる浮き名の意で用いられた「徒名《あだな》」と、男子が成人後につけた別名である中国出自の「字《あざな》」が混同されて生じた語と考えられる。

当《あ》たりめ 鯣《するめ》をいう。商家、興行界などで「するめ」の「する」をきらっていう語。「すりばち」を「あたりばち」ということなどと同じである。

圧巻《あっかん》 全体の中で最もすぐれた部分。「巻」は、昔の中国の官吏登用試験である科挙の答案であり、「圧」はそれをおさえる意である。すぐれた文章が要求された科挙の試験において、最優秀者の答案がいちばん上に載せられたところから、書物の中の優れた部分という意味が生じたのである。そこから転じて、書物に限らずすぐれた部分一般にも広く用いられるようになった。

後《あと》の祭《まつ》り 物事のタイミングをはずして、無益なものになってしまうこと。祭りの済んだ後に山車が出てきても意味がない、あるいは、祭りの済んだ翌日に見物に行ってももう遅い、ということから生じたことば。

あぶれる 仕事にありつけなくなる。水などがいっぱいになってこぼれる意の「あふれる」と同源。ある仕事に対して人が必要以上に集まれば余ってしまうことを、水などが容器以上に注がれればこぼれるさまになぞらえた言い方。古くは「あふれる」も「あぶれる」も同様に使われたが、徐々に意味分担がなされるようになった。

天邪鬼《あまのじゃく》 何事でも人の意にさからった行動ばかりをすること。また、そのような人、さま。民話などに悪役として登場する鬼、天探女《あまのさぐめ》に由来するといわれる。

阿弥陀籤《あみだくじ》 線のはしに当たりはずれなどを書いて隠し、各自が引き当てるくじ。古くは、阿彌陀の後光を表現した光背のように放射状に線を引いたことから「阿弥陀の光」と言った。「阿弥陀籤」というようになったのは比較的新しいらしく、芳賀矢一『国民性十論』〔一九〇七〕五・楽天洒落「子供の遊を鬼ごっこといひ、鬮をすれば阿彌陀鬮といふ」などの例がある。今日では、平行に引いた線の間に横線を入れることが多い。

荒巻《あらまき》・新巻 甘塩のサケ。内臓を除き、腹の中などに塩を詰めたもの。北海道の名産。『十巻本和名抄』〔九三四頃〕六に「苞苴　唐韻云苞苴〈包書二音　日本紀私記云於保邇保　俗云阿良万岐〉裹魚肉也」とあり、古くは、主として魚を、あし、わら、竹の皮などで巻いたものの意であったが、後にそれが鮭に限定された。「荒縄で巻い」たからとも、「荒く巻い」たからともいわれる。

安堵《あんど》 心が落ち着くこと。安心すること。「堵」とは垣の意で、もともとは、垣の内に安心して居ることを表した。そこから意味が広がり、心安らかであることを表すようになった。中世には、幕府や戦国大名が御家人・家臣の所領の領有を承認することにも使用された。

塩梅《あんばい》・安排・按排 物事の具合、調子、程度のこと。バランスよく並べる意の「あんばい（安排・按排）」と、塩と梅の酢で食物の味加減を調える意の「えんばい（塩梅）」とが、中世末期から近世初頭にかけて混同されてできた語とされる。近世では用字の混用が認められるが、現代では「塩梅」もアンバイと読むようになり、「按配する」「按排する」と、動詞として用いられるとき以外には「塩梅」と書かれるのが普通になった。

如何様《いかさま》 いかにも本当らしく見せかけたもの。似せたもの。ごまかし。いんちき。「いか」はイカガ（如何）・イカニ（如何に）の「いか」、「さま」は様子の意の「さま」であり、もともと、どのよう、どんなふうの意であった。それが、どう見てもそう見える、あるいは、なるほどごもっともという意に転じ、いかにもそのように見えるものという意で、「いかさまもの」という表現が生じた。この「いかさまもの」が略されたのが現代の「いかさま」である。

居候《いそうろう》 他人の家に身を寄せ、養ってもらっていること。また、その人。動詞「居る」に丁寧語の「候《ソウロウ》」がついたもので、おりますの意。近世の公文書で同居人を「右仁右衛門方に居候　善次郎」のように示したことから生じた。

韋駄天《いだてん》 足の速い人。もとバラモン教の神で、シバ神またはアグニ神の子という。仏教に取り入れられ、僧あるいは寺院の守護神となった。形像は、身に甲冑《かっちゅう》を着け、合掌した両腕に宝剣を持つ。仏舎利から歯を盗み去った捷疾鬼《しょうしつき》を、この神が非常な速さで追いかけて歯を取り戻したという俗説があり、そこから足の速いことやその人をいうようになった。

一刻者《いっこくもの》**・一国者** がんこで片意地な人。怒りやすい人。『語彙』（一八七一～八四）には、「いっこくもの　一国一城を鎖閉して人と和同せざる義なり」のようにあり、閉鎖的であるというところから「片意地」の意が生じたらしい。一方で、「いっこく」は「いっこくを争う」などの「一刻」であり、急ぐことから、せっかちで怒りやすいという意が生じたとする説もある。

鯔背《いなせ》 威勢がよくさっぱりしていること。江戸新吉原に勇み肌で美声の地回りがいて、その男がうたって歩いた小唄の文句、「いなせとも、なきその心から、帰らしゃんせと、ほれた情」から、粋なことをイナセといったという説があるが、「往なす」は上方語である点が問題となる。一方、江戸日本橋の魚河岸の若者たちがイナ（鯔）の背のように髷を結んだことからとする説もある。

稲荷鮨《いなりずし》 煮しめた油揚げを袋状に開き、それに酢飯を詰めた食品。材料の油揚げが稲荷神の使いである狐の好物であることから名づけられた。江戸時代末期に名古屋で考え出されたと言われ、随筆『守貞漫稿』（一八三七～五三）五には「天保末年江戸にて油あげ豆腐の一方をさきて袋形にし木茸干瓢等を刻み交へたる飯を納て鮨として売巡る。日夜売之ども夜を専として行燈に華表を画き、号て稲荷鮨或は篠田鮨と云」とある。別名の「しのだずし」は、狐が美女に化け、命を助けてくれた男と夫婦になるという、大坂の信太《しのだ》村の伝説に由来する。

隠居《いんきょ》 世の中のわずらわしさを避けて山野など閑静な所に引きこもって暮らすこと。もともとは、すまいである「居《きょ》」を人目につかない所に「隠す」の意。ここから転じて、官を辞し、世間での立場を退き、または家督を譲って世の中から遠ざかって暮らすことを意味するようになった。

引導《いんどう》 先に立って導き、案内すること。教え導くこと。本来仏教語であり、僧侶などが迷っている人々や霊を教えて仏道にはいらせたり、極楽浄土へ導いたりすることを意味するが、広く一般には、特に「引導を渡す」の形で、相手に教えさとすような態度でいうこと、さらには、相手との縁を切ること、絶望的な宣告をすることなどに転じて用いられている。

因縁《いんねん》 前世からの定まった運命や関係。転じて何らかのつながりを有すること。「いんえん」の音変化によってできた語。仏教においては、「因」とは結果を引き起こす直接の内的原因であり、「縁」とはそれを外から助ける間接的原因とされ、すべての生滅はこの二つの力によると説かれる。これが、人間の運命をも意味するようになり、さらには、物事一般の関係における原因や理由といった意味でも使われるようになった。また、「因縁をつける」という形で、無理やりこじつけて変な言いがかりをつけるといった意でも使われる。

浮《う》き足《あし》 そわそわして落ち着きのない様子。文字通りの意としては、足のつま先だけが地面につき、かかとの上がっている状態をいう。足がしっかり地についていないというところから、うわついたさまをいうようになったのであろう。現代では、多く「浮き足だつ」「浮き足になる」などの形で用いられる。また、取引相場で、値が変動して高低が定まらないことにも用いられる。

浮名《うきな》 男女間の情事のうわさ。平安時代は「憂き名」であり、当人にとっていやなつらい評判の意で、「憂き名立つ」「憂き名取る」「憂き名漏り出づ」などの表現があった。この「憂《う》き」には同音の「浮き」が連想され、「流す」「川」「涙」などが縁語として使われた。室町末期になると、「憂き世」が「浮き世」の意を強めて享楽的な傾向に進むなかで、「憂き名」も艶聞の意の「浮き名」の意で用いられることが多くなっていった。

浮世《うきよ》 世の中。もともと「憂き世」で、辛いことの多い世の中という意味。平安後期から中世にかけては無常観、また、穢《え》土《ど》観など、仏教的厭世思想の色合いを持つことが多くなり、中世末・江戸時代初頭のころになると、前代の厭世的思想の裏返しとして、享楽的に生きるべき世の中という意味になった。こうなると「浮世」と書く方がふさわしいが、これには、定めない世の中の意の漢語「浮世《ふせい》」の影響もあろう。

嘘《うそ》 本当でないことを、相手が信じるように伝えることば。語源説はさまざまであり、不詳であるが、有力なのは大きく分けて三つほどと言えよう。一つは、ウはウツセミ、ウツケのウであり、ソはソラゴトのソで、うつけたそらごとの意を表すとする説である。この説に関連するものとして、「ウキソラ（浮空）」または「ウチソラ（内空）」の略とするものもある。また一つは、軽率なこと、そそっかしいことを表す古語「をそ」の転とする説である。最後は、口笛を吹く意の「うそぶく」からきたとする説である。口笛を吹く様子が不真面目に思えるところから転じたのであろうか。

有頂天《うちょうてん》 我を忘れること。夢中になり、他をかえりみないさま。仏教で、欲界、色界、無色界の三界のうち、存在（有）の世界の最上（頂）である色究竟天《しきくきょうてん》をさす。また、一説には無色界の最上である非想、非非想処天とする。形ある世界の最上の段階までのぼりつめるところから、得意の絶頂にあることをいうようになった。

団扇《うちわ》 あおいで風を起こしたり、かざしとしたりする道具。語源説はさまざまあるが、おそらく「打ち」＋「羽（ハ→ワ）」であろう。他の語源説としては、うちうちで使うの意で「内輪」からとするものや、「うちはらふ」からとするものなどがある。

鰻《うなぎ》 古くはムナギと言ったが、のちに、ムの子音Mが脱落してウナギとなった。ムナギの語源はさまざまであるが、ムは身を表して、ナギは長いものを表すとする説が有力である。琉球方言では、蛇類をノーギというが、関連があるかもしれない。他には、ムナキ（棟木）に似ていることから、胸が黄色いことからなどの説があるが信じがたい。また、鵜が飲み込み難いからという説もあるが、古くムナギであったことが考慮されていない。

有耶無耶《うやむや》 物事の存在、結末や態度などが、はっきりしないこと。語源不詳であるが、「もやもや」「むにゃむにゃ」などと同様、擬態語ではないかと考えられる。近世以降に見られるが、より古い例として「うやむやの関」という例が、『土御門院集』〔一二三一頃〕に「たのめこし人の心は通ふやととひてもみばやうやむやの関」のようにある。これは、山形県と宮城県との境界にある笹谷峠にあった関所で、出羽と陸奥の境となったところといわれるが、存在あるいは境界の在り方になにかしらのあいまいさがあったのかもしれない。なお、「有耶無耶」という漢字表記は漢文に見られるものであり、「ありやなしや」と訓まれるが、これが「うやむや」の表記にふさわしいと思われたために結び付けられたものであろう。

五月蠅《うるさ》い もの特に音が多くつきまといすぎて煩わしい。うっとうしい。やかましい。ウルは「うら（心）」の母音が交替したもので、サシは「狭し」かとされる。平安時代では、相手のすきがない行為や状態に接して心に圧迫を感じて一目置くものの、一方で敬遠したくなる感情を表現した。平安末頃から煙や音声に対して感覚的に煩わしい、うっとうしいと思う意が生じ、近代には「〜するとうるさい」の形で面倒だ、厄介だの意でも用いられるようになった。

うろうろ どうしたらよいかわからないまま、あたりを動き回るさま。「おろおろ」の母音交代形であろう。中世末頃から例が見られる。「おろおろ」は「愚か」や「疎か」の「おろ」を重ねた形で中古から見られる。

江戸《えど》っ子《こ》 江戸で生まれ育ったきっすいの江戸の人。東京生まれの人にも使う。この語は、明和になって文献に現れ始めるが、天明に至り、江戸っ子気質ともいうべきものが典型化された。その特色として、①将軍お膝元の生まれ、②金ばなれがよい、③乳母日傘《おんばひがさ》での高級な育ち、④

日本橋のような江戸市街中央部の生粋の生え抜き、⑤「いき」と「はり」を本領とする、などが挙げられる。その一方で、この時期（田沼時代）には、農村からの流入者や他国からの出稼人の激増など、町人社会の構造的変動が進行しつつあり、反体制的な貧民層が増大したことにより、寛政後半頃から化政期頃になると、むしろ江戸生え抜きの町人社会における精神的支柱として、江戸店《えどだな》や流入民に対する優越感と反発とを主たる契機とした「おらア江戸っ子だ」という自意識へと変容していった。このような強烈な自意識に支えられて、化政期には、江戸町人の言語的特徴も明確になる。

江戸前《えどまえ》 江戸の近海でとれた、鮮度の高い魚。「江戸の前」の意。「前」は、にわ（漁場）の意とされる。

花魁《おいらん》 女郎。遊女。江戸吉原で、妹分の女郎が、姉女郎を「おいらの（姉女郎）」といったところから出たことばといわれる。もともとは姉女郎のことを言ったが、のちに一般の女郎をも称するようになった。他の語源説としては、老人さえも心を乱される意の「オイラン（老乱）」、穏やかの意の「オイラカ」の転、などがあるがいずれも信じがたい。

大御所《おおごしょ》 その道の大家として、大きな勢力を持っている人。もともとは、親王の隠居所、または、その親王の敬称として用いられたが、のちには、前征夷大将軍、また、将軍の父の居所、また、その人の敬称として用いられるようになった。このあたりから、政界を引退してもなお隠然とした勢力を持っている人をさすようになったのであろう。ちなみに江戸時代の大御所といえば、徳川家康・家斉のことであった。昭和に入ると、政界以外の大家にも用いられた例が見られる。

大時代《おおじだい》 ひどく古びて時代遅れであるさま。古い王朝時代を題材にした「大時代物」を略した言い方。「大時代物」とは、浄瑠璃、歌舞伎の時代物の中で、特に源平時代以前の事柄を脚色したものをさす。

大立て者《おおだてもの》 芝居の一座の中心となる、すぐれた俳優。転じて、ある分野の重要人物。歌舞伎一座の中心人物を「たて者」と言い、その中でも最高位のものが「大立て者」である。「たて」とは、「立て行司」「立女形《たておやま》」などのタテと同様、人の役目などを表す名詞の上について、その仲間での席次が第一位であることを表す接頭語であろう。

大詰《おおづめ》 物事のおわりの部分。もともと、歌舞伎で、一番目狂言（時代物）の最後の幕のことを言った。のちには演劇、戯曲の最終幕の意になり、さらには一般の物事の最後の局面をさすようになった。

大風呂敷《おおぶろしき》 現実の状況に釣り合わない大げさなことばや計画。現実を伴わない大げさなことをいう様子が、中味がないのに大きな風呂敷を用意する様子にたとえられたと解される。現代では「大風呂敷を広げる」という形で用いられる。

大向こう《おおむこう》 見物の人々。一般大衆。もともとは、歌舞伎の劇場で、舞台から見て正面に当たる観客席後方にある「向こう桟敷《さじき》」の最後部にある料金の安い立ち見の場所を言った。ここには芝居好きの目の肥えた観客が多かったところから、芝居通の人をさすようになり、さらに転じて、一般大衆の見物人をさすようになった。文学などの読者や批評家などについても、比喩的にいう。多く「おおむこうを唸《うな》らせる」の形で用いる。

岡惚《おかぼ》れ 親しい交際もない相手や他人の愛人を、わきからひそかに恋い慕うこと。「おか」は傍を意味し「岡」と同源。「岡」は人々が生活する平坦な地の傍らにあるものであり、そこには、脇・局外という意がある。

御侠《おきゃん》 若い女が活発すぎて軽はずみなこと。おてんば。「きゃん」は近世中期以降の洒落本、滑稽本などに見られる江戸の俗語で、威勢の良いという意で、男女ともに用いられたが、のちに「おきゃん」の形で、特に若い女性に限っていわれるようになった。「おきゃん」の例が見られるのは明治に入ってからであり、樋口一葉『たけくらべ』(一八九五～九六)一六に「今にお侠《きゃん》の本性は現れまする」などの例がある。「侠」をキャンとよむのは唐音。

小田原評定《おだわらひょうじょう》 いつまでもきまらない会議、相談。天正一八年(一五九〇)豊臣秀吉が小田原城の北条氏を攻めた際、城中で意見が対立し、いたずらに日時を送ったところから生じた。「評定」とは人が集って相談すること。

乙《おつ》 普通と違ってしゃれているさま。十干の第二番目である「乙」は、邦楽において、音声や楽器の音で甲《かん》に対して一段と低く下がるものを意味した。これが普通の音や調子と違っていたため、転じて、江戸時代頃に普通と違っていてかわっているさまをいうようになった。江戸時代頃は、変っていて変だというマイナスイメージで用いられることが多かったが、徐々に変っていて良いというプラスイメージで用いられるようになった。

おっちょこちょい 落ち着いて考えないで、軽々しく行動すること。「おっとびっくり」の「おっ」と、「ちょこちょこ歩き回る」などと用いられる、落ち着かない様子を表す擬態語「ちょこ」と、「ちょいと」などという時の、少しの意の「ちょい」とが合わさってできたと考えられる。「おっ」はあるいは、「御」の転であるかもしれない。

おてんば 特に女の子が、つつしみやはじらいに乏しく、活発に動きまわること。馴らすことのできずに手におえないの意のオランダ語 ontembaar から「おてんば」が生まれたとする説があるが、同様の意味を表し得る「てんば」が既に近世前期に見られることから、この「てんば」に「お」がついたものと解せそうだ。ただし、「てんば」は「おてんば」より広い意味を持ち、しくじること、親不孝で従順でないことなどの意で、男女を問わず用いられ、現在でも西日本の各地にそれらが残っている。したがって、「てんば」に接頭語「お」を加えることによって「おてんば」になったと、単純にとらえることもできない。この点については、上方で用いられていた「てんば」が江戸語として使用されるに際し、オランダ語 ontembaar が何らかの形で作用し、新語形「おてんば」を生じると同時に、意味の特定がなされたとの説もある。他には、女の子の出しゃばって足早に歩く様子をいう「テバテバ」に「お」

を付けたという説や、飼養がよく楽をしているために常に勢いよく跳ね回る「御伝馬」からという説もある。

おやつ 午後三時前後に食べる間食。また、一般に間食のこと。「やつ」は、江戸時代の午後二時頃から四時頃までの時刻をさしたが、京坂においては、八つを本願寺の太鼓が告げるので、「御」を冠するようになり、「おやつ」となった。そこから、八つ時に当たる、今の午後三時前後に食べる間食をいうようになり、さらには、間食一般に広く用いられるようになった。日本人の食習慣として、江戸の寛永頃までは朝夕二食が普通であり、日中八つ時前後に間食をとることがあった。江戸後期になると、京坂地域を中心に「八つ茶」「小昼」という言い方も広まった。明治以後、時刻制度がかわって「お三時」という言い方も現れるが、「おやつ」の方が一般的な言い方として残っている。

【か】行

膾炙《かいしゃ》 物事が多くの人びとに言いはやされて、広く知れわたること。「膾」はなます、「炙」はあぶり肉の意で、それらは、多くの人がいつまでも賞味するところから、この意が生じたらしい。多く「人口に膾炙する」の形で用いられる。

案山子《かかし》 作物を荒らす鳥や獣を防ぐために、田畑などに立てて、人がいるように見せかける人形。古くは、獣の肉を焼いて串に刺したり、毛髪、ぼろ布などを焼いたものを竹に下げたりして、においを出して田畑が鳥獣に荒らされるのを防いだ。これをにおいをかがせるものの意の「嗅《かが》し」と呼んだのである。中世頃からは、人形が用いられるようになり、それをも「かがし」というようになった。当初は、「かがし」という濁音形が多く用いられたと考えられるが、近世には、関東地方では「かかし」、関西地方では「かがし」と発音されており、江戸時代後半には「かかし」が勢力を増していったものと思われる。語源については、「かがし（某）」からとする説もある。「案山子《あんざんし》」の表記は、もと中国の禅僧が用いた、案山（山中の低地の意）の田畑に鳥獣を防ぐために立てた人形を意味する語によるものである。

覚悟《かくご》 あらかじめ心構えすること。心の用意。また、あきらめること。漢語で、中国では、以前の自分の過ちを悟る意。仏教語で、迷いから「覚」め、心理を「悟」るの意。悟りの境地から転じて、事にあたっての心構えの意で用いられるようになり、決意などに近い意にもなったが、事が絶望的な場合にはあきらめの境地をも意味するようになった。

矍鑠《かくしゃく》 老年になっても、心身ともに元気のいいさま。年をとってもまだ元気で、からだが達者なさま。漢語で、「矍」は元気であるの意で、「鑠」はあかあかと光り輝くの意。『後漢書』の「馬援伝」にある故事による。六十二歳の馬援が、先陣に立とうとして光武帝に申し出たが、老齢を理由に帝がこれを許さなかったところ、馬援は甲冑を身にまとって馬にのり、さっそうと帝の前に現れた。それを見た帝は「矍鑠たるかな、この翁や」と言ったという。

革命《かくめい》 王朝が改まること。今までの政治権力者にかわって、新しい政治権力者があらわれること。漢籍に見える語で、元来は「易姓」とともに王朝交替の意味。日本では幕末までこの原義に基づいて用いられた。明治以後の革命はrevolutionの訳語として再生したとみるべきであろう。その訳語として「革命」を選んだのは、福沢諭吉と考えられているが、この語を世に広めたのは中江兆民ら、自由党系列の自由民権運動家たちであった。

かしこ 「おそれ多く存じます」の意で、手紙の結びに用いて相手に敬意を表す語。「おそれ多い」の意の形容詞「かしこし」の語幹。「あな」が上接した「あなかしこ」の形で既に平安時代中期から見られる。中世になると、「かしこ」単独でも用いられ、「かしこ」から転じた「かしく」も見られるようになる。「あなかしこ」以外に何らかの語が上接した形は、「めでたくかしく」「あらあらかしこ」「早々かしこ」などがある。手紙の結びに用いる「かしこ」は、古くは男女ともに用いたが、のちに女性のみが用いるようになった。

柏手 神を拝する時に手を打ち鳴らすこと。古く手を打って神を拝むことを「拍手」と書いたが、のちに「拍」と「柏」が混乱したものであろう。他の語源説としては、宮中の調理人である「カシハデ（膳部）」が神前に食膳を供える時に手を打ったことからとするものや、神供をカシハの葉に盛り、手を拍って膳をすすめるからとするもの、拍手をする時の手の形が柏の葉に似ているからとするものなどがある。

合点《がってん》 相手の言い分などを承知すること。なるほどと納得すること。古くは、和歌、連歌、俳諧などを批評する際に、よしとするものにつけた点や、回状、廻文《めぐらしぶみ》などを見終わり、承知の意を示すために自分の名前の上につけた鉤型の線のことを言った。これらが一般化して、相手の言うことを認めること、納得することに用いられるようになった。現在では、承知の場合に「がってん承知」などとガッテンを用い、不承知の場合に「がてんがいかぬ」などとガテンを用いる傾向がある。

河童《かっぱ》 想像上の動物。水陸両棲で、口先がとがり、背には甲羅や鱗《うろこ》があり、手足には水かきがある。頭には皿と呼ばれる少量の水のはいっているくぼみがあり、その水があるうちは陸上でも力が強く、なくなると死ぬ。「河童《かはわらは》」の音変化である「カワワッパ」が短くなったものであろう。なお、キュウリのことをカッパというのは、キュウリが河童の大好物とされるところからきている。

割烹《かっぽう》 食物の調理をすること。料理。漢語で、「割」はさく、「烹」は煮るの意。中国では古代から例が見られるが、日本では、明治以降になって例が見られる。大阪府編『明治月刊』（一八六八）二「酪を飲み肉を吃して割烹《かっぽう》の法未だ整はざる者あり」が確認されている中で最も古い例であり、料理店の意で用いられたものとしては、条野有人『近世紀聞』（一八七五〜八一）初・三「割烹《かっぽう》或は劇場の属《たぐひ》まで漸々《だんだん》に造立して」がもっとも古い例とされる。

蒲焼《かばやき》 ウナギ、ドジョウ、アナゴ、ハモなどを、背開きにして骨をとり、ほどよく切って串《くし》に刺し、蒸してたれをつけて

日本語力

焼いた料理。もとは、ウナギをまるのまま縦に串刺しにして焼いたが、その形、色が蒲《がま》の穂に似ているところから、この名があるという。他の語源説としては、カマボコヤキ（蒲鉾焼）の略、その色や形が樺皮に似ているから、などがある。

歌舞伎《かぶき》 近世初期に発生、発達したわが国固有の演劇。慶長八年（一六〇三）頃、出雲大社の巫女《みこ》阿国《おくに》が京都で念仏踊りを興行したのが初めといわれる。語源は、動詞「かぶく（傾）」の連用形が名詞として用いられたもの。慶長期の異風な服装をした無頼の「かぶき者」の風俗・精神を取り入れたのが、阿国の創始した「かぶき踊り」であった。これが省略されて「かぶき」と称され、「歌舞する女性」という意味の「歌舞妃」「歌舞妓」などの字が当てられ、「歌舞伎」と書くのが一般的になったのは明治以後である。

かまとと わかりきっていることなのに知らないようなふりをすること。特に、女性がうぶなふりをして甘えたりすること。「カマ」はかまぼこ、「トト」は魚をさし、「かまぼこは魚《とと》からできているのか」と聞いたところから生じたことばといわれる。江戸末期に上方の遊里で用いられはじめたらしい。

上方《かみがた》 都。また、その方面。現在では関東地方から京阪地方をさしていう。「かみ（上）」は皇居のある所の意で、昔は京都御所付近をさした。その「付近」の範囲が徐々に広がり、大阪などを含めた近畿地方を呼ぶ言い方としても使われるようになった。江戸幕府は全国を関東と上方に分け、今の愛知県あたりから西を九州まで含めて上方としたが、一般には京阪をさすことが多かったようである。

雷《かみなり》 電気を帯びた雲と雲との間、あるいは、雲と地表との間に起こる放電現象。また、それに伴ってごろごろととどろく大音響。「神鳴り」の意。古くは、恐ろしい神の意味の「いかづち（厳つ霊）」が一般的な語であったが、歌の中では「雷鳴」の意の「なるかみ」が多く用いられた。この「雷鳴」の側面を「神、鳴る」とも表し、その連用形から「かみなり」が生じたと考えられる。『二十巻本和名抄』一〇の「神鳴の壺」の例以外にはあまり古い用例は見えず、「いかづち」が衰える中世末ごろから、広く一般化するようになる。現代の方言では、東北・関東・中部の一部のカンダチ（神立）系や、京都北方、丹波・丹後、若狭のハタガミ（ハタめく神）系などがある。カンダチはかつて東部日本で広大な領域を持っていたと思われるが、東北地方の太平洋側諸県や北関東では漢語系ライサマ（雷様）の類が広まるようになる。他の方言として、鳴る音から来たと思われるゴロゴロ系、ドロドロ系の語がある。

我武者羅《がむしゃら》 一つのことに打ち込むこと。程度がはなはだしいさま。江戸時代に例の見られる「がむしゃ」に接尾語の「ら」がついたもの。「がむしゃ」の語源については、「我貪《がむさぼ》り」の転、「我無性《がむしょう》」の転、「我」に「むしゃくしゃ」の「むしゃ」がついたもの、などの説がある。「我武者羅」のうち、「武者」「羅」はあて字。

がらくた 価値や用途のない雑多な品物。

「がら」は物が触れあう音、「くた」は「くち（朽）」の音変化とも、「あくた（芥）」の略ともいう。江戸時代より例が見られるが、中には、浄瑠璃『頼政追善芝』〔一七二四〕三「ヤアがらくため、己が分際一人の思ひ立ちでは有まじ」のように、人をののしっていう場合に用いられたものもある。「瓦落多」「我楽多」はあて字。

絡《から》繰《く》り 仕掛け。仕組み。計略。たくらみ。動詞「からくる（絡繰）」の連用形が名詞化した語。「から」は、「からまる」「からむ」などの「から」と同源であろう。「くる」は「繰る」で、糸などをたぐるの意。もともと、糸などであやつって動かすことを言った。この意は「からくり人形」に残っている。転じて、仕掛け・仕組みの意、さらには、たくらみの意にも用いられるようになった。

肝《かん》腎《じん》 特に大事であるさま。もともとは、肝臓と、心臓または腎臓をさした。「肝心」「肝腎」ともに漢籍に例があるが、日本で「心」「腎」が同音となり、中世以来「肝腎」も同様の意味として用いられるようになった。これらの臓器は、五臓のうち人体に欠くことのできないものであるところから、「とりわけてたいせつな箇所」の意で用いられるようになった。

堪《かん》忍《にん》 怒りをこらえて、他人の過ちを許すこと。勘弁。「堪忍」はサンスクリット語「sahā（娑婆）」の漢訳。中国では、「sahā（娑婆）」は苦しみに満ちた堪え忍ばなければならない世界であるとされ、「堪忍」と漢訳された。日本においても古くから、不利な状況にあって堪え忍ぶことの意で用いられてきたが、中世頃から、やや意味が限定された「勘弁」の意で用いられるようになった。

がんもどき 豆腐を崩した中にこまかく切った野菜、昆布などを入れて油で揚げたもの。「がん」は「雁」、「もどき」は真似るの意の動詞「もどく」の連用形で、雁の肉に似せて作ったものの意。精進料理で魚肉の代わりに用いたもので、古くは、こんにゃく、麩《ふ》などを油で揚げたものを称した。京阪地方では「飛龍頭《ひりょうず》」というが、これは果物などを小麦粉で揚げた菓子を意味するポルトガル語 filhos からきた語といわれる。

疑《ぎ》獄《ごく》 政治問題としてとりあげられるような、大規模な贈収賄事件。中国・日本ともに古代から例が見られる。「疑」はうたがわしい、「獄」はうったえ、あるいは、ろうやの意。ここから、古くは、罪跡がはっきりしなくて、有罪無罪の決定しがたい裁判事件を意味した。大規模な贈収賄事件に限定されて用いられるようになったのは明治以降であろう。

気《き》障《ざ》 服装、態度、言葉などが気取っていていやであること。「きざわり（気障り）」の略。江戸の遊里で用いられはじめたらしい。もともとは、気に障ること一般に広く用いられていたようであるが、だんだん意味が限定され強められて、不快な感じを起こさせること、特に気取っていていやであることの意に用いられるようになった。

犠《ぎ》牲《せい》 ある重要な目的のために、身命その他貴重な事物をささげること。「犠」「牲」ともに、いけにえ、特に生きた牛の意で、もともとは、いけにえとして神にささげる牛を意味した。牛以外にも、他の生き物、さらには人間までがささげられたが、のちには、この習慣がなくなったために、もとの意で用いられることはなくなり、もっぱら比喩的な身命をなげうってつくすの意でのみ用いられている。

キセル 乗車駅付近と降車駅付近の乗車券だけを持ち、途中の区間の運賃を支払わないこと。管の一端に刻みタバコをつめて火をつけ、他端の吸口からその煙を吸う道具であるキセル（カンボジア Khsier「管」の意）が、雁首と吸口だけに金がついているところから、乗車区間のうちの両端だけに金をつかうという不正乗車の意に用いられた。

几帳面《きちょうめん》 厳格で折り目正しいこと。いいかげんでないさま。有力な語源説としては、もともと、几帳の柱に多く用いた装飾をいうものからというのがある。「几帳面」とは器具のふち、柱のかどなどにきざみ目を一筋入れて、半円形に削った装飾をいったが、これはすなわち「型どり」であり、そこから、「型にはまって折り目正しい」のような物のありさまを形容する語に転じたとするのである。他には、木こりが木片に印をつけてそれを二つ折りにし、貸し手、借り手の双方で所持した、割り印のような、勘定書がわりのものを、木につける帳面の意で「木帳面」といったことからとする説もある。

脚本《きゃくほん》 台本。シナリオ。「脚色の本」の意の和製漢語か。近世から明治前期にかけては、「脚色」が脚本の意味を兼ねていた。「脚本」は明治後期、「脚色」がもっぱら演劇の構成や小説などを演劇化する意味に限定されるようになってから生じたようだ。「脚色」は中国では、元・明時代以後に、日本では、江戸時代以降に、演劇の仕組み書の意として用いられた例がある。

杞憂《きゆう》 必要のないことをあれこれ心配すること。無用の心配。とりこし苦労。「杞」（中国古代の国名）の国の人が、天のくずれ落ちることを「憂」いて寝食をとらなかったという『列子』「天瑞」の故事から成った語。

牛耳《ぎゅうじ》る 組織の中心人物となって、それを自分の思い通りに動かす。「ぎゅうじ」の動詞化。古代中国の春秋戦国時代、諸侯が盟約するときに、盟主となるべき人が、牛の耳をとってこれを割き、その血をすすって誓い合ったという故事から成った語。「牛耳をとる」「牛耳を握る」ともいう。「ぎゅうじ」の例は中世から見られるが、「ぎゅうじる」の形は比較的新しいようだ。

旧弊《きゅうへい》 古くさいこと。言動や性質などが、古くからの習慣や思想にとらわれているさま。また、その言動や性質。もとは、古くからある弊害の意で、昔からの悪い思想や制度、習慣などを言ったが、それが、古くさいことの意でも使われるようになった。明治に入り、旧体制を批判する際にさかんに用いられたことから一般に広まったようだ。

恐妻《きょうさい》 夫が妻をおそれること。話術家の徳川夢声が、共済組合をもじって恐妻組合といったことに由来する。徳川夢声らの『随筆寄席』〔一九五四〕二には、「恐妻組合ということを言い出したのは私なんです。〈略〉共済組合にひっかけて言い出したんです」とある。

義理《ぎり》 世間的な付き合いの上で、しなければならないと思われること。「義」は道にかなった、「理」は物事のすじみちで、物事の正しい道筋、また、人の踏み行うべき道、道理が本来の意味。中世では、このすじみちが、能の世界で、劇としての筋、内容という意で用いられた。近世に入ると、この「義理」は、朱子学の影響を受け、対人関係における一種のモラルとして用いられ、近松門左衛門や井原西鶴の作品のテーマにもなり、一般に広まった。血縁以外の者が血縁と同じ関係を結ぶことの意で用いられるのも近世以降である。

麒麟児《きりんじ》 才知、技芸に特にすぐれた年若い者。神童。「麒麟の子」の意。「麒麟」は、古代中国で信じられていた想像上の動物であり、聖人が出現する前兆として現れるといわれた。ここから、将来が楽しみだという意が意識されてできた語であろう。杜甫の詩に用いられているが、日本での例が確認されるのは江戸時代の終わり頃からである。

銀行《ぎんこう》 預金の受入れ、債券の発行により、一般から資金を受入れる一方、貸出し、為替取引、有価証券投資などの業務を行う金融機関。ロプシャイトの『英華字典』〔一八六七～六九〕に英語bankの訳語として見えることから、一九世紀中頃、中国で造語された語であるらしい。「銀」は「貨幣」、「行」は「仲介業、仲買商、また商店」の意。日本では、幕末から明治初期にかけてbankを「両替屋」「両替問屋」「為替会社」などさまざまに訳したものの、実際には外来語バンクをそのまま用いることが多かったらしい。一方で、福地桜痴『会社弁』〔一八七一〕小引三則「今此書暫く『バンク』の訳字として銀行の字に代用す」のように、訳語の「銀行」が見えはじめるが、翌年刊行の『和英語林集成』再版でも英和の部のbankには「カネカシ、カワセ、リョーガエ」とあるだけであり、この時期には、「銀行」は官庁などで専門的な訳語として用いられるに過ぎなかったと思われる。その後、明治一五年〔一八八二〕の『英和字彙』や、同一九年〔一八八六〕の『改正増補和英語林集成』(三版)にbankの訳語として「ギンコー」が掲げられているところから、明治一〇年代になって一般に定着していったものと思われる。

金平牛蒡《きんぴらごぼう》 ゴボウを細くきざんで油でいため、砂糖、しょうゆ、酒などを入れていりつけ、唐辛子で辛味をきかした料理。この料理のゴボウが堅くてからいことを、金平浄瑠璃の主人公坂田金平《きんぴら》の強さになぞらえて名づけたもの。

曲者《くせもの》 普通とはどこか違ったところのある人や物。「曲《くせ》」は「癖《くせ》」と同源で、真っ直ぐでなく、かわっているといった意が共通し、「折り曲がったズボンの癖」「癖のある味」などにその意が認められる。中世以降、「曲舞」「曲事」などの「曲《くせ》」を冠した語が広く用いられたが、「曲者」は個性が強い人物をいい、なみなみでない妙手のような意に解される例もあったが、しだいに、怪しい者のようなマイナスイメージで固定化されて使われるようになった。

愚痴《ぐち》 無益なことをいうこと。泣き言。もともと、仏教語で、愚かで思い迷い、ものの理非のわからないことの意であったものが、一般的に使われるようになる際に、言ってもしかたのないことをくどくどと嘆くことの意に転じた語。

口説《くど》く 男女の間で、相手を自分の意に従わせようとして、あれこれ言う。「くどい」「くどくど」などの「くど」を動詞にしたものとも、「口説《くちと》く」の転ともいわれる。古くは、祈願するの意やしつこく言うの意で用いられた。求愛の意で用いられるのは、中世からのようである。

鞍替《くらが》え それまでにしていたことをやめて、他のことをはじめること。職業などをかえること。もともとは、馬の鞍につけて予備に持っていくものを言ったが、近世では、遊女や芸者などが他の遊女屋または遊里に勤めの場所をかえることという意で用いられた。近代に入ると、そこから転じて、場所の移動や他のことをはじめる意で広く用いられるようになった。

廓《くるわ》 遊里。遊郭。もともとは、一定の地域をかぎり、その周囲と区別するために設けた囲いのことで、城や砦の、まわりに築いた土や石の囲いなどをさした。遊里や遊郭も周囲を囲われた一定の区域に集められていたために、この名で呼ばれるようになった。評判記『色道大鏡』〔一六七八〕一には、「くるわ　曲郭《くるわ》とも、曲輪《くるわ》とも書。廓《くはく》の一字をもくるわとよむ、郭《くるは》ともかく、城郭の心也。いづくにても、傾城町の一かまへを郭《くるは》といふなり」とある。この例の傾城町とは、遊里のことである。語源説は、クルクルめぐらしてあるところからクルワ（転回）の義、螺旋状に築くところからクルワ（繰輪）あるいはクリイルワ（繰入輪）の義など、さまざまあるが未詳。

グロテスク ひどく異様な姿・形をしているため、気味の悪さや不快な印象を与えるさま。英語 grotesque からの外来語。もとはイタリア語で、古代ローマ遺跡の意の grotta を語源とし、古代ローマの異様な人物や動植物などに曲線模様をあしらった装飾文様のことを言った。そこから、異様なもの一般に広く用いられるようになった。略して「グロ」ともいわれる。

黒幕《くろまく》 かげにいて、はかりごとをめぐらしたり指図したりする者。もともと、歌舞伎で、場のかわり目に舞台を隠したり、背景に用いて闇を表現したりするために用いた黒い木綿の幕のことをいった。この幕が背後で舞台を操ることから、裏で画策する人の意に転じたが、それは明治以降のようである。

くわばら いやな事、特に雷を避けようとする時にとなえる呪文。「桑原」は菅原家所領の地名。菅原道真配流の後、度々落雷があったが、この桑原には一度も落ちなかったという言い伝えから、雷の鳴る時は「桑原桑原」と言って呪言としたといわれる。

敬遠《けいえん》 かかわりを持たないように避けること。『礼記』「表記」の「命を尊び鬼に事《つか》へ、神を敬ひて之を遠ざく」による。本来は、この例のように、敬いつつも近づいてけがすことがないようにすることの意である。明治以降、表面はうやまう様子をして、実はうとんじ遠ざけて親しまないことの意で用いられるが、さらに転じて、単に人や物事を避けることにも用いられるようになった。野球で、投手が意識的に打者に四球を与えることをもいうが、これは打者の実力を認めていて、敬いながらも遠ざけるの原義に近いと言えるのではなかろうか。

稽古《けいこ》 武芸や芸ごとなどを習うこと。「古《いにしえ》を稽《かんが》える」の意で、古くは、古事を考えて、物事のかつてあったあり方とこれからあるべき姿とを正確に知ることを意味した。そこから、書を読んで学問すること、また、学んだところを復習することの意に転じ、さらには、修業・練習の意に一般化した。

経済《けいざい》 人間の共同生活を維持、発展させるために必要な、物質的財貨の生産、分配、消費などの活動。また、それらを通じて形成される社会関係をいう。「経国済民」または「経世済民」の略で、もともとは、国を治め、民を救済することを意味した。江戸時代以降、現在と同義で用いられた例が見られるが、英語economicsの訳語として定着するのは、明治後期になってからのことである。明治前期において、economicsは「理財」と訳されることが多かった。

傾城《けいせい》 美しい女性。美人。美女。傾国。『漢書』「光武李夫人」にみられる、北方に世に類なきほどの美人がいて、その美しさはひとたび省みれば城を傾け、ふたたび顧みれば国をかたむけてしまうくらいだという話から出たことば。美人の色香におぼれて、城や国を傾け滅ぼすことの意から転じ、それほどの美人をさすようになったもの。

下剋上《げこくじょう》 主に中世において、下層階級の者が、国主や主家など上層の者をしのいで、実権をにぎること。また、その風潮を、旧体制側の者が非難したことば。「下が上に剋《か》つ」の意。『日葡辞書』（一六〇三～〇四）には、「Guecocujŏ（ゲコクジャウ）。シモ ウエニ カツ〈訳〉身分が低く、召使いであるのに、当人の才能、努力あるいは運によって出世して主人となり、もとの主人は身分が低くなること」とある。

けち 金銭や品物などを惜しがって出さないこと。みみっちいさま。また、その人。怪しいことの意の「ケジ（怪事）」の音転かと思われる。他の語源説としては、「ケ（異）」の派生語、弓を射て勝負を定める意の「ケチ（結）」から、などがある。古くは、縁起が悪いことや不吉なことの前兆の意で用いられた。『浮世風呂』（一八〇九～一三）二上「江戸じゃア、そんなけちな事は流行らねへのさ」の例から、すでに江戸後期には今と同様な意で用いられていたことが知れる。一方、「けちをつける」などには古い意が残っている。

血税《けつぜい》 血のでるような苦労をして納める税。明治五年（一八七二）一一月二八日の「徴兵令制定の詔」（「凡そ天地の間、一事一物として、税あらざるはなし。〈略〉人たるもの、固より心力を尽し、国に報ぜざるべからず。西人之を称して血税といふ。其生血を以て国に報ずるの謂なり」）から出た語といわれる。この例のように、もとは、兵役の義務を意味したが、徴兵が無くなったことも関ってか、大切に使うべき税という意にかわって用いられている。

げてもの 安価で素朴な品物。一般から邪道、風変わりと見られているもの。奇妙なもの。上手物に対する語とされているが、びっくりすることの意であるゲテン（怪顚）から、または、世間に行われる仏教以外の典籍の意であるゲテン（外典）から、とする説もある。

下馬評《げばひょう》 責任のないところで種々の評をすること。また、その評判。社寺の門前、城門などの下馬すべき場所（下馬先）で、主人を待っている間に、供奴《ともやっこ》たちがしあう批評やうわさ話を言ったものが一般化した語。お供のものは主人にごく近い存在の者を除いてほとんどが、下馬先で主人の用事が済むのを待つのが通例であった。

ゲリラ 小部隊で敵のすきをうかがい、小戦闘や奇襲をくり返して、敵をかき乱す戦法。スペイン語 guerrilla からの外来語。一八〇八年のナポレオン軍に対するスペイン人の抵抗がそのはじまりとされる。

外連《けれん》 はったりやごまかし。まぎらかすこと。語源未詳。古くは、芸の本道からはずれ、見た目本位の奇抜さをねらった演出の意で用いられた。特に、歌舞伎や人形浄瑠璃に多く見られる「放れ業《わざ》」「早変わり」「宙乗り」などをさすことが多かったが、のちに広く一般化して、ごまかしの意で用いられるようになった。

玄関《げんかん》 ある建物や場所に入る時の入口。もとは、玄妙な道に進み入る関門の意。これが仏教で、奥深い仏道への入口の意で用いられた。ここから転じて、寺の門をもさすようになったが、特に禅宗でそれが多用された。家屋などの入口の意が一般化したのは、中世末頃か。江戸時代には「げんか」といわれることが多い。

源氏名《げんじな》 風俗産業や水商売につとめる女性の店での呼び名。もともと、『源氏物語』五四帖の題名に基づいて、宮中の女官に賜わった称号のことであるが、のち、大名や高家の奥女中にもこの風習が伝わった。これが転じて、遊女や娼妓などが本名のほかに付けた呼び名のことをもいった。はじめは『源氏物語』の巻名に基づいていたが、のち、「高尾」「千早」など巻名とは関係のないものも現れた。

憲法《けんぽう》 国家の統治体制の基礎を定める根本法。「憲」も「法」も、おきての意。古くは「けんぼう」といい、きまりの意で古代から用いられていた。法典の意で用いられたのは、箕作麟祥が政府の命によりフランス法（ナポレオン法典）を翻訳し、明治六年に刊行した『憲法』が最初である。それまで「法典」にあたるものは、「国憲」「国制」「朝綱」「根本律法」「律例」などと命名されていた。なお、箕作は、「Constitution」を、『仏蘭西法律書 刑法』の明治三年訳本で、「建国ノ法」「国法」としていたが、明治八年訳本で「憲法」とした。

紅一点《こういってん》 多数の男の中の、ただ一人の女。王安石の「詠柘榴詩」の「万緑叢中紅一点、動人春色不須多」による。一面の緑の中の一輪の紅色の花の意から転じて、多くの同じような物の中で、一つだけ異彩をはなつものの意で用いられるようになった。多数の男の中の、ただ一人の女の意で用いられるようになったのは、ごく最近のことらしい。「紅」が女性のイメージと重ねられることが度重なり、やがて固定化したのであろう。

厚顔《こうがん》　あつかましいこと。恥知らずで、ずうずうしいこと。つらの皮のあついこと。中国では、ことば巧みにごまかすことのような意で用いられたが、日本では、外面を体裁よくして、内面の醜いところを隠すといった意で用いられた。古くは漢詩文等に限られて使われていたが、明治以降に、一般に広まったようである。

口実《こうじつ》　言いわけや言いがかりの材料。口の中に充ちるものというのが原義。そこから、口すぎのもと、もの言いをする材料とするものの二つの方向に意味が別れた。この二つは口の食べるという機能と話すという機能の別によるものである。日本で見られる例は後者の方で、いいぐさの意で用いられたりもした。「実（材料）」のない話に無理矢理、「実」をこじつけるといった意から、言いわけや言いがかりの材料という意が生じたのだろう。この意が一般化するのは明治以降のようである。

好色《こうしょく》　異性との情事に関することに、興味・関心をもつさま。元来は、美しい容色を意味し、多くは「色好み」と同じ意で用いられた。本来はプラスイメージの語であり、中古頃では、「色好み」の意で使われても、それは変わらなかったが、中世以降はマイナスイメージで用いられるようになった。

公僕《こうぼく》　役人。公務員。「僕」とは、召し使いであり、公衆に奉仕すべきものとして、役人・公務員をいうようになった。二葉亭四迷の『浮雲』（一八八七〜八九）に例が見られるが、一般に広まったのは、第二次大戦後である。敗戦後、政府が「国民の公僕」ということばをかかげたのがそのきっかけであろう。もともとは、役人がみずからをへりくだっていうことばであったが、最近は、非難の気持ちを込めて役人を呼ぶ際に使うことが多い。

こうもり　動物の分類としては哺乳類に属するが、前肢が翼となって鳥のように空中を自由に飛行するので、古くからしばしば、似て非なるもの、都合で所属を変えるものなどのたとえに用いられた。特に、どっちつかずの態度をとるの意は、『イソップ物語』の鳥と獣の戦争の話から生まれたものとしてよく知られている。またその習性から、夕方から仕事を始めたり、出掛けたりする者、特に、夕方の窃盗を意味したりもした。傘や弁護士をいうのは、その形からである。昔の弁護士の服装がコウモリに似ていると見られたのであろう。古形のカハホリから現在の形のコウモリに至るまで語形が様々に変化した。

告別式《こくべつしき》　死者の霊に対して、親族、知人などの縁故者が別れを告げる儀式。もともとは、別れを告げる儀式の意で、転任、退官、退職などに広く用いられたが、のちに死者に対する別れの儀式に限定された。明治三四年（一九〇一）一二月一三日中江兆民が死去した際、遺言により宗教的な儀式は行わず、代わりに「告別式」と称して、友人たちが故人に別れを告げる式を行ったのがはじまりとされる。昭和初期に葬列がすたれて告別式が葬儀の中心となった。

五十歩百歩《ごじっぽひゃっぽ》 自分と大差がないのに人の言動を笑う。本質的に違いはないことのたとえ。五十歩逃げた者が百歩逃げた者を臆病だと笑う意。孟子が梁の恵王に、隣国との政治上の比較に関して、述べたことばである「五十歩をもって百歩を笑う」の略。

鼓吹《こすい》 意見や思想を盛んに主張して、相手に共鳴させようとすること。ひろく宣伝すること。もとは、つづみを打ち、笛を吹くこと、あるいは、つづみや笛の音の意であったが、それを聞く人の意気があがることから、元気づけるの意で用いられた。明治に入ると、さらに転じて、考えをふきこむことの意に用いられるようになった。

御馳走《ごちそう》 豪華な料理。漢語「馳走」に「御」がついたもの。「馳走」は、客をもてなすために、材料を求めて馬で走り回るの意で、のちに「もてなし」の意へと転じた。江戸時代にはまだ、「料理」の意で用いられることよりも、「接待・もてなし」の意で用いる方が一般的であった。江戸時代など、古くは「馳走になる」など「馳走」の形で用いられることもあったが、次第に丁寧語形「御馳走」の方が一般的となった。

骨《こつ》 物事を行う勘どころ。要領。語源は漢語「骨《こつ》」である。動物の骨格の意から、物事の中軸、大切な部分といったことが連想されたのであろう、特に、学問・技術・芸道などの奥義の意で、さらには、それを会得する才能の意で用いられた例が多い。ここから、物事を行う要領の意に広がったのである。

滑稽《こっけい》 おもしろおかしいこと。ばかばかしいこと。古くは、ことばが滑らかで、知恵がよくまわること、機知に富んだ言動をすることの意であったが、転じて、おもしろおかしいことばや言いかたの意に用いられるようになった。江戸時代には「利口」、あるいは『滑稽太平記』の「滑稽」のように文学ジャンルとしての「俳諧」と同義とされることもあった。もともとはプラスイメージの語であるが、明治以降になると、「くだらない」といったややマイナスイメージで用いられることが多い。

糊塗《こと》 曖昧《あいまい》にその場を取りつくろっておくこと。「糊」はぼんやりしたさまをいい、「糊塗」で、ぼかすように塗るが原義。そこから、あいまいに処理するの意が抽出されたのであろう。あいまいな処理は明治以降やがて批判の対象となり、一時しのぎにごまかすといった非難の気持ちがこめられる場合が多くなった。

コネ 就職・入学・商取引などに手づるとして利用される縁故関係。英語 connection からの外来語「コネクション」の略。

鼓舞《こぶ》 人の気持をふるい立たせること。もともと、鼓を打って舞わせることの意であるが、その意の例はあまり見られない。転じて、励ましふるい立たせるの意になった。

ごまかす だまして、目さきや表面をとりつくろう。あざむきいつわる。語源は未詳。説としては、祈祷の際に焚く「護摩」に「まぎらかす」などの接尾語「かす」がついたものとするもののほか、「胡麻菓子」

からとするものもある。「護摩＋かす」説は、ただの灰を弘法大師の護摩の灰として売る詐欺からのものであり、「胡麻菓子」説は、その菓子が中が空洞であり、見掛け倒しのたとえに用いられたところからのものである。「胡麻化」「誤魔化」はあて字。

ごろつき 一定の住所も職業もなく、あちらこちらをうろついたりして、おどしなどをはたらくならずもの。無頼漢。ごろ。「ごろ」は「ごろごろと転がる」などの「ごろ」で、それに「うろつく」などの「つく」がついたものであろう。江戸後期から例が見られる。

こんにちは 昼間、他家を訪問したとき、また、人と会ったときなどにいうかんたんな挨拶語。「今日はお日柄もよく…」などという挨拶の省略表現。

コンペイ糖《とう》 古くは、芥子粒《けしつぶ》や胡麻、現在は飴を芯にして、まわりに糖蜜をまぶし、加熱しながら攪拌してつくる、小粒の菓子。加熱・攪拌の際に自然にできる角状の突起と種々の色が特徴的である。ポルトガル語で「砂糖菓子」の意のconfeitoからの外来語。日本への舶来は、一五六九年に、ポルトガルの宣教師ルイス・フロイスが織田信長に贈ったのが、最初とされている。元禄頃（一六八八〜一七〇四）には大坂で作られていたが、江戸に製法が伝わったのは文政頃（一八一八〜三〇）である。江戸中期には大名の茶菓子であったが、明治時代には、高級菓子として一般家庭の来客用、贈答品などに用いられた。「金平糖」の他、「金米糖」「金餅糖」などの表記があった。

金輪際《こんりんざい》 絶対に。断じて。もともと、仏教語で、「金輪の層の領域。また、その最下底の所で、水輪と接する所」の意。仏教の世界観では、大地は地輪《じりん》と呼ばれ、その下に金輪、水輪、風輪とつづいているとされる。その地輪と水輪とが金輪に接しているところが「金輪際」で、それが「大地のはて」「底の底」を意味した。ここから「どこまでいっても」とか、さらには「ぜったいに」の意が生じたのであろう。

【さ】行

左官《さかん》 壁を塗る職人。かべぬり。塗大工。「佐官」が原義にかなう表記で、「官を佐《たす》ける」の意であり、もともと階級の名称である。古代の律令制においては、四等官制の最下位を「属《さかん》」といった。その属の一つ、宮中の建築修理などを担当する木工寮《もくりょう》の属に壁塗職人が任命されて出入りしたところから生じた語である。

さくら 芝居などで、ただで見物するかわりに、頼まれて役者に声をかけたり拍手をしたりする役の者。また、露天商などで、客のふりをして品物をほめたり買ったりして、他の客の購買欲を刺激する役の者。語源説はさまざまあり、「作労」のなまりとも、鉄眼禅師が一切経の板木を作るとき桜材が不足し困ったので、桜の生木を枯木と称して切らせて援助したことに基づき、以来そういう陰の援助を「桜を切る」といったところからとも、パッとにぎやかに咲きパッと散る桜の性質から出た語かともいわれる。盗人仲間の隠語で、市街の繁華な場所をいうことなども合わせ考えると、「桜」に人が集まることと関連がありそうである。

流石《さすが》 そうはいっても。いかにもやはり。奈良時代からあった「しかすがに」の「しか」が平安時代に「さ」と交替したもの。「しか」も「さ」も、すでにある事物・状態などをうけて、それを指示する語で、そのようにの意。両語は「しかし」「しかも」「さほど」「さながら」などに残っている。「す」は動詞「する」の古形。「がに」は助詞。こうしてできた「さすがに」の「に」が活用語尾のように意識され、やがてそれが脱落して「さすが」ができた。中古では「さすがに」が「さすが」や形容動詞「さすがなり」よりも多く用いられており、「に」を伴わない「さすが」が多くなるのは中世からである。なお、漢字表記「流石」の由来はよく分からないが、晋の孫楚《そんそ》が「流れに漱《すす》ぎ石に枕す」を、「石に漱ぎ流れに枕す」と言い間違えたのに、それを訂正せず、石に漱ぐのは歯を磨くためで、流れに枕するのは耳を洗うためだとむりやりこじつけたという故事に基づき、さすがによくこじつけたということから、このあて字を用いるようになったとする説がある。

左遷《させん》 一般に、それまでよりも低い官職、地位におとすこと。中央から地方に移すこと。「遷」は、移すの意。昔、中国で、右を尊び左を卑しんだところから生まれたことば。「右から左」「右にでる」などの表現から、日本においても右が尊ばれていたかと思われるが、律令制度においては、右大臣よりも左大臣の方が上であり、その意味では「左遷」ではしっくりいかない。古くは、朝廷の内官から外官にさげることを意味し、主に漢詩文に限られて用いられたが、しだいに意味が一般化し広く用いられるようになった。

沙汰《さた》 うわさ。おこない。「沙」はすな、「汰」はえらび分けるの意であり、もともと、水中でゆすって砂の中から砂金や米などをえり分けることを意味した。それが転じて、物、人物の精粗をえり分けることの意、さらには、裁定、処置の意でも用いられた。ここまではまだ限られた世界での使用例であるが、しだいに日常語になるにつれ、処置の結果の通知、報告、話題にすること、うわさ、おこないなど、つぎつぎと意味の広がりをみせた。

薩摩守《さつまのかみ》 車や船などに無賃で乗ること。薩摩守平忠度の名「ただのり」を「ただ乗り」にもじった言いかた。平忠度は『平家物語』や謡曲でよく知られる人物である。狂言「薩摩守」は、茶代も持っていない旅僧をあわれんで、茶屋の亭主が、この先の渡しでは「平家の公達薩摩守忠度（ただのり）」というしゃれを言ってただ乗りせよと教えるが、旅僧はしゃれの心の「忠度」を忘れて船頭にしかられるというあらすじである。

サバを読《よ》む 物を数えるとき、実際よりごまかすことをいう。「よむ」は、数えるの意。「さば」の語源は未詳。一説に、刺し鯖など二枚重ねを一連として数えたことからとし、また一説に、市場において鯖などは非常に早口に数えて箱に投げ入れられるもので、正確に数えられることはないとするものがある。以上は「さば」が「鯖」と解釈されているものであるが、「さば」は、魚市場の意の「いさば」の「い」が脱落したものとする説もある。

さぼる なまける。おこたる。フランス語 sabotage からの外来語「サボタージュ」の略。もともとは、労働者の争議戦術をいい、就業能率を落として企業者側に損失を与えて紛争の解決を促すことを意味した。それが転じて、なまけることをいうようになり、俗語化するとともに、「サボ」と略され、さらには「る」語尾が付加された動詞「サボる」の形になった。「サボタージュ」とは、サボ（木靴）を使って機械を壊すの意で、もとは破壊行為をさした。

さわり 広く芸能で、中心となる見どころ・聞きどころ。話や文章などでもっとも感動的・印象的な部分。動詞「さわる（触）」の連用形の名詞化。何かに触れることやそのときの感じをいう語として広く用いられているが、江戸時代、特に義太夫一曲中で、いちばんの聞かせどころをいうようになった。ここから転じて、一般に話や文章などの最も情緒に富み、感動的な部分をいうようになった。

懺《ざん》悔《げ》 過去に犯した罪悪を告白してゆるしを請うこと。仏教語で、サンスクリット語の音訳「懺摩」の「懺」と漢訳の「悔」があわさってできた語。江戸時代の元禄頃までは「サンゲ」と発音されていたようである。中世において「慚愧」と共に用いられることが多く、「慚愧懺悔《ザンギサンゲ》」の形で用いられたため、この形から「懺悔《サンゲ》」が上の語の「慚愧《ザンギ》」に引かれて第一音節が濁り「ザンゲ」という形が生まれたといわれる。

三《さん》下《した》 仲間で下っ端の者。また、とるにたりないさま。博打でサイコロの目数が四以上の場合は勝つ可能性があるが、三より小さい場合には絶対勝てないところから、どうにも目の出そうもない者を意味するようになったという。江戸後期から例が見られる。

栞《しおり》 書物の読みかけのところ、あるいは読みかえしたいところなどに、はさみこんでしるしとするもの。動詞「しおる（枝折）」の連用形が名詞化したもの。もとは、山道などで、目じるしのために木の枝を折って道しるべとすることを意味した。平安時代から例を見るが、読みかけのところのしるしの意で用いられるようになるのは江戸時代以降のようである。

時《し》化《け》る 風雨がひどくて、海が荒れる。古くは、空が曇るの意であったが、江戸時代から、風雨がひどくて、海が荒れるの意で用いられた例が見られる。海が荒れると漁ができないことから、金まわりが悪く、不景気になる、あるいは、けちになるの意に転じたのであろう。この意の場合は、しけた、または、しけているの形で用いられる。明治以降、湿気を帯びるの意でも用いられるようになるが、これは原義の天気についていう意から転じたと解せよう。「時化」はあて字。

事《じ》典《てん》 物や事柄をあらわす語を集めて一定の順序に並べ、説明した書物。百科事典など。ことてん。昭和六年、平凡社の『大百科事典』が出版されたとき、社長の下中彌三郎が、英語のエンサイクロペディアは事物現象の説明であるところから、「じてん」に「事典」と当てたのが始まり。平凡社では、その後も『新選大人名事典』『社会科事典』などを出版したが、他の出版社では「事典」を用いなかった。昭和二〇年代後半に入ってから、「事典」と名の付いた多くの書物が出版されるようになり、一般語となった。

指南《しなん》 人を教えみちびくこと。その教え。手引き。古代中国の「指南車」の略。「指南車」とは、車の上に人形が装置され、車が移動しても人形の手は常に南を指すように作られたものをいう。「指南」はこれを比喩的に用いて生まれた語である。平安時代から現代まで変らずに用いられている。

資本《しほん》 もとで。資金。「資本」は漢籍に見え、江戸期に日本に伝わった。明治期に入ると、新聞等に使用例が多く現れ、漢語辞書で「モトテ」と語釈をあてるものもあった。このような流れを受けて、『哲学字彙』は、西洋経済学の新概念「capital」の訳語として「資本」を採用した。その後それが、多くの辞書に踏襲され、一般化した。

しもたや 町中の商店ではない一般の住宅。「しもうたや（仕舞屋）」の変化した語。「仕舞」は「おしまい」の「しまい」と同じで、もとは、「商売をやめた家」をさした。それが転じて、「一般住宅」の意となったものである。明治以降に例が見られる。

娑婆《しゃば》 刑務所や軍隊などの自由を束縛された世界から見た、そとの自由な世界。仏教語でサンスクリット語の音訳。「堪忍」「能忍」「忍土」などと漢訳された。本来は、さまざまの煩悩《ぼんのう》から脱することのできない衆生が、苦しみに堪えて生きているところの意である。近世に入ると遊里語で吉原を極楽に擬して、そのそとをいうようになり、やがて一般にも用いられるようになった。一般化する際に、内が極楽から不自由なところへ、外が極楽ではないところから自由なところへと、意味が逆になっている点に注目される。

邪魔《じゃま》 さまたげること。もともと仏教語で、よこしまな悪魔の意で、仏法に害を与える悪魔、求道心をさまたげる魔物、仏道修行のさまたげとなるものなどをさした。中世末期に、さまたげるの意で一般語として用いらるようになった。

しゃらくさい 生意気である。こしゃくである。擬態語「しゃら」に、接尾語「くさい」がついたものであろうか。擬態語「しゃら」は『日葡辞書』（一六〇三〜〇四）に「Xaraxarato（シャラシャラト）。または、シャラリト、または、シャラリシャラリト〈訳〉先端がずっと下の方へ下った女の帯の場合のように、ものが低くしかもぶらさがったさま。または、履いた雪踏またはその他の履物が道を歩いている時にたてる音のさま」のようにある。これが気取っていて生意気な感じをあたえたのかもしれない。

しゃれ 同じか似た発音の違う言葉を利用した、おもしろおかしい気のきいたことば。古くは「当世風でいきなこと」「気のきいていること」「さっぱりしてものにこだわらないこと」などを表したが、のちに、「気のきいたことば」に限定されて用いられるようになった。語源は、「ざれ（戯）」「され（晒・曝）」などに求められるが、この両語がどのような過程で後世の「しゃれ」に派生していったかは明らかではない。「洒落」の漢字を当てるようになったのは、室町時代以降「され」が「しゃれ」に拗音化してからのことで、江戸時代の儒学者、藤原惺窩によるといわれる。漢語としての「洒落《しゃらく》」は、心がさっぱりしていて、わだかまりがないことという意味で、「しゃれ」と類似した語義を有するところから当てられるようになったものか。

十八番《じゅうはちばん》 その人の最も得意とするもの。得意の芸。おはこ。「歌舞伎十八番《かぶきじゅうはちばん》」の略。江戸時代末に、七代目市川団十郎が市川家の当り狂言を十八種選定し、それをお家芸としたことから、一般に広まった語。

修羅場《しゅらば》 血みどろの激しい戦いや争いの行われる場所。もともと仏教語で、「しゅらじょう」ともいう。「修羅」とは「阿修羅」の略で、仏教の守護神である帝釈天とたたかう悪神とされている。この阿修羅が帝釈天と戦う場が「修羅場」であり、それが転じて、激しい戦いや争いの行われる場所の意になった。のちには、特に、人形浄瑠璃、歌舞伎また講談などにおいて、激しい戦いの場面を扱った部分をいった。

将棋倒《しょうぎだお》し 次々と倒れることや折り重なって倒れること、また、一端のくずれが全体におよぶことなどのたとえ。もともとは、将棋の駒や積木の板などを少しずつ間隔をおいて、一線になるように立て並べ、一端を軽くおし倒して、次々と端まで倒す遊び、つまりドミノ倒しをさしたが、それが比喩的に用いられ、人が次々と倒れることなどにも用いられるようになった。

上戸《じょうご》 酒を好む人。また、酒が好きでたくさん飲める人。酒飲み。語源説としては、古く百姓の戸口は、その口の多少によって上戸、中戸、下戸といっていたが、それを飲酒量の多少になぞらえたものとするもの、もと民戸の上下についていった語だが、それにともなう婚礼の際の酒瓶数の多少から、飲酒量の多少にもいったものとするもの、秦の阿房宮は高くて寒いため、殿上の戸の内に宿直する者は多量の酒を飲んで上ったところからとするものなどがある。現在は単独ではあまり用いられないが、接尾語的に用いて、酒を飲んだときに出る癖の状態をいう語として、「笑い上戸」「泣き上戸」などの形で用いられる。一方、反対語の酒の飲めない人の意である下戸は単独で用いられる。

消息《しょうそく》 手紙を書くこと。また、その手紙。「消」は消える、死ぬ、「息」は生じる、生きるで、本来は、衰えることと盛んになること、また、うつりかわりの意を表した。そこから、そのときどきの動静の意が生じ、それを相手に伝えるための訪問や手紙を意味するようになった。

冗談《じょうだん》 ふざけて言う話。たわむれの話。「冗」は、むだの意。室町末頃から、むだぐちの意で用いられていたらしいが、江戸後期あたりから、ふざけて言う話の意の例が見られる。元来の意は雑談の意味の「常談」に近いが、新しい意は「笑談《しょうだん》」に意味が近く、これが俗語で「ジョウダン」

と濁音化したものかもしれない。これら語形・意味の類似している語が影響を与えあったのであろう。明治時代には「戯談」「戯言」「串戯」等が当てられており、異表記は計十数種類に及んだ。明治期の主な国語辞典では「常談」のみを当てているものが多く、ほかに「串戯」「戯談」「冗談」を示すものがわずかに見られる程度である。「冗談」に定着したのは大正時代以後のことと見られるが、芥川龍之介・志賀直哉の小説では「冗談」と他の表記が共存している。

処女《しょじょ》 性交経験のない女性。「処」は、居るの意で、もともとは、未婚でまだそだった家に居る女性をさし、それはそのまま、性交経験のない女性につながった。他のことばについて比喩的に、「処女作」「処女航海」などのように、はじめてのの意で用いられたり、「処女地」「処女峰」「処女林」などのように、まだ人が足を踏み入れていないの意で用いられたりすることも多い。

しょってる 自分を実際以上にすぐれていると思い上がる。うぬぼれる。「背負っている」の変化した語で、古くは「人が物を背にのせてささえ持つ」の意で用いられていた。ここから、「困難な物事、重大な責任、迷惑な仕事などを引き受ける」といった比喩的用法が生じ、さらには、そんな風に見せかけているということから、「うぬぼれる」の意が生じたのであろう。

しらける 「しら」は、白で、もともと、白くなる、色があせるの意。これは、花の盛りをすぎた様子などに使われ、そこから、盛り上がった気持や雰囲気《ふんいき》がしぼんでなくなるの意に転じた。

師走《しわす》 一二月の異称。経をあげるために師僧が東西を馳せ走る月であるところからシハセ（師馳）の義、四季の果てる月であるところからシハツ（四極）の義、トシハツル（歳極・年果・歳終）の義、などさまざまな語源説があるが、未詳。

仁義《じんぎ》 博徒、香具師《やし》、ある種の職人など特殊な仲間のあいだの道徳。また、その間で行われる初対面の挨拶《あいさつ》。「仁」は「ひろく人や物を愛すること」、「義」は「物事のよろしきを得て正しい筋道にかなうこと」で、本来は「孟子の主要な思想で、儒教で最も重んじる徳目」を意味した。現代の意味は「辞宜《じぎ》」から転じたものといわれる。「辞宜」とは「おじぎ」の「じぎ」で「辞儀」とも書かれる「挨拶」を意味する語。これがのちに「じんぎ」と発音されるようになり、江戸中期頃に「仁義」と混同されたらしい。

新聞《しんぶん》 幕末に中国から「新聞」「新聞紙」が「news」「newspaper」の訳語として取り入れられた。「新聞」は「官板バタビヤ新聞」「東京日日新聞」「読売新聞」などの固有名詞に多く用いられたため、明治二〇年代には専ら「newspaper」の意として定着し、「新聞紙」は紙としての性質が意識される語となった。

推敲《すいこう》 詩や文章を作るにあたって、その字句や表現をよく練ったり練り直したりすること。唐の詩人賈島が「僧推月下門」の句を作ったが、「推《おす》」を「敲《たたく》」に改めた方がよいかどうかに苦慮して、韓愈に問い「敲」に決したという故事から成った語。

すけべ 好色なこと。「好き」を擬人化した「好兵衛《すきべえ》」から生じたことばと言われる。江戸初期から例が見られ、「すけべえ」「すけべい」「すけべ」などの語形ができた。漢字表記には「助兵衛」「助平」などがある。男の名前をつけて擬人化したものだが、江戸時代には女性に対していう場合もあったようである。

杜撰《ずさん》 あやまり多く、いいかげんなこと。ズ（ヅ）は「杜」の呉音、サンは通常センと訓む「撰」の別の音。中国の宋代に話題となったことばで、日本には禅を通じて入ったようである。「撰」は詩歌や文章を著作し編集する意であるが、「杜」については説が分かれている。宋代の詩人杜黙の作る詩が音律に合わないことが多いところから「杜撰」の語ができたとする語源説によれば、「杜」は杜黙を指していることになる。この他にも、道家の書五千巻を撰した杜光庭を指す説もあり、「杜」を人名と見る説が多いようである。

鮨《すし》 食品、料理の名。魚介類を塩蔵して自然発酵させたもの。また、酢飯に魚介類などの具を配したもの。酸味を表す「酸し」からできた語。「延喜式」には、諸国の貢物として、伊勢の鯛《たい》鮨、近江の鮒《ふな》鮨、三河の貽貝《いがい》鮨、讃岐の鯖《さば》鮨など、多くの鮨が見られる。これらは魚介類を塩蔵したものと考えられる。これに、発酵を早めるため飯を加えるようになったのは、慶長年間（一五九六～一六一五）頃からといわれ。近世に入ると、飯に酢を加えて酢飯とし、魚介類をその上に重ねて漬ける早鮨（一夜鮨）が現れた。これは、馴鮨よりも発酵・熟成が早かったため、すぐに鮨の主流となっていった。これの、ほとんど発酵していないものが、今日の押鮨や箱鮨である。ここに至って、鮨は必ずしも発酵したものに限られなくなった。文化・文政年間（一八〇四～三〇）頃、江戸で握鮨が登場、大流行した。大坂でも文政末には握鮨の店が現れたが、大して流行しなかった。そのかわり、具を酢飯と混ぜて蒸す蒸鮨や、押鮨が京坂の鮨の主流となった。表記については、『十巻本和名抄』四に「鮨〈略〉和名須之　鮓属也」とあり、「鮨」と「鮓」は同義に用いられていた可能性がある。ただし、飯の中に魚介類を入れて漬けるのが鮓で、魚介類の中に飯を詰めて漬けるのが鮨であるともいわれる。なお、「寿司」という表記は、縁起をかついだあて字と考えられ、近代以降のものである。

ずべ公《こう》 不良少女。「ずべ」は「だらしない」の意で「ずぼら」と同源の「ずべら」の「ら」が脱落したもの。「公」は「熊公」「先公」などという時の「公」で、人名の略称などについて親愛または軽い軽蔑の意を表す接尾語。第二次大戦後に現れた素行の悪い少女達がこう呼ばれた。「ずべ」は、ポルトガル語espadaの略で、零点札を意味するトランプ用語スベタからという説もあるが、信じがたい。

図星《ずぼし》 指摘の通りであること。もともとは、「的の中心の黒点」を言い、そこから「見こんだところ」「急所」の意を介して、今使われているような意に転じた。

ずぼら おこなうべきことや守るべきことをしなかったりおろそかにしたりして、

だらしないこと。近世から例の見られる語であるが、同じく近世に用いられた「ずべら」「ずんべらぼん」「ずんぼらぼん」などと同源で擬態語がもとになっていると思われる。大坂堂島の米相場で、相場がずるずるとさがることをも意味したが、これは擬態語であるがゆえの偶然の一致と見るべきである。他に、僧侶の不祥事件が相ついだために世間で坊主を罵った語ズボウの訛かという説もあるが、信じがたい。

世紀《せいき》 およそキリスト誕生の年から一〇〇年を一期として、以後一〇〇年ずつ区切って数える時代区画の称。年代の呼称として用いられる。古来、中国・日本の文献の名称で「本朝世紀」などのように「～世紀」とあるのは、世系を記したものの意。その後近世、西洋史の翻訳書では、年代、時代の意味で用いられていた。英語centuryの訳語としては、当初「百年」「世期」などさまざまな語があったが、ようやく明治一五年（一八八二）ごろから、新聞・雑誌の記事、書名、辞書の訳語などに使われるようになった。

関《せき》**の山**《やま》 いくら力いっぱいしてもそのくらいまでだということ。「関」は三重県関町、「山」は関東でいうダシ（山車）の意。関町の八坂神社の祭礼祇園会に出るヤマが大変立派なので、それ以上のぜいたくはできないといわれたところから生じたことば。

セコハン 中古品。「セコンドハンド」の略。さらに略して「セコ」ともいわれる。昭和初期ころから一般に用いられたようである。

折檻《せっかん》 きびしく叱ること。こらしめの体刑を与えたりすること。前漢の朱雲が成帝を強くいさめてその怒りをうけ、朝廷から引きずり出されようとした時に、檻《てすり》につかまって動こうとしなかったため、その檻が折れてしまったという『漢書』「朱雲伝」に見える故事から成った語。成帝は朱雲のこの行動に感動し、その意見を受け入れたことから、もともとは、相手のためにきびしく意見することの意で用いられたのであるが、それが、しかること、体罰の意に転じて用いられている。

折衝《せっしょう》 利害のくいちがう相手と談判やかけひきをすること。元来は、敵が衝《つ》いてくる鋒《ほこさき》を折るの意。春秋時代の斉の宰相の晏子の外交手腕を、孔子が「他国との交渉に宴会を催し、談笑しながらうまく外交を取りまとめて、敵の鋒を折る」と評価したという故事から成った語。「かけひき」の意で用いられるようになるのは、明治以降のようである。

雪隠《せっちん》 便所。「せついん（雪隠）」の変化した語で、中世から例が見られる。禅宗で、法要儀礼の際に法堂《はっとう》・仏殿の西側に並ぶもの者を「西序《せいじょ》」といい、彼らが用いる便所を「西浄《せいじょう・せいちん》」といったが、その「せいちん」から変化したものであろう。東側に並ぶ「東序」の用いる「東司《とうす》」とは対になる。「雪隠」の表記の源は不明だが、雪竇《せっとう》禅師が霊隠寺の掃除役である浄頭をつとめたことからとする語源説もある。

千秋楽《せんしゅうらく》 能楽・芝居・相撲などの興行期間の最後の日。語源については、能狂言・芝居・法会の楽などの終わりに雅楽の千秋楽を奏するところから、能「高砂」の終わりに千秋楽の文章があることから、興行の終わりの日には一同が舞台で口上を述べ、太夫元が千秋楽の舞を舞ったところから、などの諸説があるが、いずれとも決めがたい。雅楽の曲名としての例は古くからあるが、現在用いられる意での例が確認されるのは江戸時代に入ってからである。

洗脳《せんのう》 その人の主義、思想を根本的に改造すること。第二次世界大戦後の中国で、アメリカ人捕虜や反革命分子とされた人々に対して行った、精神的・物理的圧迫による思想改造の工作をさした語が、日本にも伝わり、一般化したもの。

糟糠《そうこう》**の妻**《つま》 貧しい時からつれそって苦労をともにしてきた妻。「糟」は酒かす、「糠」は米ぬかで、そのような粗末な食べ物しかない貧困をいった。出典は、貧乏をともに経験した妻は、豊かになってもその住まいから追い出さずに大切にする、といった意の『後漢書』「宋弘伝」にある「糟糠の妻、堂より下さず」である。

双璧《そうへき》 甲乙がつけられないほどにすぐれている二つのもの。比較対照される一対の立派なものや人。本来は、一対の宝玉の意。すぐれた兄弟を世間の人が「双璧」と評したという中国の『北史』「陸凱伝」に見える故事から成った語。

素封家《そほうか》 大金持の人。「素」は、もともとの意で、つけ加えるもののないことを表す。「封」は封禄《ほうろく》、封土の意。もと、位や領地がなくても諸侯に等しい富を持っている人を意味した。ここから転じて、大きな資産を持っている人の意で用いられる。例は江戸時代から見られる。

【た】行

ダーク・ホース 競馬で、番狂わせを演じるかもしれない穴馬のこと。比喩的に、実力はよくわからないが有力と予想される競争相手。英語 dark horse からの外来語。dark は、なぞめいたや不明瞭なの意。昭和初期頃から使われだしたらしい。

太公望《たいこうぼう》 釣りの好きな人。もとは、中国、周の政治家で、春秋斉の始祖である呂尚の別名。呂尚は渭水《いすい》という川で釣りをしていた時に文王に見出されてその師となり、文王、武王をたすけて殷を滅ぼした人物であるが、周の祖太公（古公亶父）が待ち望んでいた賢者という意味で、太公望と名づけられた。呂尚がたいそう釣り好きであったことから、のちに釣りの好きな人を「太公望」というようになった。

醍醐味《だいごみ》 仏教語でサンスクリット語の漢訳。仏教では、牛乳を精製するにあたって、発酵の段階により五つ（乳、酪、生酥《しょうそ》、熟酥、醍醐）に分け、それら五つの味を「五味」という。後のものほど美味で、「醍醐」がその最高の味とされる。そこから「醍醐味」という語が生まれた。

太鼓持《たいこも》**ち** 人に追従してその歓心を買うもの。職業としての太鼓持ちが現れたのは、湯水のように金を使う「大尽遊び」が流行した元禄期のことと考えられる。当初は、遊里の案内から、諸事の差配、連絡に至るまで、さまざまな雑務を行っていた。大尽遊びが下火になった宝暦年間には、もっぱら宴席を盛り上げる芸人として定着した。明治・大正期には、花柳界の隆盛にともなって人数が増えたが、今日ではほぼ途絶えている。太鼓を打つことが人を喜ばせたからか、あるいは打てばひびくといったことからか、現在は、地位の高い人に追従する人の意に特化して用いられている。

大衆《たいしゅう》 民衆。元来仏教語で「だいしゅ」と読み、仏教に深く帰依した僧侶や信徒をさしたが、転じて「民衆」の意になった。

大丈夫《だいじょうぶ》 あぶなげのないさま。まちがいないさま。本来は「丈夫」の美称で、立派な男子の意の漢語であったが、日本では、きわめて丈夫であるさまを表す形容動詞的な用法が中世末頃から発達した。明治時代の『言海』『日本大辞書』では、「だいじょうふ」と「だいじょうぶ」とが別見出しになっており、前者は本来の意味を示し、後者は形容動詞や副詞的な用法を示す。「大丈夫」と「丈夫」とは、形容の語としてほぼ同じ意味用法であったが、近世に分化が起こった。明治以降「丈夫」が達者な状態や堅固なさまを表すのに対し、「大丈夫」は危なげのないさまやまちがいのないさまを表すという区別が明確になった。

泰斗《たいと》 「泰山北斗」の略。「泰山」とは中国の山東省にある名山、「北斗」とは「北斗星」のこと。『唐書』「韓愈伝賛」にある語で、もとは、泰山と北斗を仰ぐように、人々が尊敬のまなざしをそそぐということから、高く評価されているその道の権威などをさした。

高飛車《たかびしゃ》 相手に対して高圧的なさま。もと、将棋で飛車を高い位置（自陣の前方）におく攻撃的な戦法をいう。これが敵を威圧する戦法であるため、のちに相手に対する威圧的な態度に広く使われるようになった。一般語として使われたのは、江戸後期からのようである。「たかぴしゃ」ともいった。

多生《たしょう》**の縁**《えん》 多くの生を経る間に結ばれた因縁。「多生」は、何度も生まれかわって多くの生をうけることの意であり、その多生の間に結ばれた因縁がこの語の意。本来、前世からの因縁の意である「他生」も混同して、同じ意味で用いられている。「袖振り合うも多生の縁」という言葉があるが、最近は「袖触れ合うも多少の縁」と誤解されて使われることが多い。

蛇足《だそく》 よけいなもの。なくてもよい無駄なもの。蛇の絵を早く描く競争で、最初に描いた者が足まで描いて負けたという『戦国策』「斉策上・閔王」の故事から成った語。

立《た》**ち往生**《おうじょう》 途中で止まったまま、進みも退きもできなくなること。また、物事がゆきづまりの状態になったり、処置のしかたがわからないような状態になったりすること。古くは「立ったままの姿勢で死ぬこと」の意で用いられた。江戸後期頃から、どうにも身動きができないといった状況に使用されている例が見られる。

伊達《だて》 人目をひくような、はでなふるまいをすること。意気、侠気をことさらに示そうとすること。いかにも…らしい様子を見せる、ことさらにそのような様子をする、という意の接尾語「だて（立）」が、室町末期ごろより名詞また形容動詞として独立したものであろう。他に、伊達政宗の家臣が派手な服装をしていたからという説もあるが、この「だて」の例は伊達政宗が生まれる前に認められ、問題にならない。ただし、「伊達」の表記に関しては、この解釈の影響を受けているといえよう。

狸《たぬき》 タノキミ（田君）の訛、タノケ（田之怪）の義、田猫の義、イツハリネブリオキ（偽睡起）の義、中国の田ノ狗という言葉から、死んだように見せかけて人をイダシヌクから、人の魂を抜き取るところからタマヌキ（魂抜）の略、タノキ（多之化）の義、その皮を弓を射る時にひじに当てた革であるタヌキ（手貫）に用いたところから、などさまざまな語源説があるが、未詳。タヌキが人を化かすという俗信は古くからあったらしく、『古今著聞集』（一二五四）一七には、古ダヌキが人を化かす話が四話おさめられている。

タバコ 語源は、南米ベネズエラ付近のトバコ島、カリブ地方のパイプの名、また南米から伝えたスペイン人が薬草と考え、スペイン語の薬草を意味する語からついたなど、諸説あって一定しない。漢字で「淡婆姑」「淡芭菰」「丹波粉」「多葉粉」などをあて、「延命草」「相思草」「長命草」「返魂草」「糸煙」「わすれぐさ」「おもいぐさ」などともいった。しかし、「煙草」「烟草」をあてるのが一般的で、江戸・明治期にはこれを音読してエンソウともいった。日本への伝来についても諸説あるが、商品としてのタバコは植物としてのタバコより早く、天文一二年（一五四三）以降ポルトガル人が伝えたとも、天正年間（一五七三〜九二）に伝わったともいわれる。植物としてのタバコは慶長六年（一六〇一）マニラからポルトガル人宣教師J＝デ＝カストロが徳川家康にその種子を献上したのが最初であり、九州の指宿・長崎などで栽培が始まった。喫煙方法は多様だが、江戸時代を通じて行われたのは煙管を使う刻みタバコで、紙巻タバコは明治初期に作られ、同一〇年（一八七七）頃から流行した。

ダフ屋 乗車券や入場券をたくさん買いこんで、元の値段よりも高値で転売する者。「だふ」は「ふだ（札）」を逆にした語。ダフ屋は第二次世界大戦直後に生まれた新しい商売である。

駄目《だめ》 よくない状態であること。どうしようもないこと。してはいけないこと。もとは、囲碁用語で、石の周囲または相手の地《じ》との境界にあって、双方の地に属さない空点をいう語。ここに石を打っても地は増えないというところから、やっても無駄なこと、してはいけないこと、の意で用いられるようになったもの。囲碁用語としては鎌倉時代から例が見られるが、一般に用いられたのは江戸時代以降のようである。

盥回《たらいまわし》 一つの物事を順送りに移しまわすこと。もとは、足でたらいを回す曲芸をいったが、別の人が出てきても同種のことをしたことからか、二人以上の者が馴れ合いで順々に出てくることの意で用いられるようになり、それがやがて一つの物事がつぎつぎと同種の所へ回されることの意を表すようになったのであろう。曲芸としての例も転じた用法の例も江戸時代から見られる。

だらしない 物事のけじめがつかないで、きちんとしていない。秩序がない。語源については諸説あるが、「しだらない」の「しだら」が音転したものと考える説が有力である。「しだら」の形容詞形としての、一般の秩序から外れた乱れた状態を意味する「しだらない」が、好ましくないことを表す語に多く見られる、語頭に濁音が来る形として、「だらし（ない）」の形で安定したものと考えられる。滑稽本『浮世床』初・上の「しだらがないといふ事を『だらし』がない、『きせる』を『せるき』などいふたぐひ、下俗の方言也」という説明から、俗語・隠語的なことばとして、一般庶民の間に広がる形で定着していった可能性も充分考えられよう。

段違《だんちが》い 二つのものの程度の差が、くらべものにならないほど大きいこと。囲碁や将棋で段がちがうと力の差があり勝負にならないということから生じたことばである。一般に用いられるようになったのは比較的最近のようである。

断腸《だんちょう》 はらわたがちぎれるほどの悲しさ、つらさなどをいう。中国の『世説新語』に見える故事から成った語とされる。中国の晋の時代の武将、桓温が三峡を旅した時、従者が猿の子を捕えた。母猿は悲しんで岸を追うこと百余里、ついに船にとびうつることができたが、そのまま息絶えた。その腹をさいて見ると、腸がずたずたに断ち切れていたという。ここから悲しみやつらさがこの上なく大きいときに「断腸」が使われるようになったというのである。

旦那《だんな》 一家の主人をいう語。商売人が客を呼ぶときに用いる男子の敬称。もともと仏教語であり、サンスクリット語の音訳で「布施」などと漢訳されるが、日本では、「布施」を行う人、つまり寺に物品を施す檀家の意で用いられるのが普通であった。寺にとって「旦那」はありがたい存在であり、そこから相手を敬って呼ぶ言いかたとして、使用人が主人に対して、妻が夫に対して、商売人が客に対してなどに広く使われるようになった。もともと敬意が込められた言いかたであるが、現代では敬意を伴わないで用いられることが多い。

断末魔《だんまつま》 臨終。また、その時の苦しみ。もともと仏教語であり、「末魔」はサンスクリット語の音訳で「末摩」とも書き、「死節」「死穴」などと漢訳される。古代インドの医学においては、体内に特殊な「末摩」と呼ばれる極少の部分があって、命終にはこれが分解して苦痛を生じ、死に至るとされていた。「断末魔」とは、この「末摩」を断つということであり、それはすなわち臨終やその時の苦しみをいったのである。

茶化《ちゃか》す じょうだんのようにしてしまう。はぐらかす。からかう。ひやかす。「茶」に「ごまかす」「はぐらかす」などの接尾語「かす」がついてできたもの。ふざけてからかうことを「茶を言う」「茶にする」などの表現が江戸時代から見られるが、このあたりと関係があろう。

ちゃきちゃき 血統にまじりけのないこと。生粋《きっすい》であること。「ちゃくちゃく（嫡嫡）」の変化した語といわれる。「嫡嫡」は、代々、一家の家督を受け継いでいることの意で中世以降にしばしば見られるが、「ちゃきちゃき」が確認されるのは江戸時代以降である。血統が良いということからか、仲間の中ですぐれていて注目されるさまや有望であるさまを表す例も見られるようになる。また、江戸っ子のように勇み肌で、はきはきしているさまにも用いられるが、これは「ちゃきちゃきの江戸っ子」のような例からの転用であろう。

ちゃらんぽらん いいかげんで無責任なこと。また、そのさま。随筆『嬉遊笑覧』〔一八三〇〕五下に「今えしれぬ浮言をいふを、チャラホラといふも是なり。省きては、唯ホラをふくともいへり」とある「ちゃらほら」の変化した語。「ちゃら」とは口から出まかせに言うことの意で、「ほら」とは「ほらふき」の「ほら」で嘘のことである。随筆『嬉遊笑覧』には吹いて音を出す楽器の「チャルメラ」と関連づけた説明も見られるが、やや無理がある。

提灯持ち《ちょうちんも》 他人の手先に使われて、その人の長所を吹聴してまわったりすること。また、それをする人。古くは、夜道や葬列などで、提灯を持って一行の先頭に立つ役のことをいった。提灯を持つのは御供の者であり、そこから立場の強い人のそばについてまわる人をさすようになり、現在用いられている意に転じたものであろう。

鳥目《ちょうもく》 銭《ぜに》の異称。また、一般に金銭の異称。江戸時代までの銭貨は、円形で中央に四角の穴があいていて、それが鳥の目に似ているとして、この名が付けられた。中世の終わり頃から例が見られる。中国で銭貨がガチョウの眼に似ていることから「鵝眼《ががん》」と俗称されているのが移って来て、日本でも同様に名付けられたものといわれる。

ちょび髭《ひげ》 鼻の下にほんの少しはやした髭。語源は未詳だが、「ちょび」は少しばかりまばらに生えている様子を表す擬態語といえよう。文献に見える最も古い例は、木下尚江の『良人の自白』〔一九〇四〜〇六〕前・九・一にある「快弁を揮って居る三十格恰のチョビ髭は」である。一説にチャーリー・チャップリンの鬚をいった「チャップリン鬚」という言いかたが変化したものとするが、一八八九年生まれの彼に一九〇四年当時にあの鬚があったとは思えない。

ちょろまかす 人の目をごまかして物を盗む。かすめ取る。ごまかし取る。古くは言いまぎらしたり、だましたり、一時のがれのうそを言って、その場をごまかすの意や、女をだまして肉体関係を結ぶの意でも用いられた。江戸初期の京都の遊里（島原・伏見）での流行語。擬態語「ちょろ」に接尾語「めかす」が付いたのなら「ちょろめかす」となるはずであるが、中近世には、だますを意味する語として「まぎらかす」「たるまかす」「だまかす」「ごまかす」など「…かす」「…まかす」の形をとるものが多く、おそらく、この形への類推によって「ちょろまかす」の形が生じたものと思われる。

ちょん 物事の終わりをいう語。もともとは、拍子木を続けて短く打つ音を表す擬声語。江戸時代から例が見られ、特に歌舞伎で、拍子木を打ちながら、幕を引くことに使われた。そこから幕切れ、終わりをいうようになったのである。

チョンガー 独身男子の俗称。チョンガクともいう。「総角」の朝鮮漢字音から。「総角」とは中国での髪型の一つで、朝鮮語ではそれが未成年男子の髪型をさす語として用いられたが、のちに転じて大人になっても結婚せずにいる者を軽蔑していう語としても使われた。第二次世界大戦後、朝鮮半島および旧満州などでこの語を使用していた日本人が帰国したことにより、日本国内にも広まった。

ちんぴら 不良少年少女ややくざなどの下っ端をいう。もともとは、一人前でもないのに大人ぶったり、大物を気取ったりする者やそのさまをあざけっていう語。大阪や神戸での方言「ちんぺら」の転とする説があるが、どちらが先であるか定かではない。この「ちん」は、小犬を「ちんころ」というときの「ちん」と同じで、小さいという意が含まれていそうに思えるのだがいかがであろうか。

ちんぷんかん わけのわからないこと。儒者の用いた漢語をひやかしていったところからとも、外国人のことばの口まねからともいう。江戸時代に多くの例が見られるが、さらに「ぷん」を加えて語調を整えた「ちんぷんかんぷん」という語形も現れる。近世には仮名表記が多かったが、明治以降は、漢字表記が多くなり、「珍糞漢」「珍紛漢」「陳奮漢」「陳奮翰」「陳文漢」「陳分漢」など様々なものがあった。それらには、「漢」がつくものが多い点から、法令の難しい漢語に対して、明治初期には「チンプン漢語」という語も現れた。

通《つう》 ある物事によく精通すること。江戸時代に流行ったことばで、人情にさとく、特に花柳社会などの事情に明るいことを表した。野暮の対義語としての位置付けがなされていた語である。現代では、ある物事によく精通することに広く用いられ、「芝居通」「事情通」など、他の語と複合して用いることが多い。

月《つき》並《な》み 平凡で新鮮みのないこと。もともとは、毎月、月ごと、あるいは、月ごとにあること、月に一度ずつあることの意であった。そこから月ごとにある和歌・連歌・俳句の会を「月並みの会」というようになり、特に俳句については「月並み俳諧」という語も生まれ、「月並み」がこの「月並み俳諧」の略として用いられることもあった。正岡子規の『十たび歌よみに与ふる書』（一八九八）に見られる「俳句の観を改めたるも月並連に構はず思ふ通りを述べたる結果に外ならず候」の例はその「月並み俳句」を批判対象としたものである。正岡子規はこの例のように旧来の俳句を「月並」と呼んで批判したが、これが「月並み」が平凡で新鮮みがないの意で用いられるきっかけとなった。

爪《つま》楊《よう》枝《じ》 歯の間にはさまった物を取り去ったり、食物を刺したりするのに用いる楊枝。「つま」とは「爪」の転である。楊柳の枝に呪術的な意味があり、病を治し、歯痛を止める効果があるとされたために、楊枝が作られたと考えられる。仏教とともに伝えられ、貴族の毎日用いるところとなった。柳の他、杉、竹なども用いられたが、江戸時代には特に黒文字を皮を付けたまま楊枝としたものが貴ばれた。大きさも三寸から六寸以上のものもあり様々であったが、中世後期に小さなものが作られ、ふさ楊枝などの大きなものに対して、「爪楊枝」と呼ばれることとなった。

梅雨《つゆ》 六月前後の、雨やくもりの日が多く現れる時期をいう。語源説は、露けき時節の義、ツユ（露）の義、物がしめりくさるところからツイユ（潰）の義、梅がつはり熟すところからツハルの約、梅の熟する意でツヒユ（潰）の義などさまざまあるが、未詳。「梅雨」と書くのは、梅の実が熟する頃に降る雨であることからとするのが一般的であるが、この時期には衣服に黴《かび》が生えるので、「黴雨《ばいう》」と書き、それが同音の「梅」にかわったとする説もある。

亭主《ていしゅ》 一家の主人。夫。「亭」とはたかく安定した建物の意で、そこの主人が「亭主」である。これが転じて、一家の主となった。中世には一般に広まっていたようで、以降さまざまな文献に見られるようになるが、特に、宿屋、茶屋、揚屋などの店主を意味した例が多い。夫の意で使われだすのは江戸時代になってからのようである。

丁寧《ていねい》 注意ぶかく念入りであること。手厚く親切なこと。昔、中国の軍中で、警戒の知らせや注意のために用いられた楽器を「丁寧」といったが、日本ではその例を見ない。注意を喚起するための楽器の名が、注意深く念入りであることに用いられ、それが転じて、手厚く親切なことも意味するようになったのである。

定番《ていばん》 流行に左右されず、常時よく売れる、基本的な商品。需要が安定しているため商品番号が固定しているところから生じた言いかた。洋服や洋品などについていうことが多い。

出稼《でかせ》**ぎ** 生活している土地を離れて、ある期間別の土地や国で稼ぐこと。明治初期には外国へ出ていって一稼ぎしようとすることが流行し、明治元年に砂糖きびの植え付け作業のためにハワイへ行った三百余名が、最初に海外に出稼ぎにでた日本人だといわれている。現在では一般に、農村などで、農閑期を利用して都会や工業地などに臨時に雇われて稼ぎに行くことの意で用いられている。

的屋《てきや》 縁日や盛り場など、人通りの多い場所で露店をだして呼び売りをしたり、見世物を興行したりするのを業とする者。香具師《やし》。語源としては、ヤテキの倒語で、ヤはヤシ（香具師）のヤ、テキは泥的などという場合の接尾語とする説があるが、ヤテキの形が文献上で確認されないことが問題となる。一方で、的屋の義で当たればもうかるところから矢の的になぞらえたものとする説もある。

手管《てくだ》 人を操り動かす技術。巧みにだます手段、術策。江戸時代から例が見られるが、特に、遊女が客をたらしこみ操る技術をいうことが多かった。語源は未詳であるが、同義のテクダリの下略、テキダ（手段）の転、テクダ（手筝）の義で機織用語から、放下師が水を上らせる芸をするときに手に小さな管をかくしていたところからなどの説がある。

でたらめ 思いつくままに勝手なことを言ったり行ったりすること。いいかげんであること。語源としては、「出る」の連用形に助動詞「たり」の未然形「たら」、助動詞「む」の已然形「め」が付いたもので、「(ことばが)出たら出たでかまわない」の意の言い回しが名詞化したものという説が有力。ただし、「め」をさいころの「目」と解し、さいころを振って出た目にまかせる、という語源解釈もある。

丁稚《でっち》 商人または、職人の家に奉公し、雑役、使い走りなどにつかわれる少年。小僧。デシ(弟子)がデッシとなり、さらにデッチとなったものではなかろうか。他の語源説としては、小さいものであるところから、双六《すごろく》のデッチ(重一)の義とするものや、下賤の者を意味する語「丁」を含む漢語テイチ(丁稚)の訛かとするものもある。漢字表記としては丁稚・丁児・調市・童奴などがある。同義の語として「こぞう」があるが、「こぞう」は江戸で、「でっち」は上方で用いられた。

鉄面皮《てつめんぴ》 恥を恥とも思わないこと。ずうずうしいこと。文字通り、鉄でできている面《つら》の皮の意である。

出歯亀《でばがめ》 好色な男の蔑称。明治四一年(一九〇八)、女湯のぞきの常習者で、出っ歯の植木職池田亀太郎という男が、東京・大久保で性的殺人事件を起こしたところから、女湯をのぞくなど変態的なことをする男をいうようになったもの。かなりの流行語になったようで、『東京二六新聞』明治四一年(一九〇八)六月一七日の記事に「中には怪しかる挙動を為す事を出歯るなどと洒落て動詞に用ひる者など出来たるが」とあるように、「出歯る」という動詞形も生じている。

天井《てんじょう》 屋根裏をおおい隠し、塵よけ、保温のためなどに板を室内の上部に張ったもの。初めは天蓋として上から釣り、または柱を立てて上においたが、後には造りつけになった。語源説としては、火事を恐れ、井の形を模して造ったところからとするものと、井の形に組んだ天井竿からとするものがある。

天王山《てんのうざん》 勝敗や運命の重大な分かれ目。天王山とは、京都府南部、大山崎町の桂・宇治・木津川が合流する地点の淀川に臨み、男山に対する実在する山の名である。山城盆地と大阪平野とを結ぶ交通の要所にあり、天正一〇年(一五八二)羽柴秀吉と明智光秀とが山崎で戦ったとき、この山の占有が勝敗を左右したというところから、勝敗の分岐点の意で用いられるようになった。

天麩羅《てんぷら》 魚介類に、水溶きした小麦粉の衣をつけて、胡麻油、菜種油などで揚げた料理。語源説はさまざまあるが、調理の意のポルトガル語 Tempero からとするのが有力である。他には天上の日の意のスペイン語・イタリア語 Tempora からとするものもある。この日には獣鳥肉は食わないで、魚肉・鶏卵を食したところから、魚料理の名となったのではないかというのである。以上が南蛮語由来説であるが、天は揚げる、プラ(麩羅)は小麦粉の薄いものをかけることを意味するところからとする説もある。しかし、小麦粉を練った種を油で揚げて砂糖の衣をかけた南蛮菓子をもテンプラと呼んでいたことからして、やはり南蛮語からのものとみたほうがよさそうだ。「天麩羅」という表記は、山東京伝がフラリと江戸へ来た天竺浪人の利助という者の売る胡麻揚に用いたことにはじまるとされるあて字である。

店屋物《てんやもの》 料理屋・そば屋・すし屋などの飲食店で売っている食べ物。また、その店から取り寄せる食べ物。「てんや」とは「店屋」で商いをする店のことであり、中世から例が見られる。古くは商店一般に広く用いられたようだが、近世になると飲食店に限られて使われるようになり、そこで作られる飲食物を「てんやもの」というようになった。

てんやわんや 各自が勝手にふるまって騒ぎたてること。大勢が先を争って混乱すること。各自が勝手にの意の「てんでん」と、むちゃくちゃの意の「わや」または「わやく」が結合してできたものと考えられる。

等閑《とうかん》 物事をいいかげんな気持ですることと。気にもとめないで放っておくこと。なおざりにすること。この「閑」は、「閑却」などに用いられる場合と同じで、なおざりにするの意であり、「等閑」で、対象すべてを同様に等しくなおざりに扱うということになろうか。白居易の詩「琵琶行」に「秋月春風等閑度」とあるのは、秋の月や春の風も、うかうかと見過ごしてきたという意である。漢文脈の中では古くから用いられたようであるが、一般に広まったのは江戸時代頃であろう。

道具《どうぐ》 物を作ったり仕事をはかどらせたりするために用いる種々の用具。また、日常使う身の回りの品々。もともとは、仏道修行のための三衣一鉢など六物《ろくもつ》、十八物、百一物などといった必要品をいった。また、密教では、修法に必要な法具をいう。ここから、一般化したのであるが、その時期は平安時代であろう。

淘汰《とうた》 悪いものを除き良いものを選び残すこと。「淘」も「汰」も水で洗う意で、洗ってより分けることが原義。『唐詩選国字解』〔一七九一〕「附言」にある「淘汰は金と云ふものは砂の中にまじってあるを水にひたしえりわけておいて、そうして真金にすることぢゃ」の例は、原義から意が転じていく過程を考えるのに非常に良い例である。ダーウィンの進化論における重要概念である selection の訳語としても有名であるが、その場合は、生物集団で、特定の形質をもつ個体群だけが特に繁殖するようになることで、適者が選ばれ不適者は除かれる現象をいう。ダーウィンはこれを人為淘汰・自然淘汰・雌雄淘汰に分けた。

堂々巡《どうどうめぐ》**り** 同じ所をぐるぐると回ること。また、考えや議論などが、同じことをいつまでも繰り返して進展しないこと。もともとは、祈願のため、または、儀式として、仏や仏堂のまわりをまわることをいったが、のちには、手をつなぎ輪をつくって歌いながらぐるぐるまわる遊び、あるいは一人で立って両手をあげ、目をつぶって一所でぐるぐるからだをまわす遊びにもいうようになった。これらの様子が考えが進展せずに同じところでとどまっているさまにたとえられたのである。

道楽《どうらく》 本職以外の趣味。またそれを楽しむこと。本来は仏教語で、仏道修行によって得たさとりの楽しみの意。道を求めようとして得る楽しみであったはずが、だんだんと世俗的な楽しみをさすようになり、女色や酒やばくちなどといった遊びにふけることを非難めいていうことばになってしまったのである。本来の意味ではあまり例を見ないが、転じての例は江戸時代以降にかなり多く見られる。

登龍門《とうりゅうもん》 立身出世につながるむずかしい関門。また、運命をきめるような大切な試験のたとえ。「龍門」は中国の黄河中流の急流で有名なところで、そこをこえることのできた鯉は龍に化するとの言い伝えから生じたことば。龍門をこえた鯉が龍になるとの伝説は、『後漢書』「李膺伝」の注や『太平広記』に引く「三秦記」に見える。これは、名誉な境遇になる、声誉ある身分になる等の意で用いられるが、「登龍の関門」とする誤解から、立身出世を得る重大な関門を考えるようになったのであろう。

とことん 最後の最後。また副詞的に用いて、徹底的に。もともとは踊りの足拍子をさすものであり、江戸時代には民謡などの囃子詞としても使われていたようだ。最後の最後、徹底的にの意で用いられるのは比較的新しい。

土左衛門《どざえもん》 水死体。江戸時代から例が見られるが、当時は水死体とともに太った人をも意味したようだ。語源説はいくつかあるが、山東京伝の随筆『近世奇跡考』〔一八〇四〕一にある「成瀬川土左衛門《どざゑもん》〈略〉江戸の方言に、溺死の者を土左衛門と云は、成瀬川肥大の者ゆゑに、水死して渾身皺ふとりたるを土左衛門の如しと戯ひしが、つひに方言となりしと云」の記述が有名である。他には、肥満した人の罵称ドブツを擬人化した語とする説、泥溝をいうドブ、あるいは水に投ずる音ドブンなどを擬人化したものかとする説などがある。

どさくさ 混雑していて騒々しい状態。語源説としては、江戸時代、佐渡金山の人足確保のために行った博徒狩りを、サド（佐渡）をひっくり返してドサといったところからとするものがある。その博徒狩りはまさに混乱状態の中で行われたようで、もっともらしい説ではあるが、すでに『日葡辞書』〔一六〇三～〇四〕に「Dosacusa（ドサクサ）スル」の例がある点で疑わしい。ドサは騒々しいさまを表す擬態語あるいは擬声語とみたほうが良いのではなかろうか。

どさまわり 劇団などが地方を興行してまわること。地方巡業。「どさ」とは、いなか・地方をさげすんでいう語。地方をまわることを「どさまわり」といったのである。「どさ」の語源については、ドサア言葉、つまり東北弁の土地へ行っておこなう芝居の意からとするもの、バクチで逮捕されて遠く佐渡へ送られることをサドの倒語を用いてドサといったところからとするもの、ドシャ降りになると休みになるような田舎芝居の意からとするもの、客席にも楽屋にも筵が敷いてあったドザ（土座）の芝居の意からとするもの、ドサは土くさい意の土砂からとするものなどの諸説がある。

どたんば 最後の決断をせまられる場面。せっぱつまった場合。「土壇」とは土の壇であり、もとは、首斬りの刑を行う場所をさした。ここから、せっぱつまった最後の最後という意に転じるのであるが、その例が確認されるのは明治以降である。

突拍子《とっぴょうし》 調子はずれであること。度はずれなこと。意外なこと。『教訓抄』〔一二三三〕や『体源抄』〔一五一二〕の記述に、打楽器で抑揚のある奏法を「加拍子」といい、とくに羯鼓拍子の奏法を「突拍子《とひょうし》」というとあり、「とっぴょうし」はこれを比喩的に用いて成立した表現と思われる。しかし、節用集などには「土拍子」「頓拍子」のような漢字表記が見られ、『名語記』〔一二七五〕二などにも「トヒヤウシ」の「ト」についての様々な解釈を記しているように、語源は早くから不分明になっていた。江戸中期から、これを強めて「とっぴょうしもない」の形が多く用いられた。

とどのつまり いろいろやって、またば、せんじつめていった最後のところ。結局。トドは、魚のボラのこと。ボラは幼魚の時から順次名を変える出世魚で、はじめはオボコまたはクチメと呼ばれ、次にスバシリ、イナ、ボラの順に名がかわり最後にトドと呼ばれる。トドは最終の呼び名であるところから、トドの詰まりとなり、これが紆余曲折を経た最後のところといった意で用いられるようになった。他の説としては、トド（止）のツマリ（詰・留）の義、トドはトウドウ（到頭）の約などがあるが、ボラの最後の名をトドと呼ぶ場合も、「止」「到頭」のいずれかが意識されていると思われ、これらはみな関連するものといえよう。

賭博《とばく》 金銭・品物などをかけて勝負をあらそうこと。かけごと。ばくち。「賭」は金品をつぎこんでかけるの意。「博」はひろく苗を植えるの意が原義で、そこから大きな富を得るの意に転じ、ばくちの意をも表した。「博」は「ばくち（博打）」の表記にも使われている。

泥坊《どろぼう》 他人の物をぬすみ取る者。ぬすびと。語源は、オシドリバウ（押取坊）の上略、ドロは取でボウは坊で卑称、トリウバウ（取奪）の中略、トロはトル（取）の意でバウは暴の義、デルホウ（光棍）の転訛、三河土呂の一向宗徒が党を組んでいたことによる土呂坊の義か、など諸説あるが、未詳。江戸時代から例が見られるが、『物類称呼』〔一七七五〕五の「方外なる物を、関東にて、だうらくと云、大坂にて、どろばうと云」や、随筆『皇都午睡』〔一八五〇〕三・上の「東都にて泥坊と云は盗賊の異名にして京摂にて泥坊と云は放蕩者の異名とせり」に見られるように、当時関西では「どろぼう」を放蕩者の意で用いていたことが知れる。これらからドロボウのドロはどら息子のドラとの関連も想像される。

とんちき ぼんやりしていて、気のきかないこと。「とんちき」の「とん」は「とんま」の「とん」で、「ちき」は「いんちき」の「ちき」などと同じ接尾辞と考えられる。江戸後期から例が見られる。特に軽はずみな者やあわて者をさすことばとして文政・天保（一八一八〜四四）の頃に上方で流行した。

どんちゃん騒《さわ》ぎ 酒を飲み、にぎやかに遊興すること。「どんちゃん」とは、もともと太鼓と鉦《かね》をいっしょに打ち鳴らす音を表す語で、それが、心が乱れ騒ぐさま、大声で歌うなどしてさわぐさまをも表した。

とんとん拍子《びょうし》 物事が具合よく、次から次へと順にはかどっていくこと。「とんとん」は、続けざまに軽くたたく音を表す擬態語であろう。この語は、床や階段を軽く調子よく足早に踏む音、踊る時の足踏みの音、まな板の上で軽く調子よく物を刻む音なども表した。これらの音のリズム感が物事が次々に進行するさまにも通じたのであろう。

どんぴしゃ まったく的中し、そのとおりであるさま。ぴったり合うさま。「どんぴしゃり」ともいう。「ぴったり」の類義語「ぴしゃり」に、接頭語「どん」が付き、末尾の「り」が脱落したもの。この「どん」は、「どん詰まり」「どん底」などに見られるが、これはもともと「ど真ん中」「どえらい」などに見られる意を強める「ど」である。「どんぴしゃ」も「どんぴしゃり」もともに例が見られるのは、昭和に入ってからである。

【な】行

ないしょ 表向きにせず、内々にしておくこと。外部に隠しておくこと。仏教で自己の心の内で真理を悟ることをいう「内証《ないしょう》」から変化した語。古くは、家の台所や奥の部屋、あるいは内輪の事情をさすことばとしても用いられた。現在では、もっぱら秘密の意で用いられる。

夏《なつ》 四季の一つ。語源説はさまざまあり、「あつ（暑・温・熱）」が変化したとするもの、「ねつ（熱）」からくるとするもの、「あなあつ（暑）」からとするもの、また、草木が「なり出づる」、稲が「成り立つ」「生《な》り着く」から変化した語とするもの、あるいは、「萎ゆる」の「な」に助詞「つ」が付いたものとするもの、この季節の祭祀「撫物《なでもの》」の「撫づ」からくるとするものなどがある。

奈落《ならく》 仏教で、地獄。または、地獄に落ちること。サンスクリット語の音訳。そこから転じて、物事のどん底や、最終のところについてもいうようになった。劇場では、舞台や花道の下に設けられた地下室をいう。

成金《なりきん》 急に金持になること。元は、将棋で、歩兵が敵陣の三段目以内に入った状態をいう。元の性能が消えて、金将と同じ性能を持つ。江戸時代の末頃には、急に金持になることの意に転じたようだが、それが一般的に使われるようになったのは、明治の終わり頃らしい。一説に、明治四〇年（一九〇七）、鈴木久五郎という人が株相場で大儲けをし、花柳界で贅をつくしたことに使われて以来一般に広まったといわれている。

縄《なわ》張《ば》り もとは、土地などに、縄を張って境界を定め、自分のところと他人のところの区別や特別の区域を明らかにすることの意。また、家屋などを建てる際に位置を定めるため、図面どおりに、敷地に縄を張ることの意でもあった。そこから転じて、能や歌舞伎、見世物などで、縄を張って観客を入れる座席を区画することを意味するようになった。また、博徒《ばくと》・やくざ・暴力団などの勢力の及ぶ範囲についてもいう。

二《に》の舞《まい》 もとは、舞楽の曲名。唐楽に属する沙陀調（現在は壱越調）の古楽。安摩《あま》の舞に続いて二人の舞人が滑稽な所作でそれをまねて舞う舞。そこから、人のあとに出てそのまねをすることをさすようになった。特に、前人の失敗を繰り返すことについて使われる。

二《に》枚《まい》目《め》 美男子。江戸時代、劇場の看板の二番目に役者の名がしるされたところから、主に恋愛物の演劇、映画などで美男役を演じる者をさしていわれた。また、そこから転じて、稼ぎ高が第二位の遊女についても使われた。現在では、俳優に限らず、美男、優男全般をさしても使われる。

にやける 鎌倉・室町時代、貴人の男色の対象となった少年のことである「にやけ（若気）」を動詞化した語。近世から明治期にかけては「にやける」といい、男が女のように色っぽい様子や姿をすることをさした。その後、「にやにや」などへの類推から「にやける」にかわったとする説もあり、現在では、主に浮ついている様をさして使われる。

女房《にょうぼう》 「房」は部屋《へや》の意。もとは、女官の部屋。また、朝廷に仕える女官で、一人住みの房《へや》を与えられている者をいった。それが、中世以降に、婦人一般をさしていうようになり、さらに愛情の対象としての女性、妻をもいうようになる。現在では、もっぱら自分の妻のことをいう場合に使われている。

濡《ぬ》れ衣《ぎぬ》 濡れた衣服。ぬれごろも。転じて、無実の浮き名や、根も葉もないうわさ。また、無実の罪。継母が無実の継娘を、漁夫の塩垂れ衣を証拠に密夫がいると実父に偽りを言い、父が娘を殺したという言い伝えによるといわれる。また一説に、濡らした衣服が早く乾けば無罪、乾かなければ有罪とする神事があったと考え、その行事からとするものもある。平安時代、主に和歌では、無実の罪や浮名を濡れ衣の原義に掛けた歌が多く詠まれた。例えば『古今和歌集』〔九〇五～九一四〕離別には「かきくらしことは降らなむ春雨に濡れ衣着せて君をとどめむ」とある。

濡《ぬ》れ事《ごと》 色事や情事。恋愛沙汰。もとは、歌舞伎で、色事・艶事の表現として男女が交わす甘い愚痴や口説の演技、また、情事や恋愛の演目やその場面をいった。転じて、一般化した語。

猫《ねこ》ばば 悪事を隠して素知らぬ顔をすること。拾い物などを返さず、自分のものにしてしまうこと。猫が糞をした後、前足で砂をかけてそれを隠すところから、「猫糞《ネコババ》」とする説や、江戸中期、本所に住んでいた猫好きの老婆が欲張りであったところからとする説などがある。

根《ね》ほり葉《は》ほり しつこくこまごまと。「葉掘り」は「根掘り」に語調を合わせたもの。根元から枝葉まで全部の意から、残らずとなり、そこから転じて、しつこく徹底的に尋ねるさま、うるさく詮索するさまなどをいうようになった。

伸《の》す 殴って倒す。気絶させること。本来は、折れ曲がったものを真っ直ぐにのばすの意。大正時代頃から学生の間で殴って倒すことの意で使われはじめたという。これは全身をスルメのように伸ばしてやるということであろう。

呑《の》み屋《や》 取引所や競馬・競輪などで、「呑み行為」をする組織、人。客の金をまるまる呑み込むところから名付けられた。

乗《の》るか反《そ》るか 成功するか失敗するかを天に任せて、思い切って行うこと。いちかばちか。矢を製作する矢師のことばから生じたといわれる。矢師は矢をつくるにあたり、まず竹を乾燥させるのであるが、乾燥後の竹が真っ直ぐに伸びていたら矢として使えるが、もし曲がっていれば使い物にならない。矢師は乾燥後の竹が「のるか（伸びるか）そるか（曲がるか）」と成否を心配したのだという。もっともらしいがいかがなものであろう。また別に、南方語で地獄をいうヌルカ、天国をいうソルガが転じて日本語になったものかとする説もある。

のろま 動作や頭の働きが鈍いこと。のろくて気が利かないこと。一説に「のろまにんぎょう（野呂間人形）」の略とする。野呂間人形は、江戸時代、野呂松勘兵衛という人形遣いが始めたという操り人形の一種で、頭が平たく、顔が青黒い道化人形。人形浄瑠璃の間狂言に使われた。また一説に、速度が遅い、敏捷でない、働きが鈍い意の形容詞「鈍《のろ》し」にそういう状態である意を表す接尾語「間」がついたものとする。

【は】行

ハイカラ 欧米風や都会風を気取ったり、追求したりするさま。もとは、英語のhigh collarからの外来語で、丈の高い襟を意味した。洋行帰りの人々がこれを着用していたところから、西洋風で目新しいこと、また、そうした欧米風や都会風を気取ったり、追求したりするさまに用いられるようになったのである。『毎日新聞』明治三三年〔一九〇〇〕六月二一日の記事に「自由党が竹越与三郎、杉本君平、小手川豊次郎などと云ふコスメチック党を引き入れると、進歩党でも抜からず望月小太郎、蔵原惟廓などと云ふハイ、カラア党を迎へて之れに対抗する」とあるのは転じた意の例である。この記事は、当時毎日新聞記者であった石川半山（本名石川安次郎）が「当世人物評」に書いたもので、これが転義で用いた始まりであるといわれる。明治三〇年代前半には、保守主義者・攘夷主義者を「チョン髷党」と呼んだのに対して、開国主義者・進歩主義者・欧化主義者は「ハイカラア党」と呼ばれた。

馬鹿《ばか》 知能が劣り、愚かなさま、その人。また、取るに足りない、無益なこと。古くは「馬嫁」「破家」といった表記も見られ、語源はさまざまであり、サンスクリット語のmoha（愚か者の意）に中国で「慕何」「慕痴」「莫迦」などの漢字が当てられ、それが日本に入って「ばか」と読まれたとするもの、同じくサンスクリット語のmahallaka摩訶羅（無智の意）の転で、僧侶が隠語として用いたことによるとするもの、家財を破るの意の「破家」から、家をつぶすほど愚かであると転じたとするもの、「はかなし」の語根の強調形であるとするものなどがある。近世に入ると、秦時代の趙高が鹿を馬と言って臣下を試したという故事と結びつけた語源説が広まり、鹿を馬と言われても、権威にへつらい本当のことが言えない愚か者というところから、専ら「馬鹿」と書かれるようになった。

白状《はくじょう》 隠していたことを打ち明けること。自分の犯した罪を申し述べること。「白」は申すの意。古代から意がかわらずに用いられているが、中世から近世にかけては罪人が申し述べた罪状を書き記した文書のことをもいった。これには、糾問者との問答形式をとるものや、罪状を箇条書にしたものなどがある。現在では専ら自白の意に使われる。

伯仲《はくちゅう》 力などが釣り合っていて、優劣つけ難いことをいう。「伯」は長兄、「仲」は次兄で、長兄と次兄は近い兄弟であるところから、転じて優劣つけ難いことをいうようになった。

白眉《はくび》 多人数、または同種のなかで、最も秀れている人や物をさしていう。中国の蜀《しょく》に秀才の五人兄弟がおり、中でも、長兄の馬良が最も秀れた人物で、その眉毛に白毛があったという『蜀志』「馬良伝」にある故事からなった語。

燥《はしゃ》**ぐ** 浮かれて喋りたてる。調子に乗って騒ぐ。もとは、乾くの意。乾いていることは、しけっぽいの反対であり、そこから浮かれた楽しい気分の様子をいうようになったらしい。

蓮《はす》**っ葉**《ぱ》 女性が軽はずみで品の無いこと。江戸時代から例の見られる、軽はずみであるの意の「はすは（蓮葉）」の変化した語。「はすは」の語源については、「ハス（斜）＋ハ（端）」とするものと、「蓮葉商ひ《はすはあきな》」からとするものがあるが、後者が有力である。「蓮葉商ひ」は、盆の供物を盛るための蓮の葉を売る商売のこと。一時的にしか用いられないものを売るということから、粗野に振る舞うことの意に転じたと解せよう。また、ハスッパが女性に限定されて使われるようになったのは、井原西鶴の作品などに登場する、問屋に雇われて売色も含んだ客の接待をする女性である「蓮葉女」の影響があろう。

跋扈《ばっこ》 思いのままに勢力を振るうこと。傍若無人に振る舞うこと。特に、上位者を無視して勝手な振る舞いをすること。「跋」は踏みつける、「扈」は魚をとる竹籠の意。大きい魚が籠の中に入らないで跳ね上がることから転じたもの。

はったり 相手を脅すようにおおげさに言動すること。実際以上に見せようとして、おおげさに振る舞うこと。その振る舞い。動詞「はる（張）」の連用形に、完了の助動詞「たり」が付いて一語化した語。語源については、このほか、王朝時代に徴税などを催促した「ハタル（徴）」の転であるとする説、賭場で「張ったり張ったり」と呼び掛けるところからとする説などもある。もとは、他人を脅すこと、殴ること、また、喧嘩などをしかけて、金品を強奪することなどの意であった。相手を脅すようにおおげさに振る舞う意の例が見られるのは昭和に入ってからである。

派手《はで》 姿形、つくりや色あい、図柄などが、見た目に華美に映ること。目立って華やかであること。また、行動や態度が、人目を引くほど大げさであること。仰々しく、にぎやかなこと。「映《は》え手」の変化した語とも、三味線用語の「はで（破手）」から転じた語ともいわれる。「破手」は、古典的な三味線の曲を本手というのに対して、その手法を破った賑やかな奏法の曲のことをいう。「派手」は、江戸時代、歌舞伎や遊里などの風俗を評する語として用いられ、江戸中期には、目立って華やかで美しいさまを表す語として普及した。その対象は、人の言動にとどまらず、人以外のものにも範囲を広げて用いられた。しかし、やがて「いき」の美意識が確立され、「派手」は「いき」に劣るものとされ、江戸末期には「浮ついた、目立ち過ぎる華やかさ」の意が強調されるようになった。

破天荒《はてんこう》 前例のないこと。未曾有のさま。「天荒」は未開の荒地。唐代に、荊州から官吏の採用試験の合格者が一人も出ず、天荒と呼ばれていたが、大中年間（八四七～八六〇）に劉蛻《りゅうぜい》という人が初めて及第したので、それを天荒を破ったと称したという故事から成った語。そこから転じて、今まで誰も行えなかった事を成し遂げること、前代未聞《ぜんだいみもん》のさまをいう。

はなむけ 旅立ちや門出を祝って、金品や詩歌などを贈ったり、送別の宴を開いたりすること。その金品・詩歌や宴。「馬《うま》の鼻向《はなむけ》」の略といわれ、馬の鼻に向かって餞別する意、馬の鼻を行くべき方向へ向けてやる意、馬の鼻の向かう方向の意などの説がある。一方、ハナは始めの義、駅首の意の「鼻設《はなもうけ》」から変化した語であるとする説もある。

はねる 芝居、相撲などの、その日の興行が終わることをいう。打ち出しとなる。転じて、会合などが終わることにもいう。芝居小屋の出口の筵《むしろ》を、芝居が終わると上の方にはね上げて客を出したところから生じた言いかた。

半畳《はんじょう》 芝居の見物人が出す掛け声、野次。もともと、一畳の半分の意である。昔、芝居小屋などで、見物人に貸し賃を取って貸す、一人分の小さな敷物をいった。役者の演技が下手だったときなどに、観客が野次を飛ばし、舞台にこの半畳を投げ入れたことから、野次をも半畳というようになった。これがさらに一般に広がり、相手の言動をからかったり、まぜかえしたりする言葉をさすようになったのである。

番頭《ばんとう》 商家の使用人のかしらで、店の万事を預かるもの。古くは「ばんどう」ともいい、種々の勤務やグループの長、「番」の「頭」をいう。平安時代から、院庁の判官代や、荘園の番の有力名主、宮中の見張り役などの名称として使われ、後には、寺の事務長、商家の雇人のかしら、湯屋の番台にいる湯番、農家で田植えの段取りをする下男など、種々の役の長をさして使われてきた。現在では、近世の商家で店の万事を預かる「番頭」の意が残った。

贔屓《ひいき》 自分の気に入った者を引き立て、特に力添えすること。後援すること。ある商店などを好意をもって特に利用すること。「ひき(贔屓)」の変化した語。「ヒイキ」は「ヒキ」の長音表記形。「贔」の字音は「ヒ」で重荷を背負う意、「屓」は「キ」で鼻息の意。『色葉字類抄』(一一七七~八一)には、「チ部」の「チカラオコシ」項に、振り仮名として「ヒイキ」が記されており、本来の「ヒ部」には、「ヒキ」と短音形が示されている。このことから、「ヒイキ」は元々規範から外れた表記であったことがうかがえる。もとは、大いに力を入れることの意であったものが、特にある人物に肩入れする意に転じたもの。

ピカ一《いち》 多数の同類の中で最も優れていること。花札の手役の一つから生じたことば。七枚の手札のうち、一枚だけが光物(二〇点札)で、残りの六枚がすべて滓札《かすふだ》か柳(雨)の札であると、相手から同情点をもらえることで、一つだけ光り輝いている意から、この役を「ピカ一」という。

引出物《ひきでもの》 招待した来客に、主人から贈る物品。平安時代、馬を庭に引き出して贈ったところからいう。その後、引出物の名のもとに馬代《うましろ》として金品を贈るのが普通になり、現在では、酒宴の膳《ぜん》に添える物品、さらに、広く招待客へのみやげ物をさすようになった。平安時代から例の見られる語である。

秘書《ひしょ》 要職にある人の身の回りにいて、機密文書や事務を取り扱う役の人。もとは、秘蔵の本や、秘伝を書いた書物、また、機密文書の意。「秘書」の語の初出は『漢書』「叙伝上」であるといわれ、宮中の蔵書、天子秘蔵の書物をさして用いられている。日本では、平安中期からみられ、やはりいずれも書物の意で用いられた。「秘書」が現在のような意味で使われるようになったのは、明治に入ってからである。明治中期には、政府高官を補佐する「秘書官」の職や、金融機関で「秘書役」「秘書記」など「秘書」を冠した役職や部署が設置され、また、英語のsecretaryの訳語「書記」と「秘書」を合わせた「秘書記」の語もみられるようになる。こうした下地によって、大正時代には「秘書」は人の役職として一般に用いられるようになった。

左利《ひだりき》き 酒飲み。もとは、右手よりも、左手がよく利くことをいう。金鉱が盛んになった江戸初期に流行った鉱夫言葉の一つ。金鉱を掘る者は左手に鑿を持つので、左手を「鑿手《のみて》」といったのだが、そこから「鑿手」を「飲み手」に掛けて、「左利き=酒飲み」となった。

左前《ひだりまえ》 着物の右の衽《おくみ》を左の衽の上に重ねて着ること。古来、着物を左前に着るのは、死者に経帷子《きょうかたびら》を着せる際だけの習慣である。ここから転じて、江戸時代から、物事が順調にいかないこと、運や金まわり、商売などがうまくいかなくなることを「左前」というようになった。

左巻《ひだりまき》 渦《うず》・蔓《つる》・螺子《ねじ》などが左の方へ巻いていること。時計の針と反対に巻いていること。また、その模様。特に、江戸時代には、犬の尾が左側の方に巻いていることをいい、強く毛並みのよい犬とされた。ここから転じて、威勢のよい人などのたとえに使われるようになった。しかしその後、人間のつむじは右巻きが普通であり、つむじが左に巻いている人は頭が悪いという俗説が生まれ、現在では、風変わりで、頭の働きが鈍い、馬鹿、まぬけな人間の意で用いられる。

皮肉《ひにく》 意地の悪い言動。痛烈な非難。遠まわしに意地悪を言ったりしたりすること。あてこすり。もともとは、皮と肉で、からだの意。転じて、うわべ、表面、理解や解釈の浅い所をも表した。中国の禅宗の始祖達磨大師は、弟子の修行の程度を喩えて「我が皮を得たり」「我が肉を得たり」「我が骨を得たり」「我が髄を得たり」と評した。そのうちの皮と肉は、骨髄（本質）まで達していないことをさしており、ここから転じて、遠回しに辛辣な批判をすることを「皮肉」というようになり、それが次第に、意地悪くあてこする意に変化した。

ひやかし 人をからかうこと。動詞「冷やかす」の連用形の名詞化。江戸時代、浅草の紙すき職人が、紙の原料を水で冷やしている間、ぶらぶらとでかけて新吉原の遊里で格子先の遊女をからかったり、品定めをしたりして回ったところから出た語という。実際に、張り見世の遊女を見て歩くだけで登楼しないことを表す例として、仮名垣魯文『安愚楽鍋』〔一八七一～七二〕三・告条「花街の素見《ひやかし》、一夜に尽さざれども」が挙げられる。転じて、実際には買う意思がないのに値ぶみをしたり、値段を尋ねたりすること、また、買うつもりもなく商品を見て回ることの意に用いられるようになった。また、人をからかうことの意で用いられたものも江戸時代からある。随筆『嬉遊笑覧』〔一八三〇〕九上に見られる「ひやかしは悪る口ききなどして興をさますなり、さますとはものを冷すことにいへば、やがて冷かしと云たりとみゆ」の例は現代の用法に近いといえよう。

ひょっとこ 口がとがり、一方の目が小さい、滑稽な顔つきの男の仮面。「ひおとこ（火男）」の変化した語。火吹き竹で火を吹くときの顔つきから出た語という。普通はそのような顔つきの仮面をさすが、それをつけてする踊りをいうこともあった。また、この仮面に似た顔の男についてもいい、馬鹿、間抜けなど、一般に男をののしっていう語としても使われる。

昼行灯《ひるあんどん》 ぼんやりしている人、役に立たない人をあざけっていう語。行灯は昼間には用をなさないところから生じたことば。

顰蹙《ひんしゅく》 顔をしかめて不快の情を表すこと。「顰」「蹙」ともに、顔や額にしわを寄せる意で、そこから、不快の念を表すようになった。古く、平安初期からみられる。現代では、多く「顰蹙を買う」の形で使われ、人が顔をしかめるような行為をして嫌がられることをいう。

風流《ふうりゅう》 上品で優美な趣があること。みやびやかなこと。そのさま。詩歌を作り、その趣を味わい、あるいは世俗から離れて趣味の道に遊ぶことにもいう。また、美しく飾ること、数奇《すき》・意匠をこらすこと。古く中国では、先人の遺風、流儀や伝統をさして「風流」といい、日本に伝わって品格や優美さの意が発達して、一般に風雅なことを表す語として定着し、さらに、芸術的な装飾や意匠、祭礼などにも「風流」の語が使われるようになった。

ふがいない 黙って見ていられないほど

意気地がない。期待どおりの行動ができず、役に立たない。まったくだらしがない。「いふかひなし（言ふ甲斐無し）」の「い」が略されて「ふかひなし」となったという説や、はらわた、心の意の「腑」に甲斐がない、しっかりしていないの意であるとする説などがある。例は中世末頃から見られる。

普請《ふしん》 道・橋などの土木工事。また、建築工事一般にもいう。「しん」は「請」の唐宋音で、もとは仏教用語。禅寺で、普《あまね》く多くの人々に請い、共同で建築などの労役に従事してもらうことを「普請」という。それが一般化して、家屋の建築や道路工事に使われるようになった。

夫人《ふじん》 他人の妻を敬っていう語。「夫」は「扶」で、夫《おっと》を助けるの意。昔、中国では、天子の妃のことを「夫人」といった。日本でも、諸侯や貴人の妻をさして使われ、令制では、後宮で皇后、妃に次ぐ女性の地位として用いられた。後には、広く貴人の妻をさすようになり、江戸末期からは、他人の妻を敬っていう語として使われるようになった。

布石《ふせき》 将来のために、前もって手くばりをしておくこと。将来に備えて用意をすることをいう。「石」は碁石、「布」は配置するの意。もともと、囲碁用語で、序盤戦の時に、後の戦いに備えて石を配置することを意味したものが、のちに転じて広く用いられるようになったもの。このため多く「布石を打つ」の形で用いられる。大正期頃から、一般に広まったらしい。

蒲団《ふとん》 中に綿・鳥の羽毛・わらなどを入れ、布地で縫いくるんだ寝具。元は、蒲《がま》の葉で編んだ円座。また、蒲の穂またはパンヤなどを布で包み円形に作ったもので、坐禅などに用いるものであった。その素材の「蒲」と円形の意の「団」から「蒲団」と表し、宋音で「フトン」と読んだ。江戸時代に入ると、「蒲団」は敷物だけでなく、木綿わたの寝具もさすようになったが、現在では、専ら寝具の意で用いられ、敷物の方は「座蒲団」と呼ばれるようになった。

冬《ふゆ》 四季の一つ。語源については、「ヒユ（冷ゆ・寒ゆ）」から変化した語であるとする説が最も有力であるが、その他、「フケヒユ（更け冷ゆ）」の転であるとする説、草木の芽が冬に兆すところから「フユル（殖る）」の義であるとする説、あるいは、年の暮れる季節であるところから「フユ（経ゆ）」の意であるとする説など、諸説ある。

風呂《ふろ》 入浴のための場所。湯殿。浴室。語源については、「ムロ（室）」が変化した語であるとする説、「ユムロ（湯室）」が略され転じたものであるとする説、茶の湯の「フロ（風炉）」からくるとする説などがある。例は、平安時代末頃から見られるが、当時は蒸風呂形式のものであった。浴槽をもつ形の風呂が生まれたのは江戸時代初期になってからで、戸棚風呂や水風呂が生まれ、さらに江戸中期には柘榴口《ざくろぐち》をつけた風呂が一般化した。蒸風呂形式はすたれ、現在のように浴槽で入浴する風習が定着していった。

分別《ふんべつ》 物事をわきまえること。もともと仏教語で、心の働きが対象を思惟し計量することの意。凡夫の誤った理解、虚構の認識を「妄分別」といい、真理を認識する智恵を「無分別智」という。そこから転じて、一般に、物事をわきまえること、物事の道理、善悪、損得などを考えることをさすようになった。平安時代から例は見られるが、多くは漢文脈で用いられたものである。一般化するのは中世以降といえよう。

ぺけ 拒否、拒絶するさまにいう語。だめ。いけない。気にいらない。また、役に立たないこと。間が抜けていること。駄目の意で、×印。ばってん。語源は未詳。マレー語のpergiが転訛したものとする説と、中国語の「不可（puko）」から転じた語とする説がある。江戸時代末頃から例が見られる。

へそくり 倹約してこっそり蓄えた金銭。語源説はいくつかあるが、「へそくりがね」の略で、麻糸を巻きつける糸巻きである「綜麻《へそ》」を繰る内職をしてためた金の意であろう。他の語源説としては、銭を腹に巻きつけておいたところからヘソクリ（臍繰）の義、臍に納めて繰り出す金の意、ヘソクルミ（臍包）の約などがある。江戸時代から例が見られる。

べそをかく 子どもなどが泣き顔をする。語源としては、口を「へ」の字にむすんでいることを「圧口《べしぐち》」といい、これがなまって「べそ」ができたとする説、泣く時の口の形が「へ」の字に似ていることからとする説がある。

ペテン 偽りだますこと。また、その手段。いんちき。詐欺。中国語で詐欺の意を表す「弸子（Pêng-tzu）」が訛ったものか。明治時代初期から例が見られ、総生寛『西洋道中膝栗毛』（一八七四～七六）一二・上には「まさか異人があんな偽造《ぺてん》をしやアしめへと思って」とある。

べらぼう 馬鹿げているさま。でたらめなさま。あまりにはなはだしい、法外なさま。江戸時代、寛文（一六六一～七三）末年から延宝（一六七三～八一）初年にかけて、見世物で評判をとった可坊《べらぼう》という名の奇人がいた。容貌はきわめて醜く、全身真っ黒で、頭は鋭くとがり、眼は赤くて円く、あごは猿のようで、愚鈍なしぐさを見せて観客の笑いを誘ったという。これから転じて、馬鹿な人の意となったといわれ、これに接尾語「め」が付いて「べらぼうめ」となり、さらに音が変化して、江戸ことばの「べらんめえ」が生まれた。語源としては、この他、「箆棒」で「穀潰し」の意からくるとする説、薄弱萎軟のさまを表す「ヘラヘラ・ベラベラ」からとする説などもある。

弁当《べんとう》 外出先で食事するため、器物に入れて持ち歩く食物。また、それを入れる器物。また、外出先で仕出し屋などから取り寄せて食べる食事。由来は、中国の南宋頃の俗語で、便利なこと、重宝なこと、都合がよいことの意の「便当」にさかのぼるといわれる。日本での「弁当」はもともと「不弁」の反対語の形容動詞で、豊かで裕福なこと、充足していることを表す語であった。室町時代の末頃、「便利なこと」の意は本来の「充足」の意も付加されて「便利なもの」に、さらに「携行食」へと意味変化し、現在のような「弁当」の意が生まれたと考えられる。以後、これが主流になり、本来の「便当」の意はすたれた。『伊達家日記』天正一七年〔一五八九〕五月二三日「其後いそはた御めくり御へんとうめしあけられ候」の例は携行食の意の最も古い例とされるものである。由来については、この他、「面桶」の漢音「ベントウ」からくる語とする説も江戸後期からみられるが、「トウ（桶）」と「タウ（当）」の違いに疑問が生じる。

ボイコット ある特定の事物や人物を共同で排斥すること。また、集会や会合などに皆でまとまって参加しないこと。個人の行為でもいうことがある。英語 boycott からの外来語。一八八〇年、アイルランドで、小作人から排斥された農場の差配人「ボイコット大尉」の名に由来する。労働組合の争議戦術の一方法としても行われ、争議中の企業の製品を購買しないように第三者に呼びかけて排斥することにもいう。また一般に、組織的・集団的な不買運動、不買同盟についてもいわれる。

坊主《ぼうず》 寺の住職。仏教語で、「房主」とも書く。「坊」はもと奈良・平安時代の都城の行政区画の一単位をいったが、その後、大寺院の中の、僧の住居もさすようになり、一坊の主僧を「坊主」といった。それが室町時代以後、一般僧侶の呼称となり、江戸時代に入ると、髪を剃《そ》ったり短く刈ったりした頭や、毛のない頭や、その人、丸くて毛の生えていないもの、木の生えていない山や葉のない木などにもいうようになった。また、剃髪する習慣があったところから、江戸中期以降、主に男の幼児を親しみやあざけりを込めて呼ぶようにもなった。

方便《ほうべん》 目的のために利用する便宜的な手段。サンスクリット語の漢訳から。もともと仏教語で、下根《げこん》の衆生を真の教えに導くために用いる便宜的・暫定的な手段、また、それを用いることをいった。転じて、目的のために利用される一時の手段、また、その手段を用いることをいうようになり、さらには、好都合なさま、幸運なさまにも用いられた。好都合あるいは幸運なさまを表す例が見られるのは江戸後期頃からである。

亡命《ぼうめい》 宗教、思想、政治的意見の相違により、自国で迫害を受けた場合、または受ける危険がある場合それを避けて他国にのがれること。「亡」は人が物陰に隠れる意の会意文字で、逃れること、「命」は名、名籍の意。もとは、戸籍を抜けて逃亡すること、逐電の意であった。日本でも、古く奈良時代から明治の初めまで、この意で使われたが、明治以降、現在のような国外亡命の意が用いられるようになり、逐電の意味では使われなくなった。福沢諭吉『西洋事情』〔一八六六〜七〇〕二・三にある「蘇格蘭（スコットランド）の人ロウなる者智恵ありて理財に巧なり。本国を亡命し仏蘭西に来て」の例が、国外亡命の意の文献上に確認されている最も古い例である。

ボーナス 夏季・年末・年度末・決算期などに支給される臨時的給与。ラテン語の bonus（良いこと）が英語の bonus となったもので、本来は、株式の例外的特別配当金、業績に応じた割り増し賃金をいう。

日本では明治九年（一八七六）、三菱商会が賞与制度を作ったのがその始まりであるといわれる。

ぽしゃる 計画などがつぶれる。だめになる。無駄になる。失敗する。フランス語の帽子「シャッポ」(chapeau) から、降参することを「シャッポを脱ぐ」というが、この「シャ」と「ポ」を逆さにしたものを動詞化した語かといわれる。昭和初期から使われるようになった語。

保障《ほしょう》 障害のないように保つこと。責任をもって相手の立場や権利などを保護し守ること。安全を請け合うこと。もとは、中国で「保」は小城、「障」は砦《とりで》で、城を築いて外部からの進入を防ぎ守る、城塞の意で用いられた語。それが転じて、支え防ぐこと、あるいは支え保つものの意となり、日本では明治時代の末頃から、現在のような安全を請け合うことの意で使われるようになった。

坊《ぼっ》ちゃん 他人の男の子を敬っていう語。また、世事にうとい人。あまやかされて育ったため世間をよく知らない人。多く、あざけりやののしりの気持をこめて用いられる。「坊」は元来僧侶の意で、丸めた頭の類似から男児の呼称ともなったものである。その尊称「ぼうさま（坊様）」から変化した語で、随筆『守貞漫稿』〔一八三七〜五三〕には、「江戸〈略〉中民以下は〈略〉男子童形を坊様」とあり、「京坂にてぼんと訓ず 江戸にてはぼうと訓ず」と注記されている。他にも、尊称として「坊さん」「お坊さん」、愛称としては「ぼうちゃん」などの語もあり、「ぼっちゃん」はその促音便形として幕末に成立したと思われる。

仏《ほとけ》 仏教語。仏陀のこと。釈迦仏・阿彌陀仏・薬師仏などのすべてにいう。仏像や仏画。仏法、仏事。仏教徒。また、死者の霊や死人についてもいう。「仏」の由来については、サンスクリット語Buddhaの漢訳「浮団《フト》」「浮屠《フト》」に、その道の人「家《ケ》」あるいは霊妙なものの意の「気《ケ》」が付いて「フトケ」となり、「ホトケ」に転じたとする説が最も有力であるが、この他、解脱の意の「解釈《ホドケ》」からとする説、仏教が伝来した年に国神の祟りで熱病が流行したところからとする「煩気《ホトヲリケ》」説、世間を離れて独り悟るの意で「独解《ヒトリトケル》」説、貴人を木に譬えるところから「浮屠木《フトキ》」であるとする説、「人気《ヒトケ》」説、「人消《ヒトキエ》」説など、実に様々である。日本では、『日本書紀』〔七二〇〕敏達一四年二月（前田本訓）に「所祭《いはひまつ》りし仏《ほとけ》の神之心《みこころ》に祟れり」とあるように、初めは「神仏」の意で用いられたようである。「仏」が「仏陀」の意で使われるようになったのは、奈良時代の中頃、「仏足石歌」〔七五三頃〕「釈迦の御足跡石に写し置き敬ひて後の保止気《ほとけ》に譲りまつらむ捧げまうさむ」に「保止気」とあるのが、その最初の例であるとされる。

ほらふき おおげさなことをいう人。虚言をいう人。もとは、修験者や山伏が、山に入るとき、獣避けや連絡用に法螺貝を吹き鳴らしたもので、法会の道具として、また軍陣の進退の合図にも用いられた。その法螺貝の音が大きいところから、小さなことを大袈裟に言ったりすることをさしていうようになり、明治時代以降、虚言の意が定着した。

蒲柳《ほりゅう》 病気をし易い、ひ弱な体質。「蒲柳」は、川柳の別名。中国の『世説新語』の故事に、東晋の顧悦が同い年の簡文帝から「なぜ私より先にあなたの髪は白くなったのか」と聞かれ、「蒲柳（自身）は秋を前に葉を落とすが、松柏（簡文帝）は冬の霜で益々葉を茂らせる」と答えたという話があり、この故事の「蒲柳」と、柳が弱々しく靡くさまから、虚弱体質の意が生まれたと考えられる。

ぼる 客の弱みに付け込んで、法外な代価や賃銭を要求する。不当な利益をむさぼる。暴利をむさぼる意から、「暴利」を動詞化した語であるとも、「むさぼる」を略して「ぼる」になったともいわれる。

ぼろ 着古して破れている衣服や、使い古した布。壊れているもの。役に立たないもの。「ぼろ雑巾」「ぼろ靴」など、他の名詞の上に付けても用いる。また、隠されている欠点。失敗。物が破れているさまを表す擬態語「ぼろぼろ」から出た語であろう。江戸時代から例を見るが、当時は衣服や布に限定されて用いられていたようだ。

ぼろい 資本、労力に対して、利益が多いこと、楽して儲けが多いことの意。劣悪なものをいう「ぼろくそ」の語が、きわめて容易であるの意に転じ、苦労しないで収穫のあることが「ぼろ」のように安易であるというところから、「ぼろ」を形容詞化して「ぼろい」の語ができたとされる。

ぼんくら ぼんやり者。おろか者。うつけもの。もとは賭博用語で、盆の上での勝負を見極める眼識が暗いことをいい、それが一般化して先の見通しがきかない凡人の意として広まった。また、小児の意の「坊」が変化した「ぼん」からとする説もある。

ポンコツ 中古品、廃物の意。もとは、拳骨で殴ること。殴って殺すこと。その「殴る」意が、ハンマーで使い物にならなくなった自動車を解体することの意になり、さらに転じて中古の壊れかかった自動車を意味するようになり、一般に、老朽化して廃品同様になったものをいうようになったものと思われる。由来については、西洋人が「拳骨」を聞き間違えて「ポンコツ」といったところからとする説が有力であるが、ほかに、英語の「punish（罰）」と日本語の「拳骨」を混成したものであるとする説や、同じく英語の poundcotton に由来するという説、ポンポンコツンコツンと叩く音からできた擬音語であるとする説などもある。昭和三四年に阿川弘之が『読売新聞』に連載した小説『ぽんこつ』によって、中古品、廃品の意の「ポンコツ」が一般に広まったといわれる。

ポン酢《ず》 橙《だいだい》やすだちの絞り汁。オランダ語の pons から変化した語で、「ポンス」のスに「酢」を当てたもの。ポンスは、ヒンドゥー語で五つの意を表す panic から派生した語で、五種類のものを混合する意から、アルコールに砂糖や果汁を入れて作ったリキュール酒のこと。これにレモン汁などの果汁が入るところから、転じて、柑橘類の絞り汁の意となったものと考えられる。

ぽん引《びき》 売春宿に客を誘い、連れこむ客引き。もとは、相手の土地不案内などにつけこんで、甘言でだまし、所持金を奪ったり、女性や子供をかどわかしたりすることや、そのようなことをする者をいった。語源については、ぼんやりした者を引っ張って誘惑する意の「凡引き」の転訛とも、盆の上で行う賭博の意からとも、詐欺的な賭博犯をいう「盆引き」が変化した語ともいわれる。

本命《ほんめい》 競馬や競輪などで、一着になると予想される馬や選手。また、一般に、一番有力であると目される人。「本命」は、本来「ほんみょう」で、陰陽道で人の生まれた年の干支によって決められている特定の星をさし、人生の大事をこの本命に従って決めたりしたところから、当たるという意で、勝ち馬予想などに転じて用いられるようになった。

【ま】行

麻雀《まあじゃん》 室内遊戯の一つ。「マージャン」の語源は、中国の清代に、賭博が禁止された地方で、見つかってもごまかせるようにと、紙牌に書く絵を従来の梁山泊の豪傑の顔の絵から泥棒の顔に書き替えたことによるといわれる。当時の泥棒の呼称「馬将《マージャン》」から、紙牌を「馬将」と呼ぶようになり、牌は骨牌に変わったが、名前だけは残った。「麻雀」は、斑点のある老雀のことで、牌をかき混ぜるときの音が雀の鳴き声に似ているところから、「馬将《マージャン》」に「麻雀」の字が当てられるようになったといわれる。「麻雀」の由来には、この他、馬将で上がるときの形が、首を上げて翼を広げた雀の姿に似ているところからくるとする説もある。日本への伝来については、明治三八年（一九〇五）、中国四川省に英語教師として招かれた名川彦作が、帰国後、持ち帰った牌で同僚たちを集めて教えたというのが定説になっている。

枕《まくら》 寝る時に頭をのせて、頭を支える道具。語源には、頭の隙間を支える意で「間座《マクラ》」であるとするもの、マはアタマの略で「頭座《マクラ》」であるとする説、目を置いて休む意から「目座《メクラ・マクラ》」説、神霊を呼び出すための枕「真座《マクラ》」説、古くは袖を巻いて枕にしたところから「マク」は「巻く」の義であるとし、「マク（巻）」と「クラ（座）」の合成語であるとする説、あるいは真薦や菅を巻いて座を作ったところから「纏《マキ》座《クラ》」の意であるとする説など、実に様々なものがある。古く、奈良時代には、膝を枕にすることが神意を問う意味を持っていた。「手枕《たまくら》」も、恋愛の表現である以前に、宗教的・呪術的な意味を持っていたといわれ、人の死に際して枕の向きを変える習俗も何らかの呪術的行為と思われる。このような性質から、「枕」は、何かを暗示したり、枕をして寝た人の恋の行方を知るものとされたりした。

間《ま》抜《ぬ》け うっかりして失敗をすること。手抜かりのあること。馬鹿げたことをすること。そのさまやその人。また、愚鈍な人をののしっていう語。あほう。とんま。江戸時代から見られる語である。「間」は時間的な間隔のことで、邦楽・舞踊・芝居では、本来あるべき休止がない意。この、拍子が抜ける、調子が外れるの意が、手抜かり、失敗の意味に転じ、さらに愚鈍な行為をののしる意となった。

真似《まね》 他と同じようなことを言ったり、似通った動作をしたりすること。また、他のものの姿形に似せること。動詞「学《まね》ぶ」と同源で、「マネブ」は対象をそのまま似せて再現することの意。既に平安時代初期から見られ、マは「真《まこと》」、ネは「似《に》」で、「真を似せる」「真似せ」が変化した語。一説に、応神天皇の時代に、武内宿禰が筑波に赴いた折に讒言に遭い、殺されそうになったが、その時、壱岐の真似子という男が宿禰に容姿が似ていたことから身替わりになって死んだという言い伝えから、似ていることを「真似」というようになったとするものもある。

眉唾《まゆつば》 だまされないように用心すること「まゆつばもの（眉唾物）」の略。眉に唾をつけると、キツネやタヌキなどに化かされないという俗信から、江戸時代には「眉に唾をつける」「眉に唾を塗る」といった。「眉唾物」「眉唾」という言い方がされるようになったのは、明治時代に入ってからのようである。

魔羅《まら》 陰茎。サンスクリット語の音訳から。元来は「魔」と同義で、善行の妨げとなる悪神のことをいった。初めは僧侶の間で用いられた語で、仏道修行の妨げになる悪神、とりわけ性欲をさして戒めるものであった。語源については、この他、排泄の意の「マル」から転じたとする説、稀《まれ》の義で、婦女のための客人《マレビト》の意であるとするもの、「末裸《マラ》」、あるいは「真茎《マラ》」の義であるとする説などもある。

マンネリ 一定の技法、形式などが惰性的に繰り返され、型にはまって独創性や新鮮さを失うこと。また、その傾向。英語 mannerism からの外来語「マンネリズム」の略。mannerism は、manner から派生した語で、マナーは、慣習的な流儀、作風などの意である。

万引《まんびき》 買物客を装って、店頭の商品をこっそり盗むこと。また、その人。江戸時代の末頃から使われた語。語源については、「間引き」から転じたもので、隙間の意の「間」に撥音「ん」が付いて「まん」となり、それに「万」の字を当てたとする説と、「まん」は「間」と「運」が結合したもので、幸運の意であり、「万引き」は「チャンスを狙って引き抜く」の義であるとする説がある。

ミーちゃんハーちゃん 程度の低いことにうつつを抜かす女、子ども。軽蔑していう語。みいはあ。明治末期に使われるようになった語。由来については、「ドレミハソラシド」の音階で「ミ」の次が「ハ」であることから、「ミーちゃん」に「ハーちゃん」を付けて並べたとする説や、明治時代末頃の女子の代表的な名前である「みよちゃん」「はなちゃん」からとする説などがある。

ミイラ 人間または動物の死体が腐敗せずに乾燥して固まり、もとの形に近い状態で残っているもの。天然のものと、人工のものとがある。もとは、ミイラを作る際、防腐剤として死体に詰めた没薬の意で、ポルトガル語やオランダ語からきた語。没薬はカンラン科植物の樹脂で、日本には江戸時代の初めに「ミイラ」の名でオランダ人によって持ち込まれ、万病に効く薬として流行した。江戸時代には、ミイラに用いる没薬が万病に効くことから、逆に、人間や獣のミイラが不思議な没薬を製したと信じられていた。

見栄《みえ》 他の人によく見られるように、うわべを飾ること。他人の目を気にして不相応な体裁をつくろうこと。「みえ」は、動詞「みえる（見）」の連用形の名詞化。本来は、単に見えること、見えるさま、見た目をいった。その「見た目」が変化して、江戸時代の中頃から「見られるものの表面を飾る」意が見られるようになり、「見栄」の字も当てられた。現在ではもっぱらこの意で使われる。一方、歌舞伎では、役者の感情や動作の高揚が頂点に達した時、それを印象的に表現するために、一瞬動きを停止してポーズをつくる演技をいう。これは「見得」と書き、歌舞伎脚本では、単に様子・姿の意にも用いる。

水商売《みずしょうばい》 客のひいきによって成り立ってゆく、収入が不確かで盛衰の激しい商売。主として、待合・貸座敷・料理店・バー・キャバレーなどにいう。江戸時代の中頃から使われた語で、由来については、その収入が不安定なさまから、流水のように一定しない商売という意味で、この名が付いたとする説、かつて娼妓や芸妓などの職業を「泥水稼業」「泥水商売」などといったところからくる語であるという説、江戸時代に街路や寺社の境内で茶や菓子を出して、往来の人々の休息の場となった水茶屋から出た語であるとする説などがある。

店《みせ》 商品を並べて売る所。また、商売、サービスのため客に対応する場所。商店。「みせだな（見世棚）」の略。商品を並べておき、客の目につくようにした所をいい、鎌倉時代の中頃から見られる。江戸時代には、一時、遊郭で遊女が客を誘う、道路に面し格子構えの座敷、また、そこに遊女が居並んで遊客を待つこともさして使われた。「見世棚」の上を略した「たな」も「店」と同意に用いられたが、後に貸家・借家の意味になり、現在では「店子（借家人）」「店晒し（商品が長い間売れないで、いつまでも店先に残っていること）」などの語のみが残った。

未曾有《みぞう》 かつてない非常に珍しいこと。サンスクリット語の漢訳から。本来「未だ曾《かつ》て有らず」の意の仏教語で、仏の功徳の大きいことや神秘であることを賞賛した語。後に、『徒然草』（一三三一頃）一〇六「比丘を堀へ蹴入れさする、未曾有の悪行なり」のように、悪事の意味にも転じ、善悪両方について用いられるようになった。

耳学問《みみがくもん》 自分で習得した知識ではなく、人から聞いて得た知識。聞きかじりの知識。江戸時代後期から見られる語であるが、程度の低い知識の意で用いられた。『荀子』に「上学は神に聴く、中学は心に聴く、下学は耳に聴く」とあるのが、この語の起こりであるといわれる。

宮《みや》 「み」は接頭語「御」、「や」は「屋」の意。もとは、神のいる御殿、神社、神宮。あるいは、大王・天皇の住む御殿、御所をさした。その後、御所が建てられた各地の地名をとって「橿原宮」「藤原宮」などと呼ぶようになり、さらにそこに住む皇太子や皇后をさして、東宮、中宮などと呼ぶようになった。また、中世以後には、「伏見宮」「桂宮」のように、親王家の称号にもなった。「みや」の語源については、「御屋」説が圧倒的に有力であるが、ほかに、神の霊の意の「影見《カゲミ》が居る屋」の義「カゲミヤ」の略であるとする説、「身屋」の義であるとする説などもある。

都《みやこ》 政治、経済、文化などの中心として、多くの人口を有する繁華な都会。首都。首府。田舎に対していう。「みや」は「御屋」「宮」で、御殿、御所をさし、「こ」は「処」で、場所を表す接尾語。本来は、皇居のある土地や、天皇が仮居した行宮《あんぐう》などをいった。平安時代から江戸時代にかけては、多く京都をさしていわれた。現在では、主に人が集まる都会、都市をさして「都」という。「みやこ」の語源については、「宮処」説が最も有力であるが、ほかに、「宮所《ミヤドコロ》」の略であるとするもの、「宮門《ミヤコ》」であるとするもの、「宮籠《ミヤコモリ》」の義、「カゲミヤドコ」の略など、諸説ある。

矛盾《むじゅん》 つじつまの合わないこと。話の筋が通らないこと。物事が一貫しないこと。「矛」はほこ、「盾」はたてで、ともに武器。もとは、武器をとって戦うこと。戦争を起こすこと。また、激しく敵対することの意。昔、中国の楚の国に、矛と盾を売る者があり、「この矛はどんな盾でも突き破ることができ、また、この盾はどんな矛でも防ぐことができる」と自慢していたが、ある人に「お前の矛でお前の盾を突いたらどうなるか」と言われ、答えに困ったという『韓非子』「難一」にある故事から成った語。

無尽蔵《むじんぞう》 取っても取っても尽きないこと。無限にあるさま。もともと仏教語で、尽きることのない財宝を納めた蔵《くら》の意。仏法が無限の功徳を有することをたとえていった。また、信者の布施した財物を蓄えておき、飢饉の際に貧民救済に当てたり、急場しのぎの資金として庶民に貸し出したりした、寺に設けられた庶民のための金融機関をもいった。やがて、この語が一般に広まり、「いくら取っても尽きないこと」の意に転じた。

無鉄砲《むてっぽう》 理非や前後をよく考えないで事を行うこと。むこうみずに行うこと。「むてんぽう（無点法）」の変化した語とも、「むてほう（無手法）」の変化した語ともいう。「無点」の場合は、漢文に返り点などの訓み下すための点がないところから、よく分からず理解に苦しむことのような意に転じたものかと考えられる。一方「無手」の場合は、武芸などの才能がないことを意味したものが、転じて無為無策のような意になったものかと考えられる。このどちらかが語源説として正しいのではないかと思われるが、随筆『柳亭記』〔一八二六頃か〕上に「むてっぽうとは、関東下世話にて今もいふ者あり。〈略〉元禄よりはるか古き冊子に、無天罰者と書たるがあり。むてっぽうは無天罰の訛り、天罰知らずといふに同じ。はや元禄の頃は、いひ誤り、それを名につきたるなるべし」とあるのも注目される。「無鉄砲」はあて字。

迷宮《めいきゅう》 犯罪事件が複雑で容易に判断・解決などがつかないこと。また、その状況にあること。中にはいると通路が複雑で出口がわからなくなって迷うように造られた建物の意から、転じて解決などを求めて迷う状況の比喩に用いられるようになった。

めど 目ざすところ。だいたいの見当。目標。語源については、メド（目処）の意、メド（針孔）を狙う意から、目ザストコロの訛りなどの諸説があるが、占いで使う細い棒のことをいった「蓍《めど・めどぎ》」からの転とするのが良いだろう。現在、筮竹《ぜいちく》と呼ばれる竹を用いたこの棒は、もとは蓍萩《めどはぎ》の茎を用いために、「蓍」と呼ばれたのである。

明太子《めんたいこ》 たらこのこと。多く唐辛子を加えて塩蔵したものをいう。朝鮮語でスケトウダラを表す語メンタイに、「明太」の字をあて、その卵という意で「子」をつけたもの。

面子《めんつ》 体面。面目。また、ある集まりの参加者。明治以降に中国語から発音とともに取り入れた語。中国語で、「面」は顔や容姿の意、「子」は物の名の下に添える語。現代の話しことばでは、特に同じ中国語出自のマージャンを行う際のメンバーの意で用いられることが多い。

盲点《もうてん》 うっかりして人の気づかない点。もとは、光があたっても光覚を起こさない網膜の視神経乳頭の部分をいった。これを発見したフランスの物理学者の名から、マリオットの盲点ともいう。そこから一般に視野の中にあって視覚を失っている領域をいうようになり、さらには比喩的な用法に転じた。

元《もと》の木阿彌《もくあみ》 一旦よくなったものが、ふたたびもとのつまらない状態にもどること。せっかくの苦労や努力が無駄になること。成り立ちについては諸説ある。一つは、筒井順昭が病死したとき、嗣子の順慶が幼少だったので、遺言によって順昭の死を隠し、順昭と声のよく似た木阿彌という盲人を招いて薄暗い寝所に置き、順昭が病床にあるように見せていたが、順慶が長ずるに及んで木阿彌はもとの市人の身にもどったという故事によるとするものである。また一つは、ある人が妻を離縁して出家し、木食《もくじき》の修行をして、木阿彌、木食上人などと呼ばれ尊ばれたが、年を経るに従い、木食の修行も怠りがちになり、元の妻ともかたらうようになったのを世人があざけって取り沙汰した語によるとするものである。また一つは、百姓の木工兵衛が僧に献金して某阿彌の号を得たが、村人は新しい名で呼ばず、たまたま呼んでも旧名にひかれ木工阿彌などと呼ぶため、買名の功もむなしかったという話によるとするものである。

【や】行

八百長《やおちょう》 相撲、あるいはその他の競技で、前もって勝敗を打ち合わせておき、表面だけ真剣に勝負を争うように見せかけること。八百屋の長兵衛、通称八百長という人がある相撲の年寄とよく碁をうち、勝てる腕前を持ちながら、巧みにあしらって常に一勝一敗になるように手加減したところからという。転じて、一般に、前もってしめし合わせておきながら、さりげなくよそおうこと、の意でも用いられるようになった。

やきもち ねたみ。嫉妬。嫉妬することを「焼く」というところから、焼くものである「餅」を添えていった語。焼いた餅の意では中世から例が見られるが、嫉妬の意で用いられるのは、江戸時代以降である。雑俳『柳多留』六四〔一八一三〕に「焼餅で女房ふくれてあつく成」という例があるが、やきもちをやいてあつくなりふくれっ面になる女房の様子を、餅が焼けてふくれるさまになぞらえた点が愉快である。これが語源説にもなり得るが、偶然の一致とみるべきであろう。ただし、この偶然がこの表現の定着に一役買ったとはいえそうである。

やくざ 博打打ちや無職渡世の遊び人、また、暴力団員など、正業につかず、法に背くなどして生活の資を得ている者の総称。無頼漢。ならずもの。江戸時代から見られる語。賭博の一種である三枚ガルタで、八九三《やくさ》の札がくると、ブタのうちでも最悪の手になるところから生じたことば。それが、転じて、一般に、物事が悪いことや役に立たないこと、つまらないことなどを表すようになった。

やけ 物事が思いどおりにならないため、なげやりな行動をとること。動詞「やける（焼）」の連用形の名詞化で、もとは焼けることの意である。それが、一度火をかぶって役に立たないものの意で使われるようになり、火災などで焼損した銭貨などをもいうようになった。火事で財産をみな失ってしまえば、だれしもなげやりな気持ちになろうが、これこそがまさに「やけ」である。

香具師《やし》 祭礼または縁日などの人出の多い所で、路上で見せ物などを興行し、また、品物を路上で独特の口調や大声でことば巧みに売るのを業とする者。語源は、売薬行商の元祖である彌四郎の名からとするもの、野武士が飢渇をしのぐために売薬をしたところから野士の意とするもの、戦国時代の浪人が山野の草木を採って生活費を得ようとしたところからとするもの、山師の略かとするものなどがあるが、未詳である。なお、「香具師」の表記は売物に薬草や香具類が多かったことからのものであろう。

野次《やじ》 人の言動に非難やからかいのことばを浴びせること。また、その文句。「やじうま（野次馬）」の略である。「野次馬」は、「おやじ馬」の略といわれ、年老いたよぼよぼの馬をいう。ここから何の役にも立たないこと、さらには傍観者的な無責任といった意が取り出されたのであろう。「やんちゃ馬」が転じて「やじ馬」となったとする説もあるが、「おやじ」が「やじ」となる例が他にもあることから、「おやじ馬」説をとりたい。

野心《やしん》 身分不相応なよくない望み。たくらみ。もともとは、山犬や狼の子が、人に飼われても野にあった時のことを忘れず、飼主を害そうとする荒い心を意味したが、それが身分不相応なよくない望みに転じて用いられるようになった。漢文脈では古くから使われているが、一般に広まったのは明治以降のようである。多くよくない望みに用いられるマイナスイメージの語であるが、最近は新しい大胆な試みにとり組もうとする気持をも表すことがある。

やたら 順序・秩序・節度などがないさま、また、程度が並はずれてはなはだしいさまを表す語。むやみ。雅楽の、二拍子と三拍子を組み合わせる「八多羅《やたら》拍子」からかといわれる。これは組み合わせによる変拍子であり、なかなか調子があわないところから、秩序などがないさまの意に転じて用いられるようになったのであろう。

宿六《やどろく》 一家の主人を卑しめたり、または親愛の意をこめたりしていう語。宿のろくでなしの意であろうが、ヤドは家・屋処の意、ロクは擬人化するための語で、甚六の六と同じとする説もある。

脂下《やにさ》がる いい気分になってにやにやする。キセルの雁首を上に上げて気どってタバコをくゆらすかっこうから生じた言いかたといわれる。キセルの雁首を上げればヤニが口元にさがるからである。古くは、気どってかまえる、高慢な態度をとるといった意味であったが、現在では、いい気になっているの意で使われることが多い。

藪《やぶ》医《い》者《しゃ》 技術のへたな医者。「やぶ」は「野巫《やぶ》」で、本来は田舎において呪術を医薬とともに用いる者の意であったという。「巫」とは「巫女」からも分かるように、神に仕える者の意である。このヤブが同音の「藪」「野夫」などと誤解され、藪をかき分けていくような田舎の医者の意と解されるようになったのだろう。誤った診断をする医者をあざけっていう語として現在もよく使われる。

藪《やぶ》入《い》り 正月と盆の一六日、あるいはその前後に、奉公人が主人から暇をもらって実家に帰ること。特に七月のものは「後《のち》の藪入り」ということもある。藪をかき分けて進むような草深い田舎に帰る意から生じたのだろう。他の語源説としては、父を養うために帰ることから「養父《やぶ》入り」とするものや、生まれたヤド（屋処）に入る意の「宿入り」の転とするものもある。盆暮れに仕事のある都会から実家のある地方に帰る風習はいまでもかわらないが、それは帰省といわれ、「やぶいり」はすっかり聞かれなくなった。

野《や》暮《ぼ》 世態、人情の機微に通じないこと。気がきかないこと。不粋。古くは、遊里の事情に暗いことをさした。それはすなわち、性行、言動が洗練されないでいて田舎くさいことを表したのである。語源は未詳。従来、ヤブ（野夫）の転、あるいは、ヤブモノ（藪者）の転略などとされているが、笙《しょう》の管のうちで指で押さえても音の出ないヤ（也）とボ（亡）からとする説も捨てがたい。なお、武州谷保村（現東京都国立市）の谷保天満宮の開帳を目白でしたことを江戸っ子に「神なら出雲の国に行くべきを目白で開張谷保の天神」とはやされたところからというものもあるが、これはすでにあったヤボということばが谷保に結び付けられたのだろう。ちなみに地名としての谷保は現在ヤホと清音で呼ばれている。

やまかん 勘にたよって、万一の成功をねらうこと。「やまをかける」「やまをはる」「やまがはずれる」などに用いられる「山」と「勘」が合わさった語。この場合の「山」は、見込みの薄さや不確かさを、鉱脈を掘り当てるのが運まかせだったことにたとえていうものである。ほかに、武田信玄の軍師であった山本勘助の名からとする説もあるが、例が見られるのが明治以降である点で従いがたい。

山《やま》の神《かみ》 妻。特に、結婚後年を経て口やかましくなった自分の妻のことをいう。もとは、文字通り、山を守りつかさどる神をいった。妻のことをいうようになった理由については諸説あるが、古代からある山神信仰の中で、山は恐れ多いものとされたことと、女神とされることが多かったこと等が関係しているだろう。

やもめ 配偶者をなくした者。語源は、未詳だが、独り居て家を守る女の意で「屋守女」とする説が有力である。ヤモの語源の正誤は別として少なくとも「め」は女の意であるといえそうで、本来は独身女性をいう語であったようだ。古くは、独身男性をいう「やもお」も存在したのである。「やもお」があまり使われなかったためか、「やもめ」に性別がなくなり、性別を示したい場合には、それぞれ「男やもめ」「女やもめ」というようになった。

野郎 男。若い男。男をののしっていう語。語源は、ワラハ（童）の音便ワラウ（和郎）の転とするものがあるが、よく分からない。江戸時代から例の見られる語で、前髪を剃った歌舞伎俳優や男色を売る若い男をさすことが多かった。そこから男をののしっていう語に転じたのである。もともとはかなり差別的な語であったようだが、現在ではさほど意識されずに罵声語としてかなり広く用いられている。

結納《ゆいのう》 婚約が成立したしるしに、婿嫁両家が互いに金銭・品物を取りかわすこと。「いいいれ（言入）」の変化した「ゆいいれ」にあてた「結納」を湯桶読みしたことから生じたことば。

行《ゆ》きがけの駄賃《だちん》 事のついでに他の事をすること。馬子が問屋へ荷をつけに行く途中の空馬に他の荷をつけて、馬子の所得とする駄賃を稼いだことから転じたもの。

油断《ゆだん》 気をゆるすこと。たかをくくって、注意をおこたること。語源は未詳。『松屋筆記』八〇・三五や『和訓栞』等に見られる『北本涅槃経』二二の油鉢をめぐる話、すなわち、王様が一人の家臣に油の入った鉢をもたせ、一滴でもこぼしたら命を断つぞと言って、監視人をおいたところ、その家臣は細心の注意をはらって鉢をもっていたという故事から成った語であるとされるが、古辞書に種々の漢字表記が見られることを考えると、極めて疑わしい。また、『万葉集』に見られる、のんびりとしたという意の「ゆたに」が音便化して「ゆだん」になったとする説も、上代、中古に用例が見あたらないこともあって、確説とはしがたい。

要領《ようりょう》 物事の最も大切な点。物事をうまく処理する手段。「要」は衣のすそ、「領」はえりの意で、衣を持つには要と領とを執るというところから生じたことば。幕末から明治時代にかけて広まったようであるが、最も大切な点という意は明治時代に新しく作られた「要点」がその役割をになうようになり、大正時代頃からは、新しく、物事をうまく処理する手段の意が生じた。この場合、多く、「要領がいい」「要領が悪い」などの形で用いる。

横《よこ》紙《がみ》破《やぶ》り 物事を無理に押し通すこと。理不尽なことをすること。和紙は、すき目にそって縦に裂くと裂けやすいが、横に裂くと裂けにくい。それを、あえて破るというところから、無理を押し通すの意に転じたもの。

横車《よこぐるま》 横に車を押して動かすように、理に合わないこと、理不尽なことを強引にする様子に用いる。多く、「横車を押す」の形で用いられる。

与《よ》太《た》郎《ろう》 馬鹿。うすのろ。もと、人形浄瑠璃社会で知恵の足りない者、愚か者を人名化していった語。擬態語「よたよた」の「よた」を人名に取り入れたものであろうか。「与太郎」は略されて「与太」にもなった。「与太」となると「与太郎」と同義のほかに、でたらめの意で用いられたりもした。その場合特に「与太をとばす」の形で用いられることが多い。また「与太者」という語形も生じているが、これはやくざ者というような意で用いられているようだ。

夜《よ》なべ 夜間に仕事をすること。語源説はさまざまあるが、ヨナベ（夜並）の意、ヨノベ（夜延）の転の二説が有力である。「夜並」の方は、夜を仕事をする昼と同じように並べるの意であり、「夜延」の方は、仕事をする時間を延ばすことで、休むはずの夜のはじまりが延びるというような意であろうか。ほかには、夜、鍋で物を煮て食いながら仕事をするところから、ヨナベ（夜鍋）の意というのもあるが、こじつけとすべきだろう。

【ら】行

落《らく》書《がき》 門・壁・塀など、書くべきではないところに文字や絵のいたずら書きをすること。「らくしょ（落書）」を読みかえたもの。「らくしょ」とは、中世から近世にかけて流行った、政治・社会や人物などを批判・風刺した匿名の文書のことであるが、人目に触れやすい所に落として人に拾わせたところからその名がつけられた。時に相手の家の門・壁・塀などに張り付けることもあり、これが今のいたずら書きである「らくがき」に通じるのである。

濫《らん》觴《しょう》 流れの源。物事のはじまり。『荀子』「子道」および『孔子家語』「三恕」に見える、孔子が子路を戒めた際に、揚子江も源にさかのぼれば、觴《さかずき》を濫《うか》べるほどの細流であったと説いたことからとされる。一説に、「濫」はあふれる意で、さかずきをあふれさせるほどのわずかな水流をいうともされる

梨《り》園《えん》 俳優の社会。演劇界。劇壇。特に、歌舞伎役者の世界。文字通り、梨の木の植えてある園であるが、特に、梨の木が多く植えてあった唐の玄宗の庭をいう。音楽や舞踏の愛好家だった玄宗はその庭で自ら舞楽を教えたという『唐書』「礼楽志一二」にある故事から成った語。玄宗の梨園は今で言えば芸能界のようなものだったかもしれない。

流行《りゅうこう》 世間に広く用いられ行われること。急にある現象が世間一般にゆきわたること。文字通り、流れてゆくことが原義であるが、日本ではその例を見ない。上代・中

古では、病気が広がるという意での使用が多かったが、中世になって、単に広く行き渡るという意での使用も見られるようになる。近世になると、和語「はやる」の漢字表記として用いられるようになり、これによって、「流行」の意が限定され、また一般化したと考えられる。

リンチ 犯罪者や仲間の掟《おきて》を破ったとみなされた者などに対して、正規の法手続きによらないで残酷な刑罰を加えること。私刑。英語 lynch から。アメリカ、バージニア州の治安判事 C.W.Lynch の名に由来する。一七七〇年代に彼が、ささいなことで黒人を捕え、私設法廷で自分勝手に残酷な刑罰を与えたことから、一般に私的刑罰をいうようになった。

狼藉《ろうぜき》 多くの物が秩序なく入り乱れていること。乱暴をはたらくこと。「狼」はみだれる・もとる、「藉」は乱雑なさまの意。一説に、オオカミが草を藉《し》いて寝たあとの乱れていることによるともいう。

浪人《ろうにん》 上級学校の入学試験に不合格となり、学籍をもたないで、翌年の試験のために勉強すること。また、その人。社会の変化とともにその意をかえてきた語である。古代においては、郷土を離れて、諸国を流浪する人、特に令制で、戸籍に記載されている本貫《ほんがん》の地を離れた者をさした。この者は調庸の負担から逃れることになる。中世の武家社会においては、主家を去り封禄を失った人、特に近世、仕官していない武士をさした。これを浪士ともいった。武家社会でなくなると、一定の職業のない者をさすようになったが、さらに転じて、進学できずにいる者をもさすようになった。

ロハ 代金を要しないこと。ただ。無料。「ただ」にあてる「只」の字が片仮名のロとハを続けた形であるところから生じた言いかた。

【わ】行

若《わか》い燕《つばめ》 年上の女の愛人となっている若い男。婦人解放運動家の平塚雷鳥と画家の奥村博史との書簡中に、年下の奥村が自身を「若い燕」と書き送ったところから。

若衆 もともとは年若い者の意。特に、元服前の前髪姿の少年をいった。江戸時代、男色が流行するにつれ、男色の相手をする美少年の意で用いられるようになり、美少年が舞台をつとめるかたわら男色を売る若衆歌舞伎というものまで生じた。

勿忘草《わすれなぐさ》 観賞用に栽培されるムラサキ科の多年草。春から夏にかけて、碧紫色の小花を多数つける。英語の forget - me - not の訳語。昔、ある青年が恋人のためにドナウ河の岸辺に咲いていたこの花を取ろうとして、河に落ちてしまった際、手にした花を恋人に投げて「僕をわすれないで」と叫んで力尽きてしまったという悲話からなった語とされる。

わりかん 何人かで飲食した場合、各人が自分の注文に応じて支払うこと。「わりまえかんじょう（割前勘定）」の略。「割前」とは、金銭の徴収・分配などを各自に割り当てることで、「勘定」とは代金を支払うことであり、「割前勘定」で支払いの割り当ての意となる。

現古辞典 ― 現代語から古語が引ける

「英和辞典」に対して「和英辞典」があるように、ここでは「古語辞典」に対する「現古辞典」、すなわち現代語から古語が引ける辞典をまとめてみた。受験生や古典学習者はもとより、短歌・俳句を作る人のことば探しに活用していただきたい。

記号について　《上》上代語　《近》近世語　《歌》和歌用語　《漢》漢文訓読体や和漢混淆文体で用いられる語
【類】類語　【参】参考　⇓参照　→変化　⇕対義語

あ

ああ ― あ・あな・あはれ

愛嬌《あいきょう》 ― 愛敬《あいぎやう》・愛敬《あいきやう》・愛想《あいそ》《近》【参】近世以後「嬌」を当てる。

挨拶《あいさつ》 ― あへしらひ・色代《しきだい》《漢》・挨拶《近》（＝禅宗用語から。応待の意）

愛情 ― あはれ・志《こころざし》・情《なさけ》・思《おも》ひ・慈《いつく》しみ・慈《いつく》しび

合図 ― 合図《あひづ》・印《しるし》・沙汰《さた》

愛する ― ①⇓「かわいがる」②愛《あい》執《しう》（＝仏教から）

間《あいだ》 ― 間《あひだ》・あはひ・間《ま》・程《ほど》・隙《ひま》

愛着《あいちゃく》 ― 愛着《あいぢやく》・愛執《あいしふ》

あいづち ― あど・相槌《あひづち》《近》（＝鍛冶《かじ》の用語「相鎚《あいつち》」から）

相手 ― 相手《あひて》・敵《かたき》【参】碁敵《ごかたき》・恋《こ》ひ敵《がたき》

あいにく ― あやにく・あいにく（＝近世後期から）

愛らしい ― ⇓「かわいい」

明かり ― ⇓「灯火」

上《あ》がる ― ⇓「上下《じょうげ》」

明るい ― 明《あ》かし・明《あき》らか・明《あき》らけし・清《さや》か・清《さや》けし・晴《は》れ晴《ば》れし・朗《ほが》らか

悪事《あくじ》 ― 僻事《ひがごと》・悪行《あくぎやう》

あくびをする ― あくぶ

悪魔 ― 魔《ま》・悪神《あくじん》・悪霊《あくりやう》・鬼《き》（＝霊）・鬼《おに》・外道《げだう》【参】生活・修行の妨げとなるもの。⇓「霊魂」

明け方 ― 暁《あかつき》（＝夜中から夜明けまで。幅が広い。「明《あ》か時《とき》《上》」の転）・曙《あけぼの》（＝空が白み始める頃。日の出まではもう少し）・朝《あさ》ぼらけ（＝より朝に近い。日の出前後）・東雲《しののめ》《歌》（＝「曙」に同じ。「篠《しの》の目《め》」で、明かり取りの篠の編目が見える頃という）

あご ― 頤《おとがひ》

あこがれる ― 憧《あくが》る（＝魂が体から離れる意から）

朝 ― 朝《あさ》（＝日中を「朝・昼《ひる》・夕《ゆふ》」と三分したもの）・朝《あした》（＝「夕《ゆふ》べ」の対。前夜に話題にして、明朝の意になる）

浅い ― 浅《あさ》し・浅浅《あさあさ》し・浅《あさ》はか・浅《あさ》ま

遊ぶ ― 遊《あそ》ぶ（＝平安貴族の遊びは詩歌・管弦が主で、多くこれをいう）・戯《たはぶ》る・戯《たはむ》る（＝ふざけて遊ぶ）

与える ― 与《あた》ふ・得《え》さす・取《と》らす【類】遣《つか》はす（＝人をやって与える意から）

頭 ― 頭《かしら》（＝中世まで。上部・長などの意にも）・首《かうべ》（＝中古から。「髪辺《かみべ》」

の転か）・頭（＝頭頂の「ひよめき」をいい、近世、頭《あたま》の意に）

新しい —— 新《あらた》・新《あらた》し《上》・新《あたら》し（＝中古から。「ら」と「た」の位置が転換）・鮮《あざ》らか（＝魚・肉が新しい）【参】「惜《あたら》し」と形は同じだが、アクセントが異なる。⇓「惜しい」

辺《あた》り —— 当《あた》り（＝見当付けた近く）・渡《わた》り（＝広い範囲）・辺《へ》（＝周辺）【類】ほとり（＝「端《はた》」と同源、そば近く）

あちこち —— 彼方此方《あなたこなた》・遠方此方《をちこち》・此《こ》処彼処《こかしこ》

暑苦しい —— 暑《あつ》かはし【参】扱《あつ》かはし ⇓「わずらわしい」

あっけない —— 敢《あ》へ無《な》し・果無《はかな》し

集まる —— 集《あつ》まる（＝多くが同時に一地点に集まる）・集《つど》ふ（＝人が目的のため集まる）・すだく（＝虫などが集まる）【類】群《む》る・群《むら》がる（＝まとまりなく集まる）【参】近世「すだく」を、虫などが集まり鳴くと誤解して作歌した。

あてずっぽう —— 心当《こころあ》て

あてにする —— 頼《たの》む・頼《たよ》る

跡形がない —— 名残無《なごりな》し【類】残《のこ》り無《な》し（＝完全になくなる）

あなた(二人称) —— 〔上代〕みまし・いまし・わが君《きみ》・わが夫《せ》（＝親しい男に）・吾妹《わぎも》（＝親しい女に）〔中古〕あが君《きみ》・己《おの》れ・御許《おもと》（＝女に）・あが御許《おもと》（＝女に）・主《ぬし》〔中世〕御身《おんみ》・此方《こなた》〔近世〕御前《おまへ》・此方様《こなたさま》・彼方《あなた》 ⇓「お前(二人称)」

あなどる —— （思ひ）侮《あなづ》る・劣《おと》しむ・無《な》みす・無《な》いが代《しろ》にす《漢》

兄と弟 —— ①〔兄〕兄《あに》・兄《せ》・兄人《せうと》・子《こ》の上《かみ》・いろせ《上》（＝同母の兄弟）②〔弟〕弟《おとと》・せこ・せうと・いろせ《上》

姉と妹 —— ①〔姉〕姉《あね》・いも・いもうと・子《こ》の上《かみ》・いろね《上》（＝同母の姉）②〔妹〕弟《おとうと》・弟《おとと》・妹《いも》・妹《いもうと》・いろも《上》（＝同母の妹）【類】同胞《はらから》（＝同母の子たち）

あの世(死者の世) —— 黄泉《よみ》《上》・黄泉《よも》つ国《くに》《上》・根《ね》の国《くに》《上》・黄泉《よみち》・冥《くら》き途《みち》《歌》（＝冥途《めいど》の訓読）・黄泉《くわうせん》・泉下《せんか》・冥途《めいど》・冥土《めいど》・極楽《ごくらく》（浄土《じやうど》）・安養浄土《あんやうじやうど》・安楽国《あんらくこく》・六道《ろくだう》・地獄《ぢごく》

浴びる —— 浴《あ》む（＝「湯浴《ゆあみ》」に残る）

危ない —— 危《あや》ふし・険《さが》し・殆《ほとほど》し（＝「ほとんど」の基）・ほとほとし《上》

溢れる —— 零る・溢る・溢る（＝室町以後）【参】「溢《あぶ》る」は一定の物・範囲からはみ出す意。出たものは使いものにならず、落ちぶれる。↓現代語「あぶれる」

雨 —— 【類】春雨《はるさめ》・（小《こ》）糠雨《ぬかあめ》・五月雨《さみだれ》・五月雨《さつきあめ》・梅雨《つゆ》・卯《う》の花腐《はなくた》し・長雨《ながめ》・虎《とら》が雨《あめ》（＝五月二十八日の雨。曽我十郎の愛人、虎御前《とらごぜん》の涙という。「曽我《そが》の雨」とも）・夕立《ゆふだち》・肘笠雨《ひぢかさあめ》（＝肘が笠代り）・（初《はつ》）時雨《しぐれ》・村雨《むらさめ》【参】「氷雨《ひさめ》」は明治以後。

あやし —— 怪《あや》し・怪《け》し・怪《け》しからず（＝「怪《け》し」どころでない）・いぶかし・疑《うたが》はし・胡乱《うろん》・胡散《うさん》《近》

洗う —— 洗《あら》ふ・清《す》ます・濯《すす》ぐ

争う —— 争《あらそ》ふ・争《すま》ふ（＝抵抗する）⇓「競争する」

現れる —— 現《あらは》る・出《い》で来《く》・気色立《けしきだ》つ

ありがたい —— 有《あ》り難《がた》し・忝《かたじけな》し

有様《ありさま》 —— ⇓「様子」

ありったけ —— 有《あ》る限《かぎ》り・有《あ》りの悉《ことごと》《上》

歩く —— 歩《あり》く（＝動き回る）【類】歩《あゆ》む（＝足で行く）

ある日 —— 一日《ひとひ》⇓「先日」

あれ（指示語） —— あ・か・かれ

あれこれと —— かにかくに・とかく・とにかくに

あれやこれやと —— とやかくや・何《なに》や彼《か》や・何《なに》くれと・会《あ》ふさきるさに

泡 —— あわ・みなわ（＝水の泡）・うたかた《歌》【参】「あぶく」は「泡吹《あわふ》く」から。

あわてる —— あわつ・惑《まど》ふ・うろたふ《近》

安心 —— 心安《こころやす》し・心長《こころなが》し・後《うし》ろ易《やす》し

安定する —— ⇩「落ち着く」

案内 —— 案内《あない》・枝折《しを》り・手引《てび》き

い

好《い》い —— ①好《この》まし ②⇩「良い」

言い争う —— 諍《あらが》ふ・争《あらそ》ふ・諍《いさか》ふ・言《い》ひしろふ・腹立《はらだ》つ・論《ろん》ず《漢》

いいえ —— いさ（や）・否《いな》（や）・有《あ》らず

いいかげん —— 疎《おろ》か・疎《おろ》そか・なほざり・なのめ・徒《あだ》・はか無《な》し

言い尽くせない —— 言《い》ふも疎《おろ》か

言い古す —— 言古《ことふ》る

言いようがない —— 言《い》はむ方無《かたな》し・言《い》ふ方無《かたな》し・得《え》も言《い》はず・言《い》ひ知《し》らず

言い訳 —— 託言《かこと》（＝室町以後「託言《かごと》」）

言う —— 言《い》ふ（＝いろいろな思いを口に出す）【類】告《の》る（＝呪《じゅ》力のある言葉を言う）・語《かた》る（＝秩序立てて言う）

言うまでもない —— 言《い》ふも疎《おろ》か・言《い》へば疎《おろ》か・（言《い》へば）更《さら》・左右《さう》に及《およ》ばず《漢》

家 —— 家《いへ》（＝生活する所）・家《や》（＝「屋《や》」、建物）・宿《やど》（＝「屋戸《やど》」、家の戸口の意から）・庵《いほ》（＝仮小屋）・庵《いほり》（＝動詞「庵《いほ》る」から）

意外 —— 思《おも》ひの外《ほか》・心《こころ》の外《ほか》

怒《いか》る —— 怒《いか》る（＝「厳《いか》めしい」と同源。激しく感情を出す）・憤《いきどほ》る（＝思いが胸につかえる意から）【参】「怒《おこ》る」は江戸後期から。

いくら何でも —— 然《しか》りとも・然《しか》りと雖《いへど》も《漢》

勇ましい —— 猛《たけ》し・猛猛《たけだけ》し・雄雄《をを》し

意地 —— 心勢《こころいきほ》ひ・意趣《いしゅ》・意気地《いきぢ》《近》

いじめる —— 苛《さいな》む・虐《しへた》ぐ《漢》

医者 —— 医師《いじ》・医師《いし》・薬師《くすりし》・薬師《くすし》

異常 —— 怪《あや》し・怪《け》し・怪《け》しからず・けやけし・拗《ねぢ》けがまし・異様《ことやう》・異様《ことざま》

意地悪 —— あやにく・性無《さがな》し・性憎《さがにく》し

以前 —— 前《まへ》・前《さき》・早《はや》う

いたずら —— 正無事《まさなごと》・悪《わる》さ《近》【類】戯《たはぶ》れ

いただく —— 賜《たま》はる（＝お与えになる意の「賜《たま》ふ」の自動詞）・賜《たう》ばる・賜《た》ばる（＝酒や食事をいただく）⇩「食べる」

いちず —— ひたすら・ひたぶる・直《ひた》道《みち》・懇《ねんご》ろ・切《せち》

一日中 —— ひねもす（＝「夜もすがら」の対。上代・中古・近世に）・ひめもす（＝中世・近世に）・日頻《ひしき》りに・尽日《じんじつ》《漢》

一人前 —— 大人《おとな》し・人人《ひとびと》し

一緒に —— 共《とも》に・諸共《もろとも》に・一同《いちどう》に

一般に —— 大方《おほかた》・大凡《おほよそ》・並《な》べて

一方では —— 且《か》つ・且《か》つは・且《か》つうは《漢》

いつも —— 明《あ》け暮《く》れ・起《お》き臥《ふ》し・朝《あさ》

な夕な《歌》

いとしい —— ⇩「かわいい」

いなか —— 田舎《ゐなか》・鄙《ひな》《歌》・在所《ざいしよ》《近》

衣服 —— 衣《きぬ》・衣《ころも》《歌》・衣《ころも》（＝中古以後、僧衣）・装束《しやうぞく》・装束《さうぞく》

妹 —— ⇩「姉と妹」

いやがる —— 厭《いと》ふ・疎《うと》む・疎《うと》んず《漢》

いやだ —— （心《こころ》）憂《う》し・うたてし・うたてげ・疎《うと》まし・物疎《ものうと》し・苦苦《にがにが》し

依頼する —— 誂《あつら》ふ・言《い》ひ付《つ》く

いらっしゃる —— おはす・おはさふ・おはします・います・坐《いま》す・坐《いま》すがり・坐《いま》そがり・坐《ま》します・坐《ま》す《上》

居る —— 居《ゐ》る（＝「立つ」の対。すわる、静止する）・居《を》り（＝「居有《ゐあ》り」から。居続ける）・有《あ》り・物《もの》す（＝何かする意から）

色っぽい —— 艶《えん》・なまめかし・色《いろ》めかし・色色《いろいろ》し・婀娜《あだ》

祝う —— 祝《いは》ふ・寿《ことほ》ぐ（＝言葉で祝う意から。↓寿《ことぶ》く・寿《ことぶき》）・祝《ほ》く《上》

陰謀 —— 謀《はかりこと》・謀《はかりごと》（＝近世以後）・謀《たばかり》・企《くはた》て・企《くはだ》て（＝近世以後）・謀反《むほん》《漢》

う

植え込み —— 前栽《せんざい》

受ける —— 受《う》く・蒙《かうぶ》る（＝頭にかぶる意の「かがふる」から）・蒙《かうむ》る・負《お》ふ（＝傷を）
【参】現代語「被《かぶ》る」は「蒙《かうぶ》る」の転。

薄い —— 薄《うす》し・薄《うす》らか・浅《あさ》し・淡《あは》し

うそ —— 偽《いつは》り・空言《そらごと》・徒言《あだごと》・作《つく》り言《ごと》

打ち明ける —— 現《あらは》す・言《い》ひ現《あらは》す

宇宙 —— 天地《あめつち》・（三千《さんぜん》）世界《せかい》

打つ —— 打《う》つ（＝勢いよく瞬間的に打つ）・叩《たた》く（＝続けて打つ）

美しい —— 美《うつく》し（＝いとしい意から。中古に可憐美）・麗《うるは》し（＝端麗）・愛《め》でたし（＝讃嘆に価する美）・よし・清《きよ》ら（＝最上の美）・清《きよ》げ・きらきらし・匂《にほ》ひやか・艶《つや》やか・なまめかし ⇩「優美」

うっとうしい —— いぶせし・むつかし・所《ところ》狭《せ》し（＝窮屈の意から）⇩「ゆううつ」

腕 —— かひな（＝本来は、肩からひじまで、腕と混同）・腕《うで》（＝本来は、ひじから手首まで）

促す —— ⇩「催促する」

乳母《うば》 —— 乳人《めのと》・乳主《ちぬし》・乳母《まま》（＝幼児語から）・母《おも》《上》【類】御乳《おち》（の人）（＝貴人の乳母）

うまい —— 旨《うま》し（＝上代より美味の意）・甘《あま》し（＝味が甘い意から快い意に）・美《い》し（＝上代は好ましい意、中世、美味をいい、現代語「おいしい」になる）

生まれる —— 生《う》まる・生《む》まる（＝中世、「う」がm音になり「む」と表記）・生《あ》る《上》

海 —— 海《うみ》・わた・海神《わたつみ》（＝海神のいる所）・潮海《しほうみ》【参】「うみ」は大水のある所。区別して「水《みづ》うみ（＝湖）」「塩《しほ》うみ」という。淡《あは》うみ↓近江《あふみ》、遠《とほ》つ淡《あは》うみ↓遠江《とほたふみ》

敬う —— 敬《うやま》ふ（＝「うやうやし」と同源。敬意を払う）・礼《ゐや》まふ（＝音が転じた形）・崇《あが》む（＝「上《あ》がる」と同源。対象を上位と扱う）・尊《たふと》ぶ（＝「尊《たふと》し」の語根は「太《ふと》し」、壮大さを敬う）・礼《ゐや》ぶ《上》

恨みがましい —— 託言《かごと》がまし

恨《うら》み言《ごと》を言う —— 託《かこ》つ・怨《ゑん》ず

恨めしい —— 憂《う》し・心憂《こころう》し・辛《つら》し・つれなし

うらやましい —— 羨《うらや》まし（＝動詞「羨《うらや》む」から）・羨《とも》し（＝「求《と》む」と同源。欲しいものを求めたい意から）

売る —— 販《ひさ》く（＝近世から「販《ひさ》ぐ」）

うるさい —— ⇓「やかましい」「わずらわしい」

浮気 —— 傍目《あからめ》（＝よそ見の意から）

浮気心 —— 徒心《あだごころ》・徒《あだ》し心《ごころ》・異心《ことごころ》・二《ふた》心《ごころ》・花心《はなごころ》

浮気だ —— 徒《あだ》・徒徒《あだあだ》し・色《いろ》⇓「好色」

浮気者 —— 徒人《あだびと》・戯《たはぶ》れ人《びと》

うわさ —— 聞《き》こえ・音聞《おとぎ》き・人聞《ひとぎ》き・風《かぜ》の便《たよ》り・取《と》り沙汰《ざた》・人《ひと》の口《くち》⇓「評判」

うんざりする —— 倦《う》む・倦《う》んず

運命 —— 運《うん》・宿世《すくせ》

え

永久不変に —— ①〔副〕常世《とこよ》に・常《とこ》しへに・常永久《とことは》に ②〔形動〕常《とこ》しなへ・永久《とは》

影響 —— 残《なご》り

偉《えら》い —— ⇓「立派」

選ぶ —— 選《え》る（＝和文に）・選《えら》ぶ《漢》（＝「選《えら》ふ《上》」の濁音化）・選《えら》む【参】現代語「選《よ》る」は、近世後期に「選《え》る」から成立。

縁 —— えに（＝「縁」の字音「エン」から）・えにし（＝「し」は強め）・縁《ゆかり》（＝人との関係）・よすが（＝頼る所とのつながり）・因《ちなみ》（＝「因に」の形で）

宴 —— うたげ（＝「打《う》ち上《あ》げ」から）・宴《えん》

縁起が悪い —— いまいまし・いまわし・禍《まが》々《まが》し・ゆゆし

演奏する —— 奏《かな》づ・掻《か》き鳴《な》らす・遊《あそ》ぶ【類】掻《か》き合《あ》はす（＝合奏する）

遠慮する —— 憚《はばか》る・慎《つつ》む・慎《つつし》む・忌《い》む（＝災除けのため遠慮する）

お

黄金 —— 黄金《こがね》・黄金《くがね》《上》（＝「黄《き》金《がね》」の転）【類】銀《しろがね》（＝白金《しろかね》）・銅《あかがね》（＝赤金《あかかね》）・鉄《くろがね》（＝黒金《くろかね》）・水銀《みづかね》（＝水金《みづかね》）

往復する —— 行《ゆ》き返《かへ》る・下《くだ》り上《のぼ》る（＝地方へ往復する）

往来する —— 行《ゆ》き来《く》・行《ゆ》き違《ちが》ふ・行《ゆ》き交《か》ふ（＝往復にもいう）

終える —— 終《お》ふ・果《は》たす・極《きは》む

多い —— 多《おほ》し《漢》・多《おほ》かり（＝和文に）・こちたし・繁《しげ》し・夥《おびたた》し

大きい —— 大《おほ》き・大《おほ》のか・大《おほ》し《上》

遅れる —— 遅《おく》る・下《さ》がる・遅《おそ》なはる

怒《おこ》りっぽい —— 腹悪《はらあ》し

幼い —— 幼《をさな》し・稚《いは》けなし・幼《いと》けなし・幼《いと》きなし・きびはなり・いたいけ

治める —— 治《をさ》む（＝「長《をさ》」として統一し安定させる）・領《し》る（＝占有する）・統《す》ぶ（＝まとめる）

惜しい —— 惜《を》（愛）し（＝いとしくて惜しい）・惜《あたら》し（＝もったいない）

恐ろしい —— 恐《おそ》ろし・厳《いか》めし（＝勢いが激しくて恐ろしい）・気疎《けうと》し・気恐《けおそ》ろし・悍《おそ》し・悍《おそ》まし

穏やか —— ①〔落ち着き〕和《なご》やか・なだらか・穏《おだ》し ②⇓「柔らか」「おとなしい」 ③⇓「静か」「のどか」「無事」「おっとり」

落ち着く —— 落《お》ち居《ゐ》る・思《おも》ひ鎮《しづ》まる・治《をさ》まる

夫と妻 —— ①〔夫〕背《せ》・背子《せこ》・背人《せうと》・背《せ》な・夫《つま》・夫《をうと》（＝「男人《をひと》」の転）・夫《をつと》・男《をとこ》

【類】我《わ》が背《せ》【参】「せ」は、女から兄弟・夫・愛人を親んで呼ぶ語。「妹《いも》」の対。②〔妻〕妹《いも》・妻《つま》・女《め》・女《をんな》【類】我妹子《わぎもこ》⇒「夫婦」

おっとり ―― おいらか・大《おほ》どか・子子《こご》し・子《こ》めかし・のどけし

音 ―― 音《おと》・音《おと》なひ・音《ね》(＝主に、泣(鳴)き声・楽器の音)

弟 ―― ⇒「兄と弟」

男 ―― 男《を》(＝牡《をす》の意、「女《め》」の対)・男《をとこ》(＝「乙女《をとめ》」「女《をんな》」の対)・男《をのこ》(＝「女《め》の子《こ》」の対、低位の男)

訪《おとず》れる ―― 訪《おとづ》る・訪《おとな》ふ(＝以上、音を立てて訪れる)・問《と》ふ・言問《こととと》ふ・訪《たづ》ぬ(＝探し求めて訪れる)・とぶらふ(＝様子を聞いて見舞う)⇒「質問する」

おとなしい ―― 大人《おとな》し・おいらか・柔《やは》らか

衰える ―― 衰《おとろ》ふ・頽《くづほ》る

驚く ―― 驚《おどろ》く(＝はっと気づいて驚く)・あさむ・あさましがる(＝意外で驚く)【類】胸潰《むねつぶ》る・胆消《きもき》ゆ・胆潰《きもつぶ》す・魂消《たまぎ》る・魂消《たまげ》る《近》

お前(二人称) ―― 〔上代〕汝《なむぢ》・汝《な》・汝《なれ》〔中古〕汝《なんぢ》・きむち(きんぢ)・己《おの》れ・我《わ》が身《み》〔中世〕御主《おぬし》

思いがけない ―― すずろ・ゆくりか・ゆくりなし

重重《おもおも》しい ―― 重《おも》りか・づしやか

おもしろい ―― 面白《おもしろ》し・をかし・興有《きようあ》り

おもちゃ ―― 遊《あそ》び物《もの》・持《も》て遊《あそ》び

愚《おろ》か ―― 痴《をこ》・暗《くら》し・拙《つたな》し・疎《うと》し・頑《かたくな》

おろそか ―― ⇒「いいかげん」

終わる ―― 終《をは》る・果《は》つ・止《や》む・極《きはま》る

音楽 ―― 管弦《くわんげん》・糸竹《しちく》・遊《あそ》び⇒「遊ぶ」

女 ―― 女《め》(＝牝《めす》の意、「男《を》」の対)・女《をみな》・女《をうな》・女《をんな》・女性《によしやう》《漢》・女房《にようばう》《近》【類】乙女《をとめ》

女の子 ―― 女《め》の子《こ》(＝「男《をのこ》」の対)・女《め》の童《わらは》(＝召使にもいう)

か

怪奇 ―― 怪異《けい》・物《もの》の怪《け》・奇怪《きくわい》・あやかし⇒「化け物」「霊魂」

外見 ―― 見目《みめ》・見《み》る目・見様《みざま》・姿《すがた》

外国 ―― 外《と》つ国《くに》・異朝《いてう》

階段 ―― 階・階(＝「きざ」は刻み)・品《しな》(＝段階・等級)

ガイド ―― 道引《みちび》き(人《びと》)・道芝《みちしば》(＝道案内)・手引《てびき》・枝折《しを》り【類】先達《せんだつ》

買う ―― 買《か》ふ・贖《あか》ふ《漢》(＝代償を出して買う)【類】贖《あがな》ふ《漢》(＝罪の代償に金銭を出す)

顔 ―― 顔《かほ》・顔《かんばせ》《漢》・面《おも》(＝顔の正面。平安以後、複合語に用いる)・面《おもて》【類】面《つら》(＝顔の側面、頬《ほほ》。卑しめて顔をいう)

顔色 ―― 気色《けしき》・気色《きしよく》・色《いろ》・色合《いろあ》ひ

香る ―― 薫《かを》る・匂《にほ》ふ(＝照り映える意から)・薫《くん》ず(＝香木をたく香が香る)

書き方 ―― 手《て》・書《か》き様《やう》

学習する ―― 学《まな》ぶ(＝「真似《まな》ぶ」から)・習《なら》ふ(＝「慣《な》らふ」から)

隠れる ―― 隠《かく》る・隠《こも》る(＝囲いの中に入り隠れる)

過去 ―― 来《き》し方《かた》・来《こ》し方《かた》・先《さき》・先《さき》・先《ざき》⇒「昔」

火災 ―― 火《ひ》・火事《くわじ》・回禄《くわいろく》《漢》(＝火の神の名から)・焼亡《ぜうまう》《漢》

飾る ―― しつらふ(＝室を)・装《よそ》ふ

（＝身を）・色《いろ》ふ

賢い——賢《かしこ》し・才才《かどかど》し（＝目立つところがある意から）・賢《さか》し・聡《さと》し

数多く——数多《あまた》・数知《かずし》らず・ここだ・こころ・そこら・そこばく

風——【類】野分《のわき》（＝台風）・木枯《こが》らし・追風《おひかぜ》・辻《つじ》風《かぜ》・朝北《あさきた》・凪《なぎ》・東風《あゆ》《上》〔「し」が風〕東風《ひがし》・西風《にし》・し巻《ま》き（＝暴風）・旋風《つむじ》・嵐《あらし》（＝荒し）〔「ち」が風〕東風《こち》・疾風《はやち》〔「て」が風〕疾風《はやて》・追風《おひて》

風邪——咳《しはぶ》き病《やみ》・乱《みだ》り風《かぜ》・風病《ふびやう》

固い——固《かた》し・強《こは》し

がっかりする——倦《うん》ず・侘《わ》ぶ・思《おも》ひ屈《くつ》す・思《おも》ひ頽《くつほ》る

悲しい——悲《かな》し（＝痛切にいとしい意から）・侘《わ》びし・嘆《なげ》かし

悲しむ——悲《かな》しぶ・侘《わ》ぶ・嘆《なげ》く・痛《いた》む

必ず——確《たし》かに・定《さだ》めて・正《まさ》に

かぶる——⇩「受ける」

我慢する——忍《しの》ぶ・堪《た》ふ・（思《おも》ひ）念《ねん》ず
⇩「わがまま」

か弱い——あえか・弱弱《よわよわ》し

仮に——縦《たと》ひ・よしや【類】若《も》し

軽い——軽《かろ》し・軽軽《かろがろ》し・浅《あさ》はか

かわいい——あはれ・美《うつく》し・愛《かな》し・いとほし・らうたし・愛《を》し《上》

かわいがる——慈《うつく》しむ・愛《かな》しがる・愛《かな》しうす・らうたがる・賞《め》づ・愛《あい》す・幸《かう》す《漢》

かわいそう——あはれ・いとほし・かはゆし・痛《いた》まし・労《いた》はし・不憫《ふびん》

環境——世《よ》の中《なか》・世間《せけん》・境界《きやうがい》

関係——間《あひだ》・間柄《あひだがら》・仲《なか》・仲《なか》らひ

頑固《がんこ》——頑《かたく》な・頑《かたくな》し

漢字——真名《まな》（⇳仮名《かな》）・男手《をとこで》（⇳女手《をんなで》）・男文字《をとこもじ》（⇳女文字《をんなもじ》）

感心——優《やさ》し・あはれ・けなげ・神妙《しんべう》・憎《にく》し（＝憎らしいほど感心）

乾燥する——干《ひ》る（＝自然に乾燥する）・乾《かわ》く（＝日・火の熱で乾燥する）

頑張る——励《はげ》む（＝「激《はげ》し」と同源）・勤《つと》む（＝「つとに」と同源、早朝から頑張る）

き

記憶——覚《おぼ》え・覚悟《かくご》《漢》

気が進まない——（物《もの》）憂《う》し・苦《くる》し

きざ——気障《きざは》り（＝室町後期、気がかりの意）【参】「きざ」の形は近世後期から、不快の意にも。

基礎——本《もと》・下地《したち》

貴族——貴人《あてびと》・良《よ》き人・上《うへ》つ方《かた》・雲《くも》の上人《うへびと》・公家《くげ》・公達《きんだち》・公卿《くぎやう》・上達部《かんだちめ》・殿《てん》上人《じやうびと》・卿相雲客《げいしやううんかく》《漢》【類】大宮人《おほみやびと》

期待——あらまし事《ごと》・心寄《こころよ》せ

期待する——あらます・頼《たの》む・期《ご》す

汚《きたな》い——汚《きたな》し（＝不潔の意から）・いぶせし ⇩「見苦しい」

気取る——気色《けしき》ばむ・気色立《けしきだ》つ

気にくわない——心付《こころづ》きなし・憎《にく》し

気の毒——傍《かたは》ら痛《いた》し・心苦《こころぐる》し・労《いた》はし

気晴《きばら》し——心遣《こころや》り・紛《まぎ》れ

厳しい——厳《きび》し（＝すきまなく詰まっている意から）・厳《いつく》し・険《けは》し

気分が悪い——悩《なや》まし・心地悪《ここちあ》し

きまじめ——すくすくし・すくよか

奇妙——不思議《ふしぎ》・奇特《きどく》・奇《くす》し《上》

気味悪い —— うたて・うたてげ・疎《うと》まし・気疎《けうと》し・凄《すご》し・凄《すご》げ・むくつけし・むくむくし・むつかし・気色有《けしきあ》り

気持ち —— 心《こころ》・心地《ここち》・気《け》・気味《きみ》《近》

客 —— 客人《まらうと》（＝「稀人《まれひと》」の転）

逆 —— 返様《かへさま》・逆様《さかさま》・逆《さか》しま（＝「逆様《さかさま》」の転）・逆《さか》さ《近》（＝「逆様《さかさま》」の転）

窮屈 —— （所《ところ》）狭《せ》し

求婚する —— 呼《よ》ばふ・言《い》ふ・言《い》ひ慣《な》る・語《かた》らふ・妻問《つまど》ふ

教育 —— 教《をし》へ・（人《ひと》）習《なら》はし

競争する —— 競《きほ》ふ・競《きそ》ふ・軋《きし》ろふ（＝せり合う）・（思《おも》ひ）挑《いど》む【参】中古まで「競《きほ》ふ」が、中世以後「競《きそ》ふ」が用いられた。⇓「争う」

興味深い —— ⇓「おもしろい」

協力 —— 合力《かふりよく》・同心《どうしん》【類】一味《いちみ》

去年 —— 去年《こぞ》・旧年《ふるとし》

拒否する —— 拒《こば》む・否《いな》ぶ・否《いな》む

清らか —— 清《きよ》し・潔《いさぎよ》し

嫌う —— 厭《いと》ふ・忌《い》む・否《いな》ぶ

議論する —— 言《い》ひしろふ・論ず・論ふ《漢》

近所 —— 近《ちか》きわたり・里隣《さとどな》り

禁じる —— 禁《いさ》む・戒《いまし》む

く

果物 —— 果物《くだもの》（＝木の物）・菓子《くわし》（＝後には、粉で形を模した物）【類】生《な》り物《もの》

愚痴 —— 託言《かこと》・繰言《くりこと》・愁《うれ》へ

配る —— 配《くば》る（＝多くの人に分け与える）・分《くま》る《上》【類】分《わ》かつ（＝分割する）・頒《あ》かつ ⇓「別れる」

首 —— ⇓「頭」

汲む —— 汲《く》む（＝器に入れる）・掬《すく》ふ（＝しゃくって取り上げる→救《すく》う）・掬《むす》ぶ（＝両手で汲む）

雲 —— 雲居《くもゐ》《歌》

くやしい —— 悔《くや》し・口惜《くちを》し・妬《ねた》し・念《ねん》なし

比べる —— 比《くら》ぶ・準《なずら》ふ・準《なぞら》ふ・類《たぐ》ふ・比《よそ》ふ

繰り返し —— 打《う》ち返《かへ》し・返《かへ》す返《がへ》す

苦しい —— （物）憂し・侘びし・辛し・辛《から》し・傷《いた》まし

苦労 —— 労《いたつ》き（＝室町以後「労《いたづ》き」）・煩《わづ》らひ

詳しい —— 委《くは》し（＝纎細美から）・具《つぶ》さ・詳《つまび》らか《漢》・つばら《上》

け

軽快 —— 軽《かる》らか・軽《かろ》らか・軽《かろ》びやか

計画する —— あらます・掟《おき》つ・（思《おも》ひ）構《かま》ふ・巧《たく》む・企《くはた》つ

経験する —— 慣《な》らふ

軽薄《けいはく》 —— 浅《あさ》はか・淡《あは》つけし・淡淡《あはあは》し・軽軽《かろがろ》し

景色 —— 気色《けしき》（＝近世、「景」の字を当てる）・景気《けいき》・有様《ありさま》

化粧 —— 顔作《かほづくり》・化粧《けしやう》・化粧《けさう》・化粧《けはひ》【類】紅粉《こうふん》

消す —— （かき）消《け》つ（＝中古の和文・歌に）・消《け》す（＝中世以後）

結婚する —— 会《あ》ふ・見《み》る・婚《みあ》ふ《上》【類】住《す》む（＝女の家に通う）

決して〜ない ―― ⇒「少しも〜ない」「全然〜ない」

決心する ―― 思《おも》ひ立《た》つ・思《おも》ひ取《と》る・覚《かく》悟《ご》す

決定 ―― 定《さだ》め・極《きは》め・治定《ぢぢやう》

欠点 ―― 疵《きず》・咎《とが》

けなす ―― 誹《そし》る・言《い》ひ落《お》とす・言《い》ひ消《け》つ

けんかする ―― 諍《いさか》ふ・腹立《はらだ》つ ⇒「言い争う」

現実 ―― 現《うつつ》(＝⇔夢《ゆめ》)

幻滅 ―― 心劣《こころおと》り

こ

濃《こ》い ―― 濃《こ》し・濃《こ》まやか

恋 ―― 恋《こひ》・恋路《こひぢ》《歌》・思《おも》ひ・懸《け》想《さう》・世心《よごころ》・恋心《こひごころ》(＝室町末には悪い意に用いた)【類】密《みそ》か心《ごころ》

恋人 ―― ①〔恋をしている人〕懸《け》想人《さうびと》・思《おも》ひ人《びと》・恋《こひ》の奴《やつこ》(＝愚かな姿)・恋《こひ》人《びと》《近》②〔恋する相手〕思《おも》ひ夫《づま》・思《おも》ひ妻《づま》・思《おも》ひ人《びと》(＝女)・思《おも》ひ者《もの》(＝女)③〔隠れて通う男〕密《みそ》か人《びと》・密《みそ》か男《をとこ》・忍《しの》び夫《づま》・隠《かく》し男《をとこ》④〔その相手〕隠《かく》れ妻《づま》・忍《しの》び妻《づま》⑤〔人妻の密通相手〕密《みそ》か男《をとこ》・間男《まをとこ》・隠《かく》し男《をとこ》・隠《かく》し夫《づま》《近》・忍《しの》び男《をとこ》《近》【参】「恋人《こひびと》」は近世から、「間《ま》夫《ぶ》」は、遊女の情夫から。

幸運(幸福) ―― 幸《さち》・幸《さいはひ》(＝「さきはひ《上》」から)・仕《し》合《あ》はせ・果報《くわほう》

効果 ―― 効《かひ》・験《しるし》・験《げん》

後悔する ―― 悔《く》ゆ・悔《く》やむ

高貴 ―― 貴《あて》・高《たか》し・気高《けだか》し・畏《かしこ》し・止《や》む事《ごと》なし

孝行 ―― 孝《けう》・孝養《けうやう》

交際する ―― 交《まじ》はる・語《かた》らふ・相語《あひかた》らふ

口実 ―― 託言《かこと》・託《ことつ》け

こうして ―― かくて・かうて・かくして

強情 ―― 悍《おぞ》し・悍《おぞ》まし・強《こは》し・執《し》念《ふね》し

好色 ―― ①〔状態〕好《す》き好《ず》きし・好《す》きがまし・戯《あざ》れがまし・乱《みだ》りがはし・色色《いろいろ》し②〔心〕色好《いろごの》み・好《この》み心《ごころ》・好《す》き心《ごころ》③〔人〕色好《いろごの》み・好《す》き者《もの》④〔振舞う〕戯《あざ》る・戯《あざ》ればむ

皇太子 ―― 日嗣《ひつ》ぎの御子《みこ》・儲《まう》けの君《きみ》・東宮《とうぐう》・春宮《とうぐう》

行動する ―― 動《うご》く(＝「うごめく」と同源、身じろぎする意から)・行《おこな》ふ(＝順序に従って行動する)・振《ふ》る舞《ま》ふ(＝鳥が羽を振り舞うようにゆったりと動く意から)【類】働《はたら》く(＝ばたばた動く意から)

後部(後方) ―― ①〔尻《しり》〕後《しり》・後《うしろ》・後《しり》へ②〔足《あ》所《と》〕後《あと》

行楽 ―― 遊《あそ》び歩《あり》き・逍遥《せうえう》・遊行《ゆぎやう》【類】物詣《ものまう》で

声 ―― 声《こゑ》・音《ね》・音《おと》(＝鳥獣の声)

氷 ―― ひ・つらら【類】削《けづ》り氷《ひ》(＝かき氷)・垂《た》る氷《ひ》(＝氷柱《つらら》)

呼吸 ―― 息《いき》・息差《いきざ》し

故郷 ―― 産土《うぶすな》・古里《ふるさと》・在所《ざいしょ》《近》

心遣い ―― 心《こころ》ばせ・心《こころ》ばへ・心《こころ》しらひ・用意《ようい》

心細い ―― 寂《さび》し・侘《わ》びし・はかなし・跡《あと》はかなし

答える ―― 答《こた》ふ《漢》(＝応じて言う)・返《かへ》す・答《いら》ふ(＝和文に。言葉であしらう)

ごちそう ―― 饗設《あるじまう》け(＝主人役としてのもてなし)・饗《あるじ》・設《まう》け(＝ごちそうの用意)・饗応《きやうおう》《漢》

こっそり――ひそか・ひそやか・密か・忍《しの》びやか

言葉――言《こと》・言葉《ことは》(=「言《こと》の端《は》」の意)・言《こと》の葉《は》《歌》・言種《ことくさ》・言語《ごんご》

子供――童《わらは》・童《わらは》べ(=複数↓単数にも)・小童《こわらは》・児《ちご》

子供っぽい――①〔子供の様子〕幼《をさな》し・幼《をさな》け・稚《いは》けなし ②〔大人の様子〕子子《ここ》し・子《こ》めかし

このまま――かくながら

好む――好《この》む(=気に入り、それを味わう)・好《す》く(=気に入り、それがつのる)・愛《あい》す・嗜《たしな》む(=気に入り、それに励む)

このように――かく・かう・かにかくに

細かい――細《こま》か・細《こま》やか・細《ささ》やか【類】くだくだし(=細かくて煩わしい)

ごまかす――(言《い》ひ)紛《まぎ》らはす・繕《つくろ》ふ

困る――侘《わ》ぶ・(もて)悩《なや》む・困《こう》ず

こわす――毀《こほ》つ(=中世以後「こぼつ」)・壊《こは》す(=近世後期から)

困難――難《かた》し・有《あ》り難《がた》し(=なしがたい意)・辛《から》し(=「辛《から》き命《いのち》」の形で)

さ

最後――末《すゑ》・果《は》て・限《かぎ》り・終《をは》り・終《つひ》(=「終《つひ》の」の形で)【参】命の最後を「最期」とも書く。

最高――止《や》む事《ごと》無《な》し・止《や》ん事《ごと》無《な》し・上《うへ》無《な》し・限《かぎ》り無《な》し

財産――財《たから》・資材《しざい》《漢》・産《さん》《漢》・身代《しんだい》《近》

催促する――催《もよほ》す・促《うなが》す・唆《そその》かす

最低――無下《むげ》

災難――災《わざは》ひ・禍事《まがごと》・凶事《きようじ》・難《なん》・不祥《ふしやう》

才能――才《かど》(=目立つ特長の意から)・才《ざえ》(=漢語「才《さい》」から)・器量《きりやう》《漢》

裁判――公事《くじ》・裁《さば》き《近》・出入《いでい》り《近》

栄える――栄《さか》ゆ(=「咲《さ》く」「盛《さか》る」と同根)・賑《にぎ》はふ・花《はな》やぐ・時《とき》めく・幸《さき》はふ《上》

捜す――捜《さが》す(=広くかき回して得る)・探《さぐ》る(=指でさわって得る)・尋《たづ》ぬ(=たどって得る)

魚――魚《うを》・魚《いを》《上》【参】「さかな」は、酒の副食物(=菜)の意。

逆らう――⇒「反する」

盛ん――盛《さか》り・闌《たけ》なは(=「たけ」は高まる)

昨日《さくじつ》――昨日《きのふ》・きぞ

昨年――去年《こぞ》・古年《ふるとし》(=新年を基にして)

酒――酒《き》《上》・ささ(=女房詞)・九献《くこん》(=女房詞)

叫ぶ――をめく(=「を」は声)・わめく(=「わ」も声)

避ける――避《さ》く(=「離《さか》る」の他動詞)・避《さ》る(=「去る」と同じ、移動する意から)・避《よ》く(=横に避ける意、現代語「避《よ》ける」の基)

指図――掟《おき》つ・沙汰《さた》す・下知《げち》す【参】「指図」は図面の意から。

殺風景――冷《すさま》じ

寂しい――寂《さび》し・さうざうし・凄《すご》し・徒然《つれづれ》

さまよう――漂《ただよ》ふ(=浮いて揺れ動く)・さすらふ(=家を離れさまよう)・さまよふ(=「さま」は方向、辺りをうろうろする)

騒がしい——①おびたたし ②⇒「やかましい」

さわやか——爽《さは》やか・清《すが》やか・清清《すがすが》し

残酷——辛《から》し・酷《むご》し・無慙《むざん》

残念——〔心《こころ》〕憂《う》し・口惜《くちを》し・悔《くや》し・妬《ねた》し・本意無《ほいな》し

し

しかし——①〔和文に〕然《さ》れど(も)・然《さ》るに・然《さ》るは ②〔訓読体に〕然《しか》るに・然《しか》れども 【類】但《ただ》し

叱る——戒《いまし》む・苛《さいな》む

事情——由《よし》・案内《あない》・分《わ》け・有様《ありさま》

辞職する——退《しりぞ》く・暇申《いとままう》す・致仕《ちじ》す

静か——静《しづ》か・静《しづ》けし・静《しづ》やか(=女の動作にいう)

次第に——やや・やうやう・漸《やうや》く・漸《ぜん》次《じ》《漢》

慕う——慕《した》ふ・恋《こ》ふ・偲《しの》ぶ・偲《しの》ふ《上》

親しい——心安《こころやす》し・細《こま》か・濃《こま》やか・懇《ねんご》ろ・睦《むつ》まし(=近世以後「睦《むつ》まじ」)

親しくない——疎《うと》し・疎疎《うとうと》し・気遠《けどほ》し

しっかり——⇒「確か」

質素——約《つづ》まやか・約《つま》し

失敗——怠《おこた》り・過《あやま》ち(=間違いの意から)・誤《あやま》り(=同上)・失《しっ》⇒「間違い」

質問する——〔言《こと》〕問《と》ふ・尋《たづ》ぬ(=不確かなことを質問する)

実用的——実《まめ》・実実《まめまめ》し・実《まめ》やか

失礼——礼無《ゐやな》し・無礼《むらい》

しとやか——【類】しめやか・嫋《たを》やか・優《やさ》し・なまめかし 【参】「しとやか」は中世以後。

しばらく——暫《しば》し(=和文に。上代の「しまし」から)・暫《しばら》く《漢》・一時《ひととき》・片時《かたとき》

姉妹——姉妹《あねおとと》・女同胞《をんなはらから》(=同母)・おととい(=「弟兄《おととえ》」の転)

自慢——我褒《われぼ》め・自讃《じさん》

地味——すくすくし・すくよか(=実直)・直《ただ》あり 【類】ふつつか

執念深い——執念《しふね》し【参】「しつこい」は、味や色が濃い意から。室町以後。

宿泊する——泊《と》まる(=停止)・留《とど》まる(=滞留)・泊《は》つ(=「果《は》つ」と同源、船が停泊)・宿《やど》る(=屋《や》取る)・宿《やどり》す

主人——主《あるじ》・主《しゅう》(=「しゅ」の転)

手段——術《すべ》・よすが・たづき・手《て》立《だて》・法《はふ》・方便《はうべん》

準備する——設《まう》く・認《したた》む(=処理して準備する)・急《いそ》ぐ(=急いで準備する)

障害——障《さは》り・妨《さまた》げ

正気《しょうき》——現《うつつ》・現《うつ》し心《ごころ》・肝心《きもこころ》

上下《じょうげ》——①〔上下二層〕上下《うへした》 ②〔上中下三層〕上《かみ》(中《なか》)下《しも》 【参】①(上《うへ》に)上《あ》がる・(下《した》に)下《さ》がる ②(上《かみ》へ)上《のぼ》る・(下《しも》へ)下《くだ》る

情事——好《す》き事《ごと》・好《す》き業《わざ》・会《あ》ひ事《ごと》・忍《しの》び事《ごと》・密《みそ》か事《ごと》・色事《いろごと》《近》・濡《ぬ》れ事《ごと》《近》

昇進する——①〔一階級、一気に〕(成《な》り)上《あ》がる ②〔だんだんに〕(成《な》り)上《のぼ》る ⇒「上下《じょうげ》」

上手《じょうず》——うるさし・うるせし・妙《たへ》・労労《らうらう》じ・労有《らうあ》り

承諾する——諾《うべ》なふ・承《う》け引《ひ》く

冗談《じょうだん》——徒言《あだこと》・戯《ざ》れ言《こと》・戯《たはぶ》れ言《ごと》・漫《すず》ろ言《ごと》

商人 ―― 商人・商人・商人（＝室町以後）

将来 ―― 後《のち》・先《さき》・生《お》ひ先《さき》・奥《おく》・先途《せんど》《漢》

職業 ―― 生業《なりはひ》・営《いとな》み・業《わざ》・仕事《しごと》・身過《みす》ぎ《近》

食事 ―― 食《け》《上》【類】朝食《あさげ》・昼食《ひるげ》・夕食《ゆふげ》・認《したた》め（＝用意した食事）〔敬称〕召《め》し物《もの》・参《まゐ》り物・御物《おもの》・御台《みだい》・供御《くご》（＝天皇の食事）

食物《しょくもつ》 ―― 食《く》ひ物《もの》・食《じき》（物《もつ》）《漢》【類】糧《かて》・飯《いひ》・強飯《こはいひ》（＝こしきで蒸《む》す）・粥（＝かまでたく。固粥《かたかゆ》・姫飯《ひめいひ》とも）・汁粥《しるがゆ》（＝今の粥）・飯《めし》（＝室町以後。もと女房詞で「召し物」の略）・乾飯《ほしいひ》（＝乾飯《かれいひ》・糒《ほしひ》とも）

書物 ―― 文《ふみ》・書《しょ》《漢》【類】草子《さうし》（＝「冊子《さつし》」の転）

知らせ ―― 消息《せうそこ》・消息《せうそく》・沙汰《さた》・便《たよ》り

調《しら》べる ―― 糺《ただ》す・閲《けみ》す（＝「検」の字音から）・吟味《ぎんみ》す・改《あらた》む《近》・調《しら》ぶ《近》（＝もっぱら音楽の調子にいう）

真実 ―― 真事《まこと》・真実《しんじち》・実《じつ》・実《じち》・本《ほん》

人生 ―― 命《いのち》・（我《わ》が）世《よ》・一生《いつしやう》《漢》・一期《漢》

親切 ―― 懇《ねんご》ろ・濃《こま》やか・心有《こころあ》り

心配（形動） ―― 後《うし》ろめたし・覚束無《おぼつかな》し・心《こころ》許無《もとな》し

心配する ―― 愁《うれ》ふ・心遣《こころづか》ひす

神秘的 ―― 奇《くす》し・妙《たへ》

す

水泳 ―― 泳《およ》ぐ・水練《すいれん》

水道 ―― ①〔地上〕懸《か》け樋《ひ》②〔地下〕埋《うつ》み樋《ひ》・下樋《したび》

姿 ―― 姿《すがた》（＝きちんとした様子）・形《かたち》（＝外見）・見様《みざま》・影《かげ》（＝光に浮かぶ姿）・有様《ありさま》・様体《やうだい》・相《さう》

すぐに ―― やがて（＝そのままですぐに）・即《すなは》ち（＝即座に）・忽《たちま》ちに・立《た》ち所《どころ》に・直《ただ》ちに・矢庭《やには》に（＝矢の場ですぐに）⇩「突然」

少《すこ》し ―― いささか・僅《わづ》か・気色《けしき》ばかり

少しも～ない ―― いささか（も）・つゆ（も）・をさをさ・毫《がう》も《漢》⇩「全然～ない」

すすぐ ―― 洗《あら》ふ（＝表面の汚《よご》れを取る）・濯ぐ（＝汚れ・汚れ・恥をなくする）【類】清《きよ》む（＝汚《けが》れをきれいにする）・澄《す》ます（＝澄むようにする）【参】〔恥を〕雪《すす》ぐ

砂 ―― 砂子《いさご》（＝「石子《いしこ》」から）・砂《すな》子《ご》・真《ま》砂《歌》（＝「まいさご」から）

すばらしい ―― めづらし・愛《め》でたし・あはれ・畏《かしこ》し・いみじ・心憎《こころにく》し（＝ねたましいほどすばらしい）

相撲《すもう》 ―― 相撲《すまひ》（＝抵抗の意から）・相撲《すまふ》（＝中世以後）【類】相撲人《すまひびと》・最手《ほて》（＝最強の地位）・（最手《ほて》）脇《わき》（＝次の地位）

～するな ―― な～そ（＝和文で）・～勿《なか》れ《漢》

澄んでいる ―― 清《さや》か・爽《さは》やか・清《さや》けし・清《すが》し・涼《すず》し

せ

性格 ―― 心《こころ》ばせ・心《こころ》ばへ・心柄《こころがら》・心様《こころざま》・人様《ひとざま》・人《ひと》と為《な》り・本性《ほんじやう》

性交 ―― 嫁《とつ》ぐ・婚《くな》ぐ・婚《くなが》ひ・（みとの）まぐはひ・濡《ぬ》れる《近》【類】枕定《まくらさだ》む・袖交《そでか》はす

精神 ―― 心肝《こころぎも》・心魂《こころだましひ》・神《しん》

成人式——〔男〕初冠《うひかうぶり》・加冠《かくわん》・元服《げんぶく》〔女〕髪上《かみあげ》・裳着《もぎ》

ぜいたく——奢《おごり》・過差《くわさ》・栄耀《ええう》

成長する——およすぐ・成《な》り出《い》づ・ねび行《ゆ》く

生命——命《いのち》・玉《たま》の緒《を》《歌》・生《しやう》《漢》・身命《しんみやう》《漢》

整理する——整《ととの》ふ（＝そろえる）・認《したた》む（＝片づける）

世界——天《あめ》の下《した》・天下《てんか》・天下《てんげ》・三国《さんごく》（＝日本・天竺・震旦）

世間——（この）世《よ》・天《あめ》の下《した》・世界《せかい》・世俗《せぞく》・俗《ぞく》

切ない——佗《わ》びし・悲《かな》し・憂《う》し・辛《つら》し

狭い——狭《せば》し・（所《ところ》）狭《せ》し・程無《ほどな》し

世話する——（持《も》て）扱《あつか》ふ（＝手厚くする意）・（後《うし》ろ）見《み》る・顧《かへりみ》る・見入《みい》る・傅《かしづ》く⇒「大切に育てる」

先日——先《さき》つ頃《ころ》・先《さい》つ頃《ごろ》

先生——博士《はかせ》・（物《もの》の）師《し》・先達《せんだつ》・指《し》南《なん》

全然〜ない——更《さら》に・更更《さらさら》・ゆめ（ゆめ）・つやつや・絶《た》えて

全部——皆《みな》・万《よろ》づ・統《す》べて（＝まとめて）・身《み》ながら（＝そっくり）・然《さ》ながら（＝同上）・悉《ことごと》く《漢》

前例——例《ため》し・例《れい》

そ

相互に——かたみに（＝和文に）・こもこも《漢》（＝室町以後「こもごも」）・互《たが》ひに

そうして——然《さ》て・然《しか》うして《漢》

装飾——飾《かざ》り【類】しつらひ（＝部屋の装飾）・文《あや》（＝文章の装飾）

相談する——言《い》ひ合《あ》はす・語《かた》らふ・計《はか》らふ

早朝——つとめて・夙《つと》に

疎遠——疎《うと》し・疎疎《うとうと》し・余所《よそ》余所《よそ》し

訴訟——訴《うった》へ（＝「訴《うるた》へ《上》」から）・訴《うた》へ・愁《うれ》へ【類】公事《くじ》

注ぐ——注《そそ》く（＝近世から「注《そそ》ぐ」）・沃《い》る

育つ——生《お》ひ出《い》づ・生《お》ひ立《た》つ（＝名詞形「生《お》ひ立《た》ち」）・生《お》ひ成《な》る

外——外《と》（＝「内《うち》」の対）・外《ほか》（＝「余所《よそ》」の意。中古、「外《と》」に代わる）・外《そと》（＝「背面《そとも》《上》」の転。室町に「外《ほか》」に代わる）

備える——備《そな》ふ（＝物をそろえて備える）・（打《う》ち）具《ぐ》す（＝そろえ持つ）【類】揃《そろ》ふ（＝不均衡をなくする）

そのまま——やがて

そば——そば（＝端《はし》の意から）・傍《かたは》ら（＝片側の意から）・脇《わき》（＝体側の意から）・片方《かたへ》

祖父——おほぢ（＝「大父《おほちち》」から）・おぢ【参】伯・叔父は「をぢ」。

祖母——おほば（＝「大母《おほはは》」から）・おば・うば【参】伯・叔母は「をば」。

粗末——悪《あ》し・賤《いや》し・粗粗《あらあら》し・疎《おろ》か

それ——然《さ》・其《そ》・其《そ》れ

それほど——然許《さばか》り・然《さ》しも

そればかりか——然《しか》のみならず《漢》・あまっさ（剰）へ（＝近世以後「あまつさへ」）⇒「なおその上」

た

大切に育てる――傅《いつ》く・(持《も》て)傅《かしづ》く・斎《いつ》く【類】育《はぐく》む ⇓「世話する」

大体《だいたい》――大方《おほかた》・大凡《おほよそ》・凡《およ》そ・凡《すべ》て

大胆――胆太《きもふと》し

大変ひどく――甚《いた》く・いみじく・無下《むげ》に・あさましく・甚《はなは》だ・頗《すこぶ》る・極《きは》めて

大変良い（悪い）――甚《いた》し・いとどし・いみじ・こよなし・無下《むげ》・あさまし（＝あきれるほど良い（悪い））

だから――それ故《ゆゑ》・然《さ》れば・然《しか》れば《漢》・然《しか》るを《漢》・依《よ》って《漢》・故《かれ》《上》

たくさん――⇓「数多く」

確か――定《さだ》か・したたか・正《まさ》し・はかばかし

尋ねる――尋《たづ》ぬ（＝たどって捜す）・尋《と》む《歌》【類】求《もと》む（＝捜して得る）⇓「訪《おとず》れる」

正しい――正《ただ》し（＝まっすぐ）・直《なほ》し（＝元通り）・正《まさ》し（＝事実に合う）

たちまち――⇓「突然」

達人――手利き・手足・手足・上手《うず》・達者《たつしゃ》・達人《たつじん》

例えようがない――例《たと》しへ無《な》し・物《もの》に似《に》ず ⇓「比類ない」

食べる――①食《く》ふ（＝歯ではさむ→「銜《くわ》える」）・食《くら》ふ（＝動物・下人が食べる）・食《は》む（＝歯でかむ）②食《た》ぶ（＝酒・食をいただく）・食《たう》ぶ（＝近世「食べる」になる）⇓「いただく」

だます――欺《あざむ》く・偽《いつは》る・謀《はか》る・た謀《ばか》る・謀《はか》りごつ・だます（＝室町以後）

黙《だま》る――黙《もだ》す《漢》・黙《だま》る（＝室町以後）

頼りない――たづか無《な》し・たづき無《な》し・頼《たよ》り無《な》し

だらしない――戯《あざ》れがまし・乱《みだ》りがはし・緩《ゆる》し・しどけなし

だるい――緩《ゆる》し・弛《たゆ》し・たるし（＝室町以後。近世「だるし」になる）

だれ――誰《た》・誰《たれ》

戯れる――戯《ざ》る・戯《たはぶ》る・戯《たはむ》る

だんだんと――⇓「次第に」

ち

地位――位《くらゐ》・際《きは》・品《しな》・分際《ぶんざい》

小さい――小《ちひ》さし・小《ちひ》さやか・細《ささ》やか・細《こま》か・細《こま》やか

知恵――智慧《ちゑ》・魂《たましひ》・才覚《さいかく》

近い――程無《ほどな》し・間近《まぢか》し・気近《けぢか》し

父と母――〔父〕かぞ《上》・かぞ・父《ちち》・父《てて》・たらちを《近》（＝「垂乳根《たらちね》」からの連想）〔母〕いろは（＝「は」は母）・母《おも》・垂乳根《たらちね》《歌》・女親《めおや》〔父母〕かぞいろ・母父《おもちち》

地方――県《あがた》・田舎《ゐなか》（世界《せかい》）・在所《ざいしよ》《近》

注意――戒《いまし》む・心《こころ》す

中心――中《なか》ら・最中《もなか》

中途半端――中空《なかぞら》・なかなか・はしたなし

長所――取《と》り所《どころ》・見所《みどころ》

ちょうど（～のようだ）――然《さ》ながら・ただ・恰《あたか》も《漢》

弔問する――問《と》ふ・弔《とぶ》らふ・見舞《みま》ふ《近》⇓「訪《おとず》れる」

治療する――労《いた》はる・繕《つくろ》ふ・呪《まじな》ふ

つ

使い ―― 使《つか》ひ・文使《ふみつか》ひ・玉梓《たまづさ》《上》

疲れる ―― 疲《つか》る・困《こう》ず・労《いた》つく

月 ―― 月夜《つきよ》・月夜《つくよ》【類】朔《ついたち》・夕《ゆふ》月《づき》・夕月夜《ゆふづくよ》・弓張月《ゆみはりづき》・望月《もちづき》・十六夜《いざよひ》・立待《たちまち》月《づき》(=十七夜)・居待月《ゐまちづき》(=十八夜)・寝待《ねまち》月《づき》(=十九夜)・臥待《ふしまち》(=同上)・更待《ふけまち》(=二十日)・亥中《ゐなか》の月《つき》(=二十日。亥の中刻《ちゅうこく》に出る)・有明月《ありあけづき》・残《のこん》の月《つき》・朧月《おぼろづき》

都合が悪い ―― 便悪《びんあ》し・便無《びんな》し・不便《ふびん》

つつましい ―― 慎《つつ》まし(=「慎《つつ》む」から)【類】恥《はつ》かし・優《やさ》し

妻 ―― ⇓「夫と妻」

つまらない ―― あぢきなし・愛無《あいな》し【類】口惜《くちを》し・由無《よしな》し・はかなし

罪 ―― 罪《つみ》(=神仏・社会に反する悪事、罰を伴う)・咎《とが》(=非難される欠点・過失)

冷たい ―― 冷《つめ》たし(=感覚が冷たい)・冷《つべ》たまし(=性質が冷たい)⇓「冷淡」

つゆ(梅雨) ―― ⇓「雨」

強い ―― 強《つよ》し(=「弱《よわ》し」の対)・猛《たけ》し(=外への力が激しい)・剛《こは》し(=表面が固い)

つらい ―― (心)憂《う》し・物憂《ものう》し・つらし・つれなし・辛《から》し

て

抵抗する ―― 争《あらそ》ふ・すまふ(相撲)・逆《さか》ふ

体裁が悪い ―― 様悪《さまあ》し・人悪《ひとわろ》し・はしたなし

手紙 ―― 便《たよ》り・文《ふみ》・消息《せうそく》(文《ぶみ》)・玉《たま》梓《づさ》《歌》・雁《かり》の便《たよ》り《歌》

敵 ―― 仇《あた》・仇《あだ》(=江戸中期から)・敵《かたき》(=相手の意から)

適当な ―― 有《あ》るべき・然《さ》るべき・然《しか》るべき

〜できない ―― え〜ず・かぬ・能《あた》はず《漢》・得《え》ず《漢》・忍《しの》びず《漢》

手伝う ―― 助《たす》く(=「た」は手。手助けの意)・見継《みつ》ぐ(=扶助・助勢)

手本 ―― かがみ・のり(法・則)・本《ほん》

天気 ―― 天気《ていけ》・天気《てけ》・日和《ひより》【類】空《そら》(の色《いろ》)(=空模様)

伝言 ―― 伝《つた》へ・伝《つ》て言《こと》・言伝《ことづ》て

天皇 ―― 天皇《すめらみこと》・天皇《すべらぎ》・天皇《すめろき》・聖《ひじり》・帝《みかど》・内《うち》・上《うへ》・君《きみ》・主上《しゆしやう》・一人《いちじん》

と

問う ―― 言問《こと と》ふ・尋《たづ》ぬ ⇓「訪《おとず》れる」

同意する ―― うべなふ・承《う》け引《ひ》く・靡《なび》く・赴《おもむ》く(=心を向ける)

灯火 ―― 火《ひ》・明《あ》かし・灯《とも》し・灯《とも》し火《び》【類】御明《みあ》かし(=神仏への灯火)・殿油《とのあぶら》(=御殿の灯火)・大殿油《おほとなぶら》(=宮中の灯火)・松《まつ》ども(=たいまつ)・篝《かが》り(火《び》)

どうか(願望) ―― 如何《いか》で(か)・如何《いか》でも・如何《いか》に(して)も・願《ねが》はくは《漢》・庶幾《こひねが》はくは《漢》

どうして ―― ①〔疑問〕など(て)・何《なに》・何《なに》ぞ ⇓「なぜ」②〔疑問・反語〕如何《いかが》(は)・如何《いか》で(か)・如何《いか》にか・なぞ(や)・なでふ・などか(は)③〔反語〕如何《いか》にかは・などてか・なんでふ・豈《あに》《漢》

どうしようもない ―― 如何《いかが》(は)せむ・如何《いか》にせむ

動揺する ―― 浮《う》かる・浮《う》き立《た》つ・惑《まど》ふ・騒《さわ》ぐ・動《どう》ず《漢》

道理が立たない――理無《わりな》し・文無《あやな》し【類】横様《よこさま》・邪《よこしま》(＝非道)

道理に合う――道理《ことわり》・尤《もつとも》《漢》(＝「もとも《上》」の転。中世から)

遠い――遠《とほ》し・遥《はる》か・遥《はる》けし

通る――通《とほ》る(＝向うへ突き抜ける)・貫《つらぬ》く【類】過《す》ぐ(＝行き過ぎる)

都会風――雅《みや》びか・雅《みや》びやか

得意技――得手《えて》

独身――独《ひと》り住《ず》み・やもめ(＝男女とも)

特に――殊更《ことさら》に・殊《こと》に・態《わざ》と・分《わ》きて・取《と》り分《わ》き(て)・指《さ》し延《は》へて

どこ――何処《いづこ》・何処《いづく》・何《いづ》ら

ところが――⇩「しかし」

ドサ廻り――県歩《あがたあり》き・田舎渡《ゐなかわた》らひ

途中――道《みち》・道道《みちみち》・道中《みちなか》・道《みち》すがら・路次《ろし》

突然――俄《にはか》に・頓《とみ》に・忽《たちま》ち(に)・ゆくりなく

どのように――如《い》何《か》に・如何《いかが》(は)・如何《いか》様《さま》・如何様《いかやう》

とぼける――おぼめく・空《そら》おぼめきす・空知《そらし》らず・(空《そら》)惚《とぼ》く(＝ぼける意の「惚《ほ》く」から。室町以後)

乏《とぼ》しい――乏《とも》し(＝「求《と》む」と同源。心引かれ、ほしい意から)・乏《とぼ》し(＝室町以後)・貧《まづ》し【類】羨《うらや》まし・少《すく》なし

徒歩で――徒《かち》より

友達――友《とも》・友達《ともだち》(＝複数)・友垣《ともがき》《上》《近》(＝比喩)・友子《ともこ》《近》【類】友《とも》どち《近》(＝友同士)

伴なう――伴《とも》なふ・(引《ひ》き)具《ぐ》す・(引《ひ》き)連《つ》る

取り扱う――掟《おき》つ・もてなす

どれ――いづれ・どれ(＝平安末から。近世、どこ・だれの意にも)

どれほど――如《い》何《か》ばかり・如何程《いかほど》・何《なに》程《ほど》・なんぼ(う)(＝近世以後。「何程《なにほど》」の転)

泥――泥《ひぢ》・小泥《こひぢ》《歌》(＝「恋路《こひぢ》」を掛ける)・泥《ひぢ》りこ・泥《どろ》(＝中古以後)【類】ぬかり(＝ぬかるみ、中世)・ぬかるみ(＝近世後期)

どんな――如《い》何《か》なる・如《い》何《か》な(＝中世以後)・な(ん)でふ(＝「何《なに》といふ」の転)・どんな《近》(＝「どないな」の転)

な

なおその上――なほさらに・弥《いや》が上《うへ》に《漢》・かてて加《くは》へて《近》⇩「そればかり」

仲――間《あはひ》・間《あひだ》・仲《なか》・仲《なか》らひ

永い――久《ひさ》し・永《なが》し

仲間――類《たぐひ》・連《つら》・輩《ともがら》・類《るい》・党《たう》《漢》

泣く――(打《う》ち)泣《な》く・(血《ち》の)涙《なみだ》を流《なが》す・潮垂《しほた》る・音《ね》に泣《な》く《歌》・音《ね》を泣《な》く《歌》・袖濡《そでぬ》らす・袖《そで》を絞《しぼ》る・袖《そで》に時雨《しぐ》る⇩「涙」

鳴く――振《ふ》り出《い》づ(＝虫が鳴く)・囀《さへづ》る・歌《うた》ふ(＝小鳥が鳴く)・かか鳴《な》く(＝「かか」は声。からすなどが鳴く)・ほろろを打《う》つ・ほろろを掛《か》く(＝きじが鳴く)・いばゆ・いばふ・い鳴《な》く・嘶《いなな》く(＝「い」は、「ひん」という声の表記)・ふめく(＝「ふ」は羽音。か・はち・あぶが飛ぶ)

亡くなる――〔死ぬの婉曲〕(命《いのち》)終《をは》る・逝《ゆ》く・去《い》ぬ・(身《み》)罷《まか》る・失《う》す・隠《かく》る・(絶《た》え)果《は》つ・消《き》え(入《い》る)・(消《き》え)果《は》つ・命《いのち》を極《きは》む・亡《な》き数《かず》に入《い》る・帰《かへ》らぬ旅《たび》(死出《しで》の旅《たび》)に上《のぼ》る・鬼籍《きせき》に入《い》る・往生《わうじやう》す・亡《ばう》ず・卒《しゆつ》す(＝四、五

位の人が亡くなる)・薨《こう》ず(=三位、皇族が亡くなる)・崩《ほう》ず(=天皇などが亡くなる)・寂《じゃく》す(=僧が亡くなる)

情けない ―― (心《こころ》)憂《う》し・嘆《なげ》かし・あぢきなし・あさまし・うたてし・うたて有《あ》り

情け深い ―― 優《やさ》し・情《なさ》け有《あ》り・情《なさ》け情《なさ》けし・濃《こま》やか

なぜ ―― 何故《なにゆゑ》・など(て)・何《な》ぞ

懐かしい ―― 懐《なつか》し・睦《むつ》まし・ゆかし・愛《は》し《上》

生意気 ―― 小賢《こざか》し・賢《さか》しら・半可通《はんかつう》《近》

なまめかしい ―― 艶《えん》・婀娜《あだ》【類】なまめかし

涙 ―― 涙《なんだ》《漢》(=「涙《なみだ》」の転)・涙《なみだ》川《かは》《歌》・涙《なみだ》の滝《たき》《歌》・袖《そで》の露《つゆ》《歌》・袖《そで》の雫《しづく》《歌》・袖《そで》の雨《あめ》《歌》・袖《そで》の時雨《しぐれ》《歌》・袖《そで》の氷柱《つらら》《歌》・袖《そで》の徒波《あだなみ》《歌》(=相手の変心による涙)・身《み》を知《し》る雨《あめ》(=身のつたなさを知っての涙)⇩「泣く」

並一通りでない ―― 並並《なみなみ》ならず・並《な》べてならず・なのめならず・一方《ひとかた》ならず・おぼろけ・目もあや

悩む ―― 思《おも》ひ悩《なや》む・(思《おも》ひ)煩《わづら》ふ・思《おも》ひ乱《みだ》る・思《おも》ひ砕《くだ》く・思《おも》ひ余《あま》る

なるほど ―― げに(や)・げにげに・むべ・如何《いか》にも

に

匂い ―― 香《か》・薫物《たきもの》・空薫物《そらたきもの》・香《かう》

匂う ―― 匂《にほ》ふ(=美しく色づく意から)・薫《かを》る・薫《くん》ず

にぎやか ―― 賑《にぎ》はし・華《はな》やか・豊《ゆた》けし

にくらしい ―― 憎《にく》し・妬《ねた》し・うれたし

にせ ―― 空《そら》(=「空泣《そらな》き」など)・似非《えせ》(=「似非者《えせもの》」。「似非《えせ》」は、つまらない意がほとんど)

鈍《にぶ》い ―― 鈍《にぶ》し・鈍《おそ》し・緩《ゆる》し

日本 ―― 豊葦原《とよあしはら》千《ち》五《い》百《ほ》秋《あき》の瑞穂《みづほ》の国《上》(=古事記)・豊葦原《とよあしはら》の中《なか》つ国《くに》《上》(=書紀)・大八州《おほやしま》・日《ひ》の本《もと》・大和《やまと》・扶桑《ふさう》・本朝《ほんてう》

似る ―― 覚《おぼ》ゆ・通《かよ》ふ・肖《あ》ゆ《上》(=「あやかる」の基)

ぬ

抜け目ない ―― 隈無《くまな》し・鋭《すすど》し【参】「抜け目ない」は明治以後。

濡れる ―― 濡《ぬ》る・漬《ひ》つ

ね

願う ―― 労《ね》ぐ《上》(=神の心を慰めて願う。名詞形が神主の「禰宜《ねぎ》」。「ねぎらふ」の基)・願《ねが》ふ(=「労《ね》ぐ」から)・祈《いの》る・請《こ》ふ・請《こ》ひ願《ねが》ふ(=「庶幾《こひねがはくは》」の訓読にも)

嫉む ―― 嫉《ねた》がる・妬《そね》む・羨《うらや》む

熱心 ―― 懇《ねんご》ろ・切《せち》

寝る ―― 寝《ぬ》・寝《い》ぬ(=「い」は睡眠)【類】大殿籠《おほとのごも》る(=貴人が寝る)・御夜《およ》る(=女房詞)

の

望ましい ―― 有《あ》らまほし・願《ねが》はし

望み ―― 望《のぞ》み(=眺望の意から)・願《ねが》ひ・所望《しよまう》《漢》【類】本意《ほい》・宿意《しゆくい》

のどか ―― 長閑《のどけ》し・長閑《のどやか》・長閑《のど》《上》【類】麗《うらら》か(=明るくのどか)⇩「穏やか」

のんびり ―― 伸《の》びらか・伸《の》びやか⇩「のどか」

は

ばかげている ―― 痴《をこ》・痴《をこ》がまし

はかない ―― はかなし・徒《あだ》・徒《あだ》し・空《むな》し・仮初《かりそめ》

薄情だ ―― 辛《つら》し・つれなし・淡《あは》し⇓「つらい」

激しい ―― 荒《あら》し・厳《きび》し・険《けは》し・猛《たけ》し・甚《いた》し・いみじ

化け物 ―― 物《もの》の怪《け》・変化《へんげ》・怪異《けい》・あやかし・魑魅《ちみ》(魍魎《まうりやう》)⇓「霊魂」

端《はし》 ―― 端《は》・端《はし》・端《はた》・縁《へり》・縁《ふち》【類】端《つま》

場所 ―― ①所《ところ》(=「床《とこ》」と同源、一段高い所の意から)・方《かた》(=方角の意から)・場《ば》(=「庭《には》」の転)・境《さかひ》(=区域)・許《もと》(下《もと》)・巷《ちまた》②[接尾語]か(《例》在りか・住みか)・こ(《例》何処《いづこ》)・く(《例》何処《いづく》)・と(=連濁で「ど」。《例》臥所《ふしど》)

恥ずかしい ―― 恥《は》づかし・輝《かかや》かし・目映《まば》ゆし・かはゆし・優《やさ》し

はっきり ―― 明《あき》らか・現《あら》は・定《さだ》か・清《さや》か・清《さや》けし・著《しる》し・はかばかし・掲焉《けちえん》

発見する ―― 見《み》付《つ》く・見《み》出《い》づ・見現《みあらは》す

【参】「見出《みい》だす」は、中から外を見る意。

派手 ―― 賑《にぎ》はし・きらびやか・華《はな》やか

話す ―― (物《もの》)言《い》ふ・語《かた》る

はなはだしい ―― 甚《いた》し・いみじ・夥《おびた》だし・こよなし・こちたし・ゆゆし・おどろおどろし

離れる ―― 離《はな》る(=「放《はな》つ」の自動詞、関係が切れて離れる)・離《さか》る(=「避《さ》く」の自動詞、遠くへ離れる)・離《か》る(=遠くへ離れる。主に和歌で)

母 ―― ⇓「父と母」

速い ―― 速《はや》し・速《すみ》やか・疾《と》し

早く ―― 早《はや》・疾《と》く【類】まだき(=早くも)・まだきに(=早くから)

腹立たしい ―― 妬《ねた》し・憎《にく》し・うれたし

晴れがましい ―― 晴《は》れがまし・晴《は》れ晴《ば》れし・映《は》え映《ば》えし

犯罪 ―― ⇓「罪」

反する ―― 背《そむ》く(=背を向ける意から)・逆《さか》ふ(=和文では稀)・逆《さか》らふ(=室町以後)・違《たが》ふ(=間違える)・悖《もと》る《漢》(=ゆがむ)【類】違《ちが》ふ(=交差する)

ひ

光 ―― 影《かげ》

光る ―― 輝《かか》やく(=近世後期から「かがやく」)・煌《きら》めく・閃《ひら》めく

率る ―― (引《ひ》き)率《ゐ》る・あどもふ《上》(=声をかけて率る)

卑怯 ―― 汚《きたな》し・不覚《ふかく》《漢》・比興《ひきよう》《漢》(=室町時代)・卑怯《ひけふ》(=「比興《ひきよう》」の当て字か。室町後期以後)

低い ―― 低《ひき》し・低《ひき》やか・程無《ほどな》し・短《みじか》し(=身長・位が低い)・細《ほそ》し(=声が低い)・低《ひく》し(=室町以後)

美人 ―― 宜《よろ》しき女《め》《上》・細《くは》し女《め》《上》・容貌人《かたちびと》・美女《びじよ》・美女《びんじよ》《漢》・傾国《けいこく》・傾城《けいせい》《漢》・好色《かうしよく》(=好《よ》き女《をんな》)・美形《びけい》《近》・別嬪《べつぴん》(=「別品《べつぴん》《近》」の、明治の当て字)【類】すがる少女《をとめ》《上》(=はちのような細腰)・婀娜者《あだもの》《近》

左手 ―― 弓手《ゆんで》(=馬手《めて》の対)【類】奥《おく》の手《て》《上》(=大切な左手)

否定する ―― 言《い》ひ消《け》つ・打《う》ち消《け》す《近》

ひどい ―― ①⇓「残酷」②⇓「はなはだしい」

ひどく ―― ⇒「大変ひどく」

ひねくれている ―― 僻僻《ひがひが》し・僻僻《くせぐせ》し・拗《ねぢ》けがまし

秘密 ―― 隠《かく》ろへ（事《ごと》）・密《みそ》か事《ごと》・忍《しの》び事《ごと》【参】「ひそか」は漢文訓読体に、和文には「密《みそ》か」「忍《しの》びて」を用いる。

病気 ―― 病《やま》ひ・病《いたつ》き（＝室町以後「病《いたつ》き」）・恙《つつが》（＝「有り・無し」で表す）・煩《わづら》ひ・労《いたは》り【類】乱《みだ》り心地《ごこち》

評判 ―― ①〔好評〕覚《おぼ》え・聞《き》こえ・響《ひび》き・誉《ほま》れ・名《な》・名聞《みやうもん》⇒「有名」②⇒「うわさ」

比類ない ―― 類無《たぐひな》し・並《なら》び無《な》し・二無《にな》し・双無《さうな》し⇒「例えようがない」

ふ

不安 ―― 後《うし》ろめたし・覚束《おぼつか》なし・心許無《こころもとな》し・安《やす》からず

夫婦 ―― 妹背《いもせ》（＝親しい関係の男女）・妻男《めをとこ》・妻男《めを》・夫婦《めをと》《近》（＝「妻夫《めをつと》」の転）⇒「夫と妻」

不運だ ―― 拙《つたな》し・幸無《さちな》し・不運《ふうん》・不《ふ》仕合《しあ》はせ

不快 ―― ⇒「いやだ」

不吉 ―― ⇒「縁起が悪い」

不器用 ―― 疎《おろ》か・拙《つたな》し・手《て》づつ（＝「手足《てだ》り」の対）

服装 ―― 装《よそ》ひ・装《よそほ》ひ・出《い》で立《た》ち・装束《しやうぞく》・装束《さうぞく》

不幸 ―― ⇒「不運だ」

富豪 ―― 有徳《うとく》・徳人《とくにん》・長者《ちやうじや》・分限《ぶげん》《近》

無骨 ―― 頑《かたくな》・頑《かたくな》し・骨無《こちな》し・骨《こち》骨《ごち》し・すくすくし

ふさわしい ―― 相応《ふさは》し・つきづきし・似《に》つかはし

無事 ―― 全《また》し・平《たひ》らか・なだらか・事無《ことな》し（＝連語）・事無《ことな》し（＝一語化）

不思議 ―― 奇《くす》し・怪《あや》し・怪《け》し・妙《めう》・怪異《けい》・奇怪《きくわい》・奇特《きどく》・希代《きたい》（＝関西弁「けったい」の基）

風情 ―― 趣《おもむき》・味《あぢ》はひ・面白《おもしろ》み・由《よし》・心《こころ》・心《こころ》ばへ・色《いろ》・気味《きみ》

防ぐ ―― 防《ふせ》く（＝室町から「防《ふせ》ぐ」）【類】守《まも》る（＝見張る意から）・拒《こば》む

ふだん ―― 褻《け》（＝「晴《は》れ」の対）・常《つね》・例《れい》

普通 ―― なのめ・おぼろけ・一方《ひとかた》・直《ただ》・直《なほ》し・宜《よろ》し・尋常《じんじやう》《漢》⇒「並一通りでない」

不似合 ―― 付《つ》き無《な》し・似《に》げ無《な》し

無風流 ―― 頑《かたくな》・頑《かたくな》し・骨無《こちな》し・骨《こち》骨《ごち》し・すくすくし・心無《こころな》し・情無《なさけな》し・無心《むしん》

不便 ―― 便悪《びんあ》し・便無《びんな》し・不便《ふびん》【参】かわいそうは「不憫《ふびん》」。

へ

平易 ―― ⇒「容易」

平穏 ―― ⇒「無事」

平気 ―― つれなし・事無《ことな》しび・事《こと》無《な》し顔《がほ》

平和 ―― 平《たひ》らか・穏《おだ》し・穏《おだ》やか・静《しづ》か・太平《たいへい》・泰平《たいへい》・平安《へいあん》

下手 ―― 悪《あ》し・悪《わろ》し・手《て》づつ

変化する ―― （成《な》り）変《かは》る・変《へん》ず【類】移《うつ》る（＝世・心などが変化する）・改《あらた》まる（＝年・形などが変化する）

返事 ―― （さし）答《いら》へ・答《こた》へ・返《かへ》し⇒「答える」

変だ ―― 怪し・怪し・異《近》（＝「異《い》な事《こと》」の形で）

ほ

法 ―― ①〔法律〕法《はふ》（＝漢音）・定《さだ》め・掟《おきて》・御法《みのり》②〔仏法〕法《ほふ》（＝呉音）・（御《み》）法《のり》③ ⇒「方法」

妨害する ―― 妨《さまた》ぐ・障《さ》ふ《上》・遮《さえぎ》る（＝中世以後。「遮《さいぎ》る」《上》の転）・邪魔《じやま》す（＝室町以後。仏教語から）

方向 ―― 方《かた》・様《さま》（＝漠然とした方向）・方様《かたざま》

方法 ―― ⇒「手段」

星 ―― 星《ほし》【類】〔七夕〕星合《ほしあ》ひ・星《ほし》祭《まつ》り・乞巧奠《きかうでん》・棚機《たなばた》つ女《め》・彦星《ひこぼし》・天《あま》の川《かは》・鵲《かささぎ》の橋《はし》〔金星〕夕《ゆふ》づつ（＝中世は、「夕《ゆふ》つつ」）・明星《あかぼし》・太白星《たいはくせい》・昴《すばる》（＝統《す》べる意）・六連星《むつらぼし》（＝同上）・婚《よば》ひ星《ほし》（＝流星）・箒星《はうきぼし》（＝彗星）・星《ほし》の位《くらゐ》（＝星座）

褒《ほ》める ―― 褒《ほ》む・称《たた》ふ・愛《め》づ

本気 ―― ⇒「真面目《まじめ》」

ぼんやり ―― 覚束無《おぼつかな》し・心許無《こころもとな》し・おぼろ・おぼおぼし・おぼめかし

ま

前もって ―― 予《かね》て（＝和文に）・予《あらかじ》め《漢》

舞う ―― 舞《ま》ふ（＝「回る」と同源。回るように動く）・奏《かな》づ（＝手を延ばし動く。転じて楽器演奏にも）【類】踊《をど》る（＝飛び跳ねるように舞う）

まことしやか ―― げにげにし

まして ―― 殊更《ことさら》に・猶更《なほさら》に・況《いはん》や《漢》

真面目《まじめ》 ―― 実《まこと》し・実《まめ》・実実《まめまめ》し・実《まめ》やか・真面目《まじめ》《近》（＝まじまじ見るさま）

貧しい ―― 貧《まづ》し・貧《まど》し（＝中世）・乏《とも》し・乏《とぼ》し（＝室町以後）・侘《わ》びし・寂《さび》し・無徳《むとく》・不合《ふがふ》《漢》

ますます ―― いとど・いよいよ・いよよ・更《さら》に・況《ま》して・（〜より）異《け》に・転《うた》た《漢》

まだ ―― 未《いま》だ《漢》・未《まだ》（＝和文に）

間違い ―― 僻事《ひがごと》・過《あやま》ち・誤《あやま》り・越度《をつど》・越度《をちど》

待ち遠しい ―― 覚束無《おぼつかな》し・心許無《こころもとな》し

まっすぐ ―― 直《すぐ》・直《なほ》し

招く ―― 招《まね》く（＝手真似で招く）・呼《よ》び寄《よ》す・請《しやう》ず《漢》・請《さう》ず《漢》・招《を》く《上》（＝後に「招《を》ぐ」、「俳優《わざをき》」の基）

まぶしい ―― 目映《まばゆ》し【参】「まぶしい」「まぶい（＝顔がきれい）」は江戸後期から。

守る ―― 守《も》る・守《まも》る（＝「目守《まも》る」で、見守る）

迷う ―― 迷《まよ》ふ（＝本来「紕《まよ》ふ」で、織り糸が片寄ることから髪が乱れる意。中古「惑《まど》ふ」と混同し、迷う意）・（思《おも》ひ）惑《まど》ふ（＝上代は「惑《まと》ふ」）

丸い ―― 丸《まろ》し・丸《まろ》・丸《まろ》らか・丸《まる》し（＝室町以後）

回る ―― 回《まは》る（＝回転・旋回）・巡《めぐ》る（＝周囲を一周）

漫画 ―― 戯《ざ》れ絵《ゑ》

満足する ―― 足《た》る・飽《あ》く・心行《こころゆ》く・甘《あま》んず《漢》・堪能《たんのう》す

み

味方 ―― 方人《かたうど》・一味《いちみ》

右手 ―― 馬手《めて》⇒「左手」

見苦しい——頑《かたくな》・頑《かたくな》し・僻僻《ひがひが》し・正無《まさな》し・はしたなし・様悪《さまあ》し

未熟——片生《かたお》ひ・片成《かたな》り・幼《をさな》し・若《わか》し

見たい——ゆかし・見《み》まほし（＝和文に）・見《み》たし《漢》

皆——⇒「全部」

峯——嶺《ね》（＝「根《ね》」に同じ、大地の盛り上がり）・峯《みね》（＝「み」は神、神のいる嶺《ね》）【類】尾根《をね》（＝「を」は稜線）

身分——⇒「地位」

見舞う——⇒「訪《おとず》れる」

土産《みやげ》——苞《つと》（＝「包《つつ》む」と同源、藁《わら》苞《づと》のこと。土地の産物を土産《みやげ》にした）【類】家苞《いへづと》（＝家への土産）・都《みやこ》の苞《つと》（＝都からの土産）

未来——行《ゆ》く末《すゑ》・後《のち》・奥《おく》【類】当来《たうらい》（＝仏教語、来世）・未来《みらい》（＝同上）

む

昔——古《いにし》へ（＝「往《い》にし方《へ》」）・昔《むかし》へ・早《はや》く【類】其《そ》の上《かみ》（＝その当時）⇒「過去」

むごい——⇒「残酷」「薄情だ」

難しい——⇒「困難」

結ぶ——結《むす》ぶ（＝紐《ひも》・手を、固まりを作ってつなぐ）・結《ゆ》ふ（＝標識を作って立入を禁ずる）・結《ゆ》はふ（四段）《漢》・結《ゆ》はふ（下二段）（＝室町後期以後）【類】縛《しば》る（＝締めつける）・括《くく》る（＝巻きつけて締める）

夢中になる——耽《ふけ》る・溺《おぼ》る・憧《あくが》る・身《み》を投《な》ぐ【類】有頂天《うちやうてん》・上《うは》の空《そら》

むなしい——空《むな》し・徒《あだ》・徒《いたづ》ら・あぢきなし

無理——わり無《な》し・あながち・非道《ひだう》

無理に——強《し》ひて・押《お》して・せめて・なまじひに

め

名所——名所《などころ》・歌枕《うたまくら》

名人——⇒「達人」

名声——誉《ほま》れ・名《な》・名聞《みやうもん》⇒「評判」

めいめい——各各《おのおの》・己《おの》がじし・面面《めんめん》

目覚める——（目《め》）覚《さ》む・（打《う》ち）驚《おどろ》く

飯——⇒「食物《しょくもつ》」

珍しい——珍《めづ》らし・珍《めづ》らか・有《あ》り難《がた》し・稀有《けう》

面倒——⇒「わずらわしい」

面倒見る——⇒「世話する」

も

儲け——⇒「利益」

もがく——足掻《あが》く・足摺《あしず》る・地団駄《ぢだんだ》を踏《ふ》む（＝室町以後。「地踏鞴《ぢたたら》」の転）・もがく《近》

文字——字《な》（＝仮字《かんな》・真字《まな》）・手《て》・筆《ふで》の跡《あと》・鳥《とり》の跡《あと》《歌》

モダンだ——今《いま》めかし・今様《いまやう》・浮世《うきよ》《近》

もったいない——惜《あたら》し・畏《かしこ》し・おほけなし

もっともだ——⇒「道理に合う」

求める——⇒「尋ねる」

物足りない——さうざうし（＝楽しみがなく物足りない）・寂《さび》し・飽《あ》かず

模様——文《あや》・文目《あやめ》・文色《あいろ》《近》

や

やっと——辛《から》うじて・辛《から》くも・僅《わづ》か・且且《かつがつ》

やかましい —— かしかまし（＝近世以後「かしがまし」）・かまびすし・乱《みだ》りがはし

約束する —— 契《ちぎ》る・言《い》ひ定《さだ》む【類】誓《ちか》ふ

野菜 —— 菜《な》（＝副食物になる草）・前栽物《せんざいもの》《近》

優しい —— ⇩「情け深い」

休む —— 憩《いこ》ふ（＝「息《いき》」と同源、息継《つ》ぎから）・休《やす》む（＝「安《やす》」と同源、（仕）事を止める）・休《やす》らふ

野性的・野蛮 —— 荒《あら》し・荒《あら》らか・猛《たけ》し・猛《たけ》猛《だけ》し

破る —— 破《や》る（＝紙・布をちぎる）・破《やぶ》る（＝固まりを傷つけこわす意を広く用いる）【類】割《さ》く（＝割れ目から分ける）・割《わ》る（＝分ける）

山登り —— 山踏《やまぶ》み（＝山歩き）

柔らか —— 柔《やは》らか・和《なご》やか・しなやか・しとやか・嫋《たを》やか

ゆ

ゆううつ —— （物《もの》）憂《う》し・いぶせし

夕方 —— 夕《ゆふ》（＝「朝《あさ》」「昼《ひる》」の対）・夕《ゆふ》つ方《かた》・夕《ゆふ》さり（＝「さり」は「去る」、夕方になる意）・夕《ゆふ》べ《歌》（＝「朝」の対。「夕」と重なる）【類】夕暮《ゆふぐれ》・暮《く》れ方《がた》（＝「明《あ》け方《がた》」の対）・暮《くれ》つ方《がた》・夕目暗《ゆふまぐ》れ（＝ほの暗い頃）・黄昏《たそかれ》（時《どき》）（＝近世「たそかれ」、あれはだれかといぶかる意）・彼《か》は誰時《たれどき》・逢魔《あふま》が時《とき》（＝「大禍時《おほまがとき》」の転、黄昏をいう）・入《い》り相《あひ》

夕げ —— ⇩「食事」

優美 —— 貴《あて》・貴《あて》やか・なまめかし・なよよか・労労《らうらう》じ・優《いう》・艶《えん》⇩「美しい」

有名 —— 音《おと》に聞《き》く・名《な》に（し）負《お》ふ・名《な》有《あ》り・名立《なだ》たり・高名《こうみやう》・隠《かく》れ無《な》し・名《な》代《だい》《近》

豊か —— 豊《ゆた》けし・賑《にぎ》はし・頼《たの》もし・楽《たの》し

油断する —— （思《おも》ひ）弛《たゆ》む・心許《こころゆる》す

よ

夜《よ・よる》 —— 夜《よ》（＝日《ひ》の対）・夜《よる》（＝昼《ひる》の対）・宵《よひ》（＝夜を、「宵《よひ》」「夜中《よなか》」「暁《あかつき》」に三分した始まり。真夜中近くまでいう。複合語を作る）・夜《よ》は《歌》（＝夜《よる》。中古「夜半」と表記、「夜中」にもいう）・夜《よ》さり（＝「夕《ゆふ》さり」の連想から）・初夜《しよや》（＝「そや」とも。夜を三分した第一。⇔「中夜《ちゆうや》・後夜《ごや》」）・乙夜《いつや》（＝中国で夜を甲《かう》・乙《おつ》・丙《へい》・丁《てい》・戊《ぼ》に五分した第二）・丑三《うしみ》つ（＝丑《うし》の時を四分した第三）・夜深《よぶか》（＝明け方までかなり時間がある夜中）

良い —— 美《い》し（＝「おいしい」の基）・良《よ》し（＝「悪《あ》し」の対）【類】宜《よろ》し（＝悪くない意、「悪《わろ》し」の対）

容易 —— 易《やす》し・易《やす》らか・た易《やす》し・たは易《やす》し・か易《やす》し【参】「易《やさ》しい」は「優《やさ》し」から。江戸末期以後。

用意する —— ⇩「準備する」

陽気 —— 華《はな》やか・晴晴《はればれ》し

容姿 —— 容貌《かたち》・有様《ありさま》・見様《みざま》⇩「姿」

幼児 —— 児《ちご》・嬰児《みどりご》・幼児《をさなご》・をさない（＝中世）・をさあい《近》

用心する —— 戒《いまし》む・心《こころ》す・心得《こころう》

様子 —— 有様《ありさま》・有様《あるやう》・気色《けしき》（＝見えた外形）・気配《けはひ》（＝全体の感じ）・様体《やうだい》・体《てい》

幼稚 —— 幼《をさな》し・幼《をさな》げ・若若《わかわか》し・はかなし

容貌 —— かたち・見目《みめ》・器量《きりやう》（＝室

町に、「器量(がよし」の形で、男女にいったが、近世には女性に限られる)

ようやく——⇒「やっと」

予想する——計《はか》る(＝計量から推量・企画・欺くまで多義)・有《あ》らます・思《おも》ひ掛《か》く

装う——装《よそ》ふ・装《よそほ》ふ・装束《さうぞ》く(＝装束の動詞化)

ら

落胆する——⇒「がっかりする」

ラブレター——懸想文《けさうぶみ》・艶書《えんしよ》(＝恋の和歌をもいう。近世、「艶書《えんじよ》」とも)・情《なさ》けの文《ふみ》・情文《なさけぶみ》《近》・色文《いろぶみ》《近》【参】「恋文《こひぶみ》」は明治以後。

乱暴だ——荒荒《あらあら》し・一向《ひたぶる》・狼藉《らうぜき》

り

リーダー——大人《おとな》・長《をさ》・頭《かしら》

利益——儲《まう》け(＝準備として金品を得る意から)・益《やく》・所得《しよとく》・得《とく》・利得《りとく》

利口ぶる——賢《さか》しらす・賢《さか》し(ら)がる・賢《さか》し(ら)立《だ》つ・賢《さか》しらめく

理想的——有《あ》らまほし・有《あ》るべかし

立派——賞《め》でたし・華《はな》やか・いみじ・ゆゆし・目覚《めざ》まし・恥《は》づかし

理由——故《ゆゑ》・由《よし》

料理人——膳夫《かしはで》(＝柏《かしは》の葉に食物を盛ったことから、宮中の食膳に関する役人)・包丁《はうちやう》(者《じや》)

旅行——旅《たび》・物詣《ものまう》で・道行《みちゆ》き・往《わう》来《らい》・道中《だうちゆう》《近》

理論——筋《すぢ》・理《ことわ》り

れ

礼儀正しい——礼礼《ゐやゐや》し・礼礼《うやうや》し・礼《ゐや》やか

霊魂——魂《たま》・魂《たましひ》・鬼《おに》(＝霊《れい》。「隠」の字音「おん」の転か)・(悪《あく》)霊《りやう》・生霊《いきりやう》・生《い》きす魂《だま》(＝同上)・死霊《しりやう》【類】物《もの》の怪《け》・邪気《じやき》(＝「じやけ」「ざけ」とも)

冷淡——辛《つら》し・つれなし・冷《つべ》たまし・情《なさ》け無《な》し・すげ無《な》し

例の——有《あ》りつる・有《あ》りし・件《くだん》の《漢》

恋愛——⇒「恋」「情事」

恋愛経験がある——世付《よづ》かはし

日本語力

ろ

老女——大母《おほば》・姥《おば》・姥《うば》・嫗《おみな》・嫗《おうな》・嫗《おんな》【参】「をんな」は若い女。

老人——翁《おきな》・大父《おほぢ》・古人《ふるびと》・老《お》い人《びと》・老《お》いらく・叟《そう》

老年——老《お》い・老《お》ゆらく《上》・老《お》いらく

わ

和歌——(大和《やまと》)歌《うた》(＝「漢歌《からうた》」に対して「大和《やまと》」を冠する)・(大和《やまと》)言《こと》の葉《は》・大《や》和言葉《まとことば》・三十一文字《みそひともじ》

若い——(うら)若《わか》し・程無《ほどな》し(＝「程」は年齢の程度)

わがまま——思《おも》ひの儘《まま》・我《わ》が儘《まま》(＝中世までは、連語、わが意の通り、室町から一語化)・恣《ほしいまま》《漢》・傍若無人《ばうじやくぶじん》《漢》・放埒《はうらつ》《漢》・気随《きずい》・得手《えて》・勝手《かって》《近》・栄耀《ええう》《近》

若者——若人《わかうど》・若《わか》き人《ひと》(＝若い女房)・冠者《くわんじや》(＝本来は、元服してすぐの若者)・冠者《くわじや》・若《わか》い衆《しゆ》《近》(＝「若い者」より敬意)

わが家——我家《わぎへ》《上》(＝「我《わ》が家《いへ》」

の転）・我《わ》が家《や》（＝「や」は屋《や》）・我《わ》が庵《いほ》《歌》
⇒「家」

別れる ――― （立《た》ち）別《わか》る（＝主語は単数、二つに分かれる）・離《あか》る（＝主語は複数、幾つもに分散する）

分ける ――― 分《わ》く・分《わ》かつ（＝「別《わか》る」の他動詞）・離《あか》つ《上》（＝「離《あか》る」の他動詞）

わざとらしい ――― 殊更《ことさら》めく・事新《ことあたら》し

わずか ――― 僅《わづ》か（＝少量やっと残る）・初《はつ》か（＝初めの部分の意から少しの時間）
【類】幽《かす》か（＝薄く弱く）・仄《ほの》か（＝ほんのり）

わずらわしい ――― 煩《わづら》はし（＝事が運ばずわずらわしい）・むつかし（＝対応が面倒でわずらわしい）・うるさし（＝ほぼ同上）・扱《あつ》かはし（＝扱いに困ってわずらわしい）・こちたし（＝事が多くてわずらわしい）

話題 ――― 言種《ことくさ》・語《かた》り種《くさ》・扱《あつか》ひ種《くさ》

私（一人称） ――― あ（れ）・わ（れ）・何某《なにがし》・自《みづか》ら・己《おの》（れ）・某《それがし》・我《わ》が身《み》（＝女性）・身《み》ども《近》

笑う ――― 笑《わら》ふ（＝破顔。大声で笑う）・笑《ゑ》む（＝口をほころばせる。つぼみ・栗の実にもいう）【類】北叟笑《ほくそゑ》む

悪い ――― 悪《あ》し（＝「良し」の対）・悪《わろ》し（＝「宜《よろ》し」の対。よくはない）・正無《まさな》し・性無《さがな》し

植物の古名

アオイ ――― 形見草《かたみぐさ》（＝きく・なでしこをもいう）

アサガオ ――― 牽牛子《けにごし》・朝顔《あさがほ》（平安時代）

（クリの）毬《いが》 ――― 虚栗《みなしぐり》

カエデ ――― 蛙手《かへるで》

カキツバタ ――― 顔佳花《かほよばな》

カタクリ ――― 堅香子《かたかご》

萱草《カンゾウ》 ――― （恋）忘《わす》れ草《ぐさ》

山椒《サンショウ》 ――― 椒《はじかみ》

ショウガ ――― （呉《くれ》の）薑《はじかみ》

ススキ ――― 尾花《をばな》

タチアオイ ――― 唐葵《からあふひ》（蜀葵）

タチバナ ――― 時《とき》じくの香《かく》の木《こ》の実《み》

ツユクサ ――― 月草《つきくさ》・青花《あをばな》（＝これで染めたのが花色）

ナデシコ ――― 常夏《とこなつ》

ナンバンギセル ――― 思《おも》ひ草《ぐさ》

ベニバナ ――― 末摘花《すゑつむはな》・紅《くれなゐ》

マコモ ――― かつみ草《ぐさ》・花《はな》かつみ

鳥の古名

ウグイス ――― 春告《はるつ》げ鳥《どり》・春《はる》の鳥《とり》・春《はる》の使《つかひ》・人来鳥《ひとくどり》・歌詠鳥《うたよみどり》・経読鳥《きやうよみどり》・匂《にほ》ひ鳥《どり》・禁鳥《とどめどり》

カイツブリ ――― 鳰鳥《にほどり》・息長鳥《しながどり》

カラス ――― 大軽率鳥《おほをそどり》・ひもす鳥《どり》

ガン ――― 雁《かり》（＝鳴き声から）・雁《かり》が音《ね》

キジ ――― 雉子《きぎす》

セキレイ ――― 教《をし》へ鳥《どり》・妹背鳥《いもせどり》（＝「ホトトギス」をもいう）

ニワトリ ――― 鶏《にはとり》（＝「庭《には》つ鳥《とり》」から）・くだかけ・長鳴《ながな》き鳥《どり》・かけ（＝鳴き声から）

モズ ――― 鵙音鳥《ささらおとどり》・伯労《はくらう》

ユリカモメ ――― 都鳥《みやこどり》

日本語力

ホトトギスの古名

ホトトギス ―― 妹背鳥《いもせどり》（＝「セキレイ」をもいう）・あやめ鳥《どり》・早苗鳥《さなへどり》・橘鳥《たちばなどり》・霊迎《たまむか》へ鳥《どり》・夕《ゆふ》かげ鳥《どり》・死出《しで》の田長《たをさ》（＝「賤《しづ》の田長《たをさ》」の転）【参】「ホトトギス」の漢字表記　時鳥（＝季節を表す鳥の意）・子規・不如帰（＝鳴き声を「不如帰去《ふにょききょ》」と写す）・郭公（＝鳴き声から。「カッコウ」の表記と重複）・霍公鳥（＝同上）・杜鵑・杜宇・杜魂・杜魄・蜀魂・蜀魄（蜀の王、杜宇《とう》は周代末に蜀帝になったが、死んでその魂は「鵑《けん》」という鳥になったという。「杜」「蜀」を冠した語が多い）

虫の古名

アカガエル ―― 蝦蟇《もみ》
イナゴ ―― 稲子麿《いなごまろ》
ガ（蛾） ―― 灯取《ひと》り虫《むし》
カジカガエル ―― 蛙《かはづ》
カタツムリ ―― 蝸牛《くわぎう》・舞《ま》ひ舞ひつぶり・つぶろ・でで虫《むし》
カマキリ ―― 疣毟《いぼうじり》・いぼじり
キリギリス ―― 織《はたお》り（女《め》）
毛虫 ―― 皮虫《かはむし》
コオロギ ―― きりぎりす
ジガバチ ―― すがる
スズムシ ―― 松虫《まつむし》
トンボ ―― 蜻蛉《あきつ》・あきづ・かげろふ
ヒキガエル ―― 谷蟇《たにぐく》
ヘビ ―― くちなは・長物《ながもの》《近》
ホタル ―― 夏虫《なつむし》（「か・が」にもいう）
マツムシ ―― 鈴虫《すずむし》（＝江戸時代、屋代弘賢が、二つの名は入れ換っているとした。反論もある）
マムシ ―― くちばみ
ヤスデ ―― 筬虫《をさむし》・雨彦《あまひこ》

獣（貝・魚）などの古名

アワビまたは二枚貝 ―― （恋）忘《わす》れ貝《がひ》
イノシシ ―― 猪《ゐ》・猪《ゐのしし》（＝「しし」は肉）・野猪《くさゐなぎ》
クジラ ―― いさ・いさな
サメ ―― 鰐《わに》
サル ―― まし・ましら
シカ ―― 鹿《か》・鹿《かのしし》・かせぎ（＝角の形から）
ヤドカリ ―― がうな

慣用的表現

ああ、いやだ ―― あな、うたてや
ああ、恨めしい ―― ああら、恨《うら》めしや
ああ、うるさい、静かに ―― あな、姦《かま》・あな姦《かま》、給《たま》へ（＝丁寧に）
あら、恐縮 ―― あな、畏《かしこ》（＝呼びかけや、手紙の書きとめに）
ええ、ままよ ―― 然《さ》はれ・然《さ》も有《あ》れ・然《さ》も有《あ》らば有《あ》れ
これは何《なん》と ―― 此《これ》は為《し》たり・此《これ》は如何《いか》なこと・此《こ》は如何《いか》に
さあ、いらっしゃい ―― いざ、給《たま》へ
さあ、なさいませ ―― いざ、させ給《たま》へ
さようなら ―― いざ、然《さ》らば・然《さ》らば・然様《さやう》ならば・然様《さやう》なら（＝江戸後期）
それ見たことか ―― 然見《さみ》つる事《こと》よ
どうともなれ ―― 然《さ》も有《あ》らば有《あ》れ・然《さ》はれ
予想通りだ ―― 然《さ》ればよ・然《さ》ればこそ

日本語力

季語一覧 ―俳句必携

俳句で、四季それぞれの季節感を表すために、句によみこむ語を「季語」というが、ここではそれらのうち代表的なものを、春、夏、秋、冬、新年の五つの季節に分けて示した。各季の分け方は原則として、春(立春から立夏の前日まで)、夏(立夏から立秋の前日まで)、秋(立秋から立冬の前日まで)、冬(立冬から立春の前日まで)とした。また、正月行事を一括して新年の部とした。

《春》

時候

旧正月・睦月（むつき）・立春・寒明け・初春（しょしゅん）・早春・冴（さ）え返る・余寒・春めく・如月（きさらぎ）・啓蟄（けいちつ）・彼岸（ひがん）・暖か・麗（うら）らか・長閑（のどか）・日永（ひなが）・弥生（やよい）・遅日（ちじつ）・花冷え・花便り・晩春・春宵（しゅんしょう）・八十八夜・暮春・行く春・惜春（せきしゅん）

天文

春風・東風（こち）・風光る・春一番・黄砂・黄塵（こうじん）・朧（おぼ）ろ・朧ろ月・朧ろ夜・霞（かすみ）・陽炎（かげろう）・花曇り・蜃気楼（しんきろう）・春雨（はるさめ）・菜種梅雨（なたねづゆ）・春雪・淡雪（あわゆき）・霜害（そうがい）・別れ霜（じも）・忘れ霜・春色・春光・春雷（しゅんらい）・貝寄風（かいよせ）・鳥曇り

地理

苗代（なわしろ）・干潟（ひがた）・春泥・残雪・雪崩・雪間・雪解け・雪消（ゆきげ）・雪しろ・流氷・薄氷（うすらい）・山笑う・水ぬるむ・逃げ水・焼野・赤潮・凍（い）て解け・干潟（ひがた）

人事

菱餅（ひしもち）・鶯餅（うぐいすもち）・草餅・桜餅・山葵（わさび）漬け・木の芽和（あ）え・田楽・目刺し・白子（しらす）干し・壺（つぼ）焼き・蛤鍋（はまなべ）・雛（ひな）あられ・白酒・つばき餅・花菜漬・青ぬた・菜飯・麦踏み・畑打ち・種物・種籾（たねもみ）・種蒔（ま）き・苗床・野焼き・野火・山焼き・接（つ）ぎ木・剪定（せんてい）・挿（さ）し木・茶摘（つ）み・焙炉（ほいろ）・蚕飼い（こがい）・田打ち・霜くすべ・野遊び・遠足・摘み草・花見・桜狩（がり）・観桜（かんおう）・夜桜・観梅・梅見・梅園・都踊り・東（あずま）踊り・潮干狩り・潮干・闘牛・闘鶏（とうけい）・競漕（きょうそう）・ボートレース・

ぶらんこ・凧（たこ）・風船・風車（かざぐるま）・シャボン玉・受験・卒業・落第・春休み・入学・新入生・春闘・遍路（へんろ）・初午（はつうま）・針供養（はりくよう）・かまくら・桃（もも）の節句・雛（ひな）祭り・内裏雛（だいりびな）・春場所・涅槃会（ねはんえ）・彼岸会（ひがんえ）・開帳・春分の日・四月馬鹿（ばか）・エープリルフール・灌仏会（かんぶつえ）・花御堂（はなみどう）・花祭り・甘茶（あまちゃ）・復活祭・イースター・メーデー・炉ふさぎ・上り簗（やな）・鮎汲（あゆくみ）・踏青（とうせい）・根分（ねわけ）・苗木市・朝寝・お水取り・雛遊（ひなあそ）び・涅槃（ねはん）・謝肉祭・釈典（せきてん）・垣繕う・春眠・春愁（しゅんしゅう）

動物

鶯（うぐいす）・春告げ鳥・初音（はつね）・雉（きじ）・小綬鶏（こじゅけい）・雲雀（ひばり）・頬白（ほおじろ）・燕（つばめ）・囀（さえず）り・古巣・おたまじゃくし・蛙（かわず・かえる）・鰊（にしん）・鰆（さわら）・桜鯛（さくらだい）・さより・むつごろう・白魚（しらうお）・鱒（ます）・公魚（わかさぎ）・若鮎（わかあゆ）・諸子（もろこ）・飯蛸（いいだこ）・栄螺（さざえ）・鮑（あわび）・蛤（はまぐり）・浅蜊（あさり）・馬鹿貝・桜貝・蜆（しじみ）・田螺（たにし）・潮（しお）招き・宿借り・磯巾着（いそぎんちゃく）・海胆（うに）・蝶（ちょう）・胡蝶（こちょう）・蜂（はち）・蜂の巣・虻（あぶ）・蚕（かいこ）・へび穴を出る・落し角（づの）・かめ鳴く・ねこの子・帰鴈（きがん）・鳥の巣・鳥雲に入る・うそ・百千鳥（ももちどり）・呼子鳥（よぶこどり）・すずめの子・蛍（ほたる）・いか・魚島・蒸しがれい・干だら・目刺・赤貝・胎貝（いがい）・にな・きさご・まて・鳥貝・春ぜみ・巣立鳥

植物

梅・紅梅・梅林・椿（つばき）・桜・彼岸桜・枝垂（しだ）れ桜・八重（やえ）桜・花・花吹雪・落花・辛夷（こぶし）・連翹（れんぎょう）・沈丁花（じんちょうげ）・海棠（かいどう）・ライラック・馬酔木（あせび・あしび）・躑躅（つつじ）・こでまり・雪柳（ゆきやなぎ）・木蓮（もくれん）・藤（ふじ）・山吹（やまぶき）・柳・青柳（あおやぎ）・まんさく・猫柳・石南花（しゃくなげ）・枸杞（くこ）・桑（くわ）・木（こ・き）の芽・芽立ち・蘖（ひこばえ）・若緑・松の緑・雛菊（ひなぎく）・デージー・金盞花（きんせんか）・忘れな草・アネモネ・フリージア・チューリップ・クロッカス・シクラメン・ヒヤシンス・スイートピー・サイネリア・

シネラリア・パンジー・ストック・菫（すみれ）・三色菫（さんしきすみれ）・紫雲英（げんげ）・蓮華草（れんげそう）・蒲公英（たんぽぽ）・土筆（つくし）・クローバ（ー）・はこべ・杉菜（すぎな）・桜草・すかんぽ・虎杖（いたどり）・苧環（おだまき）・水芭蕉（みずばしょう）・水草生う・金鳳花（きんぽうげ）・母子草・雪割り草・薊（あざみ）・春蘭（しゅんらん）・ミモザ・下萌（も）え・双葉（ふたば）・若草・菜の花・葱坊主（ねぎぼうず）・萵苣（ちしゃ）・分け葱（わけぎ）・菠薐草（ほうれんそう）・芥子菜（からしな）・独活（うど）・アスパラガス・春菊・韮（にら）・山葵（わさび）・慈姑（くわい）・芹（せり）・三つ葉・蕗（ふき）の薹（とう）・蓬（よもぎ）・艾（もぐさ）・餅草（もちぐさ）・嫁菜（よめな）・京菜・蕨（わらび）・早蕨（さわらび）・薇（ぜんまい）・松露（しょうろ）・若布（わかめ）・ひじき・海雲（もずく）・海苔（のり）・青海苔・茎立（くくたち）・みょうが竹・青麦・残花・柳絮（りゅうじょ）・竹の秋・ライラック・黄水仙・草若葉・草の芽・防風・茅花（つばな）・いぬふぐり・若芝・あらめ

《夏》

時候

卯月（うづき）・立夏・初夏（しょか・はつなつ）・麦の秋・麦秋（むぎあき・ばくしゅう）・皐月（さつき）・入梅・梅雨寒・夏至（げし）・水無月（みなづき）・晩夏・土用・暑さ・盛夏（せいか）・大暑・極暑（ごくしょ）・酷暑（こくしょ）・薄暑（はくしょ）・万緑（ばんりょく）・梅雨（つゆ）・短夜（みじかよ）・半夏生（はんげしょう）・涼（すず）し・灼（や）ける・夜の秋

天文

白夜（はくや）・入道雲・雲の峰（みね）・雲海・朝曇り・五月闇（さつきやみ）・御来迎（ごらいごう）・御来光・虹・梅雨晴れ・五月（さつき）晴れ・梅雨空・朝焼け・夕焼け・日盛り・西日・炎天・旱（ひでり）・旱魃（かんばつ）・南・南風（はえ）・山背（やませ）・青嵐（あおあらし）・薫風（くんぷう）・風薫（かお）る・熱風・涼風（りょうふう）・朝凪（あさなぎ）・夕凪・梅雨（つゆ・ばいう）・梅雨入り・梅雨明け・空（から）梅雨・五月雨（さみだれ・さつきあめ）・夕立・雹（ひょう）・氷雨（ひさめ）・雷（かみなり・いかずち）・雷雨・雷神・雷雲・雷鳴・落雷・油照り・草いきれ

地理

夏山・夏木立・雪渓・お花畑・青田・泉・清水・出水（でみず）・滝・土用波・赤潮・したたり・苦潮（にが

しお）・草茂る・御来迎（ごらいごう）・代田（しろた）・植田・日焼田

人事

更衣（ころもがえ）・袷（あわせ）・甚平・ゆかた・単衣（ひとえ）・単衣物（ひとえもの）・セル・帷子（かたびら）・上布・海水着・水着・腹当て・晒（さら）し・サングラス・麦藁（むぎわら）帽（子）・パナマ帽・花茣蓙（はなござ）・円座・網戸・日覆い・葦簀（よしず）・露台・籐椅子（とういす）・ハンモック・盤・パラソル・ハンカチ（ーフ）・匂い袋・汗知らず・汗・汗疹（あせも）・香水・団扇（うちわ）・扇子（せんす）・扇・扇風機・涼（すず）み・夕涼み・暑気払い・肌脱ぎ・はだし・日焼・寝冷え・洗い髪・暑気中（あた）り・夏負け・夏痩（や）せ・日射病・水虫・水見舞い・午睡（ごすい）・昼寝・はだか・行水・風鈴（ふうりん）・蚊遣火（かやりび）・蚊帳（かや）・蠅帳（はえちょう）・蚊取り線香・日傘・簾（すだれ）・日よけ・虫干し・冷蔵庫・氷室（ひむろ）・冷房・クーラー・土用干し・氷水・白玉・甘酒・梅酒・ビール・新茶・冷ややっこ・あらい・水貝・心太（ところてん）・鮨（すし）・冷や麦・梅干し・梅漬け・麦焦（こ）がし・葛餅（くずもち）・葛桜（くずざくら）・柏餅（かしわもち）・粽（ちまき）・水羊羹（みずようかん）・蜜豆（みつまめ）・ラムネ・サイダー・ソーダ水・氷菓・アイスクリーム・鵜飼（うかい）・麦刈り・麦藁・代掻（しろか）き・草取り・早乙女（さおとめ）・草刈り・草むしり・芝刈り・干し草・雨（あま）乞い・繭（まゆ）・鵜匠（うしょう）・海女（あま）・梁（やな）・海水浴・水泳・競泳・遠泳・プール・浮き袋・船遊び・ボート・ヨット・夜釣（よつり）・釣堀・水遊び・水鉄砲・泳ぎ・登山・噴水・避暑・夜店・走馬灯・ナイター・キャンプ・ビヤガーデン・ビヤホール・蛍（ほたる）狩り・麦笛・水中花・草笛・箱庭・打ち水・日向水（ひなたみず）・花氷・天瓜粉（てんかふん）・端居（はしい）・端午（たんご）・祭・祇園（ぎおん）祭・祭り囃子（ばやし）・宵（よい）祭り・夜宮（よみや）・山車（だし）・御輿（みこし）・薪能（たきぎのう）・祇園会（ぎおんえ）・四万（しまん）六千日・子供の日・幟（のぼり）・鯉幟（こいのぼり）・吹き流し・矢車・武者人形・五月人形・菖蒲（しょうぶ）湯・母の日・夏場所・ダービー・山開き・海開き・川開き・田植え・誘蛾灯（ゆうがとう）・暑中見舞い・夏休み・帰省・林間学校

動物

鹿（か）の子・蝙蝠（こうもり）・よしきり・翡翠（か

わせみ）・老鶯（ろうおう）・時鳥（ほととぎす）・閑古鳥・水鶏（くいな）・郭公（かっこう）・筒鳥（つつどり）・仏法僧（ぶっぽうそう）・雷鳥・瑠璃（るり）（鳥）・駒鳥（こまどり）・羽抜鳥・鱚（きす）・鯖（さば）・飛魚・山女（やまめ）・鮎（あゆ）・鯵（あじ）・鰹（かつお）・金魚・熱帯魚・鰻（うなぎ）・目高・鯰（なまず）・やまべ・岩魚（いわな）・虹鱒（にじます）・黒鯛（くろだい）・初鰹・えい・穴子（あなご）・鱧（はも）・烏賊（いか）・蝦蛄（しゃこ）・水母（くらげ）・こくぞう・優曇華（うどんげ）・蟹（かに）・蝸牛（かたつむり）・まいまい・でんでんむし・蚯蚓（みみず）・雨蛙・河鹿（かじか）・火取り虫・蛍（ほたる）・浮き巣・糸とんぼ・蠅（はえ）・蜘蛛（くも）・油虫・守宮（やもり）・蟻（あり）・蟻地獄・ぼうふら・蚊・がが んぼ・繭（まゆ）・道おしえ・玉虫・黄金（こがね）虫・髪切虫（天牛）・毛虫・蝉・空蝉（うつせみ）・夜光虫・蟇蛙（ひきがえる）・蝦蟇（がま）・蛇（へび・くちなわ）・はぶ・蝮（まむし）・蜥蜴（とかげ）・海亀（うみがめ）・井守（いもり）・尺取り（虫）・兜（かぶと）虫・かなぶん・天道虫（てんとうむし）・船虫・源五郎・水すまし・あめんぼ（水黽）・蝉時雨（せみしぐれ）・蚋（ぶゆ・ぶよ・ぶと）・紙魚（しみ）・蚤（のみ）・羽蟻・螻蛄（けら）・むかで・げじげじ・蛞蝓（なめくじ）・蛭（ひる）

植物

グラジオラス・アイリス・ガーベラ・サルビア・アマリリス・ジギタリス・凌霄花（のうぜんかずら）・百日草・紫（むらさき）・一八（いちはつ）・サボテン（仙人掌）・ダリア・雛罌粟（ひなげし）・虞美人草（ぐびじんそう）・石竹（せきちく）・カーネーション・睡蓮（すいれん）・未草（ひつじぐさ）・蓮華（れんげ）・ユッカ・含羞草（おじぎそう）・松葉牡丹・牡丹（ぼたん）・余花（よか）・葉桜・菖蒲（しょうぶ）・新樹・新緑・若葉・筍（たけのこ）・芍薬（しゃくやく）・鉄線花・鉄線の花・金雀枝（えにしだ）・薔薇（ばら・そうび）・花茨（はないばら）・七変化（しちへんげ）・卯（う）の花・麦・あやめ（菖蒲）・杜若（かきつばた）・紫陽花（あじさい）・葵（あおい）・十薬・黴（かび）・除虫菊・浮き草・こうほね・青葦（あおあし）・真菰（まこも）・蒲（がま）・どくだみ・雪の下・蓴菜（じゅんさい）・夏草・茂り・緑陰・木下闇・青葉・昼顔・さくらんぼ・桜桃（おうとう）・紫蘇（しそ）・玉葱（たまねぎ）・枇杷（びわ）・早苗（さなえ）・苺（いちご）・木苺・蛇（へび）苺・梅桃（ゆすらうめ）・李（すもも）・杏（あんず）・巴旦杏（はたんきょう）・メロン・バナ

ナ・パイナップル・百合（ゆり）・月見草・夾竹桃（きょうちくとう）・夏蜜柑（なつみかん）・水蜜桃・草いきれ・浜木綿（はまゆう）・夕顔・蓮（はす・はちす）・トマト・茄子（なす・なすび）・向日葵（ひまわり）・麻・ははきぎ・箒草（ほうきぐさ）・鈴蘭（すずらん）・酢漿草（かたばみ）・百日紅（さるすべり・ひゃくじつこう）・病葉（わくらば）・葉柳・青芝・青すすき・若竹・竹落葉・土用芽・豌豆（えんどう）・空豆・蕗（ふき）・瓜（うり）・甜瓜（まくわうり）・胡瓜（きゅうり）・白瓜・辣韮（らっきょう）・蓼（たで）・菜種・木耳（きくらげ）・布海苔（ふのり）・昆布（こんぶ）・荒布（あらめ）・花水木・浜茄子（はまなす）・青桐（あおぎり）

《秋》

時候

文月（ふみづき・ふづき）・立秋・初秋（しょしゅう・はつあき）・新秋・残暑・秋めく・新涼（しんりょう）・秋涼（しゅうりょう）・爽（さわ）やか・葉月・仲秋（ちゅうしゅう）・十五夜・十三夜・長月・白露（はくろ）・夜長・晩秋・秋冷・肌寒（はだざむ）・夜寒・冷ややか・暮秋（ぼしゅう）・行く秋・やや寒・うそ寒・朝寒・冷（すさ）まじ・身に入（し）む・そぞろ寒

天文

秋晴れ・秋日和（びより）・菊日和・鰯（いわし）雲・霧（きり）・露（つゆ）・秋雨（あきさめ）・霧雨・秋風（あきかぜ）・野分（のわき）・台風・稲妻（いなずま）・稲光・露霜（つゆじも）・月・夕月・夕月夜・月夜・良夜・宵闇（よいやみ）・明月・名月・満月・望月（もちづき）・芋（いも）名月・豆（まめ）名月・栗（くり）名月・十六夜（いざよい）・新月・二日月・三日月・弓張り月・星月夜・天の川・牽牛（けんぎゅう）・織女・織り姫・銀漢・銀河・流星・流れ星・初嵐（はつあらし）・天高し・後の月

地理

花野・不知火（しらぬい）・秋水・初潮（はつしお）・刈田・ひつじ田（だ）・落し水・秋出水（あきでみず）・水澄む・盆波・山粧（よそお）う・花畑・秋の水・野山の錦・秋の田

人事

夜食・新米・新酒・干し柿（がき）・串柿（くしがき）・吊（つる）し柿・枝豆・衣（きぬ）被（かつ）ぎ・濁（にご）り酒・どぶろく・灯籠（とうろう）・走馬灯・岐阜提灯（ぎふぢょうちん）・砧（きぬた）・案山子（か

かし）・鳴子（なるこ）・添水（そうず）・稲刈り・稲架（はさ）・取り入れ・籾（もみ）・籾摺（す）り・豊年・出来秋・霞網（かすみあみ）・囮（おとり）・月見・観月・根釣り・星祭・草市・門火・相撲（すもう）・花火・虫籠（むしかご）・紅葉（もみじ）狩り・茸（たけ）狩り・菊（きく）人形・中元・夜学・夜業・夜なべ・七夕（たなばた）・彦星（ひこぼし）・盆・盂蘭盆（うらぼん）・新盆（にいぼん）・地蔵盆・踊（おどり）・盆踊り・墓参り・墓参・展墓・施餓鬼（せがき）・迎（むか）え火・霊（たま）迎え・霊祭り・送り火・霊送り・虫送り・灯籠流し・流灯（りゅうとう）・二百十日（とおか）・二百二十日（はつか）・放生会（ほうじょうえ）・毛見（けみ）・下り梁（やな）・秋分の日・秋場所・赤い羽根・重陽（ちょうよう）・運動会・恵比寿（えびす）講・夷（えびす）講・秋思・小鳥網・べったら市・新そば・芦刈り・新藁（わら）・藁塚・灯下親し・鳥威（おど）し・松手入・魂祭（たままつり）・魂棚・御会式（おえしき）・大文字・ほおずき市・原爆忌・震災忌・生姜（しょうが）市・時代祭・誓文払い・障子洗う

動物

猪（いのしし・しし）・鹿（しか）・雁（かり・がん・かりがね）・渡り鳥・小鳥・椋鳥（むくどり）・百舌（もず）・啄木鳥（きつつき）・懸け巣・鶸（ひわ）・鵯（ひよどり）・鶫（つぐみ）・鶉（うずら）・鶺鴒（せきれい）・鵲（かささぎ）・鴫（しぎ）・四十雀（しじゅうから）・目白・山雀（やまがら）・落ち鮎・下り鮎・鰍（かじか）・鱸（すずき）・沙魚（はぜ）・鰯（いわし）・太刀魚（たちうお）・秋刀魚（さんま）・鮭（さけ）・蜻蛉（とんぼ）・やんま・蜉蝣（かげろう）・蜩（ひぐらし・かなかな）・つくつくぼうし・虫・虫時雨（むししぐれ）・蟋蟀（こおろぎ）・きりぎりす・松虫・鈴虫・邯鄲（かんたん）・鉦（かね）叩き・馬追い・すいっちょ・轡虫（くつわむし）・機織り・浮塵子（うんか）・ばった・蝗（いなご）・蟷螂（かまきり・とうろう）・蓑虫（みのむし）・芋虫（いもむし）・茶立虫・みみず鳴く・いとど・法師蝉・穴まどい・稲すずめ・つばめ帰る・へび穴に入る・色鳥・へひり虫・かけす・草かげろう・赤とんぼ・秋蚕（あきご）・秋さば・馬肥ゆる

植物

柳散る・紅葉・草紅葉（くさもみじ）・楓（かえで）・桐一葉・木犀（もくせい）・金木犀・木槿（むくげ）・芙蓉（ふよう）・梅擬（もどき）・七竈（ななかまど）・蔦（つた）・茘枝（れいし）・柿・熟柿（じゅくし）・桃・林檎・梨・石榴（ざくろ）・花梨（かりん）・葡萄（ぶ

どう）・栗・無花果（いちじく）・木（こ）の実・団栗（どんぐり）・銀杏（ぎんなん）・橘（たちばな）・茱萸（ぐみ）・通草（あけび）・棗（なつめ）・胡桃（くるみ）・蜜柑（みかん）・柚子（ゆず）・金柑（きんかん）・橙（だいだい）・梔子（くちなし）・烏瓜（からすうり）・芭蕉（ばしょう）・カンナ・蘭（らん）・朝顔・鶏頭（けいとう）・コスモス・秋桜・秋海棠（しゅうかいどう）・鬼灯（ほおずき）・草の花・竹の春・鳳仙花（ほうせんか）・白粉花（おしろいばな）・菊・残菊・野菊・紫苑（しおん）・秋草・秋の七草・萩・薄（すすき）・尾花・花薄・荻（おぎ）・葛（くず）・女郎花（おみなえし）・藤袴（ふじばかま）・萱（かや）・刈萱（かるかや）・蘆（あし・よし）・撫子（なでしこ）・牛膝（いのこずち）・曼珠沙華（まんじゅしゃげ）・まんじゅさげ・彼岸花・桔梗（ききょう）・吾亦紅（われもこう）・水引（みずひき）の花・竜胆（りんどう）・露草・西瓜（すいか）・南瓜（かぼちゃ）・唐茄子（とうなす）・冬瓜（とうがん）・糸瓜（へちま）・瓢箪（ひょうたん）・瓢（ひさご）・牛蒡（ごぼう）・じゃがいも・馬鈴薯（ばれいしょ）・薩摩芋（さつまいも）・甘薯（かんしょ）・芋・里芋・芋茎（ずいき）・自然薯（じねんじょ）・山の芋・長薯（ながいも）・つくね芋・零余子（むかご）・間引き菜・唐辛子（とうがらし）・生姜（しょうが）・稲・稲の花・陸稲（おかぼ）・早稲（わせ）・中稲（なかて）・晩稲（おくて）・稲穂・落ち穂・稗（ひえ）・玉蜀黍（とうもろこし）・唐黍（とうきび）・黍・粟（あわ）・大豆・隠元・鉈豆（なたまめ）・小豆（あずき）・落花生・南京豆・ささげ・赤のまま・胡麻（ごま）・綿（わた）・蕎麦（そば）・茸（きのこ）・松茸（まつたけ）・椎茸（しいたけ）・しめじ・初茸・貝割菜・草の実・末枯（うらがれ）

《冬》

時候

神無月（かんなづき）・立冬・初冬（しょとう・はつふゆ）・霜月（しもつき）・師走（しわす・しはす）・極月・冬至・年の暮れ・歳末（さいまつ）・年内・節季・行く年・大晦日（おおみそか）・除夜・年越し・寒の入り・小寒・大寒・短日・霜夜・寒さ・底冷え・厳寒・酷寒・極寒・三寒四温・節分・小春・大年・寒・凍る・冴（さ）ゆる・日脚伸びる

天文

冬日和（びより）・凩（こがらし）・時雨（しぐれ）・北風・空っ風・霜・霙（みぞれ）・霰（あられ）・風花（かざはな）・雪・しまき・寒月・寒雷・吹雪（ふぶき）・

隙間風・寒波・冬日・小春日和・寒空・寒天・木枯らし・空風（からかぜ）・北・寒風・鎌鼬（かまいたち）・虎落笛（もがりぶえ）・初時雨（はつしぐれ）・村時雨・初霜・霜解け・霧氷（むひょう）・樹氷・雪空・初雪・細雪（ささめゆき）・粉雪・小雪・牡丹雪（ぼたんゆき）・綿雪・深雪（みゆき）・雪晴れ・雪明かり・雪煙（ゆきけむり）・根雪・雪女・雪起こし

地理

冬田・山眠る・枯野・霜柱・霧氷・雨氷・氷・氷柱（つらら）・枯園・狐火（きつねび）・水涸（か）る・寒潮・冬ざれ・凍滝（いてだき）・凍港（とうこう）・枯山・雪嶺・冬山・初氷・凍る

人事

狩り・寒肥（かんごえ）・鷹（たか）狩り・網代（あじろ）・探海・社会鍋・おでん・湯豆腐・すき焼・凍（し）み豆腐・凍り豆腐・高野豆腐・煮凝（こご）り・鉄ちり・山鯨（やまくじら）・風呂（ふろ）吹き・葛湯（くずゆ）・蕎麦（そば）掻き・夜鷹（よたか）蕎麦・鍋焼き饂飩（うどん）・夜鳴き饂飩・熱燗（あつかん）・鰭（ひれ）酒・玉子酒・粕汁（かすじる）・巻繊（けんちん）汁・三平（さんぺい）汁・闇汁（やみじる）・切り干し・新巻き・浅漬け・酢茎（すぐき）・焼き芋・千歳飴（ちとせあめ）・年越し蕎麦・暖房・火鉢・炬燵（こたつ）・炭・埋（うず）み火・懐炉・炉・焚火（たきび）・毛糸編む・日向ぼっこ・冬籠（ごも）り・目貼（めば）り・屏風・冬着・蒲団（ふとん）・羽布団・毛布・ちゃんちゃんこ・手袋・足袋（たび）・雪沓（ゆきぐつ）・藁沓（わらぐつ）・かんじき・えり巻き・マスク・褞袍（どてら）・ねんねこ・綿入れ・袖（そで）無し・外套（がいとう）・セーター・コート・カーディガン・厚着・頭巾（ずきん）・頬（ほお）被（かぶ）り・ショール・マフラー・手袋・懐手（ふところで）・重ね着・着ぶくれ・毛皮・オーバー・雪囲い・雪除け・雪吊（づ）り・フレーム・温床・雪掻（か）き・雪下ろし・ラッセル車・暖炉・ストーブ・スチーム・ペチカ・消し炭・炭団（たどん）・練炭・炭火・囲炉裏・火桶（ひおけ）・手焙（あぶ）り・行火（あんか）・榾火（ほだび）・湯たんぽ（湯婆）・榾（ほだ）・夜回り・夜番・橇（そり）・炭焼き・障子・雪見・雪達磨（ゆきだるま）・雪合戦・寒稽古（かんげいこ）・霜除け・竹馬・スキー・スケート・ラグビー・避寒・火事・息白し・風邪（かぜ）・咳（せき）・水ばな・水っぱな・塩鮭・餅・雑炊（ぞうすい）・クリスマス・年用意・歳の市・年忘れ・麦まき・年守る・薪能（たきぎのう）・

雪焼け・木の葉髪・かじかむ・霜焼・皹（ひび）・あかぎれ・湯冷め・神の留守（るす）・熊手（くまで）・寄せ鍋・ボーナス・御用納め・忘年会・冬休み・柚子湯・歳暮（せいぼ）・煤（すす）払い・煤掃（は）き・畳替え・餅搗（つ）き・酉（とり）の市・一の酉・二の酉・三の酉・七五三・顔見世・神楽・聖夜・降誕祭・除夜の鐘・寒参り・雪祭り・豆撒（ま）き・嚔（くしゃみ）・凍死

動物

かまど猫・兎・狸・狐・狼・熊・狢（むじな）・猟犬・隼（はやぶさ）・鶴・丹頂鶴（たんちょうづる）・真鶴（まなづる）・鯨・笹鳴き・水鳥・白鳥・鴨・千鳥・都鳥・鷦鷯（みそさざい）・かいつぶり・梟（ふくろう）・木菟（みみずく）・鴛鴦（おしどり）・鷹・鷲・山鳥・寒すずめ・寒がらす・寒卵（かんたまご）・凍てづる・鱈（たら）・鮪（まぐろ）・鰤（ぶり）・鮟鱇（あんこう）・氷魚（ひお）・寒鮒（ぶな）・牡蠣（かき）・海鼠（なまこ）・凍てちょう・綿虫・浮寝鳥・鶲（ひたき）・河豚（ふぐ）・たらば蟹・ずわい蟹・鼬（いたち）・鮫（さめ）・氷下魚（こまい）・ひらめ・雪虫・つる渡る・寒ごい・八目うなぎ・いとより・虎魚（おこぜ）・冬うぐいす・真魚鰹（まながつお）・はたはた・冬かもめ・海豚（いるか）・むささび・冬のちょう

植物

冬木・冬木立・枯木・木の葉・落葉・枯葉・冬紅葉（もみじ）・紅葉散る・山茶花（さざんか）・茶の花・寒ぼけ・早梅・寒椿（かんつばき）・侘（わ）び助・青木の実・千両・万両・藪柑子（やぶこうじ）・十夜柿・蜜柑（みかん）・九年母（くねんぼ）・帰り花・室（むろ）咲き・冬枯れ・霜枯れ・雪折れ・枯草・枯菊・枯蓮（はす）・寒菊・水仙・つわ・ポインセチア・サフラン・カトレア・枯芝・葉牡丹（はぼたん）・竜のひげ・冬萌え・冬芽・麦の芽・冬菜・白菜・葱（ねぎ）・大根・人参（にんじん）・蕪（かぶ・かぶら）・セロリ・花八つ手・冬至梅・冬草・枯尾花・枯むぐら・枯芦・枯柳・臘梅（ろうばい）・南天の実・クリスマスローズ・寒梅・狂い咲き・柊（ひいらぎ）の花

《新年》

時候

初春・新年・去年今年（こぞことし）・元日・二日・三日・三が日・七日（なぬか）・松の内・小正月・人日（じんじつ）・正月・元旦（がんたん）・元朝・年頭・今年・去年（こぞ）・旧年

天文

初日（はつひ）・初日の出・初空・初日影（はつひかげ）・初茜（はつあかね）・初東雲（はつしののめ）・初明り・初がすみ・初凪・御降（おさが）り・初風・初東風（こち）

地理

初富士・若菜野・初景色

人事

御慶（ぎょけい）・礼者・賀状・初刷・年玉・雑煮・太箸（ふとばし）・歯固（はがため）・食積（くいづみ）・鏡餅・輪飾り・初夢（はつゆめ）・独楽（こま）・羽根・手鞠（てまり）・万歳（まんざい）・獅子舞（ししまい）・書初め・初日記・読初め・初漁・鍬（くわ）初め・買初め・初市・初暦・若水・破魔矢（はまや）・出初式・餅花・左議長・松納め・藪入（やぶいり）・初不動・屠蘇（とそ）・年酒・蓬莱（ほうらい）・門松・飾り・初荷・初鏡・寝正月・山始め・仕事始め・御用始め・新年宴会・福笑い・かるた・双六（すごろく）・十六むさし・福引・猿廻し・歳徳（としとく）神・四方拝・七種（なのくさ）・初詣（はつもうで）・恵方参り・鏡開き・小豆粥（あずきがゆ）・成人の日・春着・七草粥（ななくさがゆ）・数の子・田作り・田作（ごまめ）・松飾り・注連（しめ）飾り・繭玉（まゆだま）・羽子板・追い羽根・破魔弓・年賀・年始・初湯・弾（ひ）き初め・初釜（はつがま）・初夢・宝船・寝（ね）正月・参賀・どんど焼き・初場所

動物

伊勢えび・数の子・ごまめ・嫁が君・初すずめ・初からす・初とり

植物

年木（としぎ）・しだ・ゆずりは・福寿草・穂俵（ほんだわら）・芋頭（いもがしら）・ちょろぎ・鳥総松（とぶさまつ）・薺（なずな）・ごぎょう・仏の座・若菜・ところ・春の七草・裏白

百人一首 ― 昔の人の心を知る

藤原定家が、『古今集』から『新勅撰集』に至るまでの勅撰和歌集の中から選んだ秀歌選。百人の歌人から一首ずつ選び、ほぼ時代順に配列されている。内容は、恋歌が最も多く、掛詞や縁語を駆使した知的で技巧的な歌が多数を占め、晩年の定家の好みが反映されている。中世以降の歌壇で聖典視され、多くの注釈書が作られた。また、江戸時代に「歌かるた」となり、広く庶民に親しまれた。

1　秋の田の仮庵《かりほ》の庵《いほ》の苫《とま》を粗《あら》み
我が衣手《ころもで》は露《つゆ》にぬれつつ　天智《てんじ》天皇

《語釈》「仮庵」秋の田を鳥獣などの害から見張る仮小屋。「苫」菅や茅などの草をむしろのように編んだもの。

《解釈》秋の田に作った仮小屋の屋根の苫が粗いので、私の袖は露にぬれてびしょびしょになっているなあ。

2　春過ぎて夏来《き》にけらし白妙《しろたへ》の
衣《ころも》干《ほ》すてふ天《あま》の香具山《かぐやま》　持統《じとう》天皇

《語釈》「天の香具山」畝傍山《うねびやま》・耳成山《みみなしやま》とともに、大和三山の一つ。

《解釈》春が過ぎて夏がやって来たらしい。真っ白な夏衣を干すという天の香具山に。

3　あしひきの山鳥《やまどり》の尾のしだり尾の
長長し夜《よ》をひとりかも寝む　柿本人麻呂《かきのもとのひとまろ》

《語釈》「あしひきの山鳥の尾のしだり尾の」「ながながし」を導く序詞。「あしひきの」は「山」にかかる枕詞。

《解釈》山鳥の長く垂れ下がった尾のように長い長い秋の夜を、(恋しい人と離れて)私はひとり寂しく寝るのだろうか。

4　田子《たご》の浦《うら》にうち出《い》でて見れば白妙《しろたへ》の
富士《ふじ》の高嶺《たかね》に雪は降りつつ　山部赤人《やまべのあかひと》

《語釈》「田子の浦」静岡県・駿河湾の海岸。歌枕。

《解釈》田子の浦に出て仰ぎ見ると、真っ白な富士の高嶺に、雪が降り続いている。

5　奥山《おくやま》に紅葉《もみぢ》踏み分け鳴く鹿の
声聞く時ぞ秋はかなしき　猿丸大夫《さるまるだゆう》

《語釈》「鳴く鹿」秋に妻を求めて鳴く牡鹿《おじか》。

《解釈》山奥で、紅葉を踏み分けて鳴く鹿の声を聞く時、とりわけ秋の寂しさが身にしみる。

6　鵲の渡せる橋に置く霜の
白きを見れば夜《よ》ぞ更《ふ》けにける
中納言家持《ちゅうなごんやかもち》（大伴家持《おおとものやかもち》）

《語釈》「鵲の渡せる橋」　カササギは、カラス科の鳥。七夕の夜、織女と牽牛のために鵲が羽を連ねて天の川に橋をかけるという伝説がある。

《解釈》天《あま》の川《がわ》にカササギがかけた橋に、おりている霜が真っ白なのを見ると、ああ夜が更けたのだなあと思われる。

7　天《あま》の原《はら》ふりさけ見れば春日《かすが》なる
三笠《みかさ》の山に出《い》でし月かも
安倍仲麻呂《あべのなかまろ》

《語釈》「ふりさけ見れば」　振り向いて遠くを望む意。「三笠の山」大和国春日（奈良県奈良市）にある三笠山。春日山ともいう。「春日」は歌枕。

《解釈》大空をはるかに遠く見わたすと、月が出ている。（あの月は）故郷日本の春日の地にある三笠山に出ていた月と同じ月なのかなあ。（遣唐使として唐に渡った仲麻呂が、異国の地で日本を思って詠んだ歌。）

8　我が庵《いほ》は都《みやこ》の辰巳《たつみ》しかぞ住む
世を宇治山《うぢやま》と人は言ふなり
喜撰《きせん》法師

《語釈》「庵」　世を捨てた人が住む粗末な住居。「都の辰巳」　辰巳は方角で、東南を指す。「世を宇治山」「世を憂し」の意を掛ける。「宇治山」は、京都府宇治市の東部にある山。

《解釈》私の庵は都の東南にあって、このように（心安らかに）住んでいる。それなのに、（その宇治山を）世を憂しと思って逃れ住む宇治山だと人は言っているようだ。

9　花の色は移りにけりないたづらに
わが身世にふるながめせし間《ま》に
小野小町《おののこまち》

《語釈》「いたづらに」　むなしく、無駄にの意。「ふる」は、「降る」と時を「経る」との掛詞。「ながめ」「長雨」と、物思いする意の「眺め」との掛詞。

《解釈》花の色はむなしくあせてしまったのですね、長雨の間に。私の美しさも、むなしく世を過ごして物思いに沈んでいた間に、衰えてしまいました。

10　これやこの行《ゆ》くも帰るも別れては
知るも知らぬも逢坂《あふさか》の関《せき》
蝉丸《せみまる》

《語釈》「これやこの」「これがまあ、あの有名な……であるのか」という感嘆の意。「逢坂の関」　近江国（滋賀県）と山城国（京都府）との境にある関。「逢う」の意を掛ける。

《解釈》ここがまあ、旅立つ人も、旅から都《みやこ》へ帰ってくる人も、知っている同士も知らない同士も、会っては別れ、別れては会うという、あの逢坂の関なのだなあ。

11　わたの原《はら》八十島《やそしま》かけて漕《こ》ぎ出《い》でぬと
人には告げよあまの釣《つ》り舟《ぶね》
参議篁《さんぎたかむら》（小野篁《おののたかむら》）

《語釈》「わたの原」大海原。「わた」は海の古語。「八十島かけて」「八十」は数の多いことをいう。「かけて」は、心にかけて。めざして。

《解釈》大海原《おおうなばら》を、たくさんの島々をめがけて漕ぎ出していったと、（親しい）人には告げてくれ、漁師の釣り船よ。（作者小野篁が、隠岐の島「島根県」に流罪になった時の歌。）

12　天《あま》つ風雲《かぜくも》の通《かよ》ひ路《ぢ》吹き閉ぢよ
少女《をとめ》の姿しばしとどめむ
僧正遍昭《そうじょうへんじょう》

《解釈》空を吹く風よ、雲の切れ間の、天上へ通じている道を吹き閉ざしておくれ。（天に昇っていこうとする）おとめの姿をもうしばらく地上にとどめておきたいので。

13　筑波嶺《つくばね》の峰《みね》より落つるみなの川
恋ぞ積もりて淵《ふち》となりぬる
陽成院《ようぜいいん》

《語釈》「筑波嶺」常陸国（茨城県）にある筑波山。山頂は、西の男体《なんたい》山、東の女体《にょたい》山の二峰に分かれている。歌枕。「みなの川」筑波山の峰から流れ、桜川となり霞ヶ浦に注ぐ。峰の名により「男女川」とも書く。

《解釈》筑波山の峰から流れ落ちるみなの川の水が、積もり積もって淵となるように、あなたを思う私の恋心も、積もり積もって淵のようになってしまった。

14　陸奥《みちのく》のしのぶもぢずり誰《たれ》ゆゑに
乱れそめにし我ならなくに
河原左大臣《かわらのさだいじん》（源融《みなもとのとおる》）

《語釈》「陸奥」東北地方の東半部。「しのぶもぢずり」奥州産の乱れ模様の布のこと。「乱れ」を導く。

《解釈》陸奥名産のしのぶもじずりが乱れているように、あなた以外の誰かのせいで心が乱れ始めた私ではないのに。（すべてあなたのせいなのだ。）

15　君がため春の野に出《い》でて若菜《わかな》摘《つ》む
我《わ》が衣手《ころもで》に雪は降りつつ
光孝《こうこう》天皇

《語釈》「若菜」春の野に生える食用となる若草。これを食べると邪気を払うとされていた。「衣手」着物の袖のこと。

《解釈》 あなたにさしあげようと春の野原に出て若菜を摘んでいる私の着物の袖《そで》には、雪がしきりに降りかかっていた。

16　立ち別れいなばの山の峰《みね》に生《お》ふる
松とし聞かば今帰り来《こ》む
中納言行平《ちゅうなごんゆきひら》（在原行平《ありわらのゆきひら》）

《語釈》 「いなばの山」 因幡国（鳥取県）の因幡山。「松とし聞かば」「松」と「待つ」の意を掛ける。

《解釈》 あなたと別れて因幡国《いなばのくに》へ行っても、その土地のいなば山の峰に生《は》えている松のように、私を待っていると聞いたならば、すぐにでも帰ってこよう。

17　ちはやぶる神代《かみよ》も聞かず竜田川《たつたがは》
韓紅《からくれなゐ》に水くくるとは
在原業平朝臣《ありわらのなりひらあそん》

《語釈》 「ちはやぶる」「神」にかかる枕詞。「神代」 神話が伝える神々の時代。「竜田川」 大和国（奈良県）生駒《いこま》郡を流れる川。「水くくる」「くくる」は、糸でくくって染める絞り染め。

《解釈》 不思議なことがあったと神話が伝える神代にも聞いたことがない、竜田川が美しい紅色《べにいろ》に水を絞《しぼ》り染《ぞ》めにするとは。

18　住の江の岸に寄る波夜さへや
夢の通《かよ》ひ路《ぢ》人目よくらむ
藤原敏行朝臣《ふじわらのとしゆきあそん》

《語釈》 「住の江」 摂津国（大阪府）の歌枕。「人目よくらむ」「よく（避く）」は、避ける、憚るの意。

《解釈》 住の江の岸辺に寄る波ではないけれど、夜までも、夢の中の通い路で（あの人は）人目を避けているのだろうか。（夢でも会うことができない。）

19　難波潟《なにはがた》短き葦《あし》の節《ふし》のまも
会《あ》はでこの世を過ぐしてよとや
伊勢《いせ》

《語釈》 「難波潟」 大阪湾の一部。葦の名所。

《解釈》 難波の干潟《ひがた》に生《は》えている葦の、短い節と節との間のようなわずかの間も、あなたに会わずにこの世を過ごせとおっしゃるのですか。

20　わびぬれば今はた同じ難波《なには》なる
みをつくしてもあはむとぞ思ふ
元良親王《もとよししんのう》

《語釈》 「わびぬれば」「わぶ」は思い悩む意。「今はた同じ」「はた」は、「どう思ってもやはり」の意の副詞。「みをつくしても」「澪標（航海する船のための目印として立てた標識）」と、「身を尽くし（身をほろぼす）」の意を掛ける。

《解釈》思い悩んでいる今となってはもう同じことだ。あの難波（の港）にある澪標《みおつくし》ではないが、この身を尽くし、命をかけてもあなたに逢いたいと思う。

21　今来《こ》むと言ひしばかりに長月《ながつき》の
　　有明《ありあ》けの月を待ち出《い》でつるかな
　　素性法師《そせいほうし》

《語釈》「有明けの月」　夜が明けてからも空に残る月。

《解釈》あなたがすぐ行くとおっしゃったばかりに、私は待ち続けていましたが、あなたは来ず、九月の有明けの月が空に現れてしまいました。（女性の立場になって詠んだ歌。一夜のこととする解釈と、秋の間ずっと待ち続け、九月の有明の季節になってしまったとする解釈がある。ここでは前者の意とする。）

22　吹くからに秋の草木《くさき》のしをるれば
　　むべ山風《やまかぜ》をあらしといふらむ
　　文屋康秀《ふんやのやすひで》

《語釈》「吹くからに」「からに」は「～するとすぐ」の意の接続助詞。吹くとすぐ。「むべ」「なるほど」の意の副詞。「あらし」「荒し」と「嵐」の意の掛詞。

《解釈》風が吹くとすぐに秋の草木がしおれるので、なるほど「山風」を嵐というのだろう。（「山」と「風」の二字を組み合わせると「嵐」という字になるところに着目した機知的な歌。）

23　月見れば千々《ちぢ》に物こそ悲しけれ
　　我が身一つの秋にはあらねど
　　大江千里《おおえのちさと》

《語釈》「千々に」　あれこれと。いろいろと。

《解釈》月を見るとあれこれと限りもなく物悲しい思いがする。別に自分一人だけのための秋というわけではないのだけれど。（『白氏文集』の「燕子楼中霜月夜、秋来只一人為長」を踏まえた歌。）

24　このたびは幣《ぬさ》も取りあへず手向山《たむけやま》
　　紅葉《もみぢ》の錦《にしき》神のまにまに
　　菅家《かんけ》（菅原道真《すがわらのみちざね》）

《語釈》「このたび」「度」と「旅」の意を掛ける。「幣」は、紙や布を小さく切った、神に祈る時の捧げ物。「手向山」固有名詞とする説、普通名詞とする説があるが、どちらにしても、神に手向けるという意を掛ける。

《解釈》今回の旅はあわただしくて、幣の用意もできませんでした。この錦のような美しい紅葉を神のお心のままに受け取ってください。

25　名にし負《お》はば逢坂山《あふさかやま》のさねかづら
　　人に知られでくる由《よし》もがな
　　三条右大臣《さんじょうのうだいじん》（藤原定方《ふじわらのさだかた》）

《語釈》「名にし負はば」「し」は強意の副助詞。そのような名を負い持っているならば。「逢坂山」 山城国（京都府）と近江国（滋賀県）の境の山。「逢う」の意を掛けてよく歌に詠まれる歌枕。「さねかづら」 ツル草の名。「さ寝（「さ」は接頭語。男女が共寝をすること。）」の意を掛ける。「くる」 「来る」と、ツル草を手で「繰る」の意を掛ける。

《解釈》 逢坂山のさねかずら、「逢う」「さ寝」という名を持っているのなら、そのさねかずらを手繰《たぐ》るように、人に知られないであなたを訪ねる方法があればよいのに。

26 小倉山《をぐらやま》峰《みね》のもみぢ葉《ば》心あらば
今ひとたびの行幸《みゆき》待たなむ
貞信公《ていしんこう》（藤原忠平《ふじわらのただひら》）

《語釈》「小倉山」 京都府嵯峨にある山。嵐山の対岸にある。紅葉の名所。

《解釈》 小倉山の峰の紅葉葉よ、もしも心があるならば、このまま散らないで、もう一度天皇の行幸を待っていておくれ。

27 みかの原わきて流るる泉川《いづみがは》
いつ見きとてか恋しかるらむ
中納言兼輔《ちゅうなごんかねすけ》（藤原兼輔《ふじわらのかねすけ》）

《語釈》「みかの原」 京都府南部にあり、奈良時代に一時都がおかれた地。「わきて」「分き」と「涌き」の掛詞。「泉川」 現在の木津川。

＊上三句は、「いつ見」を導く序詞。

《解釈》 みかの原を分けて流れている泉川、その名のように、あの人を「いつ」見たというので、こんなにも恋しく思われるのだろうか。

28 山里《やまざと》は冬ぞさびしさまさりける
人目《ひとめ》も草もかれぬと思へば
源宗于朝臣《みなもとのむねゆきあそん》

《語釈》「人目」 人の訪れ、出入り。「かれぬ」 人が「離《か》る」と、草が「枯る」を掛ける。

《解釈》 山里は、冬になると寂しさがひとしおまさって感じられる。人の訪れも途絶え、草も枯れてしまったなあと思うと。

29 心当《こころあ》てに折らばや折らむ初霜《はつしも》の
置《お》き惑《まど》はせる白菊《しらぎく》の花
凡河内躬恒《おおしこうちのみつね》

《語釈》「折らばや折らむ」 「ば」は未然形に接続して、仮定の意を示す接続助詞。「や」は疑問の係助詞。願望の意の終助詞「ばや」ではない。

《解釈》 もし折るならば、当《あ》て推量《ずいりょう》に折ってみようか。初霜が真っ白におりて霜か菊か見る者を惑わせている白菊の花を。

30 有明《ありあ》けのつれなく見えし別れより
暁《あかつき》ばかり憂《う》きものはなし
壬生忠岑《みぶのただみね》

《語釈》「有明け」　夜が明けても西の空に残る月。

《解釈》有明けの月が空に無情にかかっていて、あなたがそっけなく見えたあの別れから、（私にとって）夜明け前ぐらいつらいものはなくなった。

31　朝《あさ》ぼらけ有明《ありあ》けの月と見るまでに
吉野《よしの》の里に降《ふ》れる白雪《しらゆき》　坂上是則《さかのうえのこれのり》

《語釈》「朝ぼらけ」　夜がほのぼのと明ける頃。「吉野の里」　大和国（奈良県）の歌枕。吉野山のふもとの里で、寒く雪も多い。

《解釈》夜明け方、有明けの月の光かと見まごうばかりに、吉野の里に真っ白に降った白雪だなあ。

32　山川《やまがは》に風のかけたるしがらみは
流れもあへぬ紅葉《もみぢ》なりけり　春道列樹《はるみちのつらき》

《語釈》「しがらみ」　水流を堰き止めるため、川に杭を打ち並べて、柴や竹を横に結びつけたもの。

《解釈》山あいの川に風がかけたしがらみは、流れようとして流れきれないでいる紅葉であったのだ。

33　ひさかたの光のどけき春の日に
しづ心《こころ》なく花の散るらむ　紀友則《きのとものり》

《語釈》「ひさかたの」　光・月・天・空などにかかる枕詞。

《解釈》日の光がのどかに差す春の日に、桜《さくら》の花はどうして落ち着いた心もなくあわただしく散っているのだろう。

34　誰《たれ》をかも知る人にせむ高砂《たかさご》の
松も昔の友ならなくに　藤原興風《ふじわらのおきかぜ》

《語釈》「高砂の松」　播磨国（兵庫県高砂市）の老松。松は長寿の象徴。

《解釈》年老いた私はいったい誰を知友《ちゆう》としたらよいのだろうか。あの老齢《ろうれい》の高砂の松も、昔からの友達ではないのだから。

35　人《ひと》はいさ心も知らずふるさとは
花ぞ昔の香に匂ひける　紀貫之《きのつらゆき》

《語釈》「いさ」は、「さあ、どうであろうか」。下に打消しの語を伴って用いられることが多い。

《解釈》人（あなた）は、さあ、心の内はどうだかわからないが、古くからのなじみの土地の（梅《うめ》の）花は昔どおりの香《かお》りで咲いているなあ。（以前から懇意にしていた家の主人に疎遠を責められ、梅の花に添えて詠んだ歌。）

36　夏の夜《よ》はまだ宵《よひ》ながら明けぬるを
雲のいづこに月やどるらむ　清原深養父《きよはらのふかやぶ》

《解釈》夏の短い夜はまだ宵の口だと思っていたら、明けてしまったが、西に沈む暇《ひま》もない月は、いったい雲のどのあたりに宿っているのだろうか。

37
白露《しらつゆ》に風の吹きしく秋の野は
つらぬきとめぬ玉《たま》ぞ散りける
文屋朝康《ふんやのあさやす》

《語釈》「吹きしく」は、吹き頻《し》くで、しきりに吹く意。
《解釈》草の上の白露に、風がしきりに吹きつける秋の野は、糸に緒を通してつなぎとめていない真珠《しんじゅ》が乱れ散ったようだなあ。

38
忘《わす》らるる身をば思《おも》はずちかひてし
人の命の惜《を》しくもあるかな
右近《うこん》

《解釈》あなたに忘れられる私のことはなんとも思いません。でも、神仏《しんぶつ》の前で変わらぬ愛を誓《ちか》ってしまったあなたの命が、誓いを破った罰《ばつ》で失われるのではないかと、惜しくも思われます。

39
浅茅生《あさぢふ》の小野《をの》の篠原《しのはら》しのぶれど
余《あま》りてなどか人の恋しき
参議等《さんぎひとし》（源等《みなもとのひとし》）

《語釈》「浅茅生」丈の低いチガヤが生えているところ。「篠原」篠（細い竹）の生えている原。＊上二句は、「しのぶ」を導く序詞。

《解釈》チガヤの茂った小野の篠原の「しの」のように耐えしのんできたが、しのびきれず、思いが余って、どうしてあなたがこんなに恋しいのだろう。

40
忍《しの》ぶれど色に出《い》でにけり我《わ》が恋は
物や思ふと人の問ふまで
平兼盛《たいらのかねもり》

《語釈》「色」顔色、素振り。
《解釈》心に秘めていたのだが顔色に現れてしまった、私の恋は。物思いをしているのかと人が尋《たず》ねるほどまでに。

41
恋《こひ》すてふ我《わ》が名はまだき立ちにけり
人知れずこそ思ひそめしか
壬生忠見《みぶのただみ》

《語釈》「恋すてふ」「てふ」は、「といふ」が縮まった形。「まだき」は、早くもの意の副詞。形容詞「まだし」ではない。
《解釈》私が恋をしているという評判《ひょうばん》が早くも立ってしまった。人知れずひそかにあの人を思い始めたのに。

42
契《ちぎ》りきなかたみに袖《そで》をしぼりつつ
末《すゑ》の松山波越《まつやまなみこ》さじとは
清原元輔《きよはらのもとすけ》

《語釈》「かたみに」お互いに。「末の松山」陸奥の歌枕。宮城県多賀城市付近かとされる。

《解釈》約束しましたよね、お互《たが》いに（涙《なみだ》で濡《ぬ》れた）袖をしぼりながら。末の松山を波が越すことのないように、私たちも心変わりしないと。（なのにあなたは心変わりしてしまったのですね。）

43 あひ見てののちの心に比《くら》ぶれば
昔は物を思はざりけり
権中納言敦忠《ごんちゅうなごんあつただ》（藤原敦忠《ふじわらのあつただ》）

《語釈》「あひ見て」 男女が逢って契りを交わしたこと。

《解釈》あなたに逢《あ》って契りを結んだあとの恋しくせつない思いと比べてみると、それ以前の物思いなどは、しなかったも同然だなあ。

44 逢《あ》ふことの絶《た》えてしなくはなかなかに
人をも身をも恨《うら》みざらまし
中納言朝忠《ちゅうなごんあさただ》（藤原朝忠《ふじわらのあさただ》）

《語釈》「絶えて」は、まったくの意の副詞で、下に否定表現を伴う。

《解釈》逢って契りを交わすことがまったくないものならば、かえってあの人の無情《むじょう》も我が身のつらさも恨むようなことはないだろうに。

45 あはれとも言ふべき人は思《おも》ほえで
身のいたづらになりぬべきかな
謙徳公《けんとくこう》（藤原伊尹《ふじわらのこれただ》）

《語釈》「いたづらに」 むなしくなる。死ぬ。

《解釈》「かわいそうだ」と言ってくれそうな人は、誰も思い浮かべられないままに（他ならぬあなたも言ってくれそうにないまま）、この身は（あなたに）思《おも》い焦《こ》がれながら、むなしく死んでしまうことだろう。

46 由良《ゆら》の門《と》を渡る船人《ふなびと》かぢを絶え
行方《ゆくへ》も知らぬ恋の道かな
曽禰好忠《そねのよしただ》

《語釈》「由良の門」の地については、丹後（京都府）と紀伊（和歌山県）の二説があるが、前者と考えられる。＊上三句は、「行方も知らぬ」を導く序詞。

《解釈》潮流の速い由良の水門をこいで渡る船人が、楫《かじ》を失って行く先がわからず漂《ただよ》うように、これからどうなるかわからない私の恋の道だなあ。

47 八重《やへ》葎《むぐら》茂《しげ》れる宿《やど》のさびしきに
人こそ見えね秋は来《き》にけり
恵慶《えぎょう》法師

《語釈》「八重」 幾重にも。「葎」 雑草。

《解釈》何重《なんじゅう》にも雑草の生い茂ったこの寂しい宿に、人は誰もたずねて来ないけれど、秋だけはやってきたのだなあ。

48　風をいたみ岩打つ波のおのれのみ
砕《くだ》けて物を思ふ頃かな　源重之《みなもとのしげゆき》

《解釈》風が激しいので、岩に打ち当たる波が自分だけ砕けて散るように、あの人はつれなくて、私だけが心も砕けるばかり思い悩んでいるこの頃だなあ。

49　御垣守《みかきもり》衛士《ゑじ》のたく火の夜《よる》は燃え
昼は消えつつものをこそ思へ　大中臣能宣朝臣《おおなかとみのよしのぶあそん》

《語釈》「御垣守」宮中の諸門を警備する人。「衛士」諸国から交替で選ばれた兵士で、雑役や御殿の清掃をして、夜は火をたいて諸門を守った。

《解釈》宮中の御門《ごもん》を守る兵士である衛士のたくかがり火が、夜は燃えて昼は消えているように、私も、夜は恋いこがれ、昼は消え入るばかりに思い悩んでいる。

50　君《きみ》がため惜《を》しからざりし命さへ
長くもがなと思ひけるかな　藤原義孝《ふじわらのよしたか》

《解釈》あなたに会うためなら惜しくないと思っていた私の命も、（思いの遂《と》げられた今は、この喜びがいつまでも続くように）いつまでも長くあってほしいと思うようになったなあ。

51　かくとだにえやは伊吹《いぶき》のさしも草
さしも知らじな燃ゆる思ひを　藤原実方朝臣《ふじわらのさねかたあそん》

《語釈》「えやは伊吹の」「えやは言ふ」の「言ふ」に地名の「伊吹」を掛ける。歌枕、伊吹山の場所については、下野国（栃木県）説と美濃国（岐阜県）・近江国（滋賀県）の国境説がある。「さしも草」もぐさのこと。＊上三句は「さしも」を導く序詞。

《解釈》このようにあなたを恋い慕っていると、言うことができようか。（とても言えない。）あなたはそうだとは知らないだろう、（私の）燃える（ような恋の）思いを。

52　明けぬれば暮るるものとは知りながら
なほ恨《うら》めしき朝《あさ》ぼらけかな　藤原道信朝臣《ふじわらのみちのぶあそん》

《語釈》「朝ぼらけ」夜がほのぼのと明ける薄明のころ。男女の逢瀬が終わって男性が帰る時分。

《解釈》夜が明けると、やがて日が暮れ、そしてまたあなたに逢《あ》えるとはわかっていても、やはり恨めしい明け方だなあ。

53　嘆《なげ》きつつひとり寝《ぬ》る夜《よ》の明くる間《ま》は
いかに久しきものとかは知る　右大将道綱母《うだいしょうみちつなのはは》（藤原道綱母《ふじわらのみちつなのはは》）

《解釈》　あなたが通《かよ》って来ないのを嘆《なげ》きながら一人で寝る夜の、夜明けまでの時間がどれほど長いものか、あなたはおわかりになるでしょうか。（おわかりにならないでしょう。）

54　忘《わす》れじの行《ゆ》く末《すゑ》までは難《かた》ければ
今日《けふ》を限りの命ともがな　儀同三司母《ぎどうさんしのはは》

《解釈》　（私を）忘れないという約束を、遠い将来まで頼《たの》みにすることはむずかしいことでしょうから、こうして逢《あ》えて結ばれた今日限りで死んでしまいたい。

55　滝《たき》の音《おと》は絶《た》えて久《ひさ》しくなりぬれど
名こそ流れてなほ聞こえけれ　大納言公任《だいなごんきんとう》（藤原公任《ふじわらのきんとう》）

《語釈》　「名」　評判。

《解釈》　この滝の音は、とだえてからかなりの歳月《さいげつ》がたってしまったけれども、みごとな滝だったという評判は世間に伝わって、今でもやはり聞こえてくることだなあ。

56　あらざらむこの世のほかの思ひ出《で》に
いまひとたびの逢《あ》ふこともがな　和泉式部《いずみしきぶ》

《語釈》　「この世のほか」　死後の世界。あの世。

《解釈》　（病気が重いので）まもなく私は死ぬでしょう。あの世への思い出として、せめて死ぬ前にもう一度あなたにお逢いしたいものです。

57　めぐり逢《あ》ひて見しやそれとも分《わ》かぬ間《ま》に
雲隠《くもがく》れにし夜半《よは》の月かな　紫式部《むらさきしきぶ》

《解釈》　めぐり逢って見た、それかとも（月かどうかとも）分からないうちに、雲に隠れてしまった夜中の月だなあ。ちょうどそのように、めぐり逢って、その人であったかどうかもわからないうちに、あなたは姿を隠してしまいましたね。

58　有馬山《ありまやま》猪名《ゐな》の笹原《ささはら》風吹けば
いでそよ人を忘れやはする　大弐三位《だいにのさんみ》

《語釈》　「有馬山」　摂津国（兵庫県）の歌枕。「猪名の笹原」　摂津国（兵庫県）の歌枕。猪名川と武庫《むこ》川の間の地。「そよ」　笹が強い風にそよぐ音に、「それ」、「そら」などの意の感動詞を掛ける。
＊上三句は「そよ」を導く序詞。
《解釈》有馬山から猪名の笹原にかけて風が吹くと、そよそよ音がしますが、そうですよ、そのように私はあなたを忘れるものですか。

59 やすらはで寝なましものをさ夜更《よふ》けて
かたぶくまでの月を見しかな
赤染衛門《あかぞめえもん》
《解釈》ためらうことなく寝てしまえばよかったのに。あなたが来てくれるものと寝ずにお待ちしていて、夜も更けて西の空に沈もうとするまでの月を見てしまいました。

60 大江山《おほえやま》いく野の道の遠《とほ》ければ
まだふみも見ず天《あま》の橋立《はしだて》
小式部内侍《こしきぶのないし》
《語釈》「大江山」丹後国（京都府）にある山。「いく野」丹後国（京都府）の歌枕。「行く」の意を掛ける。「まだふみも見ず」「踏み」と「文」を掛ける。「天の橋立」丹後国（京都府）の歌枕。日本三景の一つ。
《解釈》（母のいる丹後《たんご》の国は、）大江山を越え、生野《いくの》を通って行く道が遠いので、まだ天の橋立を踏んでみたことはなく、母からの文《ふみ》も見ておりません。

日本語力

61 いにしへの奈良の都《みやこ》の八重桜《やへざくら》
けふ九重《ここのへ》ににほひぬるかな
伊勢大輔《いせのたいふ》
《語釈》「九重」宮中。
《解釈》昔、奈良の都で咲いていた八重桜が、今日はこの宮中《きゅうちゅう》で、色美しく咲いていることです。

62 夜《よ》を籠《こ》めて鳥の空音《そらね》は謀《はか》るとも
よに逢坂《あふさか》の関は許さじ
清少納言《せいしょうなごん》
《語釈》「鳥の空音」鶏の鳴きまね。『史記―孟嘗君列伝』にある故事（夜が明けなければ人を通さない函谷関《かんこくかん》を、孟嘗君が鶏の鳴きまねを得意とする者の働きによって通った）をふまえる。
《解釈》（函谷関《かんこくかん》では）まだ夜が明けないうちに、鶏《にわとり》の鳴き声をまねして番人《ばんにん》をだますことができましたが、この逢坂の関は決して（旅人の通行を）許しませんよ。（そう簡単にあなたに逢ったりはしませんよ。）

63 今はただ思ひ絶えなむとばかりを
人伝《づ》てならで言ふよしもがな
左京大夫道雅《さきょうのだいぶみちまさ》（藤原道雅《ふじわらのみちまさ》）
《解釈》今となっては、ただもう（あなたを）あきらめてしまおうという一言《ひとこと》だけを、せめて人づてではなく直接あなたに告げるてだてがあってほしいものだ。（恋人との仲をひきさかれ、悲痛な思いを切々と訴えた歌。）

64　朝《あさ》ぼらけ宇治《うぢ》の川霧《かはぎり》絶《た》え絶《だ》えに
　あらはれわたる瀬々《せぜ》の網代木《あじろぎ》
　権中納言定頼《ごんちゅうなごんさだより》（藤原定頼《ふじわらのさだより》）

《語釈》「網代木」　川の流れをせき止め、魚をとるために竹や木を編んで川瀬にたてたもの。

《解釈》　夜が白々と明けるころ、宇治川の川面《かわも》に立ちこめた朝霧《あさぎり》がとぎれとぎれになって、その絶え間から、瀬々にかけられた網代木が次々と現れ始めた。

65　恨《うら》みわび干《ほ》さぬ袖《そで》だにあるものを
　恋に朽《く》ちなむ名こそ惜《を》しけれ
　相模《さがみ》

《解釈》　あの人のつれないのを恨み嘆いて、涙に濡《ぬ》れて乾《かわ》く間《ま》もない袖がやがて朽ちてしまうことだけでも堪えがたいのに、その上、この恋のために浮き名を流して、朽ちてしまう私の名が本当に残念でなりません。（当時の女性は、恋をしているのだという浮き名をひどくおそれた。）

66　もろともにあはれと思へ山桜《やまざくら》
　花よりほかに知る人もなし
　前大僧正行尊《さきのだいそうじょうぎょうそん》

《語釈》「もろともに」　どちらもともに、の意の副詞。

《解釈》　私がお前を懐《なつ》かしく思うように、お前もまた私を懐かしいものに思ってくれ、山桜よ。こんな山奥では、花であるお前のほかには、知る人もいないのだ。

67　春の夜《よ》の夢ばかりなる手枕《たまくら》に
　かひなく立たむ名こそ惜《を》しけれ
　周防内侍《すおうのないし》

《語釈》「かひなく」「甲斐なく」と「かひな（腕）」を掛ける。

《解釈》　短い春の夜の夢のような、はかないたわむれで、あなたの腕《うで》を枕にしたなら、（本当は何もないのに）つまらないうわさが流れるかもしれない、それが残念です。

68　心にもあらで憂《う》き世《よ》に長《なが》らへば
　恋しかるべき夜半《よは》の月かな
　三条院《さんじょういん》

《解釈》　不本意《ふほんい》にも、この後《のち》つらい世に生き長らえたならば、その時さぞかし恋しく思い出されるにちがいない、今宵の美しい月であるなあ。

69
嵐《あらし》吹く三室《みむろ》の山のもみぢ葉《は》は
竜田《たつた》の川の錦《にしき》なりけり
能因《のういん》法師

《語釈》「三室の山」 大和国（奈良県）の歌枕。神奈備山《かんなびやま》とも呼ばれた。「竜田の川」 大和国（奈良県）の歌枕。三室山の東のふもとを流れる。紅葉の名所として有名。
《解釈》激しい山おろしの風が吹き散らす三室山のもみじ葉は、竜田川を飾《かざ》る錦だったのだなあ。

70
さびしさに宿《やど》を立ち出《い》でてながむれば
いづくも同じ秋の夕暮《ゆふぐ》れ
良暹《りょうぜん》法師

《解釈》寂しさにたえかねて庵を出て、あたりを眺《なが》めると、どこも同じように寂しい秋の夕暮れであった。

71
夕《ゆふ》されば門田《かどた》の稲葉《いなば》おとづれて
葦《あし》の丸屋《まろや》に秋風ぞ吹く
大納言経信《だいなごんつねのぶ》（源経信《みなもとのつねのぶ》）

《語釈》「夕されば」 「され」は、時間が到来する意の動詞「さる」の已然形。「葦の丸屋」 葦で屋根をふいた粗末な家。
《解釈》夕方になると、家の前の田の稲葉にそよそよと音を立てて、葦ぶきの粗末《そまつ》な田舎家《いなかや》に秋風が吹いてくる。

日本語力

72
音《おと》に聞く高師《たかし》の浜のあだ波は
かけじや袖《そで》の濡《ぬ》れもこそすれ
祐子内親王家紀伊《ゆうしないしんのうけのきい》

《語釈》「高師の浜」 和泉国（大阪府）の歌枕。
《解釈》有名な高師の浜の、ざわざわといたずらに立ち騒ぐ波を（私は）自分の袖にかけますまい、袖が濡れては困りますから。（浮気者で名高いあなたとお付き合いはしません、あとで後悔の涙で袖が濡れるでしょうから。）

73
高砂《たかさご》の尾《を》の上《へ》の桜《さくら》咲きにけり
外山《とやま》のかすみ立たずもあらなむ
前権中納言匡房《さきのごんちゅうなごんまさふさ》（大江匡房《おおえのまさふさ》）

《語釈》「高砂」 高い山。「外山」 深山《みやま》に対して里に近い山をいう。
《解釈》あの遠く高い山の峰《みね》の桜が咲いたなあ。花が見えなくなるので、里近い山の霞《かすみ》よ、どうか立たないでほしい。

74
憂《う》かりける人を初瀬《はつせ》の山おろし
激《はげ》しかれとは祈《いの》らぬものを
源俊頼朝臣《みなもとのとしよりあそん》

《語釈》「初瀬」 大和国（奈良県）の歌枕。山腹に長谷観音《はせかんのん》を本尊とする長谷寺がある。
《解釈》今までつれなかったあの人を、私になびくようにと初瀬の長谷観音にお祈りしたはずなのに。初瀬の山から吹き下ろす風よ、お前のようにあの人が私にきびしくするようにとは祈らなかったのになあ。

75　契《ちぎ》りおきしさせもが露《つゆ》を命にて
あはれ今年《ことし》の秋も去《い》ぬめり
藤原基俊《ふじわらのもととし》

《語釈》「させもが露」　清水観音作という「なほ頼めしめぢが原のさせも草我が世の中にあらむ限りは」（『新古今集』）により、「ただ頼め」と約束した言葉を示す。

《解釈》あなたが約束してくれた「ただ私を頼《たの》みにせよ」という言葉を、草の葉の上の露のようなはかない命のたのみとして待っていたが、その望みもかなわず、ああ、今年の秋もむなしく過ぎ去ってしまうようだ。

76　わたの原漕《こ》ぎ出《い》でて見ればひさかたの
雲居《くもゐ》にまがふ沖《おき》つ白波《しらなみ》
法性寺入道前関白太政大臣《ほっしょうじにゅうどうさきのかんぱくだいじょうだいじん》（藤原忠通《ふじわらのただみち》）

《語釈》「ひさかたの」　雲居にかかる枕詞。「雲居」　雲のある所、空。また、雲そのもの。ここでは後者。

《解釈》大海原《おおうなばら》に舟を漕ぎ出して、ながめわたすと、空の雲と見まちがえるほどに、沖の白波が立っている。

77　瀬《せ》を早《はや》み岩にせかるる滝川《たきがは》の
われても末《すゑ》に逢《あ》はむとぞ思ふ
崇徳院《すとくいん》

《語釈》＊上三句は、「われても」を導く序詞。

《解釈》川瀬の流れが早いので岩にせきとめられている滝川が、二つに分かれても下流でまた合流するように、たとえ今あなたとお別れしても、将来またお逢いしたいと思っている。

78　淡路島《あはぢしま》かよふ千鳥《ちどり》の鳴く声に
いく夜《よ》寝《ね》覚《ざ》めぬ須磨《すま》の関守《せきもり》
源兼昌《みなもとのかねまさ》

《語釈》「須磨の関」　摂津国と播磨国の境（兵庫県神戸市）にあった関所。

《解釈》淡路島から通うチドリの鳴く声に、幾夜《いくよ》目を覚ましただろうか。須磨の関の番人《ばんにん》は。

79　秋風にたなびく雲の絶《た》え間《ま》より
漏《も》れ出《い》づる月の影《かげ》のさやけさ
左京大夫顕輔《さきょうのだいぶあきすけ》（藤原顕輔《ふじわらのあきすけ》）

《語釈》「月の影」　月の光のこと。

《解釈》秋風に吹かれてたなびいている雲の絶え間から、漏れ出ている月の光の、何とすみきって美しいことか。

80 長《なが》からむ心も知らず黒髪《くろかみ》の
乱れて今朝《けさ》はものをこそ思へ
待賢門院堀河《たいけんもんいんのほりかわ》

《語釈》＊上三句は「乱れて」を導く序詞。

《解釈》あなたの愛情が、末長く変わらないかどうかわかりません。あなたとお逢《あ》いして別れた今朝、私の黒髪が乱れているように、心は乱れて物思いに沈んでいます。

81 ほととぎす鳴きつる方《かた》を眺《なが》むれば
ただ有明《ありあ》けの月ぞ残れる
後徳大寺左大臣《ごとくだいじのさだいじん》（藤原実定《ふじわらのさねさだ》）

《解釈》ホトトギスが鳴いた方に目をやると（ホトトギスの姿はなく）、ただ明け方の空に月が残っているばかりである。

82 思ひわびさても命はあるものを
憂《う》きに堪《た》へぬは涙《なみだ》なりけり
道因《どういん》法師

《解釈》つれない人への恋に思い悩んで、それでも命だけは永《なが》らえているが、つらさに堪《た》えきれずこぼれ落ちるのは、涙であるなあ。（堪えている命と堪えきれない涙の対比。）

83 世の中よ道こそなけれ思ひ入る
山の奥にも鹿《しか》ぞ鳴くなる
皇太后宮大夫俊成《こうたいごうぐうのだいぶしゅんぜい》（藤原俊成《ふじわらのしゅんぜい》）

《解釈》この憂き世の中よ、私の遁《のが》れるべき道はどこにもない。世を背《そむ》こうと思い、入って来たこの山の奥にも、鹿が悲しげに鳴いているようだ。

84 長《なが》らへばまたこのごろやしのばれむ
憂《う》しと見し世ぞ今は恋しき
藤原清輔朝臣《ふじわらのきよすけあそん》

《解釈》生き長らえるならば、また同じように、このつらい今が懐かしく思い出されるのだろうか。辛《つら》いと思いながら過ごしていた昔が、今は恋しく思われる。

85 夜《よ》もすがら物思ふころは明けやらぬ
閨《ねや》のひまさへつれなかりけり
俊恵《しゅんえ》法師

《解釈》一晩中恋の物思いに沈んでいる今日この頃は、なかなか夜が明けず、明るくならない寝室のすき間までもが、つれなく感じられることだ。

86　嘆《なげ》けとて月やはものを思はする
かこち顔《がほ》なるわが涙《なみだ》かな　西行《さいぎょう》法師

《語釈》「かこち顔」～のせいだと恨めしげな様子。

《解釈》嘆けといって月が物思いをさせるのだろうか。（本当は恋のせいなのに）月のせいだと恨めしそうに流れる私の涙であるなあ。

87　村雨《むらさめ》の露《つゆ》もまだひぬ槙《まき》の葉《は》に
霧立《きりた》ちのぼる秋の夕暮《ゆふぐ》れ　寂蓮《じゃくれん》法師

《語釈》「村雨」急に強く降ってはやみ、また降ってくる雨。にわか雨。「ひぬ」干ぬ。乾かない。「槙の葉」真木。檜《ひのき》、杉、松など常緑の針葉樹の総称。

《解釈》さっき通り過ぎた村雨の露もまだ乾かない杉や檜の葉に、うっすらと霧が立ちのぼっている秋の夕暮れだなあ。

88　難波江《なにはえ》の葦《あし》のかりねのひとよゆゑ
みをつくしてや恋ひわたるべき　皇嘉門院別当《こうかもんいんのべっとう》

《語釈》「難波江の葦の」「かりねのひとよ」を導く序詞。「難波江」は摂津国（大阪府）の歌枕。「かりね」「仮寝」と「刈り根」を掛ける。「ひとよ」「一夜」と「一節《ひとよ》」を掛ける。「みをつくし」「澪標（＝水路標識）」と「身を尽くす」を掛ける。

《解釈》難波の入江《いりえ》の葦の刈り根の一節《ひとふし》のような、旅の一夜のかりそめの共寝のために、澪標のようにこの身を尽くして、ひたすら恋い続けることになるのでしょうか。

日本語力

89　玉《たま》の緒《を》よ絶えなば絶えね長らへば
忍ぶることの弱りもぞする　式子内親王《しょくしないしんのう》

《語釈》「玉の緒」命。

《解釈》我が命よ、絶えるならば絶えてしまえ。生き長らえていると、恋心をこらえ忍ぶことが弱り、思いが外に現れてしまうといけないから。

90　見せばやな雄島《をじま》の海人《あま》の袖《そで》だにも
ぬれにぞぬれし色は変はらず　殷富門院大輔《いんぷもんいんのたいふ》

《語釈》「雄島」宮城県松島の中の一島。陸奥の歌枕。

《解釈》あなたにお見せしたいものです。（恋《こ》い焦がれて流す血の涙で赤く染まった私の袖を。）あの松島《まつしま》の雄島の海人の袖でさえ、濡れに濡れても、色までは変わっていないのに。（深い悲しみのあまり流れる涙を「血の涙」という。）

91　きりぎりす鳴くや霜夜《しもよ》のさむしろに
衣片敷《ころもかたし》きひとりかも寝《ね》む
後京極摂政前太政大臣《ごきょうごくせっしょうさきのだいじょうだいじん》（藤原良経《ふじわらのよしつね》）

《語釈》「きりぎりす」コオロギの古名。「さむしろに」「さ筵（敷物。むしろ）」と、「寒し」を掛ける。「衣片敷き」自分の袖の片袖だけを敷いて寝ること。共寝の時は、二人の着物を敷くので、独り寝すること。

《解釈》コオロギが鳴いている霜の降りる寒い夜、床の敷《し》き物《もの》の上に自分の着物の片袖だけを敷いて、私は独り寂しく寝るのだろうか。

92　わが袖《そで》は潮干《しほひ》に見えぬ沖の石の
人こそ知らね乾《かわ》く間《ま》もなし　二条院讃岐《にじょういんのさぬき》

《語釈》「潮干に見えぬ沖の石の」「人こそ知らね」を導く序詞。

《解釈》私の袖は、引《ひ》き潮《しお》の時にも見えない沖の石のように、人は知らないでしょうけれども、恋の涙に濡れて乾く間もありません。

93　世の中は常《つね》にもがもな渚漕《なぎさこ》ぐ
海人《あま》の小舟《をぶね》の綱手《つなで》かなしも　鎌倉右大臣《かまくらのうだいじん》（源実朝《みなもとのさねとも》）

《語釈》「綱手」舟を引く縄。

《解釈》世の中はいつまでも変わらないでいてほしいなあ。渚を漕いで行く漁夫《ぎょふ》の小舟《こぶね》が、綱手を引いてゆく景色に、しみじみと心が動かされる。

94　み吉野《よしの》の山の秋風さ夜《よ》ふけて
ふるさと寒く衣《ころも》打つなり　参議雅経《さんぎまさつね》（藤原雅経《ふじわらのまさつね》）

《語釈》「み吉野」「み」は美称の接頭語。大和国（奈良県）の歌枕。「ふるさと」かつて吉野離宮のあった吉野の里。

《解釈》吉野山の秋風は、夜《よ》が更《ふ》けて寒くなり、古都吉野は寒々として、衣を打つきぬたの音が聞こえている。

95　おほけなく憂《う》き世《よ》の民《たみ》におほふかな
わが立つ杣《そま》にすみぞめの袖《そで》　前大僧正慈円《さきのだいそうじょうじえん》

《語釈》「すみぞめ」「住み初め」と「墨染」を掛ける。「わが立つ杣」比叡山のこと。最澄の古歌にちなんだ表現。

《解釈》身の程もわきまえず、憂き世の人々の上に（仏の救済として）おおいかけることだなあ。比叡山《ひえいざん》に住みはじめて身につけたこの墨染《すみぞめ》の袖を。

96　花誘《はなさそ》ふあらしの庭の雪ならで
ふりゆくものはわが身なりけり　入道前太政大臣《にゅうどうさきのだいじょうだいじん》（藤原公経《ふじわらのきんつね》）

《語釈》「ふりゆく」「降り」と「古り」を掛ける。

《解釈》花を誘って散らす嵐が、庭一面を雪の降るように真《ま》っ白《しろ》にしているが、降る雪ではなく、次第に古びて年老いてゆくのは、じつは我が身だったのだなあ。

97　来《こ》ぬ人をまつほの浦の夕凪《ゆふなぎ》に
焼くや藻塩《もしほ》の身もこがれつつ
権中納言定家《ごんちゅうなごんていか》（藤原定家《ふじわらのていか》）

《語釈》「まつほの浦」　松帆の浦。淡路島北端の海岸。歌枕。「待つ」の意を掛ける。「藻塩」　海藻からとる塩。（製塩の途中で焼く工程がある。）　＊二・三・四句は「こがる」を導く序詞。

《解釈》　いくら待ってもやって来ない恋人を待つ私は、松帆《まつほ》の浦の夕凪の海辺で焼く藻塩のように、身は恋いこがれている。

98　風そよぐ楢《なら》の小川《をがは》の夕暮れは
禊《みそぎ》ぞ夏のしるしなりける
従二位家隆《じゅにいいえたか》（藤原家隆《ふじわらのいえたか》）

《語釈》「楢の小川」　京都の上賀茂神社の近くを流れる御手洗《みたらし》川。

「禊」　六月祓（夏越の祓とも）のこと。その年の上半期の罪や穢《けが》れを祓うため、河原に出て水で身を浄めること。六月末に行う。

《解釈》　風がそよそよと楢の葉を吹いている楢の小川の夕暮れは、秋のような涼《すず》しさだが、みそぎをしているのがまだ夏であることの証拠《しるし》だなあ。

99　人もをし人も恨《うら》めしあぢきなく
世を思ふ故《ゆゑ》にもの思ふ身は
後鳥羽院《ごとばいん》

《語釈》「をし」「愛し」。いとおしい。「あぢきなく」　自分の力ではどうすることも出来ず、苦々しい。

《解釈》　人をいとしく思い、あるいは人を恨めしく思う。この世の中をもどかしく思うゆえに、あれこれと物思いをする私は。

100　ももしきや古き軒端《のきば》のしのぶにも
なほあまりある昔《むかし》なりけり
順徳院《じゅんとくいん》

《語釈》「ももしき」　内裏、宮中。「しのぶ」「忍ぶ草」（シダ植物の一種）と「偲ぶ」を掛ける。

《解釈》　宮中《きゅうちゅう》の古く荒れた軒端に生えている忍《しの》ぶ草、その忍ぶ草のように、いくら偲んでも偲《しの》び尽くせない恋しい昔の御代《みよ》だなあ。

都道府県別方言集 ― 旅先で使える

全国各地の方言のうち、日常生活で広く使われている方言を都道府県別に一〇語選定し、それぞれ例文をつけて紹介した。旅行や出張でその地方に出かけた際に、また、その地方の出身者との会話の折に、ここに記載された方言を話題にすれば、さらに会話が弾み、コミュニケーションが深められるであろう。

○各県の本文記述について

・伝統方言＋現代の様相を記述するよう心がけた。

・資料として主に次のものを用いた。

①テレビ番組　NHK ふるさとのことば
②HP 各種
③全国方言一覧辞典（学研）
④全国方言小辞典（三省堂）
⑤国語学研究事典（明治書院）
⑥現代日本語方言大辞典（明治書院）
⑦日本のことばシリーズ（明治書院）
⑧月刊言語　日本の方言探訪
⑨月刊言語　2003年1月号
「増頁特集【小辞典】ふるさとのことば」
⑩講座方言学（国書刊行会）
⑪調べてみよう　暮らしのことば（ゆまに書房）
⑫近年の出版物各種
⑬国立国語研究所図書館にある文献

北海道

海岸部方言は東北方言と共通する部分が多く、内陸部方言は全国共通語に近い。音声面では海岸部ではいわゆる「ズーズー弁」やイとエの混同がみられる。移住者が多かったため、かつてはそれぞれの地で様々な方言が混在していたが、現在では全国共通語に似た北海道共通語が使用されている。

1 こわい　疲れる。「やんや、また降ってるで、毎日毎日の雪なげはこわいよ（いやいや、また降ってるよ、毎日毎日の雪かきは疲れるよ）」

2 〜さ　〜よ。〜だよ。〜んだよ。「元気ださ（元気だよ）」「かけっこではげれっぱさ（かけっこでは最下位だよ）」「きのー町行ったさ（昨日町に行ったんだよ）」

3 したっけ　①そうしたら。「手紙書いたさ。したっけすぐ返事が来て（手紙を書いたんだよ。そうしたらすぐ返事が来て）」②さようなら。「んじゃ、したっけ（それじゃあさようなら）」

4 しばれる　ひどく寒い。凍る。「おはよう、今朝はしばれるねー。あっ、タオル出しっぱなしでしばれてるわ（おはよう、今朝は寒いねえ。あっ、タオル出しっぱなしで凍っているよ）」【補注】この語を方言だと意識していない人も多い。

5～しょ　～でしょう。「なしたのさ、たいした事ないっしょや（どうしたの、たいしたことないでしょう）」「さっき雨降ってたしょ（さっき雨降っていたでしょう）」

6なげる　捨てる。「そこにごみ箱があるからなげなさい（そこにごみ箱があるから捨てなさい）」【補注】この語を方言だと意識していない人も多い。

7はんかくさい　ばかくさい。ばかげた。「そったらはんかくさいこと言ってどうすんのよ（そんなばかげたこと言ってどうするのよ）」

8みったくない　みっともない。みにくい。「その格好じゃあまりにもみったくないよ（その格好じゃあまりにもみっともないよ）」「みったくない犬だね（みっともない犬だね）」【補注】この語を方言だと意識していない人も多い。

9ゆるくない　容易でない。楽でない。「父さん、今日も仕事ゆるくなかったしょ（父さん、今日も仕事大変だったでしょう）」「景気悪くて、ゆるくないわ（景気悪くて、大変です）」

10～わ　～どう？「早く行ったらわ？（早く行ったら？）」【補注】主に女性が使う。

青森県

かつての藩領が方言の違いに反映し、日本海側の津軽方言と、太平洋側の南部方言に分かれ、語彙や文法で差が見られる。下北半島の下北方言では他地域とのアクセントの違いが大きい。音声面ではいわゆる「ズーズー弁」や合拗音、語中のカ・タ行の有声化がある。

1あさぐ　歩く。津軽「学校さあさいでいく（学校に歩いていく）」「夜に外あさぐば、まね（夜に外を歩いたらだめだ）」

2あずましー　心地よい。「なの家、あずましーのー（あなたの家、居心地がいいですね）」「やっぱし家があずましーじゃ（やっぱり家が落ち着いて心地よい）」

3かちゃくちゃね　散らかっている。「なんぼかちゃくちゃね部屋だ（なんて散らかった部屋だ）」「なんだがかちゃくちゃねぐなってきた（なんだか訳がわからなくなってきた）」

4けやぐ　友達。「けやぐのいさ行ぐ（友達の家に行く）」「おめのけやぐがら電話あったよ（お前の友達から電話あったよ）」

5〜ごった　〜でしょう。推量表現。南部「この雲でぁば雨降るごった（この雲だと雨が降るでしょう）」【補注】津軽では「〜びょん」と言う。10を参照。

6じゃんぼ　髪。「な、じゃんぼかってきたべー（あなた、髪切ってきたでしょう）」「じゃんぼかってくるじゃ（髪切ってくるよ）」

7〜すけ　〜から。原因・理由表現。南部「雨降てるすけ傘持てげ（雨降ってるから傘持って行きなさい）」【補注】津軽では「〜はんで」と言う。9を参照。

8もちょこえ　くすぐったい。「足の裏がもちょこえ（足の裏がくすぐったい）」「もちょっこちぇーべな、やめろじゃー（くすぐったいだろ、やめろよー）」

9〜はんで　〜から。原因・理由表現。津軽「雨降てるはんで傘持てげ（雨降ってるから傘持って行きなさい）」【補注】南部では「〜すけ」と言う。7を参照。

10〜びょん　〜でしょう。推量表現。津軽「この雲だば雨降るびょん（この雲だと雨が降るでしょう）」【補注】南部では「〜ごった」と言う。5を参照。

岩手県

旧南部藩領域の北部・中部方言と、旧伊達藩領域の県南部方言とで音韻やアクセントや文法に差がみられる。いわゆる「ズーズー弁」が使われ、シとス、ジとズ、チとツの区別がないが北部でシ・ジ・チ、県南部でス・ズ・ツに統合される傾向がある。撥音・促音・長音は短く発音される。

1いずれ　どのみち。とにかく。「いずれ勝ったのは岩手の馬です（いずれにせよとにかく勝ったのは岩手の馬です）」【補注】共通語では「いずれにせよ」とするところを「いずれ」と言い、方言だと意識されていない。

2けぁっぱり　誤って川や堰に落ちること。「ゆんべなくれがったからけぁっぱりしてしまったおんや（昨夜暗かったので川に落ちてしまったんだよ）」

3せっちょはぐ　苦労する。難儀する。「しゅくでぇでせっちょはいだ（宿題で苦労した）」「あいや、なにもかも、へっちょへぇでかしぇきたじぇ（いやあ、どうにもこうにも、難儀して働いてきたよ）」【補注】「へっちょはぐ」とも言う。岩手方言ではセはヘに変わりやすい。

4たなぐ 運ぶ。持つ。「このつぐえおもでがら、一緒にたないでけろじゃ（この机重たいから、一緒に持ってくれない）」「このたわら、たなげねが（この俵、持てないか）」

5ちょす 触る。いじる。「きけーちょす（機械をいじる）」「おめーこれちょしたな、いだますがらあまりちょさねで（お前これいじったな、もったいないからあまり触らないで）」

6とのげる どかす。「そごの大きな石、じゃまだがらとのげでけろ（そこの大きな石、じゃまだからどかしてください）」

7〜なはん 〜ね。中部「あのなはん、おめはん、山田さんだなはん（あのね、あなた、山田さんだよね）」

8ぬぐだまる 温まる。「どうぞこだつさへってぬぐだまってくなんせ（どうぞこたつに入って温まってください）」

9ねまる 座る。腰を下ろす。「そんたにつったってねでねまれじぇ（そんなに立ったままでいないで座りなさいよ）」

10まげる 入れ物に入っている水を空にする、こぼす。「おげのみんずそどさまげでおげよ（桶の水外に捨てておきなさいよ）」「おづけまげねよにもってぐんだじぇ（みそ汁こぼさないように持っていくんだよ）」

宮城県

県北半方言は東京式アクセントに準ずる特殊アクセント、県南半方言は無型アクセントという違いがある。音声面ではいわゆる「ズーズー弁」が使われ、イとエは混同しやすく「鯉」も「声」もコエとなる。べーべー言葉が盛んで、ヨムベー（読もう・読むだろう）のように用いる。

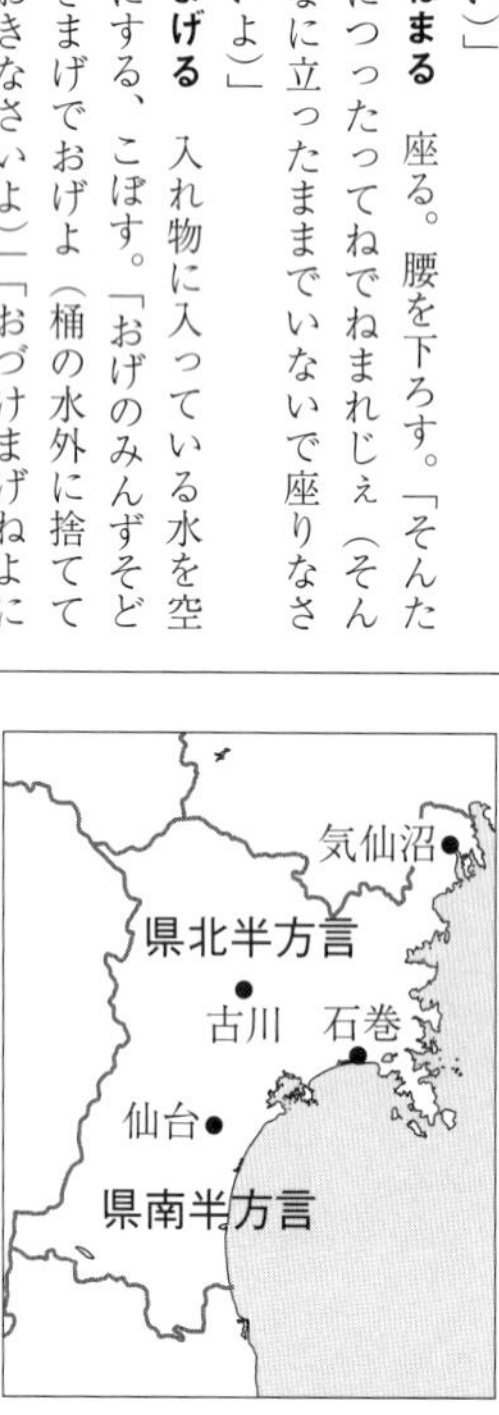

1いきなり 大変。非常に。「このケーキいきなりおいしい（このケーキはたいへんおいしい）」「いきなり立派な部屋だ（大変立派な部屋だ）」【補注】程度の甚だしさに気づいたときに使われ、共通語の意味用法とは異なる。

2いずい 違和感がある。「目にごみが入っていずい（目にごみが入って違和感がある）」「あだらすいセータはいづぐてわがんね（新しいセータは気持ち悪くて駄目だ）」【補注】伝統的方言では「えんずえ」と発音される。

3おしょすい　恥ずかしい。「穴あぎくづしたはいでおしょしぐねーの（穴あき靴下はいて恥ずかしくないの）」「おしょすいがらやんだ（恥ずかしいからいやだ）」

4じゃす　ジャージ。体育着。「みんなじゃす着て集まった（みんなジャージを着て集まった）」

5しぇずねー　うるさい。「なんだべ、とぢゅうでくぢはさんでしぇづねごど、おすめまでだまってさい（なんだよ、途中で口挟んでうるさいこと、おしまいまで黙ってなさい）」

6ずんだ　ゆでた枝豆をすりつぶし、砂糖や抹茶で味付けしたもの。「ずんだもずくいで（すりつぶした枝豆あんのもちが食べたい）」「ずんだあえ（すりつぶした枝豆を使ったあえもの）」【補注】「糂粏《じんだ》」の発音が変化したもの。

7〜ちゃ　〜よ。「そえなごとねーっちゃ（そんなことないよ）」「あすたも雨だっちゃ（明日も雨だな）」「えづでもえーべっちゃ（いつでもいいだろう）」

8めんこい　かわいい。「おまいのめんこいわらすだなー（あなたの家のはかわいい子供だなあ）」「なんつめんこえおぼごですぺ（なんてかわいい赤ちゃんでしょう）」【補注】伝統的方言では「めんこぇ」と発音される。

9もぞこい　かわいそうだ。「ただぐな、子供はもぞこいべ（叩くな、子供はかわいそうだ）」「雨さあだってもぞこいごだ（雨に当たってかわいそうだこと）」【補注】伝統的方言では「もぞこぇ」と発音される。

10やばつい　湿っぽく気持ちが悪い。「あかんぼのおすめやばついんでねーの（赤ん坊のおむつ濡れて気持ち悪いんじゃないの）」「雨降ったたっけやばつぐなってきた（雨が降ったら湿っぽくなってきた）」【補注】伝統的方言では「やばつぇ」と発音される。

秋田県

音声面ではいわゆる「ズーズー弁」が使われる。語中語尾のカ・タ行音は有声化してカギ（柿）、ハダ（旗）のようになる。撥音・促音・長音は短く発音されて「新聞」はシンブ、「測候所」はソコジョになる。アクセントは東京式アクセントに準ずる北奥式アクセントである。

1〜こ　名詞に付けて、親しみやかわ

日本語力

いらしさを表し、柔らかさや丁寧さを出す。「むしこ（虫）」「はなこ（花）」「うまこ（馬）」「いぇこ（家）」「がっこ（漬け物）」「しぇぁっこ（おかず）」

2〜ごった　〜だろう。推量表現。鹿角「たッぶん明日もゆぎ降るッごった（多分明日も雪が降るだろう）」【補注】「〜ことだ」が語源と言われる。能代、秋田、横手では「〜びょん」と言う。6を参照。

3しかだねぁ　どうしようもない。申し訳ない。気の毒だ。「A:みじで転んだば足折れだど。B:あえしかだねぁ（A:道で転んだら足が折れたって。B:まあ気の毒だ）」「えっちもやってもらってしかだねぁなー（いつもやってもらってすまないなあ）」

4しったけ　大変。すごく。「しったけ混んでそうだね（すごく混んでそうだね）」「寝坊してしったけ焦った（寝坊してすごく焦った）」【補注】若者に多用される。語源は「死ぬだけ（死ぬほど）」。

5どでんする　びっくりする。「この間の地震だばどでんしたな（この間の地震はびっくりしたな）」【補注】「動転する」から生じたことば。

6〜びょん　〜だろう。推量表現。能代、秋田、横手「昼がらまだ雪だびょん（昼からまた雪だろう）」「たッぶん明日もゆぎ降るッびょん（多分明日も雪が降るだろう）」【補注】「〜べ＋おん」が「〜びょん」となった。鹿角では「〜ごった」と言う。2を参照。

7へば　そうすれば。では。じゃあ。「A:へばまずね。B:へばね（A:じゃあさようなら。B:じゃあね）」「これとこれあわせる、せばこーなる（これとこれを合わせる、そうするとこうなる）」【補注】「そうすれば」からの変化。「へばまず」は別れの挨拶として使われる。「せば」「しぇば」とも発音する。

8まず（まんず）　まあ。本当に。「まずおっかねぁはなしっこだ（本当に怖い話だ）」「まんずおぼでこと（まあ重たいこと）」

9やじゃねぁ　いけない。思慮がない。「なんぼはなししてもやじゃねぁ（いくら話をしてもだめだ）」「おめ、やじゃねぁはなしすな（お前、思慮のない話をするな）」【補注】「埒あかない」の音変化した形。

10んだがら　そうだね。同意を表すことば。「A:えがったな。B:んだがら（A:よかったね。B:そうだねそうだね）」【補注】理由を述べることばではない。

山形県

庄内方言と内陸方言（最上、村上、置賜方言）の差が大きい。庄内方言には沿岸交易で京阪方言が流入し理由を表すサゲ、ハゲ（京阪方言サカイの変化）、内陸方言には陸伝いの交易で福島以南のことばが流入した。アクセントは庄内で東京式、内陸で無型アクセント。全域でいわゆる「ズーズー弁」が使わ

れる。

1いだまし　惜しい。もったいない。「とげーうだっていだましーちゃ（時計をなくして惜しい）」「まんねんひづ川さ落としてしまっていだまし（万年筆を川に落としてしまってもったいない）」

2うるがす　潤す。水に浸す。「米といでうるがしておげ（米といで水にひたしておけ）」「しぇんだぐものみじさうるがす（洗濯物を水に浸す）」

3おしょーし　①すまない。「こがにおっきーものもらっておしょーしな（こんなに大きなものをいただいてありがとうございます）」②恥ずかしい。「きんなしぇんしぇがらごしゃがっておしょーしがった（昨日先生に叱られて恥ずかしかった）」

4おもやみ　心配。面倒。庄内「明日のテストおもやみだ（明日のテスト心配だ）」「おもやみでよごぎだぐね（おっくうで動きたくない）」

5すなこえ　歯切れが悪い。内陸「このたくわんづけぁすなこくてかんなえ（この沢庵漬は歯切れが悪くて食えない）」

6たがぐ　持つ。持って移動する。「ほの椅子たがてきてけろ（その椅子持ってきてくれ）」「この木どごそっちゃたがごで（この木をそっちへ植えかえようよ）」

7てしょずらすえ　干渉されて煩わしい。内陸「てしょずらすぐすねで見でろ（煩わしいことはしないで見ていろ）」

8もっけだ　ありがとう。気の毒だ。すまない。庄内「こげいろいろもらってぃもっけだのー（こんなにいろいろもらってありがとう）」「A:けちゃ。B:いい、もっけだもの（A:召し上がれ。B:いいえ、申し訳ないもの）」

9やばつえ　じめじめして嫌な感じ。冷たい。「傘さしてんなさ雨おぢできた、やばつえ（傘さしているのに雨で濡れてしまった、冷たい）」「雨降らいでよ、やばちぐで（雨に降られてね、冷たくて）」

10わがんね　不可能だ。だめだ。庄内「きょーだば波たっげはげ海で泳いでわがんね（今日は波が高いから海で泳いではだめだ）」【補注】「わからない」という意味ではない。

福島県

音声面では、いわゆる「ズーズー弁」の特徴は北部ほど見受けられる。イとエの混同や、語中語尾のカ・タ行音の濁音化は全域で見られる。檜枝岐方言は東京式アクセントで、他は無型アクセント。敬語表現に地域差があり、「いいですね」は会津でイーナシ、中通りでイーナイとなり、浜通りではこれらの文末詞は使われない。

1いぎなり　すごく。たいへん。浜通り「ご飯いぎなりいーっぺわげらっちゃ（ご飯をすごくたくさんわけられた）」

2うっつぁーし　うっとうしい。まつわりついてうるさい。「うっつあーし子めらだな（うるさい子供たちだな）」

3おんつぁれる　叱られる。浜通り「おんつぁんにおんつぁれるぞ（おじさんに叱られるぞ）」

4ごせやける　腹が立つ。「はぁごせっぱらやげでごせっぱらやげでなじょしていいがわがんねがった（もう腹が立って腹が立ってどうしたらいいかわからなかった）」

5さすけね　大丈夫。気にしなくてよい。「ほんなこどさすけねぇがらこらんしょ（そんなこと気にしなくていいからいらっしゃい）」

6ざんぞ　悪口。中通り「あいつおめさんのざんぞしてたぞ（あいつおまえさんの悪口を言っていたぞ）」

7~ち　~たい。「みっち（見たい）」「早く帰りっち（早く帰りたい）」

8ぽーぽい　あたたかい。浜通り「今日は本当にぽーぽいな（今日は本当に暖かいな）」

9まがる　お辞儀する。会津「おめえの先生さんだ、ほれまがれ（お前の先生だ、ほらお辞儀しろ）」【補注】共通語の「曲がる」は会津では「むじる」という。

10むじる　曲がる。会津「その道右にむじるとすぐおら家だ（その道右に曲がるとすぐおれの家だ）」【補注】会津で「まがる」というと「お辞儀をする」の意。

茨城県

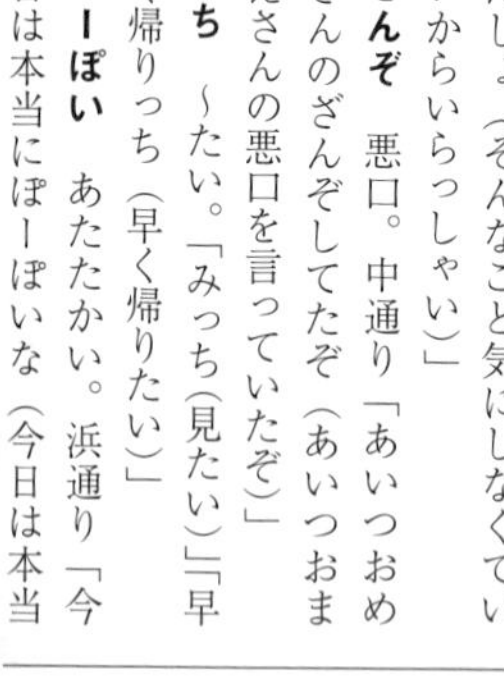

県内全域で地域間の差異が少ない。学園都市があり東京のベッドタウン化が進む県南西は共通語化が顕著。ほぼ全域で無型アクセント。イントネーションが全般に平板調で「茨城の尻上がり」と呼ばれる独特の調子がある。意志・勧誘・推量表現にベーやペーを使う。共通語の「へ」「に」にはサが現れる。

1あおなじみ　青あざ。「ぶっつけであおなじみになっちった（ぶつけて青あざになってしまった）」

2あげる　提出する。「レポートあげたげ（レポート提出しましたか）」「3日までにレポートをあげてください（3日までにレポートを提出してください）」

3えしけー　できの悪い。つまらない。「こんなえしけーもの買ってくんなよ（こんなつまらないもの買ってくるなよ）」

4ごじゃっぺ　でたらめ。いい加減。「あんまりごじゃっぺなごとばっかぬかしてんじゃねーよ（あんまりいい加減なことばかり言ってるんじゃないよ）」

5こむ　取り込む。「雨降ってきたぞ、洗濯物こんどいて（雨降ってきたぞ、洗濯物取り込んでおいて）」

6しみじみ　しっかり。「さぼってねーでしみじみやれ（さぼってないでしっかりやれ）」

7ちょーろぐ　ろく。十分。まともであること。「おめは仕事もちょーろぐにできねーんだがら（おまえは仕事もろくにできないんだから）」

8ひやす　水につける。「茶碗冷やしといて（茶碗を水に浸けておいて）」

9ぶっつぁける　裂ける。破れる。「すっころんでぶっつぁけちった（転んで破れてしまった）」

10〜め　生き物を表す接尾辞。「いぬめ（犬）」「うしめ（牛）」「かめ（蚊）」「けーるめ（蛙）」「ねこめ（猫）」「へーめ（蝿）」

【補注】栃木、八丈島、石川、福井と共通する現象。

栃木県

音声面ではイとエの混同が起こり、「今」がエマ、「机」がツクイとなる。連母音の融合も盛んで「赤い」はアゲァーとなる。西部・中部・東部方言は無型アクセント、群馬と接する足利方言では東京式アクセント。推量を表す「ベーベーことば」「ダンベーことば」「ペーペーことば」は有名。

1えっちかる　座る。腰を下ろす。「石の上にえっちかってひと休みするべー（石の上に腰を下ろしてひと休みしよう）」

2えっちける　載せる。上げる。「網棚に荷物えっちけでやった（網棚に荷物を載せてやった）」

3〜がね　〜よ。断定をやわらげたり、念押ししたり、同意を求めたりするときに使う。「そーじゃないがね（そうじゃないよ）」「あそこを歩いているがね（あそこを歩いているでしょうよ）」

4〜け　〜か。疑問や確認の終助詞。「あすくまで一緒にやばねーけー（あそこまで一緒に行きませんか）」「何してるんけ（何してるの）」

5しみつかれ　初午の日に作られる郷土料理。「しみつかれよんどごれ（初午の料理をごちそうしてください）」【補注】「しみずかり」「しみつかり」「すみつかれ」とも呼ばれる。

6〜め　生き物を表す接尾辞。「がにめ（蟹）」「じりめ（蝉）」「ででっぽめ（鳩）」「はじめ（蜂）」「んまめ（馬）」【補注】茨城、八丈島、石川、福井と共通する現象。

7ずずねー　ぞくぞくする。濡れて不快だ。「雨ん中で仕事してでだらびしょぬれだ、ずずねーなー（雨の中で仕事をしていたらびしょぬれだ、ぞくぞくする）」

8みしみる　真剣にやる。「もっとみしみろ（もっと真剣にやれ）」「やるんだったらみしみてやれ（やるんだったら真剣にやれ）」「あの子はちっともみしみない（あの子はちっとも真剣にやらない）」

9むせー　長持ちする。長くかかる。「この飴は固くてむせー（この飴は固くて長持ちする）」

10〜り　〜と。引用の「〜と」にあたる。「がたーり戸を閉めた（がたんと戸を閉めた）」「ぴかーり光る（ぴかっと光る）」「『おめはばがだ』りゆわれちゃった（『お前は馬鹿だ』と言われてしまった）」

群馬県

音声面では連母音の融合が盛んで、「違う」は中高年層ではチゴー、若年層ではチゲーとなる。ガ行鼻濁音は昔から使われない。中西部・北部方言は東京式アクセントで、東部方言は栃木県の無型アクセント地域と接触しており曖昧あるいは無型アクセント。「行ぐべー」

「行ぐダンベー」のべーべーことばは、年齢・性別に関係なく県内全域で頻繁に用いられる。

1おーふー　気前のよい。「あそこんちの嫁さんはおーふーだむし（あそこの家の嫁さんは気前がいいですね）」

2かーばら　桑畑。「春んなったからかーばらうねぁーしなけりゃー（春になったから桑畑の耕作をしなければ）」【補注】「かばら」「きゃーばら」とも言う。

3〜がん　〜じゃない。「ずいぶんかかっちゃーがん（ずいぶんかかるじゃない）」「さっき言ったがん（さっき言ったじゃない）」

4〜げ　〜に。「髪げー付いた（髪に付いた）」「俺げはできねー（俺にはできない）」

5さくい　人なつこい。気さくな。「あそこんちの娘はまっさかさくい子だよ（あそこの家の娘はたいへん気さくな子だよ）」「まさかさきー嫁だなー（本当に気さくな嫁だなあ）」

6せわねー　手数がかからない。簡単だ。「そんなくれーのことせわねーすよ（そのくらいのことわけはないですよ）」

7たまか　倹約家。節約している様子。「あそこんちはものーたまかにしてる（あそこの家はものを節約している）」

8どどめ　桑の実。「もちどどめ（餅のような）うまい桑の実）」「いぬどどめ・うまどどめ（まずい桑の実）」

9まっさか　たいへん。すごく。「まっさかおもしろい（すごくおもしろい）」「まっさか驚いた（大変驚いた）」

10〜むし　〜ですね。丁寧を表す。「今日は暑いむし（今日は暑いですね）」「元気がいーむし（元気がいいですね）」「そーだむし（そうですね）」

埼玉県

東京と北関東および東北との間に位置することから、県内の方言は多様で隣接県の方言との連続性が認められる。

音声面では連母音の融合（「赤い」がアケー）、促音挿入（「熱い」がアッチー）が盛ん。中央部・西部方言は東京式アクセントで、東部方言は埼玉特殊アクセント。べーべーことばが使われる。

1うざい　不快だ。「何度もしつこく言われるとうざいんだよ（何度もしつこくいわれるとうっとうしいんだよ）」【補注】「うざったい」「うざっ

てー」「うぜー」という形もある。

2うっちゃる　捨てる。「役に立たねーものは取っといてもしょーがねーし邪魔っけだからいい加減でうっちゃっちゃーほーがいいぞ（役に立たないものは取って置いてもしょうがないし邪魔だからいい加減で捨ててしまうほうがいいぞ）」

3おったまげる　驚く。「おったまげたねーまー（驚いたねえ、まあ）」

4かたす　片づける。「道具はかたしとけ（道具は片づけておけ）」

5かったるい　疲れた。「だめだよーえらかったるいよー（だめだよーものすごく疲れたよー）」「休みなしでかせーだらかったるいや（休みなしで稼いだら疲れたよ）」

6だいじ　大丈夫。「A:転んじゃった。B:だいじ? A:うん、だいじだいじ（A:転んじゃった。B:大丈夫? A:うん、大丈夫大丈夫）」

7なから　かなり。ほとんだ。だいたい。「なからよいじゃねー話だで（かなり大変な話ですね）」「そんなご丁寧でなくたってなからでいいよ（そんな丁寧でなくてだいたいでいいよ）」

8ぺけ　最下位。「ぺけでもいーから最後まで走れ（最下位でもいいから最後まで走れ）」

9〜みたく　〜みたいに。「鳥みたく飛んでみてーな（鳥みたいに飛んでみたいな）」「馬みたく走れるといーな（馬みたいに走れるといいな）」

10〜ん　〜なのか。「そうなん（そうなのか）」「行くん（行くのか）」「やるん（やるのか）」

千葉県

南部方言では太平洋側の沿岸部や紀伊半島、伊豆半島、三浦半島などと共通な語彙が見られ、それらは「黒潮ことば」と呼ばれている。東北部方言は音韻・文法・語彙の各面で東北方言に似通う特徴が見られる。西北部方言では共通語化が進んでいる。アクセントは県全域がほぼ東京式で、埼玉・茨城との県境付近では特殊なアクセントの型がある。

1あおなじみ　青あざ「ぶっつけていくつもあおなじみになった（ぶつけていくつも青あざができた）」【補注】全世代で方言と意識されずに使われている。

2いしなご　くるぶし。「いしなごは大事なところで、『のみにもかせんな』と言われた（くるぶしは大事なところろで、『のみにもくわせるな』と言われた）」【補注】かかとを指す地域もある。

3おいねー　だめだ。禁止表現。「そんなことしちゃおいねー（そんなことしてはだめだ）」「ほんなこと言ったっておえねーよ（そんなこと言ってもだめだよ）」【補注】「（手に）おえない」に由来する言い方。

4おかしー　恥ずかしい。「そんなのおかしくてできねーや（そんなことおかしくてできないよ）」

5おっぺす　押す。「そーおっぺしてくらっしぇー（そこを押してください）」「おっぺすでねーおー（押さないでくださいよー）」

6〜きし　〜くらい。〜ほど。「これっきしなんでもねーや（これくらい何でもないよ）」「百円きし貸してくんねーか（百円ばかり貸してくれないか）」

7〜たい　〜なさい。命令表現。「食べたいよ（食べなさいよ）」「寝たいよ（寝なさいよ）」

8とかげ　かまきり。南部「とかげがたくさんいた（かまきりがたくさんいた）」【補注】北部ではとかげのことを「かまきり」という。

9ひでぶしー　まぶしい。「たいよーがひでぶしー（太陽がまぶしい）」

10ふーがわりー　みっともない。かっこう悪い。「そんなことしちゃふーがわりーよー（そんなことをしてはみっともないよ）」

東京都

山の手方言は全国共通語の土台となっている。下町方言は江戸語の伝統を受け継いだ江戸っ子のことばと見なされている。伊豆諸島方言では音韻がそれぞれの島ごとに特徴的な体系を持つ。アクセントは、北・中部伊豆諸島方言では東京式、八丈方言では無型アクセント。文法でも北・中部伊豆諸島方言と、八丈方言で対立するものが多い。小笠原は入植・移住の歴史を反映し多様な言語状況を示す。

1〜ごんだら　〜ようだ。八丈島「うの人は手紙を書きんじゃろーごんだら（あの人は手紙を書かなかったようだ）」

2〜ざーます　〜でございます。山の手「そーなんざーます、大きい花が咲くんざーますよ（そうなんでございます、大きい花が咲くのでございますよ)」【補注】「～でございます」の変化した形。

3～しかい　～から。神津島「呼んだしかい来たじぇ(呼んだから来たよ)」「晴れてるしかいはたけぃと行かなきゃー(晴れてるから畑へ行かなくては)」

4しでー　ひどい。下町「しでーことんなっちまったよ(ひどいことになってしまったよ)」

5しょっぱい　塩辛い。「このおみょーつけはちょっとしょっぱい(このみそ汁はちょっと塩辛い)」

6ふんがける　立ち寄る。多摩「ちょっとうちへふんがけていきませんか(ちょっとうちへ寄っていきませんか)」

7ふんぞる　借りたものを返さない。多摩「金を貸してやったがいつまで待っても返さないからふんぞる気かな(金を貸してやったがいつまで待っても返さないから返さないつもりかな)」

8べらんめー　ばかやろう。ののしり表現。下町「何言ってるんだ、べらんめー(何言ってるんだ、ばかやろう)」【補注】「べらぼうめ」が変化した形。

9まつりけーす　強く叩く。なぐりつける。多摩「よこびんとーをまつりけーす(横面をなぐりつける)」

10ゆきっぱ　行く場所。多摩「ゆきっぱがめっかった(行き場所が見つかった)」

神奈川県

音声の特徴は東京下町方言と似通っている。ガ行鼻濁音があり、「甘い」がアメーになるような連母音の融合や、ヒがシと発音されることが見受けられる。アクセントは全県で東京式。意思・勧誘・推量にはベーやダンベーを使う。ジャンは浜ことば、横浜の方言だと一般に意識された時代もあるが、本当は中部地方の伝統的な方言が伝わってきたものである。

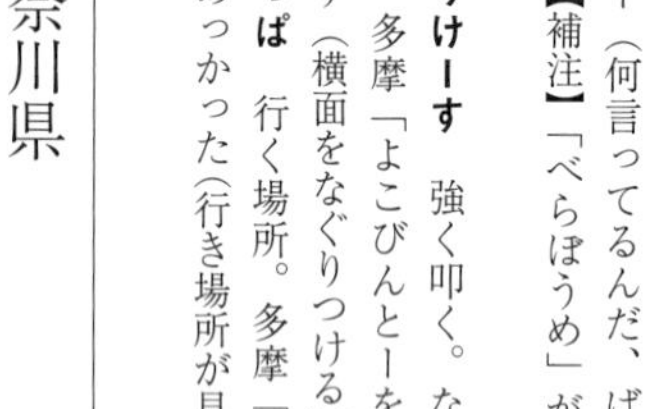

1あかす　教える。「わからなければやりかたをあかすよ(わからなければやり方を教えるよ)」

2あばける　暴れる。「家の中ではあばけるな(家の中では暴れるな)」

3うっちゃる　捨てる。「このごみをちゃんとうっちゃっとけよ(このごみをちゃんと捨てておけよ）」

4しびびー　からすのえんどう。「しびびーで笛作ってあすんべー（からすのえんどうで笛作って遊ぼう）」

5しゃくる　汲む。「ひしゃくで水をしゃくる（ひしゃくで水を汲む）」

6~じゃん　~ではないか。「やっぱそーじゃん、だから言ったじゃん（やはりそうではないか、だから言ったではないか）」

7しょーがんねー　しょうがない。「この子は泣き虫でしょーがんねーよー（この子は泣き虫でしかたがないよ）」

8せんひき　定規。ものさし。「ちゃんとせんひき使って線を引きなさい（ちゃんと定規を使って線を引きなさい）」

9べー　①~だろう。推量表現。「あれは犬だんべー（あれは犬だろう）」②~よう。勧誘表現。「一緒に行くべー（一緒に行こう）」

10よこはいり　割り込み。「よこはいりすんじゃねーよ、並べよ（割り込みするんじゃないよ、並べよ）」

新潟県

北越は東北方言に、中越・南越・西越は本州東部方言に、佐渡は北陸方言に属する。アクセントは佐渡が準京阪式、その他は準東京式。音声面ではイとエの区別がない、開合音の区別がある、合拗音が使われるなどの特色がある。佐渡方言ではハロータ（払った）のようにウ音便がある、原因・理由表現にサカイ・サケを用いる、「居る」をオルと言うなどの本州西部方言の要素が見られる。

1かける　指名する。授業で当てる。「明日の英語でかかるかもしれないから予習しておこう（明日の英語であたるかもしれないから予習しておこう）」

2がん　~の。~のもの。「これおれがんだ（これ俺のだ）」「あーけがんとしーれがんとどっち（赤いのと白いのとどっち）」【補注】「越後のガンは食われんガン」という言い回しがある。越後で言うガンは「雁」ではないので食べられない、という意味。

3げっぽ　最下位。「あの子走り競争にげっぽらった（あの子徒競走で最下位だった）」

4しかも　たくさん。「この川にはしかも魚がいる（この川にはたくさん魚がいる）」

5だすけ　だから。「だすけ、やめれってせーたねか（だから、やめろっていったじゃないか）」【補注】「だっけ」「らすけ」になることもある。

6〜ちゃ　〜よ。北越、西越、佐渡「そんなこと言われても困るっちゃ（そんなこと言われても困るよ）」「どーもならんちゃ（どうにもならないよ）」【補注】「佐渡のチャは飲まれんチャ」という言い回しがある。佐渡でチャと言っても「茶」ではないから飲めないチャだ、という意味。

7なじ　どう。「その味なじらね（その味どうですか）」「近頃体具合なじらね（近頃体の具合はどうですか）」

8なまら　①だいたい。ほぼ。中越、南越「なまらあたたかい（なまあたたかい）」②とても。非常に。北越「なまらあたたかい（とてもあたたかい）」

9はぐる　めくる。「教科書をはぐって。次のページです（教科書をめくって。次のページです）」「ふとんをはぐる（ふとんをめくる）」

10〜ろ　〜だろう。「きっと安いろし、買うろ（きっと安いだろうし、買うだろう）」

富山県

音韻面では東北地方や出雲地方の方言音と一致する特徴が見られる。促音・長音・撥音が短めに発音され、平野部にいわゆる「ズーズー弁」がある。アクセントは県全域で準京阪式。北陸方言の特徴である「ゆすり音調」といわれるイントネーションがある。準体助詞ノにはガが対応し「どうしたが（どうしたの）」のようになる。

1がんぴ　模造紙。「もったいないさかいで残りのがんぴまたいしとかれ（もったいないので残りの模造紙しまっておきなさい）」【補注】学校などで通常使われることばであり、共通語と意識されている。

2きときと　新鮮。元気あふれる。精力的。「きときとの魚だねー（新鮮な魚だねえ）」「太郎ちゃんきっときとの顔しとるぜ（太郎ちゃん元気いっぱいの顔をしてるよ）」

3きのどくな　申し訳ない。すみません。ありがとう。「奥さんのとこいつもでかいとこーてもろてきのどくなねー（奥さんのお宅ではいつもたくさん買っていただいてすみませんねえ)」

4~け　~か。疑問や念押しの終助詞。「何時に着くがけ（何時に着くのか）」「ノート持ってきたけ（ノート持ってきたか）」

5だやい　だるい。疲れた。「きんの東京へ日帰りしたらだやてだやてあかんわい（昨日東京へ行って日帰りしたらだるくてだるくてしょうがない）」【補注】共通語だと意識している人も多い。

6だら　ばか。「このだらめ（このばかめ）」「だらなこと言うな（ばかなこと言うな）」「だらのありまし言うた（ばかをたくさん言った）」【補注】共通語だと意識している人も多い。

7~ちゃ　~よ。~だよ。判断を表す終助詞。「私が行くちゃ（私が行くよ）」「どうにもならんちゃ（どうにもならないよ）」「あんたにあげっちゃ（あなたにあげるよ）」

8なーん　いいや。否定の応答詞。「A:雨降っとらん? B:なーん（A:雨降っていない? B:いいや）」「A:元気ないね。B:なーん（A:元気ないね。B:別に）」

9はがやしー　くやしい。「一点差で負けたちゃ、はがやしーのー（一点差で負けたんだよ、くやしいねえ）」【補注】共通語だと意識している人もいる。

10~まいけ　~ましょうよ。~う。~よう。勧誘表現。「すんさま食べんまいけ（すぐ食べようよ）」「やわやわ行かんまいけ（ぼちぼち行こうよ）」「いいかんで始めんまいけ（いい加減で始めようよ）」

石川県

加賀と能登の両方でセ・ゼの音がシェ・ジェとなる。アクセントは準京阪式だが、能登半島は一部に東京式や曖昧アクセントや無型アクセントも分布し複雑。イントネーションでは、北陸方言に共通してみられる「ゆすり音調」が見られる。金沢には接客用に敬語・挨拶表現が発達した「金沢ことば」がある。

1いじっかしー　うっとうしい。うるさい。「こんないじっかしーこたーいやや（こんなうっとうしいことはいやだ）」「あいついじっかしかってん（あいつうるさいんだよ）」【補注】元の形は「いじくらしー」。「いじっかしー」は若年層がよく使う。

2うまそな　よく太っていて元気そうな。加賀「うまそな子やのー（よく太っていて元気そうな子だねえ）」「うまそい子はおっぱいの吸い方もたくましい（大きくて元気な赤ちゃんはおっぱいの吸い方もたくましい）」【補注】「うまそい、まーそい、んまそい」とも。

3かたがる　傾く。「そのがく少しかたがっとるね（その額少し傾いているね）」「がしっと留めとかんとかたがるぞ（しっかり留めておかないと傾くぞ）」【補注】共通語だと意識している人も多い。

4～げん　～のだ。～なのだ。「あんた結婚するげんてー（あなた結婚するんだって）」「この方がいーげんよ（この方がいいんだよ）」「片づけせんげんよ（片づけしないんだよ）」【補注】「～がや」→「～げー」→「～げん」と変化した。若年層が多用する。

5けんけん　先がとがった状態。「いんぴつをほんなにけんけんにしるとすぐ折れっろ（鉛筆をそんなにとがらせるとすぐ折れるよ）」「けんけんの鉛筆ある？（削れてとがっている鉛筆ある？）」【補注】「ぴんぴん」とも言う。

6～じー　～ねえ。～よ。「かっこいいじー、すごいじー、いいじー（格好いいねえ、すごいねえ、いいねえ）」「ねじねーじー（ねじないよ）」【補注】「～ぜ」が音変化したもの。

7～だいめ　（曲の）～番。「いちだいめを歌い、続けてにだいめも歌った（一番を歌い、続けて二番も歌った）」

8～まっし　～なさい。優しい命令表現。「しましまにしまっしま（縞々模様にしなさいよ）」「シートベルトしめまっし（シートベルトを締めましょう）」【補注】尊敬の助動詞「まさる」の命令形。

9～みす　～ます。丁寧を表す。「少し残っておりみす（少し残っております）」「みんな見とりみす（みんな見ております）」【補注】現在では「～おりみす」や「～とりみす」の形で使われることが多い。

10～め　生き物を表す接尾辞。白峰村「いりめ（犬）」「にょこめ（猫）」「へんめ（蛇）」「かーめ（蚊）」「はっとめ（鳩）」【補注】茨城、栃木、八丈島、福井と共通する現象。

福井県

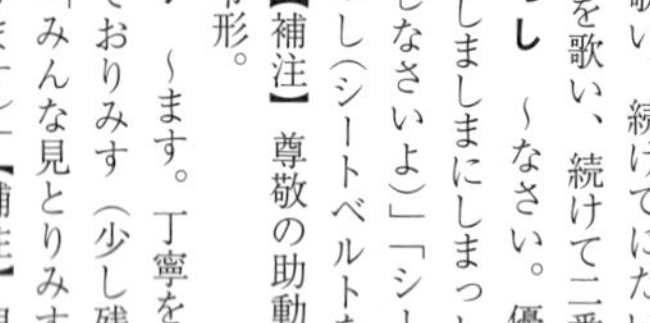

高年層においては、セ・ゼの音がシェ・ジェとなる。嶺北はアクセント分布が

非常に複雑で、無型、曖昧、二型、準京阪式、東京式のアクセントが存在する。嶺南は京阪式アクセント。嶺北を中心に、北陸方言に共通してみられる「ゆすり音調」がある。語法面では嶺北・嶺南両方言で近畿方言に共通する特色が多い。語彙面では嶺北と嶺南で差異が大きい。

1えん　いない。「A:おとーさんいなるけのー。B:えんのやって（A:ご主人いらっしゃるかい。B:いないんですよ）」「留守で誰もえん（誰もいない）」

2おちょきん　正座。「行儀悪い、おちょきんしね（行儀悪い、正座しなさい）」「おちょきんせんとあかんざ（正座しないといけないよ）」【補注】方言だと意識されにくい、気づかれにくい方言。

3〜さ　〜う。〜よう。勧誘表現。「もーおいとこさ（もうやめておこう）」「はよ行こさ（早く行こう）」「一緒に入ろさ（一緒に入ろう）」【補注】最近では「〜っさ」「〜っせ」となっている。

4〜ざ　〜よ。〜ぞ。「郵便もっつぁんきなはったでやがてひるまやざ（郵便配達の人が来なさったからやがて正午だよ）」「ほんなことねーざ（そんなことないよ）」「うらよんべ映画に行ったんやざ（私、昨夜、映画に行ったんですよ）」

5じゃみじゃみ　テレビ画面の砂嵐状態の形容。嶺北「テレビがじゃみじゃみなってた（テレビ画面が砂嵐状態になっていた）」

6つるつるいっぱい　液体が容器のふちいっぱいに入っているさま。嶺北「茶碗にお茶をつるつるいっぱいに入れる（茶碗にお茶をふちいっぱいに入れる）」「お風呂の水がつるつるいっぱいになっているざ（お風呂の水がふちいっぱいになってるよ）」

7〜つんた　〜てしまった。「あわててまちがっつんた（慌てて間違えてしまった）」「約束を忘れつんた（約束を忘れてしまった）」「あの本読んづんた（あの本読んでしまった）」【補注】「〜てしもた」→「〜てんた」「〜とぅんた」→「〜つんた」と変化したもの。

8〜ねま　〜なさい。優しい命令表現。嶺北「はよしねま（早くしなさい）」「行きねま（お行きなさい）」「やりねま（おやりなさい）」【補注】「〜ねー」も同じく優しい命令表現。「書きねー（書きなさい）」

9ほや　そう。「ほや（そう）」「ほやほや（そうそう）」「ほやほやほや（そうそうそう）」

10〜め　生き物を表す接尾辞。嶺北「いぬめ（犬）」「ねこめ（猫）」「のんめ（蚤）」「はいめ（蝿）」【補注】茨城、栃木、八丈島、石川と共通する現象。

山梨県

音声面では無声化が少なく、ガ行鼻濁音がある。連母音の融合も頻繁。東部では「しない」がシニャーのように拗長音になり、「にゃーにゃー言葉」と称される。アクセントは東京式。言語島の奈良田では四つ仮名弁が用いられ、アクセントは周囲と全く異なる。県外者にわかりにくい方言語法は、武田信玄が敵を欺くために作った隠し言葉だとする方言伝説が聞かれ、これは「信玄公の逆さ言葉」とも称される。

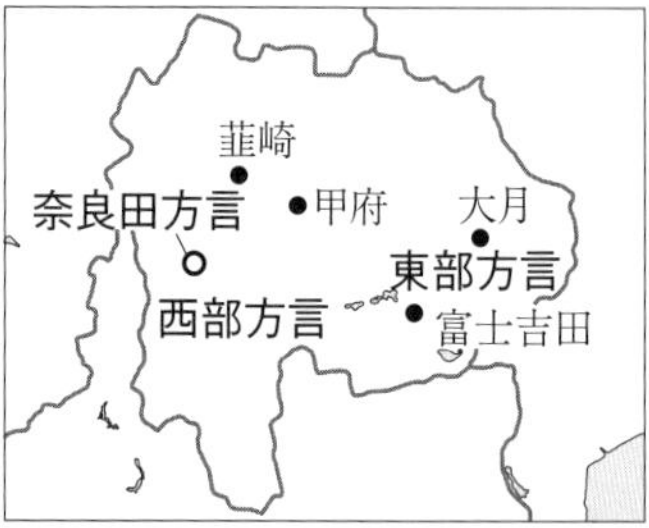

1えらい　大変だ。「荷物が多くてえらいら、私が持つじゃん（荷物が多くて大変でしょう、私が持つよ）」【補注】方言と意識されていない、気づかれにくい方言にあたる。

2おまん　お前。親しい者同士で使う二人称。「A:おまんとおれはまそっくりだって。B:えっ、じぶんとおれが？（A:お前とおれはそっくりだって。B:えっ、お前とおれが？）」【補注】自分より立場が上の人には使わない。

3かじる　爪や、棒状のかたいものでひっかく。「ほっぺの傷は、太郎が自分でかじってついただ（頬の傷は、太郎が自分でひっかいてついたんだ）」【補注】「歯でかじりとる」の意味では使われない。方言だと意識していない人が多い。

4こーじ　学校の授業時間の何「時間」にあたる。「にこーじとさんこーじの間の休み時間がじゅっぷんだよ（二時間目と三時間目の間の休みが十分だよ）」【補注】漢字表記は「校時」となる。

5〜し　〜よ。命令形の後に付いて、言い方を強めたりやわらげたりする。「たいへん食べろし（たくさん食べなさいよ）」「ごみをこけーぶちゃっちょし（ごみをここに捨てるなよ）」「そんねに泣いちょし（そんなに泣かないの）」

6じゃっしー　ジャージ。体育着。「あのしはどこに行くにもじゃっしーだ（あの人はどこに行くにもジャージだ）」「じゃっしーは今日持ち帰って洗濯すること（体育着は今日持ち帰って洗濯すること）」

7〜じゃん　①〜じゃないか。断定・確認表現。「じぶんほー言ったじゃん（あなたそう言ったじゃないか）」②〜う。〜よう。意志・勧誘表現。「おれが行くじゃん（おれが行くよ）」「一緒に飲むじゃん（一緒に飲もう）」

8〜ずら　〜のだろう。〜なのだろう。推量を表す。「ぼこの名をつけたはお父さんずら？（子供の名前をつけたのはお父さんでしょう?)」「どーいであんねなこん言うずらねー（どうしてあんなことを言うんだろうねえ)」【補注】「〜ずら」は「〜のだろう」、「〜ら」は「〜だろう」にあたる。

9 〜ちょ　〜な。禁止の表現。「ほんなこんしてちょ（そんなことをしているな)」「廊下をとんぢょ（廊下を走るな)」「風邪引いちょしね（風邪ひかないでね)」

10 ばらせん　鉄条網。「ばらせんに引っかけてじゃっしーを破いた（鉄条網に引っかけてジャージを破いた)」

長野県

アクセントは全県で東京式。合拗音クヮ・グヮや連声があるのは奥信濃と北信で、その他の地域では連母音融合が多く見られる。奥信濃は新潟方言の、南信は西日本方言の特徴に通じる要素が多い。東信と中信では推量表現にズラ、ラ、ツラを用いる。

1 いただきました　ごちそうさまでした。食後のあいさつ。「いただきました（ごちそうさまでした)」【補注】食前のあいさつの「いただきます」を完了形にした言い方。

2 かう　掛ける。「鍵をかう（鍵を掛ける)」「ボタンをかう（ボタンを掛ける)」「ボタンをかいなさい（ボタンを掛けなさい)」

3 〜かや　〜かな。疑問や自問を表す。「明日出かけていいかや?（明日出かけていいかな?)」「雨降るだだかやー（雨降るのかなあ)」

4 じっと　絶えず。しょっちゅう。「おじさんはじっと文句ばかり言っている（おじさんはしょっちゅう文句ばかり言っている)」

5 〜しない　①〜ましょう。〜ませんか。勧誘表現。「一緒に行くしない（一緒に行きませんか)」②〜でしょう。確認表現。「この服かっこいーしない（この服かっこいいよね)」

6 ずく　ものごとをやりとげる意欲や行動力。「この寒いのによくかせぐなー、おめーはずくがあること（この寒いのによく働くなあ、お前は気力があること)」

7 つもい　（服などが）きつい。（戸などの）動きが悪い。「靴がつもくなった（靴がきつくなった)」「障子がつもい（障子の滑りが悪い)」「このおなかのところがつもくなった（この服おなかのところがきつくなった)」

8 とぶ　走る。「とべとべ（走れ走れ)」

「ちょっとそこまでとんできて（ちょっとそこまで走って行って来て）」「とびっくらしよー（かけっこしよう）」

9へら　舌。「へら噛んじゃって血が出た（舌噛んでしまって血が出た）」「へらを出すくせがある（舌を出すくせがある）」

10まえで　（位置・場所としての）前。「まえでの机を動かして（前の机を動かして）」「ちゃんとまえで見な（ちゃんと前を見なさい）」【補注】　時間としての「前」の意味では使わない。

岐阜県

西美濃の西縁ではメー（目）のように一音節語が長音で発音されるのが関西方言的。濃尾平野部ではデァーク（大工）のようなエァーという発音がある。アクセントは、西美濃の西縁では京阪式のところがあるが、東に移るほど東京式に近くなる。東美濃では一段動詞のラ行五段化が多い。勧誘表現には〜マイカを用い「行かないか」が飛騨ではイカマイカ、美濃ではイコマイカとなる。

1〜あつら　（時間を表すことばについて）〜あたり。「きんのー送ったで、今日あつら届くやろ（昨日送ったから、今日あたり届くだろう）」【補注】　場所としての「〜あたり」は示さず、時間表現にのみ使われる。

2かど　漢字ドリル。「かどやった？（漢字ドリルやった？）」【補注】「かんど」というところもある。「計算ドリル」のことは「けど」「けーど」という。

3こわす　お金をくずす。「おつりがあらへんわ、ちょっとこわいて来るで（おつりがないな、ちょっとくずしてくるから）」

4じん　人。「あのじんは暇も金もどえれーある（あの人は暇も金もたくさんある）」「あんた岐阜のじんやろ（あなた岐阜のひとでしょう）」

5〜っせる　〜なさる。「隣のばばさ、毎日毎日お墓によー参らっせるなー（隣のおばあさん、毎日毎日お墓によくお参りなさるなあ）」

6つる　持ち上げて運ぶ。「この机動かすから一緒につって（この机動かすから一緒に持ち上げて）」「はよつってまおっけ（早く運んでしまおうよ）」

7〜てまう　〜てしまう。「自分のを全部食べてまってから次のを食べやー（自分のを全部食べてしまってから次のを食べなさい）」

8ぺーし　ページ。「はい、今日は二十九ページしから（はい、今日は二十九ページから）」

9～へん　～ない。否定表現。「きんのーは宿題やらへんかった（昨日は宿題をしなかった）」「ちっとも勉強しーへん（ちっとも勉強しない）」【補注】「～せん」も使われる。

10みえる　いらっしゃる。「山田さんはみえますか（山田さんはいらっしゃいますか）」「明日はみえますか（明日はおいでになりますか）」【補注】敬語表現として公式の場でも使われるため、多くの人が共通語だと意識している。

静岡県

県内全域で連母音の融合が見られ、ナツァー（夏は）、デァーコン（大根）のようになる。アクセントは無型アクセント地域を除き、東京式。無型アクセントは大井川上流地域、藁科川上流地域で見られ、このことばは「ギラ」と呼ばれる。語法では、県東部では東日本的特色が、県西部では西日本的特色が増す。

1おかえり　おつり。「はい、十円のおかえりです（はい、十円のおかえしです（おつりです））」【補注】方言と意識されていない言い方。

2おぞい　粗悪な。粗末な。悪い。「そんなおぞい車でどこまで行くだ？（そんな粗末な車でどこまで行くんだ？）」「おぞい人だ（悪い人だ）」

3～け　～た。過去を表す。「今朝寒いっけねー（今朝は寒かったねえ）」「ぐずぐずしていて遅れそうだっけよ（ぐずぐずしていて遅れそうだったよ）」

4～しょ　～でしょう。「そうっしょ（そうでしょ）」「そこにあるしょ（そこにあるでしょう）」

5たこる　サボる。なまける。東部「なにたこってんだ（なにサボっているんだ）」「授業をたこりたいね（授業をサボりたいね）」「今日はたこりだ（今日はサボりだ）」

6～だら　～のだろう。～だろう。「先生、明日はいるだら（先生、明日はいるのでしょう）」「どーせ明日は雨だら（どうせ明日は雨だろう）」【補注】若年層では名詞に直接「ら」を付けて、「雨だら」を「雨ら」のように言う言い方もある。

7みずらい　みっともない。見苦しい。東部、中部「こんこぞー、はなたらしてみずらい（この小僧、鼻たらしてみっともない）」「みずらいかっこーをしてる（見苦しい格好をしている）」

8みるい　熟していない。若い。柔らかい。「茶の芽がみるいんで茶摘みにゃまだ早い（茶の芽が熟していないので茶摘みにはまだ早い）」「あのしたーみるいなー（あの人は未熟だなあ）」

9やぶせったい　うっとうしい。わずらわしい。東部、中部「枝ん伸びてやぶせったいで切っちまおー（枝が伸びてうっとうしいので切ってしまおう）」「雨続きでやぶせったいなー（雨続きでうっとうしいなあ）」

10～んて　～ので。～から。原因・理由表現。「俺も行くんて待ってろやー（俺も行くから待ってろよ）」「そいつぁー俺んしるんてえーよ（それは俺がするからいいよ）」

愛知県

尾張方言はかつての尾張藩域に、三河方言は岡崎藩域に重なる。尾張方言は西日本方言色が濃く、三河方言は静岡方言に近い。尾張方言の連母音の融合現象は「みゃーみゃー言葉」と称されて有名。アクセントは東京式だが、尾張と三河方言で個別に違う語がある。語法では本州東部方言・本州西部方言の特徴双方が見られる。

1おぼわる　覚えられる。「そんなもんまんだおぼわらんのか、たーけ（そんなものがまだ覚えられないのか、ばかもの）」【補注】方言だと意識されていない、気づかれにくい方言。

2かす　（米を）研ぐ。「あしたはみんな家にいるから米を一升かしておく（明日はみんな家にいるから米を一升研いでおく）」「米をかしたらいかけにあげておく（米を研いだらざるにあげておく）」【補注】方言と気づかずに使われている。

3けった　自転車。「けったで学校へ行ってる（自転車で学校へ行ってる）」「けったつー（自転車通学）」【補注】高年層は「じでんしゃ」と言う。

4～じゃん　①～じゃないか。「今日暑いじゃん（今日暑いじゃないか）」②～なんです。「私コーヒー好きじゃん（私コーヒー好きなんです）」

5ずる　持ち上げて運ぶ。西三河「おーい、このたんすを動かすでずってくれ（おーい、このたんすを動かすので運んでくれ)」【補注】尾張では「つる」を使う。

6～てみえる　～ていらっしゃる。尊敬表現。「本を読んでみえる（本を読んでいらっしゃる）」「手紙を書いてみえる（手紙を書いていらっしゃる）」【補注】敬語表現として公式の場でも使われるため、多くの人が共通語だと意識している。

7でら　非常に。たいへん。「いまなら笑えるでらむか体験（今なら笑えるすごく腹立った体験）」「でらえれーて（すごく疲れた）」【補注】若年層が使い、「どら」と言うこともある。高年層は「どえれぁー」を使う。

8びーし　模造紙。「びーしに絵を描く（模造紙に絵を描く）」「びーしは五十円です（模造紙は五十円です）」【補注】語源は「B判」の「B紙」。学校で使われているので方言だと気づいている人は少ない。

9ほーか　学校の授業の休み時間。「十分ほーかにみんなでやろー（十分休みにみんなでやろう）」「先生、もーほーかに入っとるがー（先生、もう休み時間に入ってますよ）」【補注】漢字では「放課」と書く。

10やっとかめ　久しぶり。「やっとかめだなも、どーしとりゃーた（お久しぶりです、どうされていました）」「やっとかめに犬山に行った（久しぶりに犬山に行った）」

三重県

方言区画は旧国境とほぼ重なり、伊勢（北・中伊勢）、伊賀、志摩（南伊勢が入る）、紀伊（北牟婁、南牟婁）となる。伊賀方言は京阪方言に近く、北牟婁・南牟婁方言は和歌山の方言に似通う。アクセントは県内の大半が京阪式。南牟婁方言は牟婁式アクセント、愛知県に接する地域では東京式。

1かんぴんたん　干からびた状態。干からびたもの。「あ、蛙のかんぴんたんや（あ、蛙の干からびたのだ）」「鰯のかんぴんたん（鰯の干物）」

2こそ　～しか。北・中伊勢、南伊勢「酒はたまにこそ飲まへん（酒はたまにしか飲まない）」「これこそないがほかはある（これしかないが他はある）」

3さないた　すのこ。「下駄箱の掃除の時はさないたを動かす（下駄箱の掃除の時はすのこを動かす）」

4～てみえる　北・中伊勢、伊賀～ておられる。～ていらっしゃる。「先生来てみえたわ（先生がいらっしゃったよ）」「ごいんさんがゆーてみえたがー（住職さんがおっしゃってたじゃないの）」

5とごる　沈殿する。濁っている。「このジュースとごっとるで（このジュース濁ってるよ）」「このコーヒー、砂糖がとごっとる（このコーヒー、砂糖が沈んでる）」

6なー　～ね。～ねえ。「えーこっちゃなー（よいことだねえ）」「よろしあしたなー（よろしゅうございましたねえ）」【補注】よく使われ、「伊勢のナ言葉」と呼ばれている。

7なっと　なんと。どう。北・中伊勢、志摩・南伊勢「なっとしょー（どうしよう）」「なっとな（なんだって）」「おばさんなっとしたな（おばさんどうしたの）」「まーなっともならんのー（もうどうしようもないね）」【補注】方言と意識されていない、気づかれにくい方言。

8～に　①～よ。「あかんのやに（いけないんだよ）」「もうすぐ晴れるに（もうすぐ晴れるよ）」②～ようよ。勧誘表現。「今度温泉行こにー（今度温泉行こうよ）」「そろそろ学校へ行こに（そろそろ学校へ行こうよ）」

9ほる　捨てる。「ごみほってくれやん（ごみ捨ててくれない）」「今日のごみほり当番はぼくや（今日のごみ捨て当番はぼくだ）」

10～やん　①～ない。「こんな道歩けやん（こんな道歩けない）」②～ではないか。「こんな道歩けやんやん（こんな道歩けないよ）」

滋賀県

県内全域で、共通語で一音節の語が長音化して二拍になる（「木」がキー）。アクセントは、湖東・湖南・湖西が京阪式で、湖北は垂井式やその他の形式が複雑に分布する。待遇表現に使う助動詞は種類が多く、普段は敬語を使わない相手でもその人物を第三者として話題にのぼらせる場合は敬語を使うという第三者敬語用法がある。

1いぬ　帰る。「学校から家へいぬ（学校から家へ帰る）」「もういのか（もう帰ろうか）」「もういんどくれ（もう帰ってくれ）」「もうこんな時間や、いぬわ（もうこんな時間だ、帰るよ）」

2うみ　琵琶湖。「うみは大荒れや（琵琶湖は大荒れだ）」「今日はえー天気やからうみ見に行こほん（今日いい天気だから琵琶湖見に行こう）」

3かなん　いやだ。「そんな仕事かなん（そんな仕事いやだ）」「こんな格好で町を歩くのかなんもん（こんな格好で町を歩くのいやだもの）」【補注】「かなわん」とも言う。

4げべ　最下位。「今度の試験げべや（今度の試験、最下位だ）」「ぼくの組げべや（ぼくの組、最下位だ）」

5さみしない　寂しい。湖北、湖東「お母さんがいんでさみしないわー（お母さんがいなくて寂しいなあ）」「友達と別れてしまってさみしないこっちゃ（友達と別れてしまって寂しいことだ）」【補注】「さみしない」の「ない」は強調を意味するもので、否定ではない。「寂しくない」は「さみしくない」「さみしーない」となる。

6だんない　かまわない。差し支えない。「（お礼を言われて）だんないだんない（どういたしまして）」「もう帰ってもだんないで（もう帰ってもかまわないよ）」【補注】語源は「大事ない」。

7ほっこり　うんざり。湖北「今日の会議はほっこりしたわ（今日の会議はうんざりしたよ）」「一日中年賀状書きでほっこりやわ（一日中年賀状書きでうんざりだよ）」

8〜ほん　〜よ。〜ね。湖北「そやほん、すぐ出せた、ほんまやほん（だからね、すぐ出せた、本当だよ）」「うちがはろーたろほん（私が払ってやるよ）」

9もんでくる　帰ってくる。「はよもんできーやっ（早くかえってくるんだよっ）」「もうもんでくるから（もう帰ってくるから）」【補注】「戻ってくる」の変化形。

10〜やんす　〜られる。敬意や親愛を表す表現。湖北「祭り見物に多くの方がきやんす（祭り見物に多くの方が来られる）」「のりちゃんきやんした（のりちゃんが来られた）」【補注】滋賀県内にはほかに「〜ある」「〜やる」「〜やす」「〜なはる」など多くの尊敬助動詞がある。

京都府

音声面ではウがやや円唇で、無声化は目立たない。一音節語の母音は長音化し「目」はメーとなる。アクセントは奥丹波・口丹波・山城は京阪式、丹後は東京式。山城方言は「京ことば」として名高い。府都京都市には「御所ことば」と称される古い表現が残る。

1あまえた　甘えん坊。甘ったれ。「あの子はなんぼになってもあまえたやなー（あの子はいくつになっても甘えん坊だなあ）」

2うち　私。「うちかってそー思うで（私だってそう思うよ）」「今晩うっとこへおいでーなー（今晩私の家においでよ)」【補注】女性が使う。

3〜え　〜よ。「そんなことしたらあかんえ(そんなことしたらいけないよ)」「ご飯できてるえ（ご飯できてるよ)」【補注】主に女性が使う。

4〜し　〜から。〜ので。「あほなことばっかりゆーてるし、こんなことになったのや（ばかなことばかり言ってるから、こんなことになったんだ)」

5〜はる　軽い尊敬や、親愛を表す。「この子よー泣かはりまっしゃろ（この子はよく泣きますでしょう)」「よー降らはりますなー（よく降りますねえ)」【補注】京都の「〜はる」は自分の子供、動物、天気など、普通は敬語を使わないものにもつけて、親愛の気持ちを表す。

6ほっこりする　ほっとする。「試験が終わったし、ほっこりしたわ（試験が終わったので、ほっとしたよ)」「家に帰ってほっこりしたえ（家に帰ってほっとしたよ)」

7まったり　①やわらかくおだやかでこくがある味。「まったりとしたえーお味の玉露どすやろ（やわらかでこくのあるいい味の玉露でしょう)」②重厚な。「あのお方はまったりしといやす（あのお方は重厚で落ち着いていらっしゃいます)」③のんびりした雰囲気。「一日中まったりしていた(一日中のんびりしていた)」【補注】③は新しく若者が使い出した用法。

8みー　タイム。遊びを中断するときの掛け声。「みー（と言いながらVサインを出す)」(タイム)」【補注】「みっき」ということばが変化したもの。

9〜よし　〜なさい。「はよ行きよし(早く行きなさい)」「起きよし（起きなさい)」「歌わんときよし（歌わないでおきなさい)」【補注】「〜おし」が変化した形。

10わらける　笑いこける。「あんまりわらかさんといてや、わらけて何もできひん（あまり笑わさないでくれよ、笑いこけて何もできない)」「あほなことして、ほんまにわらけてくるやんか（ばかなことして、本当に笑いこけてしまうではないか)」

日本語力

大阪府

西部方言の中心をなす大阪方言は、隣接地域方言への影響力が大きい。ウはやや円唇になり、母音の無声化は目立たない。サ行音とハ行音の交替が見られ、ヒッコイ（しつこい）・オバハン（おばさん）のようになる。全域で京阪式アクセント。命令表現には男女差があ

り、「しろ」は男性はセー、女性はシーとなる。

1あかんたれ　だめな奴。弱虫。「そんなあかんたれとは知らなんだ（そんなだめな奴とは知らなかった）」

2いちびる　調子にのって騒ぐ。ふざける。「そんなにいちびりないな、けがするぞ（そんなにふざけるな、けがするぞ）」【補注】「いちびり」は調子に乗ってふざける人。「この子はいちびりで落ち着きがおまへんのや」

3いらう　①触る。触れる。「汚い手でいらわんといてや（汚い手で触らないでよ）」②からかう。「お前らいらわれてんで（お前たちからかわれているぞ）」

4えげつない　ひどい。毒々しい。「あんさんえげつないこと言うやないか（あなたひどいこと言うじゃないか）」「あいつえげつない奴や（あいつはひどい奴だ）」

5ごんた　①いたずらっ子。腕白。「ごんたくれ」とも。「遊んでばっかりいて、ほんまにごんたくれやわ（遊んでばっかりいて、本当に腕白だよ）」②無理難題。「ごんたく」とも。「ごんた言うので困りまんねん（無理難題言うので困るんですよ）」

6ごんぼ　ごぼう。「このごんぼ食べてみてみ、おいしいで（このごぼう食べてみなよ、おいしいよ）」

7すかたん　①あてはずれ。「あんじょうすかたんやった（みごとにあてはずれだった）」②まぬけ。「このすかたんめ（このまぬけめ）」③まちがい。「すかたん聞かんとちゃんと聞いとかんか（まちがって聞かないでしっかり聞いておきなさい）」

8ちゃう　違う。「A:チャウチャウちゃうんちゃう? B:ちゃうちゃうチャウチャウやて（A:チャウチャウ犬ではないんじゃない? B:違う違うチャウチャウ犬だよ）」

9〜ねん　〜んだ。〜んだよ。「梅田へ行きまんねん（梅田へ行くのですよ）」「これ、うちの孫でんねん（これ、うちの孫ですよ）」

10〜へん　〜ない。「かめへんかめへんほっとき（かまわないかまわない、放っておきなさい）」「なかなか勝てへん（なかなか勝てない）」

兵庫県

但馬方言は中国方言に、摂丹播淡方言は近畿方言に属する。一音節名詞の長音化（「日」がヒーなど）は若年層では衰退傾向にある。アクセントは但馬方

言は東京式、播磨南部と摂津は京阪式、播磨北部・西部と丹波北部は垂井式。アスペクト形式には～ヨーや～トーが用いられる。

1さんこ　散らかすこと。だらしないこと。「よーこんなさんこなとこで寝起きしたもんじゃ（よくこんな散らかったところで寝起きしたものだ）」「さんこな人や（だらしない人だ）」

2せんどぶり　久しぶり。「やー、せんどぶりやなー、元気しとったー？（やあ、久しぶりだね、元気だった？）」

3～とー　～ている。「この話知っとーか（この話知っているか）」「聞いとー（聞いている）」「持っとーで（持っているよ）」

4～のれ　～う、～よう。勧誘表現。「降りんかのれ（降りようじゃないか）」

【補注】「のー　われ」の短縮形。

5ばり　とても。非常に。「ばり暑いけど元気しとったか？（すごく暑いけど元気だったか？）」

6はりこむ　おごる。「クリームはりこむで（アイスクリームをおごるよ）」「今日はわしがはりこんだろ（今日は私がおごってやろう）」

7ぴりぴり　降り始めの少ない雨を表す表現。神戸・姫路以外の全域「ぴりぴりしてったなー、いそごか（ちょっと雨が降ってきたね、急ごうか）」

8べっちょない　大丈夫だ。「このままで提出してもべっちょない（このままで提出しても大丈夫だ）」「A:痛っ。B:べっちょないか（A:痛い。B:大丈夫か）」

9～へんだ　～なかった。丹波「昨日行かへんだ（昨日行かなかった）」

10ほたえる　ふざける。騒ぐ。「そないほたえんとまじめにやれ（そんなにふざけないでまじめにやれ）」「ほたえとらんとはよ寝れーや（騒いでないで早く寝ろよ）」

日本語力

奈良県

北部方言はことばや文化の面でも京阪地方と共通の要素が多く、「大和ことばに讃打つな（奈良のことばにけちをつけるな）」という諺もある。南部方言は、京阪式アクセント地域の中で東京式アクセントが行われる特異な区画から、言語島の例として名高い。

1おとろしー　面倒くさい。「そんなおとろしーことしとーないわ（そんな面倒くさいことしたくないよ）」

2きっしょ　きっかけ。「病気をきっしょにたばこをやめた（病気をきっかけにたばこをやめた)」

3こすい　ずるい。「おまえはなんでそねんこすいねん(おまえはどうしてそんなにずるいんだ)」

4ずつない　疲れている。「ゆーべ夜ふかししたよって、ちょっとずつないねん(昨夜夜更かししたので、少し疲れているんだ)」

5てれこ　反対。逆さ。「おまはんの服そら右と左がてれこやがな(あなたの服、右と左が逆じゃないか)」

6のーら　～ね。南部「あののーら(あのねえ)」

7まとー　弁償する。「おまえ壊してんさかいちゃんとまとてや(おまえが壊したのだからきちんと弁償してよ)」

8まわり　準備。「もう行くさかいはよまわりしーや(もう行くから早く準備しなさいよ)」

9～みー　～ね。間投助詞。「あのみー、これをみー、みー(あのね、これをね、見ろ)」

10もむない　まずい。「このうどんもむないなー(このうどんまずいなあ)」【補注】「もみない」とも言う。

和歌山県

全域で一音節語や二音節語の語尾を長音化させ、ハー(葉)、ハルー(春)のようになる。県内は京阪式アクセントだが、紀中では田辺市を中心に、京阪式の中でも古い、田辺式アクセントが行われる。紀中には文法面でも二段活用動詞があるなど、古相の言語事象が見受けられる。

1あが　自分。私。「あがのことはあがでせー(自分のことは自分でしろ)」「あがのこと言われたーら(私のことを言われているよ)」

2ある　(人や生き物が)いる。「A:おやじさんあるかい。B:さっきまで店先にあったのやが、ないな(A:おやじさんいるかい。B:さっきまで店先にいたのだが、いないな)」【補注】共通語での「いる・いない」が「ある・ない」になる。

3きょうわ　今日。「きょーわはえー天気や(今日はいい天気だ)」「昨日は雨やったけどきょーわは晴れちゃーら(昨日は雨だったけど今日は晴れているね)」

4～しかえー　～の方がよい。紀北「それよりこれしかえーよ(それよりこれの方がいいよ)」「酒しかえー(酒の方がよい)」「こっちしかよい(こっちの方がよい)」

5つく （自転車、手押し車など車輪のついたものを）押す、押して歩く。「じてこをつく（自転車を押して歩く）」「この坂えらいさけ、ついていか（この坂はしんどいので、押していくよ）」「自転車つきもていか（自転車を押しながら行きます）」

6てき あの人。あいつ。「てき今何やっちゃーら（あいつ今何してるの）」「てきらあのチームに勝ったんやとー（あいつらあのチームに勝ったんだってー）」「てきがよー知ったーるわ（あいつがよく知っているよ）」

7〜のし 〜ね。紀北、紀南「私のし、今日はのし、留守番でのし（私はね、今日はね、留守番でね）」「けっこーやのし（結構ですねえ）」

8みずせった ビーチサンダル。「明日、水せったを持ってくること（明日、ビーチサンダルを持ってくること）」

【補注】 共通語だと思っている人も多い。

9〜やん ①〜ない。「ここせもうて座れやん（ここは狭くて座れない）」②〜ではないか。「ここせもうて座れやんやん（ここは狭くて座れないじゃないか）」

10〜ら 〜う、〜よう。相手を誘う表現。「仕事ばっかりせんとたまには遊びに行こらよ（仕事ばかりしないでたまには遊びに行こうよ）」「ここに書こら（ここに書こうよ）」

鳥取県

西伯耆方言は島根の出雲方言とともに雲伯方言に属しており鳥取県の中では異色の存在で、東北方言と同じく「ズーズー弁」が使われ、アクセントも準東京式である。東伯耆と因幡は東京式アクセント。県全域でセ・ゼが、シェ・ジェになる。可能表現では、状況可能は〜レル・〜ラレル、能力可能はヨー〜スルを使う。

1〜が 〜よね？確認表現。「確か今日テストだったが（確か今日テストだったよね）」「当番って今週は私だったが（当番って今週は私だったよね）」

2がいに たくさん。「こがにがいに貰ってえーだかえ（こんなにたくさん貰っていいんですか）」「あのもんはがいにもーけたげな（あの人はたくさん儲けたそうだ）」

3〜から 〜で。場所を表す。「二階から寝ていた叔父が寝とぼけて二階から落ちた（二階で寝ていた叔父が寝ぼけて二階から落ちた）」

4きょーてー　怖い。恐ろしい。「あがな映画きょーてーけよー見ん（あんな映画はこわいからとても見ることができない）」「あーきょーと（ああこわい）」

5〜だけ　〜だから。「だけ、やめときなれって言っただがな（だから、やめておきなさいって言ったんだよ）」

6〜だで　〜だよ。「あそこの川はいっぱい魚が釣れるだで（あそこの川はいっぱい魚が釣れるんだよ）」「あのゲームは今日発売だで（あのゲームは今日発売だよ）」

7だんだん　ありがとう。「だんだん、だんだん。ありがとうございました（本当にありがとうございました。ありがとうございました）」

8〜に　〜なんだ。〜なの。「ごめん、今日今日は用事があるに（ごめん、今日は用事があるんだ）」「あれと同じの買ったに（あれと同じの買ったんだよ）」

9〜もって　〜しながら。「ご飯食べもってテレビを見る（ご飯食べながらテレビを見る）」「寝もって本を読むとめーわるすって（寝ながら本を読むと目を悪くするよ）」

10よーに　たいへん。とても。非常に。「よーに疲れたわいや（とても疲れたよ）」「なんだーよーに落ち込んどんさったで（なんだかたいへん落ち込んでおられましたよ）」

島根県

石見方言は中国方言、出雲方言と隠岐方言は雲伯方言に属し、違いが大きい。出雲・隠岐では東北方言と同じ「ズーズー弁」で、開合音や合拗音がある。ラ行子音［r］が脱落しアーマシタ（ありました）のようになる。アクセントは石見は東京式、出雲は準東京式。隠岐のアクセントは特殊で複雑である。

1〜せんこーおる　〜しないでおく。石見「今日は具合が悪そーだけー無理せんこーおりんさい（今日は具合が悪そうだから無理しないでいなさい）」

2そげ　そう。出雲、隠岐「そげすーがえ（そうするのがよい）」「A:これだがー？　B:そげそげ（A:これだよね？B:そうそう）」

3だんだん　ありがとう。「だんだん、ほなよばれます（ありがとう、ではいただきます）」「べったべった、だんだん（いつもいつも、ありがとう）」

4なんぎこんぎ　苦労。困難。苦心惨憺。出雲「なんぎこんぎして子供を大学へ行かせた（苦労して子供を大学へ行かせた）」

5〜に　〜なんだ。〜なの。出雲「機嫌が悪いのは昨日から友達とけんか中だけんだに（機嫌が悪いのは昨日から友達とけんか中だからなんだ）」

6めげる　壊れる。「花瓶が棚から落ちてめげた（花瓶が棚から落ちて壊れた）」「茶碗がめげた（茶碗が壊れた）」

7〜よる　〜ている。石見「昨日学校から帰りよるときに、校庭でサッカーしよるの見たよ（昨日学校から帰っているときに、校庭でサッカーしているのを見たよ）」

8〜らいた　〜ていらっしゃった。出雲「先生が家庭訪問にこらいたよ（先生が家庭訪問にいらっしゃったよ）」「先生が呼んどらいた（先生が呼んでいらっしゃった）」

9〜わね　〜よ。出雲「こら魚だわね（これは魚だよ）」「クッキー作ったんだわね（クッキー作ったんだよ）」

10〜んさった　〜なさった。石見「先生がきんさったけー席につこー（先生がいらっしゃったから席に着こう）」「入院しんさったらしーよ（入院なさったらしいよ）」

岡山県

備前・備中ではセ・ゼがシェ・ジェになる。連母音の融合は備前を中心に県南部地域で盛ん。アクセントはほぼ全域で東京式だが、兵庫県境や瀬戸内海に面した地域や島嶼部では京阪式アクセントが聞かれる。引用のはたらきをなす助詞「と」は省略される傾向があり、この現象は「と抜け」と称される。

1おえん　だめ。いけない。「おえりゃーせまーがー（だめじゃないか）」「おえんこたーあるまー（だめなことはないだろう）」「いたらおえません（行ったらいけません）」

2きょーてー　恐い。「へびゅーたらきょーてーもんじゃ（蛇というものは恐ろしいものだ）」「ぼっけーきょーてかった（とても怖かった）」「きょーてーつらじゃ（恐い顔だ）」

3きれーな　きれいだ。「あの人はきれーな（あの人はきれいだ）」【補注】形容動詞の終止形はナで終わり「きれーな（きれいだ）」「げんきな（元気だ）」のようになる。

4ちばける　ふざける。「まじめな席でちばけるな（まじめな席でふざけるな）」

5つむ（髪や爪を）切る。「散髪屋で髪をつんでくらーのー（床屋で髪を切って来るよ）」「髪つんだん？（髪を切ったの？）」【補注】方言だと気づかれにくい。

6～ばー　～ばかり。「遊びばーせずに勉強せー（遊んでばかりいないで勉強しろ）」「ばばーばーおる（おばあさんばかりいる）」

7ふーがわりー　格好悪い。「そんなことをしたらふーがわりー（そんなことをしたら格好悪い）」「零点じゃーふーがわりーのー（零点では格好悪いねえ）」

8ぼっけー　非常に。たいへん。「今度の火事の方がぼっけー（今度の火事の方が激しい）」「ぼっけー燃えた（激しく燃えた）」【補注】「ぼっこー」とも言う。

9～やこー　～なんて。「犬やこー飼わん（犬なんて飼わない）」「お父さんやこー自分ばーえーことをする（お父さんなんて自分の都合がいいことばかりする）」

10～ゆーてよーた　～と言っていた。「明日来るゆーてよーた（明日来ると言っていた）」

広島県

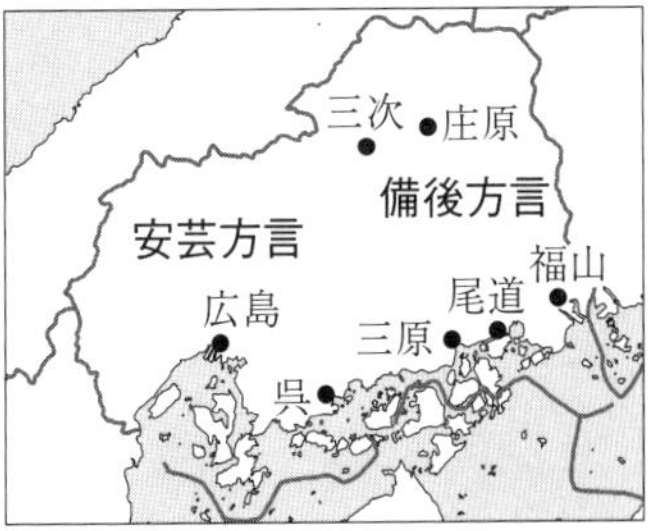

備後方言南部は旧福山藩、備後方言北部と安芸方言は旧浅野藩であり、県内の方言差を生み出す要因にもなっている。連母音の融合は県北部で盛ん。安芸方言ではサ行音がハ行音に変化することがある。備後方言北部ではセ・ゼが、シェ・ジェになる。アクセントは県下全域で東京式。

1きちゃった　いらっしゃった。「先生がきちゃった（先生がいらっしゃった）」

2～じゃ　～だ。「東京に行ったんじゃ（東京に行ったんだ）」「今日は今から仕事があるんじゃ（今日は今から仕事があるんだ）」

3たいぎー　面倒だ。面倒くさい。「あーたいぎー（ああ面倒だ）」「やっと終わった、たいぎかった（やっと終わった、面倒で疲れた）」

4たう　届く。「背がたわんのんじゃー（背が届かないんだよ）」「貧乏人の手のたうことじゃーありません（貧乏人の手の届くことではありません）」

【補注】方言と意識されていない、気づかれにくい方言。

5にがる　痛む。鈍い痛みが長時間続く。「いなげなものーくーたけー、腹がにがりこんでやれんかった（変なものを食べたから、腹が痛くてたまらなかった）」

6はしる　痛む。「歯がはしって歯がはしっていけんのんじゃー（歯が痛くて歯が痛くてだめだあ）」

7はぶてる　すねる。ふくれる。「どーしたんのー、そがーにはぶててから（どうしたの、そんなにふくれて）」「すぐはぶてるんじゃけー（すぐふくれるんだから）」

8ぶち　非常に。「ぶちどなるんじゃけー（すごいどなるんだから）」

9みてる　なくなる。尽きる。「風呂の水がみてた（風呂の水がなくなった）」「もー砂糖がみてたんか（もう砂糖がなくなったのか）」

10みやすい　たやすい。簡単だ。「この問題はみやすい（この問題は簡単だ）」「そんなにみやすくないですよ（そんなにたやすくないですよ）」

山口県

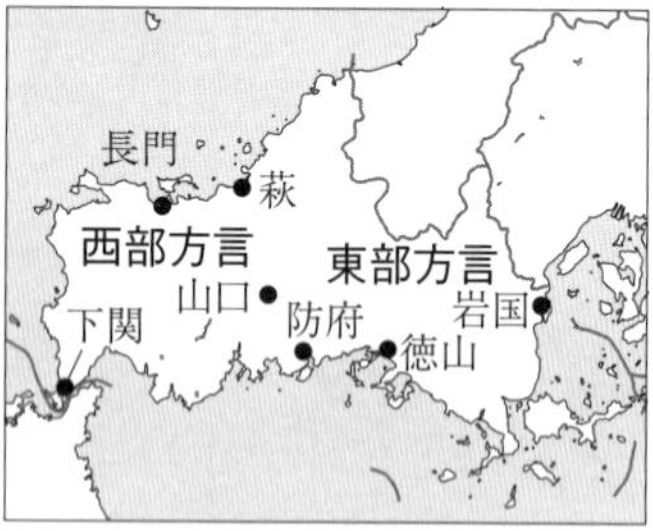

中国方言に属すが、九州方言に近い特徴も示す。ザ行とダ行の交替（「どうぞ」がドード）、ダ行とラ行の交替（「うどん」がウロン）、サ行とハ行の交替（「先生」がヘンヘー）が見られる。アクセントは全県で東京式。サ変動詞「する」はヘルとなり、ハ行音化かつ下一段化傾向にある。

1〜いね　〜よね。〜よ。〜ね。「私の物いね（私の物だよ）」「とーとー成功したいね（とうとう成功したよね）」「それいねー（そうだよ）」

2かく　（髪を）とかす。「お風呂からあがったら髪をかいてあげり（お風呂からあがったら髪をとかしてあげなさい）」

3〜さん　〜なさい。「はー行きさん（もう行きなさい）」「勉強しさん（勉強しなさい）」「食べさん（食べなさい）」「みーさん（見なさい）」

4〜そ　①〜の。格助詞。「白いそ、黒いそ、どっち（白いの、黒いの、どっち）」②〜の。「そーなそ（そうなの）」「どこへ行くそ（どこへ行くの）」「いったいどうしたそ（いったいどうしたの）」③〜よ。〜ね。「こっちの方が古いそ（こっちの方が古いよ）」

5〜ちゃ　〜よ。〜ね。「まだ食べとるっちゃ（まだ食べているよ）」「それはお茶っちゃ（それはお茶よ）」「えーっちゃ（いいよ）」「だめっちゃ（だめよ）」

6〜ちょる　〜ている。「何をしちょるんかねー（何をしているんだろうねえ）」「CDようけ持っちょるね（CDたくさん持っているね）」

7てれんこぱれんこする　ぐずぐずする。「時間がないけーてれんこぱれんこするなっちゃ（時間がないからぐずぐずするな）」

8ぶち　非常に。たいへん。「ぶち叱られた（すごく叱られた）」「ぶち面白い（たいへんおもしろい）」「ぶちえらい（とても疲れた）」

9まっつい　そっくり。「こりゃ私のとまっついじゃー（これは私のとそっくりだあ）」「あの兄弟はほんと顔がまっついっちゃ（あの兄弟はほんと顔がそっくりなんだよ）」

10やぶれる　壊れる。「パソコンがやぶれた（パソコンが壊れた）」

徳島県

徳島方言は、四国東部に位置することからも近畿方言との共通点が多い。アクセントの分布は複雑で、下郡・うわては京阪式、上郡は讃岐式、山分東部は垂井式、山分西部では讃岐式の変形したアクセントとなる。全県でセ・ゼがシェ・ジェと発音される。

1あるでないで　あるじゃない。「本はそこにあるでないで（本はそこにあるじゃない）」「引き出しの中にあるでないで？（引き出しの中にあるんじゃない？）」

2えっと　長い間。ずっと。「この下駄えっと履くのに緒が切れん（この下駄ずっと履いているのに緒が切れない）」「えっと会わなんだなー（長い間会わなかったなあ）」

3かく　持ち上げて運ぶ。「この机重たいけん一緒にかいてくれるで（この机重いから一緒に持って運んでくれるか）」

4かんまん　かまわない。差し支えない。「このぶどう食べてもかんまんで（このぶどう食べてもかまわないよ）」「夜おそーてもかんまんけん電話ちょうだい（夜遅くてもかまわないから電話して）」

5ごじゃ　でたらめ。ばらばら。冗談。「またごじゃばっかり言ーよる（また冗談ばかり言っている）」「落とした

日本語力

けんごじゃになってもた（落としたからばらばらになってしまった）」

6せこい　疲れた。「今日の帰りは向かい風でせこかった（今日の帰りは向かい風で疲れた）」「山登りはせこい（山登りは疲れる）」

7どちらいか　どういたしまして。「A：まー長いことご無沙汰しています。B：どちらいか（A：まあ長いことご無沙汰しています。B：どういたしまして）」

8はしかい　痛がゆい。「のどがはしかいわ（のどが痛がゆいよ）」「稲刈りしたら体中はしかい（稲刈りしたら体中痛がゆい）」

9へらこい　ずるい。ずる賢い。「あいつはいつもへらこいことする（あいつはいつもずるいことする）」「あいつはへらこいやっちゃ（あいつはずる賢いやつだ）」

10ほなから　だから。「ほなからちゃんとしとけってゆーただろ（だからちゃんとしておけと言っただろう）」【補注】伝統的方言では「ほなけん」と言う。

香川県

語末の長音、撥音は脱落することが多い（ホーチョ（包丁）、ハンブ（半分））。共通語の一拍名詞は語末の母音が長音化する（ヒー（日））。アクセントはきわめて複雑で、高松式、丸亀式、観音寺式、伊吹島アクセント（一次アクセント）、中央式・讃岐式・真鍋式アクセント（二次アクセント）などが存在する。

1～いた　～ください。東讃「うちにもよーけ飴いた（私にもたくさん飴ください）」「すまんけど戸を閉めていた（すまないけれど戸を閉めてください）」【補注】中讃、西讃では「～つか」となる。4を参照。

2おきる　満腹になる。「もうおなかおきた？　そんなんでおなかおきるん？（もうおなかいっぱい？　そんな量でおなかいっぱいになるの？）」

3～がん　～分。「お菓子百円がんいた（お菓子百円分ください）」「まんでがん（全部）」「なんぼがん（どのくらい）」

4～つか　～ください。中讃、西讃「おばはんこの飴つか（おばさんこの飴ください）」「ちょっと待ってつか（ちょっと待ってください）」【補注】東讃では「～いた」となる。1を参照。

5とりのこよーし　模造紙。「とりのこよーし二枚いた（模造紙二枚ください）」【補注】学校で普通に使われていることもあり、方言だと意識されていない。

6なにができよん　出会いのあいさつことば。「なにができよん」「なんがでっきょん」

7なんしんですか　そんなことありませんよ。謙遜して言うことば。中讃、西讃「A:あんたんきの子よーできるんやてなー。B:なんしんですか（A:お宅のお子さんはよくできるんですってね。B:そんなことありませんよ）」

8〜まい　〜なさい。〜してください。東讃、中讃「ごはん食べていきまい（ごはん食べていきなさい）」「お書きまい（お書きなさい）」「宿題しまい（宿題しなさい）」

9まんが　たま。まれ。「そんなことはまんがな話じゃ（そんなことはまれな話だ）」「まんがに顔見せる（たまに顔を見せる）」

10むつごい　味が濃い。油っこい。「天ぷらみたいなむつごいおかずはいらんわ、あっさりしたものがえー（天ぷらみたいな油っこいおかずはいらないよ、あっさりしたものがいい）」

愛媛県

母音は丁寧に発音され、無声化は目立たない。アクセントは非常に多様で、東中予は京阪式および讃岐式、南予南部は東京式、南予北部は特殊および無型となる。アスペクト形式のバラエティも非常に多く、進行態「〜つつある」と結果態「〜てある」をさまざまに言い分けている。

1あろん　あれをごらん。「あろん、ころん、そろん、みとん（あれをご覧、これをご覧、それをご覧、見てご覧）」【補注】「あれお見」から変化した形。

2かく　持ち上げて運ぶ。「掃除するから机ちょっとかいて（掃除するから机ちょっと運んで）」【補注】方言だと意識されにくい。

3〜ぎり　〜ばかり。「うそぎりゆーんじゃがー（うそばかり言うんだよね）」「つまらんことぎりじゃなー（つまらないことばかりだなあ）」

4こーわい　（〜して）きましょう。〜します。「ほんじゃいんでこーわい（それじゃ帰ります）」

5とりのこよーし　模造紙。「とりのこよーしとってやんなはい（模造紙を取ってください)」【補注】学校で普通に使われていることもあり、方言だと意識されていない。

6ほーとー　非常に。たいへん。「ほーとーおもしろかろ（すごくおもしろいでしょう)」【補注】今治付近では「おんまく」という。

7まがる　①触る。「これにはまがるなよ（これには触るなよ)」②じゃまになる。「それ片づけとけ、まがってしょーがない（それ片づけておけ、じゃまになってしかたがない)」【補注】共通語の「曲がる」は「いがむ」と言う。

8めんどしー　恥ずかしい。下品だ。見苦しい。「親の顔に泥塗るようなめんどしーことせられんで（親の顔に泥を塗るような恥ずかしいことはするなよ)」

9よもだ　冗談。いい加減な人。「よもだばーゆーんじゃけん（冗談ばかり言うんだから)」「お前はほんとによもだじゃな（お前は本当にいい加減だな)」

10～られん　～な。禁止を表す。「あそこに置いとる包丁、危ないけんまがられんよ（あそこに置いている包丁、危ないから触るなよ)」

高知県

ジとヂ、ズとヅを区別して発音される「四つ仮名弁」があるが、現在では高年層のみに聞かれる。高知方言は京阪式アクセント、幡多方言は東京式アクセントで、県内区画の重要な根拠の一つとなる。可能表現では、能力可能と状況可能を言い分ける傾向が強い。

1うるさい　①苦しい。つらい。「ご主人にみてられてなんぼかうるそーございますろー（ご主人に死なれてどんなにつらいことでございましょう)」②うっとうしい。「合羽がぼってぼったり濡れてうるそてならん（合羽が漏れてびっしょり濡れてうっとうしくてならない)」

2～がって　～んだよ。「私は映画を見たがって（私は映画を見たんだよ)」「おばーちゃんは自然が好きがって（おばあちゃんは自然が好きなんだよ)」

3～き　～から。～ので。原因・理由表現。「雨が降るき行かん（雨が降るから行かない)」「僕がやっとくき（僕がしておくから)」

4く　所。家。「大事なものをこんなくへ置いていくか（大事なものをこんなところへ置いてはいけないではないか）」「うちんく（私の家）」

5〜ちゃお　〜てやろう。「僕が書いちゃお（僕が書いてやろう）」「食べらいちゃおか（食べさせてやろうか）」「おまんにかきょ取っちゃお（あなたに柿をとってやろう）」【補注】共通語の「〜てしまおう」の意味とは異なる。

6つむ　乗せる。「ちょっと町までつんでって（ちょっと町まで乗せていって）」【補注】人の場合にも「つむ」を使う。

7どくれる　すねる。ふてくされる。「よんべあの子を怒ったらまだどくれちゅー（昨夜あの子を怒ったらまだすねている）」「ありゃどくれもんじゃきにそっとしちょいたがえー（彼はすね者だからそっとしておいた方がよい）」

8のーがえー　具合や調子がよい。「こっちのボールペンの方がのーがえー、まーつこーてみー（こっちのボールペンの方が使いやすい、まあ使ってみなさい）」【補注】対語は「のーがわりー」となる。

9〜ゆー　〜ている。動作が進行中・継続中であることを表す。「A：私、今食べゆーき。B：俺はもう食べちゅーき（A：私、今食べているから。B：俺はもう食べてしまっているから）」【補注】動作が終了していることを表す時には「〜ちゅー」を使う。

10りぐる　凝る。工夫を凝らす。「おまんくの玄関はなかなかりぐっちゅーのー（あなたの家の玄関はなかなか凝っているねえ）」

福岡県

方言区画は旧国境をふまえかつ現代の生活圏がそれにかぶさって作られている。東部方言は旧豊前国域＋現在の北九州都市圏、西部方言は旧筑前国域＋福岡都市圏、南部方言は旧筑後国全域＋久留米都市圏。アクセントは、東部は豊前式（東京式）、西部は筑前式（準東京式）と曖昧、南部は無型と九州西南部式となる。

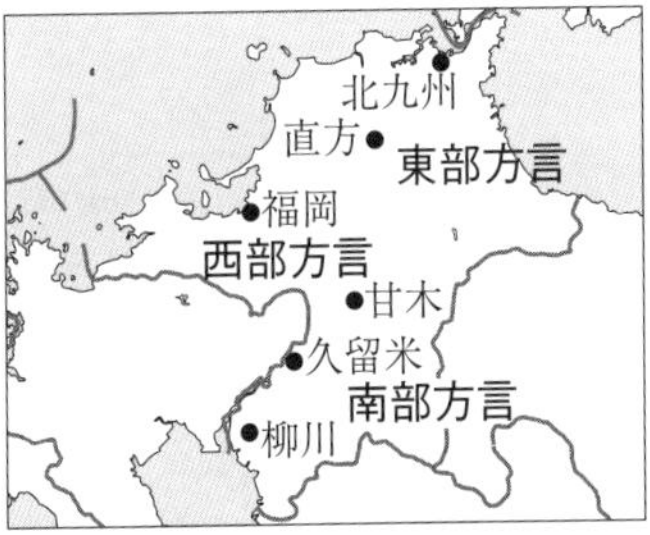

1がまだす　精を出す。西部、南部「がまだしてがんばった（精を出してがんばった）」「あそこんおばしゃんなーがまださすけんな（あそこのおばさ

んなあ、ご精が出るからな)」

2〜しこ　〜だけ。「こがしこしかなかぜ（これだけしかないよ）」「よかしこ持っていきなざっせー（好きなだけ持っていきなさい）」

3しろしー　うっとうしい。「雨がよー降ってほんとしろしかですねえ」（雨がよく降って本当にうっとうしいですねえ）」「しろしかろーが明日早起きしてくれ（大変だろうが明日早起きしてくれ）」

4すいとー　好きだ。「みかんばすいとー（みかんが好きだ）」「なんかなしすいとーと（とにかく好きなの）」

5せからしか　うるさい。わずらわしい。西部、南部「せからしか、外に出て遊べ（うるさい、外に出て遊べ）」「どーしたせからしかセールスマンかいな（なんてうっとうしいセールスマンなんだ）」

6〜たい　〜よ。西部、南部「腐っても鯛は鯛たい（腐っても鯛は鯛だよ）」「はよー決まってよかったたい（早く決まってよかったよ）」「あっそうたい（あっそうだ）」

7とぜんなか　退屈だ。寂しい。西部、南部「子供がおらんごつなってとぜんなか（子供がいなくなって寂しい）」「だれんおらんけんとぜんなか（誰もいないから退屈だ）」【補注】東部では「とぜんない」となる。

8〜ばい　〜よ。西部、南部「雨の降ってきたばい（雨が降ってきたよ）」「もー子供じゃなかとばい（もう子供じゃないんだよ）」

9ばさら　非常に。たいへん。西部、南部「ばさら持ってきたなー（たくさん持ってきたなあ）」「ばさら待った（すごく待った）」「ばさら雨が降ったき（たくさん雨が降ったからね）」

10よかよか　よい。西部、南部「よかよか、気にせんでよか、そのうちよかごと収まるくさ（いいいい、気にしなくていいよ、そのうちいいように収まるさ）」

佐賀県

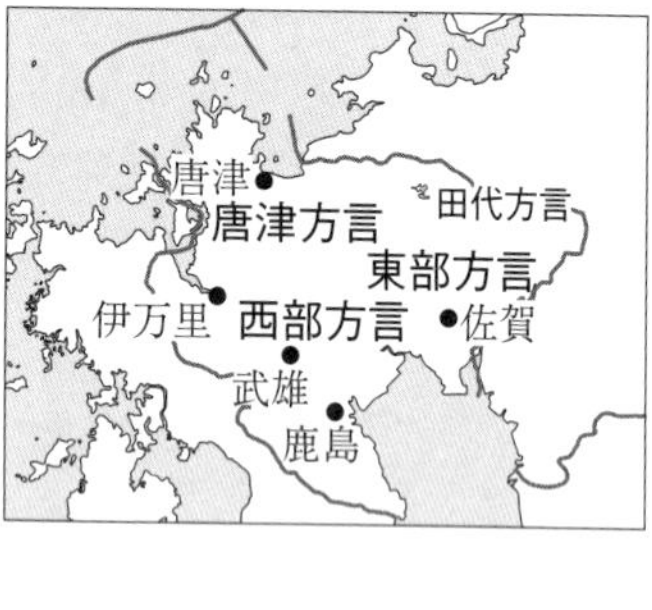

方言区画は旧国境にほぼ一致する。東部・西部方言は旧佐賀藩領、唐津方言は旧唐津藩領、田代方言は旧対馬藩領。東部・西部方言では語中語尾のリの子音が脱落してイとなる。アクセントは東部と唐津と田代は無型、西部が東京

式。形容詞、形容動詞の終止形はカ語尾をとる。

1あい　あれ。「どいがよかね、あい、こい、そい、どい？（どれがいい、あれ、これ、それ、どれ？）」

2えすか　こわい。「あの先生くーえすか（あの先生はとてもこわい）」「帰りはくろーなったけんえすかった（帰りは暗くなったからこわかった）」

3〜ぎー　〜ならば。〜たら。「毎日食べよっぎー絶対太るばい（毎日食べていたら絶対太るよ）」「こいさいあっぎーよか（これさえあればよい）」

4〜きる　〜できる。能力可能表現。「難しか漢字でん読みきる（難しい漢字でも読める）」「字ば知らんけん読みきらん（字を知らないから読めない）」

5〜ごたる　①〜のようだ。「雨んふっごたっ（雨が降るみたいだ）」「倒るっごたー（倒れそうだ）」②〜たい。「明日花火大会ば見に行こごたる（明日花火大会を見に行きたい）」

6ざーざーざー　ザーザー。「雨がざーざーざーで降る（雨がザーザーと降る）」【補注】擬態語、擬声語は三つ重ねるのが佐賀方言の特徴。「犬がワンワンワンで吠える」

7しっきゃ　全部。「もろたこづかい、しっきゃ溜めとかんばばい（もらった小遣い、全部溜めておきなさい）」

8〜しゃーが　〜さえ。「行きしゃーがすっぎーよかよ（行きさえすればいいよ）」「勉強しゃーがすっとよかと（勉強さえすればいいんだ）」

9なーい　はい。東部「A：電池ありますか。B：なーい、あるよ（A：電池ありますか。B：はーい、あるよ）」【補注】「長崎ばってん西部《にしめ》どん、あってないのが東部《ひがしめ》ない」というこの地域の方言の特徴を表す言い回しがある。

10はわく　掃く。「こりゃーちゃーんと店ん前ばはわいとかんか（こら、きちんと店の前を掃いておかないか）」

長崎県

方言区画は旧藩域と対応し、北部と壱岐は平戸藩、中部は大村藩、東部は佐賀藩諫早領、東南部は島原藩、長崎は天領、対馬は対馬藩、五島は五島藩となる。アクセントは壱岐・対馬で筑前式、中部・東部・東南部・長崎で九州西南部式、北部、五島で一型式。動詞語尾のルは促音化し「来る」はクッのようになる。

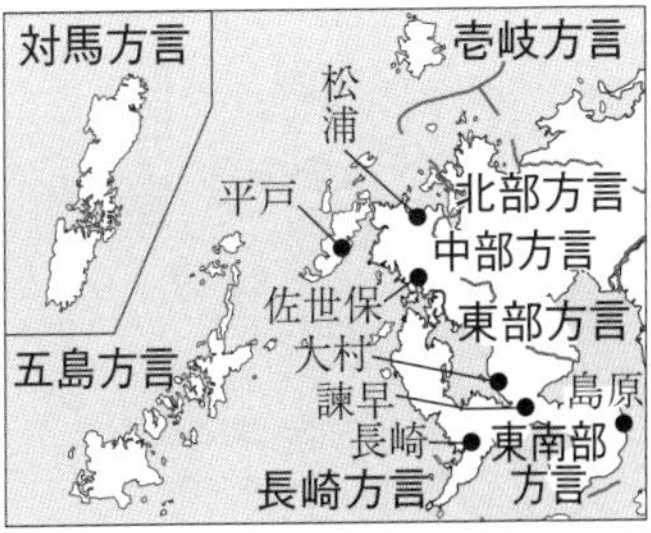

1いっじ すごく。「こんなに寒かとに出かけると、いっじいや（こんなに寒いのに出かけるの、すごくいや）」「いっじ嬉しか（すごく嬉しい）」【補注】「いじ」「いじで」とも言う。

2いっちょん 少しも。ちっとも。全然。「いっちょんつまらん（全然役に立たない）」「こん漫才はいっちょんおもしろーなか（この漫才は全然面白くない）」

3おーち あなた。「おーちおーちば建てたとげなねー（あなたお家を建てたそうじゃないの）」「おーちも遊びにおいでまっせ（あなたも遊びにいらっしゃい）」「おーち元気やった？（あなた元気だった？）」【補注】女性が使う。

4おっとろーし へえー。すごい。意外なことを見聞きしたときやびっくりしたときに言う感動詞。「おっとろーし、皿うどんば知らん人のおっとね（へえー、皿うどんを知らない人がいるのね）」

5さるく 歩き回る。うろつく。「どこばさるきよっとなー（どこをうろつきまわっているんだ）」「いつまでさるくとね（いつまでうろうろするの）」

6のんのか きれい。美しい。「こん花ののんのかね（この花きれいね）」「あらよかねー、のんのかべしょば着せてもろーて（あらいいねえ、きれいな着物を着せてもらって）」

7ばってん けれども。でも。「一生懸命したばってんだめやった（一生懸命したけれどもだめだった）」「ここのチャンポンはうまかばってんぎょうざはまずか（ここのチャンポンはうまいがぎょうざはまずい）」

8みじょか かわいい。五島、北部「おーちのちーよは人見知りしなはらんけんみじょか（あなたの小さい子は人見知りしなくてかわいい）」「あん子はみじょかねー（あの子はかわいいねえ）」

9みん 右。五島「みんのみんにみんの入った（右の耳に水が入った）」【補注】五島方言では語中語尾のギ・グ・ヂ・ヅ・ニ・ブ・ミ・ムが撥音化し、「右」も「耳」も「水」も「みん」となる。

10やぜか 面倒くさい。うるさい。「こん仕事はものすごくやっちゃやぜか（この仕事はものすごく面倒くさい）」「やぜかねー、あっちいっとらんねー（うるさいねえ、あっちに行っていなさい）」

熊本県

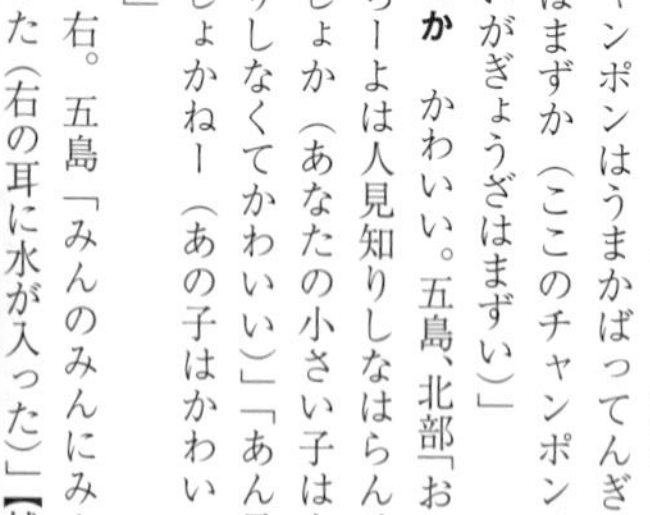

連母音の融合が多い。母音が狭母音化する現象が見られ「原」がハルのようになる。セ、ゼの音はシェ、ジェになる。アクセントは県内の大部分が無型。西部海岸沿いと西南部には二型アクセントの地域がある。敬語表現が多彩で尊敬の助動詞の種類が多い。

1あくしゃうつ　困り果てる。途方に暮れる。「まだこぎゃんいっぱい仕事のある、もーあくしゃうつ（まだこんなにいっぱい仕事がある、もう途方にくれてしまう）」「柿があくしゃうつぐらいなっとる（柿があきれるほどなっている）」

2あとぜき　出入りしたあとに入り口の戸を閉めること。「（掲示で）あとぜき願います（出入りの後は閉めてください）」「（掲示で）あとぜきすること（戸を閉めること）」「部屋にはいったらすぐあとぜきばしなはり（部屋に入ったらすぐ戸を閉めなさい）」

3～かぶる　～しそうになる。「今日ん電車はまーごっ混んでかっ、しんかぶった（今日の電車はすごく混んでて、死にそうになった）」

4たいぎゃ　非常に。すごく。「昨日たいぎゃ足ん痛かった（昨日すごく足が痛かった）」「今日はたいぎゃにゃ暑かな（今日は大変暑いね）」

5だご　非常に。「だごひんじゃ（超饕餮だ）」「だごあくしゃ（非常に困り果てる）」「だごのり（過密乗車）」

6へんにゃー　変だ。おかしい。「これへんにゃー、偽物じゃない？（これ変だよ、偽物じゃない？）」「ラジオの音がへんにゃー（ラジオの音が変だ）」

7ほー　ほら。注意を引くための呼びかけ。「ほー、そけあったい（ほら、そこにあるでしょう）」「ほー、あっちにかわいか赤ちゃんのおるばい（ほら、あっちにかわいい赤ちゃんがいるよ）」

8まーごっ　非常に。「今日のお前はまーごっきれーかよ（今日のお前はとても綺麗ですよ）」「まーごっうまかねー（とてもおいしいねえ）」

9むしゃんよか　格好いい。「こん車なむしゃんよかね（この車は格好いいね）」「あの人はたいぎゃむしゃんよかね（あの人はすごく格好いいね）」

10もっこす　頑固者。「あすこん親父はもっこすだけん、ぜーたい言うことはきかっさんよ（あそこの親父は頑固者だから、絶対言うことは聞かないですよ）」

大分県

西部方言はジとヂ、ズとヅの音を区別する四つ仮名弁。その周辺部には、ジとヂの区別を失った三つ仮名弁の地域もある。アクセントは東部・北部・南部方言で豊前式。西部はアクセント分布が複雑で、院内式アクセント、日田アクセント、無型アクセントがある。語法面では可能表現が多彩であることが特色の一つ。

1いっすんずり　大渋滞。「いっすんずりの渋滞（一寸ずつ進むようなひどい渋滞）」「あの道はいっつもいっすんずりじゃ（あの道はいつも大渋滞だ）」

2いびしー　気味が悪い。「こん蛇はいびしーのー（このへびは気味が悪いねえ）」

3うたちー　うっとうしい。汚い。いやだ。「うたちーことをするな（しみったれたことをするな）」「うたちー天気じゃ（うっとうしい天気だ）」

4くじまえじっぷん　8時50分。「今くじまえじっぷんじゃ（今9時10分前だ。今8時50分だ）」【補注】共通語では「9時10分前」というところが、このように言う。

5～れてください　～てください。「お名前を書かれてください（お名前を書いてください）」「明日も来られてください（明日も来てください）」【補注】若年層が使う、新しい敬語表現。

6しんけん　一生懸命に。非常に。「しんけん怒ったどー（すごく怒ったぞ）」「遅れそうになってしんけん走った（遅れそうになって懸命に走った）」

7～ち　～て。「あっちーいち見ちきちくりー（あっちに行って見て来てくれ）」「しちみちみー（してみてみなさい）」

8むげねー　かわいそうだ。「なんちゅーむげねーこっちゃろーかのー、かうぇーそーに（なんというかわいそうなことだろうかねえ、かわいそうに）」「ふんとにむげねーこつした（本当にかわいそうなことした）」

9めんどしー　①はずかしい。「めんどしー格好で表にでんな（みっともない格好で表に出るな）」「人前で泣くのはめんどしー（人前で泣くのは恥ずかしい）」②面倒くさい。「そげんめんどしーこたー私にゃでけん（そんな面倒くさいことは私にはできない）」【補注】高年層は①の意味で、若年層は②の意味で使う。

10よだきー　おっくうだ。「今かり行くなーよだきーのー、あしてーしゅーや（今から行くのはおっくうだなあ、明日にしようよ）」

宮崎県

日向方言（北部、中部、南部）と諸県方言（東諸、西諸、北諸）に分かれる。開合音、合拗音があり、セ・ゼはシェ・ジェと発音される。西諸方言と北諸方

言は最後の音節が高くなる尾高一型アクセント、その他の地域は無型アクセント。主格のノとガには敬意の差があり、ノが高くガが低い。

1いっちゃが　いいんだよ。「てげてげでいっちゃが（ほどほどでいいんだよ）」「A:ちんがらっにしてしもた。B:いっちゃが（A:めちゃくちゃにしてしまった。B:いいんだよ）」

2およばん　面倒くさい。いやだ。「そんしごつはおよばんつよねー（その仕事は面倒くさいんだよね）」

3〜かい　〜から。理由を表す。「うちは金づちじゃかいよー泳がん（私は金づちだから泳げない）」「背中がかいかいかいて（背中がかゆいから掻いて）」

4〜こっせん　〜じゃない?〜だよね?「明日、雨降るこっせん?（明日、雨降るんじゃない?）」「のりちゃんがいーよったこっせん?（のりちゃんが言ってたよね?）」

5てげ　すごく。大変。非常に。「てげおっけな立派な遊覧バスが来た（とても大きい立派な遊覧バスが来た）」「てっげ嬉しい（すごく嬉しい）」【補注】「てっげ」と言うこともある。

6てげてげ　たいがい。ほどほど。適当。「A:砂糖どんくらい入れると?　B:てげてげでよか（A:砂糖どれくらい入れるの?　B:適当でいいよ）」

7てにゃわん　始末に負えない。「てにゃわんがきじゃ（手に負えない子供だ）」「いそがしゅててにゃわん（忙しくて始末に負えない）」

8〜ない　〜なさい。命令表現。「見ない（見なさい）」「しない（しなさい）」「食べない（食べなさい）」「書きない（書きなさい）」「きない（来なさい）」【補注】否定表現は「〜ん」を使って「見らん、せん、食べん、書かん、こん」となる。

9のさん　つらい。面倒くさい。「わたしゃ頭痛がするかいのさん（私は頭痛がしてつらい）」「のさん目におーたね（つらい目に遭ったね）」

10よだきー　おっくうだ。「こんげ暑いと何をすっともよだきー（こんなに暑いと何をするにもおっくうだ）」「こん仕事はよだきー（この仕事はおっくうだ）」

鹿児島県

トカラ列島宝島と奄美大島の間を境に、九州方言の中の薩隅方言と琉球方言の中の奄美方言に分かれる。薩隅方言のアクセントは二型、宮崎隣接地域では一型、種子島・悪石島・小宝島・宝島では無型。現在の鹿児島には、共通語と方言の中間にあたる「からいも普通語」と称されるスピーチスタイルがある。

1 ～が　～う、～よう。勧誘表現。「一緒に遊ぶがー（一緒に遊ぼう）」「テレビみっが（テレビ見ようよ）」「もう帰るが（もう帰ろう）」

2 ～け　～か。「ないがあいけ（何があるのか）」「あの人だれけ（あの人は誰か）」「こっちですけ（こっちですか）」

3 ～ごあす　～でございます。「たろごあす（太郎です）」「嬉しゅごあんが（嬉しゅうございますよ）」「あいが桜島ごあす（あれが桜島でございます）」

4 だからよー　私もそう思うよ。同意を表すことば。「A:太郎ちゃん今日元気ないよね。B:だからよー（A:太郎ちゃん今日元気ないよね。B:私もそう思うよ）」

5 だよー　そうですね。そうですよ。相づち表現。「A:これでいいんだよね。B:だよー（A:これでいいんだよね。B:そうだよ）」【補注】他の相づち表現には「だよさ」や「です」がある。伝統的方言では「じゃっど」と言う。

6 てげてげ　いい加減。適当。「てげてげすっ（いい加減にする）」「てげてげうっちゃめんか、もどっど（いい加減にやめないか、戻るぞ）」

7 ぼっけもん　大胆な人。乱暴者。「あんしとはまこちぼっけもんじゃ（あの人は本当に大胆な人だ）」

8 ～もす　～ます。「だいもいっもはんとならあたいがいっもんそ（誰も行かないのなら私が行きましょう）」

9 らーふる　黒板消し。「らーふるで黒板をちゃんと消す（黒板消しで黒板をちゃんと消す）」

10 わっぜ　すごく。大変。非常に。「わっぜちけ（とても近い）」「おみやげをわっぜもらった（おみやげをたくさんもらった）」「わっぜ怒られた（すごく怒られた）」

沖縄県

琉球方言は本土方言とはかけ離れており、かつ琉球方言内の言語差も非常に大きい。琉球方言全体に見られる特徴には母音オ→ウ、エ→イへの変化や、

日本語力

母音の狭母音化、それに伴う子音の変化などがある。標準語習得の際に生じた中間言語にウチナーヤマトゥグチ（沖縄大和口）、ヤマトゥウチナーグチ（大和沖縄口）がある。

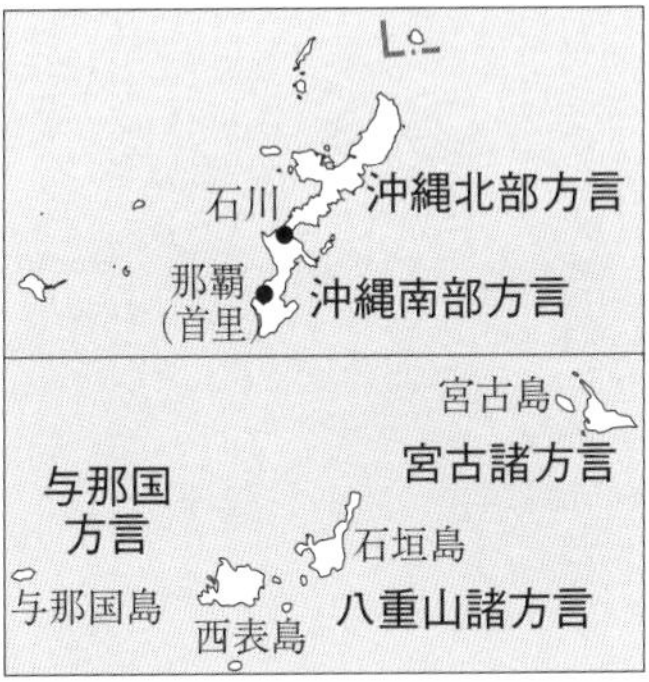

1あきさみよー　あれまあ。びっくりしたときに発することば。「あきさみよー、確かみてぃからあびらに（あれまあ、確かめてから言わないか）」

2しに　すごく。大変。非常に。沖縄北部、沖縄南部「しに痛かった（すごく痛かった）」「しに上等（すごくよい）」

3〜しましょーね　〜します。沖縄北部、沖縄南部「それじゃ帰りましょうね（それでは帰ります）」「消しゴム借りましょうね（消しゴム借ります）」【補注】共通語とは異なり、誘う意味はない。

4ちむ　①肝臓。肝。「っわーぬちむ（豚の肝臓）」②心。「ちむじゅらさん（心優しい）」「ちらかーぎやかちむぐくる（容貌の美しさより心の美しさ（諺））」

5ちゅらさん　美しい。きれい。「ふしぬちゅらさんやー（星が美しいなあ）」「あれーちゅらさんどー（あの人は美しいよ）」

6てーげー　おおよそ。いい加減。「やーはやることが本当にてーげーだなー（お前はやることが本当に適当だなあ）」

7にふぇーでーびる　ありがとうございます。沖縄北部、沖縄南部「いっぺーにふぇーでーびる。ぐりーじうんぬきやびーん（どうもありがとうございます。御礼申し上げます）」

8〜べき　〜つもりだ。〜する予定がある。宮古「君は何をがするべきか（君は何をする予定があるの）」「掃除は俺がするべきだ（掃除は俺がするつもりだ）」【補注】共通語の「〜べき」とは意味用法が異なる。

9めんそーれー　いらっしゃい。「めんそーれー、今日はなにするねー（いらっしゃい、今日は何にしますか）」

10わじる　怒る。沖縄北部、沖縄南部「待ちかんてぃーしてわじっているさー（長く待って怒っているよ）」【補注】もとの形の「わじゅん」を、共通語のように語尾を「〜る」にしてできたもの。

旧国名地図

(注) この地図の旧国名は1868(明治元)年当時の区分による。それまでは、磐城・岩代・陸前・陸中・陸奥は陸奥《みちのく》、羽前・羽後は出《で》羽《わ》であった。また、北海道は1869(明治2)年に左図のように区分された。

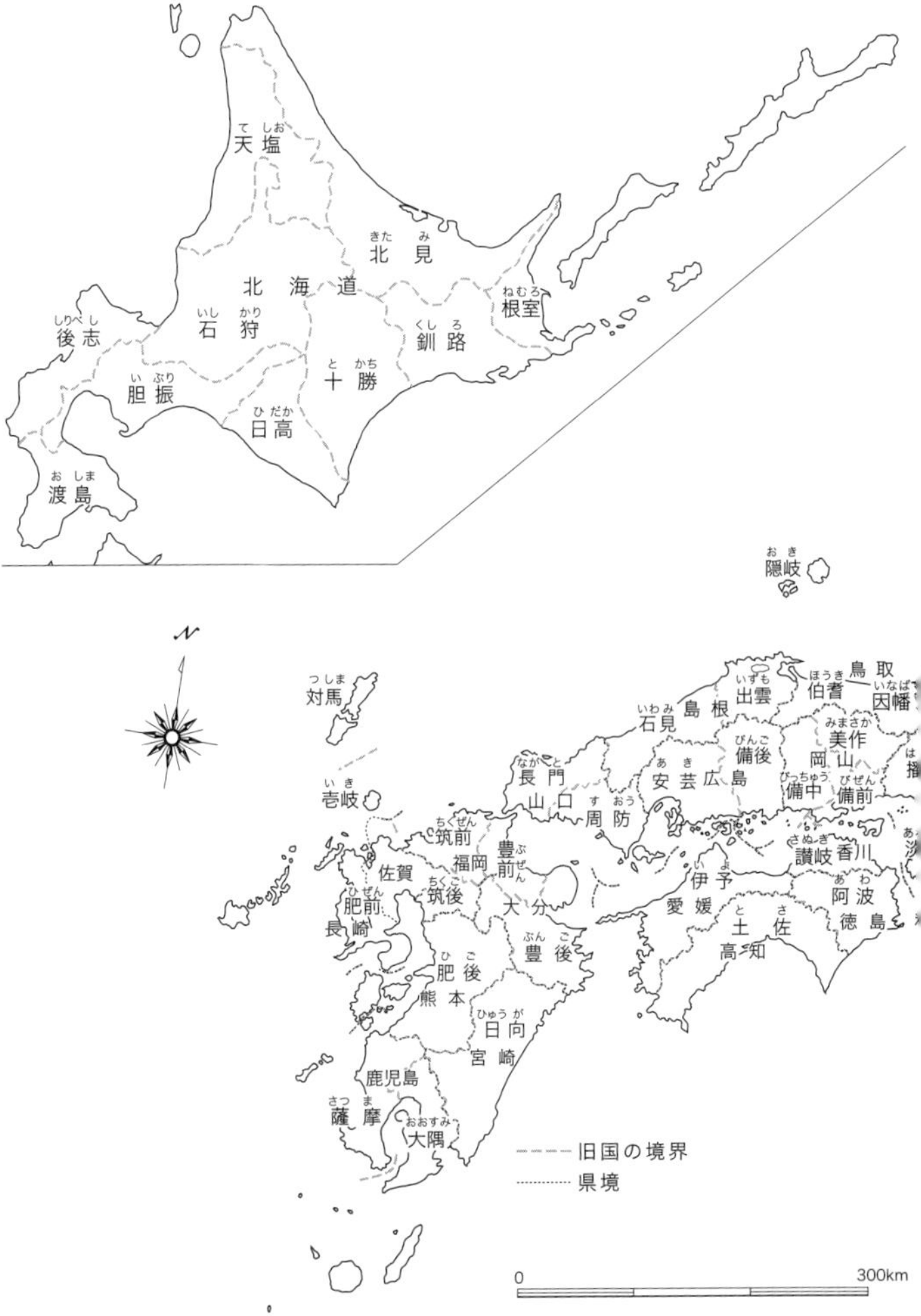
天塩《てしお》
北見《きたみ》
北海道
根室《ねむろ》
後志《しりべし》
石狩《いしかり》
釧路《くしろ》
十勝《とかち》
胆振《いぶり》
日高《ひだか》
渡島《おしま》
隠岐《おき》
N
対馬《つしま》
壱岐《いき》
鳥取
伯耆《ほうき》
因幡《いなば》
出雲《いずも》
島根
石見《いわみ》
美作《みまさか》
備後《びんご》
岡山
長門《ながと》
安芸《あき》
広島
備中《びっちゅう》
備前《びぜん》
山口
周防《すおう》
筑前《ちくぜん》
豊前《ぶぜん》
福岡
讃岐《さぬき》
香川
佐賀
伊予《いよ》
肥前《ひぜん》
筑後《ちくご》
大分
愛媛
阿波《あわ》
土佐《とさ》
徳島
長崎
豊後《ぶんご》
高知
肥後《ひご》
熊本
日向《ひゅうが》
宮崎
鹿児島
薩摩《さつま》
大隅《おおすみ》
旧国の境界
県境
0
300km

図版 — 伝統的なものの名前を絵で知る

【日本家屋】

●屋根の分類

切妻造（きりづまづくり）
切妻屋根を持っている建築物、あるいは屋根の形式の名称。伊勢神宮など神社本殿に古くから用いられる。

切妻屋根（きりづまやね）
本を開いて伏せたような二つの斜面からできている屋根。両下《まや》。真屋。

寄棟造（よせむねづくり）
大棟の両端に隅棟があり、屋根が四面に分かれている建築物、あるいは屋根の形式の名称。四注造り。

大棟（おおむね）
屋根の頂部の水平な棟《むね》。両端は鬼瓦などで止め、ここから屋根の流れにそって隅棟《すみむね》や降棟《くだりむね》がおりる。

隅棟（すみむね）
寄棟造《よせむねづくり》、方形造《ほうぎょうづくり》、入母屋造《いりもやづくり》の屋根で、二つの屋根面が相会するところ。

降棟（くだりむね）
屋根の大棟の妻の近くから、屋根の流れにそって軒先方向に降ろした棟。

入母屋造（いりもやづくり）
上は切妻造《きりづまづくり》にし、下部は寄棟造《よせむねづくり》のように勾配《こうばい》をもたせた屋根の形、また、そのような屋根をもつ建物。社寺、宮殿に見られ、唐招提寺講堂、円覚寺舎利殿などはその例。

宝形造・方形造（ほうぎょうづくり）
隅棟《すみむね》が屋根の中央に集まる屋根をいう。その頂に露盤や宝珠などをのせる。

越屋根（こしやね）
ふつうの屋根の上につくった小さな屋根。採光、煙出し、通風などのために設ける。

片流（かたながれ）
雨水が一方にだけ流れ落ちるようにつくった屋根。また、その構造。片延《かたはえ》造り。片屋根。

陸屋根（ろくやね）
傾斜がほとんどない平らな屋根。

ドーム
部材の圧縮力だけで屋根を架ける方法の一つ。普通半球形の屋根となる。

【図版】屋根

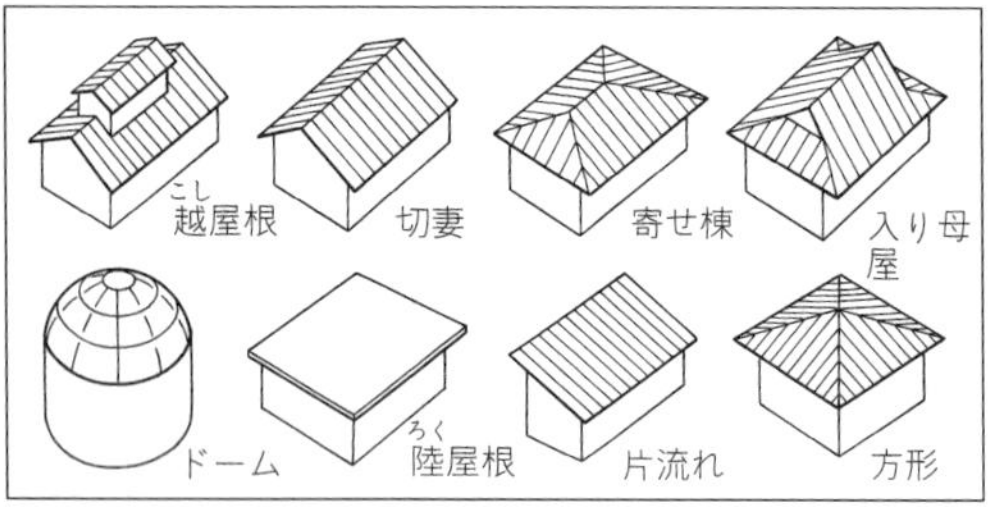

●小屋組《こやぐみ》
屋根を支えるための骨組構造。組み方により和風・洋風小屋組みに、材料により木造・鉄骨小屋組みに分けられる。
【図版】寄せ棟屋根の小屋組

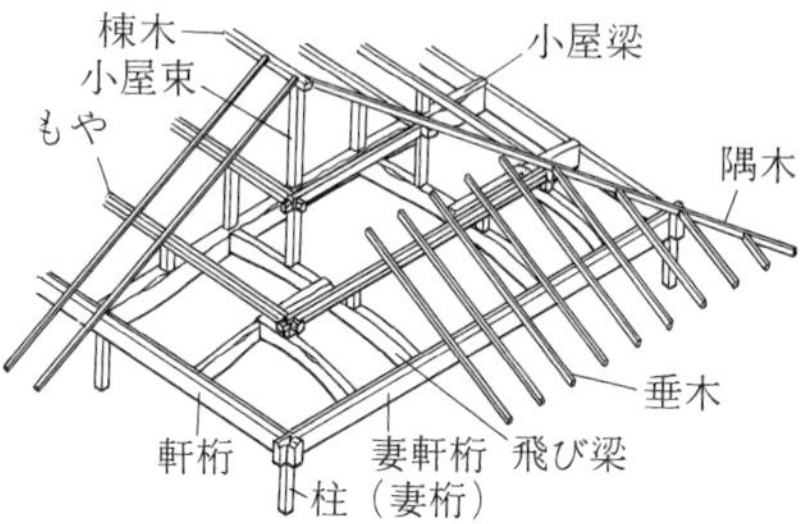

梁（うつばり・はり）
家屋の骨組みの一つ。柱と柱の上に渡し、棟の重みを受けて屋根を支えるもの。

【図版】うつばり

小屋梁（こやばり）
小屋組《こやぐみ》の最下部に用いられた梁。

棟木（むなぎ）
棟は屋根の背にあたる部分。そこに用いる木材をいう。〈注〉これを上げる祝いを、「上棟式・棟上げ・建前《たてまえ》」という。

垂木（たるき）
屋根面を形成するために、棟《むね》から桁《けた》へ渡す長い木材。
【図版】たるき

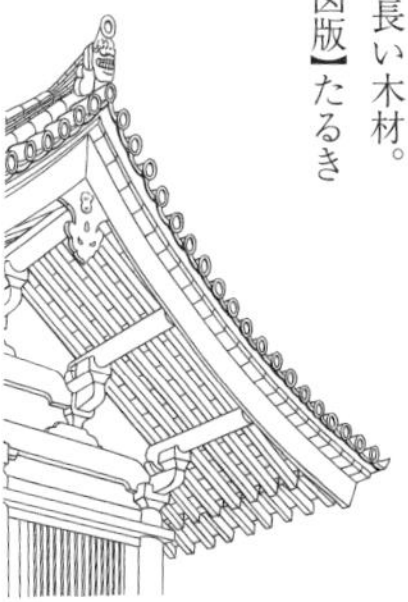

母屋（もや）
棟《むね》や軒桁《のきげた》に平行して、垂木を支えるために渡した横木。

桁（けた）
柱の上に渡してその上にのせる梁《はり》を受けさせる材木。

隅木（すみぎ）
屋根の隅棟の下に取りつけて、垂木《たるき》の上端を受ける木。

●日本間

長押（なげし）
日本建築で、柱と柱との間を、柱の側面から横に打ちつけた材木。奈良時代初期には扉を釣り込むためのものであったが、まもなく、軸組を固めるために用いられるようになり、中世以後は次第に装飾化した。

書院造（しょいんづくり）
室町中期に起こり、桃山時代に完成した武家住宅の建築様式。平安時代の寝殿造りが変化発展したもの。建物の内部を数室に分け、室内には畳を敷きつめ、明障子《あかりしょうじ》、襖《ふすま》などを用い、表座敷は上段の間とし、床、棚、付書院を備え、出入口として玄関を設ける。江戸時代を経て、現今の一般の日本住宅様式の基礎となった。【図版】書院

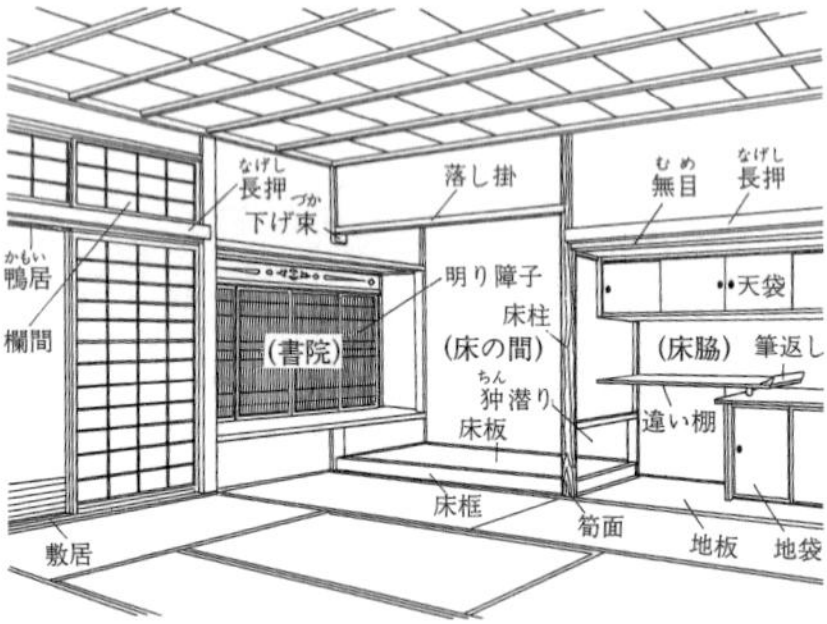

鴨居（かもい）
建築物の開口部の上部にあって、引戸、障子、ふすまなどをはめる溝をつけた横材。

敷居（しきい）
門戸の内と外とを区別するために敷いた横木。また、部屋の境の戸や障子、あるいはふすまの下に、それをあけたてするためにつけられた溝のついた横木。古くは「しきみ」といった。

欄間（らんま）
天井と鴨居の間の開口部。普通は組子や透し彫りなどで飾る。

床間（とこのま）
日本建築の客間などで、上座に床を一段高く設けたところ。正面の壁に書画をかけ、床板の上に置物、花瓶などを飾る。下に床框《とこがまち》、上に落掛《おとしがけ》を入れ、奥行は半間。

床脇棚（とこわきだな）
床脇にある棚。違棚、一文字棚、袋棚など種々ある。床棚。

違棚（ちがいだな）
二枚の棚板を、左右段違いに取り付けた棚。

天袋（てんぶくろ）
床脇や押入れの上部にある袋戸棚。

地袋（じぶくろ）
床の間のわきの違い棚の下などにつけた小さい袋戸棚。

建具（たてぐ）
戸、障子、襖《ふすま》など、屋内に取りつけて開閉や取りはずしが自由にできる可動性の、部屋をしきるものの総称。

障子（しょうじ）
「明かり障子」のこと。明かりを取り入れやすいように、片面だけに白紙を張った障子。紙障子。

襖（ふすま）
「襖障子」の略。細い木の骨を組み、両面から紙または布地を張り包んで作った障子。部屋の仕切り、押入れの戸などに使う。唐紙で張ったものを唐紙障子という。

●門

唐門（からもん）
屋根が唐破風《からはふ》造になった門。あるいは正面に軒唐破風のついた門。妻入りのものを向《むかい》唐門、平入りのものを平唐門という。前者は豊国神社などに、後者は三宝院などに見られる。

【図版】唐門〈年中行事絵巻〉

棟門（むねもん・むねかど）
二本の柱を立て、屋根が切妻破風造りのもの。【図版】棟門〈年中行事絵巻〉

四脚門（しきゃくもん）
二本の主柱の前後にそれぞれ二本の副柱がある形式の門。副柱が四本あるのでいう。四足。四足門。【図版】四脚門〈年中行事絵巻〉

冠木門（かぶきもん）
二本の柱の上部に冠木を貫き渡し、上に屋根をかけた門。現在は屋根のないものをいうことが多い。【図版】冠木門〈東京風俗志〉

●垣と塀

小柴垣（こしばがき）
小柴で作った、丈《たけ》の低い柴垣。小柴。【図版】小柴垣〈法然上人絵伝〉

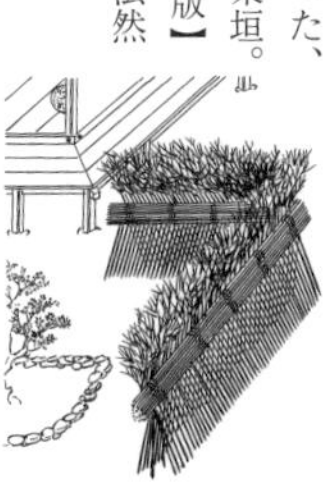

透垣（すいがい）
柱の間に通した貫《ぬき》の表裏から細板または割竹《わりだけ》を交互に打ち並べたもの。すいがき。【図版】透垣〈源氏物語絵巻〉

檜垣（ひがき）
檜《ひのき》の薄板を網代のように編んだ垣。昔、

築地《ついじ》などよりも簡便な家の外構えとしたもの。【図版】檜垣〈春日権現験記絵〉

玉垣（たまがき）

神社・皇居の周囲にめぐらした垣。【図版】玉垣

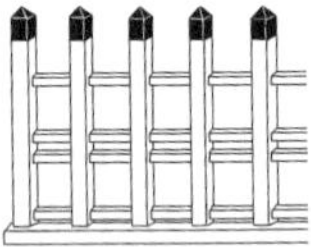

建仁寺垣（けんにんじがき）

竹垣の一種。京都の建仁寺で初めて用いたという形式で、四つ割り竹を皮を外にして平たく並べ、竹の押縁《おしぶち》を横にとりつけ縄で結んだ垣。【図版】建仁寺垣

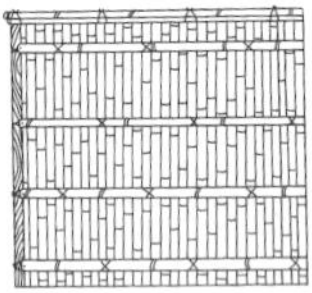

四目垣（よつめがき）

竹垣の一種。掘っ立ての柱を立て、その間に丸竹を縦横に組んだもの。その透間が方形であるところからいう。【図版】四つ目垣

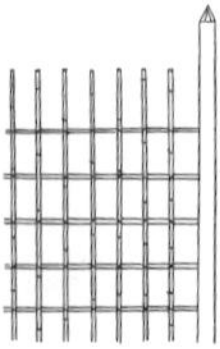

築地（ついじ）

土で造った垣根。両側に板を立て、内に土をつめ、つき固めて造った塀。須柱（築地の表面に露出している柱）があるものとないものとがある。【図版】築地

【神社建築】

鳥居（とりい）

神社の参道入口や社殿の周囲の玉垣に開かれた門。左右二本の柱の上に笠木をわたし、その下に柱を連結する貫《ぬき》を入れたもの。丸太すなわち黒木を組み合わせた原始的な黒木鳥居と島木をつけた島木鳥居とに大別され、笠木が反り、島木・額束を備えた明神鳥居が最も多い。木造の外に石造・銅製のものもある。【図版】鳥居

鳥居の部分名称

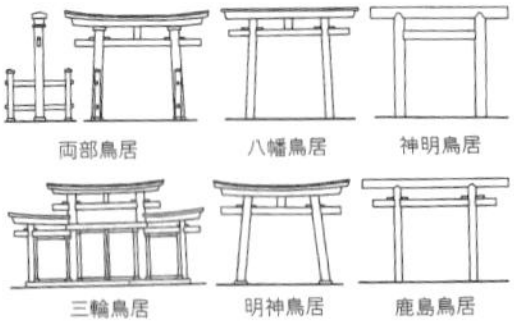

●建築様式

神明造（しんめいづくり）

神社本殿形式の一つ。切妻造り、平入りで、屋根にそりがない。千木《ちぎ》・鰹木《かつおぎ》をのせる。伊勢神宮正殿が代表とされている。【図版】神明造〈皇大神宮正殿〉

千木（ちぎ）
日本建築で、大棟上に交差した木。本来は破風《はふ》の上方が棟上に出て交差したものであるが、後には装飾化し、棟上に置くようになった。

鰹木（かつおぎ）
宮殿または神社の棟木《むなぎ》の上に、これと直角に並べた装飾の木。中ぶくれの円筒形で鰹節《かつおぶし》の形に似ているところからいう。

大社造（たいしゃづくり）
神社本殿形式の一つ。切妻造り。妻入りで桁行二間、梁行二間。入り口は一方に寄せて設けられる。内部に中心柱があり、その奥に横向きの神座がある。屋根は檜皮《ひわだ》葺《ぶ》きで、千木《ちぎ》・鰹木がのる。出雲大社本殿はその典型。【図版】大社造〈出雲大社本殿〉

住吉造（すみよしづくり）
神社本殿形式の一つ。屋根に反りがなく、切妻造りの妻を正面とし、内部が二室になっているもの。大阪市住吉の住吉大社の本殿はその例。【図版】住吉造〈住吉大社本殿〉

春日造（かすがづくり）
神社本殿形式の一つ。奈良の春日大社本殿の桁行《けたゆき》一間、奥行一間、妻入りで、前に向拝を付けたものを基本形式とする。近畿地方に多い。【図版】春日造〈円城寺春日堂〉

八幡造（はちまんづくり）
神社本殿形式の一つ。切妻造平入りの社殿を二つ前後に並べ、両殿の軒の接するところには、共用の樋を設けるもの。宇佐八幡宮がその代表。【図版】八幡造〈宇佐神宮本殿〉

日吉造（ひえづくり）
神社本殿形式の一つ。滋賀県大津市坂本にある日吉大社本殿をその典型とするところからこの名がある。切妻造の母屋の正面と両側面の三方に庇がついたもの。ひよしづくり。聖帝造《しょうていづくり》。【図版】日吉造〈日吉神社西本宮本殿〉

流造（ながれづくり）
神社本殿形式の一つ。切妻造平入りの前面の屋根を長く延ばしたもの。上下賀茂社本殿がその代表例。奈良末期から平安初期に始まり、神社本殿として最も広く行なわれている。流破風造。【図版】流造〈園城寺新羅善神堂〉

両流造（りょうながれづくり）
神社本殿形式の一つ。母屋の前後に庇《ひさし》があり、屋根を前後に流れ造りとしたもの。厳島神社本殿など。【図版】両流造〈厳島神社〉

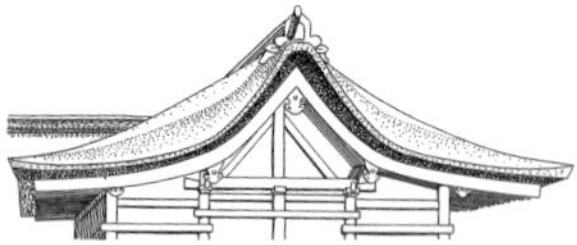

権現造（ごんげんづくり）
神社本殿形式の一つ。拝殿と本殿とを石間《いしのま》、または相間《あいのま》でつらねたもの。京都の北野神社で平安時代に初めて造られ、豊国廟がこの形をとり、東照宮がこれを採用して以来、近世神社建築に多く用いられた。まつられた東照大権現の名による称。石の間造り。【図版】権現造〈日光東照宮〉

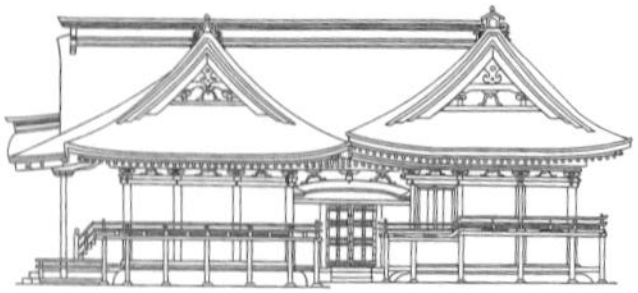

【寺院建築】

伽藍配置（がらんはいち）
仏寺での堂塔の配置。代表的なものは、塔を囲んで北・東・西に三金堂を配する飛鳥寺式、中門、塔、金堂、講堂の順に南から北に縦置する四天王寺式、回廊内庭に、西に塔、東に金堂を配置する法隆寺式、同じく東に塔、西に金堂の法起寺式、回廊内庭中門と金堂の中間東西に両塔をおく薬師寺式、両塔を回廊の南外側の東西に配する東大寺式などがあり、それらの変型もみられる。

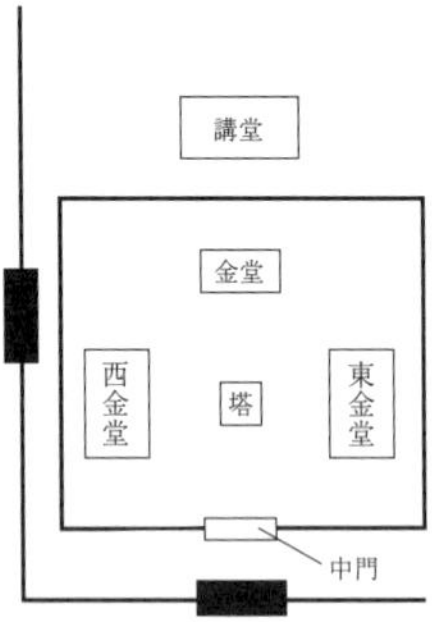

飛鳥寺

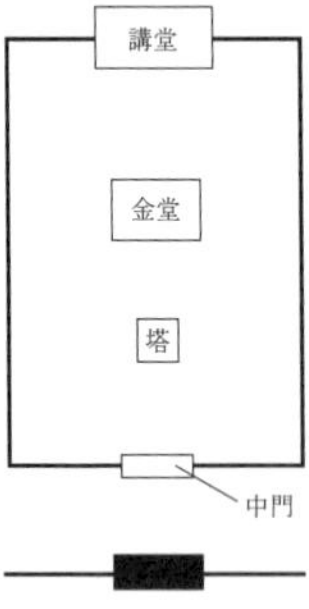

四天王寺

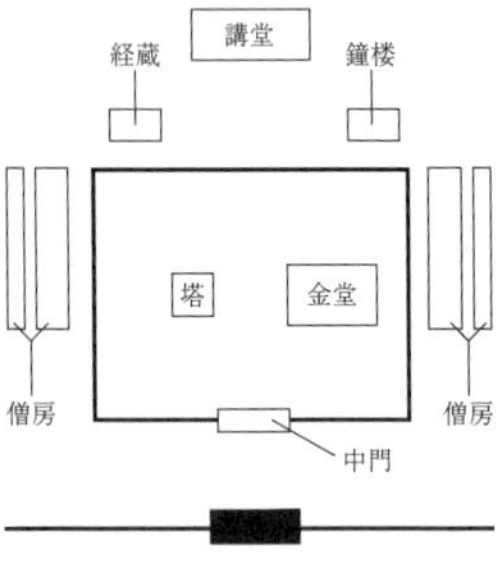

法隆寺

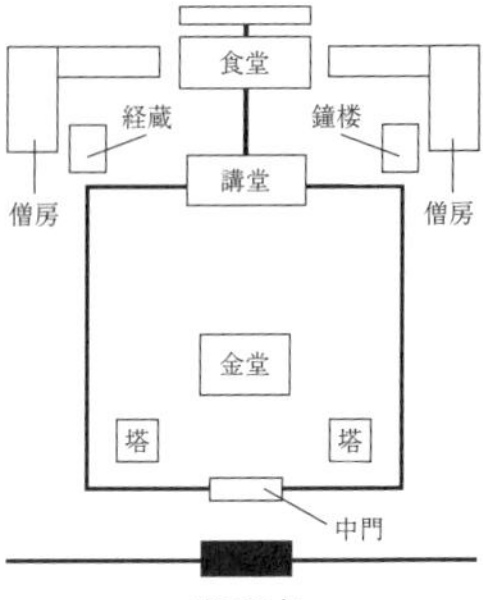

薬師寺

五重塔（ごじゅうのとう）
五層に屋根を積み重ねた形に建てた五階の仏塔で、地・水・火・風・空の五大《ごだい》にかたどったもの。【図版】五重塔〈海竜王寺〉

相輪（そうりん）
塔の最上部におかれる青銅または鉄製の尖塔で、一般に九輪《くりん》という。下から露盤《ろばん》・覆鉢・請花《うけばな》・九輪・水煙《すいえん》・竜車《りゅうしゃ》・宝珠《ほうじゅ》の七つの部分からなる。【図版】相輪〈法隆寺五重塔〉

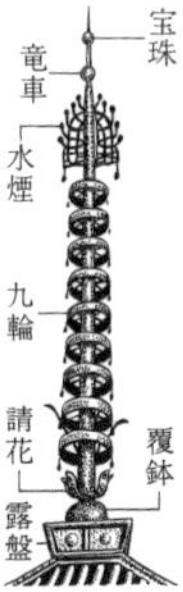

水煙（すいえん）
塔の九輪《くりん》の上部にある火焔《かえん》形の装飾。形が火に似ているのを忌み、同時に火を調伏《ちょうぶく》する縁起からいう。【図版】水煙〈薬師寺五重塔〉

多宝塔（たほうとう）
多宝如来を安置した塔。釈迦が法華経を説いたとき、空中に七宝の塔が現われ、塔中の多宝仏が釈迦を讃嘆して半座を分けたと説かれることに基づいて作られた。上部が円形、下部が方形の覆鉢形二重の塔が一般的。【図版】多宝塔〈石山寺〉

日本語力

鐘楼（しょうろう）
寺院の境内にあって、梵鐘《ぼんしょう》をつるしてある堂。かねつき堂。【図版】鐘楼〈法隆寺東院〉

梵鐘（ぼんしょう）
寺院の鐘楼につりさげ、撞木《しゅもく》で打ち鳴らす鐘。【図版】梵鐘

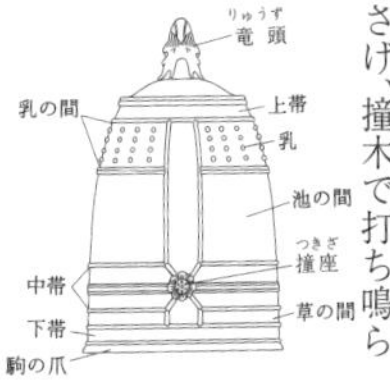

【仏像】

●仏像の種類

如来（にょらい）

正しい悟りを得た者。仏。特に、釈迦如来をさすことが多い。

【図版】阿彌陀如来〈図像抄〉

菩薩（ぼさつ）

釈迦の前生における呼称。大乗仏教が興って、修行を経た未来に仏になる者の意で用いる。悟りを求め修行するとともに、他の者も悟りに到達させようと努める者。また、仏の後継者としての、観世音、彌勒、地蔵など。【図版】彌勒菩薩〈中宮寺〉

明王（みょうおう）

真言を宣布する諸尊をいう。如来の教令《きょうりょう》をうけて衆生を調伏する諸尊で、怒りの相を表わす。五大明王は不動明王を中心に降三世、軍荼利、大威徳、金剛夜叉の四明王を東南西北に配するもの。

【図版】不動明王〈青蓮院〉

天部（てんぶ）

天界に住む者の総称。四天王（持国《じこく》天、広目《こうもく》天、増長《ぞうじょう》天、多聞《たもん》天または毘沙門《びしゃもん》天）、天女（吉祥天、弁財天）、阿修羅・閻魔王、帝釈天・梵天・大黒天、あるいは薬師十二神将など。【図版】多聞天〈図像抄〉

●仏像の部分名称

（薬師寺の聖観音で図示）【図版】〈聖観音〉

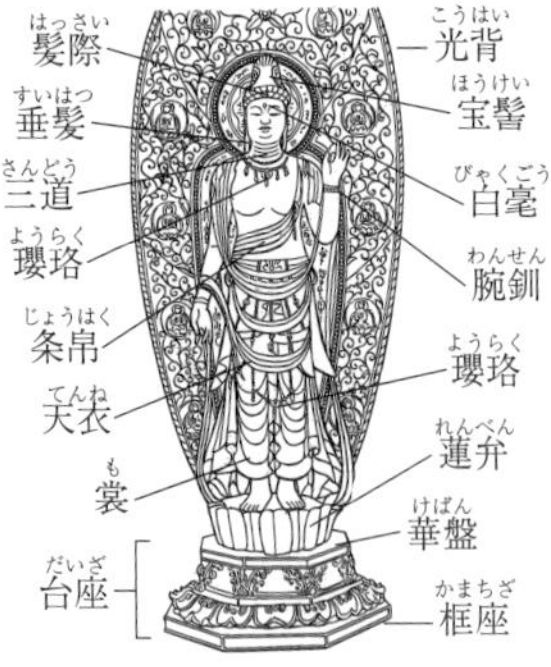

宝髻（ほうけい）

仏菩薩や天部の仏像が頭上に結んでいるもとどり。

天衣（てんね）

菩薩が身につけている薄物の細長い布。

瓔珞（ようらく）

珠玉や貴金属を編んで、頭・首・胸にかける装身具。仏菩薩などの身を飾るものとして用いられ、寺院内でも天蓋などの装飾に用いる。もとインドの上流階級の人々が身につけたもの。

肉髻（にっけい）
仏の三十二相の一つ。仏の頭の頂上に隆起した、髻《もとどり》のような形の肉塊。
【図版】阿彌陀如来〈平等院〉

螺髪（らほつ）
仏の三十二相の一つ。仏の頭髪の、縮れて巻き毛になっているもの。らはつ。

白毫（びゃくごう）
仏の三十二相の一つ。仏の眉間にある白い巻き毛。右旋していて光を放ち、無量の国を照らすという。仏像では、そこに水晶などを嵌入することが多い。

台座（だいざ）
仏像を安置しておく台。その形によって、蓮華をかたどった「蓮華座」、須彌山《しゅみせん》をかたどった「須彌座」、岩をかたどった「岩座」などがある。

【図版】蓮華座〈平等院〉

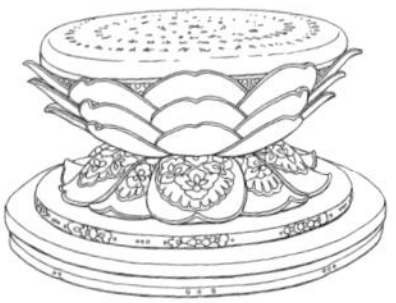

【図版】須彌座〈建長寺〉

【図版】岩座〈興福寺天灯鬼部分〉

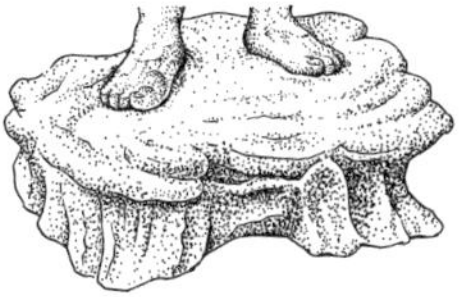

日本語力

●七福神《しちふくじん》
幸福を招くという七人の神。恵比須（蛭子）・大黒天・毘沙門天・弁財（才）天・布袋・福禄寿・寿老人をいうが、寿老人と福禄寿は同体異名としてどちらかを除き、吉祥天を加えることもある。
【図版】七福神〈仏像図彙による〉

恵比寿（えびす）
蛭子神《ひるこのかみ》とも、事代主命《ことしろぬしのみこと》ともいわれる。風

折り烏帽子に狩衣《かりぎぬ》、指貫《さしぬき》を着け、釣りざおで鯛を釣りあげている姿をしている。商家の福の神として祭られることが多い。夷三郎《えびすさぶろう》。えびすがみ。えびすさま。

布袋（ほてい）
中国、唐末の禅僧。名は契此。腹の肥えた身体に、杖を持ち、日用品をすべて入れた袋をになって町の中を歩き、吉凶や天候を占ったという。日本では七福神の一つとして親しまれる。後梁の貞明二年（九一六）に没したと伝えられる。布袋和尚。

毘沙門天（びしゃもんてん）
四天王・十二天の一つ。須彌山《しゅみせん》の中腹にあって、北方を守護し、多くの夜叉《やしゃ》・羅刹《らせつ》を統率するとともに、仏法を守護し、福徳を授ける善神。その形像は怒りの相を表わし、甲冑を着け、片手に宝塔、片手に宝棒また戟を持つ。わが国では七福神の一つとする。毘沙門天王。多聞天《たもんてん》。

大黒天（だいこくてん）
福徳や財宝を与える神とされる。その像は、狩衣のような服を着て、まるく低いくくり頭巾をかぶり、左肩に大きな袋を背負い、右手には打出の小槌を持ち、米俵の上にいる。大国主命を本地とする説が行われ、甲子の日をその祭日とし、二股大根をそなえる習慣がある。大黒さま。大黒。

弁財天（べんざいてん）
インドの神の名。聖河の化身という。仏教にはいって舌・財・福・智慧・延寿などを与え、災厄を除き、戦勝を得させるという女神。日本では吉祥天と混同され、あるいは穀物の神である宇賀神とも同一視されて、多く「弁（辨）財天」と書き、福徳や財宝を与える神とされた。その像は、宝冠・青衣の美しい女神であらわされ、琵琶をひいている。弁天。

寿老人（じゅろうじん）
中国宋の元祐年中（一〇八六～九四）の人で、寿星の化身という。長寿の神で福禄寿と同体、異名の神だともいう。古くは福禄寿があってこの神がなかった。その像は白髭が多く垂れ、身の丈三尺（約九一センチ）で、長頭の老人で、玄鹿を伴っている。玄鹿は千五百歳を経た鹿で、その肉を食うと二千歳の長寿を得るというので、後世になってつけ加えられたという。南極老人。

福禄寿（ふくろくじゅ）
背が低く、長頭で長いひげをもち、杖に経巻を結び、鶴を伴っている像。幸福・封禄・長寿の三徳をそなえて描いたものといい、また、中国宋の嘉祐（一〇五六～六三）中の道士天南星の化身であるとも南極星の化身ともいう。日本で七福神の一つに加えられたのは室町時代以後。福禄人。

吉祥天（きちじょうてん）
もとバラモン教の女神で、のちに仏教に入って天女となる。顔かたちが美しく、衆生に福徳を与えるという女神。父は徳叉迦、母は鬼子母神で、北方の毘沙門天の居城に住むとされる毘沙門天の妻（あるいは妹）という。像容はふつう宝冠、天衣をつけ、右手を施無畏印、左手に如意宝珠をのせ、後世も美貌の女神として親しまれる。

【能《のう》】

日本の芸能の一つ。南北朝時代から室町時代にかけて、雑芸であった猿楽から歌舞中心の楽劇が発達して「猿楽の能」と呼ばれ、足利義満の時、観阿彌、世阿彌らの出現によって芸能として完成した。謡をうたいながら、囃子《はやし》に合わせて演じるシテ（主役）中心の舞楽で、多くは仮面をつけ、きわめて様式化したもの。広義には、狂言を含めることもある。現在、観世・宝生・金春・金剛・喜多のシテ方五流のほかに、ワキ方三流（下懸宝生・高安・福王）、狂言方二流（大蔵・和泉）、囃子方一四流（笛方三流、小鼓方四流、大鼓方五流、太鼓方二流）がある。

シテ

能楽、狂言などの主人公の役。また、その演者。中入りのあるものは前ジテと後ジテがある。仕手。

ワキ

能楽で、主役（シテ）の相手を演ずる役。また、その人。脇。

能舞台（のうぶたい）

能・狂言を演じる専用舞台。本舞台は京間三間（約六メートル）四方の板張りで、四隅に四本の太柱を立てて屋根をかけ、三方を明け放す。奥に後座《あとざ》があって、正面の羽目板（鏡板）には老松が描かれている。楽屋から舞台に通じる長さ九間前後、幅約一間半の廊下を橋懸《はしがかり》といい、その出口に揚幕《あげまく》をつる。揚幕の奥を鏡の間といい、さらにその奥が楽屋となる。

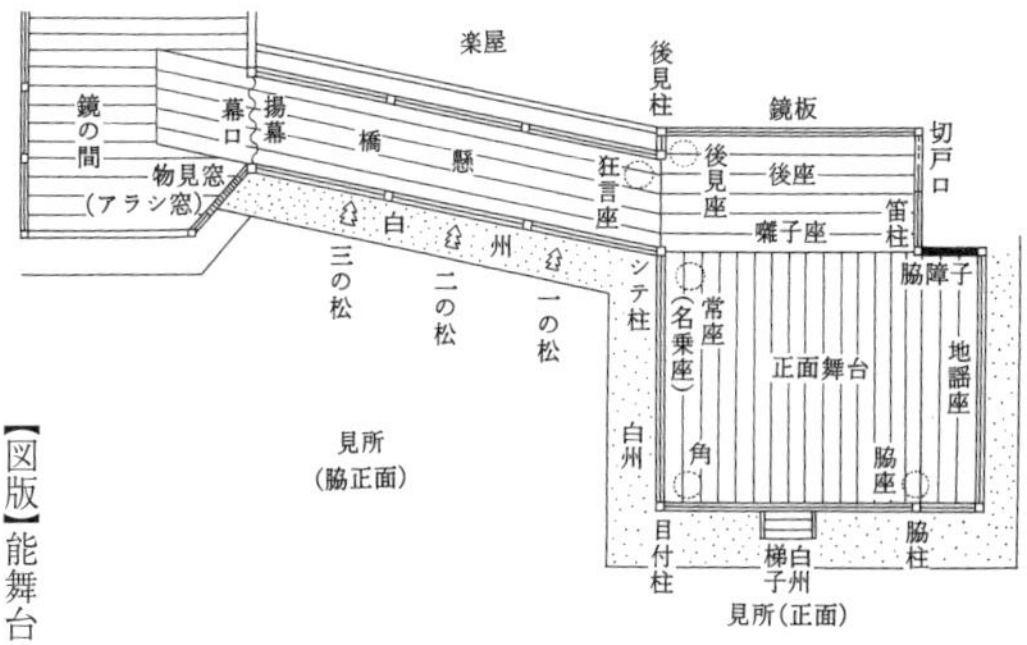

【図版】能舞台

●能面《のうめん》

能に用いる仮面。癋見《べしみ》、飛出《とびで》、天神、悪尉《あくじょう》、顰《しかみ》などの鬼神を表わすもの、小尉《こじょう》、笑尉、朝倉尉、翁《おきな》などの老人を表すもの、邯鄲男《かんたんおとこ》、中将、喝食《かっしき》、童子などの男を表わすもの、小面《こおもて》、若女、増《ぞう》、孫次郎、曲見《しゃくみ》、姥《うば》などの女を表わすもの、痩男《やせおとこ》、霊女、橋姫、般若《はんにゃ》、怪士《あやかし》などの怨霊《おんりょう》を表すものなどに分類される。おもて。

癋見（べしみ）

鬼神を表わす異形の面。大べしみ（天狗）と小べしみ（地獄の鬼）の区別がある。

【図版】
癋見

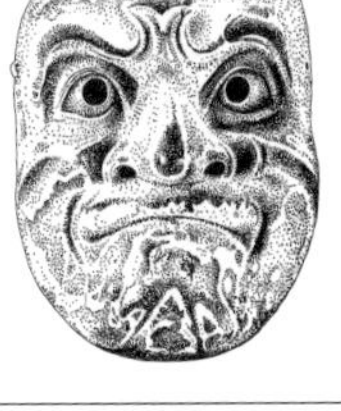

翁（おきな）

能で「翁」「式三番《しきさんば》」といわれる曲で、シテが演ずる翁に用いる白い彩色の白色尉《はくしきじょう》と、狂言方が演ずる三番叟《さんばそう》に用いる黒い黒色尉《こくしきじょう》とがある。

【図版】翁

小面（こおもて）

女面の代表。処女と童女とが融合した可憐な美しい面。「井筒」「熊野」など三番目物に多く用いる。

【図版】小面

般若（はんにゃ）

奈良の僧で面打ちの般若坊の始めたという、嫉妬や怒りなどをたたえた鬼女の面。般若の面。

【図版】般若

【歌舞伎《かぶき》】

近世初期に発生、発達したわが国固有の演劇。慶長八年（一六〇三）頃、出雲大社の巫女《みこ》阿国《おくに》が京都で念仏踊りを興行したのが初めといわれ、人気を集めたが、風俗を乱すとして禁止になった。代わって美少年中心の若衆歌舞伎や野郎歌舞伎が出現し、次第に技芸本位のものとなり、元禄（一六八八～一七〇四）以後多数の名優を輩出した。舞踊、科白、音楽を混交させた伝統演劇として完成し、現在に及ぶ。

●歌舞伎舞台

【図版】歌舞伎舞台

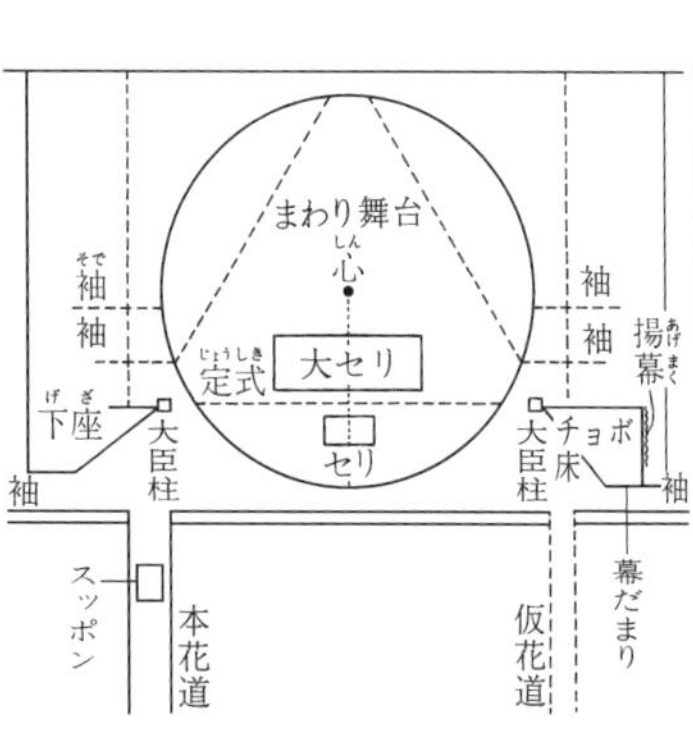

幕（まく）

歌舞伎で、舞台と楽屋との間を仕切るものや舞台の前面に垂らして、客席との間を仕切るものをいう。

定式幕（じょうしきまく）

歌舞伎の舞台に用いる引き幕の代表的なもので、縦に萌黄《もえぎ》・柿・黒の三色の縞がはいったもの。各座によって色や配色順が異なっていたが、森田座のものが現在用いられる。

揚幕（あげまく）
歌舞伎で、花道また上手、下手の出入り口に掛ける幕。紺地に劇場の紋を白抜きで染めた幕で、左右に開閉する。
【図版】揚幕〈戯場楽屋図会〉

花道（はなみち）
観客席を縦に貫いて左側（下手）にある、俳優の出入する道。揚幕から舞台に向かう歩板《あゆみいた》。初めは観客が贔屓《ひいき》の俳優に花（祝儀）を贈るために設けられたものであったところからの呼称。本花道。

すっぽん
歌舞伎劇場で本花道の七三に切り抜いてある方形の穴。奈落《ならく》から花道へ役者をせり上がらせるためのもの。せり穴。

七三（しちさん）
歌舞伎劇場の本花道で、揚幕《あげまく》から七分、舞台の付け際から三分の所。俳優が立ち止まって、せりふを言ったり、見得《みえ》を切ったり、思い入れなどをする。

迫（せり）
劇場で、舞台や花道の一部を切り抜いて、俳優や大道具を奈落から上げ下げする装置。せりだし。
【図版】迫り〈戯場訓蒙図彙〉

回舞台（まわりぶたい）
劇場の舞台の中央を大きく円形に切り抜き、その部分を回るようにし、舞台道具を転換させる装置。また、その装置のある舞台。

強盗返（がんどうがえし）
大道具で、立体的に飾られた道具をうしろに倒し、底面を垂直に立てて次の場面に変化させる方法。どんでん返し。
【図版】強盗返し〈戯場訓蒙図彙〉

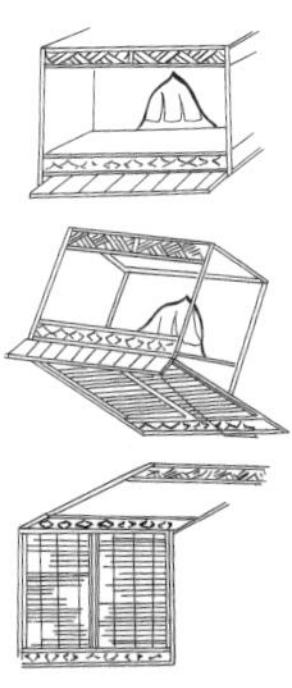

田楽返（でんがくがえし）
大道具の一つ。舞台に立てる背景の書割りの板や襖《ふすま》などの中央に、田楽豆腐のように棒を固定して心《しん》にし、ぐるっと回転させると、裏に描いた絵が現われる仕掛け。幽霊や人物の出没などにも用いる。

下座（げざ）　舞台の陰の、囃子方《はやしかた》が演奏する席。また、その囃子方、その音楽。歌舞伎では古くは舞台上手《かみて》（＝向かって右）の奥であったが、のちに下手《しもて》（＝左）に移った。

【和服《わふく》】

【図版】長着の各部名称

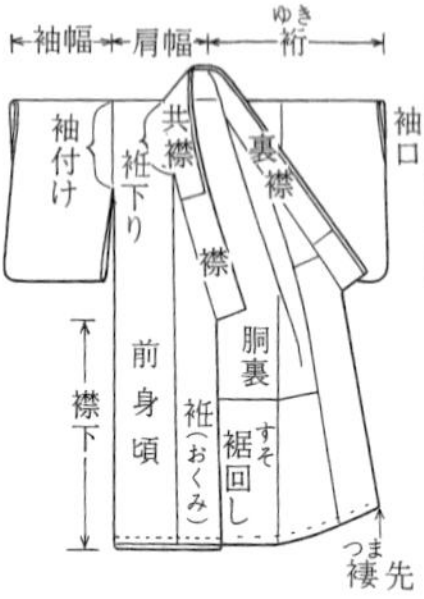

身頃（みごろ）　衣服で、袖《そで》・襟《えり》・衽《おくみ》などを除き、体の表と背面を被う部分。和服では、表背とも各二布《ふたの》ずつでできている。

身八つ口（みやつくち）　身頃の脇明《わきあけ》。袖付の下。脇縫の上部の開いている部分。やつくち。みやつ。

衽（おくみ）　（「おおくび（大領）」の転じた「おくび」の変化したもの）左右の前身頃の前襟から裾《すそ》まで縫いつける、半幅の細長い布。

●袖《そで》

【図版】和服の袖

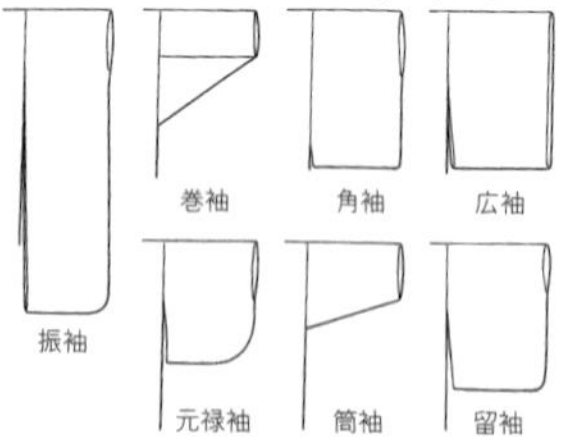

広袖（ひろそで）　袖口の下方を縫い合わせない袖。また、その衣服。どてら・丹前など。ひらそで。

留袖（とめそで）　振袖に対して女子の和服の普通の長さの袖。また、その着物。ふつう女子は娘時代は振袖を、結婚後は留袖を着用した。現在では江戸褄模様（上着の褄の部分に模様が描かれている模様配置）のものをいう。

角袖（かくそで）　四角の袖。角形の袖。また、その外套《がいとう》。

筒袖（つつそで）　袂《たもと》がなくて、筒のような形をした袖。また、そういう袖のついた着物。子供の着物、大人のねまき・仕事着などに用いる。つつっぽう。つつっぽ。

巻袖（まきそで）　広口の袖の下部を三角に折って縫いつけたもの。男女とも仕事着によく使われる。

元禄袖（げんろくそで）　袂《たもと》の外側の下端に丸みをつけた袖。

振袖（ふりそで）　丈を長くして、脇の下を縫い合わせない袖。また、その袖を付けた着物。昔は男女とも一五、六歳までで、元服以前の者が着た。

漢字力を高める

漢字力

同訓異字使い分け早見表―これでもう悩まない

1. 使い方に迷うような一字漢字の同訓異字語を集めて五十音順に配列した。
2. 共通する訓の語形を最初に掲げ、次に〔　〕で漢字表記の別を示した。
3. 漢字表につけられた▼は常用漢字表に無い漢字であることを表し、▽は常用漢字表に漢字はあるがその訓が示されていないことを表す。
4. 各語の下に、その表記を使っての用法を単文や成句で示した。使い分けの例文は、比較的この表記を用いることが多いという意味で、他の表記は使わないというわけではない。
5. (　)内の語は、その上の語と置き換えられることを示す。

あう

〔合う〕　計算が合う。目(気)が合う。

〔会う・▼逢う〕　友人(客)に会う。

〔遭う・▽遇う〕　事故(夕立)に遭う。

あがる

〔上がる〕　地位(物価)が上がる。

〔揚がる〕　花火(歓声)が揚がる。

〔挙がる〕　手が挙がる。

あく

〔明く〕　目が明く。背の明いた服。

〔空く〕　席(部屋・手・時間)が空く。

〔開く〕　窓(店・幕)が開く。

あける

〔明ける〕　夜(年)が明ける。

〔空ける〕　家(杯・時間)を空ける。

〔開ける〕　店(門・窓)を開ける。

あげる

〔上げる〕　手(声・腕前)を上げる。

〔揚げる〕　国旗(花火・船荷)を揚げる。天ぷらを揚げる。

〔挙げる〕　式(例・全力)を挙げる。兵(犯人)を挙げる。国を挙げて。

あし

〔足〕　手と足。足が早い。客足。

〔脚〕　机の脚。雨脚(足)。船脚(足)。

〔▽肢〕　豚の肢(足)。

あたい

〔価〕　商品の価。価が高い。

〔値〕　xの値。尊敬(一読)に値する。

あたたかい

〔暖かい〕　暖かい心(色・季節)。

〔温かい〕　温かい料理(身体・家庭)。

あつい

〔暑い〕　暑い部屋。今年の夏は暑い。

〔熱い〕　熱い湯(飲み物・体・心・仲)。

〔厚い〕　厚い紙(壁)。友情に厚い。

〔▽篤い〕　病《やまい》が篤い。信仰が篤い。

あてる

〔当てる〕　ボール(光)を当てる。胸に手を当てる。日光(風)に当てる。

〔充てる〕　学費に充(当)てる。余暇を読書に充(当)てる。

〔▼宛てる〕　先生に宛てた手紙。

あと

〔後〕　後の祭り。後を頼む。後から行く。後にする。後を引く。

〔跡・▼痕〕　足(靴・進歩)の跡。手術(傷)の痕。跡を継ぐ。

あぶら

〔油〕　油を売る。油を差す。水と油。

〔脂〕　牛肉の脂。脂ぎった顔。

あやまる

〔誤る〕　道(身・人選)を誤る。

〔謝る〕　手落ち(失敗)を謝る。

あらい

〔荒い〕　言葉(気性・金遣い)が荒い。

〔粗い〕　仕事(きめ・網の目)が粗い。

あらわす

〔表す〕　言葉(顔色)に表す。喜び(実力)を表す。名は体を表す。

〔現す〕　姿(形)を現す。正体を現す。

〔著す〕　書物を著す。

〔▽顕す〕　徳を顕す。世に名を顕

す。

ある

〔有る〕金(才・責任・時間)が有る。

〔在る〕ある地位(場所・職)に在る。

あわせる

〔合わせる〕手(心・力・調子)を合わせる。

〔会わせる〕二人を会わせる。会わせる顔がない。つらい目に会わせる。

〔併せる〕諸条件を併せて考える。両社を併せる。併せて健康を祈る。

いたむ

〔痛む〕足(胸・心・傷)が痛む。

〔傷む〕家が傷む。傷んだ果物。

〔悼む〕死を悼む。故人を悼む。

いる

〔入る〕気に入る。念の入った話。

〔要る〕金(手間・承諾)が要る。

うける

〔受ける〕注文(相談・命令)を受ける。影響を受ける。親の血を受ける。

〔請ける〕請け負う。下請け。

うたう

〔歌う・▼唄う〕童謡(流行歌)を歌う。

〔謡う〕謡曲「隅田川」を謡う。

〔▼謳う〕我が世の春を謳う。

うつ

〔打つ〕釘(碁・心・電報)を打つ。

〔討つ〕賊(敵・首・不意)を討つ。

〔撃つ〕鉄砲を撃つ。鳥を撃つ。

うつる

〔写る〕写真に写る。文字が紙の裏にまで写る。

〔映る〕鏡(水面)に映る。影が映る。

うまれる

〔生まれる〕京都に生まれる。

〔産まれる〕予定日が来てもなかなか産まれない。

うむ

〔生む〕新記録(傑作)を生む。

〔産む〕卵を産み付ける。女の子を産む。

うれい

〔憂い〕後顧《こうこ》の憂い。備えあれば憂いなし。

〔愁い〕春の愁い。愁いに沈む。

うれえる

〔憂える〕国を憂える。

〔愁える〕旅のわびしさを愁える。

おかす

〔犯す〕法(過ち・女性)を犯す。

〔侵す〕領土(人権)を侵す。

〔冒す〕危険(神・他姓)を冒す。病《やまい》に冒される。

おくる

〔送る〕荷物(合図・人・時)を送る。

〔贈る〕お祝い(声援・官位)を贈る。

おくれる

〔遅れる〕会合(汽車)に遅れる。完成(開花・時計)が遅れる。

〔後れる〕流行に後れる。開発(知能)が後れる。気後れする。

おこす

〔起こす〕体を起こす。訴訟を起こす。朝早く起こす。

〔興す〕産業を興す。

おこる

〔起こる〕事件(持病)が起こる。

〔興る〕国(学問)が興る。

〔▼熾る〕炭火が熾る。

おさまる

〔収まる〕博物館に収まる。争いが収まる。

〔納まる〕品物が納まった。国庫に納まる。

〔治まる〕国内がよく治まる。痛みが治まる。

〔修まる〕身持ちが修まらない。

おさめる

〔収める〕成功(勝利)を収める。権力を手に収める。目録に収める。

〔納める〕税金(商品)を納める。胸(倉)に納める。

〔治める〕領地(国・乱)を治める。

〔修める〕学問(身)を修める。

おす

〔押す〕ベル(判・横車)を押す。

〔推す〕会長に推す。推して知るべし。

おどる

〔踊る〕ダンスを踊る。黒幕(人気)に踊らされる。

〔躍る〕 胸（心・字）が躍る。馬が躍り上がる。小躍りして喜ぶ。

おもて

〔表〕 表と裏。表の部屋。事件（内幕）を表に出す。

〔面〕 面を上げる（包む・さらす）。感情を面に出す。水の面。

おりる

〔下りる〕 幕（錠・許可）が下りる。

〔降りる〕 電車を降りる。高所から飛び降りる。霜が降りる。

おろす

〔下ろす〕 腰（根・枝）を下ろす。貯金を下ろす。三枚に下ろす。

〔降ろす〕 乗客（積み荷・旗）を降ろす。

〔卸す〕 小売りに卸す。たな卸し。

かえりみる

〔顧みる〕 背後（過去）を顧みる。

〔省みる〕 みずからを省みる。

かえる

〔▽反る〕 軍配（裾《すそ》）が反る。

〔返る〕 正気（初心・原点）に返る。

〔帰る・▽還る〕 家に帰る。故郷へ帰る。

かえる

〔変える〕 形（顔色・位置）を変える。

〔換える〕 物を金に換える。乗り換え。

〔替える〕 振り替える。替え歌。

〔代える〕 書面をもって挨拶に代える。命に代えても守る。

かおる

〔薫る〕 風薫る五月。

〔香る〕 梅が香る。茶の香り。

かかる

〔掛かる〕 帽子が掛かっている。迷惑が掛かる。仕事に掛かる。

〔懸かる〕 空に月が懸かる。優勝が懸かる。気に懸かる。

〔架かる〕 橋（鉄橋）が架かる。

〔係る・▼繋かる〕 本件に係る訴訟。名誉に係る問題。係り結び。

〔▼罹る〕 病気に罹る。

かげ

〔陰〕 山の陰。陰の声。陰口を利く。

〔影〕 影が薄い。障子に映る影。

かける

〔掛ける〕 腰（錠・迷惑）を掛ける。保険を掛ける。

〔懸ける〕 賞金（命）を懸ける。心に懸ける。

〔架ける〕 橋（電線）を架ける。

〔▼賭ける〕 大金を賭ける。

かた

〔形〕 自由形。跡形もなく。

〔型〕 型にはまる。一九七〇年型。血液型。鋳型。

かたい

〔固い〕 団結（頭）が固い。

〔硬い〕 硬い石。表情（表現）が硬い。

〔堅い〕 堅い材木。堅い話（商売）。

かわ

〔皮〕 皮をはぐ。木（虎・面《つら》）の皮。

〔革〕 革の財布（靴）。なめし革。

かわく

〔乾く〕 洗濯物が乾く。乾いた土。

〔渇く〕 のどが渇く。

かわる

〔変わる〕 位置が変わる。心変わりする。変わり種。

〔換わる〕 金に換わる。

〔替わる〕 二の替わり。入れ替わる。社長が替わる。

〔代わる〕 父に代わって言う。身代わりになる。

きく

〔聞く〕 物音（話し声）を聞く。

〔聴く〕 講義（音楽）を聴く。

〔▼訊く〕 駅への近道を訊く。

〔利く〕 機転（無理・目・顔）が利く。

〔効く〕 薬（宣伝）が効く。効き目。

きわまる

〔極まる〕 失礼極まる。感極まる。

〔窮まる・▽谷まる〕 進退窮まる。

きわめる

〔極める〕 山頂（栄華）を極める。見極める。極めて優秀な成績。

〔窮める〕 真理を窮（究）める。

〔究める〕 学を究（窮）める。

くら

〔倉〕 倉敷料。倉荷証券。

〔蔵〕 蔵座敷。蔵払い。

こえる

〔越える〕 山（国境・年）を越える。

〔超える〕人間の能力を超える。

こす

〔越す〕峠（年）を越す。引っ越す。
〔超す〕一千万人を超（越）す人口。

さがす

〔探す〕職（出口・あら）を探す。
〔捜す〕犯人を捜す。家の中を捜す。

さく

〔裂く〕布を裂く。仲を裂く。
〔割く〕時間（紙面・人手）を割く。

さげる

〔下げる〕値段（温度・頭）を下げる。
〔提げる〕手に提げる。手提げ鞄。

さす

〔差す〕傘（刀）を差す。いや気（赤味・魔・影）が差す。
〔指す〕北の方を指す。将棋を指す。
〔刺す〕人を刺す。針が刺さる。
〔▽射す〕西日が射（差）す。
〔▽注す〕目薬（紅《べに》）を注（差）す。
〔挿す〕かんざし（切り花）を挿す。
〔▽鎖す〕錠（木戸）を鎖す。

さます

〔冷ます〕湯冷まし。
〔覚ます〕太平の眠りを覚ます。
〔▼醒ます〕酔いを醒ます。

さめる

〔冷める〕湯（興奮）が冷める。
〔覚める〕目（麻酔）が覚める。
〔▼醒める〕酒の酔いが醒める。
〔▼褪める〕色が褪める。

さわる

〔触る〕手に触る。触るべからず。
〔障る〕健康（気・しゃく）に障る。

しずまる

〔静まる〕心（嵐）が静まる。
〔鎮まる〕内乱が鎮まる。

しずめる

〔沈める〕船（身）を沈める。
〔静める〕気（鳴り）を静める。
〔鎮める〕反乱（痛み）を鎮める。

しぼる

〔絞る〕手拭い（レンズ・目標・知恵・声）を絞る。
〔搾る〕牛乳（油・税金）を搾る。

しまる

〔締まる〕ひもが締まる。引き締まった顔。
〔絞まる〕首が絞まる。
〔閉まる〕戸が閉まる。

しめる

〔締める・▽緊める〕帯（ねじ）を締める。家計（座）を締（緊）める。
〔絞める〕首（鶏）を絞める。
〔閉める〕窓（ふた・店）を閉める。
〔▼〆る〕帳簿（売り上げ）を〆る。

すすめる

〔進める〕時計（計画）を進める。
〔勧める・▽奨める〕入会（酒・座布団）を勧める。
〔薦める〕候補者として薦める。

する

〔刷る・▼摺る〕年賀状（版画）を刷る。
〔擦る・▽摩る〕マッチを擦る。擦り傷。
〔▽磨る〕墨を磨る。やすりで磨る。
〔▼擂る〕みそ（ごま）を擂る。

そう

〔沿う〕線路（川）に沿う。
〔添う〕連れ添う。二人を添わせる。
〔▽副う〕期待（意）に副（添）う。

そなえる

〔供える〕花（お神酒）を供える。
〔備える〕台風（試験）に備える。
〔▽具える〕商才（資格）を具（備）える。

たえる

〔耐える〕苦難（風雪）に耐える。
〔堪える〕任（鑑賞）に堪える。遺憾に堪えない。読むに堪えない。

たずねる

〔訪ねる〕友人（会社）を訪ねる。
〔尋ねる・▼訊ねる〕道（名）を尋ねる。

たたかう

〔戦う〕敵（隣国）と戦う。
〔闘う〕病気と闘う。賃上げの闘い。

たつ

〔立つ〕煙（旗・弁・筆・噂）が立つ。
〔建つ〕家（銅像・石碑）が建つ。
〔▽発つ〕八時に東京を発つ。
〔▽経つ〕時（月日）が経つ。
〔▽起つ〕座を起（立）つ。

たつ

〔絶つ〕命（縁・望み・消息）を絶つ。

〔断つ〕 退路（酒・快刀乱麻）を断つ。
〔裁つ〕 布地を裁つ。裁ちばさみ。

たてる
〔立てる〕 柱（計画・顔）を立てる。
〔建てる〕 ビル（銅像）を建てる。建て前。

たのむ
〔頼む〕 紹介（ハイヤー）を頼む。
〔▼恃む〕 数（己れ）を恃（頼）む。

たま
〔玉・▽珠〕 玉にきず。掌中の玉。
〔球〕 電気の球。球を投げる。
〔弾〕 ピストルの弾。弾を込める。

つかう
〔使う〕 道具（魔法・重油）を使う。
〔遣う〕 大金（気）を遣う。仮名遣い。

つく
〔付く・▽附く〕 跡（気・癖・力・条件）が付く。板（地・目）に付く。
〔着く〕 京都に着く。手紙が着く。
〔就く〕 職（任・眠り・家路）に就く。
〔▽即く〕 皇位に即（就）く。
〔▽点く〕 照明（火）が点（付）く。
〔▼憑く〕 きつね（物の怪《け》）が憑く。

つく
〔突く〕 針で突く。手を突いて謝る。
〔▽衝く〕 急所（不意・鼻）を衝（突）く。
〔▼撞く〕 鐘（まり）を撞（突）く。
〔▼搗く・▼舂く〕 米（もち）を搗く。
〔▽吐く〕 ため息（うそ）を吐く。

つぐ
〔次ぐ〕 富士山に次ぐ山。事件が相次ぐ。取り次ぐ。
〔継ぐ・▽嗣ぐ〕 家業（遺志）を継ぐ。
〔接ぐ〕 木（骨）を接ぐ。
〔▽注ぐ〕 お茶（酒）を注ぐ。

つくる
〔作る〕 米（詩・顔・規則）を作る。
〔造る〕 船（庭園）を造る。

つける
〔付ける・▽附ける〕 跡（気・癖・目・見当）を付ける。帳面に付ける。
〔着ける〕 船を岸に着ける。衣服を身に着ける。仕事に手を着ける。
〔就ける〕 職に就ける。
〔▽即ける〕 位に即（就）ける。
〔▽点ける〕 明かりを点（付）ける。

つつしむ
〔慎む〕 言動（酒・身）を慎む。
〔謹む〕 謹んで申しあげます。

つとめる
〔努める・▽勉める〕 解決（サービス）に努める。努めて早起きする。
〔務める〕 議長（主役）を務める。
〔勤める〕 会社に勤める。朝のお勤め。

とうとい（たっとい）
〔尊い〕 尊い神（行い・犠牲）。
〔貴い〕 貴い生命（資料・経験）。

とく
〔解く〕 結び目（包囲・問題）を解く。
〔溶く〕 絵の具を溶く。

とける
〔解ける〕 帯（禁・任・謎・怒り・誤解・緊張）が解ける。
〔溶ける・▽融ける〕 塩が水に溶ける。氷が溶（解）ける。
〔▼熔ける・▼鎔ける〕 鉛が熔（溶）ける。

ととのえる
〔整える〕 列（髪・調子）を整える。
〔調える〕 資産（夕食）を調える。

とぶ
〔飛ぶ〕 鳥（噂）が飛ぶ。外国へ飛ぶ。
〔跳ぶ〕 溝を跳ぶ。跳びはねる。

とまる
〔止まる・▽停まる〕 時計（車・電気・痛み・血）が止まる。
〔留まる〕 目（心）に留まる。鳥が木に留（止）まる。
〔泊まる〕 旅館に泊まる。船が泊まる。

とる
〔取る〕 手に取る。資格（連絡・メモ・年・婿）を取る。汚れを取る。
〔採る〕 血（決《けつ》）を採る。新卒を採る。
〔執る〕 事務（筆）を執る。執り行う。
〔捕る・▽獲る〕 鳥を捕る。生け捕る。
〔撮る〕 写真（ビデオ）を撮る。
〔▽摂る〕 栄養（食事）を摂（取）る。

〔▽盗る・▽奪る〕 金を盗(取)る。
〔▽録る〕 鳥の鳴き声を録(取)る。
〔▽脱る〕 帽子(上着)を脱(取)る。

ない
〔無い〕 金が無い。無い物ねだり。
〔亡い〕 あの人も今は亡い。亡き父。

なおす
〔直す〕 誤り(機械・服装)を直す。
〔治す〕 病気(傷)を治(直)す。

なおる
〔直る〕 ゆがみが直る。
〔治る〕 けがが治(直)る。治(直)らない病気。

なか
〔中〕 箱(家)の中。両者の中に入る。
〔仲〕 仲がいい。仲を取り持つ。仲働き。

ながい
〔長い〕 長い紐(髪)。気が長い。
〔永い〕 永い眠りに就く。

ならう
〔習う〕 英語(運転)を習う。
〔倣う・▼傚う〕 前例(ひそみ)に倣う。

のせる
〔乗せる〕 車(電波・軌道)に乗せる。
〔載せる〕 棚に本を載せる。自動車に貨物を載せる。本に広告を載せる。

のばす
〔伸ばす〕 手足(勢力)を伸ばす。
〔延ばす〕 出発(閉会)を延ばす。

のびる
〔伸びる〕 背(学力・勢力)が伸びる。
〔延びる〕 出発(鉄道・寿命)が延びる。

のぼる
〔上る〕 坂(川)を上る。京へ上る。多数(食卓・人の口)に上る。
〔登る〕 山(木・演壇)に登る。
〔昇る〕 天に昇る。日(地位)が昇る。

のる
〔乗る〕 車(時流・相談)に乗る。
〔載る〕 机(新聞)に載っている。

はえる
〔映える〕 紅葉が夕日に映える。
〔栄える〕 栄えある勝利。出来栄え。

はかる
〔図る〕 解決(便宜・合理化)を図る。
〔計る〕 時間を計る。計り知れない。
〔測る〕 距離(面積・速度)を測る。
〔量る〕 目方を量る。升で量る。
〔謀る〕 暗殺(悪事)を謀る。
〔諮る〕 会議(重役会・部下)に諮る。

はじめ
〔初め〕 年の初め。初めての経験。
〔始め〕 始めと終わり。会を始める。

はな
〔花〕 花も実もある。花の都。
〔華〕 華やか。人生の華(花)。

はなれる
〔離れる〕 職(列)を離れる。離れ島。
〔放れる〕 矢が弦を放れる。放れ馬。

はやい
〔早い〕 朝(気・時期)が早い。
〔速い・▽疾い〕 足(流れ)が速い。

ひ
〔火〕 火に掛ける。火の消えたよう。
〔灯〕 灯がともる。町の灯がつく。

ひく
〔引く〕 綱(弓・線・例・車)を引く。
〔▼曳く〕 裾《すそ》(足)を曳(引)く。
〔▼挽く〕 材木(ろくろ)を挽く。
〔弾く〕 ピアノ(琴)を弾く。
〔▼碾く〕 豆(お茶)を碾(挽)く。
〔▽退く〕 兵(腰・身・手)を退く。
〔▼惹く〕 人目(気・同情)を惹(引)く。
〔▼轢く〕 車で犬を轢く。

ふえる
〔増える〕 人口(水かさ)が増える。
〔殖える〕 財産が殖える。

ふく
〔吹く〕 風が吹く。笛(ほら)を吹く。
〔噴く〕 火山が火を噴く。

ふける
〔更ける・▽深ける〕 夜（秋）が更ける。
〔老ける〕 老けた顔。

ふね
〔舟〕 舟をこぐ。小舟。笹舟。丸木舟。
〔船〕 船の甲板《かんぱん》。大船。屋形船。

ふやす
〔増やす〕 人数を増やす。
〔殖やす〕 財産を殖やす。

ふるう
〔振るう〕 刀（熱弁）を振るう。
〔震う〕 声を震わせる。身震い。
〔奮う〕 奮って参加する。
〔▽揮う〕 采配（筆）を揮（振る）う。

まざる
〔交ざる〕 麻が交ざっている。
〔混ざる〕 酒に水が混ざる。

まじる
〔交じる〕 誤字（別の糸）が交じる。
〔混じる〕 異物（雑音）が混じる。

まぜる
〔交ぜる〕 交ぜ織り。
〔混ぜる〕 セメントに砂を混ぜる。絵の具を混ぜる。

まち
〔町〕 町と村。町に出る。町役場。
〔街〕 学生（若者）の街。街の明かり。

まるい
〔丸い〕 丸い石。丸くおさめる。
〔円い〕 円い月。円（丸）く輪になる。

まわり
〔回り〕 身の回り。火の回りが早い。
〔周り〕 池の周り。周りの人。

みる
〔見る・▽視る〕 景色（面倒）を見る。
〔診る〕 患者を診る。脈を診る。
〔▽看る〕 病人を看る。
〔▽観る〕 劇（映画）を観（見）る。

もと
〔下〕 木（法）の下。悪条件の下で働く。
〔元〕 火の元。元も子もない。元帳。
〔本〕 本と末。本を正す。本が枯れる。
〔基〕 資料を基にする。農は国の基。
〔▽許〕 親の許（下）を離れる。
〔▽素〕 スープの素。
〔▽因〕 口は災いの因（元）。

や
〔屋〕 屋根。酒屋。技術屋。気どり屋。
〔家〕 わが家。二階家。家賃。

やぶれる
〔破れる〕 障子（均衡・夢）が破れる。
〔敗れる〕 勝負（人生）に敗れる。

やわらかい
〔柔らかい〕 柔らかいパン（毛布・肌）。手触りが柔らかい。
〔軟らかい〕 軟らかい話。話しぶり（表情）が軟らかい。

ゆく
〔行く・▽往く〕 学校へ行く。行く末。
〔逝く〕 英雄が逝く。逝く春を惜しむ。

よい
〔良い・▽好い〕 成績（品質・仲）が良い。
〔善い〕 善い行い。
〔▽佳い・▽吉い〕 佳い景色。佳（吉）い日を選ぶ。

よむ
〔読む〕 本（秒・票・人の心）を読む。
〔詠む〕 即興で歌を詠む。月を詠む。
〔▽訓む〕 漢字の山《さん》は「やま」と訓む。

わかれる
〔分かれる〕 意見（道）が分かれる。
〔別れる〕 友（妻・親）と別れる。
〔▽岐れる〕 道（川）が岐（分か）れる。

わざ
〔技〕 柔道の技。技を磨く。足技。
〔業〕 至難の業。離れ業。

わずらう
〔煩う〕 恋に煩う。思い煩う。
〔患う〕 胸を患う。三年ほど患う。

同音類語集 ― パソコン入力の強い味方

1. 同じ読みでありながら意味の違う二字の熟語を集めて五十音順に配列した。
2. 各語の下に、その熟語を使った短文や成句を示し、意味の違いが具体例からわかるようにした。

【あ　行】

あんごう
暗号『暗号の解読』『暗号を用いて連絡する』
暗合『暗合した事実』『偶然の暗合』

いぎ
異義『同音異義語』
異議『異議を唱える』『異議なし』『異議の申し立て』

いし
意志『意志の強い人』『意志の疎通』『意志薄弱』
意思『本人の意思を尊重する』『意思表示』『殺す意思はなかった』

いしゅく
畏縮『気持ちが畏縮する』
萎縮『葉が萎縮する』『感情が萎縮する』『筋萎縮症』

いじょう
異常『異常なほど執念を燃やす』『今年の冬は異常に暖かい』『異常乾燥』
異状『全員異状なし』『体に異状をきたす』『胸部に異状がある』

いたく
委託『業務を委託する』『権限の委託』
依託『仕事を依託される』『依託学生』

いどう
異動『人事異動』
移動『車を移動させる』『平行移動』

いはん
違反『交通違反』『選挙違反』
違犯『法律に違犯する』

いりゅう
慰留『慰留につとめる』
遺留『遺留品』

えもの
得物『得物をとって闘う』
獲物『逃した獲物は大きい』

おじ
伯父『父の兄に当たる伯父さん』
叔父『父の弟に当たる叔父さん』
小父『知らないよその小父さん』

【か　行】

がいかん
外観『建物の外観』『外観の美しさ』
概観『歴史を概観する』

かいしん
会心『会心の笑み』『会心のホームラン』
改心『改心を誓う』『罪を犯した者を改心させる』

かいてい
改定『運賃の改定』『規約の改定作業』
改訂『辞書の改訂』『改訂版』

かいとう
回答『アンケートの回答』『質問に回答する』
解答『解答用紙』『こっそり解答を教える』

かいふく
回復『天候が回復する』『名誉回復』
快復『快復期』『母の快復を喜ぶ』
かいほう
開放『開放厳禁』『開放的な家庭』
解放『人質を解放する』
かがく
化学『化学式』『化学反応』『化学肥料』
科学『自然科学』『科学技術庁』『科学者』
かき
夏季『夏季休暇』
夏期『夏期講習会』
かぎょう
家業『家業を継ぐ』
稼業『文筆稼業』『人気稼業』
かくしゅう
各週『各週ごとに目標をたてる』
隔週『隔週の月曜日に会合を行う』
かくしん
核心『事件の核心に迫る』『核心をつく』
確信『成功を確信する』『確信をもって述べる』
かしょう
過小『過小評価』
過少『過少申告』
かそう
仮装『仮装行列』『仮装舞踏会』
仮想『仮想敵国』『大災害を仮想する』
かたみ
片身『鮭の片身』
肩身『肩身が狭い』
がっかい
学会『学会で発表する』『言語学会』
学界『学界の注目をあびる』
かてい
課程『博士課程』『高等学校の全課程を修了する』
過程『生産過程』『成長の過程を記録する』
かねつ
加熱『加熱殺菌』『加熱してから食べる』
過熱『ストーブの過熱による火災』『選挙戦が過熱する』
かりょう
科料『科料を科せられる』
過料『過料の徴収』
かんしょう
観賞『観賞用の草花』『観賞魚』
鑑賞『音楽（絵画）を鑑賞する』
かんしん
関心『政治に関心をもつ』『無関心』
歓心『女性の歓心を買う』
かんせい
官制『官制を定める』
官製『用紙は官製のものに限る』『官製はがき』
かんち
感知『けむり感知器』
関知『私の関知するところではない』
きうん
気運『文芸の新しい気運』
機運『機運が熟する』
きかい
機械『工作機械』『機械文明』
器械『光学器械』『器械体操』
きぐ
器具『家庭用電気器具』
機具『農機具』
ぎしょう
偽称『医者だと偽称する』

漢字力

偽証『偽証罪に問われる』

きてい
規定『体操の規定種目』
規程『図書貸し出し規程』

きゅうはく
急迫『事態が急迫する』『国際関係が急迫する』
窮迫『生活が窮迫する』

きゅうめい
究明『事故の原因を究明する』『真相の究明がまたれる』
糾明『悪事を糾明する』『責任の所在を糾明する』

きょうい
脅威『戦火の脅威にさらされる』『核の脅威』
驚異『自然界の驚異』『驚異的な記録』

きょうそう
競争『売り上げを競争する』『生存競争』
競走『一〇〇メートル競走』『競走馬』

きょくち
極地『極地探検』『極地観測』
極致『芸の極致』『美の極致』

きんりょう
禁猟『鳥類禁猟区』
禁漁『禁漁水域』

くじゅう
苦汁『苦汁を嘗《な》める』『苦汁を飲まされる』
苦渋『苦渋に満ちた顔』『難渋苦渋』

ぐんしゅう
群集『やじ馬が群集する』
群衆『群衆にさえぎられて立ち往生する』

けいしょう
軽傷『交通事故で軽傷を負う』
軽症『軽症の結核と診断される』

けしき
気色『ひるむ気色もない』『気色ばむ』
景色『景色のよい所』『春の景色』

けっさい
決済『ドルで決済する』『決済方法』
決裁『決裁を仰ぐ』

げんじょう
原状『原状に戻す』『原状回復』
現状『現状を維持する』『現状を打破する』

こうい
好意『好意を寄せる』『彼に好意を持つ』
厚意『厚意に甘える』『せっかくの厚意を無にする』

こううん
幸運『幸運な人』『幸運に恵まれる』
好運『好運な年まわり』

こうがく
向学『向学心に富む』
好学『好学の士を集める』

こうぎ
厚誼『ご厚誼を謝す』
好誼『君の好誼に報いるべく……』

こうぎょう
興行『十五日間の興行を打つ』『追善興行』
興業『殖産興業』

こうせい
後世『後世に名を残す』『後世に伝える』
後生『後生畏《おそ》るべし』

こうせい
更生『更生して社会復帰する』『更生施設』
厚生『厚生労働大臣』『厚生年金』『福利厚生』

こうぜん
昂然『昂然と胸を張る』
浩然『浩然の気を養う』

こうたい
交替『交替で番をする』
交代『投手を交代する』『参勤交代』
こうちょう
高調『高調に吟ずる』『雰囲気が高調する』
好調『作業は好調に進んでいる』『売れ行き好調』
こうてい
行程『五日間の行程』『行程が思ったほどはかどらない』
工程『工程の大半を機械化する』
こうとう
口答『筆答に対する口答』
口頭『口頭試問』『口頭弁論』
こうどく
講読『万葉集を講読する』『原書講読』
購読『定期購読』『新聞の購読料』
こうふ
公布『新憲法を公布する』
交付『免許証を交付する』
こうほう
公報『選挙公報』『戦死公報』
広報『広報活動』『市の広報で知る』

こうりゅう
勾留『未決勾留』『被疑者を勾留する』
拘留『犯人を拘留する』
こじん
古人『古人のおしえ』
故人『故人となる』『故人の想い出』
こたい
固体『固体燃料』『液体・気体・固体』
個体『個体概念』『個体の発生』
こんき
今季『今季最高の人出』
今期『今期最高の売り上げ』

【さ　行】

さいけつ
採決『採決を強行する』『挙手で採決する』
裁決『社長が裁決する』『裁決を仰ぐ』
さいご
最後『最後の力をふりしぼる』『最後まで頑張る』
最期『立派な最期を遂げる』『最期をみとる』
さくせい
作成『予算案を作成する』『書類の作成を依頼する』

作製『模型飛行機を作製する』
じき
時機『時機を逸する』『時機到来』
時期『時期を区切る』『時期尚早』
しきじ
式次『入学式は式次通りに進行する』
式辞『生徒を代表して式辞を読む』
じしょ
字書『漢字字書』
辞書『英和辞書』『辞書を引く』
しじょう
紙上『紙上を騒がす大事件』
誌上『誌上対談』
しせい
市制『市制を敷く』『市制五十周年記念』
市政『市政運営』『市政だより』
じっけん
実検『首実検』
実験『化学実験』
じてん
字典『異体字字典』『漢字字典』
辞典『英和辞典』『国語辞典』
事典『百科事典』『美術事典』

しもん
試問『口頭試問』
諮問『諮問機関』
しゅうぎょう
修業『修業証書』
終業『終業時刻』『終業式』
しゅうし
終止『終止符』『終止形』
終始『あいまいな答弁に終始する』『終始沈黙をまもる』
しゅうしゅう
収拾『事態の収拾がつかない』
収集『情報を収集する』『切手を収集する』
じゅうじゅん
柔順『夫に柔順な女性』『柔順な態度』
従順『従順な家来』
しゅうせい
修正『軌道を修正する』『修正予算』『修正主義と批難する』
修整『写真の修整』
しゅうち
周知『周知の事実』『周知徹底を図る』
衆知『衆知を集める』

しゅうとく
修得『単位を修得した者』
習得『技術の習得につとめる』『学問を習得する』
しゅうよう
収用『土地の収用』
収容『被災者を公民館に収容する』『収容人員』『収容所』
しゅうりょう
修了『全課程を修了した』『修了証書』
終了『本日の営業は終了いたしました』『任務を終了する』
しゅうろく
収録『辞書に収録されている語』『録音テープに収録された声』
集録『遺稿の集録』『議事集録』
しゅぎょう
修行『修行僧』『仏道修行』『武者修行』
修業『花嫁修業』
しゅくせい
粛正『綱紀の粛正』
粛清『血の粛清』『不満分子を粛清する』
しゅし

主旨『判決理由の主旨』
趣旨『会の設立趣旨に反する』
じゅしょう
受賞『ノーベル賞を受賞する』『受賞祝賀会を催す』
授賞『授賞式』
しゅせき
首席『首席で卒業する』『首席全権大使』
主席『国家主席』
しゅっしょ
出処『出処進退を誤る』
出所『出所不明の大金』『刑期を終えて出所する』
じゅよう
需用『需用電力』『需用量』
需要『読者の需要に応ずる』『需要と供給の法則』
じゅんけつ
純潔『純潔を守る』
純血『柴犬の純血種』
しょうかい
紹介『友人に家族を紹介する』『日本の古典を海外に紹介する』『紹介状』

漢字力

照会『品物の在庫を製造元に照会する』『身元を照会する』
しょうがい
傷害『傷害の罪に問われる』『傷害事件』
障害『障害物競走』『胃腸障害』
しょうかん
召喚『証人を召喚する』『召喚状』
召還『大使を本国に召還する』
しょうきゃく
消却『名前を名簿から消却する』『負債の消却』
償却『借金を償却する』『減価償却』
しょうしゅう
召集『召集令状』『天皇は国会を召集する』
招集『株主総会を招集する』『選手招集係』
じょうれい
条令『条令に従う』
条例『集会条例』『新聞紙条例』『公安条例』
しょき
初期『平安時代の初期』『病気の初期症状』
所期『所期の目的を達する』
しょくりょう
食料『食料を調理する』『生鮮食料品』
食糧『食糧管理制度』『食糧庁』『携帯食糧』
しょよう
所用『所用で外出する』
所要『所要の手続きをすませる』『所要時間』
しれい
司令『司令長官』『司令塔』
指令『本部の指令を受ける』『スト指令』
しんき
新奇『新奇をてらう』『新奇な趣向を凝らす』
新規『新規開店』『新規採用』『新規まき直し』
しんしょく
侵食『領土を侵食される』『侵食作用』
浸食『波に浸食された断崖』『浸食谷』
しんどう
振動『エンジンの振動』『空気が振動する』『単振動』
震動『大地が震動する』『激しい震動を伴った噴火』
しんにゅう
侵入『敵の侵入を防ぐ』『家宅侵入』
浸入『水の浸入を防ぐ』
しんろ
針路『船の針路を北にとる』『人生の針路を考える』
進路『進路を妨げる』『台風の進路』『進路指導』
せいいく
生育『稲の生育が悪い』『農作物の生育に適した土地』
成育『稚魚が成育する』『子どもの成育を見守る』
せいき
生気『生気のない顔』『雨が降って植物が生気を取りもどす』
精気『体に精気があふれる』
せいけい
成形『陶器を成形する』『胸郭成形手術』
整形『顔を整形する』『整形手術』『美容整形』
せいこん
精根『精根尽きる』『精根を使い果たす』
精魂『精魂を傾ける』『精魂こめて作りあげる』
せいさく
制作『テレビ番組の制作』『壁画の制作にかかる』『卒業制作』

製作『部品を製作する』『製作所』『会社の製作担当』

せいさん

清算『借金の清算をする』『三角関係を清算する』

精算『旅費を精算する』『運賃精算所』

せいそう

正装『正装で葬儀に参列する』

盛装『盛装してパーティーに出かける』『盛装した婦人』

せいちょう

生長『苗が生長する』『子馬の生長の記録』

成長『子どもの成長を見守る』『経済成長率』

せいちょう

清聴『ご清聴を感謝する』

静聴『ご静聴願います』

せいひ

正否『正否を判断する』『正否を明らかにする』『正否を問う』

成否『成否の鍵を握る』『成否の分かれ目』

せいれい

聖霊『聖霊降臨祭』

精霊『森の精霊』『精霊崇拝』

せじ

世事『世事に疎《うと》い』『世事に通じている』

世辞『世辞を言う』『世辞がうまい』

せじょう

世上『世上で取りざたされる』『世上のうわさ』

世情『世情に疎《うと》い』『世情に明るい』

せっき

節気『節気の移り』『二十四節気』

節季『節季大売り出し』『怠け者の節季働き』

せっきょう

説教『教会で牧師の説教を聞く』『お説教を食う』

説経『和尚の説経を聞く』『説経浄瑠璃《じょうるり》』

ぜったい

絶対『主君の命令は絶対である』『絶対温度』『絶対にまちがっていない』『絶対反対』

絶体『絶体絶命』

せんよう

占用『道路を占用する』『占用を許可する』

専用『職員の専用の出入口』『専用電話』『自動車専用道路』

そうい

相違『事実と相違する報告』『右の通り相違ありません』

相異『双方の意見の相異』『相異する点』

そくせい

即成『即成のチーム』

促成『ハウスで草花の促成を行う』『促成栽培』

そくだん

即断『即断をひかえる』『即断即決』

速断『速断を要する』『速断は禁物だ』

そくとう

即答『即答を迫る』『即答を避ける』

速答『速答を求める』

【た　行】

たいけい

大系『漢文大系』『近代日本文学大系』

体系『賃金の体系』『体系づける』『体系的』

たいしょう

対象『若い女性を対象にした雑誌』『攻撃の対象』

対照『原本との対照を行う』『対照表』『好対照』

たいせい
体勢『体勢がくずれる』『得意な体勢にもちこむ』『攻撃体勢』
態勢『万全の態勢』『受け入れの態勢を整える』

たいひ
待避『待避線』『待避駅』『待避所』
退避『安全な場所へ退避する』『退避命令』

たちあい
立合『すばやい立ち合い』『立ち合い負け』
立会『弁護士立ち会いのもとで遺書を開く』『立会人』

たんきゅう
探求『生活の探求』『幸福の探求』
探究『真理の探究』『美の本質を探究する』

ちょうい
弔意『弔意をあらわす』
弔慰『弔慰金』

ちょうしゅう
徴収『会費を徴収する』『税の徴収』
徴集『鉄製品の徴集』『兵としての徴集を免除される』

ちょうせい
調製『洋服を調製する』『○○堂調製の和菓子』
調整『機械を調整する』『意見の調整をする』『年末調整』

ちょうはつ
挑発『敵を挑発する』『挑発的な服装』
徴発『堤防工事に人員を徴発する』『食糧を徴発する』

ちんせい
沈静『混乱が沈静する』『物価が沈静する』
鎮静『痛みを鎮静する』『鎮静剤』

ちんつう
沈痛『沈痛な面持ち』『沈痛な声』
鎮痛『鎮痛作用』『鎮痛剤』

ついきゅう
追求『利益（利潤）を追求する』『快楽の追求』
追究『真理（真実）を追究する』『美の追究』
追及『責任（原因）を追及する』『余罪の追及』

ていじ
呈示『定期券を呈示する』『学生証を呈示する』
提示『条件を提示する』『証拠の提示』

てきかく
的確『的確な判断』『要点を的確に示す』
適格『選手として適格だ』『適格者』

てきせい
適正『適正な規模』『適正な評価』『適正価格』
適性『編集者としての適性をみる』『運転に適性がない』『適性検査』

てきよう
適用『生活保護法の適用を受ける』『法の適用を誤る』
摘要『摘要欄』

てんい
転位『星の転位を観察する』
転移『責任の転移』『ガンが転移する』

てんか
転化『愛情が憎悪に転化する』『陽性に転化する』
転嫁『責任を転嫁する』『税を消費者に転嫁する』

でんき
電器『電器店』『家庭電器』
電機『重電機』『電機工業株式会社』

でんどう
伝道『キリスト教の伝道』『伝道布教』
伝導『熱の伝導』『伝導体』『伝導率』
てんぷ
添付『領収書を添付すること』『願書に内申書を添付する』
貼付『付箋を貼付する』『写真貼付のこと』
とうさい
搭載『ターボ・エンジンを搭載する』『核を搭載した艦』
登載『雑誌にエッセイを登載する』『名簿に登載する』
どうし
同士『いとこ同士』『恋人同士』『似たもの同士』
同志『革命の同志』『同志を募る』『彼はわれわれの同志だ』
とくちょう
特徴『声に特徴がある』『犯人の特徴』
特長『この学校の特長』『彼の特長を伸ばす』

【な　行】

ないこう
内向『内向的な性格』『内向性』
内攻『病気（熱）が内攻する』
ないぶん
内分『ご内分に願います』『内分にすます』
内聞『内聞に入れる』『ご内聞に願います』
ねんき
年期『返済に五年と年期を定める』『年期小作』
年季『年季奉公』『年季がはいっている』

【は　行】

はいすい
排水『ポンプで地下室に入った水を排水する』『排水管』『排水量』
廃水『工場の廃水による河川の汚濁』
はいふ
配付『答案用紙の配付』『議案・資料の配付』
配布『ビラを配布する』『選挙公報の配布』
はくだつ
剥脱『金箔が剥脱する』『表皮が剥脱する』
剥奪『着衣を剥奪する』『市民権を剥奪する』
はつおん
発音『発音がはっきりしない』『中国語の正しい発音を学ぶ』
撥音『リンゴのンは撥音である』『拗音・促音・撥音』
ばんせい
晩生『早生種と晩生種』『晩生の稲』
晩成『大器晩成』『晩成型の人』
ひかげ
日陰『日陰は涼しい』『日陰に入って休む』『日陰の身』
日影『夏の強い日影』『日影が山の端にかかる』
びかん
美感『美感をみがく』『彼の美感には偏りがある』
美観『美観がそこなわれる』『美観地区』
びしょう
微小『微小な生物』『微小粒子』
微少『微少な量』『損害は微少だ』『微少な差』
ひっし
必死『必死の覚悟』『必死で勉強する』『必死の努力』
必至『倒産は必至だ』『このままでは落選は必至だ』
ひょうき
表記『表記の住所』『現代かなづかいで表

漢字力

記する』『表記法』
標記『標記の件について……』『標記の会議を……』

ひょうじ
表示『わかりやすく表示する』『意思表示』『住居表示』
標示『道路標示』『標示板』

ひょうはく
漂白『布を漂白する』『漂白剤』『漂白作用』
漂泊『漂泊の旅』『漂泊の歌人』『日本中を漂泊して歩く』

ふくげん
復元『壁画の復元』『竪穴《たてあな》式住居を復元する』
復原『復原力（＝船や飛行機が傾いたとき、もとの姿勢にもどろうとして働く力）の大きい船』

ふごう
符号『符号を付ける』『長音符号』『モールス符号』
符合『二人の言うことが符合する』『指紋が符合する』

ふしん
不信『不信の念を抱く』『政治不信』
不審『挙動の不審な男』『不審尋問』

へいこう
平行『互いに平行な二直線』『平行棒』『平行四辺形』『平行移動』
並行『電車とバスが並行して走る』『二つの球場でゲームが並行して進められる』

へんざい
偏在『富の偏在をふせぐ』『一部の人々に偏在する誤った考え』
遍在『神の遍在を信じる』『全国に遍在する』

べんしょう
弁証『弁証法』『弁証法的唯物論』
弁償『なくした本を弁償する』『弁償金を支払うことで合意した』

へんせい
編成『予算の編成』『番組の編成』『十両編成の電車』
編制『学級編制』『部隊を編制する』『戦時（平時）編制』

へんたい
変体『変体がな』『変体漢文』
変態『かえるの変態』『変態性欲』『変態心理』

ほうじょう
豊穣『豊穣の秋』『五穀豊穣』
豊饒『豊饒な土地』『豊饒の海』

ほけん
保健『保健室』『保健所』『保健体育』
保険『保険を掛ける』『保険に入る』『厚生年金保険』『火災保険』

ほしょう
保証『保証書』『身元保証人』
保障『社会保障』『安全保障条約』

ほそく
補足『説明を補足する』『資料を補足する』
捕捉『レーダーで敵を捕捉する』

【ま　行】

まんざい
万歳『三河《みかわ》万歳』『大和《やまと》万歳』
漫才『かけあい漫才』『漫才師』

みとう
未到『前人未到の大事業（大記録）』
未踏『人跡未踏の処女地』

みんぞく
民俗『民俗学』『民俗芸能』『山村の民俗』
民族『民族解放運動』『民族学』『少数民族』

むそう
無想『無念無想』
夢想『夢想だにしない』『夢想家』

むち
無知『無知をとがめる』『無知蒙昧《もうまい》』
無恥『無恥な言動』『厚顔無恥』

むちゅう
夢中『夢中で逃げる』『テレビに夢中になる』『無我夢中』
霧中『霧中信号』『五里霧中（＝事情がまったくわからず、どうしてよいかわからなくなってしまうことのたとえ）』

むめい
無名『無名戦士の墓』『無名作家』
無銘『無銘の日本刀』

めいかい
明快『明快な答え』『明快な答弁』『論旨明快』
明解『明解な説明』

めいき
明記『名まえを明記する』『職業・年齢明記の上』
銘記『心に銘記する』

めいげん
名言『名言を吐く』『蓋《けだ》し名言だ』
明言『必ずやりとげると明言する』『明言を避ける』

めいとう
名答『ご名答』
明答『明答を避ける』『明答が得られない』

【や 行】

やせい
野生『野生の植物』『野生の馬』
野性『野性を帯びる』『野性児』

ゆうぎ
遊技『遊技場』
遊戯『室内遊戯』『お遊戯の時間』

ゆうし
有志『有志を募る』『有志一同』
雄志『雄志をいだく』

ゆうし
勇姿『さっそうと勇姿を現す』『馬上の勇姿』
雄姿『富士山の雄姿を仰ぎ見る』

ゆうせい
優生『優生学』『優生保護法』
優性『優性遺伝』

ゆうめい
幽明『幽明境《さかい》を異《こと》にする』
幽冥『幽冥界』

ようけん
用件『用件を済ます』『用件を切り出す』
要件『要件を書き込む』『成功の要件』『資格要件を満たす』

ようこう
要項『募集要項』『採用試験の要項』
要綱『政策の要綱』『法案の要綱』『市職員採用試験実施要綱』

【ら 行】

りょうせい
両生『両生類』
両性『婚姻は両性の合意に基づく』『両性花』『両性生殖』

りょうよう
両用『水陸両用の車』『晴雨両用』
両様『両様の意味をもつ言葉』『和戦両様の構え』

ろじ
路地『横丁の路地を抜ける』『路地裏』
露地『露地栽培（＝温室ではなく、普通の畑で栽培すること）』

漢字・難読語一覧

―漢字博士への第一歩

1. この表は日常生活で使われる漢字を中心に収録し、それぞれの漢字の音訓を示し、かつその漢字を含む難読語を掲げ、その読み方を示した。漢字欄の音はかたかなで、訓はひらがなで示し、難読語の読みは方はひらがなで統一した。ただし、外来語はすべてかたかなとした。

2. 配列は漢字の画数順によった。

(1) 同画数の漢字の配列は、ほぼ「康熙字典」(中国の字書。中国、清の康熙帝の勅命により、張玉書・陳廷敬らが編。一七一六年成立)の部首の順によった。部首の順は「部首一覧」の通りである。

(2) 同一の部首を持つ漢字群の最初の漢字の上に、その部首を小さく示した。

(3) 「しんにゅう」は常用漢字では三画、表外字では四画とし、「くさかんむり」はすべて三画で統一した。

部首一覧

【一画】一 丨 丶 ノ 乙(乚) 亅

【二画】二 亠 人(亻) 儿 入 八 冂 冖 冫 几 凵 刀(刂) 力 勹 匕 匚 匸 十 卜 卩(㔾) 厂 厶 又

【三画】口 囗 土 士 夂 夕 大 女 子 宀 寸 小 尢(尣・兀) 尸 屮 山 巛(川) 工 己(已・巳) 巾 干 幺 广 廴 廾 弋 弓 彐(彑・⺕) 彡 彳

忄→心 扌→手 氵→水 犭→犬 阝〈右〉→邑 阝〈左〉→阜 艹→艸 辶→辵

【四画】心(忄) 戈 戸 手(扌) 支 攴(攵) 文 斗 斤 方 无(旡) 日 曰 月 木 欠 止 歹(歺) 殳 毋 比 毛 氏 气 水(氵・氺) 火(灬) 爪(爫) 父 爻 爿 片 牙 牛 犬(犭)

尣→尢 王→玉 礻→示 罒→网 耂→老 ⺼→肉

辶↓辵 【五画】 玄 玉（王） 瓜 瓦 甘 生 用 田 疋 疒 癶 白 皮 皿 目 矛 矢

石 示（礻） 禸 禾 穴 立 歺↓歹 氺↓水 罒↓网 衤↓衣 【六画】 竹 米 糸 缶 网（⺳・罒） 羊（⺶） 羽（羽） 老（耂） 而

耒 耳 聿 肉（月） 臣 自 至 臼 舌 舛 舟 艮 色 艸（艹） 虍 虫 血 行 衣（衤） 襾（西）

【七画】 見 角 言 谷 豆 豕 豸 貝 赤 走 足 身 車 辛 辰 辵（辶・辶） 邑（阝〈右〉） 酉 釆

里 麦↓麥 【八画】 金 長 門 阜（阝〈左〉） 隶 隹 雨 青（靑） 非 斉↓齊 食↓食 【九画】 面 革 韋 韭 音

頁 風 飛 食（飠） 首 香 【一〇画】 馬 骨 高 髟 鬥 鬯 鬲 鬼 竜↓龍 【一一画】 魚 鳥

鹵 鹿 麥（麦） 麻 黄↓黃 黒↓黑 亀↓龜 【一二画】 黃（黄） 黍 黑（黒） 歯↓齒 【一三画】 黽 鼎 鼓 鼠 【一四画】 鼻

齊（斉） 【一五画】 齒（歯） 【一六画】 龍（竜） 龜（亀） 【一七画】 龠

【一画】

一
一《イチ・イツ・ひ・ひい・ひと・ひとつ》
一人《ひとり》
一入《ひとしお》
一寸《ちょっと・ちょと》
一日《ついたち》
一伍一什《いちぶしじゅう》
一向《ひたすら・ひたぶる》
一昨日《おとつい・おととい》
一昨年《おととし》
一昨昨日《さおととい・さきおとつい・さきおととい》
一昨昨年《さおととし・さきおととし》
一荘《イーチャン》
一途《いちず》
一期一会《いちごいちえ》
一廉《ひとかど》
一節切《ひとよぎり》

乙
乙《イツ・オツ・おと・かなでる・きのと・めり》
乙女《おとめ》
乙甲《めりかり》
乙夜《いつや》
乙姫《おとひめ》
乙張《めりはり》

【二画】

一
丁《チョウ・テイ・トウ・ひのと・よぼろ》
丁抹《デンマーク》
丁子《ちょうじ》
丁幾《チンキ》
丁斑魚《めだか》
丁稚《でっち》
丁鉋《ちょうな》
丁髷《ちょんまげ》
七《シチ・シツ・な・なな・ななつ・なぬ・なの》
七十《ななそじ》
七夕《たなばた》
七寸《みずつき》

七五三《しめ》
七種《ななくさ》
ノ
乃《ダイ・ナイ・すなわち・の・いまし》
乃公《おれ・だいこう》
乃至《ないし》
乙
九《キュウ・ク・ここの・ここのつ》
九十《ここのそじ》
九十九折《つづらおり》
九十九髪《つくもがみ》
亅
了《リョウ・おわる・しまう・さとる》
了簡《りょうけん》
二
二《ジ・ニ・ふ・ふう・ふた・ふたつ》
二人《ふたり》
二十《はた・はたち・ふたそじ》
二十日《はつか》
二十歳《はたち》
二日《ふつか》

二布《ふたの》
二合半《こなから》
二進も三進も《にっちもさっちも》
二幅《ふたの》
人
人《ジン・ニン・うと・こ・たり・と・ひと・り》
人伝《ひとづて》
人参《かのにけぐさ・にんじん》
入
入《ジュ・ジュウ・ニュウ・いる・いれる・しお・はいる》
入内《じゅだい》
入木道《じゅぼくどう》
入水《じゅすい》
入声《にっしょう》
入来《じゅらい》
入唐《にっとう》
入魂《じっこん・じゅこん》
八
八《ハチ・ハツ・は・や・やあ・やつ・やっつ》
八十《やそ・やそじ》
八千種《やちぐさ》

八尺瓊勾玉《やさかにのまがたま》
八日《やか・ようか》
八仙花《あじさい》
八州《やしま》
八百《やお》
八百万《やおよろず》
八百長《やおちょう》
八百屋《やおや》
八岐大蛇《やまたのおろち》
八咫鏡《やたのかがみ》
八幡《はちまん・ばはん・やわた》
八衢《やちまた》
几
几《キ・おしまづき・つくえ》
刀
刀《トウ・かたな》
刀自《とじ》
刀豆《なたまめ》
刀背打《みねうち》
刀禰《とね》

力
力《リキ・リョク・ちから・つとめる》
匕
匕《ヒ・かい・さじ》
匕首《あいくち》
十
十《ジッ・ジュウ・そ・と・とお・つづ》
十八番《おはこ》
十六夜《いざよい》
十把一絡《じっぱひとからげ》
十姉妹《じゅうしまつ》
十重二十重《とえはたえ》
十路《そじ》
十露盤《そろばん》
卜
卜《ボク・うら・うらなう》
卜兆《うらかた》
卜食《うらはみ》
又
又《ユウ・また》
又候《またぞろ》

【三画】

一
万《バン・マン・よろず》
万年青《おもと》
万祝《まいわい》
万華鏡《まんげきょう》
丈《ジョウ・たき・たけ・つえ》
丈夫《じょうぶ・ますらお》
三《サ・サン・ソウ・さぶ・み・みい・みつ・みっつ》
三一《さんぴん》
三人《みたり》
三十《みそ・みそじ》
三十一文字《みそひともじ》
三十日《みそか》
三日《みっか》
三布《みの》
三行半《みくだりはん》
三味線《さみせん・しゃみせん》
三和土《たたき》
三枝《さいぐさ・さえぐさ・さきくさ》

三途の川《さんずのかわ》
三毬杖《さぎちょう》
三幅《みの》
三椏《みつまた》
三番叟《さんばそう》
三稜草《みくり》
三鞭酒《シャンパン》
上《ショウ・ジョウ・あがる・あげる・うえ・うわ・え・かみ・かむ・のぼす・のぼせる・のぼる》
上巳《じょうし・じょうみ》
上戸《じょうご》
上手《うわて・かみて・じょうず》
上手い《うまい》
上枝《ほつえ》
上野《こうずけ》
上達部《かんだちめ》
上総《かずさ》
下《ア・カ・ゲ・おりる・おろす・くださる・くだす・》

くだって・くだる・くんだり・さがる・さげる
下戸 げこ
下手 したて・しもて・へた
下火 あこ
下司 げす
下枝 しずえ
下野 しもつけ
下衆 げす
下種 げす
下総 しもうさ
下語 あぎょ
与 ヨ・あずかる・あたえる・くみする
丶 丸 ガン・まる・まるい・まるめる・まろい・まろかす・まろかる・まろぐ・まろむ・まろやか
ノ 久 キュウ・ク・ひさ・ひさしい
久遠 くおん
之 シ・これ・の
之繞 しんにゅう・しんにょう

乙 乞 キツ・コツ・こう
乞丐 かたい・かったい・こつがい
乞巧奠 きこうでん・きっこうでん
乞児 ほいと・ほかいひと
乞食 かたい・こじき・こつじき・ほいと
也 ヤ・なり
二 于 ウ
于嗟 ああ
亠 亡 ボウ・モウ・うしなう・ない・なくす・なくする・なくなす・なくなる・ほろびる・ほろぶ・ほろぼす
亡骸 なきがら
几 凡 ハン・ボン・おお・おおよそ・およそ・すべて
刀 刃 ジン・ニン・は・やいば
刃傷 にんじょう
勹 勺 サク・シャク・セキ
十 千 セン・ち

千入 ちしお
千万 ちよろず
千千 ちぢ
千五百秋 ちいおあき
千屈菜 みそはぎ
千秋万歳 せんずまんざい
千尋 ちひろ
千歳 ちとせ
千種 ちぐさ
又 叉 サ・シャ・あざう・また
叉手網 さであみ
叉焼 チャーシュー
及 キュウ・および・およぶ・およぼす・しく
口 口 ク・コウ・くち・くつ・ふり
口分田 くぶんでん
口占 くちうら
口伝 くちづて・くでん
口舌 くぜち・くぜつ

口吻 くちぶり・こうふん
口忠実 くちまめ
口宣 くぜん
口授 くじゅ
口遊む くちずさむ
口説 くぜち・くぜつ・くどき
口籠る くごもる・くちごもる
土 土 ト・ド・すな・つち・に
土木香 おおぐるま
土圭 とけい
土当帰 うど・のだけ
土耳古 トルコ
土師 はじ・はにし
土竜 うごろもち・むぐら・もぐら・むぐらもち・もぐらもち
土産 みやげ
土筆 つくし・つくづくし
土塊 つちくれ
土蜂 ゆするばち

土器 かわらけ
士 士 シ・ジ・さぶらい・さむらい
夕 夕 シャク・ジャク・セキ・ゆう・ゆうべ
夕星 ゆうずつ
夕餉 ゆうげ
大 大 タイ・ダイ・おお・おおい・おおいに・おおき・おおきい・おおらか
大人 うし・おとな・たいじん
大八洲 おおやしま
大刀 たち
大凡 おおよそ
大口魚 たら
大夫 たいふ・だいふ・たゆう・ますらお・まちぎみ・もうちぎみ
大王 おおきみ
大兄 おおえ
大臣 おおいどの・おおいもうちぎみ・おおおみ・おおまえつぎみ・おおまつぎみ・おおもうちぎみ・おとど

大角豆 ささぎ・ささげ
大和 やまと
大炊寮 おおいりょう
大雨 おおあめ・ひさめ・ひちさめ
大原女 おはらめ
大蚊 ががんぼ
大連 おおむらじ
大御 おおみ
大晦 おおつごもり
大晦日 おおつごもり・おおみそか
大蛇 おろち
大童 おおわらわ
大殿 おとど
大蒜 にんにく
大鼓 おおかわ
大嘗会 だいじょうえ
大雑把 おおざっぱ
大鋸屑 おがくず

大鮃 おひょう
女 女 ジョ・ニョ・ニョウ・おうな・おな・おなご・おみな・おんな・め
女子 おなご・おみなご・めのこ
女夫 めおと
女王禄 おうろく
女犯 にょぼん
女形 おやま・おんながた
女郎花 おみなえし・おみなめし
女将 おかみ
女衒 ぜげん
女童 おんなわらべ・めのわらわ・めわらわ
子 子 シ・ス・こ・ね・み
子規 ほととぎす
孑 ケツ・ゲツ
孑孑 ぼうふら・ぼうふり
孑子 ぼうふら・ぼうふり
寸 寸 スン・き

寸寸 ずたずた
寸切 ずんぎり
寸半 きなか
寸胴 ずんどう・ずんど
寸莎 すさ・つさ・つた
小 小 ショウ・お・こ・さ・ささ・ちいさい・ちいちゃい・ちさい・ちっこい
小火 ぼや
小父 おじ
小半 こなから
小母 おば
小石 さざれ・さざれいし
小灰蝶 しじみ
小竹 ささ・しの
小舌 ひこ
小忌 おみ
小角 くだのふえ・くだぶえ
小豆 あずき
小夜 さよ
小忠実 こまめ

漢字力

小波 さざなみ
小便 しし
小雀 こがら・こがらめ
小筒 ささえ
小督 こごう
小腹 ほがみ
小路 こうじ・こみち
小網 さで
小鼯鼠 ももんが

尸
尸 シ・かばね・しかばね
尸童 よりまし

山
山 サン・セン・やま
山女 やまめ
山女魚 やまめ
山毛欅 ぶな・やまぶな
山羊 やぎ
山豆花 いぬはぎ
山車 だし
山姥 やまうば・やまんば
山峡 やまかい
山査子 さんざし
山祇 やまつみ
山茱萸 さんしゅゆ
山茶 つばき
山茶花 さざんか
山桜桃 ゆすらうめ
山脈 やまなみ
山梔子 くちなし
山雀 やまがら
山椒 さんしょ・さんしょう
山葵 さび・わさび
山棟蛇 やまかがし
山榴 あいつつじ
山賤 やまがつ
山樝子 さんざし

巛
川 セン・か・かわ
川岸 かし
川面 かわも
川原 かわら
川獺 かわうそ・かわおそ

工
工 ク・コウ・たくみ・たくむ

己
己 キ・コ・うぬ・おのれ・おら・おれ・つちのと
己惚 うぬぼれ
己等 おいら
已 イ・すでに・すんでに・のみ・やむ・やめる・やんぬる
巳 シ・み

巾
巾 キン・コ・ペキ・ちきり・はば
巾子 こじ

干
干 カン・ひる・ほす
干し海鼠 ほしこ・ほしなまこ
干支 えと
干鰮 ちんからり
干鰯 ほしか

弋
弋 ヨク・いずる
弋射 いずる

弓
弓 キュウ・たらし・ゆ・ゆみ
弓手 ゆんで
弓形 ゆみなり
弓杖 ゆんづえ
弓絃 ゆづる
弓場 ゆば
弓勢 ゆんぜい

手
才 サイ・ザイ・かどざえ・みつ

【四画】

一
不 フ・ブ
不及 しかず
不可 いかぬ・いかん
不生女 うまずめ
不立文字 ふりゅうもんじ
不如 しかず
不如帰 ほととぎす
不束 ふつつか
不見転 みずてん
不味い まずい
不拘 かかわらず
不知不識 しらずしらず
不知火 しらぬい
不若 しかず
不貞る ふてる
不貞寝 ふてね
不貞腐 ふてくされ
不倒翁 おきあがりこぼし
不埒 ふらち
不問語 とわずがたり
不悪 あしからず
丐 カイ・ガイ
丑 チュウ・うし

丨
中 チュウ・あたる・あてる・うち・なか
中心 なかご
中風 ちゅうぶう
中務 なかつかさ
中務省 なかつかさ・なかつかさしょう・なかのまつりごとのつかさ
中稲 なかて

丶
丹 タン・に

亅
予 ヨ・あらかじめ・かねて
予予 かねがね

二
云 ウン・いう
云々 うんぬん・しかじか
云爾 しかいう
互 ゴ・かたみ・たがい
五 ゴ・いつ・いつつ
五十 いそ・いそじ
五十日 いか
五十集 いさば
五十路 いそじ
五十鈴 いすず
五手 いずて
五月 さつき
五月少女 さおとめ
五月雨 さつきあめ・さみだれ
五月蝿 さばえ
五月蝿い うるさい
五加木 うこぎ
五百 いお
五倍子 ふし
五島鯨 ごんどうくじら
五節 ごせち
五濁 ごじょく
井 ショウ・セイ・い

亠
亢 コウ

人
仁 ジン・ニ・ニン・ひと
仄 ソク・ほの・ほのか・ほのめく
仄仄 ほのぼの
仆 フ・たおれる
仇 キュウ・あだ・かたき
今 キン・コン・いま
今日 きょう
今日日 きょうび
今年 ことし
今宵 こよい
今朝 けさ
今際 いまわ
介 カイ・すけ・はさまる
仍 ジョウ・よって・よりて
仏 フツ・ブツ・ほとけ
仏狼壺 フラスコ
仏掌薯 つくいも・つくねいも
仏蘭西 フランス
什 ジュウ
什麼生 そもさん

儿
允 イン・ジョウ
元 ガン・ゲン・もと

元興 がごう・がんごう
入
内 ダイ・ナイ・うち・うつ
内外 うちと
内匠寮 たくみづかさ・たくみりょう
内匠頭 うちのたくみのかみ・たくみのかみ
内侍 ないし
内舎人 うちとねり・うどねり
内法 うちのり
内裏 うち・だいり
内蔵頭 くらのかみ
内障 そこひ
内障眼 そこひ
八
公 ク・コウ・おおやけ・きみ
公文 くもん
公方 くぼう
公司 コンス
公事 くじ
公孫樹 いちょう

公家 くげ
公魚 わかさぎ
公卿 くぎょう・くげ・こうけい・まえつきみ・まちぎみ・まつぎみ・もうちきみ
公達 きんだち
六 リク・リュウ・ロク・む・むい・むつ・むっつ
六十 むそ・むそじ
六連星 むつらぼし
冂
円 エン・つづらか・つぶら・まど・まどか・まる・まるい・まろ・まろか
円居 まとい・まどい
円翳 おおは
冖
冗 ジョウ・むだ
凵
凶 キョウ・キョ
凶凶しい まがまがしい
凶会 くえ
刀
分 ブ・フン・ブン・わかつ・わかる・わかれる・わく・わける
分葱 わけぎ

切 サイ・セツ・きらす・きる・きれる・しきりに
切支丹 キリシタン
切羽 きりは・せっぱ
切歯 せっし・はぎしり
刈 ガイ・かる
勹
勾 コウ・まがる
勾引 かどわかし
勾玉 まがたま
勿 ブツ・モチ・ない・なかれ・まな
勿体 もたい・もったい
勿忘草 わするなぐさ・わすれなぐさ
勿来関 なこそのせき
勿怪 もっけ
匂 におい・においやか・におう・におす・におわし・におわす
匁 もんめ
匕
化 カ・ケ・ばかす・ばける

化粧 けしょう・けそう・けわい
匚
匹 ヒキ・ヒツ・き・むら
区 ク・まち
十
升 ショウ・ます
午 ゴ・うま・ひる
卅 ソウ・サンジュウ・みそ
厂
厄 ヤク
又
友 ユウ・とも
友造 とものみやつこ
又
双 ソウ・ならぶ・ならべる・ふた・ふたつ・もろ
双六 すぐろく・すごろく
反 タン・ハン・ヘン・ホン・かえす・かえる・そむく・そらす・そる・のる
反古 ほうぐ・ほうご・ほぐ・ほご
反吐 へど
反故 ほうぐ・ほうご・ほぐ・ほご

反歯 そっぱ
士
壬 ジン・み・みずのえ
壬生 にぶ・みぶ
大
天 テン・あま・あめ
天牛 かみきり・かみきりむし
天仙果 いぬびわ
天辺 てっぺん・てへん
天名地鎮 あないち
天名精 いのしりぐさ・はまふくら
天糸瓜 へちま
天社 しゃちほこ
天竺葵 ゼラニウム・てんじくあおい
天邪鬼 あまのざこ・あまのじゃく
天柱 ちりけ
天皇 すべらぎ・すめらぎ・すめらぎみ・すめらみこと・すめろき
天児 あまがつ
天蚕糸 てぐす

天蚕蛾 やままゆが
天窓 あたま
天晴 あっぱれ・あわれ
天幕 テント
天蛾 すずめが
天蓼 またたび
天麩羅 テンプラ
天叢雲剣 あめのむらくものつるぎ
天鵞絨 ビロード
太 タ・ダ・タイ・ダイ・おお・おおい・はなはだ・ふと・ふとい・ふとむ・ふとる
太刀 たち
太刀魚 たちうお
太夫 たいふ・だいぶ・たゆう
太占 ふとまに
太白星 ゆうずつ
太白神 ひとひめぐり・ひとよめぐり
太政 おおきまつりごと
太政官 おおいまつりごとのつかさ・だいじょうかん

太奏 うずまさ
夫 フ・ブ・フウ・お・おうと・おっと・おと・おひと・せ・そ・それ・つま
夫子 ふうし・せこ
夫夫 それぞれ
夫君 せのきみ
夫役 ぶえき・ぶやく
夫婦 みょうと・めおと
夭 ヨウ・わかじに
子
孔 ク・コウ・あな
小
少 ショウ・すくない・すこし・すこしき・すこしく・すなき・ちっと・ちと
少女 おとめ
尢
尤 ユウ・とがめる・もっとも・もとも
尸
尺 シャク・セキ・あた・さし・たかばかり
尺地 せきち
尺牘 せきとく

尺蠖虫 しゃくとりむし
屮
屯 チュン・トン・たむら・たむろ・みせ
屯田 みた
屯倉 みやけ
屯家 みやけ
己
巴 ハ・ともえ
巴布 パップ
巴旦杏 はたんきょう
巴里 パリ
幺
幻 ゲン・まぼろし
廾
廿 ジュウ・ニジュウ・はた・はたち
廿日 はつか
弓
弔 チョウ・とぶらう・とむらう・ともらい
引 イン・ひかす・ひく・ひける・まかす
引剝 ひはぎ
心
心 シン・うら・こころ・こり・なかご
心天 ところてん

心太《こころぶと・ところてん》
心太草《てんぐさ》
心地《ここち》
心算《こころづもり・つもり》

戈
戈《カ・ほこ》

戸
戸《コ・と・へ》

手
手《シュ・ス・た・て》
手巾《しゅきん・ハンカチ・ハンケチ》
手水《ちょうず》
手古摺る《てこずる》
手向《たむけ》
手弄《せんずり》
手足《てだれ》
手底《たなそこ》
手忠実《てまめ》
手斧《ちょうな・ちょんの》
手段《てだて》
手風《てぶり》
手弱女《たおやめ・たわやめ》
手遊《てすさび》
手数入《でずいり》
手鉋《ちょうな》
手練《てだれ・てれん》
手綱《たづな・たんな》
手薬練《てぐすね》
手繦《たすき》
手輿《たごし》

支
支《シ・えだ・かう・かえる・ささえる・つかえる》

文
文《ブン・モン・あや・かざる・ふみ・もどろける》
文月《ふづき・ふみづき・ふんづき》
文旦《ぼんたん》
文目《あやめ》
文机《ふづくえ》
文色《あいろ》
文身《いれずみ》
文殊《もんじゅ》
文章博士《もんじょうはかせ》
文蛤《はまぐり》
文箱《ふばこ》

斗
斗《ト・トウ・とます・ばかり・ます》
斗形《ますがた》
斗組《ますぐみ》

斤
斤《キン・おの》

方
方《ホウ・あたる・え・かた・くらべる・けた・さま・まさに》
方人《かたうど》
方舟《はこぶね》
方便《たずか・たずき・たつき・たどき》
方頭魚《かながしら》

旡
无《ブ・ム・ない・なかれ》

日
日《ジツ・ニチ・か・け・ひ》
日に異に《ひにけに》
日子《ひがら》
日吉《ひえ・ひよし》
日向《ひなた・ひゅうが》
日次《ひなみ》
日和《ひより》
日雀《ひがら》
日照雨《そばえ・ひでりあめ》
日置《へき》
日輪草《ひまわり》

曰
曰《エツ・いわく・のたまう・のたまわく・のたまわす・のとうぶ》

月
月《ガチ・ガツ・ゲツ・つき・つく》
月代《さかやき・つきしろ》
月次《つきなみ》
月額《さかやき》

木
木《ボク・モク・き・け・こ》
木葉木菟《このはずく》
木乃伊《ミイラ》
木工《こだくみ・むく・もく》
木天蓼《またたび》
木末《こぬれ》
木皮《こはだ》
木匠《こだくみ》
木瓜《かりん・ぼけ・もっこう》
木耳《きくらげ》
木豇豆《きささげ》
木通《あけび》
木偶《でく・でこ》
木理《きめ》
木椎《さいづち》
木牌子《こけし》
木犀《もくせい》
木賊《とくさ》
木端《こっぱ》
木綿《きわた・もめん・ゆう》
木綿垂《ゆうしで》
木蓮子《いたび》
木履《きぐつ・ぼっくり》
木槿《はちす・むくげ・もくげ》
木醂《きざわし》
木霊《こだま》
木樵《きこり》
木欒子《むくれにじ・むくれにじのき・もくげんじ》
木鷚《びんずい》
木菟《ずく・みみずく》
木菟入《ずくにゅう》
木槵子《むくろじ・もくげんじ》

欠
欠《コン・ケン・あくび》
欠伸《あくび・のび》

欠
欠《ケチ・ケツ・かかす・かく・かける》
欠片《かけら》

止
止《シ・さす・とどまる・とどむ・とどめる・とまる・とめる・やむ・やめる・よす》

比
比《ヒ・くらべる・ころ・たぐう・たぐえる・よそえる》
比丘《びく》
比目魚《ひらめ》
比律賓《フィリピン》

毛
毛《モウ・け》
毛布《ケット》
毛茛《うまのあしがた・きんぽうげ》

氏
氏《シ・うじ》
氏上《このかみ》

水
水《スイ・み・みず・みな・もい》
水分《みくまり》
水夫《かこ》
水手《かこ》
水主《かこ》
水母《くらげ》
水竹葉《いぼくさ》
水芹《せり》
水松《みる》
水爬虫《たがめ》
水門《みと・みなと》
水面《みなも・みのも》
水飛沫《みずしぶき》
水屑《みくず》
水脈《みお》
水蚤《みじんこ》
水馬《あめんぼ》
水亀《いしがめ》
水無月《みなづき》
水葱《なぎ》
水雲《もずく》
水準《みずばかり・みずもり》
水馴棹《みなれざお》
水黽《あめんぼ》
水綿《あおみどろ》
水蠆《たいこむし・やご》
水鶏《くいな》
水蠟《いぼた・いぼたろう》
水鼈《とちかがみ》

火
火《カ・コ・あかし・ひ・ほ》
火口《ほくち》
火傷《やけど》

火燵 こたつ
爪（爪） ソウ・つま・つめ
父（父） フ・ブ・ホ・ちち・てて・とう・とと
父母 ふぼ・ぶも・かぞいろ・ちちはは
片（片） ヘン・かた・かたし・かたす・きれ・ひら・ぴら・へら・ペニー
片方 かたえ・かたかた・かたっぽ
片木 へぎ
片食 かたき・かたけ
牙（牙） ガ・ゲ・かび・き・きば
牙床 くれどこ
牙儈 すあい
牛（牛） ギュウ・ゴ・うし
牛王 ごおう
牛尾菜 しおで
牛尾魚 こち
牛角 ごかく
牛車 ぎっしゃ

牛津 オックスフォード
牛蒡 ごぼう
牛酪 バター
牛膝 いのこずち
牛頭 ごず
牛縻 はなづら
犬（犬） ケン・いぬ
王（玉） オウ・おおきみ・みこ
王孫 のはり

【五画】

且（一） シャ・ショ・かつ・しばらく・また
世 セ・セイ・よ
丘 キュウ・お・おか
丙 ヘイ・ひのえ
主（丶） シュ・シュウ・ス・あるじ・おも・ぬし
主人 あるじ
主水 もいとり・もんど・もんどり

主典 さかん・そうかん
主神 かんざね・かんづかさ
主計 かずえ
主基 すき
主税 ちから
主殿 とのも・とのもり
丼 どん・どんぶり
乍（丿） サ・たちまち・ながら
乎 コ・を
乏 ボウ・とぼしい・ともしい
仔（人） シ・こ
仕 シ・ジ・つかえる・つかまつる・つこうまつる
仕種 しぐさ
仕舞屋 しもたや
他 タ・あだ・あだし・ひと・ほか
他人 あだびと・ひと
他所 よそ

仗 ジョウ・つえ
付 フ・さずける・つく・つける
付子 ぶし・ぶす
仙 セン・やまびと
仙人掌 サボテン・シャボテン
仙毛欅 いぬぶな
仝 ドウ・おなじ
仟 セン
代 タイ・ダイ・かえる・かわる・しろ・よ
代指 つまばらみ・つまばらめ
令 リョウ・レイ・うながし・おさ・しむ・つかい・のりごつ・のりごと
以 イ・おもう・もちいる・もちて・もって・もて・ゆえに
以来 このかた
以為く おもえらく
兄（儿） キョウ・ケイ・ヒン・あに・あにい・いろね・え・このかみ・せ・にい

兄さん にいさん
兄人 しょう・しょうと
兄子 せこ
兄矢 はや
兄弟 きょうだい・はらから
兄部 このこうべ
冊（冂） サク・サツ
冊子 そうし
写（冖） シャ・うつす・うつる
冬（冫） トウ・ふゆ
冬葱 わけぎ
処（几） ショ・ソ・か・く・こ・と・とこ・ところ
処女 おとめ・おぼこ・しょじょ
凧 いか・いかのぼり・たこ
凸（凵） トツ・つばくむ・でこ・なかだか
凸凹 でこぼこ
凸柑 ぽんかん

凹 オウ・くぼい・くぼまる・くぼむ・くぼめる・なかくぼ・へこます・へこむ・ぼこ
出 シュツ・スイ・いず・いだす・だす・でる
出汁 だし
出来 しゅったい・でかし
出師 すいし
出挙 すいこ
出納 すいとう
出雲 いずも
出鱈目 でたらめ
刊（刀） カン
功（力） ク・クウ・コウ・いさお・いさおし
功徳 くどく
加 カ・ケ・くわえる・くわわる
加之 しかのみならず
加特力 カトリック
加密爾列 カミルレ
加答児 カタル

加農 カノン
包（勹） ホウ・くくむ・くるまる・くるむ・くるめる・つつむ
北（匕） ホク・きた・そむく・にげる
北叟笑む ほくそえむ
匝（匚） ソウ・めぐる
半（十） ハン・なか・なから・なかば・はした
半月 はにわり
半平 はんぺら・はんぺん
半被 はっぴ
半蔀 はじとみ
半靴 ほうか
半銭 きなか
占（卜） セン・うら・うらなう・しめる
占地 しめじ
占象 うらかた
卯（卩） ボウ・う
卯木 うつぎ

圧（厂） アツ・オウ・おす・おそう・へす
去（ム） キョ・コ・いぬ・いぬる・さる
去年 こぞ
収（又） シュ・シュウ・おさまる・おさめる
古（口） コ・いにしえ・ふりす・ふる・ふるい・ふるす・ふるびる・ふるまう
古兵 ふるつわもの
古強者 ふるつわもの
句 ク
叩 コウ・たたく・はたく
叩頭虫 こめつきむし・ぬかずきむし
只 シ・ただ
只管 しかん・ひたすら
召 ショウ・チョウ・めす
召人 めしうど・めしゅうど
叭 ハツ・ハ
叮 テイ

漢字力

可 カ・べし・よい
可成 なるべく・かなり
可哀相 かわいそう
可笑しい おかしい
可惜 あたら・あったら
可愛い かわゆい
可愛しい いとしい
可怕い こわい
台 タイ・ダイ・うてな
台子 だいす
台詞 せりふ
叱 シツ・いさう・いさかう・しかる
史 シ・さかん・ふびと・ふみひと・ふんひと
右 ウ・ユウ・みぎ・みぎり・たすける
右手 めて
叶 キョウ・かなう・かなえる
号 ゴウ・うた・おらぶ・さけぶ

号鈴 ベル
司 シ・ス・つかさ・つかさどる・みこともち
叺 かまぎ・かます
口
囚 シュウ・とらわれる・とりこ
囚人 めしゅうど
囚獄 ひとや
四 シ・よ・よう・よつ・よっつ・よん
四人 よったり
四十 よそ・よそじ
四十雀 しじゅうから
四方 よも
四布 よの
四阿 あずまや
四幅 よの
土
圦 いり・くれ
夕
外 ウイ・ガイ・ゲ・そと・それる・とはずす・はずれる・ほか・よそ
外方 そっぽ・そっぽう
外国 とつくに

外郎 ういろう・げろう
外記 げき・しるすつかさ
外連 けれん
外道 げどう
外様 とざま
外障眼 うわひ
外題 げだい
大
央 オウ・なか・なかば
失 シチ・シツ・うさる・うしなう・うせる
失火 みずながれ
失声 ひごえ
失敗る しくじる
女
奴 ド・ヌ・つぶね・め・やつ・やっこ・やつこ
子
孕 ヨウ・はらむ
尸
尻 コウ・けつ・しり
尻尾 しっぽ・しりお・しりつぼ
尼 ジ・ニ・あま

工
左 サ・たすける・ひだり・ひだん
左手 ゆんで
左右 さう・とかく・とこう・とにかく・ともかく・とやかく・もとこ
左見右見 とみこうみ
左官 さかん・しゃかん
巧 キョウ・コウ・たくなむ・たくみ・たくむ
巨 キョ・コ・おおきい
巨細 こさい
巨蛇 おろち
巨頭鯨 ごんどうくじら
巾
市 シ・いち
布 フ・ホ・きれ・しく・ぬの・の
布令 ふれ
布衣 ふい・ほい・ほうい
布袋 ほてい
布哇 ハワイ

干
平 ヒョウ・ビョウ・ヘイ・たいら・たいらぐ・たいらげる・ならす・ひら・ひらがる・ひらたい・ひらむ・ひらめる・ひらか
平仄 ひょうそく
平江帯 ひごたい・ひんごうたい
平声 ひょうしょう
平題箭 いたつき
幺
幼 ヨウ・いとけない・いときなし・おさない
幼気 いたいけ
广
庁 チョウ
広 コウ・ひろい・ひろがる・ひろぐ・ひろげる・ひろごる・ひろまる・ひろめる・ひろらか
広東 カントン
弁(辨) ベン・わいだむ・わきたむ・わきまえる・わける
弁官 おおともい
弁(瓣) ベン・はなびら
弁(辯) ベン・のべる

弓
弗 フツ・ドル
弘 グ・コウ・ひろい・ひろまる・ひろめる
弘通 ぐずう
弘誓 ぐぜい
弘徽殿 こきでん
心
必 ヒツ・かならず
忉 トウ
忉利天 とうりてん
戈
戊 ボ・つちのえ
手
打 ダ・チョウ・うつ・うてる・ぶつ・ダース
打切棒 ぶっきらぼう
打棄る うっちゃる
打擲 ちょうちゃく
払 フツ・ホツ・はらう
払子 ほっす
斤
斥 セキ・しりぞける
日
旦 タン・あした・まず

旦那 だんな
旧 キュウ・ク・ふる・ふるい・ふるす・ふるまう・もと
木
未 ビ・ミ・いまだ・ひつじ・まだ
未央柳 びょうやなぎ
未曾有 みぞう
末 バツ・マツ・うら・うれ・すえ
末木 うらき
末生 うらなり
末成 うらなり
末枯 うらがれ・すがり
末葉 うらば
末濃 すそご
本 ホン・もと
札 サツ・さね・ふだ・ふみた・ふんだ
朮 ジュツ・うけら・おけら
止
正 ショウ・セイ・かみ・ただしい・ただす・まさ・まさし・まさしく・まさに
正本 しょうほん・まるほん

正身 そうじみ・むざね
正面 しょうめん・まとも
母
母 ボ・モ・あも・おも・か・かあ・かか・はは
母子草 ははこぐさ・ほうこぐさ
母衣 ほろ
母屋 おもや・もや
氏
民 ミン・かき・たみ
民部 かきべ・みんぶ
水
氷 ヒョウ・こおり・こおる・つらら・ひ
氷雨 ひさめ
氷柱 つらら
氷魚 こまい・ひお
氷頭 ひず
永 エイ・ヨウ・ながい・ながらえる
永久 とこしえ・とこしなえ・とわ
永遠 とこしえ・とこしなえ・とわ
氾 ハン

汀 テイ・なぎさ・みぎわ
汁 ジュウ・しる・つゆ
汗疹 あせも
犬 犯 ハン・ボン・おかす
玄 玄 ゲン・くろ
玄人 くろうと
玄孫 やしゃご・やしわご
玉 玉 ギョク・ゴク・たま
玉梓 たまずさ
玉章 たまずさ
玉筋魚 いかなご
玉蜀黍 とうもろこし
玉響 たまゆら
玉珧 たいらぎ
瓦 瓦 ガ・かわら・グラム
瓦斯 ガス
甘 甘 カン・あま・あまい・あまえる・あまやかす・あまんじる・うま・うまい

甘蔗 かんしゃ・さとうきび
甘藍 たまな
甘藷 かんしゃ・かんしょ・さつまいも
生 生 ショウ・セイ・あらす・ある・いかす・いきる・いく・いける・うぶ・うまれる・うむ・おう・おやす・き・なす・なま・なまり・なる・はえる・はやす・ふ・むす
生土 うぶすな
生血 のり
生姜 しょうが
生活 たつき
生粋 きっすい
生業 すぎわい・なりわい
生絹 きぎぬ・すずし
生憎 あいにく・あやにく
生薑 しょうが・はじかみ
用 用 ユウ・ヨウ・もちいる
田 田 デン・た
田作 ごまめ・たづくり
田舎 いなか

田圃 たんぼ
田螺 たにし
田鶴 たず
由 ユ・ユイ・ユウ・よし・よる
由縁 ゆかり
甲 カン・コウ・かぶと・かり・きのえ・よろい
甲乙 かりめり
甲子 かっし・きのえね
甲必丹 カピタン
甲矢 はや
甲板 かんぱん・こうはん
甲冑 かっちゅう・よろいかぶと
甲斐 かい
甲斐絹 かいき
申 シン・さる・ます・もうす
疋 疋 ヒキ・ヒツ・むら
白 白 ハク・ビャク・しら・しらける・しらむ・しろ・せりふ
白子 しろこ・しらす

白朮 おけら
白耳義 ベルギー
白禿瘡 しらくも
白茅 ちがや
白雨 ゆうだち
白南風 しらはえ
白面 しらふ
白帯下 こしけ
白粉 おしろい
白馬節会 あおうまのせちえ
白魚 しらうお・しろうお・みごい
白湯 さゆ
白飲 こみず
白熊 はぐま
白髪 しらが
白膠木 ぬで・ぬるで
白薇 みなしこぐさ
白癬 しらくも
白鑞 しろめ

白檮 くまがし
白橿 くまがし
皮 皮 ヒ・かわ・はだ
皮蛋 ピータン
皿 皿 ベイ・さら
目 目 ボク・モク・さかん・ま・め
目交 まなかい
目映い まばゆい
目敏い めざとい・めばしこい
目眩 めまい
目眩く めくるめく
目論見 もくろみ
矛 矛 ボウ・ム・ほこ
矢 矢 シ・さ・や
矢作 やはぎ
矢狭間 やざま
矢矧 やはぎ
矢飛白 やがすり

石 石 コク・シャク・セキ・いし・いしな・いそ・いわ
石上 いそのかみ
石女 うまずめ
石伏魚 ごり
石投 いしなぎ
石決明 あわび
石見 いわみ
石松 ひかげのかずら
石南花 しゃくなげ
石南草 しまき
石神 さくじ
石首魚 いしもち
石蚕 いさごむし
石竜子 とかげ
石清水 いわしみず
石陰子 がぜ
石斑魚 いしぶし・うぐい
石韋 ひとつば
石楠花 しゃくなげ

石蜐 かめのて
石榴 ざくろ・じゃくろ
石漆 せしめうるし
石蓴 あおさ
石蕗 つわ・つわぶき
石鹸 サボン・シャボン
示 示 シ・ジ・しめす
礼 ライ・レイ・いや・いやぶ・いやまい・いやまう・うや・うやぶ
禾 禾 カ・のぎ
穴 穴 ケツ・あな・めど
穴布 あなめ
立 立 リッ・リュウ・たつ・たてる・リットル
立直 リーチ
艸 艾 ガイ・えもぎ・もぐさ・よもぎ
辵 辷 すべる
込 こむ・こめる
辺 ヘン・あたり・へべ・へた・ほとり・わたり

【六画】
一 丞 ジョウ・すけ
丞相 しょうじょう・じょうしょう
亅 争 ソウ・あらがう・あらそう・いかで・いそう・すまう
二 亘 コウ・わたる
亠 交 キョウ・コウ・かう・かわす・こもごも・ちがう・ちがえる・まざる・まじえる・まじらう・まじる・まじろう
交交 こもごも
交尾む つるむ
交喙 いすか
交譲木 ゆずりは
亥 ガイ・い
亦 ヤク・また
亦紅 もこう
人 仮 カ・ケ・かり
仮令 けりょう・たとい・たとえ・もし・よしんば
仮初 かりそめ

漢字力

仮病　けびょう
仮粧　けしょう・けわい
仮寧　けにょう
仮漆　ニス
仰　ギョウ・コウ・ゴウ・あおぐ・あおむく・あおむける・おおせ・おっしゃる・のく・のっけ
仰有る　おっしゃる
仰言る　おっしゃる
仲　チュウ・なか
仲人　ちゅうにん・なこうど
仲間　ちゅうげん・なかま
件　ケン・くだり・くだん
任　ジン・ニン・たか・とう・まかす・まかせる・まく・まま・よさす
任那　みまな
企　キ・くわだてる・たくらむ
伉　コウ
伉儷　こうれい・ところあらわし

伊　イ
伊太利　イタリー
伊呂波　いろは
伊達　だて
伊蘭　イラン
伍　ゴ・くみする
伎　キ・ギ・わざ
伎楽　ぎがく・くれがく
伏　フク・ブク・こやす・ふさる・ふす・ふせる
伐　バツ・うつ・きる・こる
休　キュウ・やすまる・やすむ・やすめる・やすらう・やめる
会　エ・カイ・あう・あわす・あわせる
会釈　えしゃく・あしらい
伝　テン・デン・つたう・つたえる・つたわる・つて
伝手　つて
伝馬　てんま
伜　サイ・ソチ・ソツ　＝倅（10人）

儿
充　ジュウ・あてる・みたす・みちる
充行う　あてがう
兆　チョウ・きざし・きざす
兇　キョウ
先　セン・さき・さきんずる・さっき・まず
光　コウ・ひかり・ひかる・みつ
光一　ぴかいち
光沢　つや
光参　きんこ
入
全　セン・ゼン・うつ・またい・まったい・まったく・まっとう
全手葉椎　まてばしい
八
共　キョウ・とも・むた
冂
再　サ・サイ・ふたたび
再従兄弟　はとこ
再従姉妹　はとこ
両　リョウ・ころ・ふた・もろ

両下　まや
両個　りゃんこ
冫
冰　ひ　＝氷（5水）
冱　コ・ゴ・いてる・さえる
冲　チュウ
几
凪　なぎ・なぐ
凩　こがらし
刀
刎　フン・くびはね・はねる
刑　ギョウ・ケイ
刑部省　うたえただすつかさ・うったえただすつかさ・ぎょうぶしょう
列　レチ・レツ・つら・つらなる・つらねる・つららく・ならぶ
列卒　せこ
力
劣　レツ・おとる
勹
匈　キョウ
匚
匠　ショウ・たくみ

匡　キョウ・ただす
十
卍　マン・まんじ
卩
印　イン・かな・かね・しるし
危　キ・あぶない・あやうい・あやぶむ
口
叫　キョウ・おめく・おらぶ・さけぶ・たけぶ
吃　キツ・どもる
吃逆　しゃくり・しゃっくり
吃驚　びっくり
各　カク・おの・おのおの
合　カッ・ガッ・コウ・ゴウ・あう・あわい・あわさる・あわす・あわせる
合羽　カッパ
合歓　ねぶ・ねぶり・ねむ
吉　キチ・キツ・え・よい
吉丁虫　たまむし
吉方　えほう
吉四六　きっちょむ
吉左右　きっそう

吉利支丹　キリシタン
吉備　きび
吊　チョウ・つる・つるす・とむらい
同　ドウ・おなじ・おやじ・おんなじ
同士　どうし・どし
同胞　どうほう・はらから
名　ミョウ・メイ・な
名残　なごり
后　ゴ・コウ・きさい・きさき・のち
吏　リ
吏道　りと
吏読　りと
吐　ト・たぐる・たまい・つく・ぬかす・はく
吐月峰　とげっぽう・はいふき
向　キョウ・コウ・むかう・むく・むける・むこう
向日葵　ひぐるま・ひまわり
向拝　ごはい

向後　きょうご・きょうこう
吸　キュウ・すう
吋　インチ
口
回　エ・カイ・かえる・たむ・まわす・まわる・みる・めぐらす・めぐる・もとおす・もとおる
回心　えしん
回向　えこう
回回教　フイフイきょう
因　イン・ちなぶ・ちなむ・よし・よすが・よる
因幡　いなば
団　ダン・トン
団居　まどい
団扇　うちわ
団栗　どんぐり
土
在　サイ・ザイ・ある・います・おわす・まします・ます・みまそがり
在処　ありか
圭　ケイ・はしは

地　ジ・チ・つち
地刷子　あすひかずら
地胆　つちはんみょう
地竜　あなばち
地菘　いぬのしり
地黄煎　ぎょうせん・じおうせん
地楡　われもこう
地銭　ぜにごけ
地錦　つた
士
壮　ソウ・さかん
壮夫　おとこ
夕
夙　シュク・つとに
多　タ・おおい・さわ・ふさに・ふすさ・まねし
大
夷　イ・うずい・えびす・ひな
夷曲　ひなぶり
夷振　ひなぶり
女
奸　カン・かだまし・かだむ

好 コウ・いい・このましい・このむ・すく・よい・よしび・よしみ・よみする
好事家 こうずか
好誼 よしみ
如 ジョ・ニョ・ごと・ごとし・しく・もころ
如月 きさらぎ
如何 いか・いかが・いかん・どう
如雨露 じょうろ
妃 ヒ・きさき
妄 ボウ・モウ・みだり
子
字 ジ・あざ・あざな
存 ソン・ゾン・ながらえる
宀
宅 タク・やか・やけ
宇 ウ・いえ・のき・やかす
守 シュ・ス・かみ・まぶる・まぼる・まもる・もり・もる
守宮 やもり

安 アン・いずく・いずくんか・いずくんぞ・いずこんぞ・やすい
安宅 あたか・あたけ
安芸 あき
安居 あんご
安房 あわ
寸
寺 ジ・ス・てら
小
尖 セン・こすむ・さき・するどい・とがらす・とがる
当 トウ・あたり・あたる・あて・あてる・はた・まさに
当麻 たいま
尸
尽 ジン・ことごと・ことごとく・すがる・すがれる・ずく・ずくし・ずくめ・つかす・つきる・つくす・ふつくに
山
屹 キツ
屹度 きっと
巛
州 シュウ・ス・くに
巡 ジュン・まわり・めぐる
巾
帆 ハン・ほ

干
年 ネン・とし・とせ
年次 としなみ
年魚 あゆ
年増 としま
并 ヒョウ・ヘイ・ならびに
广
庄 ショウ・たどころ
弋
弐 ジ・ニ・すけ
式 シキ・ショク
式部省 しきぶしょう・のりのつかさ・のんのつかさ
弓
弛 シ・チ・たゆい・たゆむ・だるい・たるむ・ゆるい・ゆるぶ・ゆるまる・ゆるむ・ゆるめる
心
忖 ソン
忖度 そんたく
忙 ボウ・いそがしい・いそがわしい・せわしい
戈
戌 ジュツ・いぬ
戍 ジュ・まもる

戎 ジュウ・えびす
戎克 ジャンク
成 ジョウ・セイ・なす・なる
成吉思汗 ジンギスカン
手
托 タク・たのむ
扛 コウ
扛秤 ちぎ・ちぎばかり・ちきり
扠 サ・さて・さで・やす
扠首 やす
扣 コウ・たたく・ひかえる
扱 ソウ・あつかう・あつかわし・こく・さえる・しごく
扨 ヒョウ・さて
攴
攷 コウ・かんがえる
日
旨 シ・うま・うまい・むね
旨味しい おいしい

早 サッ・ソウ・さ・はや・はやい・はやぶ・はやまる・はやむ・はやめる・はやる・わさ
早乙女 さおとめ
早少女 さおとめ
早生 わせ
早矢 はや
早苗 さなえ
早苗饗 さなぶり
早急 さっきゅう
早速 さっそく
早稲 はやわせ・わさ・わせ
早蕨 さわらび
旬 シュン・ジュン
旭 キョク・あさひ
曰
曲 キョク・ゴク・かね・くせ・くねる・くま・つばら・まがる・まげる・わ・わた
曲尺 かねじゃく・まがりがね
曲水 きょくすい・ごくすい
曲玉 まがたま

曲事 くせごと
曲者 くせもの
曲舞 くせまい
曲輪 くるわ
曳 エイ・ひく
月
有 ウ・ユウ・ある・もつ・たもつ
有卦 うけ
有繋 さすが
有職故実 ゆうそくこじつ
有耶無耶 うやむや
木
朱 シュ・ス・あか・あけ・そお
朱欒 ザボン・ザンボア
朱鷺 とき
朳 ハツ・えぶり・えんぶり
朴 ボク・えのき・すなお・ほお
朶 ダ・たぶ・とぶさ
朸 ロク・おうご・おこ

机 キ・おしまずき・つき・つくえ
朽 キュウ・くたす・くちる
欠
次 シ・ジ・すがう・すき・すぐ・ついで・つぎ・つぐ・なみ
次官 すけ
止
此 シ・かく・こ・ここ・この・これ
此方 こち・こちら・こっち・こなた・このほう
此処 ここ
此奴 こいつ・こやつ
歹
死 シ・しぬ
毋
毎 マイ・ごと・つねに
气
気 キ・ケ
気色 きしょく・けしき
気疎い けうとい
気触 かぶれ
気障 きざ
気質 かたぎ・きしつ

水
汎 ハン・あまねく
汐 セキ・うしお・しお
汗 カン・あせ
汗衣 かざみ
汗衫 あせはじき・かざみ
汗疹 あせぼ・あせも
汚 オ・ワ・きたない・きたなぶ・きたなむ・きたならしい・けがす・けがらい・けがらわしい・けがれる・よごす・よごれる
汝 ジョ・いまし・うぬ・な・なれ・なんじ・まし・みまし
江 コウ・え
池 チ・いけ
沚 シ・みぎわ・なぎさ
火
灯 チン・トウ・ドウ・ドン・あかし・とぼす・とぼる・ともしび・ともす・ともる・ひ
灯心 とうしみ・とうしん・とうすみ
灯台躑躅 どうだんつつじ

漢字力

灰 カイ・ケ・あく・はい
灰汁 あく・あくじる
牛 牝 ヒン・め・めす・めん
牟 ム
瓜 瓜 カ・ケ・うり・ふり
瓜実顔 うりざねがお
瓜哇 ジャワ
白 百 ハク・ヒャク・お・もも
百日紅 さるすべり
百合 ゆり
百舌 もず
百舌鳥 もず
百足 むかで
百済 くだら
竹 竹 チク・たか・たけ
竹刀 あおひえ・しない
竹麦魚 ほうぼう
竹柏 なぎ

竹根蛇 ひばかり
竹筒 ささえ
竹篦 しっぺ・しっぺい
竹篦返 しっぺがえし
米 米 ベイ・マイ・こめ・しね・めめ・よな・よね・メーター・メートル
米利堅 メリケン
糸 糸 シ・いと
糸瓜 へちま
糸葱 あさつき
糸遊 いとゆう・かげろう
缶 缶(罐) カン・かま
缶 フ・ほとぎ
羊 羊 ヨウ・ひつじ
羊栖菜 ひじき
羊歯 しだ
羊蹄 ぎしぎし
羽 羽 ウ・は・はね
羽生 はにゅう

老 老 ロウ・おいす・おいる・ふける
老酒 ラオチュー
老舗 しにせ
老頭児 ロートル
考 コウ・かんがえる・こうがう
而 而 ジ・しかして・しかも・しかるに・しこうして
而已 のみ
耒 耒 ライ・すき・とり・らいすき
耳 耳 ジ・ニ・のみ・みみ
耳朶 みみたぶ・みみたぼ
耳門 くぐり
耳語く ささやく
肉 肉 ジク・ニク・しし
肉叉 にくさし・フォーク
肉汁 スープ・ソップ
肉豆蔲 にくずく
肉刺 にくさし・のいずみ・まめ

肋 ロク・あばら
肌 キ・ししえ・はだ・はだえ
肌理 きめ・きり
臣 臣 シン・ジン・おみ・けらい・やつこ
自 自 シ・ジ・おのずから・ころ・みずから・より
自惚 うぬぼれ
自棄 やけ
至 至 シ・いたって・いたる
臼 臼 キュウ・うす・み
舌 舌 ゼチ・ゼツ・した
舟 舟 シュウ・ふな・ふね
艮 艮 コン・ゴン・うしとら
色 色 シキ・ショク・ソク・いろ・いろう・いろむ
艸 艸 ソウ・くさ
芋 ウ・いも・うも
芋苗 ずいき

芋茎 いもがら・ずいき
芍 シャク
芒 ボウ・すすき・のぎ・はしか
虫 虫 チュウ・むし
虫白蠟 いぼたろう
虫唾 むしず
血 血 ケチ・ケツ・ち・のり
行 行 アン・ギョウ・コウ・いく・おこなう・くだり・ゆく
行方 ゆくえ
行火 あんか
行在所 あんざいしょ
行灯 あんどう・あんどん
行行子 ぎょうぎょうし・よしきり
行李 こうり・こり
行幸 みゆき
行宮 あんぐう・かりみや
行脚 あんぎゃ
行器 ほかい

行潦 にわたずみ
行縢 むかばき
行纏 はばき
衣 衣 イ・エ・き・きぬ・ころも・そ
衣通姫 そとおりひめ
衣魚 しみ
衣絮 まきはだ
衣鉢 いはつ・いほ・えはつ
襾 西 サイ・セイ・にし
西瓜 すいか
西班牙 スペイン
西貢 サイゴン
西蔵 チベット
辵 辻 つじ・つむじ
迅 ジン・はやい
阜 阡 セン

【七画】

丨 串 カン・くし

乙 乱 ラン・ロン・みだく・みだける・みだす・みだる・みだれる・ろうがわし・わわく
乱次 しどろ
乱吹 ふぶき
乱舞 らっぷ
乱離 らり
二 亜 ア・つぐ
亜弗利加 アフリカ
亜米利加 アメリカ
亜細亜 アジア
亜鉛 あえん・トタン
亜爾然丁 アルゼンチン
亜刺比亜 アラビア
亠 亨 コウ・キョウ・とおる
人 伯 ハク
伯父 えおじ・おじ・おじや
伯母 おば

伯林 ベルリン
伯耆 ほうき
伯楽 はくらく・ばくろう
伯剌西爾 ブラジル
伴 ハン・バン・とも・ともなう
伴天連 バテレン
伴造 とものみやつこ
伴御奴 とものみやつこ
伴御造 とものみやつこ
伴部 とものみやつこ
伶 レイ
伸 シン・のす・のばす・のびる・のべる・のる
伺 シ・うかがう
似 シ・ジ・とうばる・にせる・にる・のる
似而非 えせ・にてひ
似非 えせ
伽 カ・ガ・とぎ

伽羅 きゃら
佃 デン・つくだ・つくりだ
但 タン・ただ・ただし
但馬 たじま
佇 チョ・たたずむ
位 イ・くらい
低 テイ・ひきい・ひきやか・ひきらか・ひくい・ひくまる・ひくめる・ひくやか
住 ジュ・ジュウ・すまう・すむ
住処 すみか
住吉 すみのえ・すみよし
佐 サ・すけ・たすける
佑 ユウ・たすける
体 タイ・テイ・からだ
何 カ・いず・いずくにか・いずくんか・いずれ・どの・どれ・な・など・なに・なん
何方 いずかた・いずち・どちら・どっち・どなた

何処 いずく・いずこ・どこ
何奴 どいつ・どやつ・なにやつ
何卒 どうぞ・なにとぞ
何所 どこ
何故 なぜ・なんぜ
何時 いつ・いつか
佗 タ・わびしい・わびる
余 ヨ・あます・あまる・あんまり
余処 よそ
余所 よそ
余波 なごり・よは
佚 イツ・ほろびる
作 サ・サク・つくる・はぎ
作麼生 そもさん
佝 ク
佝僂 くる・せむし
佞 ネイ・かたましい・ねじける

佞武多 ねぶた
儿
克 コク・かつ・よく
兌 ダ・かえる
兎 ト ＝兔(8儿)
児 ジ・ニ・こ・ちご・やや
児手柏 このてがしわ
八
兵 ヒョウ・ヘイ・いくさ・つわもの
冫
冶 ヤ
冷 レイ・さます・さめる・つべたい・つめたい・ひえる・ひや・ひやかす・ひやす・ひややか
冴 ゴ・さえ・さえる
刀
初 ショ・ソ・うい・うぶ・そめる・はじめ・はじめて・はつ
初心 しょしん・うぶ
初心娘 おぼこ
初位 そい
删 サン

判 ハン・バン・ことわる・わかる
判官 じょう・はんがん・ほうがん
別 ベチ・ベツ・あかる・ことに・わかつ・わかる・わかれる・わく・わける
利 リ・うまわし・かが・きく・くぼさ・このしろ・とし
力
助 ジョ・すく・すけ・すける・たすかる・たすける
助っ人 すけっと
助枝 したじ
努 ド・つとめる・ゆめ
劫 キョウ・コウ・ゴウ・おびやかす・しりぞける・かえって
労 ロウ・いたずかわしい・いたずく・いたつく・いたわしい・いたわる・つかれる・ねぎらう・ねぐ
励 レイ・はげます・はげむ
匚
匣 コウ・くしげ・はこ
医 イ・くすし
卩
即 ショク・ソク・すなわち・つく・つける

却 キャク・かえって・かえりて・しりぞける
卵 ラン・かい・たまご
口
君 クン・ぎ・きみ
吝 リン・しわい・やひさし・やぶさか・やぶさし
吝坊 しわんぼう
吝嗇 けち・りんしょく
吝嗇坊 けちんぼう
呑 タン・ドン・のむ
呑気 のんき
吟 ギン・さまよう・しなける
吠 ハイ・バイ・ほえる・ほやす
吠陀 ベーダ
否 ヒ・フ・いな・いなむ・いや・いや
否応 いやおう
否諾 なやうや
含 ガン・ゴン・くくむ・くくめる・ふくむ・ふくめる・ふふまる・ふふむ・ほほまる・ほほむ

含羞 がんしゅう・はじらい
含羞む はにかむ
含羞草 おじぎそう
含嗽 うがい・がんそう
听 キン・へずる・ポンド
呉 ゴ・くれ・くれる
呉織 くれはとり
吶 トツ・どもる
吹 スイ・ふかす・ふく・ふける
吹革 ふいご・ふいごう
吹雪 ふぶき
吹螺 ほらがい
吻 フン・くち・くちさき・くちびる
吼 ク・コウ・ほえる・ほやす
吽 ウン
吾 ゴ・あ・あれ・わ・われ
吾子 あこ・あご

吾木香 われもこう
吾亦紅 われもこう
吾妹 わぎめ・わぎも
吾妻 あずま
吾儕 わなみ
吾嬬 あずま
告 コウ・コク・つげる・のる
告天子 こうてんし・ひばり
告朔 こうさく・こくさく
呂 リョ・ロ
呂宋 ルソン
呂律 ろれつ
呆 ホウ・ボウ・あきれる・ほうける・ほく・ぼけ・ほける・ぼける
呆気 あっけ
呈 テイ
呎 セキ・フィート
吩 フン

吩咐 いいつけ
口
囮 カ・おとり・てて・てれ
困 コン・コウずる・こまる・たしない・たしなむ
図 ズ・ト・はからう・はかる
図体 ずうたい
図図しい ずうずうしい
囲 イ・かくまう・かくむ・かこう・かこむ・めぐり
土
址 シ・あと
坂 ハン・さか
均 キン・ならす・ひとしい
坊 ボウ・ボッ・ボン・まち
坊主 ぼうず
坎 カン
坏 ハイ・すき・つき
坐 ザ・いまさう・いましがり・います・いますがり・いまそがり・すわる・まさう・まします・ます

坑 コウ・あな
士
声 ショウ・セイ・こえ・こわ
声色 こわいろ
声明 しょうみょう
売 バイ・マイ・うる・うれる
売女 ばいた
売子木 えごのき・かわちさのき
売僧 まいす
壱 イチ・イツ
壱岐 いき
壱越 いちこち・いちこつ
大
夾 キョウ・コウ・はさむ
女
妊 ニン・はらむ・みごもる
妓 ギ・うたいめ・おんな
妓夫 ぎふ・ぎゅう
妓生 キーセン
妖 ヨウ・あやしい・およずれ・なまめかしい

妙 ビョウ・ミョウ・たえ
妥 ダ
妨 ボウ・さまたげる
子
孚 フ・かえす
孛 ハイ・ボツ・ひころう
孜 シ
孝 キョウ・コウ・たか
宀
宋 ソウ
完 カン・まったい
完了 ワンラ
完骨 みみせせ
宍 ニク・しし
宏 コウ・ひろい
寸
対 タイ・ツイ・むかう・むかえる・こたえる
対子 トイツ
対馬 つしま

寿 ジュ・ことぶき・ことぶく・ことほぐ・ほかう・ほく
寿司 すし
寿言 ほきごと
寿詞 ほきごと・よごと
寿歌 ほきうた
尢
尨 ボウ・モウ・むく
尸
尾 ビ・お
尾籠 おこ・びろう
尿 ニョウ・いばり・し・しい・しし・しと・ばり・ゆばり・ゆまり・よばり
局 キョク・つぼね
屁 ヒ・へ・おなら
山
岐 キ・ギ・くなど・ちまた・ふなと・また・わかれる
岑 シン・みね
工
巫 フ・ブ・かみなぎ・かんこ・かんなぎ・かんのこ・こうなぎ・みこ
巫女 いたこ・いちこ・みこ
巫子 いちこ・みこ

巫山戯る ふざける
巫覡 きね
己
卮 シ
卮子 くちなし
巾
希 キ・ケ・こいねがう・まれ
希有 けう
希求 ききゅう・けく・けぐ
希臘 ギリシャ
广
庇 ヒ・かげ・かばう・たばう・ひさし
床 ショウ・ソウ・とこ・ゆか・ゆかしい
序 ジョ・ついず・ついで・つぎて
廴
廷 テイ
廾
弄 ロウ・いじくる・いじる・いらう・いろう・まさぐる・もちあそぶ・もてあそぶ
弓
弟 ダイ・デ・テイ・いろと・おと・おとうと・おとと
弟子 ていし・でし

彡
形 ギョウ・ケイ・かた・かたち・なり
彳
彷 ホウ
彷徨う さまよう
彷徨く うろつく
役 エキ・ヤク・え・えだち・えだつ・えたむ
心
忌 キ・いまう・いましい・いまわしい・いむ
忌忌しい いまいましい・ゆゆしい
忍 ニン・おし・しぬぶ・しのばせる・しのびやか・しのぶ
忍冬 すいかずら・すいずら・にんどう
忍辱 にんにく
志 シ・こころざし・こころざす・シリング
忘 ボウ・モウ・わすれる
忘八 わんぱ
応 オウ・ヨウ・いらう・おうずる・こたえる・すべからく・まさに
快 カイ・ケ・うれしい・こころよい

快楽 けらく
忸 ジク
忸怩 じくじ
戈
我 ガ・あ・わ・わが・われ
我妹 わぎも
我家 わぎえ
戒 カイ・いましめる
戸
戻 レイ・もどす・もとらす・もとる・もどる・もとろかす
戻脚 わにあし
手
扮 フン・やつす・よそおう
扮装 いでたち
扶 フ・たすかる・たすける
批 ヒ
扼 ヤク
技 ギ・わざ
技折 しおり

技垂 しだれ
抃 ベン
抄 ショウ・すく・すくう
抉 ケツ・えぐる・えぐれる・くじる・こじくる・こじる・さくる・しゃくる・しゃくれる
把 ハ・たば・とる
把手 とって・はしゅ・ハンドル
抑 ヨク・おさえる・そもそも
抒 ジョ・のべる
抓 ソウ・つかむ・つねる・つまむ・つむ・つめる
抓入 つみれ
抔 ハイ・ホウ・など・なんど
投 トウ・なげる・ほうる
投網 とあみ
抗 コウ・あらがう・すまう
折 セツ・おり・おる・おれる・へがれる・へぐ・へずる

折伏 しゃくぶく
折板 へぎ・へぎいた
折敷 おしき
抜 バツ・ぬかす・ぬかる・ぬく・ぬける
択 ジャク・タク・チャク・えらぶ・よる
択捉 エトロフ
攴
改 カイ・あらたまる・あらためる・かえる
攻 コウ・せめる
日
旱 カン・ひ・ひでり・ひでる
更 コウ・あらためる・かえる・かわる・こもごも・さらさら・さらに・ふかす・ふける
更衣 きさらぎ・ころもがえ
更科 さらしな
更級 さらしな
木
杆 カン
杈 サ・さらい・さらえ・また
杈首 さす

杉　サン・すぎ
李　リ・すもも
杏　アン・キョウ・あんず
杏子　あんず
杏葉　ぎょうよう
材　サイ・ザイ
村　ソン・むら
杓　シャク・ひさく・ひしゃく
杓文字　しゃもじ
杖　ジョウ・チョウ・つえ
杙　ヨク・くい・くいぜ
杜　ズ・ト・もり
杜氏　とうじ・とじ
杜父魚　かじか
杜宇　ほととぎす
杜松　ねず・ひば・むろ・むろのき

杜若　かきつばた
杜茎山　いずせんりょう
杜漏　ずろう
杜撰　ずさん
杜鵑　ほととぎす
束　ソク・たば・たばねる・つか・つかねる
束子　たわし
杠　コウ・ちぎ
杢　もく
来　ライ・きたす・きたる・くる
杣　そま
条　ジョウ・おち・くだり・すじ
杞　キ・コ
水　求　キュウ・ク・グ・とめる・まぐ・もとめる
求肥　ぎゅうひ
汪　オウ

汰　タ・ゆる・よなげる
汲　キュウ・くむ
決　ケチ・ケツ・きまる・きめる・さくる・しゃくる・しゃくれる
汽　キ
汾　フン
沁　シン・しみる・しむ
沃　ヨウ・ヨク・いる・こやす
沃度　ヨード
沈　シン・ジン・チン・しずく・しずむ・しずめる・しめる・しもる
沈丁花　じんちょうげ・ちんちょうげ
沈香　じんこう
沈菜　キムチ
沌　トン
沍　ゴ
沐　モク・かみあらう

沐浴　もくよく・ゆかわあみ・ゆするあみ
没　ボツ・モツ
没法子　メーファーズ
没義道　もぎどう
没薬　もつやく
沖　チュウ・おき・ひいる
沙　サ・シャ・いさご・す・すな
沙市　シアトル
沙蚕　ごかい
沙魚　はぜ
沛　ハイ
沢　タク・さわ・つや
沢漆　とうだいぐさ
沢瀉　おもだか
沢蘭　あかまぐさ
火　灸　キュウ・やいと・やいとう
灼　シャク・やく

灼然　いやちこ
災　サイ・わざわい
牛　牡　ボ・ボウ・お・おす・おん
牡菜　うわき
牡蠣　かき
牢　ロウ
犬　状　ジョウ・かたち・さま・なり
狂　キョウ・くるう・くるおしい・くるおす・くるわかす・くるわしい・くるわす・くるわせる・たぶる・たわる・ふれる
狄　テキ
狆　チュウ・ちん
玉　玖　キュウ・ク
用　甫　フ・ホ
田　男　ダン・ナン・お・おとこ・おのこ
男茎　おはせ
男郎花　おとこえし・おとこめし

甸　デン
町　チョウ・まち
疒　疔　チョウ
白　皂　ソウ・くり
皂角子　さいかし
皂莢　さいかち
示　社　シャ・やしろ
禾　禿　トク・かぶろ・かむろ・ちびる・つぶ・はぐ・はげる
秀　シュウ・ひいでる・ほ
私　シ・あし・あたくし・あたし・ひそか・わし・わたい・わたくし・わたし
私語　ささめき・ささめきごと・ささめごと・ささやき
穴　究　キュウ・ク・きわめる
究竟　くきょう・くっきょう
糸　糺　キュウ・ただす
系　ケイ・つり

网　罕　カン・まれ
肉　肓　コウ
肖　ショウ・あえる・あやかる・あゆ
肘　チュウ・かいな・ひじ
肚　ト・はら
肛　コウ
肝　カン・きも
良　リョウ・ロウ・いい・よい・ら
良人　おっと
艸　芙　フ
芝　シ・しば
芝生　しばふ
芥　カイ・ケ・あくた・からし・ごみ・ごもく・ごもくた
芥子　からし・けし
芦　ロ・あし
芬　フン

芬蘭　フィンランド
芯　シン
芸　ウン
芸（藝）　ゲイ
花　カ・ケ・はな
花束　けそく
花車　きゃしゃ・だし
花押　かおう・かきはん
花梨　かりん
花魁　おいらん
花櫚　かりん
花鶏　あとり
芳　オウ・ホウ・かぐわしい・かんばしい・こうばしい
芭　ハ・バ・ヘ・はな
芹　キン・せり
苅　カイ・かる

見
見 ゲ・ケン・ゲン・あらわす・あらわれる・まみえる・み・みえる・みす・みせる・みゆ・みる・めす
見栄 みえ・みば
角
角 カク・かど・すぼし・すみ・つぬ・つの
角力 すもう
角子 みずら
角髪 みんずり・みずら
角鴟 みみずく
言
言 ゲン・ゴン・いう・いわす・こと
言伝 ことづて
言質 げんち
言霊 ことだま
谷
谷 コク・さこ・たに・や・やち・やつ・やと
豆
豆 ズ・トウ・まめ
豆汁 ご・ごじる
豆乳 ご
豆滓 から

豕
豕 シ・いのこ・ぶた
貝
貝 ハイ・バイ・かい
貝子 にな
貝母 ばいも・ははくり
貝独楽 ばいごま・べいごま
赤
赤 シャク・セキ・あか・あかい・あかめる・あからむ・あからめる・あかる・あけ
赤口 しゃっく
赤目魚 めなだ
赤小豆 あずき
赤魚鯛 あこうだい
赤楊 はんのき
赤棟蛇 やまかがし
赤熊 しゃぐま
走 ソウ・はしらす・はしる・わしす・わしる
足
足 シュ・ソク・あ・あし・あと・たす・たらう・たらす・たらわす・たりる・たる
足利 あしかが

足袋 たび
足結 あゆい
足裏 あなうら
身
身 シン・み・む・むくろ
身体 からだ
身屋 もや
身柱 ちりけ
車
車 シャ・くるま
車前草 おおばこ・おんばこ
車楽 だんじり
辛
辛 シン・かのと・からい・つらい・からまし・みかし
辛夷 こぶし
辛螺 にし
辛櫃 からひつ・かろうど
辰
辰 シン・たつ・とき
辵
辿 テン・たどる
迂 ウ・だぶ・たむ・だむ

迄 キツ・まで
迎 ギョウ・ゲイ・ゴウ・むかえる
近 キン・コン・ちか・ちかしい・ちかまる
近江 おうみ
近衛 このえ・こんえ
返 ヘン・かえす・かえる・かやす・かやる
邑
邑 ユウ・おおざと・おおざる・さと・むら
那 ナ・ノ・なんぞ
邦 ホウ・くに
酉
酉 ユウ・とり
釆
釆 ハン・のごめ
里 リ・こざと・さと・さとび
阜
阪 ハン・さか
防 ボウ・ふせぐ・ほさく・ほせく・ほそく
防人 さきむり・さきもり・せきもり

防已 つづらふじ
麥
麦 バク・むぎ
麦家公 いぬむらさき
麦酒 ビール
麦魚 めだか

【八画】

一
並 ヘイ・なぶ・なべて・なみ・なむ・なめて・ならび・に・ならぶ・ならべる
丿
乖 カイ・そむく・はなれる
乙
乳 ニュウ・ち・ちち
乳人 めのと
乳母 うば・おんば・めのと
乳部 みぶ
亅
事 シ・ジ・ズ・こと・つかえる・わざ
二
些 サ・シャ・すこし・いささか・ちと
些事 さじ
亠
享 キョウ・うける
京 キョウ・キン・ケイ・みさと・みやこ

人
佩 ハイ・おびる・はく
佩刀 はかし・はかせ
佯 ヨウ・いつわる
佳 カ・よい
併 ヘイ・あわせる・しかし
佶 キツ
佻 チョウ
使 シ・しむ・つかう・つかわす
侃 カン
侃侃諤諤 かんかんがくがく
侈 シ
例 レイ・たとえば・たとえる・ためし
侍 シ・ジ・さぶらい・さぶらう・さむらい・さもらう・はべる・はんべる
侍女 まかたち
侍婢 こしもと

侏 シュ
侏儒 こびと・しゅじゅ・ひきうど・ひきひと
侘 タ・わびしい・わびしむ・わびる・わぶる
供 キョウ・ク・そなえる・とも
供花 くうげ・くげ
供奉 ぐぶ
供物 くもつ
供御 くご
依 イ・エ・よる
侑 ユウ・ウ・たすける
侮 ブ・あなずらわし・あなずる・あなどる
価 カ・ケ・あたい
佞 ニョウ・ネイ・おもねる
舎 シャ・セキ・や
舎人 とねり
舎利別 シャリベツ

舎密 しゃみ・セイミ
儿
兎 ト・う・うさ・うさぎ・おさぎ
免 ベン・メン・まぬかれる・まぬがれる・まのがる・ゆるす
尭 ギョウ
八
其 キ・そ・そこ・その・それ
其方 そち・そちら・そっち・そなた・そのほう
其処 そこ
其奴 そいつ・そやつ
其所 そこ
具 ク・グ・そなえる・そなわる・つぶさ・よろい
典 テン・さかん・のり・ふみ
典侍 すけ・ないしのすけ
冫
冽 レツ・きよい・さむい
几
凭 ヒョウ・もたす・もたせる・もたれる・よる
凵
函 カン・はこ

漢字力

画 エ・ガ・カク・えがく・かぎる
画舫 がぼう・ゴンドラ
刀 刮 カツ・きさぐ・こそぐ・こそげる
到 トウ・いたる
刳 コ・えぐい・えぐる・くる・さくる・しゃくる
制 セイ
刷 サツ・セツ・する・つくろう・はく・はだく
刷子 はけ・ブラシ
刷毛 あぶらびき・はけ
券 ケン
刹 サツ・セチ・セツ
刹帝利 クシャトリヤ
刺 シ・セキ・いが・いら・ささえ・ささる・さす・とげ
刺刀 さすが
刺虫 いらむし
刺青 いれずみ

刺草 いらくさ
刻 コク・きざむ・とき・ほる
力 効 コウ・かい・きく
十 卒 シュツ・ソツ・おわる・にわかに
卒都婆 そとば
卒塔婆 そとうば・そとば
卓 ショク・タク
卓子 たくし・テーブル
卓袱 しっぽく
卓袱台 ちゃぶだい
協 キョウ・かなう・あわせる
卜 卦 カ・ケ・ケイ
卦体 けたい・けったい
ム 参 サン・シン・まいする・まいらす・まいる
参差 しんし
又 叔 シュク

叔父 おじ・おじや・おとおじ
叔母 おば
取 シュ・とる・とれる
受 ジュ・ズ・うかる・うける
受領 じゅりょう・ずりょう
口 呟 ゲン・つぶめく・つぶやく
周 シュウ・あまねく・ぐる・まわり・めぐり
周防 すおう
周章る あわてる
呪 シュ・ジュ・かしる・とこう・のろう・のろわしい・ほさく・まじない
味 ビ・ミ・あじ・あじわう・うま・うまい
呵 カ・さいなむ・しかる
呷 キョウ・コウ・あおる
呻 シン・うめく・にえぶ・によう
呼 コ・よばう・よばる・よばわる・よぶ

呼鈴 ベル
命 ミョウ・メイ・いのち・みこと
命婦 みょうぶ
命終 みょうじゅう
咀 ソ
咄 トツ・はなし・はなす
咆 ホウ・ほえる
咋 サク・くう
和 オ・カ・ワ・あえる・あまなう・なぐ・なぐし・なごす・なごむ・なごめる・なごやか・なごわし・にき・にきぶ・にこ・にこし・にこやか・にこよか・のど・のどまる・のどむ・やわ・やわす・やわらか・やわらかい・やわらぐ・やわらげる
和毛 にこげ
和布 にきめ・め・わかめ
和尚 おしょう・かしょう・わじょう
和物 あえもの・にこもの
和泉 いずみ
和御魂 にきみたま・にぎみたま

和幣 にきて
和蘭 オランダ
和蘭陀 オランダ
咎 キュウ・とが・とがめる
咒 シュ・ジュ ＝呪（8口）
口 固 コ・かたい・かたまる・かためる・もとより
固唾 かたず
国 コク・くに
国府 こう・こくぶ
国風 くにぶり
国栖 くず・くにす
国造 くにつこ・くにのみやつこ
土 坡 ハ
坤 コン・ひつじさる
坦 タン
坩 カン

坩堝 るつぼ
坪 ヘイ・つぼ
垂 スイ・さげ・しずる・しずれる・しだら・しだる・しだれる・すべし・たらす・たる・たれる・なんなんとする
垂水 たるみ
垂加 しでます
垂氷 たるひ・つらら
垂乳根 たらちね
垂涎 すいぜん
垂髪 すべしがみ・すべらかし
垂髫 すべしもとどり
夕 夜 ヤ・よ・よる
夜半 やはん・よなか・よわ
夜合樹 ねむのき
夜業 よなべ
大 奄 エン・おおう
奄美 あまみ
奇 キ・あやしい・くし・くすし・くすばし

奈 ナ
奈何 いかが・いかん
奉 ブ・ホウ・たいまつる・たてまつる・まつる
奔 ホン・はしる・わしる
女 妬 ト・そねましい・そねむ・ねたましい・ねたし・ねたむ・やく・やける
妹 マイ・いも・いもうと・いもと・いもひと
妻 サイ・セイ・つま・み・め・めあわせる
妻夫 めおと
妾 ショウ・おうなめ・おんなめ・そばめ・てかけ・めかけ・わらわ
姉 シ・あね
姉さん ねえさん
始 シ・そめる・はじまる・はじめる
姐 シャ・あね
姐さん ねえさん
姐御 あねご
姑 コ・しばらく・しゅうと・しゅうとめ

姑娘 クーニャン
姑獲鳥 うぶめ・うぶめどり
姓 ショウ・セイ・かばね
委 イ・くわしい・つばひらか・つばらか・まかせる・ゆだねる
委曲 つばら
子 孟 マン・モウ・はじめ
季 キ・すえ
学 ガク・まなぶ・まねぶ
宀 宕 トウ
宗 シュウ・ソウ・むね
官 カン・つかさ
官奴 やっこ
宙 チュウ
定 ジョウ・テイ・さだか・さだまる・さだめる・さだん
定斎屋 じょうさいや・じょさいや

漢字力

ずつ
宛 エン・あたか・あたかも・あて・あてる・さながら・
宛行う あてがう
宛然 さながら
宜 ギ・うべ・うべな・う・むべ・むべなう・よい・よろしい
宝 ホウ・たから
実 ジツ・げに・さね・まこと・まめ・み・みなる・みのる
実生 みしょう・みばえ
実葛 さねかずら
小
尚 ショウ・とうとぶ・なお・ひさしい
尚侍 ないしのかみ
尸
居 キョ・コ・あり・い・いる・う・おる・すえる
居士 こじ
屈 クツ・かがまる・かがむ・くぐまる・くぐむ・こがむ・こごまる・こごむ・こごめる・つぐなむ
届 カイ・とずく・とどく・とどける
山
岡 コウ・おか

岨 ソ・そば・そわ
岩 ガン・いわ
岩魚 いわな
岬 コウ・さき・みさき
岳 ガク・たけ・やたけ
岳樺 だけかんば
岷 ビン・ミン
岸 ガン・きし
巾
帖 ジョウ・チョウ・たたみ・たとう
帖紙 たとうがみ
帙 チツ
帚 シュウ・ソウ・ははき・ほうき
帛 ハク・きぬ
帛紗 ふくさ
干
幸 コウ・さいわい・さき・さきく・さきわう・さく・さけく・さち・さちわう・しあわせ・みゆき

幸先 さいさき
广
底 ティ・そこ・そこる
底方 そこい
底翳 そこひ
庖 ホウ・くりや
店 テン・たな・みせ
庚 コウ・かのえ
府 フ・つかさ
廴
延 エン・のばう・のばす・のばわる・のびる・のべる・はう・はえる・ひいて・ほどこる
延見草 ひさみぐさ
延喜種 ひさきぐさ
延縄 はえなわ
弓
弥 ビ・ミ・いや・いよ・いよいよ・いよし・や
弥明後日 やなあさって・やのあさって
弥生 いやおい・やよい
弥栄 いやさか

弥撒 ミサ
弦 ゲン・つら・つる・ゆづる
弧 コ
弩 ド・いしゆみ・おおゆみ
彳
彼 ヒ・あ・あれ・か・かの・かれ
彼方 あち・あちら・あっち・あなた・おち・おちかた
彼処 あすこ・あそこ・かしこ
彼奴 あいつ・あやつ・かやつ・きゃつ
彿 フツ
往 オウ・いく・いなす・いにし・いぬ・いんじ・ゆく
征 セイ・いく・ゆく
征矢 そや
征箭 そや
徂 ソ・ゆく
径 ケイ・みち・わたり

径山寺味噌 きんざんじみそ
心
忝 テン・かたじけない
忠 チュウ
忠実 まめ
念 ネン・おもう・ねんずる
忽 コツ・いるかせ・たちまち・ゆるがし・ゆるがせ
忿 フン・いかる
快 オウ
怖 フ・おじける・おじる・おそれる・おめる・こわい・こわがる
怖面 こわもて
怜 レイ
怡 イ
性 ショウ・セイ・さが
怪 カイ・ケ・あやしい・あやしむ・あやむ・けし・けしかる
怪我 けが

怪訝 かいが・けげん
怪鳥 けちょう
怪鴟 よたか
怯 キョウ・おくれる・おびえる・ひるむ
怺 こらえる
怕 ハ・おそれる・こわい
戈
或 ワク・ある・あるいは
戸
房 ホウ・ボウ・ふさ
所 ショ・ソ・く・と・とこ・ところ
所以 ゆえん
所有 あらゆる
所為 しょい・せい
所縁 ゆかり
所謂 いわゆる
手
承 ショウ・ソウ・うける・うけたまわる
承和菊 そがぎく
承鞚 みずつき

披 ヒ・ひらく
抱 ホウ・いだく・うだく・かかえる・だく・むだく
抵 テイ
抵牾 もどき
抹 マツ
押 オウ・おさえる・おす
抽 チュウ・ぬきんでる・ぬく・ひく
抽斗 ひきだし
抽出 ひきだし
担 タン・かたぐ・かたげる・かつぐ・かるう・になう
担桶 たご・にないおけ
拇 ボ・おやゆび・おゆび
拈 ネン・ひねる
拉 ラ・ラツ・しだく・しゃげる・ひさぐ・ひしぐ・ひしげる・ひしゃげる
拉丁 ラテン
拉致 らち・らっち

抛 ホウ・なげうつ・なげる・ほうる・ほる
拌 ハン・かきまぜる
拍 ハク・ヒャク・ヒョウ・ホウ・うつ
拍板 びんざさら
拐 カイ・かどわかす
拒 キョ・こばむ・すまう・ふせぐ
拓 タク・ひらく
拗 オウ・ヨウ・くねる・こじける・こじらす・こじれる・すねい・すねる・ねじくる・ねじくれる・ねじける・ねじる・ねじれる
拘 コウ・かかずらう・かかわる
拙 セツ・つたない
招 ショウ・おく・まねく
拝 ハイ・おがむ・おろがむ
拡 カク・ひろがる・ひろぐ・ひろげる・ひろごる
拠 キョ・コ・よりどころ・よる・よんどころ

支 放 ホウ・さかる・さく・はがす・はがつ・はなす・はなつ・はなれる・はふらす・はふる・ひる・へる・ほうる
政 ショウ・セイ・まさ・まつりごつ・まつりごと
政所 まんどころ
斤 斧 フ・おの・かり・よき
方 於 オ・おいて・おける
日 旺 オウ・さかん
昂 コウ・たかぶる・あがる
昆 コン
昆布 こぶ・こんぶ
昇 ショウ・のぼる
昌 ショウ・さかん
明 ミョウ・ミン・メイ・あかい・あかす・あからむ・あかり・あかるい・あかるむ・あき・あきらか・あきらしさ・あきらむ・あきらめる・あく・あけ・あけらけし・あける・さやか・さやけし
明太 めんたい
明日 あした・あす

明石 あかし
明明後日 しあさって
明後日 あさって・あさて
昏 コン・くらい
易 イ・エキ・ヤク・かえる・やさしい・やすい
昔 シャク・セキ・むかし
月 朋 ホウ・とも
朋友 ほうゆう・ポンユー
服 フク・ブク・はとり・まつらう・まつろう
服部 はっとり・はとり・はとりべ
木 杪 ショウ・ビョウ・こずえ・すわえ
杪欏 へご
杭 コウ・くい・くいぜ
杮 ハイ・こけら
杯 ハイ・さかずき・つき・はた
東 トウ・あずま・ひがし・ひむかし・ひんがし

東風 あゆ・あゆのかぜ・こち・こちかぜ
東宮 とうぐう・はるのみや・みこのみや
東雲 しののめ
杳 ヨウ・はるか
杵 ショ・き・きね
杷 ハ・ワ・さらい・さらえ
杼 チョ・ジョ・とち・ひ
松 ショウ・まつ
松明 たいまつ・まつ
松毬 まつかさ・まつふぐり・まつぼっくり
松陰囊 まつふぐり・まつぼっくり
松魚 かつお
松蘿 さるおがせ
板 ハン・バン・パン・いた
枇 ビ・ピ
枇杷 びわ

枉 オウ・まげる
析 セキ
枕 チン・まく・まくら
林 リン・はやし
林檎 りんご
枘 ゼイ・ほぞ
枚 バイ・マイ・ひら
果 カ・おおす・はか・はたす・はたて・はて・はてる
果物 くだもの
果敢い はかない
果無い はかない
枝 シ・え・えだ
枝折 しおり
枝垂 しだれ
枠 わく
枡 しょう・ます
枢 スウ・くる・くるる・くろろ・とぼそ・とまら

欠 欣 キン・ゴン・よろこぶ
欣求 ごんぐ
欧 オウ
欧州 おうしゅう・ヨーロッパ
欧羅巴 ヨーロッパ
止 歩 フ・ブ・ホ・あし・あゆむ・あよぶ・ありく・あるく・かち
歩行虫 おさむし
歩射 かち・かちゆみ・ぶしゃ
歩楯 てだて
武 ブ・ム・たけし
武士 さむらい・ぶし・もののふ
武蔵 むさし
歹 歿 ボツ・モチ
殀 ヨウ・わかじに
殳 殴 オウ・なぐる
毋 毒 ドク

毛 毟 むしる
水 沓 トウ・くつ
沫 マツ・あわ
沮 ショ・ソ・はばむ
河 カ・ガ・かわ
河内 かわち・こうち
河貝子 にな
河岸 かし
河原 かわら
河骨 こうほね
河豚 ふく・ふぐ
河童 かっぱ
沸 フツ・たぎる・にえ・わかす・わく
油 ユ・ユウ・あぶら・つばい
油点草 ほととぎす
治 ジ・チ・おさまる・おさめる・しろす・なおす・なおる・はる
沼 ショウ・ぬ・ぬま

沽 コ
沾 テン・うるおう・ぬれる・ひず
沿 エン・そう
況 キョウ・いわんや・まして
泄 エイ・セツ・もる・もれる
泊 ハク・とまる・とめる・はつ
泌 ヒ・ヒツ
法 ハッ・ホウ・ホッ・のり・フラン
法主 ほっしゅ・ほっす
法度 はっと
法被 はっぴ
法螺 ほら
泗 シ
泛 ハン・うかぶ
泛子 うき
泝 ソ・さかのぼる

泡 ホウ・あぶく・あわ
泡沫 うたかた・ほうまつ
波 ハ・なみ
波止場 はとば
波斯 ハルシャ・ペルシャ
波羅門 バラモン
波蘭 ポーランド
泣 キュウ・なかせる・なく・なける
泥 デイ・ナイ・うき・こひじ・どろ・なずましい・なずむ・ひじ・ひじりこ
泥梨 ないり
泥障 あおり
泥濘 ぬかる・ぬかるみ
泥鱒 どじょう
泥鰌 どじょう
注 チュウ・しるす・さす・そそぐ・つぐ
注連 しめ・しりくべ・しりくめ
注連飾 しめかざり

漢字力

注連縄 しめなわ
泪 ルイ ＝涙(10水)
泳 エイ・およぐ
火
炉 ロ・たたら
炊 スイ・かしき・かしぐ・たく
炎 エン・かぎろい・ほのお・ほむら
炒 ショウ・いためる・いる・いれる
炒汁砕 チャプスイ
炒飯 チャーハン
炙 シャ・セキ・あぶる
爪
爬 ハ
爿
牀 ショウ・とこ
片
版 ハン・ヘン
牛
牧 ボク・モク・うまき・まき・むまき
物 ブツ・モチ・モツ・もの

物怪 もっけ・もののけ
物部 もののべ
犬
狎 コウ・なれる
狐 コ・きつ・きつに・きつね・くつね
狐臭 わきが
狒 ヒ
狗 ク・コウ・いぬ・えぬ・えのこ・えのころ
狗母魚 えそ
狗児 えぬのこ・えのころ
狗尾草 えのころぐさ
狗脊 おおかぐま
狙 ソ・ねらう
狛 ハク・こま
玉
玩 ガン・もちあそぶ・もてあそぶ
玫 マイ
玫瑰 はまなす・まいかい

瓦
瓩 キログラム
疒
疚 キュウ・やましい
疝 サン・セン・しらたみ
白
的 テキ・いくは・まと・ゆくは
皿
盂 ウ
目
盲 モウ・めくら・めしい
直 ジキ・チョク・あたい・あたえ・じか・じきに・じっき・すぐ・すぐい・ただ・ただちに・なお・なおす・ひた
直会 なおらい
直向 ひたむき
直衣 のうし
直垂 ひたたれ
直路 ただじ
矢
知 チ・しらす・しらせる・しる・しれる・しろす
知更鳥 こまどり
示
祀 シ・まつる

祈 キ・いのる・うけう・うけわし・ねぐ・のむ
祉 シ・チ
禾
秉 ヒョウ・ヒン・ヘイ・いなたばり・とる
穴
穹 キュウ・おおぞら
空 クウ・あく・あける・あだし・うつる・うつせ・うつお・うつろ・から・すかす・すく・そら・むなしい
空木 うつぎ
空舟 うつおぶね・うつろぶね
空穂 うつぼ
空蝉 うつせみ
突 トツ・つかす・つく・つつく
立
竏 キロリットル
竹
竺 ジク
网
罔 ボウ・モウ・あみ
老
者 サ・シャ・は・ひと・もの
肉
育 イク・そだつ・そだてる・はぐくむ

股 コ・また・またがる・もも
股座 またぐら
肢 シ・え・えだ
肥 ヒ・こえ・こえる・こやし・こやす・ととう・ふとる
肥汁 こやし
肩 ケン・かた
肩上 わたがみ
肩巾 ひれ
肩輿 あげごし
肯 コウ・あえて・うけがう・がえんずる
肱 コウ・ひじ
肴 コウ・さかな・な
臣
臥 ガ・こやす・こやる・こゆ・ふさる・ふす・ふせる
臥所 ふしど
臥機 くつびき
艸
苑 エン・オン・その

苓 リョウ・レイ
苔 タイ・こけ
苗 ビョウ・ミョウ・なえ・なわ
苗手 のうで
苗饗 なぶり・なぼり
苛 カ・いじめる・いらう・いらつ・いらつく・いらなし・いららぐ・からい・さいなむ・さきなむ
苜 モク
苜蓿 うまごやし・おおい・もくしゅく
苞 ホウ・つと
苞苴 つと
苟 コウ・いやしくも
苟且 かりそめ
若 ジャク・ニャク・ごとし・しく・なんじ・もころ・もし・もしくは・わか・わかい・わかぶ・わかやか・わかやぐ・わかやる・わかゆ・わからか
若人 わこうど
若子 みずこ・わくご・わご

若干 じゃっかん・そくばく・そこば・そこばく・そこばこ
若布 わかめ
若気 にやけ・わかげ
若狭 わかさ
苦 ク・コ・くるしい・くるしぶ・くるしむ・くるしめる・くろしい・にがい・にがむ・にがめる・にがる
苦力 クーリー
苦汁 にがり
苦竹 まだけ
苦参 くらら
苦塩 にがり
苧 チョ・お・からむし
苧桶 おごけ・おぼけ
苧麻 からむし
苫 セン・とば・とま
英 エイ・はな・はなぶさ
英斤 ポンド

英吉利 イギリス
英桃 ゆすらうめ
英蘭土 イングランド
苳 トウ・ふき
苺 モ・いちご
茂 ボウ・モ・しげい・しげむ・しげる・しみに・しみみに・しみら・しめら
茄 カ・なす・なすび
茄子 なす・なすび
茅 ボウ・かえ・かや・ち・ちがや・つ
茅台 マオタイ
茅花 ちばな・つばな
茅渟鯛 ちぬだい
茅蜩 ひぐらし
茅蕈 こうたけ
茉 マツ
苹 ヒョウ
苹果 りんご

漢字力

艸 茎 キョウ・ケイ・くき
芽 ガ・ゲ・め
虍 虎 コ・とら
お虎子 おまる
虎列刺 コレラ
虎耳草 ゆきのした
虎杖 いたどり
虎刺 ありどおし
虎狼痢 コロリ
虎魚 おこぜ
虎落 もがり
虫 虱 シツ ＝蝨(15虫)
衣 表 ヒョウ・あらわす・あらわれる・うえ・おもて
表袴 うえのはかま
衫 サン・ソウ
車 軋 アツ・きします・きしむ・きしる・きしろう・きしろわし
辵 迚 とても

迪 テキ
迫 ハク・さこ・せこ・せまる・せむ・せる
迫上 せりあげ
迫間 はざま
迭 テツ
述 ジュツ・のぼう・のべる
邑 邪 ザ・ジャ・ヤ・ひがむ・よこしま
邸 テイ・やしき
釆 采 サイ・サエ・とる
采女 うねべ・うねめ
金 金 キン・コン・かな・かね・くがね・こがね
金巾 カナキン
金打 きんちょう
金石魚 きんぐち
金糸雀 カナリア
金糸鳥 カナリア
金花虫 はむし

金具 かながい・かなぐ
金海鼠 きんこ
金雀児 エニシダ
金雀枝 エニシダ
金亀子 こがねむし
金椀 かなまり
金漆樹 こしあぶら
金銀蓮花 ががぶた
長 長 ジョウ・チョウ・おさ・たき・たけ・たける・つかさ・とこしえ・とこしなえ・なが・ながい・ながけし・ながまる・ながやか・ながらえる・ながらく
長刀 なぎなた
長吻虻 つりあぶ
長官 かみ
長庚 ゆうずつ
長押 なげし
長門 ながと
長閑 のどか
門 門 モン・かど・と

阜 阜 フ・つかさ
阻 ソ・うじはやし・はばむ
阿 ア・おもねる・くま
阿弗利加 アフリカ
阿舎 あずまや
阿容阿容 おめおめ
阿蘭陀 オランダ
陀 ダ
附 フ・ブ・つく・つける
附子 ふし・ぶす
雨 雨 ウ・あま・あめ・さめ
雨虎 あめふらし
青 青 ショウ・セイ・あお・あおい・あおむ
青茅 かりやす
青梅 おうめ
青麻 いちび
青葱 ねぎ

青緡 あおざし
非 非 ヒ・あらず
齊 斉 セイ・ととのう・ととのえる・ととのおる・ひとしい

【九画】

丿 乗 ジョウ・のせる・のっかる・のる
亠 亭 チン・テイ・あずまや・あばらや
亮 リョウ・すけ
人 侯 コウ
侵 シン・おかす
侶 リョ・とも
便 ビン・ベン・すなわち・たより・たよる・よすが
係 ケイ・かかずらう・かかずる・かからう・かかり・かかる・かかわる
係念 けねん
促 ソク・うながす・つづめる・はたる
俄 ガ・にわか・にわしく

俊 シュン・すぐれる
俎 ソ・まないた
俑 ヨウ
俗 ショク・ゾク
俘 フ・とりこ
俚 リ・さとぶ
保 ホ・ホウ・たもつ・もつ・やすんじる
保食 うけもち
俟 ジ・シ・まつ
俠 キャン・キョウ・おとこ
信 シン・のぶ・まこと
信天翁 あほうどり
信夫摺 しのぶずり
信楽 しがらき
信濃 しなの
俤 おもかげ

俣 また
俥 くるま
儿 皃 フ
冂 冑 チュウ・かぶと
冒 ボウ・おかす
冖 冠 カン・かがふる・かがほり・かぶる・かむる・かんむり・こうぶり・こうむり・さか
冠木 かぶき
冠者 かざ・かじゃ・かんじゃ
刀 剃 テイ・する・そる
剃刀 かみすり・かみそり・こうぞり・そり
剄 ケイ
則 ソク・すなわち・ときんば・のっとる・のとる・のり
削 サク・きさぐ・けずる・そぐ・そげる・はつる・へずる・へつる
剋 コク・かつ

剌 ラツ
剌麻 ラマ
前 ゼ・セン・ゼン・さき・まい・まえ
前妻 こなみ
前奏 まえびき
前栽 せざい・せんざい
凵 函 カン ＝凾(8凵)
力 勁 ケイ・つよい
勃 ボツ・おこる
勃牙利 ブルガリア
勅 チョク・みことのり
勇 ユウ・ヨウ・いさましい・いさむ・いさめる
勇魚 いさな
勹 匍 ホ・はう・はらばう
十 南 ダン・ナ・ナン・なみ・みなみ・みんなみ
南瓜 カボチャ・ボーブラ
南京 ナンキン

漢字力

南風 はえ
単 ゼン・タン・ひとえ
単于 ぜんう
単衣 ひとえ・ひとえぎぬ
卑 ヒ・いやしい・いやしむ・いやしめる・ひくい
卩 卸 シャ・おろし・おろす
厂 厖 ボウ
厘 リ・リン
厚 コウ・あつ・あつい
厚皮香 もっこく
厚朴 ほお・ほおがしわ
又 叙 ジョ・ついず・のべる
叛 ハン・ホン・そむく
口 咢 ガク
咥 テツ・くわえる
咨 シ・はかる

咫 シ・あた・た
咫尺 しせき
咬 コウ・かむ
咲 ショウ・えまう・えます・えむ・さく・わらう
咳 ガイ・しわぶく・すわぶく・せき・せく
咸 カン
咽 イン・エツ・のど・のみど・のんど・むせぶ・むせる
哀 アイ・あわれ・あわれむ・あわれぶ・かなしい・かなしぶ・かなしむ
品 ヒン・ホン・しな
品部 ともべ
哄 コウ・どよめく
哉 サイ・かな・や
哈 コウ・ゴウ
哈尼 ハニ
土 型 ケイ・かた

型録 カタログ
垜 ダ・あずち・つち
垢 ク・コウ・あか
垢膩 くに・こうじ
垢離 こり
垣 エン・かき
垣内 かいち・かいと・かきつ
垣間見る かいまみる
城 ジョウ・セイ・いち・き・しき・しろ
夂 変 ヘン・かえる・かわる
大 奎 ケイ
奏 ソウ・かなでる・もうす
奐 カン・あきらか
契 カイ・キツ・ケイ・セツ・ちぎる
契丹 きったん
契情 けいせい

奕 エキ・ヤク
女 姜 キョウ・はじかみ
姤 コウ
姥 ボ・うば・おば
姦 カン・かしまし・ひすか
姨 イ・いもしゅうとめ・おば
姪 テツ・めい
姫 キ・ひめ
姻 イン
姿 シ・すがた
威 イ・おどかし・おどす
子 孤 コ・みなしご
孩 ガイ
宀 客 カク・キャク・まらひと・まれひと・まろうど
宣 セン・のたぶ・のたまう・のとう・のる

室 シチ・シツ・へや・むろ
宥 ユウ・なだまる・なだめる・なだらむ・ゆるす
宦 カン
宦官 かんがん
寸 封 フ・フウ・ホウ
封度 ポンド
専 セン・たくめ・うめ・もっぱら・もはら
専女 とうめ
尸 屋 オク・や
屍 シ・かばね・しかばね
屍櫃 からうど・からひつ
屎 シ・くそ・ばば
屏 ビョウ・ヘイ
山 峙 ジ・そばだつ・そばだてる
峠 とうげ
峡 キョウ・かい・はざま

己 巷 コウ・ちまた
巻 カン・ケン・まき・まく
巻子 へそ
巻丹 おにゆり
巻柏 いわひば
巻繊 けんちん
巾 帝 タイ・テイ・みかど
帥 スイ・ソチ・ソツ・ひきいる
幺 幽 ユウ・かすか・かすけし・かそか・かそけし
广 度 タク・ト・ド・たび・たんび・のり・はかる・わたる
度度 たびたび・どど・よりより
廴 建 ケン・コン・おざす・たけ・たけぶ・たける・たつ・たてる
建水 けんすい・みずこぼし
建立 こんりゅう
廻 エ・カイ・たむ・まう・まわす・まわる・みる・めぐらす・めぐる・もとおる・わ

弓 弭 ビ・はず
彡 彦 ゲン・ひこ
彳 待 タイ・ダイ・まつ
徊 カイ・もとおる
律 リチ・リツ
後 ゴ・コウ・あと・うしろ・おくらす・おくれる・しり・しりえ・のち・ゆり
後方 こうほう・しりえ
後取 しんどり
後妻 ごさい・うわなり
後朝 きぬぎぬ
後輪 こうりん・しずわ
心 怒 ド・ヌ・いかる・おこる
思 シ・おぼしい・おぼす・おぼほす・おぼほゆ・おもう・おもほす・おもほゆ・おもわく・もう
怠 タイ・おこたる・たるい・だるい・なまける
急 キュウ・いそがしい・いそぐ・せかす・せく・またぐ

急度 きっと
急焼 きびしょ
急須 きびしょ・きゅうす
怨 エン・オン・うらむ・うらめしい
怱 ソウ・いそぐ・あわてる
恂 ジュン
恃 ジ・たのむ
恒 コウ・ゴウ・つね・とこ・とわ
恍 コウ・とぼける・ほれる
恟 キョウ
恢 カイ
恤 ジュツ・めぐむ
恨 コン・うらむ・うらめしい
恫 ドウ
恬 テン

恰 コウ・あたか・あたかも
恰好 かっこ・かっこう
恰幅 かっぷく
悔 カイ・ケ・くいる・くやしい・くやむ
戸
扁 ヘン・ひら・ひらたい
扁螺 きさご・きしゃご
手
挐 ダ ＝拏(10手)
括 カツ・くくす・くくる・くびる・くびれる・くるむ・くるめる
拭 シキ・ショク・ぬぐう・のごう・ふく
拮 キツ・ケツ
拱 キョウ・こまぬく・こまねく・たむだく・たんだく
拵 ソン・ゾン・こさえる・こしらえる
拶 サツ
拷 コウ・ゴウ
拾 シュウ・ジュウ・ひらう・ひりう・ひろう

持 ジ・チ・もたせる・もつ・もてる
挂 カイ・ケ・ケイ・かける
指 シ・いび・おゆび・および・さす・ゆび
指貫 さしぬき・ゆびぬき
按 アン・かんがえる・なでる
按察 あぜち
按察使 あぜち
挌 カク・うつ
挑 チョウ・いとなむ・いどまし・いどむ・かかげる・くじる
挟 キョウ・さしはさむ・はさかる・はさまる・はさむ
攴
故 コ・かれ・そえに・ふるい・もとゆえ
方
施 シ・セ・ほどこす
日
星 ショウ・セイ・ほし
星港 シンガポール
映 エイ・うつす・うつる・うつろう・はえる・はやす・はゆい

映日果 いちじく
春 シュン・はる
春日 かすが
春宮 とうぐう・はるのみや・みこのみや
昧 マイ・くらい・くらむ
昨 サク
昨夕 ゆうべ
昨日 きぞ・きのう
昨夜 きぞ・ゆうべ・よべ・よんべ
昭 ショウ・あきらか・てらす
是 ゼ・こ・ここ・これ
昴 ボウ・すばる・すまる
昵 ジツ・なじむ
昼 チュウ・ひ・ひる
昼御座 ひのおまし
昼餉 ひるげ

木
枯 コ・からす・かれる
枳 キ
枳殻 からたち・きこく
架 カ・かかる・かける・たかほこ・たるき
枷 カ・かし・かせ
枸 ク
枸杞 くこ・くすね・ぬみ・ぬみぐすり
枸橘 からたち
柿 シ・かき
柄 ヒョウ・ヘイ・え・から・がら・つか
柄杓 ひさく・ひしゃく
柊 シュウ・ひいらぎ・ひらぎ
柏 ハク・ヒャク・かえ・かしわ・かや
某 ボウ・かがし・くれがし・それがし・なにがし
柑 カン
柑子 こうじ

染 セン・ゼン・しみ・しみる・じみる・しむ・そまる・そめる
柔 ジュウ・ニュウ・にこ・にこし・にこやか・やわ・やわい・やわら・やわらか・やわらかい
柘 シャ・つみ
柘植 つげ
柘榴 ざくろ
柚 ユ・ユウ・ゆず
柚子 ゆず
柚餅子 ゆべし
柝 タク・き
柞 サク・いす・いすのき・なら・ははそ・ほうそ・ゆし・ゆしのき・ゆす・ゆすのき
柞木 いぬつげ
査 サ・しらべる
柩 キュウ・ひつぎ
柱 ジュウ・チュウ・じ・はしら
柳 リュウ・やぎ・やなぎ

柳生 やぎゅう
柳葉魚 ししゃも
柵 サク・き・くえ・しがらみ・しがらむ・せ・せき
柾 まさ・まさき
栂 つが・とが
栃 とち・とちのき
栄 エイ・さかえる・さかやかす・はえ・はえる・はやす
栄螺 さざい・さざえ
栄蘭 あだん
止
歪 ワイ・いがむ・いがめる・いびつ・ひずむ・ゆがむ・ゆがめる
歹
殆 タイ・あやうい・ほとと・ほとほと・ほとんど
殳
段 タン・ダン・きだ
段階 きざはし・きだはし
比
毘 ビ
水
泉 セン・いずみ

洋 ヨウ・なだ・ひろい
洋車 ヤンチョ
洋剣 サーベル
洋琴 ピアノ
洋燈 ランプ
洒 サイ・シャ・すすぐ
洒落 しゃら・しゃらく・しゃれ
洗 セン・あらう・あらわい・すます
洗歪 ひすまし
洗魚 あらい
洗鱠 あらい
洙 シュ
洛 ラク・みやこ
洞 トウ・ドウ・うつお・うつろ・ほら
洟 イ・すすばな・つきはな・はな・よだり
津 シン・つ
洩 エイ・セツ・もらす・もる・もれる

洪 コウ
洪牙利 ハンガリー
洲 シュウ・ス・しま・ひじ
洸 コウ
活 カツ・いかす・いきる・いく・いける・はたらく・わたらい
活計 たずき・たつき・なりわい
派 ハ
浄 ジョウ・チン・きよい・きよまる・きよまわる・きよめる
浅 セン・あさ・あさい・あさましい・あさむ・あさらか・あさり
浅茅生 あさじう
浅葱 あさぎ・あさつき
海 カイ・あま・うな・うみ・み・わた・わたつみ
海人 あま
海人草 まくり
海士 あま・おとこあま
海女 あま

海仁草　まくり
海月　くらげ
海老　えび
海参　いりこ
海松　みる
海苔　のり
海星　ひとで
海神　わたつみ
海胆　うに
海栗　うに
海豹　あざらし
海馬　せいうち・とど
海豚　いるか
海象　せいうち
海雲　もずく
海鼠　こ・なまこ
海鼠腸　このわた
海髪　いぎす・うご・おご・おごのり
海盤車　ひとで

海嘯　つなみ
海燕　たこのまくら
海鞘　ほや
海獺　らっこ
海蘊　もずく
海贏　ばい
海鏡　つきひがい
海蘿　ふのり
海鰻　あなご
海驢　あしか
火
炬　キョ・コ・たく
炬火　たいまつ・たちあかし・たてあかし
炬燵　こたつ
炭　タン・すみ
炭斗　すみとり
炭団　たどん
炯　ケイ・あきらか
点　テン・さす・たてる・ちょぼ・とぼす・とぼる・ともす・ともる

点前　たてまえ・てまえ
点頭く　うなずく
炸　サク・はじける・はぜる
為　イ・する・ため・なす・なる
為人　ひととなり
為体　えたい・ていたらく
為替　かわせ
爪
爰　エン・ここ
牛
牲　セイ・いけにえ
牴　テイ
牴牾しい　もどかしい
犬
狡　コウ・こすい・ずる・ずるい
狢　カク・うじな・むじな・もじな
狩　シュ・かり・かる
独　トク・ドク・ひとり
独乙　ドイツ
独活　うど

独逸　ドイツ
独楽　こま・つむくり
独鈷　とこ・とっこ
狭　キョウ・さ・さし・さみす・せ・せし・せばい・せばまる・せばめる・せまい
狭間　さま・ざま・はざま
玉
玲　レイ
玳　タイ
珈　カ
珈琲　コーヒー
珊　サン・サンチ
珍　チン・うず・うずなう・うずのう・めずら・めずらか・めずらしい・めずらしぶ・めずらしむ
玻　ハ
玻璃　はり・ビードロ・ガラス
瓦
瓲　トン
瓱　ミリグラム

甘
甚　ジン・いたい・いと・いとう・はなはだ・はなはだしい
田
界　カイ・さかい
畏　イ・おそれる・かしく・かしくまる・かしこ・かしこい・かしこまる・かしこむ
畑　はた・はたけ
疒
疣　ユウ・いぼ・たり
疥　カイ・はたけ
疫　エキ・ヤク・え
疫病　えやみ
癶
癸　キ・みずのと
発　ハツ・ホチ・ホツ・あばく・おこす・おこる・たつ
発条　ぜんまい・ばね
白
皆　カイ・みな・みんな
皇　オウ・コウ・すべ・すべら・すべらぎ・すべろぎ・すめ・すめら・すめらぎ・すめろぎ
皇女　みこ

皇子　みこ・すめみこ
皇神　すべがみ・すべらがみ・すめかみ
皇孫　すべみまご・すめみま・すめみまご
皿
盃　ハイ・さかずき
盆　ボニ・ボン
盈　エイ・みちる
目
相　ショウ・ソウ・あい・こもごも・さが
相生　あいおい
相応しい　ふさわしい
相模　さがみ
相撲　すまい・すもう
県　ケン・あがた
盾　ジュン・たた・たて
省　ショウ・セイ・かえりみる・はぶく
眇　ビョウ・すがむ・すがめ・すがめる
眈　タン

眉　ビ・ミ・まみ・まゆ・まよ
眉毛　まみあい・まみえ・まゆげ
眉尖刀　なぎなた
眉庇　まびさし
眉間　びかん・まあい・みけん
看　カン・みる
看経　かんきん
看督長　かどのおさ
矛
矜　キョウ・キン・ほこる
矢
矧　はぐ
石
砂　サ・シャ・いさご・すな
砂利　じゃり
砂蚕　ごかい
砌　セイ・いぬき・みぎり・みぎん
砒　ヒ
砑　ガ

研螺貝　つべたがい・つめたがい
研　ケン・ゲン・とぐ・みがく
砕　サイ・くだく・くだける・はたく
示
祇　ギ・シ・かみ
祐　ユウ・じょう・すけ・たすける
祖　ソ・おや・みおや
祖父　おおじ・じい・じじ・そふ
祖母　おおば・ばあ・ばば・そぼ
祝　シュウ・シュク・いわう・はふり・ほかう・ほぐ・ほさく
祝部　はふりべ
祝詞　しゅくし・のっと・のっとう・のと・のりと・のりとごと・ほぎごと
神　シン・ジン・かみ・かん
神子　みこ
神田　みとしろ
神神しい　こうごうしい

漢字力

神庫 ほくら
神酒 みき
神馬藻 なのりそ・ほんだわら
神無月 かんなづき
神楽 かぐら
神嘗 かんなめ
神輿 みこし
神籤 みくじ
神籬 ひぼろぎ・ひもろぎ
内 禹 ウ
禾 秋 シュウ・あき・とき
秋刀魚 さんま
秋沙 あいさ
科 カ・しな・とが
科白 せりふ
科頭 いなむら
秒 ビョウ
秕 ヒ・しいだ・しいな・しいなし・しいなせ

穴 穽 セイ
穿 セン・うがつ・うぐ・はく・ほじくる・ほじる・ほぜくる
窃 セツ・ひそか
立 竕 デシリットル
竹 竿 カン・さお
米 粂 くめ
籾 もみ
粁 キロメートル
糸 糾 キュウ・あざう・あざなう・あざなわる・あざわる・ただす
紀 キ
約 ヤク・せばせばし・つづまる・つづめる
紅 ク・グ・コウ・あか・くれない・べに・もみ
紅型 びんがた
紅葉 もみじ・もみじば・もみち
紅絹 もみ・もみぎぬ

紅蓮 ぐれん
紅糟 うんぞう
紆 ウ
級 キュウ・しな
羊 美 ビ・ミ・いしい・いつくし・うつくしい・うつやか・うまし・うるわしい・くわしい
美人局 つつもたせ
美作 みまさか
美味い うまい
美味しい おいしい
美濃 みの
而 耐 タイ・たえる
耳 耶 ヤ
肉 肺 ハイ・ふくふくし
胃 イ
胄 チュウ・よつぎ
胆 タン・い・きも

背 ハイ・せ・せい・せな・そ・そびら・そむく・そむける
背向 そがい
背面 そとも
胎 タイ・はらごもり・はらむ
胎衣 えな
胚 ハイ
胝 チ・たこ
胞 ホウ
胞衣 えな
胡 ウ・コ・ゴ・えびす
胡乱 うろん
胡坐 あぐら
胡床 あぐら
胡臭 わきが
胡桃 くるみ
胡散臭い うさんくさい
胡蜂 すずめばち

胡蝶花 しゃが
胡頽子 ぐみ
胡獱 とど
胡簶 やなぐい
胡籙 やなぐい
胡瓜 きゅうり
胤 イン・たね
脉 ミャク ＝脈（10肉）
自 臭 シュウ・くさい・におい
臭橙 かぶち・だいだい
臼 舁 ヨ・かく
艸 茗 ミョウ・メイ
茗荷 みょうが
茘 レイ
茜 セン・あかね
茨 シ・いばら・うばら・うまら・ばら・むばら
茫 ボウ

茱 シュ
茱萸 ぐみ・しゅゆ
茲 ジ・ここ
茴 ウイ
茴香 ういきょう
茵 イン・しとね
茶 サ・チャ
茶柱虫 ちゃたてむし
茸 ジョウ・きのこ・くさびら・たけ
茸蘑子 おおみるくさ
茹 ジョ・うだる・うでる・ゆだる・ゆでる
荊 ケイ・いばら・むばら
荊棘 いばら・おどろ・けいきょく・ばら
草 ソウ・ゾウ・くさ
草石蚕 ちょろぎ
草臥れる くたびれる

草綿 わた
草履 ぞうり
草蝦 てながえび
草鞋 わらじ・わらんじ
荏 ジン・え
荒 コウ・あばら・あばる・あら・あらい・あらくれし・あらくれる・あらけし・あらす・あらびる・あらぶ・あらか・あららげる・あれぶ・あれる・さびる・さびれる・すさぶ・すさむ
荘 ショウ・ソウ・かざる
虍 虐 ギャク・いじめる・しいたげる・しえたげる・せいたぐ・せたぐる・せたげる
虫 虹 コウ・にじ
虻 ボウ・モウ・あぶ・あむ
行 衍 エン
衣 衲 ドウ・ノウ・とつ
衵 ジツ・あこめ
衷 チュウ

衽 ジン・あり・おおくび・おくび・おくみ
衿 キン・えり・くび
袂 ベイ・たもと
襾 要 ヨウ・いる・かなめ・かのめ・ぬま・ぬみ
言 訂 テイ・ただす
訃 フ
計 ケ・ケイ・かぞえる・はか・はからう・ばかり・はかる
貝 貞 ジョウ・テイ・さだ
負 フ・ブ・おう・おおす・おぶ・おぶう・おぶさる・おぶせる・おんぶ・まかす・まかる・まける
走 赴 フ・おもぶく・おもむく
車 軌 キ
軍 グン・いくさ
軍鶏 しゃも
辵 迢 チョウ

迯 トウ ＝逃（9辶）
迦 カ
迷 メイ・まどう・まよう・まよわかす・まよわす
迷児 まいご
迷迭香 まんねんろう
追 ツイ・おう・おわえる・ぼう
追風 おいて
追捕使 ついぶし
追儺 おにやらい・ついな・なやらい
退 タイ・しさる・しぞく・しりぞく・しりぞける・すさる・そく・どかす・どく・どける・のかす・のく・のける・ひく・ひける
退引 のっぴき
送 ソウ・おくる
逃 チョウ・トウ・にがす・にげる・のがす・のがらす・のがれる
逆 ギャク・ゲキ・さか・さかさ・さからう・さかる・むかたむ

逆上せる のぼせる
邑 郁 イク
郁子 うべ・むべ
郊 コウ
郎 ロ・ロウ・おとこ
郎女 いらつめ
郎子 いらつこ
郎姫 いらつめ
酉 酊 テイ
酋 シュウ
里 重 ジュウ・チョウ・え・おも・おもい・おもし・おもたい・おもらか・おもり・おもる・おもんずる
重石 おもし
重吹く しぶく
重祚 ちょうそ
重傷 じゅうしょう・おもで
門 閂 サン・かんぬき・かんのき

阜 陋 ロウ
陌 ハク
限 ゲン・かぎる・きり
面 面 メン・おむ・おも・おもて・つら・も・もて
面子 メンツ
面白い おもしろい
面舵 おもかじ
面皰 にきび
革 革 カク・あらたまる・かわ・つくりかわ
革茸 こうたけ
韋 韋 イ・おしかわ・かわ・なめし・なめしがわ
韋駄天 いだてん
韭 韭 キュウ・にら
音 音 イン・オン・おと・こえ・と・ね
音助緒 ねずお
頁 頁 ケツ・ページ

風 風 フ・フウ・かざ・かぜ・ふり
風邪 かぜ
飛 飛 ヒ・とばす・とぶ・とむ
飛白 かすり
飛竹節虫 とびななふし
飛沫 しぶき
飛鳥 あすか
飛蝗 ばった
飛礫 つぶて
食 食 シ・ジキ・ショク・うか・うけ・おす・くう・くらう・くらわす・くわす・けすく・たべる・たまう・とうぶ・はむ
食火鶏 ひくいどり
食虫虻 むしきあぶ
食封 じきふ・へひと
食稲 けしね
首 首 シュ・ス・おうと・おびと・おふと・おや・くび・こうべ・このかみ・しるし・つかさ・つぶり
首肯う うけがう

首肯く うなずく
首長 しゅちょう・ひとこのかみ
首途 かどで
香 香 キョウ・コウ・か・かおり・かおる・かかえる・かがゆ・かぐわしい・かざ・かんばしい・こうばしい
香具師 やし
香魚 あゆ
香港 ホンコン
香蒲 がま

【十画】

人 修 シュ・シュウ・ス・おさまる・おさめる
俯 フ・うつぶく・うつぶける・うつぶす・うつぶせる・うつむく・うつむける
倶 ク・グ・ともに
倶楽部 クラブ
俳 ハイ
俳優 はいゆう・わざおぎ・わざびと
俵 ヒョウ・たわら

俸 ホウ
俺 エン・おら・おれ
倅 サイ・ソチ・ソツ・せがれ
倉 ソウ・くら
個 カ・コ・ち・つ
倍 バイ・ベ・あつかう・ますます
倒 トウ・こかす・こける・さかさ・さかしま・たおす・たおれる
倖 コウ・さいわい
候 コウ・さぶらう・さむらう・す・そう・そうろう・ぞうろう・そろ・もらう
倚 イ・よる
借 シャ・シャク・いらう・かす・かりる・かる
倣 ホウ・ならう
値 チ・あたい・ね
倥 コウ

倦 ケン・あきる・あぐむ・うむ・うんず
倨 キョ・おごる
倫 リン・のり・とも・ともがら
倫敦 ロンドン
倭 ワ・やまと
倭文 しず・しとり
倹 ケン・つましい
儿 党 トウ・たむら
八 兼 ケン・かねる
冖 冢 チョウ・つか
冤 エン・うらみ
冥 ミョウ・メイ・くらい
冦 コウ・あだ
冫 凄 セイ・すごい・すごむ・すさまじい
准 ジュン・なずらう・なずらえる・なぞう・なぞらえる

凋 チョウ・しぼまる・しぼむ・しぼめる
凌 リョウ・しぬぐ・しのぐ
凌霄花 のうぜんかずら
凍 トウ・いてる・こおる・こごえる・こごやす・こごり・こやす・こゆ・こよす・しみる
刀 剔 テキ・えぐる
剔刀 はぶくら
剖 ホウ・ボウ・さく・わかつ
剛 コウ・ゴウ・こわい・つよい
剝 ハク・ボツ・すく・はがす・はがれる・はぐ・はげる・はつる・へがす・へがれる・へぐ・へげる・へずる・むく・むくる・むくれる・むける
剣 ケン・たち・つるぎ
剣橋 ケンブリッジ
剤 ザイ
力 勉 ベン・つとめる
匸 匪 ヒ

漢字力

匚
匿 トク・かくす・かくまう・くけ・しなぶ・しなむ
厂
原 ゲン・はら・ばら・もと
口
員 イン・かず
哥 カ・コ
哥倫比亜 コロンビア
哨 ショウ・みはり
哨吶 チャルメラ
哩 リ・マイル
哭 コク・なく・ね
哮 コウ・たけぶ・たける・ほえる
哲 テツ
哺 ホ・くくむ・ふくむ
唄 バイ・うた・うたう
唆 サ・そそなかす・そそなわかす・そそのかす・そそのわかす・そそる
唇 シン・くちびる

唐 トウ・から・もろこし
唐土 もろこし
唐木香 もっこう
唐棣花 はねず
唐黍 とうきび・もろこし
唐縮緬 メリンス
唐櫃 からうど・からと・からびつ・かろうど
囗
圃 ホ
土
埃 アイ・ほこり
埃及 エジプト
埋 マイ・いかる・いける・うずまる・うずむ・うずめる・うずもれる・うまる・うめる・うもれる
埋炭 いけずみ
埋葬虫 しでむし
埒 ラチ・ラツ・かこい
夊
夏 カ・ゲ・なつ
夏安居 げあんご
夏越 なごし

大
套 トウ
女
娑 サ・シャ
娘 ジョウ・むすめ
娯 ゴ・たのしむ
娠 シン・はらむ・みごもる
娩 ベン・うむ
子
孫 ソン・うまご・ひこ・まご・むまご
宀
宮 キュウ・ク・クウ・グウ・みや
宰 サイ・ほふる・みこともち
害 ガイ・そこなう
宴 エン・うたげ
宵 ショウ・よい
家 カ・ケ・いえ・うち・や
家司 いえづかさ・けいし
家業 なりわい

家鴨 あひる
宸 シン
容 ヨウ・いれる・かお・かたち
容子 ようす
容気 かたぎ
容易い たやすい
寸
射 エキ・シャ・セキ・ヤ・いる・うつ・さす
射干 しゃが・ひおうぎ
射干玉 ぬばたま
将 ショウ・いる・はた・まさに
尸
屐 ゲキ・あしかた
屑 セツ・いさぎよい・くず
屓 キ ＝屭（24尸）
展 テン・ひろげる・のべる
山
峨 ガ
峯 ブ・ホウ・お・ね・みね

峰 ブ・ホウ ＝峯（10山）
島 トウ・しま
峻 シュン・けわしい
工
差 サ・シ・シャ・さす・たがう
巾
師 シ
師走 しわす
席 セキ・むしろ
帰 キ・かえす・かえる
帯 タイ・おばす・おび・おびる・はく
帯刀 たちはき・たちわき・たてあき・たてはき・たてわき・はかせ
帯下 こしけ
广
座 ザ・います・くら・すわる・ます・わす・わせる
座主 ざす
庫 ク・コ・くら
庫裡 くり
庫裏 くり

庭 テイ・にわ・ば
庭水 にわたずみ
弓
弱 ジャク・よわい・よわまる・よわめる・よわる・わかい
弱竹 なよたけ
弱法師 よろぼうし・よろぼし
彳
徐 ジョ・おもぶる・おもむる・おもむろ・ややく・ゆるやか
徒 ズ・ト・あだ・あだう・あだく・あだし・いたずら・かし・かち・ただ・むだ・むな
徒歩 かち・かちあるき
徒然 つれづれ
従 ジュ・ジュウ・ショウ・したがう・したがえる・ひろい・ひろき
従兄弟 いとこ
従姉妹 いとこ
従祖父 おおおじ
従祖母 おおおば
心
恁 イン

恁麼 いんも
恋 レン・こい・こいしい・こう・こおし
恐 キョウ・おおそれる・おそらく・おそる・おそれる・おそろしい・かしく・かしこ・かしこい・かしこまる・かしこむ・こわい
恕 ジョ・ゆるす
恙 ヨウ・つつが・つつむ
恚 イ・いかる・うらむ・ふしくる・ふつく・ふつくむ
恣 シ・ほしいまま
恥 チ・はじ・はじらう・はじる・はずかしい
恩 オン
恭 キョウ・うやうやしい
息 ソク・いき・いきまう・いきむ・いこう・おき・むすこ・やすまる・やすむ・やすめる・やむ・やめる
息子 むすこ
息吹 いぶき
恵 エ・ケイ・めぐむ

悄 ショウ・しおれる
悄気る しょげる
悦 エツ・うれしい・よろこばしい・よろこばす・よろこぶ
悋 リン・やぶさか
悌 テイ
悍 カン・おずし・おぞい・おぞましい
悖 ハイ・もとる
悛 シュン・あらためる
悟 ゴ・さとる
悧 リ
悩 ノウ・なずき・なやましい・なやます・なやむ・なやめる
戶
扇 セン・あおぐ・おうぎ
手
拳 ケン・ゲン・こぶし
拳螺 さざえ
拿 ダ

挙 キョ・コ・あがる・あげる・こぞる
挙尾虫 しりあげむし
挫 ザ・くじく・くじける・ひしぐ
振 シン・ふく・ふる・ふるう・ふれる
挵 ロウ・せせる
挺 チョウ・テイ・ぬきず・ぬきんでる
挺子 てこ
挽 バン・ひく
挿 ソウ・さしはさむ・さす・すげる・はさむ
挿頭 かざし
捉 ソク・かすう・つかまえる・つかまる・つかむ・つらまえる・つらまる・とらえる・とらまえる
捌 ハツ・さばく・さばける・はかす・はく・はける
捏 デツ・ネツ・こねくる・こねる・つくねる・でっちる
捐 エン・すてる

捕 ブ・ホ・つかまえる・つかまる・とらえる・とらまえる・とらわれる・とる
捗 チョク・はか・はかどる
捜 シュウ・ソウ・さがす・さぐる
支 敏 ビン・さとい・とし
敏捷い はしこい
斗 料 リョウ・はかる
料簡 りょうけん
方 旁 ホウ・ボウ・かたがた・かたわら・つくり
旃 セン
旅 リョ・たび
旅籠 はたご
旡 既 キ・すで・すでに・すんで
日 時 シ・ジ・とき
時化 しけ
時花 はやり
時辰雀 カナリア

時雨 しぐれ
時計 とけい
時鳥 ほととぎす
晋 シン・すすむ
晏 アン
晒 サイ・さらす・さらされる・しゃれる
晃 コウ・あきらか
日 書 ショ・かく・ふみ
書眉鳥 ほおじろ
月 朔 サク・ついたち・つきたち
朔日 ついたち・さくじつ
朕 チン・われ
朗 ロウ・ほがらか
栓 セン
木 栖 セイ・す・すみか・すむ
栗 リツ・くり

栗刺 いが
栗鼠 きねずみ・くりねずみ・りす
栞 カン・しおり
校 キョウ・コウ・あぜ・あぜり
校倉 あぜくら・あぜりくら
栢 ハク・ヒャウ ＝柏（9木）
栩 ク・くぬぎ・とち
株 シュ・かぶ・くい・くいぜ
栬 もみじ
栰 バツ・いかだ
栲 コウ・たえ・たく
栴 セン
核 カク・さな・さね
根 コン・ね
根助緒 ねずお

格 カク・キャク・コウ
格子 こうし
格天井 ごうてんじょう
格狭間 ごうざま
格縁 ごうぶち
格魯謨 クロム
栽 サイ・うえる
桁 ギョウ・コウ・けた
桂 ケイ・かつら
桃 トウ・もも
桃花鳥 とき
框 キョウ・かまち・わく
案 アン・つくえ
案山子 かかし・かがし・そおず
桎 シツ・かし・かせ
桐 トウ・ドウ・きり

桐油 とうゆ・とゆ
桑 ソウ・くわ
桑港 サンフランシスコ
桓 カン
桔 キチ・キツ・ケツ・はね
桔梗 ききょう・きちこう
柴 サイ・しば・ふし
柴折戸 しおりど
桜 オウ・さくら
桙 ム・ボウ・ほこ
桟 サン・ザン・えつり・かけはし・しぎ
桟留 サントメ
桟敷 さじき
桝 ます ＝枡（8木）
梅 バイ・うめ・むめ
梅花皮 かいらぎ・かいらげ

梅雨 つゆ・ばいう
桛 かせ
歹 殉 ジュン・したがう・となう
殊 シュ・こと
残 ザン・のこす・のこる
殳 殷 イン
殺 サイ・サツ・セチ・あやめる・ころす・しす・そぐ・そげる・そす
殺陣 たて
水 泰 タイ・やすらか
浚 シュン・さらう・さらえる
浜 ヒン・はま
浣 カン・あらう
浦 フ・ホ・うら
浦公英 たんぽぽ
浦回 うらみ・うらわ

浩 コウ・おおきい・ひろい
浪 ロウ・なみ
浪花 なにわ
浪華 なにわ
浪速 なにわ
浪漫 ロマン
浬 リ・ノット
浮 フ・うかす・うかぶ・うかべる・うかむ・うかめる・うからかす・うかれる・うく・うける・うわつく
浮子 あば・うき・うけ
浮腫む むくむ
浮塵子 うんか
浮標 うき
浴 ヨク・あびる・あびせる・あぶす・あみす・あむ・あむす・かわむ・ゆあみ
浴衣 ゆかた
浸 シン・かす・こむ・しとむ・しみる・しむ・ひたす・ひたる
涅 デツ・ネツ・くり

漢字力

涅槃 ねはん
消 ショウ・きえる・けす・けつ
涌 ユウ・ヨウ・わかす・わく
涎 エン・セン・よだり・よだれ
涕 テイ・なみだ・なく
流 リュウ・ル・ながす・ながれる
流石 さすが
流行る はやる
流眄 ながしめ
流鏑馬 やぶさめ
流離う さすらう
涙 ルイ・なだ・なみだ・なんだ
火
烈 レツ・はげしい
烏 ウ・オ・いずくんぞ・からす
烏干玉 うばたま
烏豆 くろまめ
烏竜茶 ウーロンちゃ

烏帽子 えぼし
烏賊 いか
烏頭布 うどめ
烏許 うこ・おこ
烙 ラク・ロク・あぶる
烝 ジョウ
烟 エン ＝煙(13火)
牛
特 トク・ひとり
特牛 こってい・こっていうし・こっとい・ことい
犬
狷 ケン
狸 リ・たたけ・たぬき・たのき
狼 ロウ・おおかみ
狼牙 みつもとそう
狼狽える うろたえる
狼煙 のろし
狽 バイ

玉
珠 シュ・ス・たま
珠盤 そろばん
珠鶏 ほろほろちょう
珥 ジ・みみだま
珪 ケイ
班 ハン・わかつ
田
畔 ハン・あ・あぜ・くろ・ほとり
留 リュウ・ル・ためる・とどまる・とどめる・とまる・とめる・ルーブリ・ルーブル
畚 ホン・いしみ・ふご・もっこ・もっこう
畜 チク・けもの
畝 ホ・うね・せ
畝目 うのめ
畝傍 うねび
畠 ハク・はた・はたけ
疒
疱 ホウ・いも

疱瘡 いも・いもがさ・ほうそう・もがさ
疲 ヒ・つからす・つかれる
疳 カン
疹 シン
疼 トウ・うずく・うずつく・ひいらぐ・ひひらく・ひびらく
疽 ソ
疾 シツ・とう・とく・とし・とっく・はやい・やましい
疾風 はやち・はやちかぜ・はやて
痂 カ・かさぶた・かせ
病 ビョウ・ヘイ・いたつき・やまい・やまう・やむ・やめる・やもう
病葉 わくらば
症 ショウ
皮
皰 ホウ・にきび
皿
益 エキ・ヤク・ヨウ・ます
益体 やくたい

益荒男 ますらお
目
真 シン・さね・ま・まこと・まことし・まっ・まな・まん
真田 さなだ
真字 まな・まんな
真岡 もおか
真砂 まさご・まなご
真面目 まじめ
真魚 まな
真魚板 まないた
真葛 さねかずら
眠 ミン・メン・い・ねぶい・ねぶたい・ねぶる・ねむい・ねむたい・ねむる
眩 ケン・ゲン・くらむ・くるべく・くるめく・くれる・まぐれる・まばゆい・まぶい・まぶしい
眩暈 げんうん・めまい
矢
矩 ク・かな・かね・さしがね
石
砥 シ・テイ・と
砧 チン・きぬた・つくりいし

砲 ホウ・つつ
破 ハ・やぶく・やぶける・やぶる・やぶれる・やる・やれる・わり・われる
破子 わりご
破片 かけら
破風 はふ
破落戸 ごろつき・ならずもの
破籠 わりご
示
祓 バツ・フツ・はらい・はらう・はらえ
祗 シ
祚 ソ
祟 スイ・たたる
祠 シ・ほこら
祥 ショウ・さが
祥瑞 しょうずい・しょんずい
禾
秘 ヒ・ひそか・ひめる
秘露 ペルー

租 ソ・たちから
秣 マツ・うまくさ・まぐさ
秤 ショウ・ヒョウ・ビン・はかり
秦 シン・はかり・はた
秦皮 しんぴ・とねりこ
秧 オウ
秧鶏 くいな
秩 チツ
秩父 ちちぶ
称 ショウ・そやす・たたえる・となえる
穴
窄 サク・しろむ・すばる・すぶ・すぶし・すぼい・すぼまる・すぼむ・すぼめる・すぼる・つぼまる・つぼむ・つぼめる・つぼやか
窈 ヨウ
立
站 タン
竹
笄 ケイ・こうがい
笈 キュウ・おい・ふばこ・ふみばこ

笊 ソウ・いかき・ざる
笊籬 いかき・むぎすくい
笏 コツ・サク・シャク
笑 ショウ・え・えまう・えまし・えまわし・えむ・わらう・わらかす・わらわし・わらわせる
米
粃 ヒ・しいだ・しいな・しいなし・しいなせ・みよさ
粉 フン・こ・こな
粉灰 こっぱい・こはい
粉熟 ふずく
粋 スイ・いき
粍 ミリメートル
糸
紊 ビン・ブン・みだす・みだる・みだれる
紋 モン・あや
納 トウ・ドウ・ナ・ナッ・ナン・ノウ・おさまる・おさめる
納戸 なんど
納言 なごん・ものもうし

漢字力

納豆 なっとう
納所 なっしょ
納屋 なや
納音 なっちん
紐 ジュウ・チュウ・ひぼ・ひも
紐育 ニューヨーク
純 ジュン・もっぱら
純裏 ひたうら・ひつら
紕 ヒ・まゆう・まよう
紗 サ・シャ
紗綾 さや
紙 シ・かみ・かん
紙衣 かみこ
紙屋紙 こうやがみ
紙捻 こうより・こより
紙魚 しみ
紙鳶 いか・いかのぼり・たこ
紙撚 こうより・こより

紙縒 こうより・こより
紛 フン・まがう・まがえる・まがよう・まがわし・まがわす・まぎら・まぎらしい・まぎらす・まぎらわしい・まぎらわす・まぎれる・まぐれる
素 ス・ソ・しろ・すっ・もと
素人 しろうと
素見す ひやかす
素面 しらふ
素破抜く すっぱぬく
素湯 さゆ
素麺 そうめん
紡 ボウ・つむぐ
紡錘 つみ・つむ
索 サク・シャク・なわ・もとめる
索麺 そうめん
网
罠 ミン・わな
羽
翁 オウ・おおじ・おきな
翅 シ・は・はね

老
耄 ボウ・モウ・ほうける・ほく・ぼける・ほれる・ぼれる
耆 キ・ギ・シ
耒
耕 コウ・うなう・たがやす
耗 コウ・モウ・へる
耘 ウン・くさぎる
耙 ハ
耳
耽 タン・ふける
耿 コウ
肉
胯 コ・また
胱 コウ
胴 ドウ
胸 キョウ・ク・むな・むね
胸座 むなぐら
胼 ヘン
胼胝 たこ・べんち

能 ノウ・あたう・よう・よく
能平 のっぺい
能登 のと
脂 シ・あぶら・やに
脅 キョウ・おどかす・おどす・おびえかす・おびやかす
脆 ゼイ・もろい
脇 キョウ・かたわら・わき
脈 ミャク
脊 セキ・せ・せい
脊梁 せきりょう・せつか
脊黄青鸚哥 せきせいいんこ
至
致 チ・いたす・おこす
舌
舐 シ・なめずる・なめる・ねずる・ねぶる
舟
航 コウ
舫 ホウ・むやう・もやう
般 ハン

般若 はんにゃ
艸
荷 カ・に・になう・の
荷前 のさき
荻 テキ・おぎ
荼 ト・ド
荼毘 だび
莎 サ・シャ・すげ
莎草 かやつりぐさ・くぐ・はますげ
莓 バイ・いちご
莚 エン・むしろ
莞 カン・おおい・ふとい・にこやか
莟 ガン・つぼみ・つぼむ
莢 キョウ・さや
莢蒾 がまずみ
莧 カン・ひゆ・ひょう
莨 ロウ・タバコ

莨菪 おおみるくさ
莩 フ・ひより
莩草 いぬあわ
莫 バク・マク・ない・なかれ・まな
莫大小 メリヤス
莫臥児 モール
莫斯科 モスクワ
莫迦 ばか
茣 ゴ
莔 ボウ
莔麻 いちび・いちぶ
莽 ボウ・モウ
華 カ・ケ・ゲ・はな
華足 けそく
華府 ワシントン
華表 とりい
華盛頓 ワシントン
華奢 きゃしゃ

華魁 おいらん
華厳 けごん
虍
虔 ケン
虫
蚊 ブン・か
蚊母鳥 よたか
蚊帳 かや
蚋 ゼイ・ぶと・ぶゆ・ぶよ
蚌 ボウ・はまぐり
蚕 サン・かいこ・こ
蚕豆 そらまめ
蚕簿 えびら・まぶし
蚤 ソウ・のみ
衣
衰 サイ・スイ・おとろえる
衾 キン・ふすま
袍 ホウ・ボウ・きぬ
袒 タン

袖 シュウ・そで
袢 ハン
被 ヒ・ビ・おおう・かがふる・かずかる・かずく・かずける・かつぎ・かぶさる・かぶす・かぶせる・かむせる・かむる・きせる・こうぶる・ふすま
被衣 かずき
被綿 きせわた
言
訊 ジン・たずねる
訌 コウ
討 トウ・うつ
訓 キン・クニ・クン・よみ
訖 キツ・おわる
託 タク・かこつ・かこつける・かずける・ことづかる・ことづける
託言 かごと
記 キ・しるす
豆
豇 コウ・ささげ

豇豆 ささぎ・ささげ
豈 ガイ・あに
豸
豹 ヒョウ
豹脚蚊 やぶか
豺 サイ・ヌクテ
貝
財 サイ・ザイ・たから
貢 ク・コウ・みつぐ
走
起 キ・おきる・おこす・おこる・たつ・むくり
起居 ききょ・たちい
赳 キュウ
身
躬 キュウ・み・みずから
車
軒 ケン・コン・のき
辰
辱 ジョク・ゾク・ニク・かたじけない・はじ・はずかしい・はずかしめる
辵
迸 ヘイ・とばしる・とばちり・とばっちり・ほとばしる
迹 ザク・シャク・ジャク・セキ・と

迺 ダイ・ナイ・すなわち・の
逅 コウ
透 トウ・すかす・すく・すける・とおす・とおる
透垣 すいがい・すいがき
透破 すっぱ
透綾 すきや
逐 チク・おう
逓 テイ
途 ズ・ト・みち
途次 とじ・みちすがら
通 ツ・ツウ・トウ・かゆう・かよう・かよわす・とおす・とおる
通夜 つや・よもすがら
通草 あけび
逝 セイ・ゆく
速 ソク・すみやか・すみやかんず・すみやく・すみやけし・すみやけんず・すむやけし・はやい・はやめる・まだぐ

造 ソウ・ゾウ・つくる・みやつこ
造酒児 さかつこ
造酒童女 さかつこ
連 レン・つがる・つらなる・つらねる・つるぶ・つるむ・つれる・むらじ
連枷 からざお
邑
郡 グン・こおり
酉
酌 シャク・くむ
配 ハイ・くばる・くまる
酎 チュウ
酒 シュ・ス・き・くし・さか・さけ・ささ
酒代 さかて
酒台 しりざら
金
釘 テイ・くぎ
釜 フ・かない・かなえ・かま
針 シン・はり
針孔 みず・みぞ・めど

針魚 さより・はりよ
門
閃 セン・ひらめかす・ひらめく
阜
陛 ヘイ
陞 ショウ・のぼす・のぼる
陟 チョク・のぼす・のぼる
院 イン・エン
院本 いんぽん・まるほん
陣 ジン
除 ジ・ジョ・そぐ・とる・のく・のける・のぞく・のぞこる・よける
降 コウ・ゴウ・おりる・おろす・くだす・くたつ・くだる・ふらす・ふる
陥 カン・おちいる・おちる・おとしいれる・はまる
隹
隻 セキ
隼 ジュン・はやぶさ
隼人 はいと・はやと・はやひと
食
飢 キ・ケ・うえる・うやかす・うやす・え・かつえる・やわし

馬
馬 バ・メ・うま・おま・ま・むま
馬刀貝 まてがい
馬手 めて
馬爪 ばず
馬尾毛 ばす
馬尾藻 ほんだわら
馬来 マライ・マレー
馬肥草 クローバー
馬柵 うませ
馬脳 めのう
馬酔木 あしび・あせび
馬陸 やすで
馬喰 ばくろう
馬蛤貝 まてがい
馬道 めどう
馬塞 ませ
馬銜 はみ
馬頭 めず
骨
骨 コチ・コツ・かわら・ほね

骨牌 カルタ・こっぱい
高
高 コウ・たか・たかい・たかぶる・たかまる・たかめる・たかやか・たからか
高句麗 こうくり・こくり
高砂 たかさご
高梁 コーリャン
高麗 こうらい・こま
鬼
鬼 キ・おに
鬼灯 ほおずき
立
竜 リュウ・リョウ・たつ
竜胆 りゅうたん・りんどう
竜葵 いぬほおずき

【十一画】

乙
乾 カン・ケン・いぬい・から・かれ・かわかす・かわく・かわらぐ・ひる・ふ・ほす
乾分 こぶん
乾拭 からぶき
乾葉 ひば
乾飯 かれい・かれいい・ほしいい

乾瘡 はたけ
乾鰮 ほしか
人
偃 エン・のいふす・のえふす・のく
偈 ゲ
偏 ヘン・かたずむ・かたほ・かたよる・こずむ・ひとえに・ふれる
偕 カイ
偕老根 えびね
停 チョウ・テイ・とどまる・とどめる・とまる・とめる
停止 ちょうじ・ていし
健 ケン・コン・したたか・すくやか・すくよか・すこやか・たける
健気 けなげ
健児 けんじ・こでい・こんでい・ちからびと
偲 シ・しぬぶ・しのばし・しのぶ
側 ソク・かたわら・かわ・そば・そばむ・そばめる・はた・ほのか
側柏 このてがしわ

偵 テイ・うかがう
偶 グウ・ゴウ・たま・たまさか・たまたま
偸 チュウ・トウ・ぬすむ
偓 アク
偓促 あくせく
偽 ギ・いつわる・うつわる・にせ
偽物 いかもの
儿
兜 ト・トウ・かぶと
冂
冕 ベン
几
凰 オウ・おおとり
刀
剰 ジョウ・あまさえ・あます・あまつさえ
剪 セン・きる・はさむ
剪刀 はさみ
剪紅紗花 せんのう
副 フ・フク・すけ・そう・そえる・そわり・たぐう・たぐえる

副司　ふうす
副寺　ふうす
力
勒　ロク・くつばみ・くつわ
動　ドウ・いごかす・いごく・うごかす・うごく・おごかす・おごく・ややもすれば
勘　カン・かんがえる・こうがう・こうず
勘解由使　かげゆし
務　ム・つとめる
勹
匏　ホウ・ひさご・ふくべ
匐　フク・はう・はらばう
匕
匙　シ・ジ・ヒ・かい・かぎ・さじ・しゃじ
厂
厠　シ　＝廁（12广）
口
唯　イ・ユイ・ただ・たんだ
唱　ショウ・となう・となえる
唸　テン・うなる
唾　ダ・つ・つかい・つばき・つばけ・つわ・つわき・つわっぱ

啀　ガイ・いがむ・いなる
啄　タク・ついばむ・つつく
啄木　きつつき・けら
啄木鳥　きつつき・けらつつき
商　ショウ・あき・あきなう
問　モン・とい・とう・とん
啓　ケイ・ひらく・もうす
啖　タン・くらう
啜　セツ・すする・すすろう
啞　ア・おうし・おし
喝　カツ
土
域　イキ
埠　フ
埴　ショク・はに・へな・へなつち
埴生　はにゅう

埴破　はにわり・はんなり・はんわり
埴輪　はにわ
執　シツ・シュ・シュウ・とらえる・とらす・とる
執翳　はとり
培　バイ・つちかう
基　キ・もと・もとい・もとづく
基督　キリスト
埼　キ・さき
堀　クツ・ほり
堂　トウ・ドウ
堅　ケン・かたい・かためる
堅塩　かたしお・きたし
堅魚　かつお
堅磐　かきわ
堆　タイ・ツイ・うず・うずたか・うずたかい・にお
女
娵　シュ・よめ

娶　シュ・まく・めとる
娼　ショウ・よね
婀　ア
婁　ロウ
婆　バ・ホ・ばあ・ばば・ばばあ
婉　エン
婚　コン・くながい・くなぎ・つるぶ・まぐ・まく・めまく・よばい
婢　ヒ・はしため・まかたち
婢女　はしため
婦　フ・おんな・よめ
婪　ラン・むさぼる
子
孰　ジュク・いずれ・たれ
宀
宿　シュウ・シュク・スク・やど・やどす・やどる
宿花　よみはな
宿直　しゅくちょく・とのい

宿月毛　さびつきげ
宿酔　ふつかよい
寂　ジャク・セキ・さび・さびしい・さびる・さびれる・さぶし・さみし・さむし
寄　キ・よさす・よする・よせる・よそえる・よそる・よる
寄木　やどりぎ
寄生　ほや・やどり
寄生木　やどりぎ
寄居虫　ごうな・やどかり
寄席　よせ
寅　イン・とら
密　ミツ・ひそ・ひそか・ひそやか・みそか・みそやか
密夫　まおとこ・みそかお
密男　まおとこ・みそかお
密語く　ささめく
寇　コウ・あた・あたなう
寸
尉　イ・じょう

山
崇　シュウ・ス・スウ・ソウ・あがまえる・あがめる・かたつ
崎　キ・さき・みさき
崑　コン
崖　ガイ・がけ・きし・ほき・まま
崖石榴　いたびかずら
崗　コウ・おか
崩　ホウ・くえる・くずす・くずれる・くやす
巾
帳　チョウ・とばり
帷　イ・とばり
帷子　かたびら
常　ジョウ・きだ・つね・とこ・とこし・とこしえ・とわ
常陸　ひたち
常滑　とこなべ・とこなめ
常盤　ときわ
常磐　ときわ・ことわ
广
庵　アン・いお・いおり

庶　ショ・こいねがう・もろもろ
庶幾う　こいねがう
康　コウ・やすい
庸　ヨウ・ちから
弓
張　チョウ・はる
強　キョウ・ゴウ・あながち・こわ・こわい・こわらす・こわる・しいる・したたか・つおい・つよい・つよまる・つよむ・つよめる・つよる
強面　こわもて
強盗　がんどう・ごうとう
強飯　こわいい・こわめし
強請　ねだり・もがり・ゆすり
ヨ
彗　スイ・ほうき
彡
彩　サイ・あや・いろ・いろどる・だむ
彩絵　いろえ・だみえ
彫　チョウ・える・ほる
彬　ヒン

彳
得　トク・うる・える
徘　ハイ
徘徊る　たもとおる・もとおる
御　ギョ・ゴ・お・おおむ・おおん・おん・み
御弓　おんだらし・みたらし・みとらし
御内儀　おかみ・おないぎ
御手洗　みたらい・みたらし
御手塩　おてしょ
御衣　おんぞ・ぎょい・みけし・みぞ
御形　おぎょう・ごぎょう
御虎子　おまる
御俠　おきゃん
御祖　みおや
御食　みけ・みもの
御修法　みしお・みしほ・みしゅほう
御座　おまし・みまし
御座す　おます・おわします・おわす

御座形　おざなり
御息所　みやすどころ・みやすんどころ
御強　おこわ
御統　みすまる
御階　みはし
御稜威　みいつ・みつ
御髪　おぐし・みぐし
御幣　みてぐら
御膳　おもの・みけ
御襁褓　おむつ
御頭　みぐし
御饌　みけ
（心）悉　シツ・ことごと・ことごとく・ふつくに
悉曇　しったん
悠　ユウ・はるか
患　カン・ゲン・うれい・うれえる・わずらう
悪　アク・オ・あし・いずくんぞ・にくい・にくむ・わるい・わるぶ・わろい・わろぶ

悪阻　つわり
悪戯　いたずら・てんごう・わるじゃれ
悴　スイ・かじかむ・かじける・かす・かせる・すすく・せがれ・やつれる
悸　キ・わななく
悼　トウ・いたむ
悽　セイ・かなしむ・いたむ
情　ジョウ・セイ・こころ・なさけ
情人　いろ・じょうじん・じょうにん
惇　ジュン・トン
惘　ボウ・モウ・あきれる
惚　コツ・おぼほる・とぼける・とれる・とろめく・のろける・ほうく・ほうける・ほく・ほける・ぼける・ほれる
惚気　のろけ
惜　シャク・セキ・あたら・あたらし・あったら・あったらし・おしい・おしけし・おしむ
惟　イ・ユイ・おもいみる・おもう・おもんみる・これ・ただ

惟神　かみながら・かむながら・かんながら
惧　ク・グ・おそれる　＝懼（21心）
惨　サン・ザン・いたましい・みじめ・むごい
（戈）戚　シャク・セキ・いたむ
（戸）扈　コ
（手）捥　ワン・もぎる・もぐ
捧　ホウ・ささげる
捨　シャ・すてる
捩　レイ・すじる・ねじる・ねじれる・もじる・もじれる・よじる・よじれる
捩子　ねじ
捩摺　もじずり
捫　モン・もちう
据　キョ・すえる・すわる
捲　ケン・まく・まくる・まくれる・めくる・めくれる
捷　ショウ・かつ・はしかい・はしこい・はやい

捺　ダツ・ナツ・おす
捻　ネン・ねじる・ねじれる・ねず・ひねくる・ひねる・ひねれる
捻子　ねじ
掃　ソウ・はく・はらう
掃部　かもり・かもん・かんもり
掃墨　はいずみ
授　ジュ・さずかる・さずける
授刀　たちはき
掉　チョウ・トウ・ふるう
掏　トウ・する
掏児　すり
掏摸　すり
排　ハイ・しりぞける
掖　エキ・わき
掘　クツ・こず・ほる
掛　カ・ケ・かかり・かかる・かく・かける

掟　テイ・おきつ・おきて
掠　リャク・リョウ・かすむ・かすめる・かする・かすれる・かそう・さらう
採　サイ・つむ・とる
探　タン・さがす・さぐる
探湯　くかたち
接　ショウ・セツ・つぐ・はぐ
接目　はぎめ
接骨木　にわとこ
接骨草　いぬどくさ
控　コウ・ひかえる
推　スイ・おす
掩　エン・おおう
措　ソ・おく
掬　キク・すく・すくう・むすぶ
描　ビョウ・えがく・かく
掲　ケイ・ケチ・ケツ・かかげる

（攴）教　キョウ・おしえる・おせえる・おそわる
救　キュウ・ク・すくう
敗　ハイ・やぶれる
（斗）斛　コク・さか
斜　シャ・くたつ・ななめ・なのめ・はす
斜子　ななこ
斜交　はすかい
（斤）斬　ザン・きる
断　ダン・ことわる・たつ
（方）旋　セン・めぐらす・めぐる
旋毛　つじ・つむじ
旋花　ひるがお
旋風　つじかぜ・つむじかぜ
旋網　まきあみ
旋頭歌　せどうか
族　ゾウ・ゾク・うから・やから

（日）晦　カイ・くらます・つきごもり・つごもり・つもごり
晦日　つごもり・みそか
晨　シン・あした
晨鳧　しのりがも
（曰）曹　ソウ・ゾウ・ともがら
曹達　ソーダ
（月）望　ボウ・モウ・のぞましい・のぞむ・もち
望潮　しおまねき
（木）桴　フ・いかだ・ばち・ぶち
桶　ツウ・トウ・おけ・こが
桿　カン・さお
梁　リョウ・うつばり・はり・やな
梏　コク・てかせ
梓　シ・あかめがしわ・あずさ・きささげ
梔　シ・くちなし
梗　キョウ・コウ

梛　ダ・ナ・なぎ
梟　キョウ・さけ・ふくろ・ふくろう
梟帥　たける
梢　ショウ・こずえ・うら・うれ
梣　とねりこ
梧　ゴ
梧桐　あおぎり・ごとう・ごどう
梨　リ・なし
梨子　なし
梭　サ・おさ・かい・ひ
梭子魚　かます・ひいごうお
梭尾螺　ほらがい
梯　テイ・かけはし・はし
梯子　はしご
械　カイ・かし・かせ
梱　コン・こうり・こり

漢字力

梲 セツ・うだち・うだつ
梳 ソ・くし・くしけずる・けずる・すく
梃 チョウ・テイ・て・てこ
梃子 てこ
梵 ボン
梵唄 ぼんばい
梵論 ぼろ・ぼろんじ
梶 ビ・か・かじ
梻 しきび・しきみ
椛 こうじ
桫 サ
桫欏 へご
巣 ソウ・す
欠
欲 ヨク・ほしい・ほしむ・ほっする・ほりす・ほる
欷 キ・なく
欷歔く すすりなく

殳
殻 カク・コク・かい・から
毛
毫 ゴウ・さおげ
毬 キュウ・いが・かさ・たま・まり
毬打 ぎっちょう・ぎっちょう
毬杖 ぎちょう・ぎっちょう
水
涯 ガイ・はて・みぎわ
液 エキ・つゆ
涵 カン・うるおす・ひたす
涸 カク・コ・からす・からびる・かれる
涼 リョウ・さがす・すずしい・すずしむ・すずむ
淀 テン・おどむ・よど・よどむ
淅 セキ・かす・とぐ
淋 リン・さびしい・さぶし・さみしい・さむしい
淋滲 つつげ
淑 シュク・しとやか
淘 トウ・ゆる・よなげる

淡 タン・あわい・あわす・あわつけし・あわむ・うすい
淡竹 はちく
淤 オ
淦 カン・あか
淫 イン・みだら
淫羊藿 いかりそう・くわな
深 シン・ふか・ふかい・ふかす・ふかまる・ふかむ・ふかめる・ふける・み
深山 みやま
深田 ふかだ・ふけだ
深雪 みゆき
深傷 ふかで
淳 ジュン・あつい
混 コン・ひたたく・まざる・まじる・まぜる
混凝土 コンクリート
清 ショウ・シン・セイ・きよ・きよい・きよまる・きよめる・きよら・きよらか・けうら・さや・さやか・さやけし・すがやか・すずしむ・すます・すむ

清水 しみず
清汁 すまし・すましじる
清白 すずしろ
清掻 すががき
淹 エン・いれる
添 テン・そう・そえる・そわす・そわせる・そわる
添水 そうず
渋 ジュウ・しぶ・しぶい・しぶく・しぶくる・しぶる
渉 ショウ・わたる
渓 ケイ・たに
済 サイ・セイ・すくう・すます・すむ・すめる・なす・わたす・わたる
渇 カチ・カツ・かわく
渚 ショ・なぎさ
火
烹 ホウ・にる
烽 ホウ・とぶひ
烽火 のろし

焉 エン・いずくにか・いずくんか・いずくんぞ・いずこんぞ
爻
爽 ソウ・さやか・さやけし・さわやか・さわやぐ
牛
牽 ケン・ひく
牽牛花 あさがお
牽道 みちくらべ
犂 リ・からすき・すき・たがやす
犬
猊 ゲイ
猛 ミョウ・モウ・たけし・たけぶ・たける
猛者 もさ
猜 サイ・そねむ・ねたむ
猪 チョ・い・いのしし・しし
猪口 ちょく・ちょこ
猪口才 ちょこざい
猪牙 ちょき
猟 リョウ・かる・さつ・しし
猟矢 さつや

猟男 さつお
猟虎 らっこ
猫 ビョウ・ミョウ・ねこ
猫糞 ねこばば
玄
率 スイ・ソツ・リチ・リツ・あどもう・いざ・いざなう・いる・ひきいる
率都婆 そとば
玉
現 ケン・ゲン・あら・あらわす・あらわれる・ある・うつし・うつつ
現人神 あきつかみ・あらひとがみ
球 キュウ・たま
琅 ロウ
理 リ・ことわり・みち・わけ
琉 リュウ・ル
琢 タク・みがく
瓜
瓠 コ・ひさ・ひさご・ふくべ・ゆうがお
瓦
瓶 ビョウ・ビン・へい・かめ

瓶子 へいじ
甘
甜 テン・あまい
甜瓜 まくわ・まくわうり
生
産 サン・あらす・うぶ・うまれる・うむ・むす
産土 うぶしな・うぶすな
産衣 うぶぎ・うぶぎぬ
産霊 むすひ・むすび
田
畢 ヒチ・ヒツ・おえる・おわる
略 リャク・はかりごと・ほぼ
畦 ケイ・あ・あぜ・うな・うね・くろ
異 イ・あだ・あだし・かわり・け・けし・こと・ことなる
疒
痍 イ
痒 ヨウ・かいい・かゆい
痔 ジ
痕 コン・あと
疵 シ・あざ・きず

白
皐 コウ
皐月 さつき
皿
盒 ゴウ・はこ
盛 ジョウ・セイ・さかす・さかる・さかん・もる
盛相 もっそう
盗 トウ・ドウ・ぬすむ
盗汗 ねあせ
目
眴 ケン・シュン・めくばす・めくばせ・めくわす・めくわせ
眷 ケン・かえりみる
眸 ボウ・ひとみ
眺 チョウ・ながめる
眼 ガン・ゲン・ま・まなこ・め
眼間 まなかい
眼鏡 めがね
眥 サイ・シ・いきむ・まなさき・まなじり・めじり
眦 サイ ＝眥(11目)

石
砦 サイ・とりで
示
票 ヒョウ
祭 サイ・まち・まつり・まつる
禾
移 イ・うつす・うつる・うつろう・うつろわす
移徙 わたまし
穴
窒 チツ・ふさがる・ふさぐ
窒扶斯 チフス
窓 ソウ・まど
立
竟 キョウ・ついに
竟夜 よもすがら
章 ショウ・しるし
章魚 たこ
竹
笙 ショウ・セイ・ソウ
笛 ジャク・チャク・テキ・ふえ
笞 チ・うち・しもと・むち
笠 リツ・リュウ・かさ

笥 シ・ス・け・はこ
符 フ・おしで・ふみ・しるし
第 ダイ・テイ・つい・で
笹 ささ
米
粒 リュウ・つび・つぶ・つぼ
粕 ハク・かす
粗 ソ・あら・あらい・あらける・あららか・ざら・ほぼ
粗目 ざらめ
粘 デン・ネン・つぎ・ねば・ねばい・ねばす・ねばる・ねやす・ねゆ
粘土 へなつち
粘葉 でっちょう
粔 キョ
粔籹 おこし
糸
紫 シ・むらさき
紫苑 しおん
紫苧 あかそ

紫萁 ぜんまい
紫陽花 あじさい
紫雲英 げんげ・れんげ・れんげそう
紫葳 のうぜんかずら
紬 チュウ・つむぎ
紮 サツ・からげる
累 ルイ・かさぬ・かさね
細 サイ・セイ・くわしい・こま・こまい・こまか・こまかい・こまかしい・こまけし・こまやか・ささ・ささやか・ささやぐ・ささら・さざれ・ほそ・ほそい・ほそまる・ほそめる・ほそやか・ほそやぐ・ほそらか・ほそる
細布 さいみ
細石 さざれいし
細枝 しもと
細波 さざなみ・さざらなみ・さざれなみ
細雪 ささめゆき
細魚 うるり・うるりこ・さより
細腰蜂 じがばち

細貲 さよみ
細螺 きさご・きしゃご
紲 セツ・きずな
紳 シン
紵 ジョ・チョ・からむし
紹 ショウ・ジョウ・つぐ
紺 コウ・コン
紺屋 こうや・こんや
絁 シ・あしぎぬ・きぬ
終 シュウ・おえる・おわる・しまう・つい・はて
終日 ひすがら・ひねもす・ひもすがら
終夜 よすがら・よもすがら
絃 ゲン・お・つる
組 ソ・くみ・くむ
絆 ハン・バン・きずな・ふもだし・ほだす
経 キョウ・キン・ケイ・たて・たていと・へる・わなく

経緯 いきさつ・いくたて・たてぬき
羊
羚 レイ
羚羊 かもしか・かもしし
羞 シュウ・はじらう・はじる・はずかしい
羽
翌 ヨク・あくる
翌檜 あすなろ・あすなろう・あすわひのき
習 ジッ・シュ・シュウ・ジュウ・ならう・ならわす
耒
耜 シ・すき
耳
聊 リョウ・いささか・いささけし
聿
粛 シュク・つつしむ
肉
脚 カク・キャ・キャク・あし
脚辺 あとべ
脚気 あしのけ・かっけ
脚結 あゆい
脚榻 きゃたつ
脛 ケイ・すね・はぎ

漢字力

脛巾 はばき
脣 シン・くち・くちびる
脱 ダツ・ぬぐ・ぬける・ぬげる
脳 ノウ・なずき
臼
舂 ショウ・うすづく・つく
舟
舳 ジク・とも・へ・へさき・みよし
舵 ダ・かじ・たいし・たぎし
舶 ハク・つくのぶね・つくぶね・つむ
舷 ゲン・ふなばた・ふなべり
船 セン・ふな・ふね
艸
菅 カン・ケン・すが・すげ
菊 キク
菌 キン・きのこ・くさびら・たけ
菓 カ・このみ
菖 ショウ

菖蒲 あやめ・しょうぶ・そうぶ
菘 シュウ・すずな
菜 サイ・な
菜路 ふき
菩 ボ
菫 キン・すみれ
菫菜 つぼすみれ
菰 コ・こも
菱 リョウ・ひし
菴 アン・いお・いおり
菴蕳 いぬよもぎ
萊 ライ
萌 ホウ・きざす・めぐむ・もえる・もやし・もやす
萎 イ・しおる・しおれる・しなびる・しなゆ・しぼまる・しぼむ・しぼめる・なえる・なやす
菠 ハ

菠薐草 ほうれんそう
菝 ハツ
菝葜 さるとりいばら
萆 ヒ
萆麻 からかしわ
著 ジャク・チャク・チョ・あらわす・あらわれる・いちじるしい・いちしろし・きせる・きる・けり・しるか・しるし・つく・つける・はく
著羅絹 ちょろけん
虍
虚 キョ・コ・あだ・うつ・うつお・うつけ・うつける・うつせ・うつろ・うろ・から・そら・むな・むなしい
虚仮威 こけおどし
虚無僧 こむそう
虫
蚯 キュウ
蚯蚓 みみず・めめず
蛆 ショ・ソ・うじ・うず
蛇 イ・ジャ・ダ・くちなわ・へび・へみ
蚰 ユウ

蚰蜒 げじげじ
蛉 レイ
蛋 タン
蛍 ケイ・ほたる
行
衒 ケン・ゲン・かたり・かたる・てらう・てらわす
術 ジュツ・ズチ・ズツ・すべ・わざ
衣
袋 タイ・ふくろ
袈 ケ
袈裟 けさ
袱 フク
袴 コ・はかま
袿 ケイ・うちき
袷 コウ・あわせ
裃 かみしも
裄 ゆき

見
規 キ・ただす・のり
視 シ・みる
視告朔 こうさく・こくさく
言
訛 カ・だむ・なまり・なまる
訝 ガ・ゲン・いぶかしい・いぶかしむ・いぶかる
訟 ショウ・うったえる
訣 ケツ・わかれる
訥 トツ・ぜぜる
訪 ホウ・おとずれる・たずねる・とう・とぶらう・とむらう
設 セツ・まく・もうける
許 キョ・コ・がり・ばかり・もと・ゆりる・ゆるし・ゆるす・ゆれる
許嫁 いいなずけ
訳 ヤク・わけ
谷
谺 カ・こだま
豆
豉 シ・くき

豉虫 みずすまし
豕
豚 トン・ぶた
貝
貧 ヒン・ビン・まずしい・まどしい
貨 カ・たから
販 ハン・ひさぐ
貪 タン・トン・ドン・むさぶる・むさぼる
貫 カン・ガン・つなぬく・つらぬく・ぬく
責 シャク・セキ・しおる・せたむ・せめる
貶 ヘン・おとしめる・おとす・けなす・さげすむ
赤
赦 シャ・ゆるす
足
趺 フ・あなひら
趺坐 あぐら
趾 シ・あし
車
軛 ヤク・くびき
軟 ゼン・ナン・やわらか・やわらかい

転 テン・うたた・うたて・くるめく・こかす・こける・ころ・ころげる・ころがす・ころがる・ころばす・まろがす・まろがる・まろばす・まろぶ
転筋 からすなえり・からすなめり・こぶらがえり・こむらがえり
転寝 うたたね・ごろね・ころびね
辵
逍 ショウ
逕 ケイ・みち・ただちに
逗 トウ・とどまる
這 シャ・この・はいずる・はう
這裏 しゃり
逞 テイ・たくましい
逡 シュン
逢 ホウ・あう・あわす・あわせる
逮 タイ
週 シュウ

進 シン・すさぶ・すさむ・すすむ・すすまし・すすめる・まいらす
逸 イチ・イツ・そらす・それる・はぐる・はぐれる・はやむ・はやる
邑
部 フ・ブ・ホウ・とも・へ・べ
部曲 かきべ・かき
部領 ことり
郭 カク・くるわ
郭公 かっこ・かっこう・ほととぎす
郵 ユウ
都 ツ・ト・いち・すべて・ふつと・ふつに・ふつまに・みやこ
郷 キョウ・ゴウ・さと
酉
酔 スイ・えう・えわす・よう
釆
釈 サク・シャク・セキ
釈典 おきまつり・しゃくてん
釈奠 おきまつり・さくてん・せきてん
里
野 ヤ・ぬ・の

野木瓜 あけび・むべ
野火 ほそけ
野羊 やぎ
野老 ところ
野茨菰 おもだか
野面 のづら・のもせ
野蚕 くわご
野猪 くさいなぎ
野幇間 のだいこ
野葛 つたうるし
金
釣 チョウ・つる・つるす・つれる
釣瓶 つるべ
釦 コウ・ボタン
釧 セン・くしろ・ひじたま
釵 サイ
釼 ジツ・くしろ
門
閉 ハイ・ヘイ・しまる・しめる・たてる・とざす・とじめる・とじる・ひしぐ・ひそぐ

閊 つかえる
阜
陪 ハイ・バイ・べ・ベイ・ホイ・そう・そえる
陪従 おもとびと
陬 スウ・ソウ
陰 アン・イン・オン・かげ・かげる・くぼ・くもる・ひそか・ほと
陰神 めがみ
陰核 いんかく・へのこ
陰陽 おみょう・おんにょう・おんみょう・おんよう
陰嚢 いんのう・ふぐり
陳 ジン・チン・のぶ・のべる・ひねくれる・ひねる
陳者 のぶれば
陵 リョウ・はか・みささぎ
陶 トウ・ドウ・すえ・すえつくり
陸 リク・ロク・おか・くが・くぬが・くむが・みち
陸奥 みちのく・むつ
陸稲 おかぼ

険 ケン・けわしい・さが・さがし
隆 リュウ
隹
雀 シャク・ジャク・しじめ・すずめ
雀斑 そばかす
雀鷹 つみ
雨
雪 セチ・セツ・そそぐ・ゆき
雪花菜 おから・からきらず
雪洞 ぼんぼり
雪崩 なだれ
雪隠 せついん・せっちん・せんち
雪駄 せった
雫 ダ・しずく
頁
頂 チョウ・チン・いただき・いただく
頂辺 てっぺん・てへん
頃 キョウ・ケイ・ころ
魚
魚 ギョ・いお・うお・さかな・とと・な

魚子 ななこ
魚扠 やす
魚籠 びく
鳥
鳥 チョウ・と・とり
鳥屋 とや
鳥渡 ちょっと・ちょと
鳥臓 むむき・ももき・ももげ
鹵
鹵 ロ
鹵地 いしじ
鹿
鹿 ロク・か・かせぎ・かのしし・しか
鹿尾菜 ひじき・ひずき
鹿杖 かせづえ
鹿威 ししおどし
鹿蹄草 いちやくそう
麻
麻 バ・マ・あさ・お・そ
麻疹 はしか
麻笥 おけ
麻雀 マージャン

麻幹 あさがら・おがら
黄
黄 オウ・コウ・き・きい
黄牛 あめうし
黄昏 たそがれ
黄泉 よみ・よみじ・よも
黄連 かいなぐさ
黄葉 もみじ・もみじば
黄道眉 ほおじろ
黄楊 つげ
黄瑞香 みつまた
黄蜀葵 とろろ・とろろあおい
黄槿 はまぼう
黄鼬 てん
黄鶏 かしわ
黄櫨 はじ・はじのき・はぜ・はぜのき
黄蘗 きはだ・おうばく
黄鐘 おうしき
黄鯛魚 わたか

黒
黒 コク・くら・くろ・くろい・くろます・くろまる・くろめる
黒子 くろご・ははくそ・ははくろ・ほうくろ・ほくろ
黒衣 くろこ・くろご・こくえ
黒葛 つづら
齊
斎 サイ・い・いつく・いまわる・いむ・いもう・いもおる・いもゆ・いわう・つく・とき・ゆ・ゆまう・ゆまわる
斎串 いぐし
斎忌 ゆき
斎垣 いがき
斎瓮 いむへ・いわいべ
斎宮 いつきのみや・さいぐう
斎庭 ゆにわ
斎部 いむべ・いんべ
斎甕 ゆか
龜
亀 キ・キン・かがまる・かがむ・かめ
亀甲 かめのこう・きっこう

【十二画】

人
傀 カイ
傀儡 かいらい・くぐつ
傍 ホウ・ボウ・おか・かたえ・かたわら・そい・そば・はた・わき
傍目 おかめ・はため
傍居 かたい
傍惚 おかぼれ
傍焼 おかやき
傘 サン・かさ・からかさ
備 ビ・そなえる・そなわる・つぶさ
備中 びっちゅう
備後 びんご
傅 フ・いつく・かしずく・めのと
偉 イ・えらい・おとけし
几
凱 ガイ・かちどき
刀
割 カツ・さく・さける・わり・わる・われる
割賦 わっぷ
剴 ガイ

創 ソウ・きず・はじめる
力
勝 ショウ・かつ・すぐれる・たえる・まさる
募 ボ・つのる
勤 キン・ゴン・いそしむ・つとまる・つとめる
勤行 ごんぎょう
十
博 ハク・バク・ひろめる
博打 ばくち
博多 はかた
博労 ばくろう
博奕 ばくえき・ばくち・ばくよう
卩
卿 キョウ・ケイ・うし・きみ・まえつきみ・まちぎみ・もうちきみ
厂
厨 ズ・チュウ ＝廚(15广)
厦 カ
厦門 アモイ
口
啼 テイ・なく
啾 シュウ

喀 カク・はく
喃 ナン
善 ゼン・いい・えい・よい・よく・よみする
善知鳥 うとう
喇 ラッ
喇叭 らっぱ
喇嘛教 ラマきょう
喉 コウ・のど・のみど・のんど
喊 カン・さけぶ
喋 チョウ・さべる・しゃべる
喘 ゼン・あえぐ・あわく
喙 カイ・くちばし
喚 カン・おめく・よばう・よばる・よばわる・よぶ・わめく
喜 キ・よろこばしい・よろこぶ・よろこぼう・よろこぼし
喧 ケン・かしましい・かしまむ・かまし・かまびすしい・かまびそし・かまみすし・さえく・ののしる・やかまし

喩 ユ・こしらえる・さとす・たとい・たとえる
喪 ソウ・うしなう・も
喫 キツ
喬 キョウ・たかい・おごる
喰 くう・くらう・くらわす・くわす・はむ
営 エイ・いさむ・いとなぶ・いとなむ
口
圏 ケン
土
堡 ホ・ホウ・とりで
堤 テイ・つつみ
堪 カン・タン・こたえる・こらえる・たえる・たまる
堰 エン・い・せき・せく
報 ホウ・こたえる・むくいる
場 ジョウ・にわ・ば
堵 ト
堺 カイ・ケ・さかい

塀 ヘイ
塚 チョウ・つか
堕 ダ・おちる・おろす
塁 ルイ・そこ・とりで
塔 タッ・トウ・あららぎ
塔吉克 タジク
塔頭 たっちゅう
士
壺 コ・つふ・つぼ・つも
大
奠 テン・デン・くま・さだめる
奢 シャ・おごる
奥 オウ・オク
女
婿 セイ・むこ
媒 バイ・なかだち
媒鳥 おとり
媚 ビ・こび・こびる
媛 エン・ひめ

子
孱 サン・セン
宀
富 フ・フウ・とみ・とむ
寒 カン・さぶい・さむい
寒蟬 つくつくぼうし
寓 グウ
寸
尊 ソン・たっとい・たっとぶ・たっとむ・たとし・たとぶ・とうとい・とうとぶ・みこと
尋 ジン・たずねる・ついで・とめる・ひろ
尢
就 ジュ・シュウ・つく・つける
就中 なかんずく
尸
属 ショク・ゾク・うから・さかん・たぐい・つく
山
嵌 カン・すがる・はまる・はめる
嵐 ラン・あらし
己
巽 ソン・たつみ
巾
帽 ボウ・モウ・くしかり
幀 テイ

幄 アク・あげばり・とばり
幅 フク・の・はば
幇 バン・ホウ
幇間 たいこもち・ほうかん
幺
幾 キ・いく・いくそ・いくつ・いくら・ほとと・ほとほと・ほとんど
幾何 いくばく
幾許 いくそばく・いくばく・こきだ・こきだく・ここだ・ここだく・ここば・ここばく・ここら・そくばく・そこば・そこばく・そこばこ
广
廂 ソウ・ひさし
廂間 ひあわい
廃 ハイ・すたる・すたれる
廊 ロウ・わたどの
廁 シ・かわや・こうや
弋
弑 シ・シイ
弓
弼 ヒツ・すけ

弾 ダン・たま・はじく・はじける・はずむ・ひく
弾条 ばね
弾機 ばね
彡
彭 ホウ
彳
復 フク・おつ・かえっそうす・かえる・また
復水 おちみず
復習う さらう
循 ジュン・めぐる
心
悲 ヒ・かなしい・かなしぶ・かなしむ
悶 モン・もだえる
惑 ワク・まどう・まどわす
惣 ソウ・すべて
惹 ジャク・ひく
惰 ダ・おこたる・なまける
惻 ショク・ソク
愉 ユ・たのしい

愕 ガク・おどろく
慌 コウ・あわただしい・あわてる
戈
戟 ゲキ・ほこ・また
戸
扉 ヒ・とびら・とぼそ
手
掌 ショウ・たなうら・たなごころ・つかさどる・てのひら
掌侍 ないしのじょう
掣 セイ
揃 セン・そろう・そろえる
揆 キ・はかる
揉 ジュウ・ためる・もむ・もめる
提 ダイ・チョウ・テイ・さげる・ひさぐ
提子 ひさげ
提灯 ちょうちん
揖 ユウ・いっす
揚 ヨウ・あがる・あげる

換 カン・かえる・かわる
握 アク・つかます・にぎらす・にぎる
揣 シ・はかる
揮 キ・ふく・ふるう
援 エン・たすける・ひく
揶 ヤ
揺 ヨウ・ゆ・ゆさぶる・ゆすぶる・ゆすれる・ゆぶる・ゆらかす・ゆらぐ・ゆらす・ゆる・ゆるがす・ゆるぐ・ゆれる・よる
揺蕩う たゆたう
搭 トウ
攴
敝 ヘイ・やぶる・やぶれる
敢 カン・あう・あえて
散 サン・あかつ・あかる・あたかる・あらける・ある・ちらかす・ちらかる・ちらける・ちらす・ちらばす・ちらばる・ちりぼう・ちる・とらく・ばらける・はららく
散弾 さんだん・ばらだま

散斑 ばらふ
散飯 さば・さんば・ざんばん
散楽 さるがく・さるごう
敦 トン・あつい
敬 キョウ・ケイ・うやまう
文
斌 ヒン
斐 ヒ
斑 ハン・ふ・ぶち・まだら・むら・もどろかす・もどろく・もどろける
斑馬 しまうま
斑葉 いさは
斑鳩 いかるが
斑蝥 はんみょう
斤
斯 シ・か・かかる・かく・こう・この
日
普 フ・あまねし
普化 ふけ
普請 ふしん
景 キョウ・ケイ・かげ

景色 けしき
晳 セキ・あきらか
晴 セイ・はらす・はるかす・はるく・はれやか・はれる
晶 ショウ・ソウ
智 チ・さとい・さとる
暁 キョウ・ギョウ・あかつき・あかとき・さとい・さとる
晩 バン・おそい・くれ
晩生 おくて
晩稲 おくて
晩羹 まんかん
暑 ショ・あつ・あつい・あつかう・あつかわし・あつる
曰
曾 ソ・ゾ・ソウ・かつて・ひ
曾祖父 おおおじ・ひいじじ・ひおおじ
曾祖母 おおおば・ひいばば・ひおおば
曾孫 ひいまご・ひこ・ひまご
替 タイ・テイ・かえる・かわる

最 サイ・いと・も・もっとも・もとも
最中 さいちゅう・さなか・もなか
最手 ほて
最早 もはや
最花 はつお
最果 さいはて
最寄 もより
月
朝 チョウ・あさ・あした
朝臣 あそみ・あそん・あっそん
朝餉 あさがれい・あさげ
朝所 あいたどころ・あいたんどころ
期 キ・ゴ・ちぎり
木
棉 メン・わた
棊 キ ＝棋(12木)
棋 キ・ギ・ゴ
棍 コン

漢字力

棒 ボウ
棒手振 ぼてふり
棒受網 ぼけあみ
棕 シュ
棕櫚 しゅろ
棗 ソウ・なつめ
棘 キョク・いばら・おどろ・とげ
棚 ホウ・たな
棟 トウ・むな・むね
棠 トウ・ドウ
棠梨 ずみ
棠棣 はねず
森 シン・もり
棲 セイ・すむ
棹 トウ・かい・さお
棺 カン・き・ひつぎ・ひとき

椀 ワン・まり・もい
椀飯 おうばん
椅 イ
椋 リョウ・むく・むくのき
植 ジキ・ショク・うえる・うわる
椎 ツイ・しい・つち
椒 ショウ・はじかみ
椙 すぎ
検 ケン
検見 けみ・けんみ
検非違使 けびいし・けんびいし
検校 けんぎょう
椨 たぶ・たぶのき
椚 くぬぎ
椪 ボン
椪柑 ぽんかん

欠
欺 キ・ギ・ゴ・あざむく・だます
欽 キン
款 カン・よしみ
款冬 ふき
歹
殖 ジキ・ショク・うまう・うまわし・うまわる・ふえる・ふやす
毛
毯 タン
毳 ゼイ・けば・にこげ・むくげ
水
渙 カン
減 ゲン・おとる・へす・へらす・へる・める
減上 めりかり
減張 めりはり
渟 テイ・つづう・とどまる・とどむ・とどめる
渠 キョ・かれ・みぞ
渡 ト・わた・わたす・わたらう・わたる
渡座 わたまし
渡殿 わたどの

渣 サ
渥 アク・あつい・うるおす
渦 カ・うず
温 ウン・オン・あたたか・あたたかい・あたたまる・あたためる・あったか・あったかい・あったまる・ぬくい・ぬくまる・ぬくめる・ぬくもる・ぬるい・ぬるむ・ぬるめる
温明殿 うんめいでん
温突 オンドル
温習 おんしゅう・さらい
渫 セツ・さらう・さらえる
測 ソク・はかる
渭 イ
港 コウ・みなと
港板 みおし・みよし
游 ユウ・あそぶ・およぐ
渺 ビョウ・はるか
渾 コン・すべて・まじる

渾名 あだな
湊 ソウ・みなと・あつまる
湍 タン・せ
湖 コ・うみ・みずうみ
湘 ショウ
湛 タン・たたえる・たたわしい
湧 ユウ・ヨウ・わかす・わく
湮 イン・ほろびる
湯 タン・トウ・ゆ
湯女 ゆな
湯婆 たんぽ・ゆたんぽ
湯麺 タンメン
湿 シツ・シュウ・しとる・しめ・しめす・しめらす・しめる
湾 ワン・のたれ
満 マン・みたす・みちる・みてる
満天星 どうだんつつじ

滋 ジ・しげる
淵 エン・ふち
火
焙 ハイ・ホウ・あぶる・ほうじる
焙炉 ほいろ
焚 フン・たく
焜 コン
無 ブ・ム・ない・なくす・なくなす・なくなる・なみする
無乃 むしろ
無礼 なめ・ぶれい
無礼言 なめごと
無名指 くすりゆび・ななしゆび・むめいし
無花果 いちじく
無垢 むく
無音 ぶいん
無患子 むく・むくろじ
無義道 もぎどう

無憂華 むうげ・むゆうげ
無憂樹 むうじゅ
焦 ショウ・あせる・いらる・いる・いれる・こがす・こがれる・こげる・じらす・じれったい・じれる
焰 エン・ほのお・ほむら
然 ゼン・ネン・さ・さも・さる・しか・しかし・しかして・しかも・しからば・しかり・しかる・しかるに・そう
焼 ショウ・くばる・くべる・たく・やく・やける
焼売 シューマイ
煮 シャ・ショ・たく・にえる・にやす・にる
煮凝 にこごり
煮麺 にゅうめん
片
牌 ハイ・バイ
牛
犂 リ・レイ・からすき・すき
犇 ホン・ひしめく
犀 サイ・セイ
犬
猥 ワイ・みだら・みだり

猩 ショウ・セイ
猴 コウ
猶 ユウ・なお
猶太 ユダヤ
玉
琳 リン
琴 キン・ゴン・こと
琴柱 ことじ
琵 ビ
琶 ハ
琺 ホウ
瑛 エイ
瓦
甅 さらけ・センチグラム
生
甥 セイ・おい
甦 ソ・よみがえる
田
番 バン・つがう・つがえる

番木鼈　マチン
番柿　けがき
畳　ジョウ・たたなわる・たたぬ・たたまる・たたみ・たたむ・たとう
畳紙　たとう・たとうがみ
疋
疎　ソ・あばら・あらい・うとい・うとぶ・うとましい・うとむ・うとんじる・おとましい・おろ・おろか・おろそか・まばら
疏　ショ・ソ・まばら
疒
痘　トウ
痘痕　あばた・いも
痘瘡　いもがさ・もがさ
痙　ギョウ・ケイ
痛　ツウ・いたい・いたましい・いたます・いたむ・いためる・いたわしい・やめる
痞　ヒ・つかえ
痢　リ
痣　シ・あざ
癶
登　ト・トウ・のぼる

登司　とうす
白
皓　コウ・しろい
矢
短　タン・みじか・みじかい
短手　しのびて
石
硝　ショウ
硝子　ガラス
硨　シャ
硨磲　しゃこ
硫　リュウ
硫黄　いおう・ゆおう
硬　コウ・かたい
硯　ケン・すずり
示
禄　ロク
禾
稀　キ・ケ・まれ
稀有　けう
税　ゼイ・いだしもの・ちから

稈　カン・から・わら
稈心　みご
程　ジョウ・テイ・のり・ほど
稍　ショウ・やや
穴
窖　コウ・つちぐら
窘　キン・たしなぶ・たしなむ・たしなめる
立
竣　シュン・おえる
童　トウ・ドウ・わっぱ・わらし・わらべ・わらわ・わらわべ・わらんべ
童男　おぐな
童謡　どうよう・わざうた
竦　ショウ・すくばる・すくまる・すくむ・すくめる
竹
筆　ヒツ・ふで・ふみて・ふんで
筆頭菜　つくし・つくづくし
筈　カツ・はず
等　トウ・たち・など・なんど・ひとしい・ひとしむ・ら

等閑　とうかん・なおざり
筋　キン・すじ
筋斗返　とんぼがえり
筌　セン・あげ・うえ・うけ
筍　シュン・ジュン・たかんな・たけのこ・たこうな
筏　バツ・いかだ
筺　キョウ・かたみ・はこ
筑　チク
筑子　こきりこ
筑波　つくば
筑紫　つくし
筒　トウ・ドウ・つつ
筒袖　つつっぽ
答　トウ・いらう・こたえ・こたえる
策　サク・シャク・むち
筕　コウ

筕篖　アンペラ
米
粟　ゾク・あわ
粢　シ・しとぎ
粥　イク・シュク・かい・かゆ
粧　ショウ・ソウ・けわい・つくり・めかす・よそう・よそおう
糸
絎　コウ・くける
結　ケチ・ケツ・いわえる・いわく・かたなす・かたねる・すく・むすばる・むすばわる・むすぶ・むすぼおる・むすぼる・ゆすぶ・ゆわう・ゆわえる・ゆわく
結肌帯　ゆわたおび
結果　かくなわ・かくのあわ・けっか
結城　ゆうき
結納　ゆいいれ・ゆいのう
結歌　ゆんた
絓　カ・しけ・すが
絶　セツ・ゼツ・たえる・たつ・たやす
絞　キョウ・コウ・くびる・しぼる・しまる・しめる・しもる・わなく

絡　ラク・かがる・からがる・からげる・からます・からまる・からむ・からめる・まとう
絢　ケン・あや
絣　ホウ・かすり
給　キュウ・コウ・たうぶ・たばる・たぶ・たまう・たまわる・とうぶ
絨　ジュウ・ジョン
絮　ジョ・あしわた
統　トウ・すばる・すべる・すまる
絳　コウ
絵　エ・カイ
羊
着　ジャク・チャク・きせる・きる・つく・つける
羽
翔　ショウ・かける
翕　キュウ・あつまる
肉
脹　チョウ・はれる・ふくらむ・ふくれる・ほこらか
脾　ヒ・よこし

腋　エキ・わき
腋臭　わきが・わきくさ・わきくそ
腎　ジン・むらと
腑　フ・はらわた
腓　ヒ・くぶら・こぶら・こむら
腔　クウ・コウ
腕　ワン・うで・かいな・ただむき・たぶさ
舌
舒　ジョ・のべる
舛
舜　シュン
艸
萩　シュウ・はぎ
萱　ケン・かや
萱草　かんぞう・わすれぐさ
萼　ガク・うてな
落　ラク・あえす・おちる・おっこちる・おっことす・おとす
落葉松　からまつ

落籍す　ひかす
葈　シ・からむし
葈耳　おなもみ
葉　ヨウ・は
葎　リツ・うぐら・むぐら・もぐら
葎草　かなむぐら
葛　カツ・かずら・かつら・くず・つづら
葛飾　かつしか
葛籠　つづら・つづらこ
董　トウ
葦　イ・あし・よし
葦雀　よしきり
葩　ハ・はなびら
葫　コ・にんにく・ひる
葬　ソウ・とむらい・はふる・はぶる・ほうぶる・ほうむる
葭　カ・あし・よし

漢字力

葱 ソウ・き・つき・ねぎ・ねぶか

葵 キ・あおい

葷 クン

葺 シュウ・たけ・ふき・ふく

葡 ブ・ホ

葡萄 ぶどう

葡萄茶 えびちゃ

葡萄牙 ポルトガル

萵 ワ

萵苣 ちさ・ちしゃ

葒 コウ

葒草 おおけたで

虫

蛔 カイ

蛙 ア・かいる・かえる・かわず

蛛 シュ・チュ

蛞 カツ

蛞蝓 なめくじ・なめくじら

蛟 コウ・みずち

蛤 コウ・はまぐり

蛭 シツ・テツ・ひる

蛭子 えびす・ひるこ

蛮 バン

血

衆 シ・シュ・シュウ・ス・ズ・おおい・もろ

行

街 カイ・ガイ・まち

衣

裁 サイ・さばく・たつ

裁着 たっつけ

裂 レツ・きれる・さく・さける

装 ショウ・ソウ・なり・よそう・よそおう・よそおし・よそる

裑 シン・みごろ

裕 ユウ・ゆたか

裙 クン・すそ

補 フ・ホ・おぎなう・おぎぬう・おぎのう

裡 リ ＝裏(13衣)

見

覗 シ・うかがう・のぞかす・のぞく・のぞける

覘 テン・のぞく

覚 カク・おぼえる・おぼしい・さとる・さます・さめる

角

觚 コ

言

訴 ソ・うたう・うったえる・うるたう

診 シン・みる

註 チュウ

証 ショウ・あかし

詈 リ・ののしる

詐 サ・いつわる

詔 ショウ・のりごと・みことのり

評 ヒョウ・こおり

詞 シ・ジ・こと・ことば

詠 エイ・ながめる・よむ

豕

象 ショウ・ゾウ・かたどる・きさ

象鼻虫 ぞうむし

豸

貂 チョウ・てん

貝

貯 チョ・あざう・たくわえる・たばう・ためる

貰 セイ・もらう

貴 キ・あて・あてばむ・あてぶ・あてやか・たかい・たっとい・たっとぶ・たっとむ・たとし・たとぶ・とうとい・とうとぶ・とうとむ

買 バイ・マイ・かう

貸 タイ・いらす・かす

費 ヒ・ついえる・ついやす・つえる

貼 チョウ・テン・はる

貽 イ・おくる・のこす

貿 ボウ・かえる

賀 ガ・いわう

赤

赧 タン・あからめる

走

超 チョウ・こえる・こす

越 エチ・エツ・オチ・オツ・こえる・こす

越南 ベトナム

越幾斯 エキス

越歴機 エレキ

足

跋 バツ

跌 テツ・つまずく

跏 カ

跚 サン

跛 ハ・ヒ・あしなえ・あしなえぐ

距 キョ・ゴ・あご・あごえ・けづめ

身

躰 タイ・テイ・からだ

車

軫 シン

軸 ジク・よこがみ

軽 キョウ・キン・ケイ・かる・かるい・かるしむ・かるびる・かるぶ・かるむ・かるやか・かるんず・かろい・かろしめる・かろぶ・かろむ・かろやか・かろんじる

軽衫 カルサン

辛

辜 コ

辵

遂 スイ・おおす・ついに・とげる

遅 チ・おくらす・おくれる・おそい・おそなわる

遇 グ・グウ・あう

遊 ユ・ユウ・あすばす・あすぶ・あそばす・あそぶ・すさぶ・すさむ

遊牝む つるむ

遊戯 ゆうげ・ゆげ

運 ウン・はこぶ

遍 ヘン・あばねし・あまねし・あまねわす

遍羅 べら

過 カ・あやまち・あやまつ・すぎる・すぐす・すぐる・すごす・そす・よぎる

道 トウ・ドウ・じ・ち・みち

道祖土焼 さいとやき

道祖神 さいのかみ・さえのかみ・どうそじん

道産子 どさんこ

達 タチ・タツ・たて・どち

達引 たてひき

達磨 だるま

遥 ヨウ・はる・はるか・はるけし

酉

酢 サク・ソ・す

酢漿草 かたばみ

酢橘 すだち

酥 ソ

釆

釉 ユウ・うわぐすり

里

量 リョウ・はからう・はかる

金

鈍 ドン・おそい・おぞい・おぞましい・なまくら・なまし・なまる・にばむ・にび・にぶい・にぶる・のろい

鈍間 のろま

鈕 チュウ・ボタン

門

開 カイ・あく・あける・はだかる・はだける・ひらく・ひらける

閏 ジュン・うるう

閑 カン・しずか・しずやか・のど・のどか・ひま

間 カン・ケン・あい・あいだ・あわい・はざま・ひま・ま

間直 まんなおし

間祝 まんいわい

阜

陽 ヨウ・ひ

陽炎 かぎろい・かげろい・かげろう

陽神 おがみ・ようしん

隅 グウ・すま・すみ

隈 ワイ・くま

隊 タイ・つら

隋 ズイ

階 カイ・きざはし・きだはし・しな・はし

階子 はしご
随 ズイ・したがう・まにま・まま
随神 かみながら・かむながら・かんながら
隹 雁 ガン・かり・かりがね
雄 ユウ・お・おす・おん
雄黄 きに
集 シュ・シュウ・ジュウ・あつまる・あつめる・うごなわる・すだく・たかる・つどう・つむ・まつめる
雇 コ・やとう
雨 雰 フン
雲 ウン・くも
雲丹 うに
雲母 うんも・きら・きらら
雲呑 ワンタン
雲珠 うず
雲脂 ふけ
雲雀 ひばり

革 靫 サイ・うつお・うつぼ・ゆき
靫負 ゆきえ・ゆげい
靭 ジン
韭 韮 キュウ・かみら・ただみら・にら・みら
頁 項 コウ・うな・うなぐ・うなじ・たてくび
順 ジュン・ズン・したがう・まつらう・まつろう
須 シュ・ス・すべからく・もちいる
須臾 しばらく・しゅゆ
風 颪 おろし
食 飲 イン・オン・のます・のむ
飯 ハン・ボン・いい・まま・まんま・めし
飯米 けしね
飯匙倩 はぶ
馬 馭 ギョ
鹿 麁 ソ・あらい
黍 黍 ショ・きび・きみ

齒 歯 シ・は・よわい

【十三画】

人 催 サイ・もやい・もよおす・もよい
催合 もやい・もよい
催馬楽 さいばら
傭 ヨウ・やとう
傲 ゴウ・おごる
傴 ウ
傴僂 うる・くぐせ・くつま・せむし
債 サイ・はたる
傷 ショウ・いたましい・いたむ・いためる・きず
傾 ケイ・かしがる・かしぐ・かしげる・かたぐ・かたぶく・かたぶける・かたまく・かたむく・かたむける・かぶく・かぶす・なだる・なだれる・ななめ
傾城 けいせい
僂 ル・ロウ・かがなう
僂麻質斯 リューマチス・ロイマチス

僅 キン・わずか
僉 セン・みな・ことごとく
働 ドウ・はたらかす・はたらく
僧 ソウ
傑 ケツ・すぐれる
刀 剽 ヒョウ・ひょうげる
剽軽 ひょうきん
力 勢 セ・セイ・いきおい・いきおう・きおう・はずむ
勢子 せこ
勧 カン・ケン・すすめる
厂 廐 キュウ・うまや・まや ＝廏（14广）
口 嗄 サ・からす・からびる・かれる・しゃがれる・しわがれる
嗅 キュウ・かぐ
嗇 ショク・やぶさか・しわい
嗔 シン・いかる

嗚 オ
嗚呼 ああ
嗜 シ・あじまう・たしなむ・たしぶ・たしむ
嗟 サ・ああ
嗣 シ・ついで・つぐ
嗤 シ・わらう
嘆 タン・なげかしい・なげかわしい・なげく
口 園 エン・オン・その
土 塊 カイ・かたまり・くれ・ほど・まるかし・まるかせ・まろかし・まろかせ
塋 エイ
塑 ソ・きずく
塒 シ・とぐら・とぐろ・とや・ねぐら
塗 ト・ズ・ぬる・まぶす・まぶる・まぶれる・まみれる・まめす・まめる
塗師 ぬし
塘 トウ・つつみ

塙 カク・はなわ
塞 サイ・ソク・さえる・せく・ひさぐ・ふさがる・ふさぐ・ふさげる・ふたがる・ふたぐ
塡 テン・うめる・はまる・はめる
塩 エン・しお
塩汁 しょっつる
塩梅 あんばい
塩場菜 しばな
墓 ボ・ム・はか
夕 夢 ボウ・ム・いめ・ゆめ
大 奨 ショウ・すすめる
女 嫗 オウ・うば・おうな
媾 コウ・まじわる
媾曳 あいびき
嫁 カ・いく・とつぐ・ゆく・よめ
嫂 ソウ・あによめ

嫉 シツ・そねむ・にくむ・ねたし・ねたましい・ねたます・ねたむ
嫋 ジョウ・しなやか・たおやか
嫌 ケン・ゲン・いや・きらい・きらう・そねむ
媽 ボ・モ
媽祖 まぞ
嫐 ドウ・ノウ・うわなり・たわむれる
宀 寛 カン・くつろぐ・ひろ・ゆたか・ゆるい
寝 シン・い・いぬ・しなす・なす・ぬ・ねかす・ねせる・ねる
寝刃 ねたば
寝浸 いびたれ・いびったれ
寝腐れる ねくたれる
寞 バク・マク
小 尠 セン・すくない
山 嵩 スウ・かさ・かさむ
嵯 サ

巾 幌 コウ・ほろ
幕 バク・マク
干 幹 カン・から・くろみき
广 廉 レン・かど・やすい
彐 彙 イ
彳 傜 ヨウ
微 ビ・ミ・かすか・かそか
微風 そよかぜ・びふう
微笑 びしょう・ほほえみ
微酔 ほろえい・ほろよい
微温湯 ぬるまゆ
微睡む まどろむ
心 想 ソ・ソウ・おもう
愁 シュウ・うれい・うれえる
愈 ユ・いよいよ・いよよ
意 イ・おもう・こころ

意気地 いきじ・いくじ
愍 ビン・ミン・あわれむ・めぐし
愚 グ・おる・おろか
愛 アイ・いつくしむ・いとしい・うい・うつくしい・うつくしぶ・うつくしむ・え・おし・かなしい・かなしむ・はし・まな・めぐし・めぐむ・めでる
愛宕 あたご・おたぎ
愛娘 まなむすめ
愛蘭土 アイルランド
感 カン・めでる
慈 ジ・いつくし・いつくしぶ・いつくしむ・うつくしぶ・うつくしむ
慈姑 くわい
愧 キ・はじる
愴 ソウ・いたむ
慎 シン・つつしむ・つつましい・つつむ
愾 ガイ
慄 リツ・おののく・おそれる

慊 ケン・あきたらない・あきたりない
慍 ウン・オン・いかる
慨 ガイ・うれたし・うれたむ・なげく
戈
戦 セン・いくさ・おののく・そよがす・そよぐ・たたかう
戦慄く おののく・わななく
手
損 ソン・そくなう・そこなう・そこねる
搏 ハク・うつ・はたく
搏風 ちぎ・はふ
搔 ソウ・かく
搗 トウ・かつ・つく
搗布 かじめ・かちめ
搗栗 かちぐり
搦 ジャク・からむ・からめる
搬 ハン・はこぶ
携 ケイ・たずさえる・たずさわる

搾 サク・しぼる・しめる・つぼぬ
搾菜 ザーサイ
摂 ショウ・セツ・とる
摸 ボ・モ・うつす・さぐる
搓 よる・もむ
攴
数 シュ・ス・スウ・かず・かずう・かぞえる・しば・しばしば
数多 あまた
数奇 さっき・すうき・すき
数珠 じゅず・ずず
数寄 すき
斗
斟 シン・くむ
斤
新 シン・あたらしい・あら・あらた・さら・にい
新刀 あらみ
新地 さらち・しんち
新発意 しぼち・しんぼち
新湯 あらゆ・さらゆ
新嘉波 シンガポール

新嘗 にいなめ
新墾 あらき・しんばり・にいばり
新羅 しらぎ
日
暇 カ・ゲ・いとま・ひま
暈 ウン・かさ・くま・ぼかす・ぼける・めまい
暉 キ・ひかる
暖 ダン・ノン・あたたか・あたたかい・あたたまる・あたためる・あったか・あったかい・あったまる・あっためる
暖気 のんき
暖簾 のうれん・のれん・のんれん
暗 アン・くら・くらい・くらがる・くらす・くらます・くらむ・くれる
木
椰 ヤ
椹 ジン・さわら
椽 テン・たるき
椿 チュン・チン・つばき
椿象 かめむし・くさがめ

楊 ヨウ・やなぎ
楊柳 かわやなぎ・ようりゅう
楊梅 やまもも・ようばい
楓 フウ・おかつら・かえで・かつら
楔 ケツ・セツ・くさび
楚 ソ・しもと・すえ・すわい・すわえ
楝 レン・おうち・せんだん
楠 ナン・くす・くすのき
楡 ユ・にれ・エルム
楢 ユウ・なら
楤 ソウ・たら
楫 シュウ・ショウ・か・かじ
業 ギョウ・ゴウ・なり・わざ
業障 ごっしょう
楮 チョ・かぞ・こうぞ

楮木 かじのき
楯 ジュン・たて
極 キョク・ゴク・きまる・きめる・きわまる・きわみ・きわめる・きわる・はつ・はて
楷 カイ
楼 ロウ・たかどの・やぐら
楾 はんぞう
楳 バイ・うめ
棄 キ・うつ・すてる
楽 ガク・ギョウ・ラク・たぬし・たのしい・たのしぶ・たのしむ
楽府 がふ
楽楽浦石 ささうらいし
欠
歇 ケツ・つきる・やめる
止
歳 サイ・セイ・とし・とせ
殳
殿 テン・デン・あらか・しんがり・との・どの

毀 キ・こぼす・こぼつ・こぼれる・こわす・こわれる
水
源 ゲン・みなもと
準 ジュン・セツ・なずらう・なずらえる・なぞう・なぞらう・なぞらえる
溜 リュウ・たまる・ためる
溝 コウ・かわ・せせなぎ・せせなげ・どぶ・みぞ
溟 メイ・くらい
溢 イツ・あぶる・あふれる・こぼす・こぼれる・はふる
溯 サク・ソ・さかのぼる
溲 シュ
溲瓶 しびん・しゅびん
溶 ヨウ・とかす・とく・とける
溷 コン・かわや・どぶ
溺 デキ・ニョウ・おぼおる・おぼほる・おぼらかす・おぼらす・おぼれる・おもほる
溽 ジョク

滂 ホウ・ボウ
滄 ソウ
滅 メツ・けす・ほるもかに・ほろびる・ほろぶ・ほろぼす
滅上 めりかり
滅金 めっき
滉 コウ
滑 カツ・コツ・すべこい・すべす・すべっこい・すべやか・すべらか・すべらかす・すべらす・すべる・なめらか・なめる・ぬめ・ぬめくる・ぬめやか・ぬめる
滓 サイ・シ・おり・かす
滔 トウ
漢 カン・あや・から
漢織 あやはとり
滞 タイ・とどこおらす・とどこおる・なずむ
漠 バク
滝 ロウ・たき

漢字力

火
煉　レン・ねる・ねれる
煌　コウ・きら・きらびやか・きらめかす・きらめく・きらやか・きらら・きららか
煎　セン・いる・いれる
煎海鼠　いりこ
熙　キ
煖　ダン・あたたか・あたためる
煙　エン・けぶい・けぶたい・けぶり・けぶる・けむい・けむたい・けむったい・けむり・けむる
煙草　タバコ
煙管　キセル
煤　バイ・すす・すすける・すすぶ
煥　カン
照　ショウ・てらす・てる・てれる
煩　ハン・ボン・うるさい・わずらう・わずらわしい・わずらわす
父
爺　ヤ・じ・じい・じじ・じじい
片
牒　チョウ・ふだ

犬
献　ケン・コン・たつ・まつる
猾　カツ・ずるい
猿　エン・えて・さる・まし・ましら
獅　シ
玉
瑁　マイ
瑇　タイ
瑕　カ・きず
瑙　ノウ
瑚　コ・ゴ
瑞　ズイ・みず
瑞西　スイス
瑞典　スウェーデン
瑟　シツ
瑜　ユ
瑶　ヨウ・たま

田
畷　テツ・たみち・なわて
畸　キ
疒
痰　タン
痲　マ
痲疹　はしか・ましん
痳　リン
痴　チ・うこ・おこ・おる・しらう・しれる・たわけ
痺　ヒ・ビ・しびれる
痼　コ・しこる
痾　ア・ながやみ
痿　イ・なえる・ひるむ
瘁　スイ・おやす・おゆ
白
皙　セキ・しろい
皿
盞　サン・うき・さかずき
盟　メイ・ちかう

盟神探湯　くかたち
目
睚　ガイ・まなじり・にらむ
睛　セイ・ひとみ
睡　スイ・ねぶい・ねぶたい・ねぶる・ねむい・ねむたい・ねむる
督　トク・かみ
睦　ボク・むつ・むつぶ・むつまか・むつまじい・むつまやか・むつむ・むつる
睦月　むつき
睨　ゲイ・にらまえる・にらむ・にらめる・ねめる
睫　ショウ・まつげ
睥　ヘイ
矢
矮　ワイ
矮鶏　ちゃぼ
石
硼　ホウ
碁　キ・ゴ
碇　テイ・いかり

碌　ロク
碍　ガイ・ゲ・さまたげる
碓　タイ・うす・からうす
碕　キ・さき・みさき
碗　ワン・まり
示
禁　キン・コン・とどめる
禍　カ・まが・わざわい
禎　テイ
福　フク・さいわい
禅　ゼン
内
禽　キン・とり
禾
稔　ジン・ネン・みのり
稗　ハイ・ひえ
稚　チ・いし・いとけない・いわく・いわけなし・やや・わかい

稚子　みずこ・ややこ・わくご
稚児　ちご
稚和布　わかめ
稚鰤　わらさ
稜　リョウ・かど・すみ・そば
稟　ヒン・リン
稠　チュウ・しげし
穴
窟　クツ・いわや
立
竪　ジュ・リュウ・たて
竹
筥　キョ・コ・はこ
筥迫　はこせこ
筧　ケン・かけい・かけひ
筬　セイ・おさ
筮　ゼイ・めどき
筵　エン・むしろ
節　セチ・セツ・ふ・ふし・よ・ノット

節折　よおり
節季候　せきぞろ・せつきぞろ
米
粮　リョウ・ロウ・かて
粲　サン・あきらか
粳　コウ・うる・うるし・うるち
糀　こうじ
糸
絹　ケン・きぬ
絽　ロ
綉　シュウ
綏　スイ
継　ケイ・つがう・つぐ・まま・まましい
継子　ままこ
綛　かせ
続　ショク・ゾク・つぐ・つづく・つづける
続松　ついまつ
続飯　そくい・そくいい・そつくい

條　ジョウ・くみ
网
罪　サイ・ザイ・つみ
罫　ケ・ケイ
置　チ・おく
署　ショ
羊
群　クン・グン・たむら・むら・むらがる・むれ・むれる
群来　くき
羨　エン・セン・ゼン・うらやましい・うらやむ・ともしい・ともしぶ・ともしむ
義　ギ
耳
聖　ショウ・シン・セイ・ひじり・ひじる
聖林　ハリウッド
聖瑞花　ごもじゅ
聖霊　しょうりょう・せいれい
聘　ヘイ・あとう
聿
肆　シ・いちぐら・ほしいまま・みせ

（肉）腟　チツ
腥　セイ・なまぐさい
腫　シュ・ショウ・はらす・はれる
腭　ガク・あぎ・あご・あごた
腮　サイ・えら
腰　ヨウ・こし
腰鼓　くれつづみ・ようこ
腱　ケン
腸　チョウ・はらわた・わた
腹　フク・はら
腹帯　はるび
腺　セン
（臼）舅　キュウ・しいと・しゅうと
（舟）艀　フ・はしけ
艇　テイ

（艸）蒐　シュウ・あつめる
蒔　ジ・まく
蒙　モウ・かがほる・かぶる・こうぶる・こうむる
蒙古　むくり・もうこ・もくり・モンゴル
蒜　サン・にんにく・ひる
蒟　ク
蒟蒻　こんにゃく
蒟醤　キンマ
蒡　ボウ・ふふき
蒲　フ・ブ・ホ・かば・かま・がま
蒲公英　たんぽぽ
蒲団　ふとん
蒲葵　びろう
蒴　サク
蒸　ジョウ・うます・うむす・うもす・ふかす・ふける・むす・むらす・むれる
蒸籠　せいろ・せいろう

蒻　ニャク
蒼　ソウ・あお
蒿　コウ
蒿雀　あおじ
蓄　キク・チク・たくわえる
蓆　セキ・むしろ
蓋　カイ・ガイ・かさ・きぬがさ・けだし・ふた
蓍　シ・めど・めどき
蓐　ジョク・ニク・しきね
蓑　サ・にの・みの
蓙　ザ・ござ
蓖　ヒ
蓖麻子油　ひましゆ
（虍）虜　リョ・とりこ
虞　グ・おそれ

（虫）蛸　ショウ・たこ
蛹　ヨウ・さなぎ
蛺　キョウ
蛺蝶　たてはちょう
蛻　ゼイ・ぬけがら・もぬけ・もぬける
蛾　ガ・ひいる・ひむし
蜀　ショク・ふさ
蜀黍　もろこし
蜂　ホウ・はち
蜃　シン
蜃気楼　かいやぐら・しんきろう
蜆　ケン・しじみ・しじめ
蜈　ゴ
蜈蚣　むかで
蜉　フ
蜉蝣　かぎろう・かげろう

蜑　タン・あま
（行）衙　ガ
（衣）裏　リ・うち・うら
裔　エイ・こはな・はつこ
裘　キュウ・かわごろも・けごろも
裨　ヒ
裲　リョウ
裲襠　うちかけ
裸　ラ・はだか
裸足　はだし
裾　キョ・すそ
褄　つま
褐　カチ・カツ・かちん
（角）解　カイ・ゲ・とかす・とく・とける・はつる・ほぐす・ほぐれる・ほごす・ほつす・ほつれる・ほどく・ほどける・わかる
解由　げゆ

触　ショク・ソク・さわる・ふらす・ふらばう・ふる・ふれる
觜　シ・はし
（言）詢　ジュン
詣　ケイ・まいる・もうでる
試　シ・こころみる・ためす
詩　シ・うた
詩歌　しいか・しか
詫　タ・わびる
詭　キ
詮　セン・かい
詰　キツ・つまる・つむ・つめる・なじる
話　カイ・ワ・はなし・はなす
該　ガイ
詳　ショウ・くわしい・つばひらか・つまびらか

誂　チョウ・あつらえる・あとう・あとらう
誄　ルイ・しのびごと
誅　チュウ・ころす・ほろぼす
誇　カ・コ・ほこらか・ほこらかす・ほこらしい・ほこり・ほこりか・ほこる・ほころう
誠　ジョウ・セイ・まこと・まことし
誉　ヨ・ほまれ・ほめる
（豆）豊　ブ・ホウ・とよ・ゆたか・ゆたげ・ゆたけし・ゆたやか
豊前　ぶぜん
豊後　ぶんご
（豸）貉　カク・むじな・もじな
（貝）賂　ロ・まいなう
賃　チン
賄　ワイ・まいなう・まかなう
資　シ
賈　カ・コ

賊　ゾク・あだ・にしもの
貲　シ
貲布　さいふ・さよみ・ゆみ
（足）跟　コン・きびす・くびす
跡　シャク・セキ・あと・と
跣　セン・すあし・はだし
跣足　はだし
跨　カ・コ・あつどこぶ・あどこぶ・あふづくむ・あふどこぶ・あむどこぶ・またがる・またぐ・またげる
跪　キ・ひざまずく
跫　キョウ・あしおと
路　ロ・じ・ち・みち
跳　チョウ・おどる・とぶ・はねる
践　セン・ふむ
（身）躱　タ・かわす
（車）軾　ショク・ひざつき

漢字力

較 カク・キョウ・コウ・くらべる
載 サイ・のせる・のっかる・のっける・のる
辛
辞 ジ・いなぶ・いなむ・いろう・こと・ことば・やめる
辟 ヘキ・ビャク
辰
農 ノウ
辵
逼 ヒツ・せまる・せむ
遁 トン・のがす・のがれる
遑 コウ・いとま
適 あっぱれ
遠 エン・オン・おち・おと・とおい・とおらか
遠江 とおとうみ
遠近 えんきん・おちこち
遠流 おんる
遠関日 えげにち
遣 ケン・おこす・こす・つかう・つかわす・まだす・やらう・やらかす・やらす・やる・よこす

違 イ・かう・たがう・たがえる・ちがう・ちがえる
酉
酩 メイ
酪 ラク
酬 シュウ・むくいる
金
鈴 リン・レイ・すず
鈿 デン
鉄 テツ・かな・かね・くろがね
鉄刀木 タガヤサン
鉄掃箒 めどはぎ
鉄漿 おはぐろ・かね・はぐろ
鉈 シャ・なた
鉉 ゲン・つる
鉋 ホウ・かな・かんな・しこ
鉗 カン・ケン・かなぎ・つぐむ・はさみ
鉛 エン・なまり

鉞 エツ・まさかり
鉢 ハチ・ハツ
鉤 コウ・かぎ・ち
鉦 ショウ・かね・どら
鉱 コウ
阜
隔 カク・キャク・へだたる・へだつ・へだてる・へなる
隕 イン・おちる・おとす
隘 アイ・せまい
隙 ゲキ・すき・ひま
隹
雉 チ・きぎす・きじ
雉子 きぎし・きぎす・きじ
雎 ショ
雎鳩 みさご
雅 ガ・まそし・みやび・みやびやか・みやびる
雅楽寮 うたづかさ・うたりょう・ががくりょう

雨
零 レイ・あえる・あやす・こぼす・こぼつ・こぼれる・ふる・ゼロ
零余子 ぬかご・むかご
雷 ライ・いかずち・かみなり・かんなり・なるかみ
雷魚 はたはた・ライヒー
雹 ハク・ひょう
電 テン・デン・いなずま
青
靖 セイ
革
靴 カ・くつ
頁
頌 ジュ・ショウ・ズ・いわいうた
預 ヨ・あずかる・あずける
頑 ガン・かたくな
頑癬 たむし
頒 ハン・あかつ・わかつ
頓 トン・とにに・とみに・ひたと・ひたぶる・ひたもの・やがて
食
飩 トン・ドン

飫 ヨ
飼 シ・かう
飼部 みまかい
飽 ホウ・あかす・あきたし・あきる・あく
飾 ショク・かざらう・かざる
馬
馳 チ・かける・はさす・はせる
馴 ジュン・ならう・ならす・ならわす・なれる
馴染む なじむ
馴鹿 トナカイ
髟
髢 テイ・かもじ
魚
魞 えり
鳥
鳬 フ・かも・けり
鳩 キュウ・はと
鳩尾 きゅうび・みずおち・みぞおち
鳰 にお
鼎
鼎 テイ・かなえ

鼓
鼓 ク・コ・つづみ
鼓子花 ひるがお
鼠
鼠 ソ・ね・ねず・ねずみ
鼠姑 わらじむし

【十四画】

人
像 ゾウ・かた・かたどる・なり
僑 キョウ
僕 ボク・しもべ・やつがれ・やつこ
僚 リョウ・ともがら
僭 セン・ひとところう
僮 ドウ
儿
兢 キョウ
刀
劃 カク・かぎる・わける
匚
匱 キ・ひつ
厂
厭 エン・オン・ヨウ・あきる・あく・いとう・いとわしい・いや

厲 レイ・はげしい・はげむ
口
嗷 ゴウ・かまびすしい
嗽 ソウ・うがい・うがう・くちすすぐ・くちそそぐ
嗾 ソウ・けしかける・そそのかす・そやす
嘉 カ・よみする・よし・よしみ・よみんず
嘉魚 いわな
嘔 オウ・あげる・えずく・はく
嘔吐 えずき・おうと・たまい・へど
嘖 サク・シャク・セキ・こる・ころう・さいなむ・さきなむ
嘗 ショウ・ジョウ・あい・かつて・なめずる・なめる
土
塵 ジン・ごみ・ごもく・ちり
塵芥 ごみ・ごみあくた・じんかい・ちりあくた
塹 ザン・ほりき
塼 セン
塾 ジュク

境 キョウ・ケイ・さかい・さかう
墅 ショ
墨 ボク・すみ
墨西哥 メキシコ
墨魚 いか
増 ソウ・ゾウ・ふえる・ふやす・まさる・ます
夕
夥 カ・おびただしい
大
奪 ダツ・うばう・ばう・むばう
女
嫖 ヒョウ
嫗 ウ・オウ・おうな・おみな・おむな・おんな
嫡 チャク・テキ
嫩 ドン・ノン・ふたば
嫩葉 わかば・わくらば
子
孵 フ・かえす・かえる
宀
察 サツ・セチ・みる

寡　カ・すくない・すこし・やまめ・やもめ
寤　ゴ・さめる
寥　リョウ・さびしい
寧　ニョウ・ネイ・いずくんぞ・むしろ
寧楽　なら
寨　サイ・とりで
尸 屢　ル・しば・しば・しばしば
屣　シ
層　ソウ・かさ・こし
山 嶄　ザン
嶋　トウ　＝島（10山）
巾 幔　バン・マン・とばり・ひきまく
广 廏　キュウ・うまや
廐　キュウ　＝廏（14广）
廓　カク・くるわ

彡 彰　ショウ・あきらか
彳 徴　チ・チョウ・しるし・しるす・しるまし・はたる・めす
徳　トク・のり
心 慂　ヨウ
慇　イン・ねんごろ
態　タイ・ざま・なり・わざ・わざと
慕　ボ・したう・したわしい・しのぶ
慚　ザン　＝慙（15心）
慟　ドウ・かなしむ
慢　マン
慣　カン・ならう・ならす・ならわす・なれる
慥　ゾウ・たしか
慳　ケン・やぶさし
慷　コウ

憎　ゾウ・にくい・にくしみ・にくむ・にくらしい
戈 截　セツ・きる・たつ
手 摑　カク・つかまえる・つかます・つかまる・つかむ
摘　テキ・つまむ・つむ
摘入　つみれ
摧　サイ・くだく・くだける
摺　ショウ・する・すれる
支 敲　コウ・たたく
斗 斡　アツ
方 旗　キ・はた
旗魚　かじき
日 暝　メイ・くらい
暢　チョウ・のびる
暢気　のんき
曄　ヨウ・きらめく

暦　リャク・レキ・こゆみ・こよみ
暮　ボ・くらす・くれる
木 榎　カ・え・えのき
榑　フ・くれ
榔　ロウ
榕　ヨウ
榕樹　あこう・がじゅまる・ようじゅ
榛　シン・さいばり・はしばみ・はり・はん
榜　ホウ・ボウ・こぐ・ふだ
榧　ヒ・かえ・かや
榱　スイ・たるき・はえき
榴　リュウ
榻　トウ・トン・しじ・たつ
榾　コツ・ほた
槁　コウ

槙　シン・まき
構　コウ・かまう・かまえる
槌　ツイ・つち
槍　ソウ・やり
槎　サ・いかだ
槐　カイ・えにす・えんじゅ・えんず
榊　さかき
榲　オン・オツ
榲桲　マルメロ
榠　ベイ
榠樝　かりん
様　ヨウ・さま・ざま・ためし・なり
概　ガイ・おおむね・とかき
模　ボ・モ・かたどる・ならう
槃　ハン

槖　タク・つわぶき
槖吾　つわぶき
樺　カ・かにわ・かば・かんば
欠 歌　カ・うた・うたう
止 歴　リャク・レキ・へる
水 滲　シン・しみる・にじむ
滴　テキ・しずく・したたらす・したたる・したたれ・したつ
滷　ロ
滷汁　にがり
滾　コン・たぎつ・たぎらす・たぎる
漁　ギョ・リョウ・あさる・いさる・すなどる
漂　ヒョウ・さらす・ただよう・ただよわす
漆　シツ・うるし
漆部　ぬりべ
漉　ロク・こす・すく

漏　ル・ロ・ロウ・くく・もらす・もる・もれる
漏斗　じょうご・ろうと
漏盧　ひごたい
漑　ガイ・そそぐ・まかす
演　エン・のべる・やる
漕　ソウ・こぐ
漣　レン・さざなみ
漫　マン・すずろ・すずろう・すずろく・すずろわし・すぞろ・すぞろわし・そぞろ・そぞろく・そぞろけし・そぞろわし・みだり
漬　シ・あわたす・つかす・つかる・つく・つける・なずく・ひず・ひずつ・ひたす・ひたる
漱　ソウ・くちすすぐ・くちそそぐ・すすぐ・そそぐ
漲　チョウ・みなぎる
漸　ザン・ゼン・やっと・やや・ようやく・ようよう
漾　ヨウ・ただよう
滌　ジョウ・テキ・デキ・あらう・すすぐ

火 煽　セン・あおぐ・あおつ・あおる・おだてる・そやす
熄　ソク・やむ
熅　ウン・いきる・いきれる
熊　ユウ・くま
熊野　くまの・ゆや
熊襲　くまそ
熏　クン　＝燻（18火）
熒　ケイ・ひかる・まどわす
熔　ヨウ・とける
熇　コク・あぶる・やく
熇尾蛇　ひばかり
爻 爾　ジ・ニ・おれ・しかし・しかり・なんじ・のみ
犬 獄　ゴク・ひとや
玉 瑣　サ・ちいさい
瑪　メ

漢字力

瑳 サ
瑠 ル
璃 リ
瓦
甃 シュウ・いしだたみ・しきがわら
疋
疑 ギ・うたがう・うたがわしい・うたぐる
疒
瘋 フウ
瘍 ヨウ
皮
皸 クン・あかがり・あかぎれ・かかる・ひび・ひみ
皿
監 カン・ケン
目
睹 ト
睾 コウ
石
碣 ケツ・いしがみ
碧 ヘキ・あお・みどり
碩 セキ・おおきい
碪 チン・きぬた

磁 ジ
碑 ヒ・いしぶみ・えりいし
示
禊 ケイ・はらえ・みそぐ
禾
稭 カイ・しべ・すべ・みご・わらしべ・わらみご
種 シュ・ス・くさ・たな・たね
種姓 すじょう
種種 いろいろ・くさぐさ・しゅじゅ
穀 コク・こめ・たなつもの
稲 トウ・いな・いね・おしね・しね・ちから
稲架 はさ・はざ
稲孫 ひつじ
稲荷 いなり
穴
窩 カ・ワ
窩主 けいず
窪 ワ・いしま・いしむ・くぼ・くぼい・くぼか・くぼまる・くぼむ・くぼめる・くぼやか

立
竭 ケツ・つきる・つくす
端 タン・そば・つま・は・はし・はじ・はた・はな・へた・へち
端出縄 しりくめなわ
端折 つまおり・はしょり
竰 センチリットル
竹
箆 ヘイ・の・へら
箇 カ・コ・じ・ち・つ
箋 セン
箍 コ・いずみ・たが
箏 ショウ・ソウ・こと
箏柱 ことじ
箒 ソウ・ははき・はわき・ほうき
箔 ハク
箕 キ・み
算 サン・かぞえる

算盤 そろばん
箙 フク・えびら
箝 カン・ケン・すげる
管 カン・くだ・つつ
米
粽 ソウ・ちまき
米
精 ショウ・セイ・ソウ・くわしい・しらげる
糸
綜 ソウ・あぜ・へる
綟 レイ・ねじ・もじ
緑 リョク・ロク・みどり
緑青 ろくしょう
綢 チュウ
綬 ジュ
維 イ・ユイ・これ・つな
維納 ウィーン
綯 トウ・なう

綰 ワン・たがねる・たくる・わがねる・わぐむ・わげる・わな
綱 コウ・つな
網 ボウ・モウ・あ・あみ
綴 セツ・テイ・テツ・つがる・つづくる・つづる・つづれ・とじめ・とじる・はぐれ
綵 サイ・あや・あやぎぬ
綸 リン
綸子 りんず
綺 キ・いろう・かにはた・かむはた・かんはた
綻 タン・ふくろぶ・ほころばす・ほころびる・ほころぶ
綽 シャク
綽名 あだな
綾 リョウ・あや・や
綾子 りんず
綿 メン・わた
緇 シ・くろ

緊 キン・しまる
緋 ヒ・あか・あけ
総 ソウ・すべる・ふさ・ふさなる・ふさぬ・ふさやか
総角 あげまき・チョンガー
緒 ショ・チョ・いとぐち・お
練 レン・ねる・ねれる
罒
罰 バチ・バツ
羽
翠 スイ・みどり
翡 ヒ
翡翠 かわせみ・しょうびん・せみ・ひすい
耳
聚 シュ・ジュ・シュウ・あつまる・あつめる・むらがす
聞 ブン・モン・かがゆ・きかす・きかせる・きく・きける・きこえる・きこす
聟 セイ・むこ・もこ
聡 ソウ・さとい・とし
聢 しかと・しっかと・しっかり

聿
肇 チョウ・はつ
肉
腐 フ・くさす・くさらす・くさる・くされる・くたす・くたれる
腿 タイ・うちあわせ・もも
膀 ボウ
膂 リョ
膃 オツ
膃肭臍 おっとせい
膊 ハク・こむら
膏 コウ・あぶら
膜 マク・たなしし
艸
蓬 ホウ・えもぎ・おぼとる・ほうく・ほうける・よもぎ
蓮 レン・はす・はちす
蓼 リョウ・たで
蔀 ブ・しと・しとみ
蔑 ベツ・さげしむ・さげすむ・ないがしろ・なみする

蔓 マン・かずら・つづら・つら・つる
蔓延る はびこる
蔓荊 はまごう・はまはい
蔕 タイ・へた・ほぞ
蔗 シャ・ショ
蔚 ウツ
蔦 チョウ・つた・つな
蔬 ソ・くさびら
蔭 イン・オン・かげ
蔵 ゾウ・きすむ・くら
蔵人 くらんど・くろうど
虫
蜘 チ
蜘蛛 くも
蜚 ヒ
蜚蠊 ごきぶり
蜜 ミチ・ミツ

蜜柑　みかん
蜩　チョウ・かなかな・せみ・ひぐらし
蜷　ケン・にな・みな
蜷局　とぐろ
蜻　セイ
蜻蛉　あきつ・かげろう・とんぼ
蜻蛉　とんぼ・やんま
蜾　カ
蜾蠃　すがり・すがる
蜥　セキ
蜥蜴　とかげ
衣　裳　ショウ・も
製　セイ・つくる
複　フク・かさねる
褌　コン・すましもの・とうさぎ・とうさぐ・ふどし・ふんどし・へこ・みつ
褓　ホ・ホウ

見　覡　ゲキ・かんなぎ・こうなぎ
言　誌　シ・しるす
認　ニン・したたまる・したためる・みとめる
誑　キョウ・たぶらかす・たぶらす・たぶろかす・たぼらかす・たぼろかす・たむらかす・たらす
誓　セイ・ゼイ・うけう・ちかう
誓湯　うけいゆ・くかたち
誘　ユウ・いざなう・いさよう・おこつる・おびく・こしらえる・さすう・さそう・すびく・そびかう・そびく・わかつる
語　ギョ・ゴ・かたらう・かたる・こと
語部　かたりべ
誡　カイ・いましめる
誣　フ・ブ・しいる
誤　ゴ・あやまつ・あやまる
誥　コウ・たけぶ
誦　ジュ・ショウ・ズ・ズウ・ずず・ズず・ズんず

誨　カイ・おしえる
説　エツ・ゼイ・セチ・セツ・とく
読　トウ・トク・ドク・よむ
読経　どきょう
豕　豨　キ
豨薟　めなもみ
豪　コウ・ゴウ・えらい
豪猪　やまあらし
豸　貌　ボウ・ミョウ・かお・かたち
貍　リ・たぬき
貝　賑　シン・にぎおう・にぎやか・にぎやかし・にぎわう・にぎわし・にぎわしい・にぎわす・にぎわわし・にぎわわす
赤　赫　カク・かがやく・かがよう
走　趙　チョウ
足　跼　キョク・くぐまる・せぐくまる・せくぐむ
踉　ロウ

踊　ユ・ヨウ・おどらす・おどり・おどる
車　輓　バン・ひく
輔　フ・ホ・かばち・かまち・すけ・そえ
輔車　つらがまち
辛　辣　ラツ
辣韭　らっきょう
辣韮　らっきょう
辵　遜　ソン・へりくだる
遡　ソ・さかのぼる
適　テキ・かなう・かなえる・たま・たまさか・たまたま
遭　ソウ・あう・あわす・あわせる
遮　シャ・さいぎる・さえぎる
遮二無二　しゃにむに
遮莫　さばれ・さまらばれ・さもあらばあれ
邑　鄙　ヒ・いやしい・かたなむ・とひと・ひな

酉　酵　コウ・しらかす
酷　コク・ひどい・むごい・むごたらしい
酸　サン・す・すい・すっぱい・すゆし
酸棗　さねぶとなつめ
酸塊　すぐり
酸模　すいば・すかんぽ
酸漿　かがち・かがみ・ぬかずき・ほおずき
酸漿草　かたばみ
金　鉾　ボウ・ほこ
銀　ギン・ゴン・かね・しろ・しろがね
銀杏　いちょう・ぎんなん
銃　ジュウ・つつ
銅　ドウ・あか・あかがね・かね
銅鑼　どら
銑　セン・ずく・つく
銓　セン

銖　シュ
銘　メイ
銚　チョウ
銚子　さしなべ・さすなべ・ちょうし
銚釐　ちろり
銛　セン・もり
銜　ガン・くくむ・くくめる・くつばみ・くつわ・くわえる
銭　セン・ゼン・ぜぜ・ぜに
鋩　ボウ
門　関　カン・ゲン・あずかる・かかる・かからう・かからわし・かかわる・せき
閣　カク
閤　コウ
閥　バツ
閨　ケイ・ねや

阜　際　サイ・きわ
障　ショウ・ソウ・さう・さえる・さやる・さわる・つかえ・つつむ
障泥　あおり
隠　イン・オン・かくす・かくなす・かくらう・かくる・かくれる・かくろう・くむ・こもる・なばる・なまる
隠岐　おき
隹　雑　ザツ・ゾウ・まざる・まじる・まぜる
雑色　ぞうしき
雑砕　チャプスイ
雑魚　ざこ・ざっこ・じゃこ
雑喉　ざこ・ざっこ
雌　シ・め・めす・めん
雌黄　きに
雨　需　ジュ・もとめる
青　静　ジョウ・セイ・しず・しずか・しずけし・しずまる・しずめる・しずもる
革　鞄　ホウ・かばん

鞅　オウ・むながい・むなかき
鞆　とも・ほむた
頁　頗　ハ・すこぶる・すこむる・そこぶる
領　リョウ・レイ・ロウ・うしはく・うすはく・えり・くだり・くび・しく・しらす・しる
領巾　ひれ
風　颯　サツ
颱　タイ
食　飴　イ・あめ・たがね
馬　駁　ハク・バク・ぶち
駆　ク・かけずる・かける・かる
駅　エキ・ヤク・うまや・はいま・はゆま・むまや
駄　タ・ダ
骨　骰　トウ
骰子　さい・さいころ
髟　髣　ホウ・ほのか

漢字力

髪 ハッ・ホチ・ホッ・か・かみ・くし
髪剃《こうぞり》
鬼
魁 カイ・いもがしら・さきがけ
魂 コン・ゴン・たま・たましい
魂消る《たまぎる・たまげる》
鳥
鳳 ホウ・おおとり
鳳梨《パイナップル》
鳳蝶《あげは・あげはちょう》
鳴 メイ・なく・なす・ならす・なる
鳶 エン・とび・とんび
鳶尾《いちはつ》
麻
麼 モ
鼻
鼻 ビ・はな

【十五画】

人
僻 ビャク・ヘキ・ひが・ひがむ
儀 ギ

億 オク
億劫《おっくう・おっこう》
舗 ホ・しき・と・みせ
儚 ボウ・はかない
儂 ノウ・わし・おれ・かれ
冫
凜 リン
刀
劇 ゲキ・はげしい
劈 ヘキ・つんざく・ひさく
劉 リュウ
口
嘱 ショク・ソク・ゾク
嘲 チョウ・トウ・あざける・えつらかす
嘶 セイ・いなく・いななく・いばう・ころろく
嘸 ブ・さぞ
噎 イツ・エツ・むせ・むせぶ
噴 フン・ふく

噴雪花《ゆきやなぎ》
器 キ・うつわ・うつわもの
嘘 キョ・うそ・おそ
土
墜 ツイ・おちる
墜栗花《ついり》
墟 キョ・あと
墳 フン・うぐもつ・うごもつ・うごもる・つか
女
嬉 キ・うれしい
嬋 セン
嬌 キョウ・あまえる・こびる・なまめく
宀
審 シン・くわしい・つばひらか・つばら・つまびらか
寮 リョウ・つかさ
寸
導 ドウ・しるべ・みちびく
尸
履 リ・くつ・はく・ふむ
巾
幟 シ・しるし・のぼり・はたじるし

幡 ハン・バン・はた
幢 ドウ・はた・はたほこ
幣 ヘイ・しで・にぎて・ぬさ・まいない・みてぐら
幣帛《へいはく・みてぐら》
广
廚 ズ・チュウ・くりや
廟 ビョウ・たまや
廠 ショウ
廾
弊 ヘイ・ついえる・ついやす
彡
影 エイ・ヨウ・かげ
影向《ようごう》
彳
徹 テツ・こたえる・とおす・とおる
心
慙 ザン・ゾウ・はじる
慧 エ・ケイ・さとい
慫 ショウ
慮 リョ・おもいはかる・おもんぱかる

慰 イ・いさめる・こしらえる・なぐさみ・なぐさむ・なぐさめる
慶 キョウ・ケイ・よろこぶ
慾 ヨク
憂 ユウ・うい・うさ・うれい・うれえる・うれわし
憐 レン・あわれぶ・あわれむ
憔 ショウ・やつれる
憚 タン・はばからわし・はばかる・はばし
憤 フン・いきどおる・いきどおろし・いくぶ・いくむ・ふつく・ふつくむ・むずかる・むつける
憧 ショウ・ドウ・あくがらす・あくがれる・あこがれる
憫 ビン・ミン・あわれむ
憬 ケイ・あくがらす・あくがれる・あこがれる
憮 ブ
戈
戮 リク・ころす
戯 ギ・ケ・ゲ・あざる・あじゃらく・あじゃらしい・あじゃる・いたずら・おどける・ざらす・ざれる・じゃらける・じゃらす・じゃれる・そばえる・そばやす・そばる・たわける・たわし・たわしる・たわぶ・たわぶれる・たわる

戯謔う《さるがう》
手
摩 マ・さする・する・すれる・なでる
摯 シ
撃 ゲキ・うつ・ぶつ
撈 ロウ
撒 サツ・サン・まく
撓 トウ・ドウ・いためる・おおる・しおる・しなう・しなえる・しなる・しわる・たおむ・たおり・ためる・たり・たわ・たわます・たわむ・たわめる・たわわ・とお・とおお・とおむ
撚 ネン・ひねる・よる・よれる
撞 シュ・ドウ・つく
撤 テツ・すてる・とりさる
撥 バチ・ハツ・はねかす・はねかる・はねる
撥条《ぜんまい・ばね》

撫 ブ・さする・なだする・なでる
撫子《なでしこ》
播 ハ・ハン・バン・ほどこす・ほどこる・まく
播磨《はりま》
撮 サツ・つまむ・とる
撰 サン・セン・えらぶ・よる
撲 ボク・うつ・なぐる・ぶつ
攴
敵 テキ・あだ・かたき
敷 フ・しく
日
暫 ザン・しばし・しばらく・しまし・しまらく
暴 バク・ボウ・あばく・あばれる・あらい・あれる
暴風《あかしまかぜ・あらし・まかぜ》
木
槭 シュク・セキ・かえで
槭樹《かえで・もみじ》
槲 コク・かしわ

槻 キ・けやき・つき・つく
槽 ソウ・うけ・ふね
槿 キン・あさがお・むくげ
樅 ショウ・もみ・もむ・もむのき
樋 トウ・とい・とゆ・とよ・ひ
樏 ルイ・かんじき・わりご
樒 ミツ・しきび・しきみ
樗 チョ・おうち・しんじゅ・ぬで
標 ヒョウ・しめ・しるし・しるべ
樟 ショウ・くす・くすのき
樫 かし
横 オウ・コウ・よこ・よこしま・よこおる・よこたう・よこたえる・よこたわる・よこなわる
権 ケン・ゴン・かり
権化《ごんげ》

欠
歎 タン・なげく
歓 カン・うれしい・よろこぶ
殳
毅 キ・つよい
水
漿 ショウ・つくりみず・におもい
潑 ハツ・そそぐ・はねる
潔 ケツ・いさぎよい・きよい・さやむ
潜 セン・かずく・くぐる・ひそか・ひそまる・ひそむ・ひそめる・むぐる・もぐる
潟 セキ・かた
澗 カン・ま
潤 ジュン・うるう・うるおう・うるおす・うるます・うるむ・ふやかす・ふやける・ほとばかす・ほとばす・ほとびる・ほとぼす
潦 ロウ・にわたずみ
潭 タン・ふち
潮 チョウ・うしお・しお
潮来 いたこ

潮騒 しおさい
潰 カイ・くえる・ついえる・ついやす・つえる・つぶす・つぶらわし・つぶれる・つやす
澄 チョウ・すます・すみやか・すむ
火
熟 ジュク・ズク・いる・うむ・うらす・うれる・こなす・こなれる・つえる・つらつら・なれる・にき
熟寝 うまい
熟睡 うまい
熟熟 つらつら
熨 ウチ・ウツ・のし・のす
熨斗 のし
熬 ゴウ・いる
熱 ネチ・ネツ・あつ・あつい・あつか・あつかわし・いきる・いきれる・ほてる・ほとおる・ほとぼる・ほとる・ほめく
熱沸瘡 あせも
默 モク・だまる・だんまり・もだ・もだす
勳 クン・いさお・いさおし

牛
犛 リ
犛牛 ヤク
犬
獦 カツ・リョウ・かり
獦子鳥 あとり
玉
瑩 エイ・ヨウ・あきらか
璋 ショウ・たま
瓦
甍 ボウ・いらか
田
畿 キ
疒
瘠 セキ・やせる
瘡 ソウ・かさ・かぶれ・くさ
瘤 リュウ・こぶ・しいね
瘦 シュウ・ソウ・こける・やさかむ・やすかむ・やせかむ・やせる
瘧 ギャク・えやみ・おこり・わらわやみ
皮
皺 シュウ・さび・しぼ・しわ・しわぶ・しわむ
皿
盤 ハン・バン・さら

目
瞋 シン・いかる
瞑 メイ・メン・つぶる・つむる・ねむる・ひしぐ・ひそぐ
石
確 カク・しかと・しっかり・たしか・たしかめる・たしけし
碼 バ・メ・ヤード
碾 テン・うす・ひく
碾磑 あつうす
磅 ホウ・ポンド
磊 ライ
磋 サ・みがく
磐 バン・いわ
磐座 いわくら
磔 タク・はつけ・はっつけ・はりつけ
禾
稷 ショク・きび・きみ
稼 カ・かせぐ
稽 ケイ・かんがえる

稿 コウ
穂 スイ・ほ
穴
窮 キュウ・グウ・きわまる・きわめる
窮鬼 いきすだま
窯 ヨウ・かま
竹
箭 セン・さ・のり・や
箯 ヘン・ベン・はんだ
箯輿 あおだ・あんだ
箱 ソウ・はこ
箴 シン
箸 チョ・はし
篁 コウ・たかむら
範 ハン・のり
篆 テン
篇 ヘン

篋 キョウ・はこ
米
糊 コ・のり
糎 サンチ・センチメートル
糸
緘 カン・とじる
線 セン
緞 タン・ダン・ドン
緞子 どんす
締 テイ・しまる・しめる
緡 ビン・さし
縁 エン・え・えに・えにし・ふち・へり・ゆかり・よし・よすが・よる
編 ヘン・あむ・すく・ふ
編木 びんざさら
緩 カン・ゆらう・ゆらゆ・ゆる・ゆるい・ゆるか・ゆるく・ゆるけし・ゆるす・ゆるぶ・ゆるべる・ゆるまる・ゆるむ・ゆるめる・ゆるやか・ゆるらか・ゆるり
緬 メン

緬甸 ビルマ
縄 ジョウ・なわ
縅 おどす
网
罵 バ・メ・ののしる・のる
罷 ヒ・まかる・まく・やむ・やめる
羊
羹 カン・コウ・あつもの
羽
翫 ガン・もちあそぶ・もてあそぶ
肉
膕 カク・ひかがみ・よほろ
膚 フ・はだ・はだえ
膝 シツ・ひざ
膝甲 はいだて
膝皿貝 ひざらがい
膝行 いざり・しっこう
膠 キョウ・コウ・にかわ・やに
膣 チツ
膵 スイ

舛
舞 ブ・ム・まい・まう
艸
蔽 ヘイ・おい・おおい・おおう
蕁 ジン
蕁麻 いらくさ・おいら・じんま
蕃 バ・ハン・バン・しげし・しげる
蕃茄 トマト
蕃椒 とうがらし
蕉 ショウ
蕊 シン・ズイ・しべ
蕎 キョウ
蕎麦 そば・そばむぎ・そまむぎ
蕣 シュン・むくげ・あさがお
蕨 ケツ・わらび
蕩 トウ・たらす・つたよう・とらかす・とらく・とれる・とろかす・とろける・とろめく
蕪 ブ・かぶ・かぶら

蕪菁 かぶ・かぶら
虫
蝌 カ
蝌蚪 おたまじゃくし・かえるこ・かと
蝎 カツ・さそり・てらむし
蝕 ショク・はゆ・むしくう・むしばむ
蝗 コウ・いなご・おおねむし・ばった
蝙 ヘン
蝙蝠 かわぶり・かわほり・こうぶり・こうぼり・こうむり・こうもり
蝟 イ・くさぶ・はりねずみ
蝠 フク
蝤 シュウ・ユウ
蝤蛑 がざみ
蝦 カ・えび・かえる
蝦夷 えぞ・えびす・えみし
蝦虎魚 はぜ
蝦蛄 しゃこ

蝦蟇 かぼ・がま・がまがえる
蝨 シツ・しらみ
蝮 フク・くちばみ・くちはめ・たじひ・たちひ・はみ・まむし
蝴 コ
蝶 チョウ・かわひらこ
蝘 エン
蝘蜓 とかげ
蝲 ラツ
蝲蛄 ざりがに
蝸 カ
蝸牛 かいつむり・かたつびり・かたつぶり・かたつむり・ででむし・でんでんむし・まいまい
行
衝 ショウ・つく
衝立 ついたて
衣
褒 ホウ・ほめる
褞 ウン

褞袍 どてら
褥 ジョク・ニク・しとね・とこしき
褪 タイ・あせる・さめる
言
誰 スイ・た・たそ・たれ・だれ
課 カ・おおす
課役 えつき・かやく
誹 ヒ・そしる
誼 ギ・よしみ
調 ジョウ・チョウ・しらべる・つき・ととのう・ととのえる・ととのおる・となう・みつぎ
諂 テン・へつらう
諄 ジュン・くどい・ねんごろ
談 ダン・かたる
請 ジョウ・シン・セイ・うける・こう・ねぐ
諍 ジョウ・ソウ・あらがう・いさかう
諒 リョウ・ロウ・まこと

論 ロン・あげつらう
諚 ジョウ
諏 シュ
諏訪 すわ
諸 ショ・ソ・もろ・もろもろ
諾 ダク・う・うべ・うべなう・うべなむ・うめなう・むべ・むべなう
諾威 ノルウェー
謁 エツ
誕 タン
豆
豌 エン
豎 シュ・ジュ
貝
賛 サン・たすける
賜 シ・たばす・たばる・たぶ・たまう・たまもの・たまわす・たまわる・たもる・とうばる・とうぶ
賞 ショウ・ほめる・めでる

賠 バイ
賢 ケン・かしこ・かしこい・さかしい・さかしら
賤 セン・いやしい・いやしぶ・いやしむ・いやしめる・いやしんず・しず
賤稲 しとで
賦 フ・くばる
質 シチ・シツ・チ・ただす・たち・むかわり
賓 ヒン・まらひと・まれうど・まれひと・まろうど
賓頭盧 びんずる
走
趣 シュ・ソク・おもむき・おもぶく・おもむく
足
踏 トウ・ふまえる・ふむ・ふんまえる・ほむ
踏歌 あらればしり・とうか
踏鞴 たたら
踝 カ・くるぶし・くろぶし・つくぶし・つぶなぎ・つぶぶし
踞 キョ・コ・うずい・うずくまる・こごまる・こごむ・こごめる・しりうたぐ
踠 エン・もがく

車
輛 リョウ
輜 シ
輝 キ・かがやかし・かがやかす・かがやく
輦 レン・こし・てぐるま
輩 ハイ・ともがら
輪 リン・わ
輪廻 りんね
輪橋 そりはし
辵
遵 ジュン・したがう
遷 セン・うつす・うつる
選 セン・えらぶ・えらむ・える・すぐる・よる
遺 イ・ユイ・おこす・のこす・のこる・わすれる
遼 リョウ・はかる
酉
醂 リン・あわす・さわす
醂柿 あわしがき・さわしがき

醇 ジュン
醋 サク・す
金
鋭 エイ・するどい・すんど・とし
銷 ショウ・けす・とかす
銹 シュウ・さびる
鋏 キョウ・はさみ・はさむ・やっとこ
鋒 ホウ・ほこ・ほこさき
鋤 ジョ・すき・すく
鋪 フ・ホ・しき・しく
鋲 ビョウ
鋳 ジュ・シュウ・チュウ・いる
錺 かざる
門
閭 リョ
閲 エツ・けみする
雨
震 シン・ふるう・ふるえる

霊 リョウ・レイ・すだま・たま・ち
非
靠 コウ・もたれる・よる
革
鞋 アイ・カイ・くつ
鞍 アン・くら
鞍橋 くらぼね
鞏 キョウ・かたい
鞐 こはぜ
頁
頤 イ・あご・おぎろ・おとがい
食
餅 ビン・ヘイ・あも・かちん・もち・もちい
餉 ショウ・かれい・かれいい
養 ヨウ・おなり・かう・ひたす・やしなう・やす
餌 ジ・え・えさ・えど・えば
餓 ガ・うえる・かつえる
餃 コウ・ギョウ
餃子 ギョーザ

〔馬〕駈 ク ＝駆（14馬）
駐 チュウ・とどまる・とどめる
駑 ド
駒 ク・くま・こま
駕 ガ・のる
駕籠 かご
駘 タイ
駛 シ・はしらす・はしる・はせる
駝 ダ
〔髟〕髫 チョウ
髫髪 うない・うないがみ
髯 ゼン・ひげ
髱 ホウ・たぶ・たぼ・つと
〔鬼〕魄 タク・ハク・たま・たましい
魅 ミ・ばかす

〔魚〕魦 サ・いさざ・いさざこ・ちちぶ
魬 ハン・はまち・はりまち
魯 ロ・おろか
魯西亜 ロシア
魳 シ・かます
魴 ホウ・すおり
魴鮄 ほうぼう
〔鳥〕鴃 ゲキ・もず
鴇 ホウ・つき・とき・のがん
鴈 ガン・かり
鴉 ア・からす
〔麥〕麨 ショウ・はったい
麩 フ・ふすま
〔麻〕麾 キ・さしまねく
〔黍〕黎 リ・レイ

【十六画】

〔人〕儒 ジュ
儒艮 ジュゴン
儔 チュウ・ともがら
儕 サイ・セイ・ともがら・ばら
儘 ジン・まにまに・まま・まんま
〔八〕冀 キ・こいねがう
〔冫〕凝 ギョウ・こごらす・こごる・こらす・こる・しこる・つづう
〔又〕叡 エイ・さとい
〔口〕噤 キン・つぐぶ・つぐまる・つぐむ
噪 ソウ・さわがしい・さわぐ
噫 イ・あ・ああ
噬 ゼイ・かむ
噯 アイ・あつかう・おくび
噯気 おくび

噺 はなし
噸 トン
嚆 コウ
嘯 ショウ・うそ・うそぶく・うそむく・ふく
嘴 シ・くちばし・はし
〔土〕墺 オウ
墺太利 オーストリア
墾 コン・たがやす・はる・ひらく
壁 ヘキ・かべ
壁生草 いつまでぐさ
壁蝨 だに
壅 ヨウ
壇 タン・ダン
壊 エ・カイ・くえる・こぼつ・こぼれる・こわす・こわれる
壌 ジョウ・こまやく・つち・つちくれ

〔大〕奮 フン・ふるう
〔女〕嬖 ヘイ・そばめ
嬢 ジョウ・おうな
〔山〕嶮 ケン・けわしい・さがし
〔广〕廩 リン
〔弓〕彊 キョウ・つよい
〔心〕憑 ヒョウ・たのむ・つかれる・つく・よる
憑人 よりまし
憑子 たのもし・よりまし
憖 ギン・なまじ・なまじい・なまじっか
憩 ケイ・いこい・いこう・いこのう・やすむ
憲 ケン・のり
憶 オク・おぼえる・おもう
憾 カン・うらむ
懈 カイ・ケ・たゆい・だるい

懊 オウ・じれる・なやむ
懐 カイ・いだく・うだく・おもう・なつかしい・なつかしび・なつかしむ・なつく・なつける・なつこい・ふところ・ほところ・ほほ・むだく・ゆかしい
〔手〕撻 タツ
擁 ヨウ・いだく
擂 ライ・する
擅 セン・ほしいまま
操 ソウ・あやつる・あやどる・みさお
〔支〕整 セイ・ととのう・ととのえる・ととのおる・となう
〔日〕暹 セン
暹羅 シャム
曇 ドン・くもらす・くもらわし・くもる・どみる
〔木〕樵 ショウ・きこり・こる
樵夫 きこり
樸 ボク・こはだ・すなお

樹 ジュ・うえる・きてる・しげ・たつ・たてる
樹脂 じゅし・やに
樹懶 なまけもの
橄 カン
橅 ボ・ぶな
橇 ゼイ・かんじき・そり
橈 ドウ・かい・たわむ
橋 キョウ・はし
橐 タク・つわぶき
橐吾 つわぶき
橘 キツ・たちばな
橙 トウ・だいだい
機 キ・こぶち・しおる・はた・わかつる
機関 からくり・きかん
機躡 まねき
橡 ショウ・くぬぎ・つるばみ・とち・とちのき・どんぐり

橤 ズイ・しべ
〔欠〕歔 キョ・すすりなく
〔水〕澡 ソウ・あらう・そそぐ
澡豆 さくず・そうず・そうとう
澪 レイ・みお
澪標 みおじるし・みおつくし
澱 デン・おどむ・おり・よど・よどむ
澳 イク・オウ・おき
澹 タン
激 ゲキ・そそぐ・たぎつ・はげしい
濁 ジョク・ダク・にごす・にごらす・にごる
濁声 だみごえ
濁酒 どぶろく
濁醪 どぶろく
濂 レン

漢字力

濃 ジョウ・ノウ・こ・こい・こまやか
濃絵 だみえ
濃漿 こくしょう・こんず
濃餅 ぬっぺい・のっぺい
濛 モウ・くらい
火
熾 シ・おき・おこす・おこる
燃 ネン・とぼす・とぼる・もえる・もす・もやす
燋 ショウ・こがれる
燎 リョウ・かがりび・やく
燐 リン
燐寸 マッチ
燕 エン・つばくら・つばくらめ・つばくろ・つばくろめ・つばひらこ・つばめ
燕子花 かきつばた
燗 ラン・かん
犬
獣 ジュウ・けだもの・けもの・しし
獪 カイ・ずるい

獲 カク・える・とる
玉
璞 ハク・あらたま
瓜
瓢 ヒョウ・ひさご・ふくべ
瓢虫 てんとうむし
疒
瘴 ショウ
瘻 ル・ロ・ロウ
皿
盥 カン・たらい
盧 ル・ロ
目
瞞 マン・だます
瞟 ヒョウ
瞟目 ひがら・ひがらめ・ひんがらめ
瞠 ドウ・みはる
石
磚 セン・ダン
磚茶 だんちゃ
磧 セキ・かわら

磨 マ・する・すれる・とぐ・みがく
磬 キョウ・キン・ケイ・うちなし
示
禦 ギョ・ふせぐ・ほせく・ほそく
禾
積 シャク・セキ・さか・つむ・つもる
積丹 しゃこたん
穎 エイ・かい・かび
穏 オン・うだしい・おだい・おだいか・おだしい・おだやか
穇 サン・ひえ
穇子 ひえ
穴
窶 ク・ル・ロウ・やつす・やつれる
窺 キ・うかがう・のぞく
竹
築 チク・きずく・つき・つく
築地 ついじ・ついひじ・つきじ
築垣 ついがき・ついひじ・つきがき
篝 コウ・かがり

簒 サン・うばう
篤 トク・あつい・あつゆ・とっく
箆 ヘイ・の・へら
篩 シ・ふるう
米
糏 セツ・あらもと
糒 ビ・ほしい・ほしいい
糖 トウ
糗 キュウ・はったい
糸
縊 イ・くくる・くびる・くびれる
縋 ツイ・すがう・すがる
縒 シ・える・よる・よれる
縕 ウン・オン
縕袍 どてら・わんぼ・わんぼう
縛 バク・しばる
縞 コウ・しま

縟 ジョク
縢 トウ・かがる・かな
繁 ハン・しげ・しげし・しげむ・しげみ・しげる・しじに・しみ・しみに・しみみに・しみら・しめら
繁吹 しぶき
繁縷 はこべ
繁蔞 はこべ
緻 チ
縦 ジュウ・ショウ・たた・たたし・たて・たとい・たとえ・ほしいまま・ほしきまま・ほしまま・よし・よしえ・よしや・よしんば
縦令 たとい・たとえ
縫 ホウ・ぬう
緯 イ・ぬき・よこ・よこいと
网
罹 リ・かかる
羽
翰 カン・ふだ
肉
膨 ボウ・ふくやか・ふくよか・ふくら・ふくらか・ふくらす・ふくらせる・ふくらます・ふくらむ・ふくれる

膩 ジ・ニ・あぶら
膰 ハン・ひぼろぎ・ひもろぎ
膳 ゼン・かしわで
膳夫 かしわで
臼
興 キョウ・コウ・おこす・おこる
舟
艘 ソウ
艙 ソウ
艙口 にごりぐち・ハッチ
艸
蕺 シュウ・どくだみ
蕾 ライ・つぼみ・つぼむ
薄 ハク・バク・うす・うすい・うすまる・うすめる・うすら・うすらか・うすらぐ・うすれる・うっすら・うっすり・すすき
薇 ビ・ぜんまい
薊 ケイ・あざみ
薑 キョウ・あなはじかみ・はじかみ

薔 ショウ・ソウ
薔薇 いばら・ばら
薗 エン・その
薙 チ・テイ・なぐ
薙刀 なぎなた
薤 カイ・おおみら・なめみら・らっきょう
薦 セン・こも・すすめる
薨 コウ
薪 シン・たきぎ・まき
薬 ヤク・くす・くすら・くすり
薬玉 くすだま
薬研 やげん
薬師 くすし
薬罐 やかん
薫 クン・かおる・くすぶる・くすべる・くすぼる・くゆらす・くゆる・たく
薫衣香 くぬえこう・くのえこう

蕗 ロ・ふき・ふふき
薜 ヘイ
薜茘 おおいたび
虫
螂 ロウ
融 ユ・ユウ・とおる・とかす・とく・とける
螟 メイ
螟虫 ずいむし
蟒 ボウ・うわばみ
蟒蛇 うわばみ・やまかがち
蟇 バ・かえる・がま・ひき
蟆 メ・バ・マ・がま
蟆子 ぶゆ・ぶよ
行
衛 エ・エイ・まもり
衡 コウ・はかり
衣
褶 シュウ・うわみ・しびら・ひらおび・ひらび・ひらみ

漢字力

褸 ル・つづれ
襁 キョウ・すき
襁褓 おしめ・むつき
見 覧 ラン・みる
親 シン・おや・したしい・したしぶ・したしむ・ちかしい
親父 おやじ
親族 うから・うからやから
言 諛 ユ・へつらう
諜 チョウ・さぐる
諠 ケン・かまびすしい・とよく
謚 シ・いみな・おくりな
諢 コン
諢名 あだな
諤 ガク
諦 タイ・テイ・あきらめる

諧 カイ
諫 カン・あさむ・いさめる
諭 ユ・さとす
諮 シ・はからう・はかる
諱 キ・いみな・いむ・ただのみな
諳 アン・そらにす・そらんずる
諷 フ・フウ
諺 ゲン・ことわざ
謀 ボウ・ム・たばかる・はかりごつ・はかりごと・はかる
謂 イ・いう・いわば・いわれ
謔 ギャク
謡 ヨウ・うたい・うたう
貝 賭 ト・かける・ずく・のる
賭弓 のりゆみ
赤 赭 シャ・あか・すお・そお・そおに

足 踰 ユ
踵 ショウ・あくと・かかと・きびす・くびす・くびひす
蹂 ジュウ
蹄 テイ・ひづめ
蹄漏 つまいり
身 躾 しつける
車 輯 シュウ
輳 ソウ
輸 シュ・ユ
輻 フク・や
辵 邁 マイ
避 ヒ・さける・さる・よく・よける
還 カン・ゲン・ワン・かえす・かえる
酉 醍 ダイ
醐 ゴ

醒 セイ・さます・さめる
金 鋸 キョ・のこ・のこぎり・のほぎり
鋺 エン・かなまり・まがり・まり
鋼 コウ・はがね
録 ロク
錆 ショウ・セイ・さび・さびる
錏 ア・しころ
錐 スイ・きり
錘 スイ・おもり・つむ
錠 ジョウ
錣 テツ・しころ
錦 キン・コン・にしき
錦織 にしごり
錫 サク・シャク・セキ・すず
錮 コ

錯 サク・シャク・きかう・こすり
錬 レン・ねやす・ねる・ねれる
錨 ビョウ・いかり
門 閼 アツ
閼伽 あか
閾 イキ・しき・しきい・しきみ
阜 隣 リン・となり・となる
隧 スイ
隧道 すいどう・ずいどう・トンネル
隶 隷 レイ
隹 雕 チョウ・える
雨 霍 カク
霏 ヒ
霑 テン・うるう・うるおう・しおる
霓 ゲイ・にじ

霖 リン・ながあめ・ながめ
霙 エイ・みぞれ・みぞれる
革 鞘 ショウ・ソウ・さや
頁 頭 ジュウ・ズ・ト・トウ・あたま・かしら・かぶ・かぶり・かみ・くび・くぶ・こうべ・つぶり・つむり
頭垢 ふけ
頬 キョウ・つら・ほお・ほほ
頷 ガン・うなずく・うなずける・かわち
頸 ケイ・くび・たてくび
頽 タイ・くずおる・くずおれる・くずれる・すたれる・なだれる
頼 ライ・たのむ・たのもしい・たよる
頼母子 たのもし
食 餐 サン
餝 ショク ＝飾（13食）
館 カン・たち・たて・むろつみ・やかた

馬 駢 ベン・ならぶ・ならべる
駭 ガイ・おどろく
駱 ラク
骨 骸 ガイ・から・むくろ
髟 髷 キョク・まげ・わげ
髻 キツ・ケイ・たぶさ・ふさ・みずら・もとどり
髭 シ・ひげ
門 鬨 コウ・とき
魚 鮃 ヒョウ・ひらめ
鮊 ハク
鮊子 いかなご
鮎 デン・あい・あゆ
鮎並 あいなめ
鮎魚女 あいなめ
鮏 セイ・さけ

鮑 ホウ・あわび
鮒 フ・ふな
鮓 サ・すし
鮓荅 ヘイサラバサラ
鮓答 ヘイサラバサラ
鳥 鴒 レイ
鴛 エン・おしどり
鴛鴦 おし・おしどり
鴟 シ・とび・とみ
鴟尾 くつがた・しび・とびのお・とみのお
鴦 オウ・おしどり
鴨 オウ・ヨウ・かも
鴨脚樹 いちょう
鴫 しき・しぎ
鹿 麇 キン・のろ

漢字力

【十七画】

人
償 ショウ・つぐなう・つぐのう・まどう・まよう
儡 ライ
優 ユウ・すぐれる・まさる・まし・やさ・やさしい
優婆夷 うばい
優婆塞 うばそく
優曇華 うどんげ
口
嚀 ネイ
嚇 カク・おどかす・おどす
嚊 ヒ・かか・かかあ
土
壕 ゴウ・ほり
女
嬪 ヒン・そばめ・よめづかい
嬬 ジュ・つま
嬰 エイ
嬰児 えいじ・みどりご
嬲 ジョウ・なぶる
嬶 かか・かかあ
子
孺 ジュ・わらわ
山
嶺 レイ・ね・みね
嶼 ショ
彳
徽 キ・しるし
心
懃 キン・ゴン・ねんごろ
懇 コン・ねもころ・ねもころごろに・ねんごろ
懦 ダ
手
擘 ハク・つみさく・つんざく
擡 タイ・もたげる
擢 タク・テキ・ぬきんでる
擤 コウ・かむ・はなかむ
擦 サツ・かする・かすれる・こする・こすれる・さする・する・すれる・なする
擬 ギ・そえる・なずらえる・なぞらう・なぞらえる・まがい・まがえる・まねぎる・もどき・もどく
擬蠍 かにむし
擱 カク・おく
支
斂 レン・おさめる
厳 ゲン・ゴン・いかい・いかつい・いかめしい・いからし・いこう・いつ・いつかし・いつくし・おごそか・おごそけし・きびしい
厳器 からくしげ
日
曖 アイ
曚 モウ
月
朦 モウ・おぼろ
木
橿 キョウ・かし
檀 タン・ダン・まゆみ
檀輾 だんじり
檄 ゲキ
檐 エン・タン・のき・ひさし
檗 バク・きはだ
檜 カイ・ひ・ひのき
檜皮 ひはだ・ひわだ
檞 カイ・おおとちのき・かしわ
檣 ショウ・ほばしら
毛
氈 セン・かも
水
濘 ネイ・ぬかる
濠 ゴウ・ほり
濡 ジュ・そぼつ・ぬらす・ぬれる
濤 トウ・なみ
濫 ラン・みだり・みだれる
濯 タク・いすぐ・すすぐ・そぐ・そそぐ・ゆすぐ
濶 カツ・ひろい
火
燠 イク・オウ・おき
燥 ソウ・かわく・はさぐ・はしゃぐ
燦 サン・あきらか
燧 スイ・とぶひ・ひうち・ひきり
燭 ショク・ソク・ともしび・ともす
燭魚 はたはた
燵 タツ
爪
爵 サク・シャク
爿
牆 ショウ・かき
牛
犠 ギ
犠牲 いけにえ・ぎせい
犬
獰 ドウ・ねい
玉
璫 トウ・こじり・みみぐさり
環 カン・たまき・ゆびまき・わ
瓦
甑 ソウ・こしき
疒
療 リョウ・いやす
癆 ロウ
癇 カン
癈 ハイ・しいる
癌 ガン
癋 カク
癋見 べしみ
皿
盪 トウ・うごかす・うごく・とらかす・とろかす・とろける
目
瞥 ベツ
瞭 リョウ・あきらか
瞰 カン・みおろす
瞳 ドウ・ひとみ
矢
矯 キョウ・ためる
石
磯 キ・いそ・し・そ
磯回 いそみ・いそわ
磯馴松 そなれまつ
礁 ショウ
竹
篳 ヒチ・ヒツ
篳篥 ひちりき
篷 ホウ・とま・のま
簀 サク・す
簇 ソウ・ゾク・しいし・しんし・むらがる
簎 サク・やす
簗 やな
簓 セン・ささら
篠 ショウ・ささ・しの・すず
篠竹 しのだけ・しのべだけ・しのめだけ・すずだけ
米
糞 フン・くそ・ばば
糟 ソウ・かす
糠 コウ・ぬか
糸
縮 シュク・しじまる・しじむ・しじめる・ちぢかまる・ちぢかむ・ちぢくれる・ちぢける・ちぢこまる・ちぢこめる・ちぢまる・ちぢむ・ちぢめる・ちぢらす・ちぢれる・つづめる
縮緬 ちりめん
縹 ヒョウ・はなだ
縺 レン・もつれる
績 セキ・うむ
繃 ホウ
繊 セン・そびか・そびやか・そびやぐ・そびゆ・ほそい
繊弱 せんじゃく・ひわず
缶
罅 カ・コ・えみ・はぜる・ひび・ひびり・ひわる
羽
翳 エイ・かげ・かげる・かざす・かすむ・かすめる・さしば・は
翼 ヨク・つばさ
耳
聯 レン・つらなる・つらねる
聳 ショウ・そばだつ・そびえる・そびく・そびやかす
聴 チョウ・テイ・きく・ゆるす
聴牌 テンパイ
肉
膾 カイ・なます
膿 ノウ・うみ・うむ

臀 デン・いさらい・いしき・しり
臀呫 となめ
臂 ヒ・うで・ただむき・ひじ
臆 オク
臣 臨 リン・のぞむ
艮 艱 カン・ケン
艸 薯 ショ・ジョ・いも
薯蕷 とろろ・やまのいも
薹 ダイ・とう
薺 セイ・なずな
藁 コウ・つか・わら
藁本 かさもち
藁沓 わらぐつ・わろうず
藉 シャ・ジャク・セキ・しく
藍 ラン・あい

薩 サチ・サツ
虫 螳 トウ
螳螂 かまきり・とうろう
螺 ラ・つび・つぶ・つぶり・つぶろ・つみ・にし・にな
螺子 ねじ
螺旋 ねじ・らせん
螻 ロウ・けら
螻蛄 おけら・けら
螽 シュウ
螽斯 きりぎりす
蟀 シュツ・ソツ
蟀谷 こめかみ
蟄 チツ
蟋 シツ
蟋蟀 きりぎりす・こおろぎ
蟒 モウ・うわばみ

蟒蛇 うわばみ・やまかがち
衣 褻 セツ・け・けがす
言 謄 トウ
謎 メイ・なぞ
謐 ヒツ・しずか
謗 ホウ・ボウ・そしらわし・そしる
謙 ケン・へりくだる・へる
講 コウ
謝 シャ・あやまる・おもなう
謨 ボ・はかりごと
謹 キン・つつしまる・つつしむ
谷 谿 ケイ・たに
豁 カツ
貝 購 コウ・あがう・あがなう
賽 サイ・サエ

賽子 さいころ
走 趨 シュ・スウ・はしる
足 蹇 ケン・あしなえ・あなえぐ・なえぐ
蹈 トウ・ふむ
蹈鞴 たたら
蹉 サ・つまずく
蹊 ケイ・こみち
蹌 ソウ
蹌踉う よろぼう
蹌踉く よろめく
蹌踉ける よろける
車 輾 テン・きしる
輿 ヨ・こし
轂 コク・こしき
轄 カツ・かりも・くさび
轅 エン・ながえ

辵 遽 キョ・あわただしい・にわか
邀 ヨウ・むかえる
邂 カイ
邂逅 かいこう・わくらば
酉 醜 シュウ・しこ・みにくい
醞 ウン
醢 カイ・ししびしお・ひしお
金 鍋 カ・なべ
鍍 ト
鍍金 めっき
鍔 ガク・つば・つみは
鍛 タン・かたす・きたえる・とろもす
鍛冶 かじ・かぬち
鍬 シュウ・くわ
鍮 チュウ

鍵 ケン・かぎ
鍼 シン・はり
鍾 ショウ・あつまる・あつめる
鍾乳石 つららいし
門 闇 アン・くらい・くらがり・やみ
闊 カツ・ひろい
隹 雖 スイ・いえども
雨 霜 ソウ・しも
霞 カ・かすみ・かすむ
革 鞜 トウ・くつ
鞠 キク・まり
韋 韓 カン・から
頁 顆 カ
頻 ヒン・ビン・しきる・しく
風 颶 グ

食 餞 セン・はなむけ
餡 アン
首 馘 カク
馬 駻 カン
駿 シュン・スン
駿河 するが
魚 鮞 ジ・はららご
鮟 アン
鮠 ガイ・はい・はえ・はや
鮨 シ・すし
鮪 イ・しび・まぐろ
鮫 コウ・さめ
鮬 コ・せいご
鮭 ケイ・さけ・しゃけ
鮮 セン・あざやか・あざやぐ・あざらか・あざらけし

鮴 ごり・めばる
鳥 鴻 コウ・うかり・ひしくい
鵆 ちどり
鵄 シ・とび
鵄尾 くつがた・しび
鹿 麋 ビ・おおじか
黒 黛 タイ・まゆかき・まゆずみ・まよがき
黜 チツ・チュツ・しりぞける
鼻 鼾 カン・いびき・いびく・くつち・くつつ
齒 齢 レイ・よわい

【十八画】

人 儲 チョ・おさ・まけ・もうかる・もうける
又 叢 ソウ・くさむら・ぐろ・むら・むらがす・むらがる
叢祠 ほこら
口 嚙 ゴウ・かぶる・かます・かませる・かむ・しがむ

嚔 テイ・くさみ・くさめ・くしゃみ・くっさめ・はな・はなひり・はなふ・ひる・ふ
心 懣 マン・モン
懲 チョウ・こらしめる・こらす・こりる・こる
戈 戴 タイ・いただく
戴勝 やつがしら
手 擲 チャク・テキ・なぐる・なげうつ
擽 リャク・くすぐったい・くすぐる・こそぐったい・こそぐる
擾 ジョウ・みだす・みだれる
支 斃 ヘイ・たおれる
方 旛 ハン・はた
日 曙 ショ・あけぼの
曜 ヨウ
木 檳 ビン
檳榔 あじまさ・びりょう・びろう・びんろう

檻 カン・うなや・おり
櫂 トウ・かい
櫃 キ・ひつ
檸 ネイ
檸檬 レモン
歹 殯 ヒン・あがり・あらき・かりもがり・もがり
水 濾 ロ・こす
瀆 トク・けがす
瀉 シャ・そそぐ・くだる
瀑 バク・たき
濹 ボク
火 燻 クン・いぶい・いぶす・いぶる・くすぶる・くすべる・くすぼる・くゆぼる・くゆらす・くわる・ふすぶ・ふすぶる・ふすべる・ふすぼる
燼 ジン・ほそくず・ほたくい・もえくい・やけくい
玉 璧 ヘキ・たま

瓦 甕 オウ・かめ・たしらか・みか・もたい
疒 癒 ユ・いえる・いやす・いる
癖 ヘキ・くせ
癜 デン・なまず
目 瞻 セン・まばる・みる
瞼 ケン・まなぶた・まぶた・まぶち
瞽 コ
瞽女 ごぜ
瞿 ク・つづらめ
瞿麦 せきちく・なでしこ
矇 モウ
瞬 シュン・しばたたく・しばたく・しばつく・まじろぐ・またたく・まばたく・めばたく・めまじ・めまじろき・めまぜ
石 礎 ソ・いしずえ
礒 ギ・いそ
礑 トウ・はたと・はったと

禾 穢 アイ・エ・ワイ・きたない・けがす・けがらう・けがらわしい・けがれる・むさい
穣 ジョウ
穫 カク・とりいれる
穴 竄 ザン・かくす・かくれる
竹 簞 タン
簞笥 たんす
簡 カン・ケン・ふだ・ふみた
簧 コウ・した
簪 サン・シン・かんざし
米 糧 リョウ・ロウ・かて・かりて
糸 織 シキ・ショク・おる・おろす
織女 おりめ・たなばた・たなばたつめ
繕 ゼン・つくらう・つくろう・つたう・つづくる
繙 ハン・ひもとく
繚 リョウ・まつわる・まとう・めぐる

繞 ジョウ・ニョウ・しまく・もとおる
繧 ウン
繭 ケン・まゆ・まよ
网 羂 ケン・わな
羽 翹 ギョウ・くわたつ
翹揺 げんげ
翻 ハン・ホン・こぼす・こぼれる・ひるがえす・ひるがえる
翻車魚 うきき・まんぼう
翻筋斗 とんぼがえり・もんどり
耳 聶 ジョウ・ささやく・ひう
職 シキ・ショク・ソク・つかさ・もっぱら・もと
肉 臍 サイ・セイ・へそ・ほぞ
臑 ジュ・ドウ・すね
臓 ゾウ・はらわた
艸 藜 レイ・あかざ

藤 トウ・ドウ・ふじ
藩 ハン
藪 ソウ・やぶ
虫 蟠 ハン・バン・わだかまる・わだまる
蟬 セン・ゼン・せび・せみ
蟯 ギョウ・ジョウ
衣 襖 オウ・あお・ふすま
襟 キン・えり
襠 トウ・まち
襾 覆 フ・フウ・フク・おう・おおう・かえす・かえる・かやる・くつがえす・くつがえる
見 観 カン・みる
角 觴 ショウ・さかずき
言 謦 ケイ
謫 タク

謬 ビュウ・ビョウ
謳 オウ・うたう・うたわれる
貝 贄 シ・にえ
贅 ゼイ・ふすべ
贈 ソウ・ゾウ・おくる
足 蹙 シュク・しかむ・しかめる・しじかまる・しじかむ・しじく・しじまる・しじむ・しじめる
蹟 セキ
蹠 ショ・セキ・あしうら・あなうら
蹣 マン
蹣跚く よろめく
蹣跚ける よろける
蹤 ショウ
身 軀 ク・むくろ
車 轆 ロク
酉 醪 ロウ・もそろ・もろみ

醬 ショウ・ソウ・ひしお
醬蝦 あみ
里 釐 リ・リン
釐等具 れいてんぐ・れてぐ
金 鎌 レン・かま
鎔 ヨウ・とろもす
鎖 サ・ジョウ・くさり・さす・つがる・とざす
鎖絹 チョロけん
鎗 ソウ・やり
鎚 ツイ・つち
鎧 ガイ・よろい・よろう
鎬 コウ・しのぎ
鎮 チン・しずまる・しずむ・しずめる・しずもる・とこしなえ
鎰 イツ・ヤク・かぎ
鎹 かすがい

鎺 はばき
門
闔 コウ・とびら
闕 ケチ・ケツ・かく・かける
闖 チン
鬪 トウ・たたかう
鬪鶏 しゃも・とりあわせ・とうけい
隹
雛 スウ・ひいな・ひな・ひよこ
雞 ケイ ＝鶏(19鳥)
難 ナン・かたい・かたみす・かたんず・にくい・むずかしい・むつかしい
難波 なにわ・なんば
革
鞣 ジュウ・なめす
鞦 シュウ・おぶさ・しりがい
鞦韆 ぶらここ・ぶらんこ・ゆさわり
鞭 ベン・ぶち・むち・むちうつ
頁
顋 サイ・あぎと・えら

顋門 ひよめき
題 ダイ
額 ガク・コウ・ぬか・ひたい
顎 ガク・あぎ・あぎと・あご・あごた
顔 ガン・かお・かんばせ
類 ルイ・たぐい・たぐう・たぐえる
顕 ケン・あきらか・あらわ・あらわかす・あらわす・あらわれる・うつし・うつつ
香
馥 フク・かおる・かんばしい
馬
騎 キ・のる
騎射 うまゆみ・まゆみ
験 ケン・ゲン・しるし・ためし
騒 ソウ・さい・さえ・さわがしい・さわがす・さわぐ・しゃわげる・そうがし・ぞめく・わわしい・わわめく・わわる
骨
髀 ヒ・もも
門
鬩 ゲキ・せめぐ

鬼
魍 モウ
魎 リョウ
魏 ギ
魚
鮸 ベン・にべ
鮸膠 にべ
鮹 ショウ・たこ
鯇 カン・あめ・あめのうお
鯉 リ・こい
鯊 サ・はぜ
鯒 こち
𩸽 ほっけ
鯎 いぐい・うぐい
鳥
鵑 ケン
鵙 ゲキ・もず
鵜 テイ・う

鵜松明樺 うだいかんば
鵝 ガ
鵞 ガ
鵟 キョウ・のすり
鵠 コウ・コク・くぐい・くび
鵡 ム
鵤 いかる・いかるが
鵐 ブ・しとど
麻
麿 まろ
黒
黠 カ・うそくる
鼠
鼬 ユウ・いたち
鼬鼠 いたち

【十九画】

口
嚥 エン・のむ
嚮 キョウ・コウ・さきに

土
壜 タン・びん
壟 ロウ・おか・くろ
女
嬾 ラン・ものうい
宀
寵 チョウ・いつくしむ
广
廬 ロ・いお・いおり
心
懶 ライ・ラン・なまける・ものうい・ものぐさ・ものぐさい
手
攀 ハン・よじる
日
曝 バク・さらける・さらす・される・しゃれる
曠 コウ・むなしい
木
櫓 ロ・やぐら
櫛 シツ・くし
櫟 レキ・いちい・くにぎ・くぬぎ
歹
殲 セン・ほろぼす
水
瀕 ヒン
瀝 レキ・したたる

瀝青 チャン・れきせい
瀞 セイ・とろ・とろむ
瀟 ショウ
瀬 ライ・せ
火
爆 バク・はぜる
牛
犢 トク・こうし
犢鼻褌 たふさぎ・とうさぎ・ふんどし
犬
獺 タツ・ダツ・うそ・おそ・かわうそ・かわおそ
獺虎 らっこ
玉
璽 ジ・しるし・みしるし
瓊 ケイ・たま・に・ぬ
瓊脂 ところてん
田
疆 キョウ・さかい
疇 チュウ・たぐい
石
礙 ガイ・ゲ・さまたげる
礪 レイ・あらと・とぐ

示
禱 トウ・いのる・ほかう
禰 デイ・ネ
禰宜 ねぎ
竹
簸 ハ・ひる
簾 レン・す・すだれ
簿 ブ・ボ
簫 ショウ
糸
繋 ケ・ケイ・かかり・つがる・つながる・つなぐ・つなげる
繋念 けねん
繰 ソウ・くる
繹 エキ・たずねる・よろこぶ
繡 シュウ・ぬい・ぬいとり
繡眼児 めじろ
网
羅 ラ・ロ
羅甸 ラテン
羅紗 ラシャ

羅馬 ローマ
羅馬尼亜 ルーマニア
羆 ヒ・ひぐま
羊
羸 ルイ・つかれる・やせる
羹 カン・ケン・コウ・あつもの
肉
臘 ロウ
臘次 らっし
舟
艤 ギ・ふなよそい
色
艶 エン・あで・あでやか・いろう・つや・つややか・なまめかしい・なまめく・なまやか
艸
藷 ショ・いも
藹 アイ
藺 リン・い
藻 ソウ・も
藿 カク
藿香 かわみどり

蘂 ズイ・しべ
蘆 ロ・あし・よし
蘇 ス・ソ・ぬかえ・よみがえる
蘇格蘭 スコットランド
蘊 ウン
蘭 ラニ・ラン・あららぎ
蘭貢 ラングーン
蘭葱 こびる
虫 蟷 トウ
蟷螂 かまきり・とうろう
蟹 カイ・かに
蟻 ギ・あり
蟾 セン・ひき
蟾蜍 ひきがえる
蠁 キョウ
蠁子 さし

蠅 ヨウ・はい・はえ
蠍 カツ・さそり・のつち
蠖 カク・たかはかりむし
衣 襞 ヘキ・ひだ
襤 ラン
襤褸 つづれ・ぼろ・らんる
襦 ジュ
襪 ベツ・したぐつ・しとうず
襾 覇 ハ
覇王樹 サボテン
言 譎 キツ・ケツ
譏 キ・そしる
識 シ・シキ・ソク・しる
譚 タン・ダン・かたり
譜 フ

警 キョウ・ケイ・いましめる
貝 贋 ガン・にせ
足 蹲 ソン・うずくまう・うずくまる・うずまる・つぐなむ・つくばう・つくばる・つくまう
蹲踞 つくばい
蹴 シュウ・シュク・くえる・くゆ・ける・こゆ
蹶 ケツ・つまずく
蹼 ホク・ボク・みずかき
躇 チョ
車 轍 テツ・わだち
酉 醗 ハツ
金 鏃 ゾク・やさき・やじり
鏈 レン・くさり・くさる
鏑 テキ・かぶら
鏖 オウ・みなごろし
鏘 ショウ・ソウ

鏝 マン・こて
鏡 キョウ・ケイ・かがみ・かね
鏤 ル・ロウ・ちりばめる
鏨 サン・たがね
隹 離 リ・ある・かゆ・かる・さかる・さく・はなす・はなつ・はなれる
雨 霧 ム・きらう・きらす・きり・きる
非 靡 ヒ・ビ・なびかす・なびく・なびける・なぶ
革 鞴 ビ・ホ・ふいご・ふいごう・ふきがわ
韛 フク・ふいご
韜 トウ
音 韻 イン
頁 願 ガン・ねがう・ねがわしい
顛 テン
食 饂 ウン
饂飩 うどん・うんどん・ワンタン

馬 騙 ヘン・かたる・だまかす・だまくらかす・だます・だまる
骨 髄 ズイ・ズン・すね・なずき
魚 鯔 シ・いな・おぼこ・なよし・ぼら
鯖 セイ・さば
鯛 チョウ・たい
鯡 ヒ・にしん
鯣 エキ・するめ
鯥 リク・むつ・もつ
鯧 ショウ・まながつお
鯨 ケイ・ゲイ・いさ・いさな・くじら
鯨波 とき
鯰 ネン・なまず
鯱 さち・さちほこ・しゃち・しゃちほこ
鰙 はや・わかさぎ
鯳 すけとうだら

鳥 鵬 ホウ・おおとり
鵯 ヒ・ひえどり・ひよどり
鵲 ジャク・かささぎ
鵲豆 ふじまめ
鵺 ヤ・ぬえ
鵼 コウ・ぬえ
鶉 ジュン・いとう・うずら
鶍 いすか
鶏 ケイ・かけ・くたかけ・とり・にわとり
鶏冠 けいとう・とさか・とつさか・とりさか
鶏冠木 かいるでのき・かえで・かえるで
鶏魚 いさき
鹿 麒 キ
麓 ロク・ふもと
麗 ライ・リ・レイ・うらやか・うらら・うららか・うるわしい

麦 麹 キク・かびたち・かむし・かむだち・かんだち・こうじ

【二十画】

女 孀 ソウ・やもめ
山 巌 ガン・いわ・いわお
心 懸 ケ・ケン・かかる・かく・かける
懸念 けねん
懸魚 げぎょ
懸想 けしょう・けそう
懺 サン・ザン・セン
日 曦 ギ・あさひ
月 朧 ロウ・おぼろ
木 櫧 ショ・かし
櫨 ロ・はじ・はじのき・はぜ・はぜのき
櫪 レキ・いた・くぬぎ
欄 ラン・おばしま・てすり・わく

水 瀰 ビ・はびこる・わたる
瀲 レン・なぎさ
瀾 ラン・なみ
灌 カン・そそぐ
玉 瓏 ロウ
疒 癤 セツ・かたね
目 矍 カク
石 礦 コウ
礫 リャク・レキ・いしつぶて・いしなて・ざれ・たびいし・たびし・たぶて・つぶて
礫石 つばい
礬 バン
礬水 どうさ
立 競 キョウ・ケイ・きおう・きそう・くら・くらべる・こぎり・こくら・こぐら・せる
竹 籃 ラン・かご

籌 チュウ・はかりごと
籍 サク・シャク・ジャク・セキ・ふだ・ふみ
米　糯 ダ・もち
糲 ラツ・レイ・ひらしらげ
糸　繻 シュ・ジュ
繻子 けじゅす・しゅす
纂 サン・あつめる
耳　耶 ヤ
羽　耀 ヨウ・かがやかしい・かがやかす・かがやく・かがよう
肉　臚 ロ
艸　蘖 ゲツ・なばえ・ひこばえ・ひこばゆ・もやし
蘘 ジョウ
蘘荷 みょうが・めが
蘚 セン・こけ
蘞 レン・え・えぐい・えごい

蘩 ハン
蘩蔞 はこべ・はこべら
蘰 かつら
蘡 アウ・ヤウ
蘡薁 えびづる
虫　蠑 エイ
蠑螈 いもり
蠣 レイ・あざ・かき
言　譟 ソウ
譫 セン
譫言 うわごと
譬 ヒ・たとい・たとえ・たとえる・たとしえ
議 ギ・はかる
譲 ジョウ・いずる・ゆずる・ゆずろう
護 ゴ・まぶる・まぼる・まもる
護謨 ゴム

貝　贏 エイ・かつ・くぼさ
足　躁 ソウ・さわぐ
躄 ビャク・いざる
躅 タク・チョク
車　轗 カン
酉　醴 レイ・あまざけ
醵 キョ
醸 ジョウ・かむ・かもす・さけかむ
金　鐃 ニョウ・くすび・くすみ
鐐 リョウ・ひらかね
鐔 タン・つば・つみは
鐘 シュ・ショウ・かね
鐙 トウ・あぶみ
鐙靼 みずお
鐚 ア・びた

門　闡 セン
雨　霰 サン・あられ
音　響 キョウ・とよに・とよむ・とよもす・ひびかす・ひびく
響動む どよむ
頁　顖 シン
顖門 ひよめき
風　飄 ヒョウ・つむじ・つむじかぜ・ひるがえす・ひるがえる
食　饅 マン・ぬた・のた
饉 キン
香　馨 ケイ・かぐわしい・かんばしい
馬　騰 トウ・あがる
驀 バク・マク
驀地 ましぐら・まっしぐら
魚　鰄 イ・かいらぎ・さめ
鰆 シュン・さわら

鰈 チョウ・からえい・かれい
鰉 コウ・ひがい
鰊 レン・かど・にしん
鰍 シュウ・かじか
鰐 ガク・わに
鰒 フク・あわび・ふぐ
鰓 サイ・あぎと・えら・きだ
鰕 カ・えび
鰖 タ・たかべ
鰘 むろ・むろあじ
𩺊 あら
鳥　鶚 ガク・みさご
鶩 ボク・あひる
鶫 つぐみ
鶤 コン

鶤鶏 とうまる
鹵　鹹 カン・からい・しおお
鹹草 あしたば
麦　麵 メン・むぎこ
麵麭 パン
黒　黥 ゲイ・めさく
鼠　鼯 ゴ
鼯鼠 むささび・ももんが
齒　齟 ソ
齣 ク・セキ・こま・せつ

【二十一画】

口　嚼 シャク・かむ
囀 テン・さいずらう・さいずる・さえずる
囁 ショウ・ささやく・そそやく・つつめく・つつやく
囂 ゴウ・かしがましい・かしましい・かま・かまし・かまびすしい・かまびそし・かまみすし

囃 ソウ・はやす
囃子 はやし
囈 ゲイ・うわごと・たわごと・ねごと
山　巍 ギ
心　懼 ク・おそる・おそれる
日　曩 ノウ・さきに
木　欅 キョ・コ・けやき
櫺 レイ・れんじ
歹　殲 セン・つきる・つくす
火　爛 ラン・ただらかす・ただらす・ただれる
玉　瓔 ヨウ
疒　癩 ライ
癪 しゃく
穴　竈 ソウ・かま・かまど・へ・へっつい
竈突 くど

竹　籐 トウ・ドウ
籤 セン・くじ・ひご
糸　纈 キツ・ケチ・ケツ・ゆはた
纏 テン・くるむ・まく・まつう・まつべる・まつめる・まつる・まつわす・まつわる・まとう・まとまる・まとめる・まとわす・まとわる
纐 コウ・くくり
舟　艦 カン
艪 ロ
虫　蠟 ロウ
蠢 シュン・うごめかす・うごめく・おごめく・むくめく
衣　襯 シン・はだぎ
言　譴 ケン・せめる・とがめる
貝　贐 ジン・はなむけ
贓 ゾウ
贔 ヒ

贔負 ひいき
贔屓 ひいき
（足）躊 チュウ
躊躇う ためらう
躍 ヤク・おどる
轟 ゴウ・とどめく・とどろ・とどろかす・とどろく・とどろこす・とどろめく・ほめく
（金）鐶 カン・たまき・ゆびまき
鐸 タク・チャク・さなき・すず・ぬて・ぬりて
鐺 トウ・くさり・こじり
（門）闢 ビャク・ヘキ・ひらく
闥 タツ
（雨）霹 ヘキ
霹靂 かみとけ・はたた・へきれき
露 ロ・ロウ・あらわ・あらわす・つゆ
露西亜 ロシア

（頁）顧 コ・かえりみる
（風）飆 ヒョウ・つむじかぜ
（食）饌 セン・け
饐 イ・すえる
饑 キ・うえる・かつえる・ひだるい
饒 ジョウ・ニョウ・ゆたか
（髟）鬘 マン・かずら・かずらく・かつら
（鬼）魑 チ
魑魅 すだま・ちみ
魔 マ
鰡 リウ・ぼら
鰣 ジ・えそ・はす・はそ
鰤 シ・ぶり
鰥 カン・やまめ・やも・やもめ
鰥夫 やもお・やもめ

鰧 トウ・おこじ・おこぜ
鰭 キ・はた・ひれ
鰮 オン・いわし
鰯 いわし
鰰 はたはた
（鳥）鶯 オウ・うぐいす
鶯子 ささこ
鶲 オウ・ひたき
鶴 カク・たず・つる
鶸 ジャク・ひわ
鶺 セキ
鶺鴒 いしくなぎ・せきれい・にわたたき
鷁 ゲキ
鷂 ヨウ・はいたか・はしたか
（鹿）麝 ジャ

（齊）齎 セイ・もたらす
（齒）齦 ギン・はぐき
齧 ゲツ・かじる・かぶる・つむ

【二十二画】

（人）儻 トウ・かたちわう・かたわい
（口）囊 ノウ・ふくろ
（山）巒 ラン
巓 テン
（弓）彎 ワン・ひきまかなう・ひく
（心）懿 イ
（水）灑 サイ・シャ・そそぐ
灘 タン・ダン・なだ
（疒）癬 セン・くも・たむし
（竹）籞 ギョ・ゴ・いけす
籟 ライ・ふえ

籠 ル・ロウ・かご・こ・こむ・こめる・こもらう・こもる
籡 しいし・しんし
（米）糴 テキ・かいよね
（缶）罎 タン・びん
（网）羇 キ・たび
（耳）聾 ロウ・つんぼ・つんぼう・みみしい
（舟）艫 ロ・とも・へさき
（艸）蘿 ラ・こけ
蘿蔔 すずしろ・だいこん・らふ・ろふ
蘿藦 ががいも・かがみ・かがみいも
（衣）襲 シュウ・おすい・おそう・かさね・くだり・そ
襴 ラン
襴付 すそつけ
襷 すき・たすき

（見）覿 テキ
（貝）贖 ショク・ゾク・トク・あがう・あがなう・つのる
（足）躑 テキ
躑躅 つつじ
躓 チ・つまずく
躔 テン
（車）轡 ヒ・くつばみ・くつわ
轢 リャク・レキ・ひく
（金）鑑 カン・かがみ・かがみる・かがむ・かんがみる・かんがむ
鑓 やり
（雨）霽 セイ・はらす・はらかす・はるく・はれる
（革）韃 ダツ・むち
（頁）顫 セン・ふるえる
（食）饗 キョウ・あう・あえす・あるじ・にえす
饕 トウ

饕餮 とうてつ
（馬）驍 ギョウ
驕 キョウ・おごらわし・おごる
驚 キョウ・ケイ・おどろかす・おどろく
（髟）鬚 シュ・ス・ひげ
（鬲）鬻 イク・シュク・ひさぐ
（魚）鰶 セイ・このしろ
鰹 ケン・かつ・かつお
鰺 ソウ・あじ
鰻 マン・うな・うなぎ・むなぎ
鰾 ヒョウ・うきぶくろ・にべ・ふえ・ほばら
鰾膠 にべ
鱈 たら
鱇 コウ
鱁 チク

鱁鮧 いるか・うるか
（鳥）鷓 シャ
鷗 オウ・かまめ・かもめ
鷙 シ
（龍）龕 ガン・もこし

【二十三画】

（手）攣 レン・つる・つれる・へお
攩 トウ
攩網 たも・たもあみ
攪 カク・コウ・かきまぜる・ほだてる
攫 カク・さらう・つかむ
（木）欒 ラン
（疒）癰 ヨウ
（竹）籤 セン・くじ・ひご
（糸）纓 エイ・うなぐ

漢字力

纔 サイ・サン・ひたた・わずか
虫 蠱 コ・まじ・まじくる・まじこる
言 讎 シュウ・あだ
讐 シュウ ＝讎(23言)
足 躙 リン・にじくる・にじる・ふみにじる
車 轤 ロ・ロク
辵 邏 ラ
金 鑢 リョ・やすり
面 靨 ヨウ・えくぼ
頁 顬 ジュ・こめかみ
骨 髑 ドク
髑髏 されこうべ・しゃりこうべ・しゃれこうべ・どくろ
彡 鬟 カン・みずら
魚 鱏 シン・ジン・えい
鱒 ソン・ななこ・ます

鱓 セン・うつぼ・ごまめ
鱗 リン・いろくず・いろこ・うるこ・うろくず・うろこ・こけ・こけら
鱛 えそ
鱚 きす
鱘 シン
鱘魚 ちょうざめ
鱝 フン・えい
鳥 鷦 ショウ
鷦鷯 みそさざい・みそさんざい
鷭 バン
鷯 リョウ
鷲 ジュ・おおとり・わし
鷸 イツ・しぎ
黍 黐 チ・とりもち・もち
黒 黴 バイ・かび・かびる

黴雨 つゆ・ばいう
鼠 鼹 エン
鼹鼠 うごろもち・むぐら・むぐらもち・もぐら・もぐらもち

【二十四画】

口 囓 ケツ・かじる・かむ
尸 屭 キ・おう
手 攬 ラン・とる
疒 癲 テン
竹 籖 セン・ひご
籬 リ・かき・まがき・ませ
糸 纛 トウ・おにがしら
网 羈 キ・おもがい・おもづら
虫 蠹 ト・のむし
蠹魚 しみ
行 衢 ク・ちまた

言 讒 ザン・しこず・よこす
讖 シン
身 軈 やがて
金 鑪 ロ・たたら
雨 靂 レキ
靄 アイ・もや
頁 顰 ヒン・しかむ・しかめる・ひそむ・ひそめる
馬 驟 シュウ・うぐつく・うごつく
彡 鬢 ビン・びんずら
鬼 魘 エン・うなされる・おそわれる
魚 鱠 カイ・なます
鱧 レイ・はむ・はも
鱩 はたはた
鰤 しいら
鳥 鷽 カク・うそ・おそ

鸇 セン・さしば
鷹 オウ・ヨウ・たか
鷺 ロ・さぎ
鸊 ヘキ
鸊鷉 かいつぶり・かいつむろ
鹵 鹼 ケン
鹿 麟 リン
黽 鼇 ゴウ
齒 齲 ウ・ク・むしば
齲歯 うし・おそば・むしば
齷 アク
齷齪 あくさく・あくせく

【二十五画】

木 欖 ラン
欙 ルイ・かじき・かんじき

米 糶 チョウ・うりよね・せる
襾 覊 キ
足 躡 ジョウ・ふむ
金 鑰 ヤク・かぎ
鑵 カン
雨 靉 アイ
頁 顱 ロ
彡 鬣 リョウ・たちがみ・たつがみ・たてがみ
魚 鱮 ショ・たなご
鱰 しいら
黽 鼈 ベツ・かめ・すっぽん

【二十六画】

言 讃 サン・たたえる・ほめる
讃岐 さぬき
酉 釃 シ・したむ

金 鑷 ジョウ・セッ・チョウ・けぬき
馬 驢 ロ・うさぎうま・うさぎま
魚 鱵 シン・さより
鱶 ショウ・ふか
鱲 リョウ
鱲子 からすみ

【二十七画】

糸 纜 ラン・ともづな・むやう・もやう
金 鑽 サン・きる・たがね・ひき
鑽火 きりび
頁 顳 ショウ
顳顬 こめかみ
馬 驥 キ
魚 鱸 ロ・すずき

【二十八画】

金 鑿 サク・のみ

門 鬮 キュウ・くじ
鳥 鸚 オウ
鸚哥 いんこ
鸚鵡 おうむ
鸛 カン・こう・こうのとり

【二十九画】

火 爨 サン・かしぐ
鬯 鬱 ウ・ウツ・おほし・ふさぐ

【三十画】

鳥 鸞 ラン

【や】

【も】

【め】

【ほ】

【ふ】

【ひ】

【は】

【つ】

【け】

【き】

【え】

【う】

五十音引き索引

本文に収録したことばで、解説を施したことば（「百人一首」は除く）を五十音順に配列して、掲載したページを示した。

【あ】

日本語便利辞典

二〇〇四年一二月一〇日　第一版第一刷発行
二〇一四年一〇月　六日　　第四刷発行

編　集　小学館辞典編集部
発行者　神永　曉
印刷所　図書印刷株式会社
製本所　牧製本印刷株式会社
発行所　株式会社　小学館
〒一〇一-八〇〇一
東京都千代田区一ツ橋二丁目三-一
振替　〇〇一八〇-一-二〇〇
電話　編集〇三-三二三〇-五一七〇
販売〇三-五二八一-三五五五

ISBN4－09－505031－4